Hochschulwesen
Wissenschaft und Praxis

HSW

Grundbegriffe des
Hochschulmanagements

Hochschulwesen
Wissenschaft und Praxis

HSW

Anke Hanft (Hrsg.)

Grundbegriffe des Hochschulmanagements

Luchterhand

Die Deutsche Bibliothek – CIP-Einheitsaufnahme

Hanft, Anke:
Grundbegriffe des Hochschulmanagements /
Hrsg.: Anke Hanft. – 1. Aufl.
Neuwied; Kriftel: Luchterhand, 2001
(Hochschulwesen)
ISBN 3-472-04498-5

www.luchterhand.de

Umschlag: Ute Weber GrafikDesign, Geretsried
Satz: LHF Satzstudio GmbH, Düsseldorf
Papier: Permaplan von Arjo Wiggins Spezialpapiere, Dettingen
Druck: Neuwieder Verlagsgesellschaft mbH, Neuwied
Printed in Germany, Juli 2001

♾ Gedruckt auf säurefreiem, alterungsbeständigem und chlorfreiem Papier

Inhaltsverzeichnis

A

B

C

D

E

Inhaltsverzeichnis

Inhaltsverzeichnis

VIII

V

W

Z

Einleitung

Anke Hanft

Die Idee zu diesem Buch entstand in einer der vielen Gremien- und Fachkommissionssitzungen, in denen über Reformvorhaben in Hochschulen beraten und beschlossen wird. Manche Diskussion über Kostenrechnung, über Kennzahlen und Indikatoren, über Vollkosten und Deckungsbeiträge, basiert, so hat man den Eindruck, auf einer nur ungefähren Vorstellung dessen, was sich hinter diesen Begriffen verbirgt. Vieles von dem, was Hochschulangehörigen gegenwärtig an Reformen abverlangt wird, trifft sie als Laien, die in Selbstverwaltungsorganen über weit von ihren Fachgebieten entfernt liegende Sachfragen entscheiden sollen. Dass von ihnen immer mehr betriebswirtschaftliches Know-how und Managementhandeln erwartet wird, ist ein Grundproblem der aktuellen Reformbewegung, das sich mit fortschreitender Dezentralisierung von Entscheidungs- und Verantwortungsstrukturen weiter verschärfen wird. Wie professionelles Handeln auch in den Sub-Einheiten gewährleistet werden soll, ohne dass Wissenschaftler zu Managern weitergebildet werden müssen, gehört zu den gegenwärtig weitgehend ungeklärten Fragen. Nun kann dieses Handbuch keine Managementschulung nachholen – und soll es auch nicht. Das Buch will lediglich einen kleinen Beitrag leisten zur (Er-)Klärung der gegenwärtig diskutierten Managementansätze und Reformkonzepte, um die beteiligten Akteure so in ihren Entscheidungsprozessen zu unterstützen. Wenn dadurch eine Präzisierung der Diskussion erreicht werden kann und professionelleres Handeln ermöglicht wird, hat es seinen Zweck erfüllt.

Professionelles Managementhandeln an Hochschulen kann sich nicht darin erschöpfen, Managementkonzepte in schlichter Weise auf Hochschulen lediglich zu übertragen. Schon heute wird vor einem allzu kruden Managerialismus in der Hochschulreform – nicht unberechtigt – gewarnt. Reformaktivitäten sollten die institutionellen Wurzeln der Hochschulen, das, was ihre Idee ausmacht und sie von allen anderen Organisationen unterscheidet, nicht infrage stellen. Das Streben nach Effizienz und Effektivität mit einer Vorstellung von der Institution Hochschule zu verbinden, die Grenzen betriebswirtschaftlicher Sichtweisen dort zu sehen, wo die Identität dieser Institutionen berührt ist, ist die eigentliche Herausforderung, vor der Hochschulreformer heute stehen. Ob Managementansätze in Hochschulen greifen, wird sich auch an der Frage entscheiden, ob sie zum System passen und Wissenschaftler/-innen in ihren originären Aufgaben unterstützen. Die Aufmerksamkeit auch auf diese Fragen zu richten, ist ein Anspruch, den dieses Handbuch erfüllen soll. Nicht alle Stichwörter eignen sich für eine solche Diskussion. Vielen Autoren gelingt es aber, ihre Beiträge um spezifisch institutionelle Sichtweisen zu bereichern.

Die Beiträge in diesem Buch lassen sich, ohne dass dies für den Leser unmittelbar erkennbar ist, drei Kerngebieten zuordnen. Wir haben uns für eine alphabetische Ordnung entschieden, damit das Buch als Nachschlagewerk genutzt werden kann. Das erleichtert die schnelle Auffindbarkeit der Beiträge, hat allerdings den Preis, dass die Kernkategorien ineinander fließen. Den größten Raum mit etwa der Hälfte der Stichwörter nimmt das »Management von Hochschulen« ein. Hier werden alle für den Hochschulkontext einschlägigen Managementbegriffe in ihren wesentlichen Kennzeichen erläutert und mit weiterführenden Literaturhinweisen versehen. Ein Viertel der Stichworte behandelt die aktuellen »Reformansätze in Hochschulen«, wobei wir auch langjährige Servicefunktionen aufgenommen haben, die vor strategischen Neupositionierungen stehen. Besondere Aufmerksamkeit ist dem Teil »Informations- und Kommunikationstechnologien in Hochschulen« gewidmet, einem für die Abwicklung universitärer Kernprozesse relativ neuem Gebiet, das sich zurzeit aber mit ungeheurer Dynamik entwickelt. Hier wird der aufmerksame Leser im Vergleich der verschiedenen Beiträge vielleicht auf Redundanzen stoßen, die wir aber gern in Kauf genommen haben, um ein möglichst breites Spektrum der auf diesem Gebiet diskutierten und fortlaufend neu gefassten Begrifflichkeiten abzudecken. Über vielfältige Querverweise und Unterstichwörter soll zudem sichergestellt werden, dass alle relevanten und den Nutzer interessierenden Informationen schnell zugänglich sind.

Sicherlich wird mancher das eine oder andere Stichwort vermissen, was sich bei einem derart breiten Themengebiet nicht verhindern lässt. Insgesamt bin ich aber der Überzeugung, mit diesem Band den derzeit umfassendsten Überblick über die Schlüsselbegriffe des Hochschulmanagements vorzulegen.

Bedanken möchte ich mich für das große Interesse, das diesem Band schon im Vorfeld der Veröffentlichung entgegengebracht wurde. Dies gilt insbesondere für die Autoren, die große Bereitschaft zur Mitarbeit gezeigt und mit ihren sachkompetenten Beiträgen das Erscheinen des Buches erst ermöglicht haben. Bedanken möchte ich mich vor allem aber bei Karin Mühlbeyer, die das Projekt trotz vieler erschwerender Umstände mit großer Aufmerksamkeit und Zuverlässigkeit von Anfang bis Ende betreut hat. Insbesondere nach meinem Wechsel an die Universität Oldenburg lag die Koordination des Gesamtvorhabens wesentlich in ihrer Hand, ihr ist es zu verdanken, dass auch die letzten ausstehenden Beiträge noch rechtzeitig bearbeitet werden konnten. Mit der Abgabe des Manuskripts endet unsere Zusammenarbeit, was ich sehr bedauere.

Anke Hanft
Oldenburg, im Februar 2001

Heide Naderer

Der **Begriff Akkreditierung** wird in Deutschland seit Jahren in hochschulfernen Bereichen verwendet: Im Bereich der Akkreditierung von Diplomaten oder Pressevertretern beschreibt Akkreditierung einen Akt der Anerkennung oder Beglaubigung, der einer Person einen veränderten Status überträgt; die erfolgte Akkreditierung verleiht weitergehende Rechte und Befugnisse. Auch im Bereich der Überprüfung technischer Standards und Normen, beispielsweise in Laboratorien, werden Akkreditierungs- und Zertifizierungsverfahren seit Jahren in Deutschland angewendet. Die Überprüfungen dienen in technischen Bereichen dazu, ein eindeutig beschriebenes Produkt oder eine eindeutig beschriebene Dienstleistung an normativen Vorgaben zu messen und bei festgestellter Übereinstimmung eine Akkreditierung oder Zertifizierung auszusprechen.

Im deutschen Hochschulsystem wurden Akkreditierungsverfahren auf der Grundlage von Beschlüssen der *Kultusministerkonferenz (KMK)* und *Hochschulrektorenkonferenz (HRK)* von 1998 eingeführt. Sie werden hier als Verfahren der Qualitätssicherung verstanden, die im Zusammenhang mit der Einführung neuer Studienprogramme mit den Abschlüssen Bachelor/Bakkalaureus (BA) und Master/Magister (MA) stehen. Die (probeweise) Einführung der im deutschen Hochschulsystem neuen Studiengänge und -abschlüsse wurde durch die Novellierung des Hochschulrahmengesetzes (HRG) 1998 möglich (*BMBF* 1998). Hintergrund dafür war die in der bundesdeutschen Hochschulpolitik weitgehend geteilte Einschätzung, dass der Bekanntheitsgrad und die Verwertbarkeit des deutschen Diploms, insbesondere in außereuropäischen Staaten, begrenzt ist, während das angelsächsische Graduierungsmodell am »Weltmarkt« allgemein akzeptiert ist. Der Bachelor- und der Mastergrad können gleichermaßen von Universitäten und Fachhochschulen ohne den Zusatz ihrer institutionellen Herkunft, wie dies bisher beispielsweise bei dem Diplom (FH) üblich war, vergeben werden.

Aufgrund des föderalen Systems der Bundesrepublik müssen die Länder jedoch auch weiterhin dafür Sorge tragen, dass die Gleichwertigkeit einander entsprechender Studien- und Prüfungsleistungen sowie Studienabschlüsse und die Möglichkeit des Hochschulwechsels gewährleistet bleiben. Auch hier sieht das HRG eine Neuerung vor, da die Gleichwertigkeit nicht mehr zwingend ex ante durch Rahmenprüfungsordnungen, sondern durch »beispielsweise ein (...) Akkreditierungsverfahren (...) von Institutionen und Studiengängen, der staatlichen Genehmigung der einzelnen Prüfungsordnungen oder einer ex-post-Kontrolle im Rahmen der Evaluation« (s. Erläuterungen zum HRG, *BMBF* 1998) sichergestellt werden kann.

Diese Ausführungen beziehen sich nicht explizit nur auf die neuen Studiengänge, d. h. grundsätzlich könnten beispielsweise Akkreditierungsverfahren auch auf die bisherigen Diplom- und Magisterstudiengänge angewendet werden. Tatsächlich beziehen sich die einschlägigen Beschlüsse von KMK und HRK nur auf die Akkreditierung der neuen BA-/MA-Studiengänge. Mit dieser Lösung bzw. der doppelten »Probe« wird seit 1999 ein Reformpaket in der bundesdeutschen Hochschulpolitik praktisch in Angriff genommen, das vielfältige Veränderungen in der Entwicklung von neuen Studienangeboten, in Studienstrukturen und -inhalten und insbesondere auch in den Abstimmungs- und Genehmigungswegen zwischen den beteiligten Institutionen zur Folge hat. Mit den unmittelbar notwendigen inhaltlichen und organisatorischen Veränderungen könnte sich auch das Verhältnis zwischen Staat und Hochschule und zwischen Hochschule und Berufspraxis langfristig und nachhaltig verändern. Diese Dimensionen haben eine bedeutende Rolle bei der Einführung des Instruments Akkreditierung gespielt, auch wenn hier oftmals sehr handlungspraktisch argumentiert wurde. Tatsächlich war und ist seit den 90er Jahren die »grundlegende Neuorientierung im Verhältnis des Staates zu den Hochschulen« (HRG), die den Hochschulen zugestandenen neuen Freiheitsräume, die angestrebte Vielfalt und der verlangte Wettbewerb zwischen den Hochschulen die Leitlinie der Hochschulpolitik. Die Einführung von Akkreditierungsverfahren steht exemplarisch für die praktische Umsetzung dieser Leitlinien.

Akkreditierungsverfahren sind durch verschiedene Faktoren gekennzeichnet: Sie sind in der Regel in nicht-staatlichen, institutionellen Formen organisiert (wobei eine staatliche Beteiligung nicht ausgeschlossen ist); sie beteiligen unterschiedliche, auch hochschulexterne Personen oder Gruppen an ihrer Entscheidungsfindung; sie basieren auf fachlich und sachlich begründeten Expertenmeinungen (Peer Review). Akkreditierungen haben zudem eine zeitliche Befristung; die Verfahren müssen in definierten Zeitabständen wiederholt werden. Auch wenn mit dieser Aufzählung die Charakterisierung von Akkreditierungsverfahren noch nicht abgeschlossen ist, finden sich diese Faktoren in allen Modellen oder bereits seit Jahren und – wie in den USA – Jahrzehnten bestehenden Akkreditierungssystemen wieder. Das amerikanische Akkreditierungssystem ist für viele Länder in und außerhalb Europas wie auch für das deutsche »Akkreditierungsmodell« ein wichtiges Bezugssystem: Es ist staatsfern organisiert und wird von den Hochschulen grundsätzlich freiwillig in Anspruch genommen bzw. beruht zu einem nicht geringen Teil auf deren eigenem Mitwirken in Akkreditierungsorganisationen und -verfahren. Das amerikanische Akkreditierungssystem offeriert ein funktionierendes Modell, das die Bemühungen der deutschen Hochschulen um mehr Autonomie und Freiheit in der Organisation und Konzeption des ihnen zugeschriebenen Auftrags unterstützt und ihnen Nachdruck verleiht.

Tatsächlich ist das amerikanische Akkreditierungssystem weder für ein deutsches noch ein zukünftiges europäisches Akkreditierungssystem einfach übertragbar. Denn das aufgrund seiner Staatsferne und Freiwilligkeit »vorbildliche« amerikanische Akkreditierungssystem muss auch in Bezug auf seine Wurzeln und seine Funktion im amerikanischen Hochschulsystem betrachtet werden.

Amerikanische Akkreditierungsagenturen lassen sich grob unterscheiden nach regionalen Akkreditierungsorganisationen, die institutionelle Akkreditierungen vornehmen und spezialisierten, programmorientierten Akkreditierungsagenturen, die Studienprogramme begutachten und in einem sehr engen Kontakt mit den jeweiligen Fachgesellschaften stehen. Die Akkreditierungsorganisationen entwickeln Standards, die der Begutachtung zugrunde gelegt und die in einem zweistufigen Prozess – Selbstevaluation und Peer-Review – überprüft werden. Aufgrund des Votums der Gutachtergruppe wird eine Akkreditierung, eine Akkreditierung mit Auflagen oder eine Versagung der Akkreditierung ausgesprochen. Die Folgen einer (ausgesprochenen bzw. versagten) Akkreditierung können für Studierende erheblich sein, da oftmals die Zulassung zu Prüfungen und/oder zu der Tätigkeit in einem angestrebten Beruf von dem Nachweis der vorausgegangenen Immatrikulation in einer akkreditierten Hochschule oder einem akkreditierten Studienprogramm abhängig gemacht wird. Der Nachweis der Akkreditierung ist auch für die Hochschuleinrichtung oder die akkreditierten Programme bei dem Zugang zu nationalen Fördergeldern, beispielsweise bei der Studierendenförderung, die einen Teil der Finanzierung der amerikanischen Hochschulen ausmacht, von ausschlaggebender Bedeutung. Prinzipiell stellen sich die Hochschulen bzw. Studienprogramme freiwillig einer Akkreditierung, faktisch sind sie jedoch aus vielfältigen Gründen, nicht zuletzt um ihren Studierenden eine nachgewiesen solide Ausbildung zu vermitteln, auf eine Akkreditierung angewiesen. Die »staatsferne« Organisation der Akkreditierungsverfahren ist ebenfalls prinzipiell zutreffend, da die Akkreditierungseinrichtungen auf der freiwilligen Selbstorganisation der Hochschulen und/oder Fachorganisationen beruhen. Faktisch müssen sich die Akkreditierungsorganisationen jedoch für die Anerkennung ihrer Arbeit und Ergebnisse einem staatlichen Prüfverfahren unterwerfen: Nur wenn sie den auf der Prüfung von vorgegebenen Kriterien beruhenden Anerkennungsprozess beim *United States Department of Education* erfolgreich durchlaufen haben, wird für ihre Klientel, die Hochschulen, die Zuwendung staatlicher finanzieller Mittel prinzipiell möglich.

Akkreditierungsverfahren in den USA waren von Beginn an darauf ausgerichtet, innerhalb der scientific community in qualitativer Hinsicht abstimmend und regulierend zu wirken. Sie übten für die zu gewährleistende Mobilität der Studierenden in den amerikanischen Bundesstaaten und späterer Absolventen eine Funktion aus, die in Deutschland bisher und weitgehend staatlichen Einrichtungen oblag. Die zu Anfang des 20. Jahrhunderts eher regulierende und klassifizierende Funktion der Akkreditierungsverfahren, die u. a. in einem engen Zusammenhang mit der Erweiterung des Hochschulsektors um neue Hochschulen, insbesondere den Land-Grant College Acts von 1862 und 1890, stand, wurde in den folgenden Jahrzehnten gezielt um die Funktion der Qualitätsverbesserung durch ➜ *Evaluation* erweitert. Das Verhältnis dieser unterschiedlichen Funktionen innerhalb der amerikanischen Akkreditierungsverfahren ist bis heute Anlass zu Diskussion, Verhandlung und auch Revision der Verfahren. Auch hier lässt sich eine Verbindung von staatlicherseits formulierten Ansprüchen auf Regulierung und Kontrolle der eingesetzten Mittel einerseits wiederfinden wie auf der anderen Seite der Anspruch auf Selbstvergewisserung, Selbstregulation und Autonomie der Hochschulen: »As long as accreditation is linked to determining institutional eligibility for federal funding programs, there will be an interest within both the government and accrediting bodies to have the relationship serve each other's special interests« (*Chambers, C. M.* 1983).

Im deutschen Hochschulsystem finden **Evaluationsverfahren** seit Ende der Achtzigerjahre als Instrument der Qualitätssicherung in Lehre und Studium zunehmend Verbreitung. Der *Wissenschaftsrat* hat in seinen 1996 veröffentlichten »Empfehlungen zur Stärkung der Lehre in den Hochschulen durch Evaluation« die bis dahin erfolgte Diskussion zusammengefasst und verschiedene Funktionen und Zielsetzungen dieser Verfahren beschrieben. Dabei werden Dimensionen benannt, die sich einerseits auf hochschulinterne, organisatorische und strukturelle Aspekte des Lehr- und Studienbetriebs beziehen, wie auch auf eine öffentliche Rechenschaftslegung durch Lehrende und ihre Hochschulen gegenüber einer breiteren Öffentlichkeit. Auch die Berücksichtigung der Evaluationsergebnisse bei der leistungsbezogenen Mittelverteilung (➜ *Indikatorengestützte Mittelvergabe*) durch ein Ministerium wird erwähnt, wenn auch nicht weiter ausgeführt oder nachdrücklich empfohlen (*Wissenschaftsrat* 1996). Die in Deutschland erfolgte **Einführung von Akkreditierungsverfahren** im Hochschulbereich beabsichtigt gleichermaßen die Qualitätssicherung der neuen Studienprogramme mit den Abschlüssen Bachelor und Master, ist jedoch sehr viel deutlicher und direkter auf das Ziel der Rechenschaftslegung gegenüber der Öffentlichkeit und dem Staat ausgerichtet als dies bei den bisher konzipierten Evaluationsverfahren in Deutschland der Fall ist. Zwangsläufig sind Überschneidungen zwischen den hier getrennt und chronologisch eingeführten Verfahren (Evaluation und Akkreditierung) festzustellen, die insbesondere in methodischer Hinsicht eine Reihe von Schnittstellen aufweisen: Beide Verfahren basieren auf einer Selbstevaluation oder einer Selbstdarstellung des zur Begutachtung vorgelegten Konzepts und einem Peer-Review-Verfahren. Zur Unterscheidung der evaluativen Aspekte in solchen Qualitätssicherungsverfahren könnte die jeweilige Gewichtung von »self-evaluation« (= Konzentration eher auf einer Stärken-Schwächen-Analyse und Evaluation) und »external review« (= Konzentration eher auf Rechenschaftslegung und Akkreditierung) dienen (s. auch *Young, K. E.* 1983). Diese methodischen und konzeptionellen Fragen bezüglich der Trennung oder einer eventuellen pragmatischen Verbindung von Evaluations- und Akkreditierungsverfahren werden in Deutschland, aber auch in einem zusammenwachsenden, europäischen Hochschulsystem weiterentwickelt werden müssen.

Als koordinierendes Gremium für die Einführung von Akkreditierungsverfahren in Deutschland wurde 1999 der **Akkreditierungsrat** auf der Grundlage der bereits erwähnten Beschlüsse von *KMK* und *HRK* eingerichtet. Der Akkreditierungsrat hat insbesondere die Aufgabe, Agenturen zu akkreditieren, die im Sinne des Prinzips der Aufgabenerledigung durch Delegation Studiengänge mit den Abschlüssen BA und MA zertifizieren können. Die Agenturen wie die Studiengänge tragen das Qualitätssiegel des Akkreditierungsrates. In begründeten Fällen ist auf der Grundlage des Beschlusses der *KMK* vom 3. Dezember 1998 vorgesehen, dass der Akkreditierungsrat auch selbst Studiengänge akkreditieren kann. In seiner dreijährigen Probephase soll der Akkreditierungsrat den Aufbau eines Akkreditierungssystems ermöglichen, das aus unterschiedlich profilierten und auch durchaus unterschiedlich spezialisierten Agenturen bestehen kann. Dabei muss die Arbeit und die Qualität der von den Agenturen durchgeführten Verfahren vergleichbar bleiben, was nur übergreifende Qualitätsanforderungen gewährleisten können. Zu diesem Zweck hat der *Akkreditierungsrat* im November 1999 »Mindeststandards und Kriterien zur Akkreditierung von Akkreditierungsagenturen und Akkreditierung von Studiengängen mit den Abschlüssen Bachelor/Bakkalaureus und Master/Magister« verabschiedet. Diese stellen die Arbeitsgrundlage für die praktische Tätigkeit des Akkreditierungsrates und die von ihm akkreditierten Agenturen dar. Sie definieren einen Rahmen, in dem die Akkreditierungsagenturen wie die Hochschulen gleichermaßen ein spezifisches Profil ausprägen können, jedoch qualitativ vergleichbar bleiben.

Der Akkreditierungsrat setzt sich aus 14 Mitgliedern, Vertretern der Länder, der Hochschulen, der Studierenden und der Berufspraxis (von Seiten der Arbeitgeber- und der Arbeitnehmerorganisationen) zusammen. Die personelle Zusammensetzung des Akkreditierungsrates berücksichtigt einen stärkeren Einbezug der Berufspraxis und internationaler Expertise in die qualitätssichernden Verfahren.

Literatur:

Akkreditierungsrat (Hrsg.): »Mindeststandards und Kriterien zur Akkreditierung von Akkreditierungsagenturen und Akkreditierung von Studiengängen mit den Abschlüssen Bachelor/Bakkalaureus und Master/Magister«. Bonn 1999.

Bundesministerium für Bildung, Wissenschaft, Forschung und Technologie (BMBF) (Hrsg.): Hochschulrahmengesetz. Bonn 1998.

Chambers, C. M.: Federal Government and Accreditation. In: *Young, K. E.* (a. a.): Understanding Accreditation. San Francisco 1983.

KMK, HRK (Hrsg.): Neue Studiengänge und Akkreditierung. Beschlüsse und Empfehlungen von Kultusministerkonferenz und Hochschulrektorenkonferenz. Bonn 1999.

Myers, R. S. (u. a.): Die Akkreditierung amerikanischer Hochschulen. BMBF (Hrsg.). Bonn 1998.

U. S. Department of Education: Criteria for Recognition by the U.S. Secretary of Education. Washington D. C. November 1999.

Wissenschaftsrat: Empfehlungen zur Qualität der Lehre durch Evaluation. Köln 1996.

Wissenschaftsrat: Empfehlungen zur Einführung neuer Studienstrukturen und -abschlüsse, Januar 2000.

Young, K. E. (a. a.): Understanding Accreditation. San Francisco 1983.

Alumniorganisationen

www-Adressen:

www.Akkreditierungsrat.de
www.enqa.net
www.chea.org

Angaben zur Autorin

Dr. Heide Naderer
Geschäftsführerin des Akkreditierungsrates (bis Dezember 2000)
363 13th Street
Brooklyn
N.Y. 11215 USA
Tel.: 001-718-788-8013
Fax: 001-212-755-5780
E-Mail: naderer@daad.org

Alumniorganisationen

Ann Vogel

Alumniorganisationen (ab hier *AO*) befassen sich mit der nachhaltigen institutionellen Einbindung und sozialen Vernetzung der ehemaligen Studierenden. Einen einheitlichen Begriff gibt es bisher nicht. Absolventennetzwerk, Absolventenvereinigung und -verein, Alumni-Programm, Ehemaligenverein, Förderverein und Gesellschaft der Freunde sind gebräuchliche Bezeichnungen, die getrennt geschrieben als auch mit Trennstrich sowie mit dem geschlechtsneutralen »I« auftreten. Neben der Bezeichnung in Verbindung mit dem jeweiligen Hochschulnamen sind auch vereinzelt Kunstnamen gebräuchlich.

Die *AO* sind ein junges Phänomen in der deutschen Nachkriegsgeschichte der Hochschulen. 1995 wurden 10 Organisationen, als eingetragene Vereine, in Deutschland gezählt, meist an wirtschaftswissenschaftlichen Fachbereichen sowie an Privathochschulen. Die derzeitige Zahl wird auf 400 geschätzt (*Alumniclubs.de* 2000).

AO unterscheiden sich von anderen Alumnivereinigungen – nämlich: Studentenverbindungen und Hochschulfördergesellschaften – durch ihre Hauptfunktion der Rekultivierung der Verbundenheit der Masse der Studierenden mit ihrer Hochschule. Diese Funktion hat sich im Kontext der derzeitigen Reformbestrebungen der → *Hochschulpolitik* und der unter Globalisierungsdruck stehenden Arbeits- und Bildungsmärkte entwickelt. Mit den Alumni integriert die *AO* eine bedeutende Teilöffentlichkeit der Hochschule in die Institution und trägt wechselseitig zur Differenzierung der Gesamtöffentlichkeit bei. Mit Blick auf langfristig wirksame Veränderungen werden die gegenwärtig Studierenden oft mitbetreut. Das Selbstverständnis der *AO* wird entlang der Achse Dienstleistungsorganisation – Verein diskutiert. Die Idee der *AO* als Element des Hochschulmarketing hat sich in den letzten Jahren tendenziell verstärkt. Nicht unwichtig bei der praktischen Implementierung der *AO* sind Gestaltungsfragen, die sich mit der Rolle der meist vorhandenen Hochschulfördergesellschaften vor Ort, der allgemein anerkannten Unterversorgung der Studierenden als Problem für potenzielles Akquirieren von Arbeits-, Geld- und Sachspenden der Alumni, regionalspezifische sozioökonomische Aspekte sowie Fragen zu Form und Ziel auch im Kontext der so genannten »Vereinsmeierei« auseinandersetzen.

Als **Träger der** *AO* kommen die Hochschule, einzelne Fakultäten und Fachbereiche, Freundes- bzw. Förderkreise der Hochschule, gemeinnützige Trägervereine und GmbHs vor. Diese Vielfalt spiegelt einen typischen Charakterzug des assoziativen Lebens Deutschlands wider. Die Verwirklichung der Alumniidee ist als zentrales und dezentrales institutionelles Element vorhanden. Oft adoptiert auch die Hochschulfördergesellschaft die Funktion der *AO*. Ein zahlreich vertretener Typ findet sich in den Regionalgruppen, die entweder eingetragene Vereine und lose Zusammenschlüsse und/oder durch die Alma mater koordiniert sein können. Während sie eher informelle Netzwerke sind, deren konzeptuelle Integration für die Gesamt-*AO* der Hochschule wichtig ist, sind letztere als Teil der Organisationsstruktur aus der Perspektive des Hochschulmanagement die tagespolitisch dringendere Organisationsform. Meistgefundene Formen der Einbindung der *AO* sind der e. V. und die Betreuung der *AO* durch die Presse/PR-Abteilungen sowie die Akademischen Auslandsämter, wo es sich um ausländische Alumni handelt.

Primär ist die *AO* mit der langfristigen Zielgruppenbindung, Mitgliedergewinnung, der Pflege der Zielgruppendatenbank und Durchführung gezielter Marketingprogramme beschäftigt. Seit 1997 unterstützt die Hochschulrektorenkonferenz offiziell per Stellungnahme den hochschullandschaftsweiten Prozess der Alumnibetreuung durch die staatlichen Hochschulen (*HRK* 1997). Diese Entscheidung geht auf die Position zurück, dass der Erfolg der Hochschule zunehmend am Erfolg der Alumni auf dem Arbeitsmarkt gemessen werden wird. Die HRK empfiehlt den institutionellen Prozess der engeren Bindung der Alumni an die Hochschule bereits zu Studienzeiten. In der Bildung einer ➜ *Corporate Identity*, der damit verbundenen institutionsspezifischen ➜ *Profilbildung* und der Rückbesinnung der Hochschule auf ihr Selbstverständnis als Verantwortungsgemeinschaft sieht sie notwendige Voraussetzungen. Als institutionelles Hemmnis kritisiert sie die durch staatliche gelenkte Prozesse hervorgerufene Struktur der »anonymen Massenuniversität«. Individuelle Hemmnisse sieht die *HRK* in der Unterordnung von Hochschulgesamtinteressen unter die individuelle Forschungstätigkeit bei Professoren/Professorinnen und die Verlagerung des Schwerpunkts der ➜ *studentischen Lebenswelt* auf Arbeit und Familie. Die HRK formuliert drei Aufgaben für die *AO*: Erstens soll die *AO* intensiver Ausbildung und Berufspraxis verkoppeln (Hilfestellung bei Berufsorientierung, -einstieg und Existenzgründung, Personalvermittlerin und Koordinatorin von Weiterbildungsnachfrage und -angebot). Zweitens soll die *AO* Information über den Arbeitsmarkterfolg von Alumni an die Hochschule für deren positive Außendarstellung weitergeben. Drittens soll die *AO* Spenden einwerben, um anderweitig nicht finanzierbare Programme, Baumaßnahmen und Sachausstattungen zu realisieren.

Kontakte zwischen deutschen *AO* waren Mitte der Neunzigerjahre eher noch zufälliger Natur. Inzwischen haben sich verschiedene Netzwerke, jedoch ohne deutlichen Dachverbandscharakter, herausgebildet. *Alumni-clubs.de* (seit 1998) ist eine Arbeitsgemeinschaft für Deutschland, Österreich und die Schweiz. *AO* aller Trägerschaften können Mitglieder werden, denn Mitgliedschaftskriterium ist das Betreiben der Alumniarbeit. Die derzeitige Mitgliedsstärke liegt bei 75. Die Datenbank von *Alumni-club.de* erfasst 300 *AO*, d.h. die Mehrheit aller *AO* im deutschsprachigen Raum. *Alumni-clubs.de* organisiert Bundestreffen auf halbjährlicher Basis.

Ein zweites Netzwerk, *Alumni-germany.de*, ist eher bekannt durch Internet-Präsenz und bietet Informationsdienst und Kommunikationsplattform. *Alumni-germany.de* hat 57 *AO* von Hochschulen, ihren Fachbereichen, als auch Freundes- und Fördervereinen in seiner Datenbank. Das im Aufbau befindliche Projekt gehört dem Förderverein *PRO Wissenschaft* (gegründet 1993 als Vereinigung der Hochschulpressesprecher/-sprecherinnen). *PRO Wissenschaft* hat z. Zt. 40 Mitgliedshochschulen. Der Verein richtet seine Aktivitäten auch auf andere Wissenschafts- und Forschungsinstitutionen und Vertreter/Vertreterinnen anderer gesellschaftlicher Bereiche aus. Als Verein mit dem Ziel zu mehr Transparenz und Akzeptanz der Forschung in der Öffentlichkeit beizutragen und die allgemein als dürftig betrachtete Medienpräsenz deutscher Hochschulen zu verbessern, übernimmt er eine Vermittlerrolle für den Informationsfluss aus der Wissenschaft in die Medienwelt und Wirtschaft (hier: Forschungsprojekte). Der Verein stellt Expertenwissen (meist als Weiterbildung) für ➜ *Öffentlichkeitsarbeit* und Hochschulmarketing zur Verfügung.

Alumni.med.live ist eine erfolgreiche Verwirklichung des ➜ *Virtuellen Campus*. Diese medizinische Fakultät im Internet bietet on-line ein Weiterbildungsprogramm und eine multimediale Wissensbank für ehemalige Studierende der Medizin. Das Kooperationsprojekt der fünf baden-württembergischen Landesuniversitäten (Freiburg, Heidelberg, Mannheim, Tübingen und Ulm) wird von *Heidelberg Alumni International* koordiniert und von den in einem Konsortium zusammengeschlossenen *AO* dieser Universitäten betreut. Nachkontaktmaßnahmen und jährliche Regionaltreffen in Ländern der verschiedenen Schwerpunktregionen gehören zum Programm.

Die *AO* des *DAAD* baut auf der Nachkontaktpflege seiner Förderprogramme auf, richtet sich aber vornehmlich auf die ca. 150.000 ausländischen Alumni. Der *DAAD* arbeitet mit fast 100 Ehemaligenvereinen, die durch Alumni weltweit entstanden sind (ca. 10.000 Mitglieder). Als Experten und Führungskräfte in Wirtschaft und Wissenschaft ihrer Heimatländer sind die Mitglieder Schlüsselpersonen im bilateralen Austausch. Langfristig sind Beraternetzwerke geplant. Mit dem Alumni-Forum im Internet (seit 1998) bietet der *DAAD* Kontaktpflege und Informationsdienst für und zwischen Alumni und aktuell Geförderten. Alumni nehmen auf vielfältige Weise an der Gestaltung der aktuellen Programme teil. Der *DAAD* organisiert regelmäßig Alumnitreffen und -seminare. Die *DAAD*-Zielgruppendatenbank umfasst Informationen zu ca. 200.000 Alumni.

Alumniinitiativen werden laut einer Befragung (*Vogel* 2001) meist von Rektoren/Rektorinnen gestartet. Die Mehrheit der Hochschulen hat eine gesonderte *AO*, aber die Zahl derer, die ein Gesamtkonzept verwirklichen liegt unter einem Zehntel. Eine inzwischen klassische Dienstleistung ist das Alumnitreffen. Zur typischen Palette gehören die Einladung der Alumni zum Hochschuljubiläum, Weiterbildungsmöglichkeiten an der Hochschule, ein Zeitungsversand und der Bibliothekszugang. Bekanntmachungen der *AO* auf Studierendenabschlussfeiern und durch Campusmedien sind die häufigsten Arten der Mitgliederwerbung. Fast die Hälfte der Hochschulen hat keine zentrale Alumnibetreuung, während vier Fünftel zentrale HFG haben. *Fundraising*-Großkampagnen werden von einem Fünftel der befragten Hochschulen geplant oder durchgeführt. Die Mehrheit der Befragten sahen die Zukunft der Privatmitteleinnahmen an deutschen Hochschulen im → *Sponsoring*.

Laut einer bundesweit repräsentativen Absolventen/Absolventinnenbefragung (HIS 2000) stehen rund vier Fünftel der deutschen Absolventen/Absolventinnen in Kontakt mit ihrer Hochschule. Von diesen Kontakten sind jedoch 73 Prozent informeller Natur in der Form von Kontakten zu ehemaligen Kommilitonen/Kommilitoninnen, während 36 Prozent eigentliche Verbindungen zur Hochschule sind. Beziehungen letzterer Art bestehen primär in Kontakten zu akademischem Personal (32 %) und als Nutzungen von Infrastruktur (z.b. Bibliothek, Rechenzentrum, Labor, 22 %). Die *AO* werden nur von 6 Prozent der Befragten als vorhandener Kontakt genannt. Die Absolventen/Absolventinnen wünschen sich von ihren Beziehungen zur Hochschule vor allem die Aufrechterhaltung von Kommilitonen/Kommilitoninnen- (59 %) und wissensorientierten Beziehungen (Weiterbildung 49 %, fachlichen Rat 46 % und die Weitergabe von Praxiswissen durch Alumni 27 %). Die häufigsten Kommunikationsformen zwischen Absolvent/Absolventin und Alma mater sind Absolventen/Absolventinnentreffen (21 %) und Lehr- und Veranstaltungsangebote der Hochschule (15 %).

Obwohl weitgehend Einigkeit darüber herrscht, dass US-amerikanische Konzepte nicht geradewegs auf die deutsche Situation übertragen werden können, wird die US-amerikanische Alumniorganisation in Deutschland oft als einzuholendes Vorbild dargestellt. Tiefere Auseinandersetzungen mit diesem Organisationsfeld, die das Know-how hinter der institutionellen Schlagkraft amerikanischer Hochschulen im globalen Bildungsmarkt durchaus beleuchten können, fehlen weitgehend. Eine solche Auseinandersetzung kann aber von Interesse werden, wenn amerikanisches Fundraising-Know-how und philanthropischer Ressourcentransfer gekoppelt mit dem Angloisierungstrend in der Alltagssprache und der Durchsetzung von Englisch als Verhandlungssprache im globalen Bildungsmarkt an Bedeutung gewinnen. Erste Tendenzen zeigen sich bspw. in der Intensivierung der Europaaktivitäten des *Council for the Advancement and Support of Education* (CASE). In den USA ist die Entwicklung der *AO* in ihrer heutigen Form eng an die seit den 1970ern zu beobachtende Expansion und Differenzierung der Hochschulverwaltungsstrukturen gekoppelt, die sich unter dem Einfluss der Accountability Movement und einflussreichen Managementtheorien, der Entwicklung eines eigenständigen Forschungsfeldes (Higher Education) mit entsprechender Kaderschmiede und ➜ *Professionalisierung* der Leitungsebenen bis heute vollzieht. Der erste Alumnifonds wurde 1890 an der *Yale University* eingerichtet. Seit den 1930er Jahren werden Alumnispenden durch Jahresprogramme (Annual Giving) akquiriert. Die Züge der *AO* sind vom ➜ *Fundraising* bestimmt. Die typische *AO* ist gemeinsam mit ➜ *Öffentlichkeitsarbeit* (Public Relations) und dem Fundraising (Development) in ein institutionelles Gesamtkonzept (Institutional Advancement) integriert. Hierbei spielt die rapide Professionalisierung von Fundraisern (Development Officers), eine entscheidende Rolle, die nicht auf die technische Verfeinerung der Spendenakquisition reduziert werden darf, wenn ihre Bedeutung in der Wandlung der Hochschulwerte und -struktur in Interaktion mit den Alumni und anderen wichtigen Öffentlichkeiten nicht unterschätzt werden soll. Der Komplex der modernen Philanthropie (Geschenksteuern, Fundraisinggesetze, Informationspflicht für Nonprofitorganisationen, die relativ permeable Grenze des Nonprofit- zum Hochschulsektor, der Neue Reichtum und das ihn begleitende Strategic Giving) ist für die jüngeren Entwicklungen in der *AO* von großer Bedeutung.

Die deutschen *AO* haben historisch Probleme mit Datenschutzregelungen seitens der Länderregierungen, die die für die Alumniarbeit wichtige Informationsgewinnung über Alumni und Studierende teilweise erschweren. Hochschulleitungen erkennen zunehmend, dass die *AO* »Chefsache« ist. Da es an Ressourcen mangelt, ist ein hohes Maß an Kreativität bei der Grundsicherung gefordert. Die effektive Gestaltung eines Gesamtkonzepts ist stark von dieser zuweilen komplexen Situation abhängig. Als Probleme werden von Hochschulverwaltungsangestellten und -leitungspersonal auch das »unkoordinierte Anbetteln« von verschiedenen Geldquellen und die Konkurrenz zwischen dezentralen und zentralen Alumniorganisation genannt. Das Interesse an Arbeits-, Geld-, und Sachleistungen ist groß, wird aber als mittel- bis längerfristiges Ziel nach dem so genannten Friendraising gesehen. Strategische Großspendeneinwerbung ist in *AO* kaum ausgeprägt. ➜ *Fundraising* hängt stark von hochschulspezifischen Komponenten ab. Der aktuelle und potenzielle Alumni-Spendenmarkt Deutschlands ist unbekannt. Ein noch näher zu untersuchender Faktor ist möglicherweise, dass sich bis heute kein professionelles Fundraisernetz für den Hochschulsektor entwickelt hat. Das sich seit einer Dekade professionalisierende Fundraisingfeld des deutschen Nonprofitsektors hatte bisher wenig Gelegenheit, seine Kapazitäten für den Hochschulsektor auf den Prüfstand zu stellen. Auch die Analyse dieses eventuellen Potentials der Verzahnung von Hochschul- und Nonprofitsektor (siehe USA) und deren Adaptabilität für Deutschland steht noch aus. Während *AO* (teilweise in Kooperation mit akademischem Hochschulpersonal) zunehmend Alumnireaktionen auf Dienstleistungen messen, gibt es kaum sozialwissenschaftliche Studien zu dieser → *Organisationsentwicklung* und -innovation. Leistungsstarke Forschung und damit verbundene potentielle Praxisanleitungen werden durch den Umstand erschwert, dass es keine koordinierte und systematische Datenbank gibt, was weitgehend am Ressourcenmangel und nicht am fehlenden Interesse liegt.

Literatur:

Alumni-Clubs.de.: »4. Bundestreffen der Alumni-Organisationen am 20.-21. Oktober 2000 an der Universität Siegen« (Dokumentation). Mannheim, Frankfurt a. M., 2000.
Hochschul-Informations-System (HIS GmbH): »Herausforderung für Hochschulen – Ehemalige wünschen Kontakte zu ihrer Hochschule« (Erhebung): www.his.de/doku/presse/pm/pm-alum.htm Hannover, 2000.
Hochschulrektorenkonferenz: »Zur Rolle der Absolventenvereinigungen« (Stellungnahme des 183. Plenums am 10. November 1997). http://www.hrk.de/vbsmodule/texte/std_text.asp?str_callFile=texte/archiv/Entschliessungen/Plen183_9.htm. Bonn, 1997.
Vogel, A.: Die Hochschule und ihre Öffentlichkeiten – Öffentlichkeitsarbeit an deutschen Hochschulen. (Erhebung) www.ann-vogel.de Seattle, 2001.

WWW-Adressen:

http://www.alumni-clubs.org
http://www.alumni-germany.de
http://www.case.org/euro/eurmain.htm
http://www.daad.de/alumni/
http://www.prowissenschaft.de/
http://www.zuv.uni-heidelberg.de/aaa/alumni/med

Angaben zur Autorin:

Ann Vogel
Dipl.-Päd. und M. A. (Hons)
Doktorandin und Lehrassistentin
Department of Sociology
University of Washington
212F Savery Hall
Box 35 33 40
Seattle, WA 98195-3340
USA
Tel. : +1 206 543 5882
E-Mail: avogel@u.washington.edu

Autorenumgebungen

Reinhard Keil-Slawik
Harald Selke

Die Erstellung von multimedialen Dokumenten und Anwendungen für Lehr-
und Lernzwecke kann mit unterschiedlichsten Werkzeugen erfolgen, die zum
Teil für unterschiedliche Anwendungszwecke entwickelt worden sind. Dazu gehören allgemeine Programmierumgebungen (Microsoft Visual C++ oder IBM
Visual Age), Office Pakete für Büroanwendungen, die auch Werkzeuge zur Vor-
tragsunterstützung (Erstellung von Folien) enthalten, Systeme zur Entwicklung
von Kioskinformationssystemen und hochwertigen Produktpräsentationen (z.
B. Macromedia Director oder Asymmetrix Toolbook) sowie Kursverwaltungs-
systeme (➜ *Online-Lehr-Lern-Plattformen* sowie ➜ *Hypertext und Hypermedia*), die für die Erstellung von Materialien mit Aufgabenkomponenten und
Lernerrückmeldung konzipiert sind (z. B. Lotus Learning Space, Hyperwave/
Gentle; Computer assisted learning und Computer assisted teaching).

Im Kontext der Entwicklung von Lehrmaterialien werden die verschiedenen
Werkzeuge und Anwendungspakete unter dem Stichwort Autorenumgebungen
zusammengefasst; die Dokumente einschließlich der Werkzeuge zu ihrer Erschließung und Nutzung werden als Lernumgebungen bezeichnet.

Die Auswahl der Autorenumgebung hat weitreichende Konsequenzen auf die
Art, in der die erstellten Dokumente von den Lehrenden sowie den Lernenden
später verwendet werden können. Der Produktion hochwertiger, in sich abgeschlossener Materialien, die im Wesentlichen zu Präsentationszwecken dienen,
steht die integrierte Erstellung und Bearbeitung multimedialer Materialien in
offenen Lehr-/Lernumgebungen gegenüber. In derartigen Umgebungen tritt die
Bearbeitbarkeit durch die Studierenden und die langfristige Wartbarkeit der
Materialien gegenüber der Hochwertigkeit der Materialien in den Vordergrund.

Auf der Produzentenseite muss abgewogen werden zwischen der Komplexität
der möglichen Interaktionen und damit der Flexibilität in der Benutzung einerseits und dem Aufwand zur Produktion andererseits. Beide Faktoren sind bei
der Verwendung einer Programmierumgebung zur Erstellung multimedialer
Materialien am höchsten und nehmen über Autorensysteme bis hin zu Office-
Paketen ab. Die Produktion einer hochwertigen Lehrsoftware ist derart aufwändig, dass sie unter alltagspraktischen Bedingungen nicht an einer Hochschule erfolgen kann, sondern vielmehr im Rahmen von Projekten oder externen Kooperationen erfolgen muss. Vertretbar dagegen ist die Produktion von
Arbeitsmaterialien, die zur aktiven Bearbeitung durch die Studierenden vorgesehen sind, mit Hilfe von Office-Software, die von vielen Lehrenden ohnehin
verwendet wird. Um derartige Materialien jedoch gewinnbringend nutzen zu

können, muss die Lernumgebung geeignete Zugriffs- und Strukturierungsmöglichkeiten anbieten (→ *Multimediale Infrastrukturen*).

Grundsätzlich können Autorenumgebungen unterschieden werden in Autorensysteme im engeren Sinne (zur Erstellung von Dokumenten) und in Programmierumgebungen (zur Erstellung von Werkzeugen). Durch das Konzept der Interaktion gibt es zwischen beiden einen fließenden Übergang, da hierbei Dokumente und Werkzeugfunktionen integriert werden. Autorensysteme sind in erster Linie hochspezialisierte Werkzeuge für die Produktion multimedialer Anwendungen. Programmierumgebungen sind universeller und sehr flexibel für verschiedenste Zwecke einsetzbar, erfordern dafür aber für spezielle Anwendungen einen erhöhten Entwicklungsaufwand. Sie werden insbesondere zur Integration verschiedener Anwendungen und Plattformen verwendet. Darüber hinaus können Materialien auch mit Office-Paketen (wie Microsoft Office oder StarOffice von SUN) erstellt werden, die in der Interaktivität stärker eingeschränkt sind als die vorgenannten Werkzeuge, jedoch den Vorteil einer einfachen Benutzbarkeit und weiten Verbreitung haben.

Der wesentliche Gesichtspunkt für die Auswahl einer Autorenumgebung ist die Frage, in welcher Form die Materialien von den Lernenden verwendet werden sollen. Für die einmalige Produktion einer multimedialen Lehrumgebung, wie z. B. einer CD-ROM, bietet sich die Verwendung eines Autorensystems an, das es gestattet, Interaktionssequenzen zu spezifizieren. Derart erzeugte Anwendungen ermöglichen häufig die Einbindung externer Ressourcen (z. B. Quellen im WWW) über Hyperlinks. Außerdem bieten sie meist die Möglichkeit, externe Programme auf dem Computer des Anwenders aufzurufen.

Allerdings sind die Möglichkeiten zur Integration mit anderen Lehr- und Lernmaterialien stark eingeschränkt, da Autorensysteme ihre Dokumente üblicherweise in spezialisierten (proprietären) Datenformaten verwalten. Die Bearbeitung ist deshalb nur mittels der meist sehr kostspieligen Erstellungssoftware möglich. Für das Lesen, Abspielen oder Präsentieren gibt es dagegen meist frei verfügbare Abspielsoftware (Viewer, Reader). Die Erstellungssoftware ermöglicht zwar die freie Bearbeitbarkeit der Materialien, doch kann dadurch die Authentizität der Dokumente in Bezug auf Aussehen und Inhalt nicht gewährleistet werden. Die Abspielsoftware sichert zwar die Unversehrtheit des Materials, schränkt dabei aber die Nutzung soweit ein, dass die Benutzer weder eigene Dokumente in die Lehrumgebung integrieren, noch – bis auf wenige Ausnahmen – eigene Anmerkungen an das Material anbringen können (→ *Internetgestützte Wissensorganisation*). Manche Autorenumgebungen ermöglichen auch die Ausgabe in einem Format, das einen einfachen Einsatz in WWW-basierten Umgebungen erlaubt. Dazu werden entweder plattformspezifische Erweiterungen der gängigen WWW-Browser auf Anwenderseite benötigt oder es wird die Programmiersprache Java als Ausgabeformat verwendet. Bei Nutzung dieser Möglichkeit können mitunter nicht alle Funktionen der Autorenumgebung genutzt werden.

Werden Office-Pakete für die Erstellung von multimedialen Materialien verwendet, sieht das Problem etwas anders aus. Auch hier bieten die Hersteller frei verfügbare Lesewerkzeuge an, die die Bearbeitbarkeit der Originaldateien einschränken. Doch können diese häufig auch mit Werkzeugen anderer Hersteller bearbeitet oder in andere Formate kopiert werden, so dass es kaum möglich ist, die Authentizität zu sichern.

Komplexere Interaktionen und eigenständige Anwendungen können mit Hilfe der in die Office-Pakete integrierten Programmiermöglichkeiten realisiert werden. Je nach Grad der Interaktivität kann es jedoch notwendig sein, dass die Lernenden selber über die Erstellungssoftware verfügen. Die Authentizität der Materialien kann dann allerdings nicht mehr gewährleistet werden. Hier bietet es sich an, anstelle der Originaldateien ein spezielles Weitergabeformat wie PDF (Portable Document Format) zu verwenden. Bei solchen Formaten schränken Sicherheitsmechanismen die Bearbeitung des Dokuments ein, gestatten es aber z. B. eigene Anmerkungen anzubringen.

Für die Integration mit anderen Materialien wird man auf offene Standards für die Formate der Dokumente sowie der interaktiven Materialien zurückgreifen müssen. Dies ist auch unter dem Gesichtspunkt der Pflege und Fortentwicklung unverzichtbar. Hier scheinen zunächst alle Programmiersprachen geeignet zu sein; Offenheit in diesem Sinne kann jedoch auch die Verfügbarkeit auf verschiedenen Plattformen (Microsoft Windows 9x, Macintosh 9.x, Linux etc.) bedeuten. Ist diese gewünscht, bietet sich die Verwendung der Programmiersprache Java an, die mit den Konventionen zu JavaBeans zugleich einen Mechanismus zur Verfügung stellt, der die Wiederverwendbarkeit von Software-Modulen ermöglicht.

Autorensysteme und Office-Pakete können meist neben ihren proprietären Formaten auch Dokumente erzeugen, die einem offenen Standard entsprechen. Für multimediale Anwendungen ist dies häufig wiederum Java. Für weitestgehend statische Dokumente gibt es zahlreiche Formate, so genannte Auszeichnungssprachen (Markup Languages), die es gestatten, Dokumente mit unterschiedlichen Werkzeugen zu bearbeiten. SGML (Standard General Markup Language) ist ein Format, das für professionelles Dokumentenmanagement benutzt wird und im Verlags- und Druckereiwesen weit verbreitet ist. HTML (Hypertext Markup Language) ist für die Bereitstellung von Dokumenten im World Wide Web entwickelt worden. Die eingeschränkten Möglichkeiten von HTML sind unter der Bezeichnung XML (eXtended Markup Language) erweitert worden, wobei XML eine Untermenge von SGML ist und deshalb mit diesem international etablierten Standard kompatibel ist. Multimediale Elemente werden in HTML- oder XML-Dokumente durch spezielle Erweiterungen und den Zugriff mit spezialisierten Programmiersprachen (wie JavaScript) eingebettet.

Literatur:

Schulmeister, R.: Grundlagen hypermedialer Lernsysteme. Theorie – Didaktik – Design. München: Oldenbourg 1997.

Kerres, M.: Multimediale und telemediale Lernumgebungen. Konzeption und Entwicklung. München: Oldenbourg 1998.

WWW-Adressen:

http://www.uvm.nrw.de/Infothek/SoftwareFS (siehe Menüpunkt »Autorentools/Entwicklungswerkzeuge«.

Angaben zu den Autoren:

Prof. Dr.-Ing. Reinhard Keil-Slawik
Heinz Nixdorf Institut
Universität Paderborn
Fürstenallee 11
33102 Paderborn
Tel.: +49 52 51 60 64 11
Fax: +49 52 51 60 64 14
E-Mail: rks@uni-paderborn.de
http://iug.uni-paderborn.de/Keil-Slawik

Harald Selke
Heinz Nixdorf Institut
Universität Paderborn
Fürstenallee 11
33102 Paderborn
Tel.: +49 52 51 60 65 18
Fax: +49 52 51 60 64 14
E-Mail: hase@uni-paderborn.de
http://iug.uni-paderborn.de/hase

Balanced Scorecard

Anton Hahne

Seit Jahren spricht man von einem Paradigmenwechsel im ➜ *Controlling*: Nicht mehr primär Kostenbegrenzung und ➜ *Effizienz* (»Ist der Mitteleinsatz optimal?«), sondern *Effektivität* (»Machen wir das Richtige?«) werden eingefordert. Es fehlte bisher aber ein praktikables Steuerungsinstrument, um den verschiedenen Anforderungen des Managements auf strategischer (langfristiger) und operativer (kurzfristiger) Ebene gleichzeitig gerecht zu werden. Anfang der

15

Neunzigerjahre entwickelten *Robert S. Kaplan* und *David Norton* ein Managementsystem zur Gestaltung des Planungs-, Steuerungs- und Kontrollprozesses von Organisationen, das sie zuerst »Unternehmens-Scorecard« nannten. In Form einer »Punktetafel« oder eines »Kennzahlen-Tableaus« wurden neben monetären Daten interne Leistungskennzahlen (Lieferzeiten, Qualität, Effektivität der Produktentwicklung etc.) berücksichtigt. Die Weiterentwicklung zur »**Balanced Scorecard**« (BSC) versucht die Balance zwischen kurz- und langfristigen Zielen, zwischen monetären und nicht monetären Kennzahlen, zwischen Früh- und Spätindikatoren sowie zwischen internen und externen Umsetzungsperspektiven (»Performance«) herzustellen. Ein kurzsichtiger Fokus auf Kostensenkung und Preiswettbewerb sollte ergänzt bzw. überwunden werden durch die organisationsinterne Kommunikation von Strategien und die Generierung von Wachstumspotenzial. Die schnell wachsende Akzeptanz dieses Modells zeigt, dass hier ein – zumindest auf den ersten Blick – griffiges Instrument dem Anspruch lernender Organisationen entgegenkommt, Innovation und verlässliche – d.h. finanzielle und prozessorientierte – Fundierung des eigenen Handelns miteinander zu verbinden. Erste Anwendungen im Non-Profit-Bereich lassen erwarten, dass die BSC bald auch in Bildungseinrichtungen eingesetzt wird.

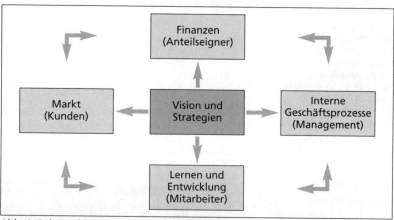

Abb. 1: Balanced Scorecard nach *Kaplan/Norton* (vereinfachte Darstellung)

Vier Perspektiven werden im Originalkonzept der BSC gleichgewichtig berücksichtigt: **Kundenperspektive** (1), **Mitarbeiter- und Lernperspektive** (2), **Perspektive der Geschäftsprozesse** (3) sowie **Finanzperspektive** (4). Im Folgenden werden diese kurz besprochen, Aspekte der Implementierung und der Umsetzung als Unternehmensstrategie aufgezeigt und erste Vorschläge für die Anwendung im Hochschulmanagement skizziert.

(1) Während früher das Hauptaugenmerk von Unternehmen, gerade auch von bürokratischen Organisationen wie Universitäten auf der Handhabung interner

Verfahren lag und die Dienst- oder Produktleistung nach dem tradierten eigenen Selbstverständnis optimiert wurde, kehrt die Kundenorientierung den Blick um: Die Wünsche der Kunden entscheiden in Konkurrenzsituationen über den Erfolg organisationalen Handelns. Produkte und Dienstleistungen müssen für die Abnehmer Wertschöpfung darstellen, weshalb spezifische markt- und kundenbezogene Ziele in die BSC aufgenommen werden. Als Kernkennzahlen der Kundenperspektive gelten: Marktanteil, Kundentreue, Kundenakquisition, Kundenzufriedenheit und Kundenrentabilität (*Kaplan/Norton* 1997, S. 66). Bekanntermaßen ist die Rentabilität für Kunden von Bildungsangeboten objektiv kaum zu erfassen, wirken sich doch Investitionen im Bildungsbereich erst langfristig wertsteigernd aus. Effekte lassen sich rückwirkend nicht monokausal attribuieren. Trotzdem kann mit Kennzahlen gearbeitet werden, deren subjektive Rationalität plausibel genug ist, um intersubjektiv gerechtfertigt zu werden.

(2) Der Blick auf die Mitarbeiter wird von *Kaplan/Norton* »Lern- und Entwicklungsperspektive« genannt. Hauptkategorien sind Mitarbeiterpotenziale, Potenziale von Informationssystemen sowie Motivation, Empowerment und Zielausrichtung. Mitarbeiterbezogene Kennzahlen können dabei die Mitarbeiterzufriedenheit, die Personaltreue/Verweildauer und die Mitarbeiterproduktivität sein. Im Hochschulmanagement versteht es sich von selbst, dass Lernen und Weiterbildung zentrale Erfolgskategorien darstellen. Die Nutzung von ➜ *IT-gestützten Informationssystemen* ist weit fortgeschritten, wird aber noch zu wenig im Sinne eines lebendigen Managementinformationssystems genutzt. Auch moderne motivationsförderliche Personalführung mittels Management by Objectives bzw. Zielvereinbarung stellt noch den Ausnahmefall dar.

(3) *Kaplan/Norton* (1997, S. 89) empfehlen, dass das Management eine vollständige Wertschöpfungskette der internen Prozesse definiert: »angefangen mit dem Innovationsprozess – Identifizierung von aktuellen und zukünftigen Kundenwünschen und Entwicklung neuer Lösungen für diese Wünsche – weiter mit dem Betriebsprozess – existierenden Kunden existierende Produkte und Dienstleistungen anbieten – und schließlich der Kundendienst – ein Angebot von Dienstleistungen nach dem Produktkauf, das zum Kundennutzen beiträgt.« Dabei geht es nicht nur um die Überwachung und Verbesserung von Kosten, Qualität und Zeitverwendung, sondern um die Ableitung aus expliziten Strategien zur Befriedigung von Anteilseigner- und Kundenerwartungen. Die Kernfrage lautet »Welche Geschäftsprozesse müssen wir kundenbezogen wie verändern, um unsere visionären Ziele zu erreichen?« (*Friedag/Schmidt* 1999, S. 136).

(4) Monetäre Ziele stellen in der Marktwirtschaft eine Conditio sine qua non dar. Sie – bei Non-Profit-Unternehmen gleichgewichtig Sachziele – sind Fokus für und Bindeglied zwischen allen anderen Scorecard-Perspektiven. Kennzahlen für die Steigerung der Produktivität, die Senkung von betrieblichen Aufwendungen, die verbesserte Nutzung des Anlagevermögens bzw. der Systemressourcen etc. sind für die meisten Organisationen auch des Öffentlichen Sektors von zentraler Bedeutung. Da jedoch keine leicht identifizierbaren Umsatzzahlen oder Kapitalrenditen ausgewiesen werden können, gilt es, geeignete finanzielle

Messgrößen für die jeweilige Organisationsstrategie zu bestimmen. Dies wird erst im Zuge größerer Autonomie von Bildungseinrichtungen bei klar identifizierbaren Budgets und einer modernen → *Kostenrechnung* möglich. Ist man soweit, eine Bemessungsgrundlage für die finanzielle Quantifizierung des Bildungsoutputs zu benennen, so ließe sich der Grundsatz erfüllen, wonach jede BSC-Kennzahl »ein Teil der Kette von Ursache und Wirkung« sein sollte, »die schließlich zur Verbesserung der finanziellen Leistung führt« (*Kaplan/Norton* 1997, S. 46). Auch wenn man dieser rationalistischen, kausalanalytischen Grundhaltung nicht folgen mag (wie z. B. *Wimmer/Neuberger* 1998, S. 567), als »wertorientierte Unternehmensführung« rückt sie die Perspektive der Investoren (zur Zeit: Öffentliche Hand und Drittmittelgeber, zukünftig verstärkt auch Privatinvestoren) in den Mittelpunkt.

Das Konzept der BSC kombiniert ein differenziertes Kennzahlensystem mit einem Managementsystem der strategischen Führung. Ob dies nun – wie vorgeschlagen – vier oder mehr Perspektiven sind, entscheidet jede Organisation nach eigenen Bedürfnissen. Der typische Standardprozesses der Einführung dauert laut *Kaplan/Norton* etwa 16 Wochen: Drei Wochen Projektplan mit Auswahl der passenden Organisationseinheit, vier Wochen Interviews/Workshops mit der Definition strategischer Zielsetzungen, sieben Wochen Workshops in Untergruppen zur Auswahl der strategischen Kennzahlen und vier Wochen zur Erstellung eines Umsetzungsplans. Die genaue Ausgestaltung wird zwar von den BSC-Vertretern anhand zahlreicher Beispiele illustriert (*Friedag/Schmidt* 1999; *Weber/Schäfer* 1999), doch ist – schon aufgrund der Schwierigkeiten der Leistungsmessung – keine einfache Übertragbarkeit in Organisationen des Non-Profit-Bereichs zu erwarten (*Berens* 2000, S. 25 ff.). Jede Implementierung stellt einen → *Organisationsentwicklung*sprozess dar, dessen Ergebnis nicht vorab beschrieben werden kann. Den »one best way« bei Reorganisationen gibt es nicht (*Hanft* 2000, S. 22) – schon gar nicht aus einer mikropolitischen Perspektive (*Brüggemeier* 2000, S. 455 ff., *Wimmer/Neuberger* 1998, S. 583 ff.).

Trotzdem soll im Folgenden skizziert werden, welche Kennzahlen möglicherweise im Hochschulmanagement in die BSC einfließen können. Es wird dabei deutlich, dass es im Konzept der BSC nicht um theoretische Finesse, um überschneidungsfreie Variablen oder um Güte im Sinne von Testkriterien geht. Ausgangspunkt sind meist historisch gewachsene Kennzahlen, deren Brauchbarkeit im Zuge eines strategischen Diskurses überprüft werden muss, um zu »balancierten« und »fokussierten« Kennzahlen (*Weber/Schäffer* 1999, S. 43) zu gelangen. Wichtig ist eine gute Handhabbarkeit durch eine geringe Anzahl von Kennzahlen (Beschränkung auf 3 bis 6 Größen pro Perspektive) und die bewusste Wahrnehmung ihrer gegenseitigen Abhängigkeit und Bezüge durch die Organisationsmitglieder. Um organisationssoziologisch zu sprechen: Die Rekursivität der Handlungen aller Organisationsakteure wird gerade dann sichtbar, wenn das Instrumentarium gelegentlich dem Muster »quick and dirty« folgt – ein Muster, das laut *Weber/Schäffer* (1999, S. 97) allerdings zur Kultur der Institution passen muss.

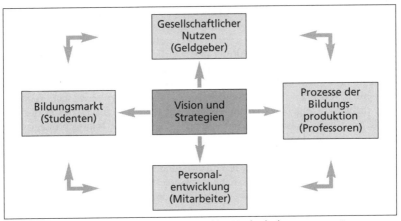

Abb. 2: Anwendung der Balanced Scorecard im Hochschulmanagement

(1) Unter der **Kundenperspektive** sind zuallererst die Studenten und Absolventen (Alumni), darüber hinaus die Sichtweisen von externen Auftraggebern (Forschung) und potenziellen Arbeitgebern zu berücksichtigen. Durch → *Evaluationen* kann die Studentenzufriedenheit, durch Fluktuationsstatistiken die »Kundenbindung«, durch Marktstudien die Entwicklung des spezifischen Anteils am Weiterbildungsmarkt erfasst werden. Ein Beschwerdemanagement könnte dabei alle Teile der Leistungserstellung »Lehre« und »Prüfungswesen« begleiten, um nicht nur im Ausnahmefall korrigierend einzugreifen, sondern als Frühwarnindikator zu dienen.

(2) Die **Mitarbeiterperspektive** ist weitgehend deckungsgleich mit der Vorstellung einer → *Personalentwicklung* als systematische Gestaltung von Prozessen, mit denen Leistungs- und Lernpotenzial aller Beschäftigten erkannt, erhalten und gefördert werden. Kennzahlen können sein: Gesundheitszustand, Personalbedarfsdeckung, Zielorientierung und Führungskultur, Mitarbeitermotivation. Eine weiter gefasste Form des Mitarbeiterbegriffs bezieht selbst die Studenten ein (→ *EFQM*).

(3) Die **Perspektive der Internen Prozesse** wird ebenfalls auf Ergebnisse von Evaluationen zurückgreifen, um die Identifikation und Umsetzung von Innovationserfordernissen bewerten zu können. Maßstab sind dabei nicht nur Wünsche »interner« Kunden, sondern auch Innovationen der Scientific Community, die aus Organisationssicht als Konkurrenz auf dem gemeinsamen Markt »Forschung und Wissensvermittlung« tätig ist. Kennzahlen für die Qualität der Leistungserstellung können sein: Betreuungsschlüssel, Bearbeitungszeiten und Kommunikationskennzahlen (Public Relations-Maßnahmen, Publikationszahlen, Anzahl der Mitarbeiter-Vorgesetzten-Gespräche etc.), Anzahl projektorientierter bzw. selbstorganisierter Lerneinheiten etc.

(4) Originäre **Finanzziele** (z. B. Umsatz durch Weiterbildungsmaßnahmen für

Externe) spielen im öffentlich-rechtlichen Schul- und Hochschulwesen bisher eine untergeordnete Rolle. Da in Zukunftsszenarien private Bildungsanbieter dem staatlichen Angebot verstärkt Konkurrenz machen werden, wird der Mitteleinsatz auch bei Beibehaltung des staatlichen Kulturmonopolanspruchs legitimiert werden müssen. Ansätze dazu sind Kennzahlen wie:»Kosten pro Studienplatz« oder »Beschäftigungsquoten von Absolventen«. Die Produktivität muss verstärkt aus nichtfinanziellen Zielgrößen abzulesen sein: »Anzahl öffentlicher Vorträge/Tagungen«, »Anzahl substantieller Interviews in der Öffentlichkeit bzw. Aufsätze in der Fachpresse«, »Anzahl erfolgreich integrierter ausländischer Studenten« etc. – so diskussionswürdig diese im Einzelnen auch sind, solange keine »controllinggerechte« Organisation (*Brüggemeier* 2000, S. 470 ff.) vorliegt. Die Wertorientierung erfolgt anhand obiger Stakeholder-Überlegung: Gesellschaftliche Subsysteme wie Gebietskörperschaften (Länder, Städte) aber auch z. B. Berufsstände, Arbeitgeber und Gewerkschaften fordern Rechenschaft und formulieren so externe Ansprüche, die intern strategieleitend wirken (*Hertel* 2000). Erste ➡ *Zielvereinbarungen zwischen Staat und Hochschule* zeigen dazu einen gangbaren Weg.

Zumindest ein plakatives Beispiel der Schwierigkeiten dieser »Outputsteuerung« sei genannt: die Rolle der Hochschullehrer. Solange die wissenschaftliche Reputation der Professoren das gesellschaftliche Ansehen der Hochschulen fast allein bestimmt, ergeben sich kaum Steuerungsmöglichkeiten der Organisationsleitung, da die Anerkennung im externen Kollegenkreis mehr zählt als die konkrete Leistung an einer bestimmten Hochschule (*Hanft* 2000, S. 15). Die Outputgröße »Zahl der Publikationen« – eine Kenngröße der überorganisatorischen Scientific Community – geht oft zu Lasten der Kenngröße »Dienstleistungen in der Lehre«, die nur von lokaler Bedeutung ist. Wie die Diskussion um ➡ *Globalhaushalte* und ➡ *Zielvereinbarungssysteme* sowie um das ➡ *Qualitätsmanagement* von Hochschulen aber zeigt, sind Akteure durchaus reformwillig, wenn eigene Handlungsspielräume gewahrt bleiben.

Die BSC stellt eine strukturierte Sammlung von Kennzahlen dar, die als Bindeglied zwischen Organisationsstrategie und operativer Umsetzung im Sinne eines Managementsystems den Führungsprozess unterstützen. Es handelt sich daher um ein Informations- und Lerninstrument des Controllings und des Qualitätsmanagements, weniger um ein finanzwirtschaftliches Kontroll-Tool; denn die BSC soll allen Akteuren der Organisation konkret vermitteln, wie strategische Ziele mit der Vision des Unternehmens zusammenhängen und wie sie praktisch umgesetzt sind. Bisher liegen keine Erfahrungen aus Anwendungen in Bildungsinstitutionen vor, so dass Erstimplementierungen nicht auf Vorbilder zurückgreifen können. Der Unikatcharakter jeder BSC erfordert allerdings sowieso einen spezifischen Prozess der ➡ *Organisationsentwicklung* bei der Einführung. Das Ergebnis ist idealerweise ein ausbalanciertes Gleichgewicht von »harten« ökonomischen Zahlen und »weichen« verhaltenswissenschaftlichen Größen. Dies und das derzeitig große Interesse an der BSC in Großunternehmen der freien Wirtschaft lässt vermuten, dass das Instrument nach einem kurzen Time-lag sowohl in klein- und mittelständischen privatwirtschaftlichen Bildungsunternehmen als auch im Öffentlichen Sektor verstärkt Anwendung finden wird.

Literatur:

Berens, W. u. a.: Die Balanced Scorecard als Controllinginstrument in Non-Profit-Organisationen. In: Controlling, 12. Jg., Heft 1, Januar 2000, S. 23-28.

Brüggemeier, M.: Potentiale und Probleme eines Hochschul-Controllings. In: *Budäus, D./Küpper, W./Streitferdt, L.* (Hrsg.): Neues öffentliches Rechnungswesen. Wiesbaden 2000.

Friedag, H. R./Schmidt, W.: Balanced Scorecard. Mehr als ein Kennzahlensystem. Freiburg u. a. 1999.

Hanft, A.: Sind Hochschulen reform(un)fähig? – Eine organisationstheoretische Analyse. In: Dies. (Hrsg.): Hochschulen managen? Neuwied u. a. 2000.

Hertel, I.: Rechtschaftspflicht und Qualitätssicherung – Eckpfeiler der Hochschulautonomie. Der Staat auf dem Weg vom Regulator zum Moderator. In: Hochschulrektorenkonferenz (Hrsg.): Leitbild der Hochschule – Qualität der Lehre. Beiträge zur Hochschulpolitik 2/2000, S. 27-40.

Kaplan, R. S./Norton, D. P.: Balanced Scorecard. Stuttgart 1997.

Weber, J./Schäffer, U.: Balanced Scorecard & Controlling. Wiesbaden 1999.

Wimmer, P./Neuberger, O.: Personalwesen 2. Stuttgart, 1998.

Angaben zum Autor:

Prof. Dr. Anton Hahne
Professor für Soziologie/Sozialkompetenz an der Hochschule Wismar
Gneisenaustraße 5
20253 Hamburg
Tel.: +49-40-42911441
Fax: +49-40 42911440
E-Mail: a.hahne@wi.hs-wismar.de
http://www.wi.hs-wismar.de/fbw/personen/A.Hahne

Benchmarking

Ulrich Schreiterer

Seit die Begriffe »Benchmark« und »**Benchmarking**« Mitte der Achtzigerjahre zum ersten Mal in Managementpraxis und -theorie auftauchten, haben sie auch außerhalb privater Unternehmen und betriebswirtschaftlicher Seminare eine steile Karriere erlebt. Grob gesprochen handelt es sich beim »Benchmarking« um ein innovationsorientiertes Management- und Steuerungsinstrument im Spektrum der Total-Quality-Management Bewegung. Es bezeichnet den Prozess zielorientierter, systematischer Vergleiche von Produkten und Dienstleistungen, Organisationsstrukturen und Geschäftsabläufen zwischen verschiedenen Unternehmen, Organisationen oder Unternehmenseinheiten. Das Wort »benchmark« stammt aus der Landvermessung und steht dort für Fixpunkte bei Höhen- und Richtungsvergleichen. Ausgehend von der sehr einfachen Überlegung, dass es für jedes Problem, jede Aktivität und jedes Anliegen einer Unternehmung oder Organisationseinheit irgendwo vorbildliche Lösungen gibt, geht es beim Benchmarking zunächst darum, entsprechende »best practises« aufzuspüren. Sind sie gefunden, können nicht nur Leistungslücken in der dem Benchmarking unterzogenen Organisation aufgedeckt werden. Idealiter sind die Vergleiche vielmehr so angelegt, dass sie auch die Ursachen für Leistungsunterschiede sichtbar machen.

Die Identifikation von »best practises« an Hand geeigneter, problembezogener Schlüsselmetriken steht zwar im Mittelpunkt des Benchmarking. Aber es erschöpft sich nicht darin, auch wenn es vielfach so scheinen mag. Hierin liegt der wesentliche und leider oft übersehene Unterschied zwischen »benchmarks« und »benchmarking«: Bezeichnen erstere quasi unverrückbare Maßstäbe oder Normen, meint letzteres einen komplexen Prozess. Benchmarking erschöpft sich also nicht in Kennzahlenvergleichen, sondern zielt darüber hinaus auf eine direkte Steuerungswirkung. Die Organisationen sollen die Information der benchmarks für zielorientierte organisatorische Lernprozesse nutzen. Die daraus gewonnenen Anregungen für die Gestaltung der eigenen Praxis sollen aufgegriffen und möglichst konsequent umgesetzt werden, so dass im Ergebnis des Benchmarking-Prozesses eine bessere performance möglich wird. Benchmarking wird damit zu einem »self-improvement tool« für Organisationen, das dazu beiträgt, diese veränderungssensitiv und lernfähig zu machen: Der Blick über den eigenen Gartenzaun soll konkrete Anhaltspunkte für die Optimierung von Gütern und Prozessabläufen liefern, also stets auf Veränderungen hin ausgerichtet sein.

Das sind hohe Ansprüche, die bereits im Entschluss, ein Benchmarking durchzuführen, erst recht aber im Verfahrensdesign ihren Niederschlag finden müssen. Denn recht verstanden ist Benchmarking ein komplexes und aufwendiges Unternehmen, sehr pragmatisch, aber alles andere als trivial. Die Bereitschaft, sich selbst schonungslos »in die Karten schauen zu lassen« gehört ebenso dazu wie die Bereitschaft, die im Prozess gewonnenen Erkenntnisse in die Praxis umzusetzen. Der Anlass, ein Benchmarking durchzuführen, kann daher ein bestimmter Problemdruck oder die bewusste Entscheidung sein, sich mit anderen Organisationen zu messen: Wo stehen wir, wie gut könnten wir sein und wie können wir das erreichen?

Benchmarking ist aus der Unternehmenspraxis erwachsen und von Beratungsfirmen aufgegriffen worden. Mit großem Erfolg angewandt hat es erstmals die amerikanische Firma Xerox (*Camp, R.* 1994). Seither wird es von vielen Großunternehmen in der ganzen Welt genutzt, und zwar sowohl für brancheninterne als auch branchenfremde Vergleiche. Gängige Beispiele für positive Erfahrungen mit diesem Instrument sind die Optimierung von Lagerhaltung und Distributionswegen, der Produktentwicklung und der Produktionsorganisation. Eine theoretische Modellbildung hat das Benchmarking bisher noch nicht erfahren. Nach einer »best practise« des Instruments zu suchen, wäre wohl auch nicht sinnvoll. Denn es beschreibt einen im Grunde sehr einfachen methodischen Ansatz, verschiedene Bereiche und Aspekte wirtschaftlicher Aktivitäten oder Strukturen von Unternehmen und Organisationen unter ausgewählten Aspekten zu analysieren. Je nachdem, welchem Ziel und welcher sachlichen Materie das Benchmarking dienen soll, wird man deshalb tunlichst unterschiedliche Vorgehensweisen für den systematischen Vergleich wählen müssen. Bewertungsmaßstäbe können nicht ex ante vorgegeben werden, sondern resultieren aus dem Vergleichsprozess. Jede Art von Normierung ist dem Benchmarking fremd. Die Frage, welche konkreten Schlussfolgerungen sich daraus für die eigene Praxis ergeben und welche Maßnahmen für deren Verbesserung zu ergreifen sind, muss jede am Benchmarking beteiligte oder ein Benchmarking durchführende Organisation ohnehin selbst entscheiden.

Allerdings lassen sich grundsätzlich zwei verschiedene Objektbereiche und, davon unabhängig, typische Verfahrensschritte eines Benchmarkings ausmachen. Bei den Benchmarking-Objekten unterscheidet man gemeinhin zwischen **Produkt- bzw. Kosten-Benchmarking** auf der einen Seite und einem Benchmarking von Prozessen andererseits. Im **Prozess-Benchmarking** werden quantitative Daten um qualitative Beschreibungen angereichert, indem es Aktivitäten (Aufgaben, Strategien und Prozessabläufe) in Organisationen unabhängig von deren funktionaler Gliederung untersucht. Sein Ziel kann die Vereinfachung und Beschleunigung von Prozessen sein, eine effektivere Aufgabenintegration und damit letztlich doch auch wieder die Reduktion von Kosten und die Optimierung des Ressourceneinsatzes.

Am Anfang jedes Benchmarkings steht die Frage, wer oder was zu welchem Zweck miteinander verglichen werden soll. Im ersten Schritt sind daher zunächst einmal die Referenzeinheiten (eine oder mehrere externe, branchengleiche oder branchenfremde oder organisationsinterne Einheiten/Prozesse) auszuwählen und anschließend die Indikatoren zu erarbeiten, die die Untersuchungsmaterie quantitativ (durch Daten und Kennzahlen) oder qualitativ (Schlüsselprozesse) am besten abbilden können. Danach ist zu entscheiden, ob es sich um ein **kompetitives oder kooperatives Benchmarking** handeln soll. Im ersten Fall will sich eine Organisation oder ein Unternehmen am Beispiel anderer, am Benchmarking selbst aber nicht direkt beteiligter Einrichtungen messen. Beim kooperativen Benchmarking hingegen arbeiten unterschiedliche Einrichtungen auf gleichberechtigter Basis zusammen und tauschen vertraulich Daten und Informationen aus, die von speziellen Projektteams zusammengesucht und aufbereitet werden.

Typologisch lassen sich in der Kombination dieser Merkmale (extern/intern; quantitativ/qualitativ; kompetitiv/kooperativ; branchenintern/branchenfremd)

16 verschiedene Benchmarking-Methoden unterscheiden. Alle haben jeweils charakteristische Stärken und Schwächen, was zeigt, wie notwendig es ist, das Verfahren sorgfältig auf die damit verfolgten Ziele und die unterschiedlichen Objektbereiche hin abzustimmen. Überhaupt hängt der Ertrag und damit der Erfolg eines Benchmarking wesentlich davon ab, dass es gelingt, »passende« Vergleiche und Analysekriterien zu finden. Dies ist umso mehr zu betonen, als es alles andere als einfach ist, Ziele, Leistungen und Geschäftsabläufe unterschiedlicher Organisationen tatsächlich vergleichbar zu machen und »unverzerrt« zu bewerten.

Das Benchmarking im engeren Wortsinne umfasst schließlich die Sammlung und Aufbereitung dieser Daten/Informationen, die vergleichende Beschreibung und Bewertung unterschiedlicher Leistungsprofile und die Bestimmung von »best practises«. Genauso wichtig ist allerdings parallel dazu die Bestimmung der Leistungs- bzw. Zielerreichungslücken zwischen der erwiesenen »best practise« und den anderen Untersuchungseinheiten« sowie deren Rückführung auf bestimmte Faktoren. Abgerundet wird das Verfahren schließlich durch Maßnahmen, die die Organisationen oder Unternehmen zu besseren Problemlösungen befähigen sollen. Damit sollte bereits deutlich geworden sein, dass Benchmarking ein flexibler, prinzipiell offener und iterativer Prozess ist.

Im Bereich öffentlicher Verwaltungen und Dienstleistungen hat Benchmarking bislang zwar noch keine große Rolle gespielt. Dennoch gibt es auch dort deutliche Tendenzen, dieses Instrument zu nutzen. So zielten zum Beispiel einige jüngsthin von der Bertelsmann-Stiftung durchgeführte Referenzprojekte darauf ab, Strukturen und Prozesse in der Kommunal- und Finanzverwaltung mit Hilfe systematischer Leistungsvergleiche transparenter, kundennäher und effizienter zu gestalten. Ähnliche Anliegen verfolgen auch verschiedene Netzwerke von Schulen und öffentlichen Bibliotheken.

Seit Anfang der Neunzigerjahre gab es zuerst in den USA, dann aber auch in Europa verschiedene Benchmarking Projekte im Hochschulbereich. Dafür haben sich kooperativ-externe Verfahren in geschlossenen Clubs auf der Basis freiwilliger Mitgliedschaft als besonders geeignet erwiesen. Standen in den USA zunächst strikte Kosten-Benchmarkings hochschulspezifischer Dienstleistungen und Geschäftsabläufe im Vordergrund, sind es in Europa heute vor allem qualitative Prozesse und Organisationsstrukturen: Strategisches und operatives Hochschulmanagement (CHEMS/ESMU), Mittelverteilung, Ressourcenmanagement und Controlling-Modelle (BMC des CHE), Studienprogramme und Management Informationssysteme (European Consortium of Innovative Universities). Demgegenüber spielen die Kerngeschäfte Lehre und Forschung bisher eine nur sehr untergeordnete Rolle. Die Quality Assurance Agency in Großbritannien (QAA) ist mit ihrem Versuch gescheitert, durch ein Benchmarking bestimmte inhaltliche Standards für Studienprogramme zu ermitteln. Allerdings ist dieser Versuch auch wiederum ein gutes Beispiel dafür, dass sich Benchmarking keinesfalls zur Durchsetzung politisch definierter Normen im Hochschulbereich eignet, sondern nur als Instrument in den Händen des Hochschulmanagements wirkungsvoll sein kann.

Benchmarking dient der Selbstbeobachtung und vor allem der Selbststeuerung von Organisationen. Indem es ihre Stärken und Schwächen ausleuchtet, trägt es zweifellos dazu bei, die Leistungsfähigkeit und Effektivität der einzelnen Hochschulen in einem wettbewerblichen Hochschulsystem zu verbessern. Die aktive Rolle, in der jeder Beobachter zugleich Beobachteter ist, unterscheidet das Benchmarking zugleich auch klar von anderen Arten der vergleichenden Datenerhebung im Hochschulbereich. Für die Organisationskultur autonomer, eigenverantwortlicher Hochschulen sollte es daher zu einem selbstverständlich genutzten Steuerungsinstrument werden.

Literatur:

Bandemer, S. von: Benchmarking. In: *Blanke, B. u. a.* (Hrsg.), Handbuch zur Verwaltungsreform. Opladen 1998, S. 362-369.
Camp, R. C.: Benchmarking. München/Wien 1994.
Housley, J.: Benchmarking – is it worth it? In: Perspectives: Policy and Practice in Higher Education 3. 1999, S. 74-79.
Lamla, J.: Prozessbenchmarking. München 1995.
UNESCO (Hrsg.): Benchmarking in Higher Education. A Study conducted by the Commonwealth Higher Education Management Service, Paris 1998 (New Papers on Higher Education Studies and Research No. 21).
Yorke, M.: Benchmarking Academic Standards in the UK. In: Tertiary Education and Management 5. 1999, S. 81-96.

WWW-Adressen:

http://sme.belgium.eu.net/esmu/activities/strategic/esmuchems.htm
http://www.qaa.ac.uk/public/hq/hq4/bench.htm

Angaben zum Autor:

Dr. Ulrich Schreiterer
CHE Centrum für Hochschulentwicklung
Carl-Bertelsmann-Straße 256
Postfach 105
33311 Gütersloh
Tel.: +49-52 41 97 61 21
Fax: +49-52 41 97 61 40
E-Mail: ulrich.schreiterer@che.de
http://www.che.de

Bildungsökonomie

Günther Seeber

Die **Bildungsökonomie** ist eine eigenständige wirtschaftswissenschaftliche Teildisziplin. Sie widmet sich »der theoretischen und empirischen Analyse der ökonomischen Dimension von Bildungsprozessen, -institutionen und -systemen unter der Fragestellung des optimalen Mitteleinsatzes ...« (*Recum, H. v./Weiß, M.* 2000, S. 6) Die Breite des Untersuchungsspektrums deutet an, dass die Bildungsökonomie quer zur Ursprungsdisziplin liegt. Sie beschäftigt sich nämlich sowohl mit makro- als auch mikroökonomischen sowie mit betriebswirtschaftlichen Fragestellungen. Da die Bildungsökonomie eine Teilmenge der Wirtschaftswissenschaft ist, liegen ihr deren Paradigmen zu Grunde. Hervorzuheben ist die Rationalitätsannahme: Individuelle Entscheidungen basieren auf stabilen Präferenzen – hier liegt ein wesentlicher Unterschied zur Pädagogik – und werden rational gefällt. Die rational handelnde Person kennt ihre Präferenzen und bringt sie in eine Rangfolge. Dann stellt sie Kosten-Nutzen-Vergleiche an. Ziel ist es, den Nutzenüberschuss zu optimieren. Auf diese Weise – so das Modell – kommen z. B. Entscheidungen darüber zustande, ob an einer Bildungsmaßnahme teilgenommen werden soll oder nicht (➜ *Rationales Entscheiden*).

Der Ausgangspunkt der modernen Bildungsökonomie liegt in dem, bereits von den Klassikern der Wirtschaftswissenschaft wie *A. Smith* formulierten **Humankapitalkonzept**. Unter Humankapital versteht man insbesondere die durch Bildung erworbenen Fähigkeiten, die der Einzelne zum Zwecke des Einkommenserwerbs in den Produktionsprozess einbringen kann. Die Bedeutung des Humankapitals wurde von der ökonomischen Wissenschaft nach den Klassikern zunächst nicht weiter erforscht. Im Zuge des industriellen Aufschwungs im 19. und 20. Jahrhundert, der wesentlich auf technischen und arbeitsorganisatorischen Neuerungen beruhte, wurde in der Ökonomie die Kapitalbetrachtung meist auf das Sachkapital beschränkt. Der Produktionsfaktor Arbeit wurde unter quantitativen (z. B. Input von Arbeitsstunden), nicht so sehr unter qualitativen Aspekten untersucht und damit die Bedeutung des Humankapitals nicht näher erforscht. Der Aufwand für Bildung wurde als konsumtiver Akt verstanden und nicht als Beitrag zur Bereitstellung eines Produktionsfaktors.

Als dann die Wirtschaft der westlichen Industriestaaten in den Fünfziger- und Sechzigerjahren des 20. Jahrhunderts hohe Wachstumsraten zu verzeichnen hatte, befasste sich die Wissenschaft intensiver mit den Ursachen des Zuwachses. Er ließ sich nicht zufriedenstellend durch den höheren Einsatz der herkömmlichen Produktionsfaktoren erklären; es blieb eine unerklärte Restgröße. Deshalb rückten neuerlich qualitative Faktoren des Wirtschaftswachstums wie technischer Fortschritt und eben der Humankapitalbestand einer Volkswirtschaft in den Blickpunkt. Pionierarbeiten verfassten z. B. E. *Denison* 1962, der 22,9 Prozent des Sozialproduktwachstums auf eine verbesserte Ausbildung zurück führte (*Maier, H.* 1994, S. 77), oder *Th. Schultz* 1961, der zwischen 21 und 40 Prozent des Wachstums durch den Faktor Humankapital, gemessen in Schulbesuchsjahren, die er mit den dafür aufgewandten Kosten gewichtete, zu erklären können glaubte (*Bodenhöfer, H.-J./Riedel, M.* In: *Weizsäcker, R. K.* 1998, S. 12). Daneben ist der spätere Nobelpreisträger *G. S. Becker* zu nennen, der wesentlich zur Formulierung der Humankapitaltheorie beigetragen hat.

Auch wenn solche Rechnungen wachstumstheoretisch kritikwürdig sind (s. u.), bleibt den frühen Arbeiten der Bildungsökonomie zumindest das Verdienst, die investive Kraft der Bildungsausgaben nachgewiesen und ins Zentrum der bildungspolitischen Diskussion gerückt zu haben. Eine wichtige Erkenntnis ist also, dass Aufwendungen für Bildung sowohl auf personeller, als auch auf gesellschaftlicher Ebene Investitionen mit Ertragserwartung und keineswegs lediglich Konsumausgaben sind.

In verschiedenen Publikationen der Sechzigerjahre wurde unter Berufung auf bildungsökonomische Untersuchungen zum Zusammenhang zwischen Wirtschaftswachstum und Bildung die »deutsche Bildungskatastrophe« (*Picht, G.* 1964) oder gar die »Weltbildungskrise« (*Coombs, P. H.* 1969) beschworen. Bildungsplanung galt nun als schiere ökonomische Notwendigkeit. Die Politik erhoffte sich von der Bildungsökonomie theoretisch und empirisch fundierte Vorgaben zur Steuerung des Bildungssystems. Tatsächlich konzentrierte sich diese in der ersten Zeit auf eng mit der Bildungsplanung verknüpfte, makroökonomische Betrachtungen. Es kristallisierten sich verschiedene Konzepte heraus, von denen der Humankapital-, der Korrelations- und der Nachfrage-Ansatz als bedeutsam hervorgehoben werden sollen.

Der **Humankapital-Ansatz** betrachtet einmal den Humankapitalbestand einer Volkswirtschaft. Dieser kann als das durch ihre Individuen repräsentierte Leistungspotenzial verstanden werden. In ihn fließen neben den körperlichen Faktoren, wie dem Gesundheitszustand, die durch Bildung erworbenen Fähigkeiten und Kenntnisse ein. Die Humankapitaltheorie nimmt an, dass der gesellschaftliche Aufwand für formale Bildungsprozesse insofern optimiert werden könne, als die mit seiner Hilfe angehäuften Kompetenzen zu einem maximalen volkswirtschaftlichen Ertrag führen. Auf dieser makroökonomischen Ebene ist das Konzept mit einer Reihe von Problemen behaftet (s. u.).

Neuerdings wird mehr Gewicht auf die Mikro- und die Mesoebene gelegt. Die mikroökonomische Theorie nimmt eine Maximierungsabsicht der Individuen an. Der Einzelne investiert demgemäß in seine Bildung, wenn die zu erwartenden Erträge dieser Investition höher sind als die dafür anfallenden Kosten. Der Einfachheit halber werden die Erträge in der ökonomischen Betrachtung mit den Löhnen und das Humankapital wird mit dem höchsten erreichten Bildungsabschluss gleich gesetzt. Tatsächlich demonstrieren empirische Erhebungen den positiven Zusammenhang zwischen Lohnhöhe und Bildungsniveau. Sie zeigen auch ein mit einem steigenden formalen Abschluss korrelierendes höheres Weiterbildungsinteresse. Eine Konsequenz für die Bildungspolitik kann sein, zunächst die Grundbildung zu stärken, um die Bereitschaft zum lebenslangen Lernen zu fördern. Dahinter steckt die Erkenntnis, dass – insbesondere berufliche – Weiterbildung zur Notwendigkeit wird. Weitere Untersuchungen verweisen nämlich auf die schnelle Entwertung des spezifischen, also nur bei einer Art von Tätigkeiten oder nur in einem Unternehmen einsetzbaren Humankapitals im Laufe der Zeit (*Clar, G./Doré, J./Mohr, H.* (Hrsg.) 1997, S. 159 ff. und S. 175 ff.).

Auf der Mesoebene hat sich der Gedanke durchgesetzt, dass Unternehmen die durch ihre Mitarbeiter repräsentierten Wissensressourcen und deren Bildungspotenzial bisher nicht optimal nutzen. Die aktuelle betriebswirtschaftliche Humankapitalforschung und insbesondere die unternehmerische Praxis legen ein entsprechendes Gewicht auf Personalentwicklungsmaßnahmen und auf ein so genanntes → *Wissensmanagement* (*Willke, H.* 1998). Eine entsprechende Entwicklung zeichnet sich mittlerweile auch für Bildungsinstitutionen ab.

Während das Humankapitalkonzept die verschiedenen Ebenen bildungsökonomischer Betrachtungen durchdringt, ist der **Korrelationsansatz** ein rein makroökonomisches Konzept. Im Rahmen von internationalen Querschnittsvergleichen oder Zeitreihenanalysen werden Kennziffern des Bildungswesens zu Kennziffern der ökonomischen Aktivität in Beziehung gesetzt. So wird ein Zusammenhang zwischen z. B. Schulbesuchsquoten, Bildungsausgaben sowie anderen Bildungsindikatoren und beispielsweise dem Produktivitätsfortschritt hergestellt. Das Interpretationsproblem solcher Korrelationen ist allerdings nicht gelöst: »... sind Bildungsausgaben eine Folge des allgemeinen Einkommenswachstums oder induzieren höhere Bildungsausgaben ein höheres Wirtschaftswachstum?« (*Bodenhöfer, H.-J./Riedel, M. In: Weizsäcker, R. K.* 1998, S. 14)

Einer anderen ökonomischen Logik folgt der **Nachfrage-Ansatz**. Anders als die bisher genannten Konzepte will er Bildungsplanung nicht an einer Ertragsoptimierung orientieren, sondern an der Nachfrage nach Bildung ausrichten. Grundlage hierfür sind Schulbesuchs- und Bevölkerungsentwicklungsprognosen, aber auch die politischen Zielsetzungen hinsichtlich gewünschter Absolventenzahlen in bestimmten Bildungsgängen. Die aktuelle Diskussion um den Bedarf der Wirtschaft an Informatikern und die Wachstumsannahmen für die IT-Branche allgemein, die zu einem politisch gewollten Ausbau der informationstechnischen Bildung gerade an Fachhochschulen und Universitäten führt, ist ein Beispiel für eine nachfrageorientierte Bildungsplanung. In der Literatur wird der Rückgriff auf Bedarfsprognosen des Arbeitsmarktes für Zwecke der Bildungssteuerung manchmal unter dem Namen Manpower-Ansatz als eigenständiges Konzept behandelt.

Die Wachstumstheorie steht heute den genannten Ansätzen kritisch gegenüber. Zu nennen sind zunächst modelltheoretische Kritikpunkte: Nach der Theorie müsste eine wachsende Humankapitalakkumulation zu sinkenden Ertragsraten führen, d. h. der Wachstumszuwachs müsste mit jeder weiteren Einheit an Bildungsinvestitionen geringer werden. Die Daten stützen dies nicht. Es ist statt dessen anzunehmen, dass die Zunahme qualifikationsintensiver Tätigkeiten den Ertrag der Humankapitalinvestitionen konstant hält (*Bodenhöfer, H.-J./Riedel, M. In: Weizsäcker, R. K. 1998, S. 17*). Außerdem müsste sich nach der gängigen Theorie das Pro-Kopf-Einkommen z. B. der Entwicklungsländer jenem der Industrieländer annähern, wenn der Humankapitalbestand signifikant zum Wirtschaftswachstum beiträgt, da dieser in den Volkswirtschaften konvergiert. Auch in diesem Fall bestätigt die Empirie das Modell nicht. Tatsächlich gibt es eine Reihe anderer Variablen, die einen mindestens ebenso positiven Wachstumseffekt haben wie höhere Bildungsausgaben, wie z. B. Bevölkerungswachstum, Investitionsquoten, Steuerpolitik u.a.m. Besonders bedeutsam für die Konvergenz der Pro-Kopf-Einkommen scheinen nach heutigen Erkenntnissen Fortschritte bei der internationalen Handelsintegration und der Verbesserung des Gesundheitszustandes der Bevölkerung zu sein (*Weber, A. A. In: Weizsäcker, R. K. 1998, S. 52 u. S. 73*).

Ganz allgemein haben es makroökonomische Analysen in der Bildungsökonomie mit Messproblemen zu tun. Welches sind die korrekten Kennziffern zur Messung des Humankapitalbestandes? Wie kann die »ökonomische Potenz« der Bildung gemessen werden (*Maier, H. 1994, 43*)? Die Stärke des Zusammenhangs zwischen Bildungsniveau und Wirtschaftswachstum bleibt also weiterhin unklar. Unbestritten ist dagegen die positive ökonomische Wirkung von Bildungsausgaben, weil a) ihre Höhe und das Sozialproduktswachstum statistisch signifikant korrelieren und b) die Qualifikation der Wirtschaftssubjekte ein wesentlicher Konkurrenzvorteil im internationalen Wettbewerb sein kann. Humankapital erweist sich als bedeutender Standortfaktor.

Untersuchungen auf der Makroebene sind immer noch eine tragende Säule der bildungsökonomischen Forschung. Dennoch haben sich parallel zur Veränderung der wirtschaftlichen Situation in den meisten Industriestaaten seit dem Ende der 1970er Jahre die Schwerpunkte verlagert. Bis dahin war eine beispiellose Bildungsexpansion erfolgt, die vor allem aus den wachsenden öffentlichen Budgets finanziert wurde. Ungefähr ab dieser Zeit war die Situation durch knapper werdende öffentliche Ressourcen gekennzeichnet, deren rationale Allokation in den Mittelpunkt des Interesses rückte. Die entscheidende Fragestellung war und ist: Wie kann eine Zuweisung von Mitteln nach Effektivitätsgesichtspunkten erfolgen?, und daran anschließend: Wie ist eine effektive Mittelverwendung zu sichern? Die Bildungsökonomie kann zur Beantwortung beitragen, und die Ergebnisse ihrer Forschung sind im Zuge allgemeiner Haushaltskonsolidierungsbemühungen in den Volkswirtschaften zur Jahrhundertwende weiterhin gefragt.

Im Hinblick auf → *Effizienz und Effektivität* sind wichtige Fragestellungen der Bildungsökonomie (*Böttcher, W./Weishaupt, H./Weiß, M. In: dies. (Hrsg.)*

1997, S. 12 ff.; *Dobischat, R./Husemann, R.* (Hrsg.) 1995; *Recum, H. v.* 2000, S. 15; *Wigger, B. U./Weizsäcker, R. K.* In: *Weizsäcker, R. K.* 1998, S. 126 f.):

- Inwieweit ist eine Bildungsfinanzierung durch die öffentliche Hand ökonomisch gerechtfertigt?
- Sollen Bildungsangebot und -nachfrage durch Marktmechanismen oder durch staatlich-administrative Maßnahmen gesteuert werden?
- Wie kann ein effizienter Bildungsstand sicher gestellt werden?
- Wie kann die Qualitätssicherung erfolgen?

Als eine Konsequenz aus diesen Fragestellungen hat sich in der Bildungsökonomie eine Konzentration auf Fragen des Bildungsmanagements ergeben, die mit einer sich wandelnden Praxis einher geht. Für die Angebote von Bildungsinstitutionen und für betriebliche Bildungsmaßnahmen ist ein Effektivitätsnachweis zu führen. Professionalisierte Bildungsmanager müssen allgemeine Managementqualitäten im Bereich der Führung von Mitarbeitern, der Organisation und der Verwaltung besitzen. Sie müssen strategische Kompetenzen erwerben, um z. B. Bildungsbedarfsanalysen durchführen zu können. Und sie sollen nicht zuletzt in der Lage sein, ein Qualitätsmanagement einzuführen. Ein wichtiger Bestandteil ist das → *Controlling*, das den Bildungsnutzen zu den vorgegebenen Zielen und zum Mitteleinsatz in Beziehung setzt. Im Detail zählen hierzu neben entsprechenden → *Evaluation*sstrategien auch kostenrechnerische Überlegungen. Zu diesen betriebswirtschaftlichen Fragestellungen geben die bildungsökonomische Literatur und viele der im vorliegenden Handwörterbuch versammelten Stichworte Auskunft.

In der theoretisch orientierten Literatur, die in einer Wechselbeziehung zur Politik steht, wird derzeit der Frage »Staat oder Markt?« eine zentrale Position eingeräumt. In der Regel beantworten die Untersuchungen diese mit einem »sowohl-als-auch«, denn häufig wird eine Verknüpfung beider Systeme als vorteilhaft betrachtet. Exemplarisch stehen hierfür die Diskussionen um Studiengebühren, Ausbildungskredite und Bildungsgutscheine. Problematisch ist in den Modellen die Annahme der rationalen Entscheidung. Für die Nachfrager spielen nämlich oft nicht Kosten-Nutzen-Abwägungen, sondern pragmatische Überlegungen eine Rolle, wie z. B. der Wunsch nach Nähe zum Familienwohnort und nicht ein Qualitätsvergleich als Entscheidungskriterium für die Wahl einer Bildungsinstitution. Zudem ist der Bildungsmarkt nicht transparent; Informationsdefizite lassen aber eine vollkommen rationale Entscheidung nicht zu (*Mattern, C.* In: *Böttcher, W./Weishaupt, H./Weiß, M.* (Hrsg.), S. 105 ff.).

Für die nähere Zukunft ist zu erwarten, dass die Steuerungsfrage und die Probleme des Bildungsmanagements weiter vertieft werden. Von Seiten der Wirtschaftswissenschaft spielen außerdem die Modelle der Neuen **Institutionenökonomie,** und hier speziell der Prinzipal-Agent-Theorie, eine stärkere Rolle in der Bildungsökonomie. Diese Forschungsrichtung beschäftigt sich u. a. mit Vertragsarrangements, deren Anreizstrukturen im Bildungssektor Qualität sichern helfen können. Die Neue Institutionenökonomie fragt auch nach der Höhe von

Transaktionskosten und kann so Hinweise geben, ob Marktsteuerung oder Regulierung vorteilhafter ist (*Recum, H. v.* 2000, S. 15). Schließlich hat sie Modelle entwickelt, die zeigen, weshalb Arbeitgeber bereit sind, spezifische Investitionen in die Bildung ihrer Arbeitnehmer zu tätigen, und weshalb es für sie sinnvoll sein kann, ebenfalls in generelles, also auch in anderen Unternehmen einsetzbares Humankapital zu investieren. Die institutionenökonomische Forschung wird in der Bildungsökonomie – parallel zu ihrem beobachtbaren Bedeutungszuwachs in der Wirtschaftswissenschaft allgemein – vermutlich noch an Gewicht gewinnen.

Literatur:

Böttcher, W./Weishaupt, H./Weiß, M. (Hrsg.): Wege zu einer neuen Bildungsökonomie – Pädagogik und Ökonomie auf der Suche nach Ressourcen und Finanzierungskonzepten. Weinheim und München 1997.

Clar, G./Doré, J./Mohr, H. (Hrsg.): Humankapital und Wissen – Grundlagen einer nachhaltigen Entwicklung. Berlin Heidelberg New York 1997.

Coombs, P. H.: Die Weltbildungskrise. Stuttgart 1969.

Denison, E. F.: The Sources of Economic Growth in the United States and the Alternatives Before US. Committee for Economic Development. New York 1962.

Dobischat, R./Husemann, R. (Hrsg.): Berufliche Weiterbildung als freier Markt? Regulationsanforderungen der beruflichen Weiterbildung in der Diskussion. Berlin 1995.

Maier, H.: Bildungsökonomie. Stuttgart 1994.

Picht, G.: Die deutsche Bildungskatastrophe. Analyse und Dokumentation. Olten und Freiburg i. Br. 1964.

Recum, H. v./Weiß, M.: Bildungsökonomie als Steuerungswissenschaft. In: Zeitschrift für Pädagogik, 46. Jg., 2000, Nr. 1, S. 6-17.

Schultz, T. W.: Education and Economic Growth. In: N. B. Henry (Hrsg.): Social Forces Influencing American Education. Chicago 1961.

Weizsäcker, R. K. (Hrsg.): Bildung und Wirtschaftswachstum. Berlin 1998.

Willke, H.: Systemisches Wissensmanagement. Stuttgart 1998.

Angaben zum Autor

PD Dr. Günther Seeber
Universität Koblenz-Landau, Abt. Landau
Institut für Wirtschaftswissenschaft und Wirtschaftspädagogik (IWW)
August-Croissant-Straße 5
76829 Landau
Tel.: +49 63 41 99 01 00 oder 99 01 01
Fax: +49 63 41 99 01 10
E-Mail: seeber@uni-landau.de

Break-Even-Point

Günther Seeber

Die mit der Ermittlung des **Break-Even-Point** (Gewinnschwelle) verbundene Interpretation der → *Deckungsbeitragsrechnung* bezeichnet man in der → *Kostenrechnung* als Break-Even- oder Gewinnschwellenanalyse. Gesucht wird derjenige Beschäftigungsgrad bzw. die Absatzmenge, bei dem bzw. bei der die Erlöse genau den gesamten Kosten entsprechen. Der Break-Even-Point wird deshalb auch Kostendeckungspunkt genannt (*Meurer/Stephan* 2000, 2/41). Die Berechnung dient der Beurteilung der Gewinnsituation: Jenseits des Break-Even-Point beginnt die Gewinnzone, vor Erreichen des Punktes arbeitet das Unternehmen im Verlustbereich (s. Abb. 1). Die Analyse ist nicht nur für gewinnorientierte Unternehmen bedeutsam, sondern auch ein Hilfsmittel der Kostendeckungsanalyse von Non-Profit-Organisationen.

Die Gewinnschwellenanalyse ist ein Element der Teilkosten- und der → *Deckungsbeitragsrechnung*. Sie setzt wie diese eine Differenzierung der Kosten in variable und fixe Kostenbestandteile voraus. Der Break-Even-Point kann dann sowohl rechnerisch als auch grafisch bestimmt werden. Neben der Beantwortung der Frage, ab welcher Absatzmenge die Kosten gedeckt sind, kann die Analyse Aufschluss darüber geben, welcher Preis für ein Produkt erzielt werden muss, um die von diesem verursachten Kosten mindestens auszugleichen.

In der hier vorgestellten, einfachsten Form der Break-Even-Analyse (s. u.) werden modellhafte Verkürzungen vorgenommen. Die damit verbundenen Einschränkungen können für eine detailliertere Betrachtung relativ einfach aufgehoben bzw. an die tatsächliche Situation angepasst werden. Die folgende Darstellung gilt einer Ein-Produkt-Unternehmung, womit bereits die erste Einschränkung offenbar wird. Zur Analyse einer Mehr-Produkt-Unternehmung ist ein Rückgriff auf die mehrstufige Deckungsbeitragsrechnung notwendig, bei der die Fixkosten nicht wie in der vorliegenden Darstellung als Block, sondern getrennt nach Produkt- und Organisationsfixkosten berücksichtigt werden.

Als weitere Restriktion wird angenommen, dass zwischen Mengen, Erlösen und Kosten lineare Zusammenhänge bestehen. Der Umsatzerlös steigt dann mit jeder weiteren abgesetzten Einheit um einen bestimmten Stückpreis, ebenso wie die Kosten mit jeder weiteren produzierten Einheit um einen gleich bleibenden Betrag zunehmen. In Wirklichkeit sind Kostenverläufe häufig degressiv, wie z. B. bei der Gewährung von Rabatten ab einer bestimmten Einkaufsmenge. Genauso können die Absatzpreise mit der Angebotsmenge variieren. Für die **rechnerische Ermittlung** des Break-Even-Point gilt:

(1) $E = p * x$
        $K = K_v + K_f$

Die Umsatzerlöse (E) werden als das Produkt von Preis (p) und abgesetzter Menge (x) ermittelt. Die Gesamtkosten (K) setzen sich aus den variablen (K_v) und den fixen (K_f) Kosten zusammen. Da an der Gewinnschwelle definitionsgemäß die Kosten gleich den Erlösen sind, gilt weiterhin:

(2) $p * x = K_v + K_f$

Weil für die variablen Kosten ein linearer Zusammenhang angenommen wird, kann Gleichung (2) umgeformt werden zu:

(3) $p * x = k_v * x + K_f$

k_v steht für die variablen Stückkosten (→ *Kostenrechnung*). Will man nun die kritische Absatzmenge x_{krit} ermitteln, so ist Gleichung (3) nach der Variablen x aufzulösen:

        $x (p - k_v) = K_f$

(4) $x_{krit} = \dfrac{K_f}{p - k_v}$

Die Differenz aus Preis und variablen Kosten wird als Deckungsbeitrag (d) (→ *Deckungsbeitragsrechnung*) zur Deckung der fixen Kosten bezeichnet, weshalb Gleichung (4) auch in folgender Form geschrieben werden kann:

(5) $x_{krit} = \dfrac{K_f}{d}$

Soll statt der kritischen Absatzmenge der kritische Preis (p_{krit}) bestimmt werden, so ist Gleichung (3) nach p aufzulösen:

(6) $p_{krit} = \dfrac{k_v * x + K_f}{x}$

x steht in diesem Fall für die tatsächlich erzielte und nicht für die zur Kostendeckung benötigte Absatzmenge.

Beispiel: Eine Bildungseinrichtung bietet als Ein-Produkt-Unternehmen ausschließlich EDV-Kurse an, die jeweils einen Umfang von 24 Unterrichtseinheiten (UE) haben. Die Teilnehmergebühr beträgt 360 DM; es können pro Kurs maximal 12 Personen teilnehmen (= Kapazitätsgrenze bzw. Beschäftigungsgrad von 100 %). Als variable Kosten fallen lediglich die Dozentenhonorare in Höhe von 70 DM/UE an. Die fixen Kosten sollen in der hier betrachteten Periode 250.000 DM betragen; in Bildungseinrichtungen sind die Fixkosten typischer Weise hoch. Hierunter fallen z. B. die Mietkosten für die Räume, der Druck und Versand der Veranstaltungsprogramme, die Gehälter der Leitung, der Sachbearbeiter und des Sekretariats, die Abschreibungen auf Sachanlagen, wie die EDV-

Geräte, u. a. m. Der kritischen Absatzmenge entspricht in dem Beispiel die An-zahl von Kursen, die – bei voller Auslastung – von den Teilnehmern besucht werden müssen, um die gesamten Kosten abzudecken. Bevor die Zahlen in Glei-chung (4) eingesetzt werden können, sind noch zwei Hilfsrechnungen anzustel-len: Dem Preis p eines Kurses entsprechen die Einnahmen bei 12 Teilnehmern; er beträgt also 4.320 DM. Das Dozentenhonorar pro Kurs beträgt 1.680 DM (24 * 70). Daraus folgt:

$$x_{krit} = \frac{250.000}{4.320 - 1.680} = 94,7 \text{ Kurse}$$

Bei voller Auslastung müssen also 95 Kurse zustande kommen, um einen Kos-tendeckungsgrad von ziemlich genau 100 % zu erreichen. Wären die Kurse er-fahrungsgemäß im Durchschnitt zu 90 % ausgelastet (Beschäftigungsgrad), müssten entsprechend nur 90 % von 4.320 in die Gleichung eingesetzt werden. Die kritische Absatzmenge verschiebt sich dann nach oben hin (113,2).

Kann davon ausgegangen werden, dass 100 Kurse mit 12 Teilnehmern stattfin-den werden, so lässt sich nach Gleichung (6) der zur Deckung der Kosten not-wendige Mindesterlös pro Kurs ermitteln:

$$p_{krit} = \frac{1.680 * 100 + 250.000}{p - k_v} = 4.180 \text{ DM/Kurs}$$

Sowohl die kritische Absatzmenge als auch der kritische Preis können **grafisch** ermittelt werden; hier erfolgt lediglich eine Darstellung des Break-Even-Point als kritische Absatzmenge, wie dies auch herkömmlich üblich ist (*Drosse* 1998, S. 147).

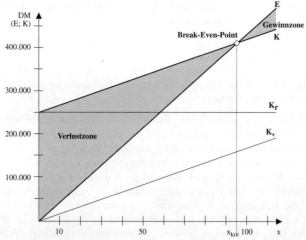

Abb. 1: Die grafische Ermittlung des Break-Even-Point

Da die fixen Kosten unabhängig von der Zahl der durchgeführten Kurse anfallen, entspricht ihr Verlauf dem einer Geraden parallel zur Abszisse bei einer auf der Ordinate abgetragenen Höhe von 250.000 DM. Die Kostengerade der variablen Kosten beginnt im Nullpunkt und steigt je Einheit x um 1.680 DM an. Die Gesamtkosten (K) erhält man durch die Addition von fixen und variablen Kosten. Der Verlauf von K lässt sich grafisch durch eine Parallelverschiebung der Kurve der variablen Kosten bis zum Punkt 0/250.000 abbilden.

Literatur:

Drosse, V.: Kostenrechnung – Intensivtraining. Wiesbaden 1998.

Manz, K. u. a.: Kostenrechnung/Controlling. 2., überarb. Auflage. München 1996.

Meurer, E./Stephan, G. (Hrsg.): Rechnungswesen und Controlling in der öffentlichen Verwaltung. Freiburg i. Br. 2000.

Angaben zum Autor:

PD Dr. Günther Seeber
Universität Koblenz-Landau, Abt. Landau
Institut für Wirtschaftswissenschaft und Wirtschaftspädagogik (IWW)
August-Croissant-Straße 5
76829 Landau
Tel.: +49 63 41 99 01 00 oder 99 01 01
Fax: +49 63 41 99 01 10
E-Mail: seeber@uni-landau.de

Budgetierung

Frank Ziegele

In einer umfassenden Begriffsfassung entspricht die **Budgetierung** einer Bildungsinstitution der Gesamtheit aller finanziellen Regeln und Verfahrensweisen, die in der Institution eingesetzt werden, d. h. nach denen innerhalb der Institution Einnahmen erzielt und Ausgaben getätigt werden. Die Möglichkeit zur Erzielung eigener Einnahmen in Bildungseinrichtungen ist in Deutschland begrenzt (Ausnahme: forschungsbezogene Drittmittel an Hochschulen); daher geht es bei der Budgetierung im Wesentlichen um die interne Handhabung der von staatlicher Seite zugewiesenen Budgets.

In dieser wertfreien Definition kann die **Budgetierung i. w. S.** beliebige Formen annehmen; auch das traditionelle, kameralistische Finanzierungsverfahren staatlicher Bildungseinrichtungen fällt unter den Budgetierungsbegriff. Das traditionelle Verfahren sieht eine institutioneninterne Fortsetzung der kameralistischen Titelwirtschaft in Verbindung mit der inputorientierten Bedarfsanmeldung und der weitgehenden Fortschreibung historischer Budgetansätze vor.

Budgetierung i. e. S. hingegen hat eine bestimmte Wertorientierung: Es handelt sich um ein internes Einnahmen- und Ausgabenverfahren, das dem Ansatz des »Neuen Steuerungsmodells« bzw. – konkretisiert für den Hochschulkontext – dem Leitbild der »entfesselten Hochschule« (*Müller-Böling, D.* 2000) genügt. Im Einzelnen ist die Budgetierung i. e. S., die im Folgenden Gegenstand der Betrachtung sein soll, ein finanzielles Regelwerk, das folgendermaßen charakterisiert werden kann:

■ Budgetierung schafft Finanzierungsregeln für **autonome** Bildungsinstitutionen. Die Autonomie impliziert eine Aufhebung/Lockerung der Budgetierungsprinzipien der sachlichen und zeitlichen Spezialität zu Gunsten von Deckungsfähigkeit und Übertragbarkeit von öffentlichen Geldern bzw. in letzter Konsequenz eine völlige Auflösung der Titelwirtschaft. Wird eine Bildungseinrichtung von ihrem Träger mit einem ➜ *Globalhaushalt* versehen, dann steht sie vor drei Problemen des Finanzmanagements: (1) Wie soll sie die Globalsumme intern weiter verteilen? (2) Welche internen Verausgabungsregeln soll sie für die Akteure innerhalb der Einrichtung schaffen? (3) Wie soll sie die vom Träger verliehenen Ausgabenkompetenzen und Autonomierechte intern verteilen (zentral vs. dezentral)? Die Budgetierungsverfahren müssen Antworten auf diese drei Gestaltungsfragen finden.

■ Budgetierung setzt die **Finanzautonomie** von Bildungseinrichtungen **nach innen** fort. Dezentrale Entscheidungsträger innerhalb der Einrichtungen treffen in vielen Bereichen die besten – d. h. effektivsten und effizientesten – Entscheidungen, denn sie sind am nächsten an den Problemen und an den Nachfragern. Aufgrund des täglichen Einsatzes in ihren konkreten Arbeitsprozessen verfügen sie über Informationsvorteile. Entscheidungen können schneller und flexibler fallen; nicht zuletzt fördert Eigenverantwortung die Motivation. Daher sollten operative Ausgabenentscheidungen intern dezentralisiert und das Globalbudget der Einrichtung in dezentrale Globalbudgets zerlegt werden.

■ Budgetierung ist – neben Rechenschaftslegung und Qualitätssicherung – ein wichtiges Instrument zur Schaffung eines **Ordnungs- und Anreizrahmens** für autonome Entscheidungsträger in den Bildungseinrichtungen. So soll die Budgetierung dafür sorgen, dass Leistungen belohnt werden. Autonomie darf nicht regellos sein, sondern benötigt einen Rahmen, der dezentrales Handeln auf gemeinsame strategische Ziele (das Profil) der Bildungseinrichtung ausrichtet und entsprechende Anreize und Sanktionen schafft.

Dieses Verständnis von Budgetierung im Bildungsbereich deckt sich mit den im kommunalen Bereich verfolgten Ideen: Dort wird mit Budgetierung ein Verfahren zur Aufstellung und zum Vollzug von Haushalten bezeichnet, welches die Eigenverantwortung und Kompetenz der budgetierten Bereiche stärkt und so zu einer Verhaltensbeeinflussung gelangen will, die auf eine wirtschaftlichere Finanzmittelverwendung zielt (vgl. *Witte, F.* 1999).

Bei einer solchen normativen Grundausrichtung werden mit Budgetierungsmodellen drei **Grundfunktionen** realisiert: Anreizsetzung/Flexibilität, Stabilität/ Legitimation und Sicherung dezentraler Autonomie (vgl. *Wissenschaftlicher Beirat* 1999).

Im Rahmen der **Anreizsetzungs-/Flexibilitätsfunktion** soll ein Budgetierungsmodell

■ als Gegenstück zur dezentralen Autonomie einen Anreizrahmen für individuelle Entscheidungen bieten und dabei Aufgabenübernahme, Leistung und Innovation finanziell belohnen;

■ individuelles Handeln im Hinblick auf die strategischen Ziele der Institution koordinieren und dabei klare Botschaften über Zielprioritäten vermitteln;

■ die finanziellen Anreize, die vom Träger der Einrichtung gesetzt werden, nach innen fortsetzen (um die vom Träger gewährten Finanzzuweisungen zu maximieren);

■ sowohl innerhalb der Einrichtung als auch in der Beziehung zu den Bildungsempfängern Elemente der Nachfragesteuerung einführen, d. h. interne Märkte und preisähnliche Mechanismen implementieren;

■ die Möglichkeit zu flexiblen finanziellen Umschichtungen innerhalb der Einrichtung schaffen;

■ historische Fortschreibungen von Teilbudgets überprüfen und ggf. aufbrechen.

Im Rahmen der **Stabilitäts-/Legitimationsfunktion** soll ein Budgetierungsmodell

■ hinreichend stabil sein und das finanzielle Verteilungsergebnis innerhalb der Einrichtung kalkulierbar und damit die Ausgaben für dezentrale Akteure langfristig planbar machen;

■ das Verteilungsergebnis transparent und nachvollziehbar darstellen sowie rational begründen und dadurch legitimieren.

Im Rahmen der **Autonomiesicherungsfunktion** soll ein Budgetierungsmodell

■ dezentrale Globalbudgets ermöglichen;

■ einen groben Steuerungsansatz (anstelle einer Detailsteuerung) wählen;

■ durch persönliche finanzielle Eigenverantwortung motivieren;

■ ermöglichen, dass der einzelne, dezentrale Entscheidungsträger durch eigenes Handeln die finanzielle Position seiner Teileinheit beeinflussen kann. Dazu gehört auch, dass die Vorteile aus wirtschaftlichem Handeln (beispielsweise Einsparungen) beim Handelnden verbleiben.

An der ausgewogenen Erfüllung dieser Funktionen können alle Budgetierungssysteme gemessen werden. Die Funktionen bieten somit einen Kriterienkatalog zur Beurteilung konkreter Modelle und Reformvorschläge zur Budgetierung. Traditionelle, kameralistische Verfahren werden den Kriterien offensichtlich nicht gerecht: Es werden keine oder falsche Anreize geschaffen (beispielsweise zur Titelausschöpfung statt zum zweckmäßigen Mitteleinsatz), dezentrale Autonomie sowie Zielorientierung fehlen und historische Fortschreibungen verfehlen die Legitimationsfunktion.

Ein Grundmodell des **Budgetierungsprozesses**, das im Gegensatz zu den traditionellen Verfahren auf die Erfüllung der Funktionen ausgerichtet ist, lässt sich graphisch darstellen (s. Abb. 1).

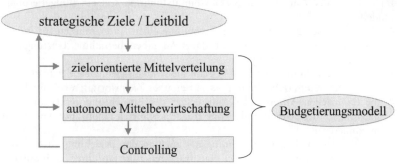

Abb. 1: Der Budgetierungsprozess

Zielorientierte Mittelvergabe: Das Mittelvergabemodell legt fest, nach welchen Kriterien Haushaltsmittel auf die dezentralen Einheiten aufgeteilt werden. Die Kriterien der Mittelvergabe sind das zentrale Anreiz- und Wettbewerbsinstrument; sie müssen mit dem Einrichtungsprofil und den strategischen Zielen in Einklang stehen. Die Mittelverteilung schafft damit die Schnittstelle zwischen strategischer Planung und operativer Umsetzung in Finanzierungsgrößen. Eine strategische Planung steht nur auf dem Papier und entfaltet geringe Wirkung, wenn sie nicht finanziell abgebildet wird. Umgekehrt bleibt das Verteilungsmodell orientierungslos, wenn es nicht die Ziele abbildet. Die konsistente Verknüpfung an dieser Stelle ist ein kritischer Faktor bei der erfolgreichen Umsetzung von Budgetierungsmodellen.

Autonome Mittelbewirtschaftung: Die per Verteilungsverfahren alloziierten Gelder müssen durch die dezentralen Entscheidungsträger bewirtschaftet werden. Ziel ist es dabei, dezentrale Budgets für die Teileinheiten der Bildungsinstitution zu schaffen, die möglichst nahe an einem frei verwendbaren Globalbudget liegen. Es muss also – falls in der Beziehung zum Staat Reste kameralistischer Verfahren verblieben sind – geprüft werden, welche Titel/Titelgruppen des traditionellen Haushalts in Frage kommen, in frei zu bewirtschaftenden internen Budgets aufzugehen. Zudem ist festzulegen, ob und welche Bewirtschaftungsregeln von der Leitung der Einrichtung gesetzt werden müssen, um mögliche Fehlentwicklungen auszuschließen.

→ *Controlling:* Die Indikatoren und Kriterien der Mittelvergabe müssen jährlich gemessen werden und es muss Rechenschaft über die autonome Verwendung der Gelder abgelegt werden. Auch brauchen die dezentralen Entscheidungsträger Informationen zur Fundierung ihrer Entscheidungen. All diese Probleme sind über ein Controlling-Informationssystem zu lösen. Der Prozess entspricht einem Kreislauf mit Rückkoppelungen zwischen den einzelnen Schritten.

Derzeit gehen an zahlreichen deutschen Bildungseinrichtungen die Entwicklungen weg von der traditionellen Kameralistik hin zum beschriebenen Budgetierungsmodell. Eine Reform in Richtung auf Budgetierung muss zwei grundlegende Aufgaben bewältigen: Das Modelldesign (Ausgestaltung der Verteilungs-, Bewirtschaftungs- und Controllingverfahren im Detail) und die ➜ *Organisationsentwicklung* (Verankerung der Budgetierung im Steuerungsmodell der Einrichtung über ein geplantes Change Management).

Wesentliche Aufgabe im Rahmen der **Organisationsentwicklung** ist die Koppelung der Budgetierung mit anderen, parallel laufenden Veränderungen im Steuerungsmodell. Beispielsweise muss dafür gesorgt werden, dass in Leitbilddebatten formulierte Ziele direkt in Kriterien der Mittelverteilung umgesetzt werden. Auch erfordert die Gewährung dezentraler Ausgabenautonomie eine ➜ *Personalentwicklung* der dezentralen Entscheidungsträger im Hinblick auf die neuen Aufgaben des Finanzmanagements. Darüber hinaus ist die Akzeptanzsicherung insbesondere für Veränderungen des Mittelverteilungsmodells (die i. d. R. Umverteilungen gegenüber dem Status Quo implizieren) ein gravierendes OE-Problem; Vorgehens- und Kommunikationsmodelle müssen darauf abgestimmt sein. Die finanzielle Relevanz der Budgetierungsreformen impliziert die Gefahr, dass Reformprozesse zu Verteilungskämpfen ohne rationale Diskussionsbasis werden. Eindrücke über Ansätze zur Organisationsentwicklung finden sich bei der Beschreibung von Budgetierungsprojekten an Hochschulen im Internet unter www.che.de.

Im Rahmen des **Modelldesigns** stellen sich zahlreiche Fragen der Verfahrensgestaltung, von denen im Folgenden einige exemplarisch für Hochschulen beleuchtet werden sollen. D. h. die bisher allgemein gehaltenen Ausführungen, die für jegliche Bildungseinrichtung galten, werden nun anhand von fünf exemplarischen Fragestellungen für die Institution Hochschule konkretisiert.

(1) Welche »Architektur« sollte ein Mittelvergabemodell haben? Trotz aller Unterschiede der praktizierten Vergabemodelle im Detail lassen sich die meisten Modelle auf ein bestimmtes Grundraster zurückführen (s. Abb. 2).

Das Grundraster ist folgendermaßen strukturiert: Der ➜ *Globalhaushalt* teilt sich in Fachbereichsbudgets und zentrale Vorabzuweisungen. Letztere enthalten die Budgets zentraler Einrichtungen von Hochschulen und bestimmte Ausgabenarten, die nicht einzelnen Teileinheiten der Hochschule zurechenbar sind (z. B. in vielen Fällen Raum- und Energieausgaben). Die Fachbereichsbudgets beinhalten Vorabzuweisungen, v.a. für spezielle Aufgaben von Fachbereichen, für die Übernahme von übergreifenden Servicefunktionen oder zum Ausgleich un-

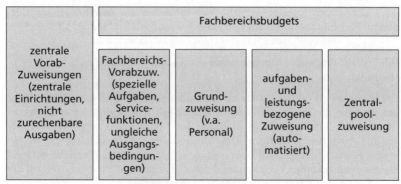

Abb. 2: »Architektur« eines Mittelvergabemodells

gleicher Ausgangsbedingungen. Hinzu kommen eine stabile Grundzuweisung, die aufgaben- und leistungsbezogene Zuweisung (i. d. R. mittels automatisierter Indikatorenmodelle) sowie Zuweisungen aus Zentralpools der Hochschulleitung. Die Gewichte und genauen Ausgestaltungen dieser Komponenten können sehr unterschiedlich ausfallen.

(2) Welche **Instrumente** der Mittelvergabe kommen in Frage? Einerseits die → *indikatorengestützte Mittelvergabe*. Dabei werden Gelder automatisch entsprechend der Ist-Entwicklung bestimmter Indikatoren verteilt. Die Indikatoren bilden die Kernziele der Hochschule ab. Einfachheit, Transparenz, Kalkulierbarkeit und unmittelbare Anreize zeichnen dieses Verfahren aus.

Eine Alternative dazu ist die Mittelvergabe per → *Zielvereinbarung*. Gelder aus einem Zentralpool werden per Einzelfallentscheidung je nach Ausmaß der Zielverfolgung bzw. Zielerreichung der dezentralen Einheit vergeben. Dieses Ausmaß ist ergebnisorientiert zu erfassen. Soweit eine Zielerreichung im Einzelfall komplexe Strukturen oder Maßnahmen zur Folge hat und nur durch heterogene Messansätze (und nicht durch einen einfachen, einheitlichen Indikator) zu beurteilen ist, arbeitet man besser mit Vereinbarungen statt mit einer Formel. Zielvereinbarungen spielen damit eine ergänzende Rolle zur formelbezogenen Verteilung, z. B. auch als Methode der Innovationsförderung bzw. zum Stoppen von Abwärtsspiralen (weniger Mittel – weniger Indikatorenerfüllung – noch weniger Mittel etc.), falls erfolgversprechende Ansätze dafür vorliegen. Nicht zuletzt eignen sich Zielvereinbarungen im Rahmen der Grundzuweisung als Gegenleistung für finanzielle Grundausstattungen von dezentralen Einheiten.

Die Instrumente Indikatorsteuerung und Zielvereinbarung sind die wesentlichen Möglichkeiten zur zentralen Einflussnahme auf dezentrale Entscheidungen. Sie entsprechen dem eingangs erläuterten Grundverständnis des Ordnungs- und Anreizrahmens. Es ist im Einzelfall nach einer für die jeweilige Hochschule geeigneten Kombination dieser Instrumente zu suchen.

(3) Wie kann man Globalbudgets möglichst umfassend gestalten und dabei ➙ *interne Märkte* realisieren? Das Ziel sollte sein, möglichst viele Ausgabenkomponenten (auch Strom, Gebäude) den Fachbereichen zuzuordnen. Über interne Märkte können die Fachbereiche dann Leistungen einkaufen (z. B. von zentralen Werkstätten oder letztlich auch von der Hochschulverwaltung). Dadurch werden sowohl die dezentralen Freiheiten als auch die Wirksamkeit des Wettbewerbs gestärkt.

(4) Wie lässt sich **Personalkostenbudgetierung** realisieren? Dies ist der zentrale Punkt für die Schaffung dezentraler Globalbudgets: Echte Spielräume in erheblichem Umfang sind angesichts des hohen Anteils an Personalkosten nur möglich, wenn die Mittel für Personal Teil der dezentralen Autonomie sind. Frei verfügbare Personalbudgets können beispielsweise dadurch berechnet werden, dass Durchschnittskostensätze mit der Zahl der zwischen Leitung und Fachbereich vereinbarten Stellen multipliziert werden. Oder die Mittelschöpfung aus freien Stellen wird – zumindest zu einem bestimmten Prozentsatz – der dezentralen Einheit zugewiesen, in der sich die freien Stellen befinden (ein Teil wird möglicherweise von der Hochschulleitung abgeschöpft).

(5) Sind **Regeln der Mittelbewirtschaftung** erforderlich? In Hochschulen gibt es in der Regel Erlasse/Leitlinien zur Handhabung dezentraler Globalbudgets. Dabei geht es u. a. um die Umsetzung staatlicher Rahmenvorgaben nach innen (wenn z. B. der Staat bestimmte Vorschriften zur Verwendung von Rücklagen macht, muss dies intern weitergegeben werden, wenn die Rücklagen bei den Fachbereichen gebildet werden). Auch Restriktionen gegen Missbräuche der Freiheiten können enthalten sein, beispielsweise Prüfverfahren zur Sicherstellung der Lehrleistungen, wenn vereinbarte Stellen über einen längeren Zeitraum unbesetzt bleiben.

Aktuelle Entwicklungen: An deutschen Hochschulen entwickeln sich derzeit zahlreiche Budgetierungsmodelle, die hier nicht im Einzelnen darstellbar sind. Interessant ist die Abhängigkeit des jeweiligen Ansatzes von den externen Rahmenbedingungen. Dazu zwei Beispiele (vgl. *Möncke, U. u. a.* 2000, *Wissenschaftlicher Beirat* 1999): An der FH München wurde versucht, die Grundgedanken der Budgetierung im kameralistischen Rahmen umzusetzen. Bayern praktiziert noch recht strikte Titelwirtschaft; die FH München hat daher versucht, diesen Rahmen zur Bildung von Globalbudgets der Fachbereiche weitestgehend auszunutzen, was relativ komplizierte Verfahren erfordert. Völlig anders die Bedingungen im niedersächsischen Modellversuch zum ➙ *Globalhaushalt*: Die Bildung dezentraler Globalbudgets unterliegt hier keinen staatlichen Restriktionen mehr. Die Hochschulen sehen sich jedoch durch die Einführung des kaufmännischen Rechnungswesens im Controllingbereich des Budgetprozesses stark veränderten Rahmenbedingungen gegenüber. Die unterschiedlichen Rahmenbedingungen machen es unmöglich, ein einheitliches Patentrezept der Budgetierung zu identifizieren. Gleichzeitig wird aber deutlich, dass Ansätze zur Budgetierung auch ohne »ideale« Voraussetzungen in vielfältiger Form realisierbar sind.

Literatur

Möncke, U./Gierstorfer, E./Ziegele, F.: Ein Budgetierungsmodell für die Fachhochschule München, Abschlussbericht der Kommission »Budgetierung FHM«. München, Juni 2000.

Müller-Böling, D.: Die entfesselte Hochschule. Gütersloh 2000.

Wissenschaftlicher Beirat zur Begleitung des Modellvorhabens für eine Erprobung der globalen Steuerung von Hochschulhaushalten (Hrsg.): Bericht zur Evaluation des Modellvorhabens. Gütersloh, Dezember 1999.

Witte, F.: Wirtschaftlichkeit an Hochschulen. Aachen 1999.

Ziegele, F.: Budgetierung an der Technischen Universität Berlin, CHE-Arbeitspapier Nr. 20. Gütersloh, November 1998.

Angaben zum Autor:

Dr. Frank Ziegele
CHE Centrum für Hochschulentwicklung
Carl-Bertelsmann-Straße 256
33311 Gütersloh
Tel.: +49 52 41 97 61 24
Fax: +49 52 41 97 61 40
E-Mail : frank.ziegele@che.de

Change Management

Jan vom Brocke

Change Management ist die Planung, Durchführung und Kontrolle von Veränderungen (»Management of Change«). Die Notwendigkeit der Anpassung offener Systeme an Umfeldänderungen (»Systemtheorie«) sowie die Beständigkeit solchen Wandels (»Heraklit«) ist ebenso grundlegend wie gegenwärtig. Auch in der Betriebswirtschaft ist die Beschäftigung mit Veränderungen nicht neu, klassisch behandelt im strategischen Management sowie der → *Organisationsentwicklung* und → *Personalentwicklung*. Zudem mehren sich jüngere Ansätze wie das Innovationsmanagement, das → *organisationale Lernen*, das → *Wissensmanagement* sowie zahlreiche Reorganisationskonzepte, die sich alle mehr oder minder explizit mit dem »Management« von »Changes« befassen. Die Frage liegt nahe, worin der spezifische Beitrag eines »Change Managements« besteht, der dessen Konzeptionalisierung rechtfertigt.

Konstituierendes Merkmal im Change Management ist die Ganzheitlichkeit des Ansatzes, die sowohl hinsichtlich des Objekts (»Changes«) als auch hinsichtlich der Verrichtung (»Management«) zu sehen ist. Die genannten angrenzenden

Ansätze konzentrieren sich hingegen auf spezielle Veränderungen (»Objekt«), wie z. B. die Organisations- oder Personalentwicklung, oder sie heben besondere Aspekte des Managements hervor (»Verrichtung«), wie z. B. die strategische Planung; auch Mischformen sind denkbar. Ausgehend vom Change Management lassen sich solche Teilansätze durch Anwendung spezifischer Kriterien ableiten, die sich dann allerdings in einem umfassenderen Spektrum bewegen (vgl. Abb. 1).

Beeinflussung	geplanter Wandel		ungeplanter Wandel	
Gegenstandsfeld	extern		intern	
Gegenstandsfeld, extern	sozio-kulturelles Umfeld	ökonomisches Umfeld	technisches Umfeld	politisch-rechtliches Umfeld
Gegenstandsfeld, intern	Organisation	Prozess	Mitarbeiter	Produkt
Gegenstands-sachbereich	Beschaffung	Produktion	Absatz	…
Umfang der Veränderung	langfristige Änderung von Unternehmenskulturen und -organisationsstrukturen	komplexe strategische Konzepte		Durchführung spezifischer Maßnahmen

Abb. 1: Typologie von »Changes« im Change Management

In Change Management-Systemen (CMS) werden Gestaltungsansätze für das Change Management in Organisationen konkretisiert. Typisch sind Aussagen über die funktionale, instrumentelle und institutionelle Gestaltung. Die Ganzheitlichkeit kommt darin zum Tragen, dass nur die Aspekte gestaltet werden, die für das Management von Veränderungen als essentiell erachtet werden, diese dann aber generell und umfassend. CMS bieten damit einen Bezugsrahmen (»Framework«), in dem einzelne Systeme entweder enthalten sind (»is-part-of-

Bezugstyp	strukturorientiert		strategisch-dispositiv	
Bezugstyp, strategisch-dispositiv	verhaltensorientiert		entscheidungsorientiert	
Richtung des Prozesses	top down	from middle to both aways		bottom up
Intensität der Implementierung	radikal		schrittweise	
Ausmaß der Standardisierung	individuell		allgemeingültig	
Annahmen	empirisch-rational	normativ-reedukativ		macht- bzw. zwangsorientiert
Verantwortlichkeit	Management		Fachabteilung	
Ausrichtung	Binnenorientierung		Außenorientierung	
Ansatzpunkte für Veränderungs-maßnahmen	techno-strukturell		human-prozessual	
Umfang der Veränderung	langfristige Änderung von Unternehmenskulturen und -organisationsstrukturen	komplexe strategische Konzepte		Durchführung spezifischer Maßnahmen

Abb. 2: Typologie von Change Management-Systemen

Beziehung«) oder sich aus diesem ableiten lassen (»is-a-Beziehung«). Innerhalb dieses Frameworks sind anwendungsorientierte Handlungsempfehlungen vorzusehen. Einzelne Veränderungsprozesse werden so zugleich qualitativ gesichert, beschleunigt und koordiniert. In Abhängigkeit der Konfiguration spezifischer Gestaltungsparameter entstehen Systeme unterschiedlichen Typs (vgl. Abb. 2) (vgl. auch *Schubert, H.-J.* 1998, S. 11-15).

Der Gestaltung leistungsfähiger Change Management-Systeme sollte das größte Interesse gelten. Bisherige Arbeiten lassen zwei Forschungsrichtungen erkennen:

1. Theoretisch-deduktive Gesamtsysteme: Durch Recherche und adäquate Komposition aller als relevant erachteter angrenzender Wissensgebiete wird versucht, CMS als Gesamtsysteme zu erarbeiten, die für alle denkbaren Veränderungen (vgl. hier Abb. 1) genutzt werden können (»general purpose«) (vgl. etwa *Schubert, H.-J.* 1998, S. 114-154). Dieses erscheint reizvoll, da so größtmögliche Synergieeffekte realisiert werden könnten. Allerdings neigen diese Systeme dazu, durch die zunehmende Generalisierung unkonkret zu werden und so nur geringe praktische Unterstützung zu leisten.

2. Praktisch-induktive Einzelfallsysteme: Als Gegenentwicklung werden CMS auf die spezifische Situation einzelner Organisationen hin entwickelt (»special purpose«). Beispiele sind Systeme für BMW, Hewlett-Packard, Hypo-Bank, Laubag, Lufthansa Ressort Marketing, Mercedes-Benz Lenkungen, Eurocontrol sowie Deutsche Bahn AG (vgl. *Böning, U./Fritschle, B.* 1997; *Reiß, M./Rosenstiel, L./v., Lanz, A.* (Hrsg.) 1997; *Treuner, J. H.* 1995, S. 275-291 sowie *Stockfisch, J. et al.* 2000, S. 187-217). Diese dienen zwar den avisierten spezifischen Interessen, die Übertragung auf neue Situationen, die sich im Zeitablauf oder für andere Organisationen ergeben, fällt aber schwer.

Trotz der Verschiedenartigkeit der Ansätze zeigen CMS zwei typische Gestaltungsmerkmale. Ihre Relevanz ist unbestritten, lediglich ihre Priorisierung untereinander wird stellenweise kontrovers diskutiert.

1. Methodenorientierung: Hier wird die besondere Bedeutung der Bereitstellung von Methoden (»instrumentelle Gestaltung«) betont, die über die Planung und Kontrolle hinaus vor allem die Durchführung von Veränderungen zu unterstützen haben (vgl. *Al-Ani, A./Gattermeyer, W.* 2000, S. 14 ff.; *Fischer, H.* 1993, S. 32.; *Schuh, G. et al.* 1998, S. 23-24.) Entscheidend ist dabei weniger, welche, als vielmehr, dass überhaupt Methoden eingesetzt werden, deren Auswahl dann pragmatisch nach Maßgabe der individuellen Anforderungen erfolgt.

2. Mitarbeiterorientierung: Fokussiert wird hier die Berücksichtigung des sog. »soft factors«, der im Zuge von Veränderungen aus psychologischen und sozialen Phänomenen erwächst und sich in Einstellungen der Mitarbeiter niederschlägt (vgl. *Vahs, D.* 1997, S. 18 ff.; *Böning, U./Fritschle, B.* 1997, spez. S. 88; *Faulhaber, R./Winterling, K.* 1995, S. 69). Vordergründig wird hier die Organisation von Maßnahmen behandelt (»institutionelle Gestaltung«), in die Mitarbeiter weitgehend zu involvieren sind. Systeme variieren

von der Berücksichtigung einfacher Informationsabsichten bis hin zur aktiven Miteinbeziehung der Mitarbeiter.

Im Hochschulmanagement ist die Bedeutung von CMS lange Zeit nicht gesehen worden. Gleichwohl ist unumstritten, dass sich das Hochschulumfeld (»externe Veränderungen«) wie auch – in Folge – das System der Hochschule selbst (»interne Veränderungen«) stark wandeln.

Im politisch-rechtlichen Umfeld ändert sich die Gesetzgebung: Während der Trend durch Lockerung von Restriktionen geprägt ist (z. B. Hochschulrahmengesetz), entstehen an anderer Stelle neue Rechtsbereiche (wie z. B. Umweltgesetzgebung) sowie neue Tätigkeitsfelder von Hochschulen mit politisch-rechtlicher Relevanz (z. B. im Bereiche der Steuergesetzgebung). Innovationen im technischen Umfeld bieten neue Potenziale, fordern aber auch die Beherrschung moderner Techniken zur Schaffung geeigneter Infrastrukturen (z. B. Hörsaalausstattung). Während damit insgesamt das Anforderungsniveau an das Management und die Verwaltung von Hochschulen steigt, werden die dafür zur Verfügung stehenden Mittel knapper – sowohl durch eine verstärkte Konkurrenzsituation (z. B. internationale Hochschulen, virtuelle Akademien sowie Corporate Universities) als auch unmittelbar durch Budgetkürzungen.

Als Reaktion mehren sich vielfältige Projekte an Hochschulen: Hinsichtlich der Führung werden besonders moderne Steuerungssysteme erwogen, die auf Basis von Kennzahlensystemen Anreizsysteme implementieren sollen (z. B. → *Leistungsanreize*, → *indikatorengestützte Mittelvergabe*, → *Controlling*). Ein besonders großes Potential wird Organisationsentwicklungen beigemessen. So werden an vielen Standorten auch umfangreichere Projekte zu Arbeitsanalysen durchgeführt, die auf effizientere Organisationsformen zielen (z. B. Geschäftsprozessoptimierung (GPO), → *Qualitätsmanagement* und Outsourcing-Fragen). Schließlich werden viele Maßnahmen unternommen, die auf die Entwicklung von Ressourcen zielen, wie Konzepte zur → *Personalentwicklung*, aber auch der Standortpflege und -modernisierung.

Diese Maßnahmen sind zwar wichtig, greifen aber zu kurz, um externe Veränderungen nachhaltig beherrschen zu können, da sie zumeist reaktiv und unkoordiniert durchgeführt werden (→ *ganzheitliche Hochschulreform*): Hierdurch erwachsen nicht nur finanzielle und zeitliche Nachteile, sondern es entstehen auch inkonsistente Ergebnisse und darüber hinaus ein Unwille seitens der Mitarbeiter gegenüber Veränderungen. In der Initiative *Change HER* (<u>Change</u> Management in <u>Higher Education</u> and <u>Research</u>) am Institut für Wirtschaftsinformatik der Universität Münster wird daher an einem CMS für das Hochschulmanagement gearbeitet (vgl. http://www.wi.uni-muenster.de/aw). Dabei wird ein domänen- und funktionsspezifischer Ansatz verfolgt. Ausgangspunkt ist die Analyse der spezifischen Situation von Hochschulen. Stellvertretend für die Domäne können die theoretisch-deduktive und praktisch-induktive Vorgehensweise kombiniert werden. Um die Flexibilität des CMS zu erhöhen, werden abgrenzbare Aufgaben als Module entwickelt, die situationsspezifisch kombiniert werden können. Grundlage ist ein Basismodul für die Hochschulverwaltung, das für die hier herrschende spezifische Situation eine funktionale, instrumentelle und institutionale Gestaltung des Change Managements vornimmt.

Hinsichtlich der spezifischen Situation werden Hochschulverwaltungen oft als öffentliche Verwaltungen klassifiziert. Wegen ihrer besonderen Rechtsform und ihrer Nähe zu Forschung und Lehre weisen sie aber einige Besonderheiten auf. Die von Fuchs für öffentliche Verwaltungen im Kontext von Change Management beschriebenen Merkmale (vgl. *Fuchs, O.* 2000, S. 161. ff.) sind in folgendem Profil überarbeitet und hinsichtlich ihrer Bedeutung für Hochschulen gewichtet worden.

Nr.	Merkmal	weniger zutreffend					stark zutreffend
1	Eigene Unternehmenskultur durch langjährige gewachsene Systeme: Was gut ist, wird selbst definiert				●		
2	Starke Beeinflussung durch die Politik; eingeschränkte Möglichkeiten und Zuständigkeiten	●					
3	Keine oder wenig Erfahrungen mit tiefgreifenden Veränderungsprozessen, die bisher gescheitert sind oder geblockt wurden		●				
4	Wenig Managementerfahrung der Führungsebene						●
5	Fehlende Messgrößen sowie fehlende Sanktions- und Belohnungsmöglichkeiten für Mehr- und Minderleistung						●
6	Hohes Sicherheitsbedürfnis, damit verbundene Beharrungstendenzen gegenüber Veränderungen				●		
7	Überregulierung in allen Bereichen, daneben - um überhaupt zu einem Ziel zu kommen - nicht auf Anhieb sichtbare Wege an den Vorschriften vorbei					●	
8	Sehr starre Aufgabendefinition und Fragmentierung der Aufgaben führt dazu, dass Leerläufe und Überbesetzung entstehen, sowie der Blick auf das Ganze und die übergeordneten Ziele der Verwaltung fehlt				●		
9	Hoher Anteil an Fachpersonal und Juristen, dafür vergleichsweise geringer Anteil an Mitarbeitern mit Wirtschafts- und Managementausbildung						●
10	Starke Kultur des Dienstes am Staate	●					

Abb. 3: Barrieren im Change Management von Hochschulverwaltungen

Die hochschulspezifische Situation beschränkt sich allerdings nicht nur auf Barrieren, sondern es sind auch Potenziale zu sehen. Entsprechende Tendenzaussagen sind ebenfalls in einem Profil zu fassen (vgl. – hier Abb. 4).

Die Funktionen des Basismoduls leiteten sich unmittelbar von den identifizierten Barrieren und Potenzialen ab. Sie bestehen darin, Transparenz und Verständnis über die eigene Verwaltungstätigkeit zu schaffen. Zur Herstellung der Transparenz sind Prozessmodelle zu erstellen, die die Arbeit der Hochschulver-

Nr.	Merkmal	weniger zutreffend				stark zutreffend
11	Es können Kapazitäten mobilisiert werden, gerade in zunehmendem Maße auch durch Realisierungen von Verbesserungen.				●	
12	Auf Basis des Dienstverhältnisses müssen die Mitarbeiter keine existenzbedrohenden Konsequenzen fürchten.					●
13	Die Fachbereiche der Hochschulen könnten als Kompetenzpool genutzt werden.				●	
14	Das Tagesgeschäft ist von typischen Verwaltungsabläufen geprägt, die bereichsweise von Veränderungen erfasst und um innovative Aufgabenstellungen ergänzt werden.					●
15	Zuständigkeiten betreffen Arbeitsbereiche, Dezernate sind objekt-, nicht funktionsorientiert gegliedert (z. B. Personal, Studierende), Mitarbeiter leisten ganze Verwaltungsabläufe (z. B. Immatrikulation, Einstellung einer Hilfskraft).				●	
16	Veränderungen sind den Mitarbeitern gegenwärtig; sie werden alltäglich mit ihnen konfrontiert, da sie die Verwaltungsarbeit sowohl bereichs- und ebenenübergreifend betreffen.				●	

Abb. 4: Potenziale im Change Management von Hochschulverwaltungen

waltung beschreiben (»Methodenorientierung«). Damit diese Transparenz nützlich ist, muss das Verständnis seitens der Mitarbeiter erreicht werden sowohl hinsichtlich ihrer Arbeit, aber auch hinsichtlich relevanter Veränderungen und ihrer Handhabung. Mitarbeiter werden daher nicht nur involviert, sondern sie »machen« das Change Management selbst, wobei sie durch einen Coach unterstützt werden (»Mitarbeiterorientierung«). Hierzu bietet das Basismodul den instrumentellen und institutionellen Rahmen.

Instrumentell werden überschaubare Arbeitsschritte beschrieben, die im Ergebnis zu einem integrierten Bestand an Prozessmodellen führen, aus dem einzelne Prozessmodelle für spezielle Changes genutzt werden können (vgl. – hier Abb. 5) (vgl. *Brocke, J. v.* 2000, S. 116-125). Entwicklungs- und Nutzungskreisläufe werden differenziert durchlaufen und greifen so ineinander, dass sie inhaltlich und strukturell abgestimmt sind. Inhaltlich ist die Entwicklung von Prozessmodellen an Zielen auszurichten, die von Nutzungsvorhaben abzuleiten und dann kooperativ hinsichtlich Inhalt, Ausmaß und Zeitbezug zu konkretisieren sind. Strukturell ist ein Prozessmodellrahmen zu erarbeiten, der offen legt, welche Abläufe überhaupt anfallen (»was«), bevor diese detaillierter betrachtet werden (»wie«). In der Prozessmodelldarstellung sind einzelne Prozesse aus dem Prozessmodellrahmen entsprechend der Zielsetzung zu beschreiben. Da im Change Management je nach Fokus sowohl ein großer Sprachumfang als auch ein hoher Präzisionsgrad sowie eine leichte Erlernbarkeit wünschenswert sind, sollte jeder Prozess aus mehreren Perspektiven mit jeweils speziellen zueinander konsistenten Sprachen beschrieben werden. Auf so erstellte Prozessmodelle kann dann für spezielle Zielsetzungen über den Prozessmodellrahmen zugegriffen werden, um z. B. eine Geschäftsprozessoptimierung durchzuführen oder einen Anforderungskatalog für ERP-Systeme zu erstellen.

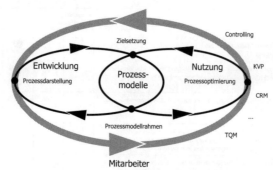

Abb. 5: Methode der Prozessmodellerstellung und -nutzung im Basismodul *Change HER*

Die Organisation von *Change HER* ist auf die spezifische Situation einzelner Hochschulverwaltungen zuzuschneiden (vgl. *Brocke, J. v.* 2000). Maßgeblich sind Art und Ausprägung der skizzierten Barrieren und Potenziale. Zielsetzung ist es, die Anwendung der beschriebenen Methode im Ergebnis verwaltungsweit und nachhaltig zu sichern. Beispiele für unterschiedliche Organisationen sind etwa Kooperationsmodelle nach dem »guided tour«- oder »quick and clean«-Prinzip.

Die Notwendigkeit eines Change Managements in Hochschulen ist evident, ebenso die Stärken eines auf ihre spezielle Situation zugeschnittenen CMS. Eine kritische Betrachtung sollte daher nicht vernachlässigt werden, wenn sie auch hier nur angerissen werden kann. Besonders dürfte die Frage der Machbarkeit des neuen Paradigmas diskutiert werden, das sich durch sehr weitgehende Mitarbeiter- und Methodenorientierung auszeichnet. Dabei ist nicht von der Idealvorstellung auszugehen, alle Mitarbeiter seien hinreichend qualifiziert und motiviert. Selbstverständlich unterscheiden sich ihre Profile und auch das genaue Gegenteil dürfte vorkommen. Realistisch erscheint aber die Annahme grundsätzlich qualifizierbarer und motivierbarer Mitarbeiter, die hierzu durch Lernprozesse in methodischer, organisatorischer und sozialer Hinsicht gezielt zu unterstützen sind. Ist auch hiervon nicht auszugehen, werden Veränderungen der Kontextfaktoren öffentlich rechtlicher Hochschulen erforderlich, durch die systematische Anreize zu zielgerichtetem unternehmerischem Handeln zu setzen sind. Die weitere Arbeit zum Change Management in Hochschulen hat auch diese umfassenderen »Changes« zu sehen, gleichzeitig aber CMS als pragmatische Lösungen zu aktuellen Problemen hervorzubringen.

Literatur:

Al-Ani, A./Gattermeyer, W.: Entwicklung und Umsetzung von Change Management-Programmen. In: *Gattermeyer, W., Al-Ani, A.* (Hrsg.): Change Management und Unternehmenserfolg, Grundlagen, Methoden, Praxisbeispiele, Wiesbaden 2000, S. 14-40.

Böning, U./Fritschle, B.: Veränderungsmanagement auf dem Prüfstand. Eine Zwischenbilanz aus der Unternehmenspraxis, Freiburg i. Br. 1997.

Brocke, J. v.: Veränderungsmanagement in Hochschulverwaltungen – eine prozessmodell- und mitarbeiterbasierte Initiative. In: *Mayr, H. C./Steinberger, C./Appelrath, H.-J./ Marquardt, U.* (Hrsg.): Unternehmen Hochschule 2000, S. 111-133.

Faulhaber, R./Winterling, K.: Veränderungsmanagement im Tagesgeschäft. In: io Management Zeitschrift, Heft 12, 64. Jg. 1995, S. 68-71.

Fischer, H.: Change Management ist anspruchsvolle Führungsaufgabe. In: io Management Zeitschrift, Heft 4, 62. Jg. 1993, S. 30-32.

Fuchs, O.: Das Management von Veränderungen in der öffentlichen Verwaltung und ihrem Umfeld – Anregungen aus der Praxis. In: *Gattermeyer, W./Al-Ani, A.* (Hrsg.): Change Management und Unternehmenserfolg, Grundlagen, Methoden, Praxisbeispiele, Wiesbaden 2000, S. 159-186.

Reiß, M./Rosenstiel, L., v./Lanz, A. (Hrsg.): Change Management, Stuttgart 1997.

Schubert, H.-J.: Planung und Steuerung von Veränderungen in Organisationen, Frankfurt am Main et al. 1998.

Schuh, G./Benett, S./Müller, M./Tockenbürger, L.: Europäisches Change-Management, Von der Strategie bis zur Umsetzung prozeßorientierter Organisationen. In: io Management Zeitschrift, Heft 3, 67. Jg. 1998, S. 22-29.

Stockfisch, J./Ulber, C./Claußen, T./Russ, R./Sigel, U.: Vorbereitung auf die Deregulierung: Change Management bei der Deutschen Bahn AG. In: *Gattermeyer, W./Al-Ani, A.* (Hrsg.): Change Management und Unternehmenserfolg, Grundlagen, Methoden, Praxisbeispiele, Wiesbaden 2000, S. 187-217.

Treuner, J. H.: Eurocontrol: Change Management in einer internationalen Organisation für Flugsicherung. In: *Scholz, J. M.* (Hrsg.): Internationales Change-Management, internationale Praxiserfahrungen bei der Veränderung von Unternehmen und Humanressourcen, Stuttgart 1995, S. 275-291.

Vahs, D.: Unternehmenswandel und Widerstand, Nur der richtige Umgang mit Veränderungswiderständen führt zum Erfolg. In: io Management Zeitschrift, Heft 12, 66. Jg. 1997, S. 18-24.

Angaben zum Autor:

Jan vom Brocke
Wissenschaftlicher Mitarbeiter an der Westfälischen Wilhelms-Universität Münster
Westfälische Wilhelms-Universität Münster
Lehrstuhl für Wirtschaftsinformatik und Controlling
Institut für Wirtschaftsinformatik
Steinfurter Straße 109
48149 Münster
Tel.: +49 25 18 33 80 18
Fax: +49 25 18 33 80 09
E-Mail: brocke@uni-muenster.de

Computergestützte Hochschullehre (cHL)

Heinz Lothar Grob

Das **Konzept der computergestützten Hochschullehre** stellt ein Teilgebiet des übergeordneten Gebiets CAL+CAT (Computer Assisted Learning + Computer Assisted Teaching) dar (vgl. die Arbeitspapiere unter http://www.wi.uni-muenster.de/aw/ (Rubrik Publikationen)). Während es bei CAL+CAT um generelle Erkenntnisse zum computergestützten Lehren und Lernen geht, werden bei cHL spezifische Bedingungen der Institution *Hochschule* berücksichtigt. Neben der computergestützten Hochschullehre sind die Bereiche des computergestützten Unterrichts an Schulen (cU) sowie der computergestützten Weiterbildung in der Wirtschaft (cW) zu nennen. Die Lern-/Lehraktivitäten können jeweils als Präsenz- oder als Televeranstaltung (»Moderiertes Distance Learning«), aber auch als individuelles oder kooperatives Selbstlernen organisiert werden (*Coners, A./Grob, H. L.* 2001).

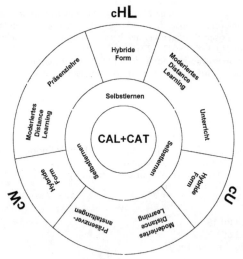

Abb. 1: Anwendungsdomänen des CAL+CAT-Konzepts

Gegenstand der folgenden Ausführungen ist das CAL+CAT-Anwendungsgebiet der computergestützten Hochschullehre. Zur Unterstützung der dort ablaufenden Lern- und Lehrprozesse wurde eine Systemarchitektur entwickelt, die auf dem Hard- und Softwaresystem aufbaut, das für Forschungszwecke und für administrative Aufgaben im Bereich der Hochschule genutzt wird. Zu ergänzen ist dies um Hard- und Softwarekomponenten in Form von Gestaltungswerkzeugen

(z. B. Audio- und Videosysteme) sowie um Ressourcen für die Präsenzlehre
(z. B. LCD-Projektoren, Audiosysteme) und schließlich um Komponenten für

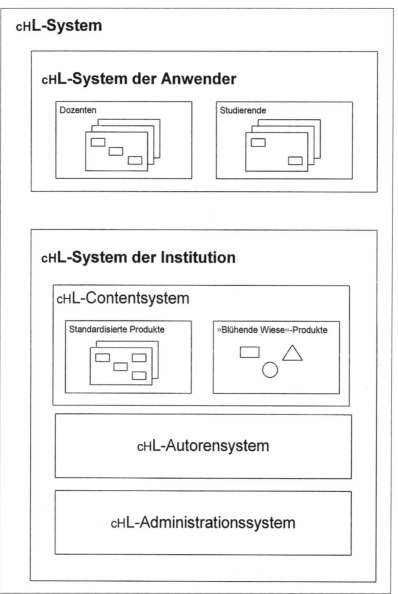

Abb. 2: Architektur des cHL-Systems

das computergestützte Lernen (z. B. Aufrüsten von Computern um Web Cams für kooperatives Lernen).

Das cHL-System setzt sich aus einem Teilsystem, das institutionell zu nutzen ist (z. B. von einer Fakultät oder einem Institut) und einem Teilsystem für die Anwender (Dozenten und Studierende) zusammen. Bestandteile des institutionsbezogenen Systems sind neben den Autorenwerkzeugen zur Entwicklung von Lernsoftware ein Administrationssystem zur computergestützten Verwaltung von Vorlesungen und ein Contentsystem, das aus einer Vielzahl von Lerneinheiten besteht, in denen multimediale Objekte in integrativer Form unter Berücksichtigung interaktiver Komponenten archiviert sind. Das cHL-Administrationssystem und das Contentsystem unterstützten sowohl Präsenzveranstaltungen als auch Telelearning. Die Elemente des Contentsystems eignen sich grundsätzlich auch für individuelle sowie kooperative Selbstlernprozesse. Neben diesen zentralen Systemen existiert eine Menge dezentral zu haltender Teilsysteme für die Lehrenden und die Lernenden. Diese Teilsysteme dienen dem Dozenten zur Archivierung digitaler Objekte, die bei computergestützten (»CAT«-)Vorlesungen verwendbar sind. Ein analog aufzubauendes System bildet die Datenbasis zur effizienten Gestaltung des computergestützten Arbeitsplatzes der Studierenden (»CAL«).

Mit Hilfe des **cHL-Administrationssystems** wird das Management von Vorlesungen unterstützt (*Grob, H. L.* 2000). So können z. B. folgende typische Funktionen im Internet eingerichtet werden:
(1) Diskussionsforen
(2) Archiv
(3) Infotainment
(4) E-Mail-Verteiler

zu (1): Diskussionsforen (»Newsgroups«) dienen der zeitlich asynchronen Kommunikation zwischen den Teilnehmern einer Lehrveranstaltung. Diese Einrichtung stellt bei aktiver Teilnahme des Dozenten ein moderiertes Forum dar. In ihm werden Fragen und Antworten, Meinungen und Kommentare publiziert. Der Anwender kann also entweder eigene Artikel veröffentlichen bzw. bereits vorhandene Artikel ergänzen oder aber lediglich die Diskussion anderer Teilnehmer verfolgen. Das Forum kann auch dazu benutzt werden, organisatorische Hinweise zur Vorlesung bekannt zu machen. Um die Vielfalt der Beiträge zu ordnen, empfiehlt sich eine Untergliederung der Foren in »inhaltliche«, »informationstechnische« und »allgemeine« Bereiche. Das allgemeine Forum, in dem u. a. auch hochschulpolitische Fragen diskutiert werden können, wird auch als »Internet-Cafeteria« bezeichnet.

zu (2): Im Archiv werden vorlesungsbegleitende Materialien (z. B. Übungsaufgaben, ausführbare Programme, wissenschaftliche Texte sowie sog. Digitale Goodies) über das Internet zur Distribution zur Verfügung gestellt. Zum »Download« dieser Dateien sind zeitlich und sachlogisch geordnete Einträge auf einer Web-Seite vorzusehen. Die Dateien können entweder sofort geöffnet oder für eine spätere Bearbeitung in das vom Studierenden eingerichtete Verzeichnis gespeichert werden. Die ins Archiv einzubringenden Objekte sind ggf. zu digitalisieren. Dies ist z. B. bei handschriftlichen Skizzen oder Zeitungsausschnitten erforderlich.

Eine Erweiterung ist im Angebot vorlesungsbegleitender Links zu sehen, insbesondere einem Zugang zur Digitalen Bibliothek. Außerdem können z. B. Verbindungen zu einem Forum hergestellt werden, in dem Angebote zu Praktikantenplätzen bzw. Arbeitsstellen zu publizieren sind.

zu (3): Zur Erhöhung der Attraktivität des Internet-Angebots kann im cHL-Administrationssystem z. B. eine »Rätselecke« eingerichtet werden. Die Eingabe der Lösung wird vom System überprüft – bei einer korrekten Lösung erfolgt ein Eintrag in die »Hall of Fame«.

zu (4): Die Eintragung eines Studierenden in einen vorlesungsspezifischen Mailverteiler ermöglicht, dass vom Dozenten formulierte E-Mails direkt an ihn ge-

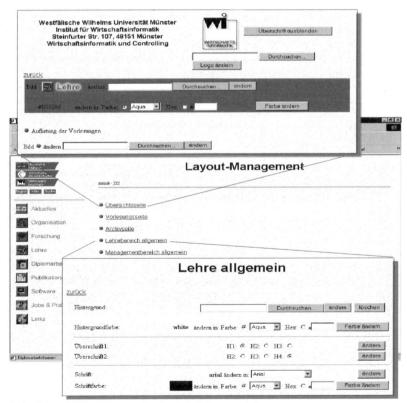

Abb. 3: Layoutmanagement in der Administratorsicht

sendet werden. In der Mail können beispielsweise organisatorische Hinweise und Tipps zur Vorlesungsvor- und -nachbereitung gegeben werden. Auch die Nachricht, dass Digitale Objekte ins Archiv gestellt wurden, kann Inhalt der E-Mail sein. Von besonderer Bedeutung ist die E-Mail-Verteiler-Funktion, wenn Newsletters mit inhaltlichen Informationen versendet werden. In Kombination mit der Archivfunktion kann sogar ein einfaches Konzept des Telelearnings organisiert werden.

Im Folgenden werden mit der Administrator-, der Dozenten- und der Studierendensicht **die relevanten Sichtweisen auf das cHL-Administrationssystem** dargestellt.

Der Administrator gestaltet die Infrastruktur des Systems. So wird im Rahmen des Layout-Management die Oberfläche des Systems gestaltet.

Der Dozent nutzt die vom Administrator erstellte Infrastruktur. Vor Beginn einer Vorlesungsreihe hat er das Diskussionsforum, das Archiv und das E-Mail-Management und andere Rubriken einzurichten. Während der Vorlesungszeit nutzt der Dozent das System, um Inhalte ins Archiv zu stellen, Nachrichten in den E-Mail-Verteiler zu geben und das Diskussionsforum zu moderieren.

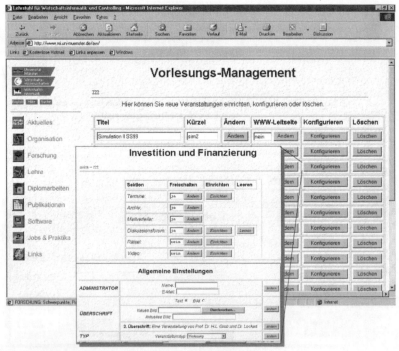

Abb. 4: Vorlesungsmanagement in der Dozentensicht

54

Der Studierende nutzt das System als Kunde. Die Studierendensicht auf das Archiv und das Diskussionsforum sind in der folgenden Abbildung wiedergegeben worden.

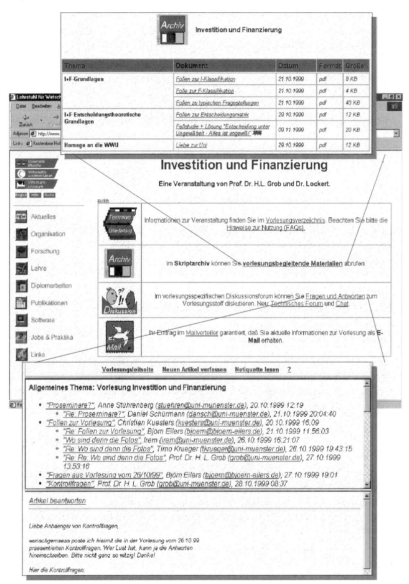

Abb. 5: Archiv und Diskussionsforum in der Studierendensicht

Die Zugriffe des Administrators, des Dozenten und der Studenten können jeweils von beliebigen Rechnern mit Internetzugang aus erfolgen. Das System eignet sich daher insbesondere für den verteilten Einsatz.

Das **cHL-Autorensystem** umfasst Werkzeuge und Entwicklungsumgebungen zur Produktion von Lernprodukten, die als selbst erstellte Elemente in das cHL-Contentsystem einzubringen sind.

Das **cHL-Contentsystem** stellt die Datenbasis zur Archivierung multimedialer Objekte dar. Im Folgenden wird insbesondere auf eine Integrations- und Interaktionsplattform eingegangen, die durch ein hohes Standardisierungsmaß gekennzeichnet ist. Wegen der Optionalität bei ihrer Anwendung wird sie als »Freestyle Learning-System« bezeichnet (*Grob, H. L./Brocke, J. v./Lahme, N.* 2001). Neben diesem Konzept zählen auch weitere Lernprodukte (z. B. CBT-Programme) zum cHL-Contentsystem.

Die im Freestyle Learning-System repräsentierten Themengebiete bilden die medientechnische Grundlage zur Vorbereitung von Vorlesungen nach dem cHL-Konzept. Gleichzeitig können sie aber auch im Rahmen individueller und kooperativer Selbstlernprozesse eingesetzt werden.

Das Ergebnis der Aufbereitung der Lerneinheiten wird als multiperspektivistisch bezeichnet. Charakteristisch ist, dass in jeder Perspektive grundsätzlich der gleiche Lerninhalt in einer anderen Darstellungsform zu repräsentieren ist. Die Anwahl einer Perspektive erfolgt individuell durch den Lernenden oder Lehrenden (»Freestyle«).

Für jede Lerneinheit sind folgende Sichten vorgesehen:

Intro: Der Einstieg in ein Themengebiet ist durch ein Einführungsvideo oder eine Bildsequenz anschaulich zu gestalten.

Text Study: Diese Komponente dient der hypertextbasierten Vermittlung der theoretischen Grundlagen einer Wissensdomäne. Neben textuellen Elementen enthält sie Abbildungen sowie Referenzen auf andere multimediale Datenobjekte der Lerneinheit.

Learning by Doing: Zur Durchführung von Berechnungsexperimenten (Simulationen) enthält die Lerneinheit ein Programm, das exploratives Lernen ermöglicht.

Case Study: Durch anwendungsorientierte Fallstudien kann der Studierende seinen Wissensstand anhand von Problemanalysen überprüfen. Zu den Aufgabenstellungen sind Lösungsvorschläge vorzusehen. Weitergehende Diskussionen sind in spezifischen auf die Lerneinheit bezogenen Diskussionsforen des Internet organisiert.

Check up: Im Gegensatz zu den relativ komplexen Case Studies werden beim Check up Fragen zu jedem Teilgebiet der Wissensdomäne gestellt, wobei eine automatische Korrektur der Antworten erfolgt. Hierbei kommen insbesondere Multiple Choice-Fragen und Lückentexte zu Einsatz.

Media Pool: Diese Komponente ermöglicht einen direkten, nach Medientypen kategorisierten Zugriff auf sämtliche multimedialen Datenobjekte der Lerneinheit. Inhalt der Objekte sind beispielsweise Animationen oder Videos. Aufgrund des Archivcharakters können auch Abbildungen aus der Text Study direkt angezeigt werden.

Zu jeder Lerneinheit ist ein Glossar zu erstellen. Besondere Werkzeuge (z. B. Plotter) runden den Einsatz ab. Jedes Element ist extrahierbar und in die dem Dozenten zur individuellen Anpassung angebotene Slideshow, die in der cHL-Vorlesung präsentiert wird, integrierbar.

Die Systeme der Lehrenden: Jeder Lehrende verfügt zu jeder der von ihm betreuten Vorlesungen über ein Dateisystem, in dem die folgenden Objekte verfügbar zu halten sind:

- Slideshow (z. B. PowerPoint-Dateien) zur Präsentation der Vorlesung,
- Vorlesungsskript als Text- oder Hypertextdatei,
- Fallstudien und Übungsaufgaben zur Anwendung des Vorlesungsstoffes,
- Klausuraufgaben und Check up-Fragen zur Lernkontrolle,
- Modelle zur Durchführung von Berechnungsexperimenten,
- Weitere digitale Goodies (z. B. Videos, CBT-Programme, Essays)

Ein Teil dieser Elemente kann aus den im Contentsystem erfassten Lerneinheiten entnommen werden. Dabei ist die Möglichkeit vorzusehen, dass die Slideshow sowie Textdateien (z. B. zu Übungsaufgaben) individuell durch den Dozenten angepasst werden. Hierbei sind urheber- und verlagsrechtliche Bedingungen zu berücksichtigen. Die zu präsentierende Vorlesung (inklusive Internetsupport) integriert somit eigen erstellte und aus dem Contentsystem übernommene Elemente. Der Kreislauf zwischen dem anwendungs- und dem institutionsbezogenen Teilsystem schließt sich, wenn das Contentsystem um die vom Dozenten erstellten Objekte erweitert bzw. aufgrund seiner Erfahrungen modifiziert wird.

Die Systeme des Lernenden: Dem Lernenden wird empfohlen, zu jeder für ihn relevanten Lehrveranstaltung auf der Festplatte seines PCs ein Archiv aufzubauen, in dem die zur Verfügung gestellten sowie selbst erstellten digitalen Objekte übersichtlich erfasst werden. Neben diesem lehrveranstaltungsbezogenen System besteht für ihn die Möglichkeit, ausgewählte Contentprodukte zu beschaffen, um den Wissenserwerb nicht etwa nur aufgrund von Lehrveranstaltungen, sondern darüber hinaus domänenspezifisch zu betreiben.

Entwicklungstendenz: Kooperativen Lehrangeboten, die im gegenseitigen Leistungsaustausch zwischen Hochschulstandorten durchgeführt werden, ist zunehmende Bedeutung beizumessen. Verteilt entwickelte Freestyle Learning-Produkte, für die neben dem Offlineangebot auch ein Internetportal mit einem Diskussionsforum eingerichtet wurde, bieten innovative Möglichkeiten, externe Lehrangebote in das an der Hochschule angebotene Kerngebiet zu integrieren. Erste Ansätze, bei denen Wissensnetzwerke für die computergestützte

Hochschullehre entwickelt werden, sind bereits in der Entwicklung befindlich.

Literatur:

Coners, A./Grob, H. L.: Konstruktion und Nutzung von MultiMediaModellen (mit CD-ROM), München 2001.

Grob, H. L.: Das Konzept der Wirtschaftswissenschaftlichen Fakultät der Westfälischen Wilhelms-Universität Münster. In: *Doberkat, E.-E./Engels, G./Grauer, G./Grob, H. L./Kelter, U./Leidhold, W./Nienhaus, V.* (Hrsg.): Multimedia in der wirtschaftswissenschaftlichen Lehre, Erfahrungsbericht, Redaktion: C. Kopka, Münster 2000, S. 57-127.

Grob, H. L./Brocke, J. v./Lahme, N.: Freestyle Learning – Das mediendidaktische Konzept, Arbeitsbericht Nr. 20 der Reihe »CAL+CAT« (Hrsg.: *H. L. Grob*), Münster 2001.

Angaben zum Autor:

Prof. Dr. Heinz Lothar Grob
Professor für Wirtschaftsinformatik und Controlling
Institut für Wirtschaftsinformatik
Westfälische Wilhelms-Universität Münster
Steinfurter Straße 109
48149 Münster
Tel. +49 25 18 33 80 00
Fax. +49 25 18 33 80 09
E-Mail: grob@uni-muenster.de
http://www-wi.uni-muenster.de/aw

Controlling

Martin Brüggemeier

Im Zuge des New → *Public Management* mehren sich seit Beginn der Neunzigerjahre die Bestrebungen, **Controlling** in öffentlichen und nicht-kommerziellen Einrichtungen einzusetzen. Inzwischen liegen auch einige konzeptionelle Überlegungen und Vorschläge für ein Hochschul-Controlling vor (z. B. Alewell 1993; *Seidenschwarz* 1992; *Bürgel/Binder/Schultheiß* 1996; *Weber* 1996; *Küpper* 1998).

Bei der englischen Vokabel »Controlling« handelt es sich um die infinite Verbform von »to control«, was am treffendsten mit »Steuern« und »Regeln« übersetzt werden kann. Als Begriff steht »Controlling« für ein in der Privatwirtschaft weit verbreitetes betriebswirtschaftliches Steuerungskonzept, das sich –

je nach konkreter konzeptioneller und empirisch gewachsener Ausgestaltung – einer Vielzahl bekannter betriebswirtschaftlicher Instrumente bedient. Schon aus diesem Grund kann Controlling selbst *kein* »Instrument« sein und man sollte betriebswirtschaftliche Instrumente erst dann als »Controlling-Instrumente« bezeichnen, wenn sie systematisch aufeinander abgestimmt mit Controlling-Intentionen zum Einsatz kommen. Als normatives Konzept zielt Controlling auf eine Verbesserung der → *Effizienz und Effektivität.*

Ungeachtet aller Interpretationsunterschiede basiert Controlling auf einem kybernetischen Regelkreismodell und ist klar einer abendländischen Philosophie verpflichtet: Hier ist nicht der Weg, sondern das Ziel das Ziel. Um dies anschaulich zu machen, wird gerne auf See- oder Luftfahrtsmetaphorik zurückgegriffen. So beschreibt *Reinermann* Controlling mit dem Landeanflug eines Flugzeugs auf den Zielflughafen: »Es wird auf einem Leitstrahl gehalten, der den Korridor für Bewegungen abgibt, die eine sichere Landung bei der angepeilten Zielmarke erlauben. Der Pilot prüft anhand ständiger Positionsmeldungen aus dem Tower (dort sitzen Fluglotsen, die man im angelsächsischen Bereich »Controller« nennt, der Verf.), ob sein Flugzeug die Zielrichtung einhält (Regelung durch Rückkopplung), und er steuert erkennbaren Störgrößen, etwa Seitenwind, gegen (Steuerung durch Vorkopplung).«

Geht man von einem **funktionalen Verständnis von Controlling** aus, dann handelt es sich im Kern um die Aufgabe jeder Führungskraft mit Hilfe vollzugsbegleitender Informationsrückkopplungen selbst dafür zu sorgen, dass ein geplanter Realisationsgrad bzw. ein angestrebtes Ergebnis auch tatsächlich erreicht wird (Erfassung und Analyse von Soll/Ist-Abweichungen, ggf. Einleitung von Maßnahmen zur Gegensteuerung, »bevor das Kind in den Brunnen gefallen ist«). Hierzu wird die Kontrolle (Soll/Ist-Vergleich) in die Realisierungsphase vorverlagert, um projektiv den Endpunkt der Realisation zu antizipieren.

Allerdings hat sich in der deutschsprachigen Wissenschaft und Praxis ein **institutionell geprägtes Verständnis** etabliert: Wer hierzulande von Controlling spricht, der meint in der Regel das, was professionelle Controllerinnen und Controller machen (»Controllership«). In der Praxis kann dieser Funktionsbereich konkret ganz unterschiedlich ausgestaltet sein. Auf dem aktuellen wissenschaftlichen Reflexionsstand kann Controlling in allgemeiner Form als eine organisatorisch institutionalisierte, zielorientierte Führungskoordination durch Führungsinformation gekennzeichnet werden. Controlling soll – je nach konzeptionellem Ansatz – sämtliche oder ausgewählte Teilsysteme bzw. arbeitsteilig wahrgenommenen Führungsfunktionen (z. B. Planung, Organisation, Personal, Kontrolle) des komplexen Führungsgesamtsystems verkoppeln und auf die Organisationsziele ausrichten. Der vom Controlling zu deckende Koordinationsbedarf im Führungssystem wird auf sog. Sach- und Verhaltensinterdependenzen zurückgeführt (*Küpper* 1998).

Bei einer formal-analytischen Betrachtung gerät jedoch aus dem Blick, dass die aus der Knappheit menschlicher und sachlicher Potenziale resultierenden Interdependenzen im Führungssystem **Machtbeziehungen** konstituieren. Die Einrichtung von zentralen und dezentralen Controllingbereichen in Organisationen kann vor diesem Hintergrund als formale Institutionalisierung eines Maklernetzwerks (→ *Netzwerkstrukturen*) gedeutet werden, das einen relevanten Teil des Transparenz- und Konsensbedarfs an den Schnittstellen dieser Machtbeziehungen auf spezifische Weise befriedigt. Als betriebswirtschaftlich qualifizierte Experten können die Controller mit einer Formalisierung, Operationalisierung und Standardisierung der Austauschbedingungen zu einem Abbau von Ungewissheit beitragen (Objektivierung und Transparenz von Leistungen und Gegenleistungen). Die Controller können beispielsweise die Konsensfindung fördern, indem sie die unterschiedlichen Interessen und Handlungspotenziale in »betriebswirtschaftliche Währungen« umrechnen, dabei einander annähern und schließlich zusammenführen. Dabei wird eine Neutralitätszuschreibung durch den Objektivitätsanspruch begünstigt, der gewöhnlich mit der Anwendung betriebswirtschaftlicher Verfahren und Kriterien und eines entsprechenden Berichtswesens mit quantifizierten Informationen (Kennzahlen; Soll-/Ist-Abweichungen etc.) einher geht. Als offizielle Maklerinstanz trägt das Controlling auf diese Weise dazu bei, dass die Interessenperspektive der beteiligten Akteure stärker kanalisiert wird und es nicht zu einer Ausuferung informaler Maklermachtquellen kommt, die eine zentrale, hierarchische und an den Organisationszielen ausgerichtete Steuerung von Arbeitsorganisationen unterminieren kann.

Für die Hochschulleitungen stellt sich im Zuge von → *Zielvereinbarungen zwischen Staat und Hochschule* und der Einführung von → *Globalhaushalt*en das Problem, finanzielle Forderungen künftig in einem Umfeld verschärfter externer Verteilungskonflikte (z. B. Universitäten vs. Fachhochschulen) mit Leistungs- und Kostendaten begründen zu müssen und eine entsprechende Rechenschaftslegungskompetenz zu entwickeln. Die Hochschulleitung muss dann zum einen dafür Sorge tragen, dass sie die der Staatsseite gemachten Zusagen auch tatsächlich hochschulintern durchsetzen kann. Zum anderen kommt es im Zuge einer Dezentralisierung der Ressourcenverantwortung (hier insbes. Globalisierung und Flexibilisierung des Haushalts) auf Basis einer tendenziell geringeren Ressourcenausstattung zu einer Internalisierung von Verteilungskonflikten auf Hochschul- und Fachbereichsebene. In Verbindung mit den Reform- und Leistungszusagen werden hochschulinterne Ressourcenumverteilungen, (Des-)Investitionen und Umstrukturierungen erforderlich (→ *Profilbildung* bzw. -schärfung, Investitionen in neue, »sortimentsgerechte« Lehrangebote und Forschungsbereiche, Qualitätsentwicklung, Einstellung von Studiengängen, Schließung von Instituten etc.). Mit anderen Worten steht nicht nur eine Verbesserung der operativen Effizienz gegebener Forschungs-, Lehr- und Serviceprozesse, sondern auch eine Veränderung der Strategien und Strukturen auf der Tagesordnung.

Knappere Ressourcen in Verbindung mit dem in eine Stärkung der Hochschulautonomie gekleideten Zwang, die damit verbundenen Fach- und Ressourcenentscheidungen über Prioritäten, Posterioritäten, über Rückbau oder Ausbau (zu wessen Lasten?) selbst zu treffen, verändern und erhöhen die Handlungsinterdependenzen im Führungssystem von Hochschulen beträchtlich. Ein Hochschul-Controlling kann als institutionalisierte Maklerinstanz mit dazu beitragen, den in diesem Zusammenhang entstehenden spezifischen Transparenz- und Konsensbedarf an den Schnittstellen der Machtbeziehungen im Führungssystem von Hochschulen zu befriedigen.

Damit Controlling nicht hochschulintern auf einen untauglichen Bedingungsrahmen hin beliebig »passend gemacht« und damit in Bezug auf seine eigentlichen Intentionen und potenziellen Wirkungen neutralisiert werden kann, sind aus einer normativen Perspektive **fünf generelle Anforderungen an eine »controllinggerechte Hochschule«** zu formulieren. Erst auf Basis dieser Essentials wäre dann ein »hochschulgerechtes Controlling« zu entwickeln (*Brüggemeier* 1998, 2000a).

Essential 1: Operationale Ziele und messbare Leistung

Controlling erfordert eindeutige, operationale Zielvorgaben und eine messbare Leistung; nur dann können Kennzahlen und Indikatoren gebildet, geplant und als Steuerungsgrößen genutzt, Rechenschaft über die Zielerreichung abgelegt und Aussagen über die → *Effizienz und Effektivität* von öffentlichen Hochschulen getroffen werden. Im Grunde ist der gegenüber öffentlichen Hochschulen oft gehegte pauschale Ineffizienz-Vorwurf reine politische Spekulation, solange den ermittelten Kosten keine Leistungsinformationen gegenübergestellt werden können und offen bleibt, woher unter nicht-marktlichen Bedingungen überhaupt die Effizienz-Maßstäbe kommen. Und auch für die Effektivität (i. S. von Zielwirksamkeit) einer Hochschule oder eines Fachbereichs gilt, dass diese nur bewertet werden kann, wenn es überhaupt verbindliche explizite Ziele gibt und überdies deren Erreichungsgrad gemessen werden kann. Sowohl die Bildung operationaler Ziele (→ *Zielvereinbarungssysteme (interne)*; → Zielvereinbarungen zwischen Staat und Hochschulen) als auch die Messung von Hochschulleistungen sind eine sehr anspruchsvolle Herausforderung (*Brüggemeier* 2000b). Während die Leistung privatwirtschaftlicher Dienstleistungsunternehmen als monetär bewertetes Ergebnis des betrieblichen Leistungserstellungs- und -verwertungsprozesses über (am Markt erzielte) Preise erfasst werden kann, entziehen sich öffentlich finanzierte Hochschulleistungen einer solchen Messung. Die Erfassung, Messung und Bewertung von Hochschulleistungen muss daher mit Hilfe bzw. auf Basis entsprechender **Kennzahlen und Indikatoren** bzw. -systeme erfolgen (z. B. *Seidenschwarz* 1992; *Küpper/Zboril* 1997). »Kennzahlen« stellen zunächst nichts anderes als quantitative Informationen über zahlenmäßig erfassbare Sachverhalte dar (z. B. Personalausgaben pro Studienplatz, Zahl der Studienabschlüsse in der Regelstudienzeit, drop-out Quote, Anzahl von Publikationen in referierten Fachzeitschriften, Drittmittelvolumen). Von »Indikatoren« spricht man, wenn Kennzahlen als messbare Hilfsgrößen für Sachverhalte herangezogen werden, die man nicht direkt messen kann (z. B. die Forschungsqualität oder die Qualität von Lehre und Studium).

Was Hochschulen leisten, kann mit Hilfe von Kennzahlen und Indikatoren als Leistungspotenzial, Leistungsprozess, Leistungsergebnis (Output) und als Leistungswirkung (Outcome) abgebildet werden. Bei der Leistungserfassung und -messung ist in Bezug auf die genannten Objektbereiche jeweils zwischen den Komponenten Ziel, Menge und Qualität (→ *Qualitätsmanagement*) zu unterscheiden. Wenn Hochschulleistungen gegen Entgelt (z. B. → *Studiengebühren* und Preise für Weiterbildungsstudienangebote) abgegeben werden, ist diese Unterscheidung noch um eine monetäre Komponente zu ergänzen (→ *Deckungsbeitragsrechnung*). In diesem Zusammenhang ist darauf hinzuweisen, dass auch im Controlling privatwirtschaftlicher Unternehmen in jüngster Zeit verstärkt auf multikriterielle Kennzahlen- und Indikatorensysteme zurückgegriffen wird, um die Probleme einer eindimensionalen Fixierung auf »harte« finanzwirtschaftliche Größen zu überwinden (→ *Balanced Scorecard*). In Anbetracht der Mehrdimensionalität von Hochschulleistungen können freilich nicht alle Aspekte eingefangen werden. Aber die Auswahl sollte bewusst erfolgen. Und der Aufwand für die Bildung und Pflege von Leistungskennzahlen und -indikatoren muss in einem angemessenen Verhältnis zum erhofften Nutzen stehen. In professionellen Händen können gute Kennzahlen und Indikatoren eine nützliche Hilfe sein. Aus methodischer Sicht betrachtet sollte hinter jedem Indikator ein logisch schlüssiges Modell stehen, das eine Verbindung zwischen einer zu beurteilenden Leistung und dem Indikator herstellt (→ *Evaluation*). Nicht minder schwierig ist die damit eng zusammenhängende Anforderung, unter den beteiligten Akteuren einen tragfähigen Konsens über die Auswahl und die Interpretation von Kennzahlen und Indikatoren zustande zu bringen.

Viele Risiken und nicht-intendierte Nebenwirkungen von Kennzahlen- und Indikatoren (-Systemen) lassen sich nicht bzw. nicht mit vertretbarem Aufwand »am grünen Tisch« antizipieren. Die Steuerung mit Hilfe von Kennzahlen und Indikatoren muss ausprobiert und für Veränderungen offen gehalten werden. Hierzu bedarf es institutionalisierter Wirkungsanalysen. Unerwünschte »Nebenwirkungen« können z. B. darin bestehen, dass wichtige, jedoch nicht gemessene Leistungsdimensionen und -komponenten vernachlässigt werden. *Alewell* (1993) warnt zu Recht davor, dass sich diejenigen, die im operativen Kern die Leistungen in Forschung und Lehre erbringen, nur noch darauf konzentrieren, ihre Leistungen nach Art, Umfang und Qualität an fremde Maßstäbe anzupassen (z. B. publish or perish-System).

Essential 2: Leistungsfähiges Rechnungswesen
Controlling erfordert ein für eine effizienz- und effektivitätsorientierte Steuerung geeignetes, an kaufmännischen Grundsätzen orientiertes Hochschul-Rechnungswesen, das als instrumentelle Basis (z. B. für ein Controlling-Berichtswesen) auch nicht-monetäre Leistungs- und Wirkungsinformationen bereitzustellen vermag; nur so können Kosten-, Leistungs- und Wirkungstransparenz hergestellt und die Informationsbasis für einschlägige Planungs-, Kontroll- und Entscheidungsrechnungen gelegt werden (→ *Budgetierung*; → *Indikatorengestützte Mittelvergabe*; → *Deckungsbeitragsrechnung*). Das in öffentlichen Hochschulen

übliche kamerale Rechnungswesen (→ *Doppik und Kameralistik*) erfüllt unbestreitbar bestimmte Funktionen. Als Basisinformationssystem für ein Controlling ist es jedoch gänzlich unzureichend, da es sich um eine rein finanzwirtschaftliche Einnahme-Ausgaben-Rechnung (Geldverbrauchs-Rechnung) handelt. Über den tatsächlichen Ressourcenverbrauch erfährt man nichts. Bedenkt man beispielsweise, dass in anlageintensiven Hochschulbereichen die Abschreibungen für Geräte und Gebäude mehr als 50 Prozent der Gesamtkosten ausmachen können, so ist dieser Zustand aus betriebswirtschaftlicher Perspektive geradezu abenteuerlich. Spätestens wenn eine → *Budgetierung* als Controlling-Instrument eingeführt werden soll, wird deutlich, dass zur Erstellung und zum Vollzug von Budgets eine Kostenrechnung erforderlich ist. Bislang dominiert in der Diskussion um ein Controlling-taugliches Hochschul-Rechnungswesen noch die Position, dass es ausreicht, die Kameralistik um eine → *Kostenrechnung* zu ergänzen (»erweiterte Kameralistik«). Sicherlich kann eine um diverse unverbundene Ergänzungsrechnungen erweiterte Kameralistik zunächst einmal zur Kostentransparenz beitragen und damit auch als instrumentelle Ausgangsbasis für ein Hochschul-Controlling dienen. Es spricht jedoch sehr viel dafür, im Sinne einer wirklich zukunftsweisenden Reform das kameralistische Hochschul-Rechnungswesen gleich konsequent durch ein dem kaufmännischen Rechnungswesen angenähertes (»doppisches«) Hochschul-Rechnungswesen abzulösen. So hat sich beispielsweise Hessen bereits auf den Weg gemacht, dies bis zum Jahre 2008 flächendeckend in der gesamten Landesverwaltung – also auch in sämtlichen hessischen Hochschulen – umzusetzen. Folgt man dabei dem von *Lüder* entwickelten und für die Reform des öffentlichen Rechnungswesens in Deutschland nach herrschender Expertenmeinung richtungsweisenden »Speyerer Verfahren«, dann müsste ein entsprechendes Hochschul-Rechnungswesen als integrierter Verbund aus einer Vermögensrechnung, Finanzrechnung (Haushaltsrechnung), Ergebnisrechnung und Kostenrechnung bestehen. Diese Verbundrechnung muss allerdings noch um eine nicht-monetäre Leistungs- und Wirkungsrechnung ergänzt werden (siehe auch oben, Essential 1). Erst dann kann von einem zukunftsfähigen Rechnungswesen gesprochen werden, das sich auch als Basisinformationssystem für ein wirksames Hochschul-Controlling eignet. Neben generellen Vorzügen einer integrierten Verbundrechnung auf doppischer Basis sprechen im Übrigen auch in der bisherigen Diskussion vernachlässigte Aspekte der strategischen Hochschulentwicklung (→ *strategische Orientierung*) für einen solchen innovativen Reformschritt (*Brüggemeier* 2000a).

Essential 3: Wirtschaftliches Denken und Handeln.
Controlling erfordert die Fähigkeit und die Bereitschaft aller Mitarbeiter, insbesondere natürlich der Leitungskräfte, auch in wirtschaftlichen Kategorien zu denken und zu handeln; nur da, wo die Leitung und die Mitarbeiter öffentlicher Hochschulen dies wollen (Interessen, Anreize) und können (Qualifikation), ist mit einer entsprechenden Nutzung von Controlling-Informationen und der Wirksamkeit von Controlling-Aktivitäten zu rechnen. Die Bereitstellung von Informationen aus einem modernisierten Hochschul-Rechnungswesen (Essenti-

al 2) genügt demnach keineswegs, man muss sie auch zur Verbesserung der Wirtschaftlichkeit nutzen können und nutzen wollen. Wenn wirtschaftliches Denken und Handeln als quasi automatisches Resultat einer Einführung von Hochschul-Controlling verstanden wird, ist die Enttäuschung schon vorprogrammiert. Erfahrungsgemäß muss »wirtschaftliches Denken und Handeln« als eine zusätzliche und prekäre Voraussetzung interpretiert werden, um deren Herstellung man sich mit geeigneten → *Leistungsanreizen (Hartmann 1998)*, → *Personalentwicklung* und symbolbewusstem Handeln der Hochschulleitung und der Dekane intensiv kümmern muss. Ein guter Wissenschaftler (als Dekan oder Rektor), Fachexperte (als Leiter einer zentralen Unterstützungseinheit) oder traditionell qualifizierter Verwaltungsfachmann muss noch lange kein guter, auch in betriebswirtschaftlicher Hinsicht versierter Manager sein (→ *Professionalisierung*).

Es bringt jedoch wenig, sich in Bezug auf Essential 3 auf eine reine Binnenperspektive zu beschränken. Denn es ist in erster Linie ein funktionierender Wettbewerb, der in privatwirtschaftlichen Unternehmen, wenn alles gut geht, über den Preismechanismus »bei Strafe des Untergangs« wirtschaftliches Denken und Handeln erzwingt und einen entsprechenden Einsatz betriebswirtschaftlicher Instrumente motiviert. Anders ausgedrückt wird sich die Fähigkeit und Bereitschaft zu wirtschaftlichem Denken und Handeln in dem Maße ändern (müssen!), in dem sich auch öffentliche Hochschulen bzw. einzelne Fachbereiche als institutionelle Akteure auf Märkten begreifen (→ *Ranking*; → *Studiengebühren*). Es ist damit zu rechnen, dass künftig auch verstärkt über die radikale Abkehr von einer institutionenbezogenen öffentlichen Finanzierung der Hochschulen hin zu einer nutzer- bzw. nachfragerorientierten Finanzierung, z. B. auf Basis von Bildungskonto- und Bildungsgutschein-Systemen, diskutiert wird. Mit der tatsächlichen Umsetzung solcher Steuerungsinstrumente würden die bislang angesichts weitgehend abgesicherter öffentlicher Alimentierung mitunter noch recht aufgesetzt anmutenden hochschulinternen Bestrebungen in Sachen Controlling und → *Marketing-Management* einen völlig anderen – nämlich einen existenziellen – Stellenwert bekommen.

Essential 4: Organisatorische Rahmenbedingungen
Controlling erfordert das Vorhandensein von Spielräumen für eine effizienz- und effektivitätsorientierte Wahrnehmung von Führungsfunktionen und die Einrichtung integrierter Verantwortungsbereiche in Hochschulen; nur dort, wo im Rahmen von Delegation, Dezentralisierung und einer »Deregulierung« ergebniswirksame Handlungspotenziale geschaffen werden und die Kompetenzen für deren Nutzung organisatorisch dezentral integriert wird, liegen organisatorische Rahmenbedingungen vor, die es gestatten, dass aus der Controlling-Information auch Konsequenzen gezogen werden können und eine Zuschreibung von Ergebnisverantwortung möglich ist (→ *Entscheidungsstrukturen*). Vor dem Hintergrund der spezifischen → *Leitungsstrukturen* und des Prinzips der akademischen → *Selbstverwaltung* sind die Ausgangsbedingungen für Essential 4 in Hochschulen ambivalent. Einerseits verfügen die Fachbereiche faktisch über ei-

ne vergleichsweise hohe Entscheidungsautonomie in fachlichen und wichtigen personellen Fragen (Berufungspolitik, Wahlämter). Andererseits nutzt die zentrale Hochschulverwaltung ihre »im staatlichen Auftrag zu erledigenden Aufgaben wie Personal, Organisation, Haushalt, technische und räumliche Infrastruktur zugleich als Steuerungs- und Kontrollinstrument« (*Brinckmann* 1998). Nach Ansicht von *Alewell* (1993) sollten »Entscheidungen möglichst dort getroffen werden, wo gehandelt werden muss, das heißt primär auf der Arbeitsebene und damit dezentral.« Von einer dezentralen Verfügungsmacht über die Ressourcen kann bislang aber noch keine Rede sein. Zur Schaffung Controlling-gerechter Entscheidungs- und Verantwortungsstrukturen im Sinne von Essential 4 sind eben diese neu zu strukturieren. Leistungsfähige Verantwortungszentren mit dezentral integrierter Fach- und Ressourcenverantwortung sind, ausgehend von den produktiven Einheiten der Hochschule, von unten nach oben zu bilden (→ *Organisations- und Fachbereichsstrukturen*). Es geht wohlgemerkt aber nicht nur um die Dezentralisierung von Kompetenzen, sondern auch um die dazu gehörige Verantwortung i. S. eines sozialen Attribuierungsmechanismus für Erfolge und Misserfolge. Im Grunde setzt Controlling eine persönlich zuschreibbare Verantwortung voraus. Als nicht zu unterschätzendes Problem kann sich dabei der »Umstand« erweisen, dass in Hochschulen wichtige Entscheidungen von Gremien getroffen werden, die – ebenso wie die Wahlämter auf der mittleren Leitungsebene (Dekane) – durch eine hohe Fluktuation gekennzeichnet sind.

Werden im Zuge dieser Neuordnung von Kompetenzen und Verantwortung bislang von der zentralen Hochschulverwaltung wahrgenommene Aufgaben auf die dezentralen Untereinheiten (Fachbereiche, Institute, Abteilungen, Studiengänge) übertragen, so müssen diesen Aufgaben auch die für deren Erledigung notwendigen Ressourcen folgen. Wichtig ist weiterhin, dass die im Rahmen des Ausbaus der Hochschulautonomie (Dezentralisierung, Deregulierung, Haushaltsflexibilisierung) extern gegenüber der staatlichen Wissenschaftsbürokratie gewonnenen Spielräume (→ *Globalhaushalt*; → *Zielvereinbarungen zwischen Staat und Hochschulen*) auch intern »nach unten« weitergereicht und nicht zur hochschulinternen Zentralisierung »missbraucht« werden.

Allerdings ist darauf hinzuweisen, dass Hochschulleitungen, aber auch Dekane, die die Möglichkeit der Dezentralisierung und Delegation geschickt nutzen und mit Zielvereinbarungen, Rechenschaftspflichten und verbindlichen Spielregeln koppeln, ihre hierarchischen Steuerungsmöglichkeiten keineswegs schwächen, sondern eher verstärken. Denn Controlling ist angesichts asymmetrischer Informationsverteilung auch ein Konzept zur Effektivierung der hierarchischen Steuerung und entfaltet in der Regel entsprechende Wirkungen.

Essential 5: Implementationsstrategie
Controlling erfordert eine auf die situativen Umstände und die konkreten organisationalen Macht- und Handlungskonstellationen zugeschnittene Implementationsstrategie; wo sinnvolle und wirksame Controlling-Konzepte in Hoch-

schulen praktisch realisiert werden und Akzeptanz finden sollen, dort muss die Implementation nicht nur als kommunikativer Akt, sondern als politischer Prozess verstanden und entsprechend betrieben werden. Deutet man den Prozess der Einführung eines Hochschul-Controlling als Machtspiel, dann liegt diese Anforderung zugleich »quer« zu den anderen Essentials. Und an dieser Anforderung kann alles scheitern. Die genannten Essentials (1) bis (5) sind freilich nicht isoliert zu betrachten. Implementationsstrateginnen und -strategen eines Hochschul-Controlling sollten sie daher immer wieder im System reflektieren: Beispielsweise machen Handlungsspielräume (4) erst die Entscheidung zugunsten wirtschaftlicher(er) Handlungsalternativen möglich (3) und können als wichtige Akzeptanzfaktoren (5) wirken; die Ausschöpfung von Handlungsspielräumen (4) sind jedoch nur mit entsprechender Managementkompetenz (3) im Sinne der → *Zielvereinbarungen* (1) auszurichten, wenn ein entsprechendes Informationssystem (2) zur Verfügung steht, das auch eine Rechenschaftslegungskompetenz gewährleistet und geeignete Anreizsysteme (3) dafür sorgen, dass die Akteure nicht ständig gegen ihre eigenen Interessen verstoßen müssen, wenn sie der → *Effizienz und Effektivität* ihrer Hochschule gute Dienste erweisen wollen.

Controlling kann einen Beitrag dazu leisten, dass Hochschulen die Herausforderungen der Zukunft als verantwortliche Institutionen bewältigen können. Hierzu ist jedoch die Bereitschaft sämtlicher Hochschulmitglieder erforderlich, sich konstruktiv auf Prozesse der → *Organisationsentwicklung* und des → *organisationalen Lernen*s einzulassen, die grundlegende Veränderungen in der Steuerung von öffentlichen Hochschulen mit sich bringen. Eine primär auf überprüfbaren Zielen basierende Steuerung ist für Hochschulen als Prototyp einer »Profibürokratie« (*Mintzberg*) zunächst einmal artfremd und geht mit Machtverschiebungen zulasten des operativen Kerns einher. Der Hinweis mahnt zur Aufmerksamkeit und macht deutlich, dass es bei einer → *ganzheitlichen Hochschulreform* noch einiger konzeptioneller Anstrengungen bedarf, um leistungsfähigere aber zugleich auch hochschuladäquate → *Leitungsstrukturen* zu entwickeln. Ansonsten besteht die Gefahr, dass sich durch die Hintertür eines Hochschul-Controlling rasch eine traditionelle Form zentraler »Unternehmenssteuerung« einschleicht, die sich anschickt, weder wissenschaftlich verantwortete noch vom Markt kontrollierte Strategien zu verfolgen.

Literatur:

Alewell, K.: Autonomie mit Augenmaß. Vorschläge zur Stärkung der Eigenverantwortung der Universitäten. Göttingen 1993.

Brinckmann, H.: Die neue Freiheit der Universität. Operative Autonomie für Lehre und Forschung an Hochschulen. Berlin 1998.

Brüggemeier, M.: Controlling in der öffentlichen Verwaltung. Ansätze, Probleme und Entwicklungstendenzen eines betriebswirtschaftlichen Steuerungskonzeptes. 3. verbesserte u. aktualisierte Aufl. München u. Mering 1998 (unveränderter Nachdruck 1999).

Brüggemeier, M.: Potenziale und Probleme eines Hochschul-Controlling. In: *Budäus, D./Küpper, W./Streitferdt, L.* (Hrsg.), Neues öffentliches Rechnungswesen. Stand und Perspektiven. Klaus Lüder zum 65. Geburtstag. Wiesbaden 2000a, S. 451-487.

Brüggemeier, M.: Leistungserfassung und Leistungsmessung in Hochschulen. In: *Budäus, D.* (Hrsg.), Leistungserfassung und Leistungsmessung in öffentlichen Verwaltungen. Wiesbaden 2000b, S. 221-250.

Bürgel, H.-H./Binder, M./Schultheiß, R.: Controlling von Hochschulen. In: Wissenschaftsmanagement, H. 1 (1996), S. 24-30.

Frese, E./Engels, M.: Anmerkungen zum Änderungsmanagement in Universitäten. Zur Eignung der Unternehmung als Referenzmodell. In: Die Betriebswirtschaft, H. 4 (1999), S. 496-510.

Hartmann, Y. E.: Controlling interdisziplinärer Forschungsprojekte. Theoretische Grundlagen und Gestaltungsempfehlungen auf der Basis einer empirischen Erhebung. Stuttgart 1998.

Küpper, H.-U.: Struktur, Aufgaben und Systeme des Hochschul-Controlling. In: *Küpper, H.-U./Sinz, E.* (Hrsg.), Gestaltungskonzepte für Hochschulen. Effizienz, Effektivität, Evolution. Stuttgart 1998, S. 152-172.

Küpper, H.-U./Zboril, N. A.: Rechnungszwecke und Struktur einer Kosten-, Leistungs- und Kennzahlenrechnung der Fakultäten. In: *Becker, W./Weber, J.* (Hrsg.), Kostenrechnung. Stand und Entwicklungsperspektiven. Wolfgang Männel zum 60. Geburtstag. Wiesbaden 1997, S. 337-366.

Seidenschwarz, B.: Controllingkonzept für öffentliche Institutionen – dargestellt am Beispiel einer Universität. München 1992.

Reiss, H.-C.: Controlling in Bildungseinrichtungen. In: *Küpper, H.-U./Weber, J.* (Hrsg.), Grundbegriffe des Controlling. Stuttgart 1995, S. 63 f.

Weber, J.: Hochschulcontrolling. Das Modell der WHU. Stuttgart 1996.

Angaben zum Autor:

Prof. Dr. Martin Brüggemeier
Professur für Betriebswirtschaftslehre und Public Management
Fachhochschule für Technik und Wirtschaft Berlin
Fachbereich 3 – Wirtschaftswissenschaften I
Treskowallee 8
10318 Berlin
Tel.: +49-30 50 19 23 09
Fax: +49 30 50 19 23 14
E-Mail: bruegge@fhtw-berlin.de

Corporate Design

Andreas Altvater

Der heute gängigsten Betrachtungsweise zufolge bilden die drei Komponenten **Corporate Design** (CD), Corporate Communication (CC) und Corporate Behaviour (CB) das Instrumentarium der → *Corporate Identity* (CI) einer Organisation, mit welchem diese ihr Selbstverständnis, ihre Identität zum Ausdruck bringt (*Birkigt, K./Stadler, M./Funk, H.-J.* 1992). Diese Identität nach außen und innen in einem adäquaten, einheitlichen und prägnanten Erscheinungsbild zu visualisieren, ist Aufgabe, Funktion und Zweck von Corporate Design. Idealerweise ist »ein solches CD [...] Abbild der Übereinstimmung von Unternehmenskonzept, Zielsetzungen, Handeln, Kommunikation und äußerer Erscheinung. Es visualisiert die spezifischen Unternehmenskompetenzen, das unternehmensspezifische Selbstverständnis, das Leitbild, die unternehmenspolitischen Grundsätze, die signifikanten Besonderheiten und Eigenschaften der Unternehmenspersönlichkeit. Es gibt dem Unternehmen seine eindeutige, sichtbare Gestalt, profiliert es gegenüber seinen Mitbewerbern, hilft ihm, Aufmerksamkeit und positive Zuwendung für seine Produkte und Dienstleistungen zu gewinnen« (*Linneweh, K.* 1997, S. 19).

Zentraler Punkt dieses CD- bzw. CI-Verständnisses ist – in expliziter Analogie zur menschlichen Ich-Identität (*Birkigt, K./Stadler, M./Funk, H.-J.* 1992) – die Auffassung der Organisationsidentität als dynamische **Ganzheit** d. h. als wandelbarer Kern, der auch in seiner Fortentwicklung sich selbst gleich bleibt. Erscheinungsbild, Kommunikation und Verhalten einer Organisation sind daher lediglich als »verschiedene Ausdrucksformen einer kohärenten Unternehmenspersönlichkeit« zu betrachten (*Kern, U.* 2000, S. 93), ihre Zerlegung in die genannten Komponenten folgt weniger der Realität als analytischer Notwendigkeit: So gehören visuelle Erscheinung und kommunikative Äußerungen im weitesten Sinne zum Verhalten einer Organisation wie diese umgekehrt mit allem kommuniziert, was sie tut oder lässt. Kommunikation und Verhalten wiederum zeigen sich häufig auch in visuell fassbarer Gestalt als zwei- oder dreidimensionale Erscheinung (*Kern, U.* 2000).

Damit wird deutlich: Corporate Design als eine Ausdrucksform der Organisationsidentität wird die ihm zugedachte Aufgabe nur dann wirksam erfüllen können, **wenn es sich aus einem der Organisationsrealität entsprechenden Selbstverständnis herleitet und sich mit diesem mitentwickelt.** Um beurteilen zu können, welches der (gegenwärtig) »passende Anzug« ist, um anderen ein überzeugendes Bild von sich selbst vermitteln zu können, muss man zunächst einmal wissen wer man ist und was man will.

Dass viele Firmen und Organisationen entgegen dieser »Binsenweisheit« das Pferd von hinten aufzäumen und über die Einführung eines neuen Erscheinungsbildes sich eine neue, »individuellere«, »progressivere«, »internationalere« etc. Identität zu geben suchen, hängt nicht zuletzt mit einer allgemein menschlichen Erfahrung zusammen: Personen mit individuellem Äußerem bleiben besser im Gedächtnis haften, von einem positiven Erscheinungsbild schließt es sich leichter auf ähnlich geartete innere Werte. »Kleider machen Leute«, so denkt man sich und versucht, durch ein pfiffiges Firmenlogo, ein ungewöhnliches Produktdesign oder durch exklusiv anmutende Visitenkarten Profil zu gewinnen. Ein solches Vorgehen kann zwar durchaus die Identifizierbarkeit erhöhen, Identität verleihen kann es nicht. Man mag Charaktermerkmale erkennen, als solche anerkennen aber wird man sie erst dann, wenn der nähere Kontakt den ersten Eindruck dauerhaft bestätigt.

Auch für Hochschulen gilt: Gutes Design ist unsichtbar (*Burckhardt, L.* 1981) und beginnt mit Information – d. h. mit einer umfassenden, kritischen Bestandsaufnahme des IST-Zustandes der Einrichtung und ihres Umfeldes (wozu selbstverständlich auch die Bewertung des bisherigen Erscheinungsbildes gehört). Die in diesem Prozess gewonnenen (Selbst-)Erkenntnisse bilden die Basis für alle CD- bzw. CI-bezogenen Überlegungen und Veränderungsbemühungen (SOLL-Identität), welche in schriftlicher Form festgehalten (➜ *Leitbilder*; ➜ *Zielvereinbarungssysteme*) und von einem möglichst breiten Konsens unter den für strategische Entscheidungen Verantwortlichen getragen werden sollten (➜ *Entscheidungsstrukturen*). Erst jetzt kann damit begonnen werden, ein mit den Leitideen korrespondierendes Erscheinungsbild zu entwickeln, das »alle Teilbereiche einer Organisation, deren Produkte, Kommunikationsmittel, Objekte, Handlungen und Leistungen als zu einem Ganzen gehörend definiert und gestalterisch zu einem prägnanten Profil zusammenfasst« (*Linneweh, K.* 1997, S. 24).

Soweit die Theorie. Bezogen auf die Einrichtung »Hochschule« sieht man sich bei der Entwicklung eines solchen Erscheinungsbildes – und erst recht beim Versuch, dieses zu implementieren – naturgemäß mit den selben Widrigkeiten konfrontiert, wie sie dort im Zusammenhang mit CI-Prozessen generell zu Tage treten. Da diese besondere CI-Problematik deutscher Hochschulen bzw. Universitäten an entsprechender Stelle ausführlicher beschrieben wird (➜ *Corporate Identity*), genügt hier die Aufführung einiger wesentlicher Punkte:

■ Hohe Komplexität der Organisationsstrukturen mit einer Vielzahl von auf unterschiedlichen Ebenen angesiedelten, z. T. relativ autonomen Subsystemen, Bereichen und Abteilungen (➜ *Organisations- und Fachbereichsstrukturen*).

■ Die damit einhergehende Koexistenz von unterschiedlichen fachbereichs-, instituts-, einrichtungs- oder gruppenspezifischen Sub- und Paraidentitäten.

■ Die sowohl ideell wie dienstrechtlich verankerte hohe Souveränität und Autonomie der »Führungskräfte« (»Freiheit der Wissenschaft«), deren identifikatorischer Bezugsrahmen in aller Regel weniger die Gesamtorganisation als vielmehr fachbezogene Koordinaten (der eigene Fachbereich, das eigene Institut, die entsprechende fachspezifische »Scientific Community« etc.) bilden.

Dass diese und andere hochschultypischen Organisationswirklichkeiten möglichst von Beginn an in die Entwicklung des Corporate Designs mit einbezogen werden, ist von entscheidender Bedeutung für die »organisationale Adäquanz« und spätere **Praxistauglichkeit** des CD-Konzepts. So wäre es – anders als z. B. bei großen Markenherstellern – im Hinblick auf Hochschulen verfehlt, sämtliche Organisationsbereiche bzw. deren Kommunikationsmittel, Produkte etc. konsequent »durchstylen« zu wollen. Die Kunst wird vielmehr darin bestehen, ein gestalterisches Konzept zu erarbeiten, das einerseits zwar die nötige Kontinuität und Prägnanz aufweist, um die korporative Gesamtidentität der jeweiligen Hochschule zu transportieren, andererseits aber offen und flexibel genug ist, um besagten Teilbereichen und Subidentitäten entsprechende Ausdrucksmöglichkeiten zu bieten. Ein aus wenigen Gestaltungselementen und einigen einfachen, durchdachten Regeln bestehender »visueller Baukasten« also, der dem Prinzip einer rationalen Gestaltungsökonomie folgt und der ggf. auch eine selbstständige Fortschreibung des Erscheinungsbildes mit »Bordmitteln« erlaubt.

Auch in anderer Hinsicht sollten es zunächst stets praxisbezogene Aspekte sein, die den Gestaltungsrahmen vorgeben bzw. unter denen die zur Disposition stehenden Gestaltungsalternativen betrachtet werden: Lässt sich das Erscheinungsbild über alle geplanten Kommunikationsmittel hinweg problemlos reproduzieren? Ist das Logo auch bei starker Verkleinerung (Visitenkarten)/als Schwarz-Weiß-Version/in schlechter Druckqualität (Fax, Kopien) noch eindeutig als solches zu identifizieren? Ist die ins Auge gefasste Hausschrift für verschiedene Plattformen (Windows/Macintosh) bzw. in den benötigten Formaten (PostScript/TrueType) verfügbar? usw.

Was die Gestaltung selbst, d. h. der Einsatz und das Aussehen von Zeichen, Schriften, Farben, Formen und Bildern angeht, so lassen sich für das Erscheinungsbild von Hochschulen – begreiflicherweise – keine allgemeinen Empfehlungen oder Richtlinien formulieren. Es gibt kein Rezept, jeder Fall ist anders und verlangt eine individuelle Lösung. Auch zeigen die im Leitbild festgehaltenen Organisationsgrundsätze, -charakteristika und -ziele nur selten eindeutige Hinweise auf, mit welchen konkreten gestalterischen Mitteln ihre »Übersetzung ins Visuelle« denn bewerkstelligt werden könnte. Hier ist die Kompetenz, Erfahrung und Kreativität des Gestalters gefordert, der diese schwierige Aufgabe nur dann befriedigend wird lösen können, wenn er möglichst früh in den CI-Gesamtprozess mit einbezogen und als gleichwertiger Partner, vor allem aber: als Gestaltungsfachmann akzeptiert wird.

Ganz unabhängig von der gestalterischen Qualität (Adäquanz, Identifizierbarkeit, ästhetische Anmutung, Wirtschaftlichkeit etc.) wird die hochschulinterne »Durchsetzungskraft« und Akzeptanz des neuen Corporate Designs in hohem Maße von dem seitens der Hochschule dargebotenen »CD-Support« abhängen. Hierzu gehören u. a.:

■ Die rechtzeitige und umfassende Information der entsprechenden Hochschulmitglieder über die geplanten CD-Maßnahmen nebst deren personelle und zeitliche Zuordnungen (Verantwortlichkeiten, Ansprechpersonen, Termine etc.).

■ Ein Design-Manual, das neben allen wesentlichen Anwendungsinformationen, -regelungen und -beispielen auch eine Dokumentation der dem Erscheinungsbild zugrunde liegenden Überlegungen enthält.

■ Die Bereitstellung der für die praktische Umsetzung notwendigen Materialien (Gestaltungsvorlagen, Schriften, Grafiken, technische Hilfen etc.) in jeweils geeigneter Form (Intranet, CD-ROM).

Darüber hinaus sind eine Reihe weiterer, CD-unterstützender Maßnahmen wie Schulungen, Projektgruppen etc. denkbar; über Sinn, Art und Umfang ihrer Realisierung muss im Einzelfall entschieden werden. Beispiele für derartigen CD-Support finden sich unter *www.uni-freiburg.de/universitaet/empfehlungen*, unter *www.tu-muenchen.de/CD/*, unter *www.weboffice.ethz.ch*, aber auch unter *www.deutsche-bank.com/opg* sowie unter *www.wdrdesign.de*.

Insgesamt betrachtet, gehört die Entwicklung eines Hochschul-CDs – insbesondere dann, wenn es sich um eine große Volluniversität handelt – sicherlich zu den komplexesten und schwierigsten Gestaltungsaufgaben überhaupt. Die organisationalen Besonderheiten von Hochschulen erschweren nicht nur jede Art institutionsübergreifender Identitätsbildung, sie erfordern auch in gestalterischer Hinsicht eine Art »mehrdimensionalen Spagat« zwischen Wirtschaftlichkeit, Robustheit und Designqualität sowie – in diese Triade gewissermaßen eingebettet – zwischen Durchgängigkeit und Offenheit.

Gelingt aber die schwierige Übung, so treten nach und nach die Vorzüge eines sorgfältig entwickelten Corporate Designs zu Tage: Es kommuniziert die Qualitäten, Werthaltungen und individuellen Besonderheiten der dahinter stehenden Institution, indem es diese veranschaulicht, dies jedoch – im Unterschied etwa zu argumentierender Werbung – nicht auf laute, plakative Art, sondern in stiller, assoziativ und subtil wirkender Weise (*Klar, M.* 1997). Gerade bei so vielköpfigen Wesen, wie Hochschulen es sind, vermag vielleicht das Hinzutreten eines stimmigen Erscheinungsbildes, was Worte allein nicht immer vermögen: das Gemeinsame inmitten der Vielheit zu vermitteln.

Literatur:

Birkigt, K./Stadler, M./Funk, H.-J.: Corporate Identity. Grundlagen, Funktionen, Fallbeispiele. Landsberg/Lech 1992.
Burckhardt, L.: Design ist unsichtbar. In: Österreichisches Institut für visuelle Gestaltung (Hrsg.): Design ist unsichtbar. Wien 1981.
Kern, U.: Design als integrierender Faktor der Unternehmensentwicklung. Wiesbaden 2000.
Klar, M.: Das Ganze ist mehr als die Summe seiner Teile. In: *Daldrop, N.* (Hrsg.): Kompendium Corporate Identity und Corporate Design. Stuttgart 1997.
Linneweh, K.: Corporate Identity – ein ganzheitlicher Ansatz. In: *Daldrop, N.* (Hrsg.): Kompendium Corporate Identity und Corporate Design. Stuttgart 1997.

Angaben zum Autor:

Dipl.-Psych. Andreas Altvater
Universität Oldenburg
Fachbereich 1
Arbeitsbereich Weiterbildung
Uhlharnsweg
26111 Oldenburg
Tel.: +49 44 17 98 42 74
E-Mail: andreas.altvater@uni-oldenburg.de

Corporate Identity

Henning Escher

»**Corporate Identity**« ist ein interdisziplinärer Ansatz im Schnittfeld zwischen Soziologie, Betriebswirtschaftslehre, Marketinglehre und Kommunikationswissenschaft. Nach herrschender Lehre versteht man darunter die gezielte Ausprägung einer Unternehmensidentität im Denken, Handeln und Fühlen der Mitglieder sowie in der Wahrnehmung der Öffentlichkeit (»Unternehmenspersönlichkeit«). Sinnstiftend für entsprechende »mentale Programmierungen« sind die obersten Firmenziele, die »Mission« der Unternehmung, die zu erfüllen man mit den besten Absichten für Kunden oder andere Betroffene in »Unternehmensleitlinien« oder ➔ »*Leitbildern*«, propagiert. Im Ursprung steht dabei häufig ein – bisweilen verklärter – Gründungsmythos, oftmals verkörpert durch eine Gründerfigur.

So wie viele andere Managementkonzepte, die die Hochschulen heute für sich entdecken, hat der Corporate-Identity-Ansatz seine Herkunft in Wirtschaftsunternehmen, wo er – orientiert am Vorbild Japans – seit Mitte der Achtzigerjahre seine größte Popularität in der Phase der Unternehmenskulturbewegung entfaltete. Mit der Einleitung so genannter »Corporate Identity-Prozesse« wurde versucht, eine langfristig orientierte und gleichzeitig veränderungs- und entwicklungsfähige, in sich geschlossene Konzeption für die Unternehmung zu entwerfen, die eine anspruchsvolle, aber zugleich auch realistische Vorstellung einer idealen Unternehmenskultur enthält (*Dill, P./Hügler, G.* 1987). Konkret gesagt ging es darum, einen Identifikations- und Orientierungsrahmen für Mitarbeiter, Management und Marktpartner zu schaffen, der zugleich den Weg für die künftige Unternehmensstrategie und -politik wies. Paradigmatisch für den Corporate-Identity-Ansatz ist die Vorstellung, Unternehmenskultur sei gestaltbar, sei ein rational steuerbares Instrument in den Händen der Unternehmensführung und nicht ein naturwüchsig-irrationales Phänomen, das mit der Entwicklung von sozialen Systemen einher geht.

Nach Lehrbuchmeinung besteht jede Corporate Identity aus drei Hauptkomponenten: Ihren sichtbarsten Ausdruck findet sie in eigentümlicher Symbolik, wie z. B. in Firmenlogos, in der Architektur von Firmengebäuden, in Produktgestaltungen oder in anderen Manifestationen (Unternehmenserscheinungsbild = ➔ *Corporate Design*). Daneben soll sie in unternehmenstypischen Umgangs- und Verhaltensformen (Unternehmensverhalten = Corporate Behaviour) sowie in einer damit korrespondierenden Kommunikationskultur (Unternehmenskommunikation = Corporate Communication) sichtbar werden (*Birkigt, K./Stadler, M./Funck, H. J.* 1998, S. 23). Nach innen bildet sie die Identifikationsgrundlage für die Mitarbeiter mit »ihrer« Firma zu Gunsten einer möglichst produktivitätssteigernden bzw. -sichernden (Arbeits-)Einstellung (Corporate Attitude). Nach außen fungiert sie als Projektionsvorlage für die Abbildung eines entsprechenden positiven Images des Unternehmens (Corporate Image) mit dem Kernziel, dessen Position im Markt zu behaupten bzw. zu stärken.

Während die Gestaltung eines neuen Unternehmensdesigns mit dem Gestaltungskern eines neuen Logos meist der erste und einfachste Schritt einer Corporate-Identity-Strategie ist (nicht zuletzt deshalb werden CI-Prozesse häufig verkürzt als Einführung eines neuen Firmendesign verstanden), erfordert die Entwicklung der anderen Komponenten viele aufwendige und nur langfristig wirksame Maßnahmen mit zahlreichen ineinander greifenden Einzelinstrumenten. Qualifizierte CI-Prozesse sind darum eingebettet in eine umfassendere → *Organisationsentwicklung*, in der Komponenten der → *Personalentwicklung*, der Entwicklung der Führungsstrukturen oder anderer »hard facts« der Organisation zum Einsatz kommen (Entlohnungssysteme, Anreizstrukturen, Sozialleistungen, Betriebliche Qualifizierung, Cafeteriasysteme, Nachwuchsförderung etc.).

Der **Denkansatz** der Corporate Identity hat unter diversen Etiketten Eingang in die Hochschulreformpraxis und -diskussion gefunden. Am deutlichsten spiegelt er sich in dem neuerlichen Bemühen um Profilbildung bzw. um → *Leitbilder* der Hochschulen vor dem Hintergrund eines heraufziehenden – oder zumindest proklamierten – Hochschulwettbewerbs. Implizit ist er in damit verknüpften Versuchen der Hochschulleitungen/-politik vertreten, Lehre, Forschung, Studienreformen und Verwaltung an Leitzielen auszurichten (→ *Zielvereinbarungssysteme*), wobei die Bestimmung von »Prioritäten« und »Posterioritäten« das jeweilige Hochschulprofil konturieren soll. Auch um Marketingbewusstsein und -strategien in den Hochschulen zu verankern (→ *Marketing-Management*), wird die Ausbildung einer spezifischen konsistenten Corporate Identity in Form eines »Marketing-Leitbildes« (*Trogele, U.* 1995, S. 18.) reklamiert, ebenso im Rahmen von strategischer Hochschul-PR (→ *Öffentlichkeitsarbeit*), beim Aufbau von Hochschulförder-Netzwerken (→ *Alumniorganisationen*) oder beim »Merchandising« von Universitätsartikeln (z. B. T-Shirts mit Uni-Siegel).

Gewisse Vorteile, eine eigentümliche Corporate Identity auszuprägen, haben kleinere, von ihrer Bestimmung her eher auf konkrete Qualifikationsbedarfe gerichtete Hochschulen (Fachhochschulen, Privathochschulen, Spezialhochschulen). Ihnen kann es auf Grund ihrer Fachlichkeit – im Gegensatz zur Universalität der Volluniversitäten – leichter gelingen, ihr schon vorhandenes »Profil« durch Verweise auf Kernkompetenzen / Kerndisziplinen zu schärfen, wie z. B. die Wirtschaftsuniversität Wien (WU) mit ihrem Leitziel, »*die* wirtschaftswissenschaftliche Universität Europas« zu werden (*Sporn, B.* 1992, S. 168). Aber auch die Volluniversitäten ringen heute verstärkt darum, ihre besonderen Identity-Attribute durch Leitbilder öffentlichkeitswirksam zu profilieren: ob durch Verweis auf die eigene Herkunft als »Reformhochschule« (wie z. B. bei der Universität Konstanz) oder durch besonderen (hier internationalen) Standortbezug wie bei der Universität Hamburg mit ihrem Slogan »Tor zur Welt der Wissenschaft«.

In der Praxis erweist sich das Vorhaben, aus den Hochschulen – respektive aus klassischen Universitäten – konsistente Identifikationsgemeinschaften nach reiner CI-Lehre zu bilden, als kaum zu realisierendes Unterfangen. Verordnete Profilbildungs- bzw. CI-Strategien erschöpfen sich zumeist in politischer Reformsemantik. Sie sind artifizielle Akte, die kaum zu nachhaltiger korporativer Identitätsstiftung führen. Die Gründe hierfür liegen im Wesen der Universität als Organisation, als Milieu und als Institution verankert.

Die **Organisation** Universität ist auf Grund ihrer Komplexität und Binnenheterogenität ein hochdisparates Gebilde. Universitäten sind weniger Organisationen im klassischem bürokratischen Sinne Max Webers, als vielmehr plurale demokratische Gemeinwesen. Eine »normale« Universität ist ein polyzentrisches akademisches Dorf, räumlich zersiedelt, mit einer Vielzahl von relativ autonomen Teileinrichtungen. Präsidenten sind gemeinhin nicht Manager, sondern Bürgermeister dieses Gemeinwesens. In nicht weniger als zwölf Fachbereiche/Fakultäten »zerfällt« die deutsche Durchschnittsuniversität. Die Fachbereiche untergliedern sich ihrerseits in eine Vielzahl von Instituten, Arbeitsbereichen und Lehrstühlen mit jeweils eigenen spezifischen »Subcorporate Identities«. Gerade innerhalb der Wissenschaftsorganisation besteht eine Neigung zur Ignoranz, wenn nicht gar Abschottung gegenüber anderen Wissenschaftseinrichtungen und gegenüber der korporativen Gesamtheit. Nicht die Universität, sondern der Fachbereich, das Institut oder auch nur der einzelne Lehrstuhl bilden zumeist das korporative »Zuhause« für das Mitglied. Diese wissenschaftsorganisatorische Binnenvielfalt potenziert sich durch zwei weitere interne Subsysteme: Vertikal durch das Verwaltungssystem über drei föderale Ebenen (Zentral-, Fakultäts-, Institutsverwaltung), mit eigen(willig)en Werten und Organisationsstrukturen (z. B. Beamtenhierarchie); horizontal durch das politische System, mit vielerlei streitbaren Gremien und Ausschüssen der akademischen Selbstverwaltung, gespeist aus unterschiedlichsten politischen wie weltanschaulichen Identitäten: z. B. Statusgruppenorganisationen (Personalrat, AStA, Professorien etc.), hochschulpolitische Fraktionen (z. B. im Studierendenparlament oder im Konzil) oder andere ideelle/ideologische (Interessens-)Gruppierungen (z. B. Burschenschaften) unter dem Organisationsdach Universität.

Die Organisationswirklichkeit der Universität als ein nur loser Verbund von relativ autonomen Teileinrichtungen ist nur äußere Gestalt ihrer inneren **Milieu**-Vielfalt. Verschiedenste, teils konfligierende (wissenschaftliche) Weltsichten, (Sub-)Kulturen (vor allem Fächerkulturen) und Teilidentitäten (z. B. Zugehörigkeiten zu Statusgruppen) sind in ihr versammelt. Die »normale« Universität ist eine Arena der wissenschaftlichen und (gesellschafts-)politischen Auseinandersetzung. Zu ihrem sozialen Leitbild gehören wesenhaft ihre immanenten Identitätsbrüche und Widersprüche. Der frühere Präsident der Universität Hamburg Fischer-Appelt hat es für seine Universität einmal so formuliert: »Die Universität Hamburg ist ein Kosmos von fast 60.000 Menschen und Meinungen, von mehreren hundert Fächern und mehreren Sprachen der Wissenschaft, ein explosives Gemisch von Fragen, Methoden und Antworten, von Hypothesen, Experimenten und Theorien, an der Zündschnur von Ideologie und Kritik, von Wissenschaft und Politik, von Diskussion und Aktion.« (*Jendrowiak, S.* 1994, S. 7).

Die soziale Wirklichkeit der Universität ist überdies von hoher Temporalität bzw. Fluidität ihrer Mitgliedschaften geprägt, was eine nachhaltige Identitätsbildung auf allen korporativen Ebenen erschwert. Die größte universitäre Mitgliedergruppe, die Studierenden, sind heute oft nur mehr Durchreisende durch die Universität. Aber auch die Wissenschaftler – die eigentlichen Träger der universitären Rollen und (Führungs-)Funktionen – haben eine nur geringe identifikatorische Verankerung. Als »Expertenorganisationen« leben Universitäten mit dem immanenten Widerspruch zwischen der Souveränität ihrer Experten und ihrem Integrationsbedürfnis als Korporation (*Grossmann, R./Pellert, A./Gotwald, V.* 1998). Der einzelne Wissenschaftler hat in der Universität eine starke Stellung durch eine hohe individuelle Autonomie, die als sachliche Voraussetzung für seine Expertentätigkeit gilt und auch dienstrechtlich verankert ist. Die Leistungsfähigkeit des Experten ist das Kapital der Universität. In seiner Hand liegt das wichtigste Produktionsmittel: das Wissen. Die Universität muss Arbeitsbedingungen schaffen, die dem Experten die Entfaltung seiner Professionalität ermöglicht. Seine Reputation ist essentiell auch für die Reputation der Universität als Expertenorganisation. Dabei kümmert sich der Experte um das Funktionieren seiner Arbeit und seiner unmittelbaren Umgebung, jedoch nur ungern um übergeordnete Ziele. Er sieht die Gesamtorganisation eher als ein »notwendiges Übel« an, das er in Kauf nimmt, um an bestimmte »Ressourcen (Gelder, wissenschaftliche Einrichtungen wie Labors oder Bibliotheken [...] usw.)« zu gelangen (*Grossmann, R./Pellert, A./Gotwald, V.* 1998, S. 26). Universitäre Ämter wie Dekane- oder Institutsdirektorenposten sind von daher nur wenig begehrt; Integrationsfiguren der Universität sind rar. Das CI-Dilemma der Universität besteht darin, dass sich die Experten weniger mit ihr als vielmehr mit der eigenen Profession identifizieren. Bei ihrer Entwicklung orientieren sich Wissenschaftler an der fachlichen Weiterentwicklung ihrer »Scientific Community«, deren Standards sie verpflichtet sind. »Für die Weiterentwicklung der eigenen Spezialisierung braucht man eher die anderen Spezialisten der gleichen Disziplin – egal wo in der Welt sie tätig sein mögen – als den Kollegen nebenan, der einer anderen Spezialisierung angehört.« (*Grossmann, R./Pellert, A./Gotwald, V.* 1998, S. 28). Damit einher geht auch die berufliche Mobilität des Wissenschaftlers, die für die Universität zusätzlich desintegrierend wirkt. Zum akademischen Selbstverständnis jedes Hochschullehrers gehört es, nicht auf einen Standort fixiert zu sein; Teil seines Berufsbildes und Werdegangs ist die »akademische Wanderschaft« – möglichst auch ins Ausland. Denn erst durch Rufe oder Gastdozenturen an andere(r) geistige(r) Wirkungsstätte kann der Experte zu größerer Reputation gelangen. Die Universität bleibt dahinter mit ihrer »Coporate Identity« zwangsläufig zurück.

Im Konflikt mit der reinen CI-Lehre stehen zum Teil auch die Leitideen der Universität als **Institution** – vor allem das Postulat der »Einsamkeit und Freiheit«. Kritiker erinnern daran, dass Bildung und Forschung durch die Universität die Entlastung des individuellen Geistes und Intellekts von »gesellschaftlichen Interessenssolidaritäten« (*v. Lüde* 1999) erforderten – nicht zuletzt auch von der Universität und ihrem – ggf. per Leitbild propagierten – Korpsgeist. Leitbilder und andere Werkzeuge einer Corporate Identity – so kommentiert der Soziologe *Fuchs* (2000) kritisch – verböten sich mit Macht an Orten, an denen die Intelligenz nicht die knappste aller Ressourcen sein sollte. Leuten, deren Intelligenz amtlich bescheinigt sei, werde angesonnen, sich festzulegen, sich einzureihen, sich unterzuhaken, sich auf gemeinsames Denken, auf gemeinsame Ziele zu verständigen. »Die Chancen jeder Zukunft liegen aber, wie man weiß, in der Abweichung und nicht in der Konformität. Nobelpreise bekommt man nicht für Wohlverhalten und Gleichschritt.« (*Fuchs, P.* 2000, S. 14).

Für Expertenorganisationen wie Universitäten kommt es wesentlich darauf an, Identity-Prozesse nicht gegen das Ethos ihrer Experten und gegen ihre eigene innere korporative, soziale wie institutionelle Wirklichkeit anzustrengen. Umgekehrt liegt aber gerade in der Diagnose ihrer natürlichen CI-Barrieren der berechtigte Anlass für Universitätsleitungen, den immanenten Fliehkräften eine integrative Idee und Gesamtidentität der Universität entgegen wirken zu lassen. Diese findet sich nicht in den (Patent-)Rezepten externer CI-Berater und erschöpft sich auch nicht in zeit(geist)gemäßen Liftings des äußeren Erscheinungsbildes. Die Universität nur durch ein neues »Marken«-Design zusammen halten zu wollen, reicht nicht hin, solange den Mitgliedern und Teileinrichtungen eine lebendige Idee davon fehlt, was den tieferen Sinn und Zweck der Gesamtveranstaltung Universität ausmacht, was die »Universitas Literarum« (heute noch) bedeutet. Im Kern von CI-Strategien für Hochschulen, so *Morkel* (1999), müsse die Reflexion über die Rolle, den »Beruf«, die Idee der Institution stehen, die gerade den Universitäten heute abhanden gekommen zu sein scheint (*Morkel, A.* 1999, S. 414). Jenseits des verbreiteten fachlichen Separatismus gilt es, über alle internen Gräben und Subidentitäten hinweg das Gemeinsame der Institution wieder zu betonen und zu beleben, im Falle der Universität: durch transdisziplinäres Forschen, Lehren und Studieren im Sinne von fächerübergreifender universaler Wissenschaft.

Literatur:

Birkigt, K./Stadler, M./Funck, H. J.: Corporate Identity. Grundlagen, Funktionen, Fallbeispiele. München 1998.
Dill, P./Hügler, G.: Unternehmenskultur und Führung betriebswirtschaftlicher Organisationen. Ansatzpunkte für ein kulturbewusstes Management. In: *Heinen, E.* (Hrsg.) Unternehmenskultur. München und Wien 1987.
Escher, H.: Public Relations für wissenschaftliche Hochschulen, interdisziplinäre Dissertation an den Fachbereichen Wirtschaftswissenschaften und Sozialwissenschaft der Universität Hamburg, erschienen im Hampp-Verlag, Mehring 2001.
Fuchs, P.: Gib mir ein Leitbild! In: die tageszeitung vom 4.1.2000, S. 14.

Grossmann, R./Pellert, A./Gotwald, V.: Besser, Billiger, Mehr: Zur Reform der Experten-organisationen Krankenhaus, Schule. Universität. In: *Grossmann, R.* (Hrsg.) iff Texte. Wien und New York 1998, S. 25-32.

Jendrowiak, S.: Der Forschung – Der Lehre – Der Bildung: Hamburg und seine Univer-sität, Hamburg 1994.

Lüde v., R.: Die gesichtslose Hochschule – Universitäten auf der Suche nach einer neuen Identität. Oder: Schelsky revisited, Vortrag beim Symposion Von der Schule – in die Universität – in den Beruf am 10.5.1999 in Hannover, Hamburg 1999.

Morkel, A.: An mehreren Fronten kämpfen – Unzeitgemäße Gedanken über die unbeque-me Idee der Universität. In: Forschung & Lehre 8/99, S. 414.

Angaben zum Autor:

Dr. Henning Escher
Universität Hamburg
Projekt Universitätsentwicklung
Hallerstraße 66
20146 Hamburg
Tel.: +49 40 45 38 14
Fax: +49 40 41 46 94 94
E-Mail: escher@prouni.uni-hamburg.de

Credit-point-Systems

Falk Roscher

Credit-point-systems (CPS) sind Systeme aus Credit-Punkten, Levels, Standard-Lernergebnissen und Modulen (Studieneinheiten) für einen Studiengang (ein Fach). Solch ein System wird in einer Fakultät/einem Fachbereich der Hoch-schule entsprechend einem für die Hochschule oder mehrere Hochschulen ent-wickelten Credit-Rahmenwerk eingeführt. Credit-Punkt, verkürzt auch als Cre-dit bezeichnet, ist ein Mittel zur Quantifizierung eines Standard-Lernergebnis-ses, auf einem bestimmten Niveau, in einer bestimmten angenommenen Lern-zeit. Er ist einsetzbar als »Bildungswährung«. **Standard-Lernergebnis** ist die Be-schreibung dessen, was die Studierenden zum Erwerb des Credits mindestens wissen oder verstehen müssen und/oder zu welchen Handlungen und Arbeiten sie in der Lage sind. **Levels** sind unterschiedliche akademische Niveaus eines erzielten Lernergebnisses innerhalb des sich wissenschaftlich zunehmend vertie-fenden Aufbaus eines Hochschulstudiums. Sie bringen den Grad der Anforde-rungen und deren Komplexität sowie das Maß der notwendigen Verantwort-lichkeit/Selbstständigkeit beim Lernen zum Ausdruck, das mit einem Credit eines bestimmten Levels verbunden ist. Die **angenommene Lernzeit** ist die geschätzte Zeit, die Studierende im Durchschnitt benötigen, um das definierte Standard-Lernergebnis zu erreichen. Sie umfasst alle Studienaktivitäten, die zum Credit-Erwerb notwendig sind, also insbesondere Kontaktstunden mit Lehrpersonen (Vorlesungen, Seminare, Übungen), Übungs- und Laborzeiten, Praktika, Selbststudium, Prüfungen (workload). **Modul** oder Studieneinheit ist ein nach Sinnzusammenhängen aufgebauter Lernblock, der mit einem Prüfungsverfahren abgeschlossen wird. Solche Lernblöcke setzen sich aus allen Lernelementen zusammen, die in der angenommenen Lernzeit von den Studierenden zu bewältigen sind. Sie sind deshalb nicht gleichzusetzen mit Lehrveranstaltungen oder einzelnen Lehrveranstaltungseinheiten. **Credit-Rahmenwerk** ist eine Art Handbuch der Hochschule oder mehrerer Hochschulen, in welchem allgemein die Regeln zur Erstellung konkreter CPS beschrieben sind. Es regelt auch die Verfahren innerhalb der Hochschule, bei welchen den Modulen/Studieneinheiten Credit-Punkte zugeordnet und deren jeweiliger Level bestimmt wird (Credit Rating).

Im Gegensatz zu Deutschland sind CPS international, insbesondere im angelsächsischen Sprachraum, schon jahrzehntelang üblich. Es sind in der Regel »gewachsene« Systeme, die in der jeweiligen Hochschulkultur zwar funktionieren, aber keineswegs in all ihren Facetten so erklärt sind, dass sie bruchlos und ohne besonderen Aufwand in ein anderes Hochschulsystem übertragen werden könnten. Daneben gibt es moderne »konstruierte« Systeme, zu welchen das European Credit Transfer System (**ECTS**) und zu Teilen auch die britischen Systeme verschiedener Hochschulkonsortien gehören. Mit *Dalichow* lassen sich drei Prototypen von CPS unterscheiden und zwar

■ Akkumulierungssysteme,
■ Transfersysteme und
■ Systeme von Akkumulation und Transfer.

Akkumulierungssysteme, wie sie unverändert im US-amerikanischen Hochschulsystem überwiegen, legen das Hauptaugenmerk bei der Ausgestaltung des CPS auf die Ansammlung/die Akkumulierung von Credits. Hier steht im Vordergrund die Festlegung, wie viele Credits auf welchem Niveau (Level) für bestimmte Abschlüsse erreicht werden müssen. Die Möglichkeit der Wahl unterschiedlicher Inhalte – auch fächerübergreifend – spielt eine besondere Rolle. Akkumulierungssysteme begünstigen ein Teilzeitstudium und vielfältige Möglichkeiten der Zusammenstellung von mit Credits bewerteten Einheiten zu verschiedenartigen Abschlüssen. Transfer ist in diesem System nur sehr rudimentär entwickelt, das CPS hat im Wesentlichen Funktionen innerhalb einer Hochschule oder in vertraglich geregelten Hochschulpartnerschaften.

Demgegenüber vernachlässigt das reine **Transfersystem** den Akkumulationsaspekt und stellt in den Vordergrund die Möglichkeit, an einer Hochschule erworbene Credits im Studienangebot einer anderen Hochschule in gleicher Weise anerkannt zu bekommen als wenn sie an dieser Hochschule erworben worden wären. ECTS ist in diesem Sinne »ein eher bescheidenes Kreditsystem« (*Dali-

chow, F. 1997 S. 43). Es gibt aber Tendenzen, das ECTS mit Akkumulierungsprinzipien »anzureichern«.

In Aufbau und Umsetzung aufwendig sind **die Systeme, die Akkumulation und Transfer kombinieren.** Bildungspolitisch sind sie allerdings hochattraktiv, weil sie viele Möglichkeiten zur modernen Gestaltung eines Hochschulstudiums bieten. Von diesen Gestaltungsmöglichkeiten seien hier (nicht abschließend) genannt: Mit CPS können verschiedene »Pfade« durch das tertiäre Bildungssystem gelegt werden. Studieren zu verschiedenen Zeiten und an verschiedenen Orten kann entsprechend der individuellen Lebensplanung Studierender durchgeführt werden. Auf dem Weg zu neuen Abschlüssen können Credits »mitgenommen« werden. In einem Credit-Rahmenwerk mit Akkumulationsmöglichkeit schaffen Credits das praktikable Organisationsprinzip und auch die Motivationsbasis für die Realisierung der Idee des »lebenslangen Lernens«. Credit-Punkte haben einen Wert an sich und können Qualität auch unabhängig von einem Abschluss bezeichnen, sie ermöglichen also kontinuierliche Weiterbildung. Arbeitgeber und Bildungspolitik können ein credit-basiertes Ausbildungssystem nutzen, um die Arbeitskräfte gezielter zu qualifizieren und zwar durch flexible »Lern-Arrangements«. Credits sind insoweit auch ein Mittel zur Unterstützung interprofessioneller Studiengänge. Credits und die klare Beschreibung der akademischen Niveaus, auf welchen sie erworben werden (Levels), unterstützen für den gesamten tertiären Sektor unabhängig von den Hochschularten die Konsistenz zwischen den Modulen und zwar auch unterschiedlicher Disziplinen. Differenzierte konkrete CPS für einzelne Studiengänge oder Fächer sind Voraussetzung, aber auch Erleichterung für qualifizierte Akkreditierungsverfahren und die Qualitätssicherung. Schließlich sei nochmals ausdrücklich der Aspekt der verbesserten nationalen und internationalen Anerkennung von erfolgreich absolvierten Modulen/Studieneinheiten auf der Basis verlässlicher Aussagen über die Qualität von Credits erwähnt.

Das **Hochschulrahmengesetz** schreibt in § 15 Abs. 3 vor, dass zum Nachweis von Studien- und Prüfungsleistungen ein »**Leistungspunkt-System**« geschaffen werden soll, »das auch die Übertragung erbrachter Leistungen auf andere Studiengänge derselben oder einer anderen Hochschule ermöglicht«. Die Verwendung des Begriffes »Leistungspunkt-System« kann zu einem gravierenden Missverständnis führen, weil dieser Begriff in Deutschland aus der gymnasialen Oberstufe eindeutig mit einem Notenbezug gebraucht wird und die Kombination von »Leistung« und »Punkt« Bewertung nach Noten assoziieren lässt. Es ist klarzustellen, dass CPS und Notensystem zwei prinzipiell getrennte Systeme darstellen. Im CPS wird zwar auch eine Bewertung vor der Credit-Vergabe vorgenommen, jedoch nur insoweit, als festgestellt wird, dass der Studierende das Standard-Lernergebnis erreicht hat. Das ist das Ergebnis, das der Studierende nach Bewältigung eines Moduls mindestens erreicht haben muss, wie gut oder wie schlecht er dies getan hat, ist eine davon unabhängige Bewertung. Die Zusammenführung von CPS und Notensystem erfolgt gegebenenfalls in einem gesonderten Akt, zum Beispiel bei den US-amerikanischen Lösungen durch den »Grade Point Average«. Darüber hinaus legt die gesetzliche Bestimmung die Orientierung an dem Prototyp »Transfersystem« nahe. Dafür den Aufwand der Einführung von CPS zu betreiben, ist weder lohnend (die angelsächsisch beeinflusste Hochschulwelt baut auf Akkumulationssystemen auf) noch können damit die angedeuteten bildungspolitischen Möglichkeiten genutzt werden.

Für die Entwicklung qualifizierter CPS – möglichst auf der Basis differenzierter Credit-Rahmenwerke – ist zumindest analytisch zwischen einer mehr formalen und einer mehr inhaltlichen Seite zu unterscheiden. Zur **formalen Seite** sind eher folgende Punkte zu rechnen:
1. Credit-Punkte und Lernzeit;
2. angenommene Lernzeit pro Woche; Wochen pro Semester oder Studienjahr;
3. Punkte pro Studiensemester;
4. Gesamtpunkte und Abschluss.

Auf der mehr **inhaltlichen Seite** müssten vor allem folgende Punkte abgehandelt werden:
1. Orientierung an einem Standard-Lernergebnis der Studierenden;
2. unterschiedliches Niveau der Credits (Level);
3. wie viele Credits werden auf unterschiedlichem akademischen Niveau für den angestrebten Studienabschluss vergeben;
4. durchschaubare Beschreibung der Levels;
5. die Unterscheidung zwischen Credit-System und Notensystem, gegebenenfalls deren Zusammenführung.

Je nachdem wie intensiv das Credit-System zur Unterstützung von Studienreformarbeiten eingesetzt wird, sind weitere Gestaltungsfragen zu bearbeiten. Die »**Mindestlogik**« **für ein CPS** lässt sich etwa wie folgt skizzieren:
- Lehren und Lernen wird primär aus der Sicht der Studierenden im Hinblick auf sich steigernde akademische Niveaus der Lernergebnisse neu strukturiert und organisiert und erst sekundär aus dem Blickwinkel des Faches.
- Es ist festzulegen, welcher Teil der Jahresarbeitszeit zum Erwerb der Credits eingesetzt werden muss. Rein formal scheint es international weitgehend üblich zu sein, nur die Wochen einzubeziehen, in welchen gleichzeitig auch Lehrveranstaltungen angeboten werden.
- Die Festlegung der Rechengröße, 1 Credit-Punkt = x Stunden Lernzeit, ist hinsichtlich x eine pragmatische Entscheidung und kann mit entsprechenden Umrechnungsfaktoren ohne größere Probleme zum Beispiel in das ECTS, britische oder US-amerikanische Systeme umgerechnet werden. Die britische Entscheidung – 1 Credit-Punkt = 10 Stunden – hat den Vorteil, dass eine verhältnismäßig differenzierte Credit-Vergabe möglich wird und die Gefahr gering bleibt, Punkte nochmals teilen zu müssen.
- Auf dieser Basis werden die Credit-Punkte pro Semester festgelegt, das Gesamtpunktsystem (Festlegung der Gesamtsumme der Credits für eine bestimmte Studienzeit und einen bestimmten Studienabschluss) gebildet und

die Umrechnung in andere Systeme bestimmt. Für die einzelnen Abschlüsse sind unterschiedliche Gesamtpunktsysteme zu bilden.

■ Unverzichtbar für qualifizierte CPS, die Akkumulierung und Transfer ermöglichen, ist die Festlegung von »Credit-Levels«. Sie verweisen auf das unterschiedliche akademische Niveau eines erzielten Lernergebnisses innerhalb des sich wissenschaftlich zunehmend vertiefenden Aufbaus eines Hochschulstudiums. International üblich sind für den eigentlichen tertiären Bereich letztlich vier Level-Stufen (auch bei den stärker differenzierten US-amerikanischen Systemen, vgl. dazu Roscher/Sachs 1999, Teil 5.2.2). In den Gesamtpunktsystemen ist festzulegen, auf welcher Niveaustufe wie viele Credits jeweils für eine bestimmte Art Abschluss zu erreichen sind.

■ Die Zuweisung von Credits zu Modulen (oder Studieneinheiten) sowie die Bestimmung der Niveaustufen (Levels) ist Gegenstand wissenschaftlicher Verfahren und kein rein rechnerischer Vorgang. Sie hat zunächst durch die Lehrenden individuell für ihr Lehrangebot nach den allgemeinen Regeln eines Credit-Rahmenwerks zu erfolgen, die endgültige Festsetzung ist aber Aufgabe derjenigen Hochschuleinheit, die Konzept und inhaltliche Struktur eines Studienganges/Faches verbindlich festlegt.

Literatur:

Dalichow, F.: Kredit- und Leistungspunktesysteme im internationalen Vergleich, Bonn 1997.

Roscher, F./Sachs, A.: Credit-Rahmenwerk für die Fachhochschulen in Baden-Württemberg, Alsbach 1999.

Schwarz, S./Teichler, U. (Hrsg.): Credits an deutschen Hochschulen. Kleine Einheiten – große Wirkung, Neuwied, 2000.

Angaben zum Autor:

Prof. Dr. Falk Roscher
Rektor der Hochschule für Sozialwesen Esslingen (FH)
Hochschule für Sozialwesen
Flandernstraße 101
73732 Esslingen
Tel.: +49 71 13 97 45-00
Fax: +49 71 13 97 45-95
E-Mail: roscher@hfs-esslingen.de

Deckungsbeitragsrechnung

Günther Seeber

Im Zuge einer Professionalisierung des Bildungsmanagements kommen zukünftig verstärkt betriebswirtschaftliche und speziell kostenrechnerische Instrumente zur Anwendung. Ein Element daraus ist die **Deckungsbeitragsrechnung**. Sie ist Bestandteil der so genannten Teilkostenrechnung. Die Deckungsbeitragsrechnung erlaubt nicht nur eine Nachkalkulation von Leistungen, sondern kommt für Bildungseinrichtungen gerade in der voraus schauenden Programmplanung und Preiskalkulation in Betracht.

Eines der Ziele jeder ➜ *Kostenrechnung* ist die Ermittlung des Betriebsergebnisses als Differenz aus den mit ihren Preisen bewerteten Leistungen und den Kosten. Man unterscheidet die Teilkostenrechnung von der Vollkostenrechnung nach der Art der Zurechnung der Kosten auf die Kostenträger, also auf die einzelnen oder in Gruppen zusammengefassten Produkte bzw. Dienstleistungen der Organisation. Bei der Vollkostenrechnung werden sämtliche Kosten einer Periode in mehreren Abrechnungsschritten auf die Kalkulationsobjekte (Leistungen) verrechnet. Die Teilkostenrechnung verrechnet dagegen – wie aus den Beispielen unten zu sehen ist – nur einen bestimmten Teil der Kosten direkt auf die Kalkulationsobjekte. Sie übernimmt die restlichen Kosten entweder als Fixkostenblock (*einstufige Deckungsbeitragsrechnung*) oder untergliedert die Fixkosten weiter in solche, die dem Kostenträger und/oder den Kostenträgergruppen zugeordnet werden können, sowie zusätzlich solche, die für die gesamte Organisation anfallen (*mehrstufige Deckungsbeitragsrechnung*). Der große Vorteil der Teilkosten- gegenüber der Vollkostenrechnung liegt in der verursachungsgerechten Zuordnung der Kosten.

Für die Durchführung der Deckungsbeitragsrechnung ist eine Erfassung der Kosten differenziert nach fixen und variablen Kosten und nach Einzel- und Gemeinkosten notwendig. Variable Kosten sind in ihrer Höhe abhängig vom so genannten Beschäftigungsgrad, der als Kennziffer (meistens eine Prozentangabe) für die Kapazitätsauslastung steht. Die Honorare für die Dozenten von Veranstaltungen sind z. B. variable Kosten; sie steigen in Abhängigkeit von der Zahl der Veranstaltungen. Fixkosten fallen unabhängig vom Beschäftigungsgrad an. Beispielsweise sind die Abschreibungskosten für EDV-Anlagen zu buchen, egal ob entsprechende Kurse besucht und die Geräte genutzt werden oder nicht.

Die Differenzierung nach Einzel- und Gemeinkosten geschieht im Hinblick auf ihre Zurechenbarkeit auf die Kostenträger. Dozentenhonorare sind typische Einzelkosten, die direkt auf den Kostenträger (die zugehörige Veranstaltung) verrechnet werden. Gemeinkosten sind dagegen nicht direkt zurechenbar. Allerdings unterscheidet man für die mehrstufige Deckungsbeitragsrechnung weiterhin zwischen echten und unechten Gemeinkosten. Zu den echten Gemeinkosten zählt z. B. das Gehalt der Leiterin oder des Leiters einer Bildungseinrichtung; es ist durch keine der von der Einrichtung erbrachten Leistungen direkt verursacht worden. Echte Gemeinkosten sind gleichzeitig immer Fixkosten, ebenso wie Einzelkosten immer variable Kosten sind.

Kommen zum Beispiel EDV-Geräte ausschließlich in den EDV-Kursen der Einrichtung zum Einsatz, dann sollten die entsprechenden Abschreibungskosten auch nur diesen Kursen zugerechnet werden. Die Zuordnung erfolgt, obwohl die Abschreibungskosten unabhängig von der Auslastung der Kurse anfallen. Es handelt sich um unechte Gemeinkosten, da bei einer festgestellten Unrentabilität der Leistung »EDV-Kurse«, diese aus dem Programm genommen und die Geräte veräußert werden könnten, womit die mit ihnen verbundenen Fixkosten anschließend entfielen. Diese Art der unechten Gemeinkosten nennt man Produktfixkosten, weil sie sich der Produktart verursachungsgerecht zuordnen lassen. Daneben gibt es Produktgruppenfixkosten, die analog auf bestimmte Produktgruppen verrechenbar sind; so z. B. das Gehalt eines Leiters des Fachbereichs »Arbeit-Beruf« einer Volkshochschule, in dessen Gebiet eben neben den EDV-Kursen weitere Leistungen, wie berufsqualifizierende Kurse u. a. m., gehören.

Der Deckungsbeitrag einer mit ihrem Preis bewerteten Leistung zeigt nun an, wie hoch deren Beitrag zur Deckung der gesamten Fixkosten (einstufig) oder zur Deckung der Produkt-, Produktgruppen- und gesamten Fixkosten (mehrstufig) ist. Die Anwendung möchte ich am folgenden **Beispiel** veranschaulichen.

Eine Bildungseinrichtung bietet regelmäßig für jeden zugängliche Kurse an. Zusätzlich organisiert sie Sonderveranstaltungen mit Experten aus bestimmten Fachgebieten für einen ausgewählten Kundenkreis, z. B. Weiterbildner oder Schulleiter. Das reguläre Angebot umfasst sowohl EDV-, als auch Methodenkurse; die Spezialangebote finden als Workshops zu Themen des Bildungsmanagements statt. Für die Workshops müssen Räumlichkeiten im Voraus angemietet werden, obwohl das Zustandekommen der Veranstaltungen unsicher ist.

Die Erlöse entsprechen der Summe der eingegangenen Teilnehmergebühren. Die für das Beispiel ausgewählten Kostenarten wurden – wie auch die Kursangebote – auf wenige reduziert, um die Übersichtlichkeit zu wahren. Es fehlen beispielsweise die Sekretariatsgehälter, die Gebäudeabschreibungen, die Bewirtungskosten o. Ä. Im Beispiel sind die Dozentenhonorare die einzigen variablen Kosten. Unabhängig von der Auslastung anfallende Fixkosten sind die Abschreibungskosten für die EDV-Geräte, die Mietkosten für die Sonderveranstaltungen, die Druck- und Versandkosten für die Veranstaltungsbroschüre und das Gehalt der Einrichtungsleiterin. Betrachtet wird eine Abrechnungsperiode, z. B. ein Quartal.

In der einstufigen Deckungsbeitragsrechnung werden die variablen Kosten des jeweiligen Angebots von dessen Erlösen subtrahiert und als Ergebnis die einzelnen Deckungsbeiträge ausgewiesen. Zur Ermittlung des Betriebsergebnisses werden die Fixkosten als Block von der Summe der Deckungsbeiträge abgezogen (Abb. 1).

| | Gesamt | Regelmäßige Kurse | | Sonderveranstalt. | |
		Methoden	EDV	Qualitäts-management	Wissens-management
Erlöse:					
Teilnehmerbeiträge	81.000	11.000	58.000	8.000	4.000
- variable Kosten:					
Dozentenhonorare	37.000	12.000	18.000	3.000	4.000
= **Deckungsbeitrag**	**44.000**	**- 1.000**	**40.000**	**5.000**	**0**
- fixe Kosten:					
z. B. Abschreib.,	42.000				
Mieten, Druckkost.					
= **Betriebsergebnis**	**2.000**				

Abb. 1: Beispiel für eine einstufige Deckungsbeitragsrechnung

Die durch Leistungen bewirkten Erlöse sollten grundsätzlich ihre variablen Kosten abdecken. Aus betriebswirtschaftlichen Gründen ist die Erstellung einer Leistung abzulehnen, deren Erträge nicht mindestens ebenso groß sind wie die durch sie verursachten Kosten. Im konkreten Fall müsste die Leitung der Bildungsinstitution Konsequenzen aus dem negativen Deckungsbeitrag der Methodenkurse ziehen und diese eventuell streichen, sofern dem nicht eine gegenläufige Aufgabenformulierung durch den Träger entgegensteht. In dem Fall sollten entweder die variablen Kosten, also die Dozentenhonorare, gesenkt oder – wenn dies absatzwirtschaftlich möglich ist – die Kursgebühren erhöht werden. Die weitere Untergliederung in der mehrstufigen Deckungsbeitragsrechnung gestattet detailliertere Einblicke (Abb. 2).

Aus dem tiefer gegliederten Tableau lässt sich erkennen, dass die Produktgruppe der regulären Veranstaltungen zwar die durch sie selbst verursachten Kosten abdeckt, der gemeinsame Deckungsbeitrag 3 jedoch nicht ausreicht, um auch noch die für die gesamte Organisation anfallenden Fixkosten auszugleichen. Das positive Betriebsergebnis kommt in dem Beispiel durch die Sonderveranstaltungen zustande. Bei einer Eliminierung der Methodenkurse und ohne Berücksichtigung der Sonderveranstaltungen würden die EDV-Kurse für sich genommen allerdings ausreichen, um die Gesamtfixkosten abzudecken. Für sie ist der Beschäftigungsgrad zu prüfen (z. B.: Gibt es noch freie Räume und Dozenten zu den üblichen Veranstaltungszeiten?). Ist die Auslastung geringer als 100 %, sollte eine Ausweitung des Angebots in Betracht gezogen werden. Mögliche Konsequenzen im Hinblick auf die Methodenkurse wurden oben beschrieben. Die mehrstufige Verrechnung offenbart darüber hinaus, dass die Veran-

	Produktgruppe I: Regelmäßige Kurse		Produktgruppe II: Sonderveranstaltungen	
	Methoden	EDV	Qualitäts-management	Wissens-management
Erlöse: Teilnehmergebühren	11.000	58.000	8.000	4.000
- variable Kosten: Dozentenhonorare	12.000	18.000	3.000	4.000
= **Deckungsbeitrag 1**	**- 1.000**	**40.000**	**5.000**	**0**
- Produktfixkosten: Abschr. Auf EDV-Geräte, Anmietungen	-	6.000	1.000	1.000
= **Deckungsbeitrag 2**	**- 1.000**	**34.000**	**4.000**	**- 1.000**
- Produktgruppenfixkosten: Druck der Broschüre	3.000		-	
= **Deckungsbeitrag 3**	**30.000**		**3.000**	
- Fixkosten der Institution: Gehalt der Leiterin	31.000			
= **Betriebsergebnis (Deckungsbeitrag 4)**	**2.000**			

Abb. 2: Beispiel für eine mehrstufige Deckungsbeitragsrechnung

staltung »Wissensmanagement« zwar die kapazitätsabhängigen Kosten deckt. Sie ist dennoch Verlust bringend, da mit den erzielten Erlösen die Raummieten nicht abgedeckt werden.

Literatur:

Drosse, V.: Kostenrechnung – Intensivtraining. Wiesbaden 1998.
Manz, K. u. a.: Kostenrechnung/Controlling. 2., überarb. Auflage. München 1996.
Meurer, E./Stephan, G. (Hrsg.): Rechnungswesen und Controlling in der öffentlichen Verwaltung. Freiburg i. Br. 2000.

Angaben zum Autor:

PD Dr. Günther Seeber
Universität Koblenz-Landau, Abt. Landau
Institut für Wirtschaftswissenschaft und Wirtschaftspädagogik (IWW)
August-Croissant-Straße 5
76829 Landau
Tel.: +49 63 41 99 01 00 oder 99 01 01
Fax: +49 63 41 99 01 10
E-Mail: seeber@uni-landau.de

Doppik und Kameralistik

Hans-Ulrich Küpper
Gerhard Tropp

Kennzeichnung der Kameralistik als Standardrechnung staatlicher Institutionen: Die kameralistische Rechnung dient dazu, Massenzahlungsvorgänge in öffentlichen Verwaltungen zu erfassen und zu kontrollieren. Eine grundlegende Zwecksetzung der kameralistischen Rechnung besteht in der Sicherung der Ordnungsmäßigkeit von Einnahmen und Ausgaben sowie der Einhaltung der Haushaltsansätze. Deshalb spielt die Genauigkeit und Nachprüfbarkeit der Rechnung eine große Rolle.

In der Kameralistik ist zudem das Prinzip der Jährlichkeit von zentraler Bedeutung (*Wiesner, H.* 1990, S. 21 ff). Haushaltspläne werden nach dem Prinzip der Vorherigkeit im Voraus für ein oder zwei Jahre aufgestellt, ihre Ansätze beziehen sich aber jeweils auf ein Jahr und sollen in diesem erreicht werden. Dies führt nicht nur dazu, dass finanzielle Mittel jahresweise geplant werden. Vor allem ist die Übertragbarkeit von Ausgaberesten auf das Folgejahr bei den meisten Titeln eingeschränkt.

Nach der kameralistischen Rechnungslogik werden die Vorgänge auf Konten mit zwei Seiten für Einnahmen und Ausgaben gebucht (*Oettle, K.* 1993, Sp. 1049 f; *v. Wysocki, K.* 1965, S. 22 ff). Jede von ihnen umfasst zwei Spalten. In der Horizontalen geben alle Bestandskonten außer dem Kassenkonto den Anfangsbestand aus dem Reste-Soll von Einnahmen der Vorperiode, den Einnahmen-Zugang für das laufende Soll, den Abgang durch die Ist-Ausgaben und den Endbestand als Saldo an. Die Werte von Erfolgs-, Kassen- und Bilanzkonten werden mit Ausnahme von Eröffnung und Abschluss nur in der Vertikalen in jeweils einer Spalte erfasst.

Die Systematisierung der Ausgaben bzw. Kosten richtet sich nach unterschiedlichen Kriterien. Für die kameralistische Rechnung von Schulen und Hochschulen ist das Gliederungssystem des öffentlichen Landeshaushaltsplanes relevant. Ihr liegt häufig eine Gliederung in Titel und Titelgruppen zugrunde. Die Einteilung von Ausgaben in den Schulen und Hochschulen hängt damit von den Zwecken ab, die für den gesamten Landeshaushalt bestimmend sind. Im Vordergrund steht daher die Einhaltung der Haushaltsansätze, nicht die Effizienz der Mittelverwendung.

Das kameralistische Rechnungswesen knüpft an der Verbuchung der kassenmäßigen Vorgänge an und ist allein auf Zahlungen gerichtet. Die rein finanzwirtschaftliche Ausrichtung zeigt sich daran, dass nur die Einhaltung von vorgegebenen Haushaltsansätzen verfolgt und keine Erfolgsgrößen ermittelt werden.

Grundsätzlich sollen die Haushaltsansätze bei jedem Titel eingehalten werden, während für privatwirtschaftliche Unternehmungen wesentlich ist, dass die Zahlungsfähigkeit insgesamt erhalten bleibt.

Kennzeichnung der Doppik als kaufmännische Buchführung: Das Handelsgesetzbuch (HGB) verpflichtet alle Kaufleute zu einer Buchführung gemäß den Grundsätzen ordnungsmäßiger Buchführung (GoB). Damit soll gegenüber unternehmensexternen Personengruppen und Anteilseignern Rechenschaft über sämtliche Geschäftsvorfälle abgelegt werden. Das charakteristische Merkmal der doppelten (gegenüber der einfachen) Buchführung besteht in der zweifachen Verbuchung eines jeden Geschäftsvorgangs (*Schweitzer, M.* 1972, S. 77; *Eisele, W.* 1999, S. 16) auf der Sollseite und auf der Habenseite zweier korrespondierender Konten. Da auch die erfolgswirksamen Vorgänge zweifach erfasst werden, gelangt man zu zwei systematischen Abrechnungskreisen, die einerseits in die Bilanz und andererseits in die Gewinn- und Verlustrechnung abgeschlossen werden. Auf beiden Wegen wird ein (übereinstimmender) Periodenerfolg ermittelt.

Unter einer Bilanz versteht man dabei eine stichtagsbezogene, ausgeglichene geldliche Abrechnung einer Wirtschaftsperiode. Sie geht aus dem Abschluss der Bestandskonten hervor und liefert eine Vermögensübersicht. Handelsrechtlich dient sie der Rechenschaftslegung der Unternehmung, dem Schutz der Gläubiger sowie dem öffentlichen Informationsbedürfnis. Übersteigen die Werte der Güter die Schulden, dann ergibt sich ein Saldo auf der Passivseite. Dieser stellt den Gewinn bzw. Jahresüberschuss dar. Der Erfolgsausweis der Bilanz ist global. Im System der doppelten Buchhaltung wird im Rahmen des Jahresabschlusses parallel zur Bilanz auch eine Gewinn- und Verlustrechnung erstellt. Diese vermittelt einen detaillierten Erfolgsausweis nach verbrauchten und entstandenen Gütern.

Die kaufmännische Buchführung ist in ihrer traditionellen Form für erwerbswirtschaftliche Unternehmungen auf die (zweifache) Bestimmung eines Erfolgsmaßstabs (in Bilanz sowie Gewinn- und Verlustrechnung) als Rechnungsziel gerichtet (*Eisele, W.* 1999, S. 67). Dessen Definition hat daher einen zentralen Einfluss auf den Inhalt und die Ausgestaltung des Rechnungssystems. Die genaue Abgrenzung der Erfolgsgröße bestimmt die Struktur des Rechnungssystems und nicht umgekehrt (*Schneider, D.* 1997, S. 33 ff).

Daraus ergibt sich unvermeidlich, dass das System der Buchführung erwerbswirtschaftlicher Unternehmungen nicht ohne gewichtige Anpassungen auf öffentliche Institutionen, welche den Bildungssektor in Deutschland dominieren, übertragen werden kann, sofern und ggf. solange die Erwirtschaftung eines Periodenerfolgs keine (wesentliche) Zielgröße für diese darstellt. Für privatwirtschaftlich organisierte Bildungseinrichtungen dagegen, die durch ihre Tätigkeit am Markt Erlöse erzielen und diese als Einnahmen verbuchen, ist eine Orientierung an der kaufmännischen Buchführung gesetzlich vorgeschrieben und kaufmännisch sinnvoll.

Notwendigkeit der Erweiterung kameralistischer Rechnungssysteme zur Unterstützung von Planungs-, Steuerungs- und Kontrollzwecken in Bildungsinstitutionen: In zunehmendem Maße wird von öffentlichen Bildungsinstitutionen trotz knapperen Mitteln die Bereitschaft zur Steigerung ihrer Leistungsfähigkeit und Effizienz gefordert. Um dies zu erreichen, müssen sie mit modernen Systemen und Methoden geführt und in ihnen die hierfür erforderlichen Instrumente eingerichtet werden. Dazu gehören insbesondere leistungsfähige Informations- und Rechnungssysteme. Ihr traditionelles kameralistisches, in den staatlichen Haushalt eingebundenes Rechnungswesen erfüllt diese Aufgaben nach vielfacher Auffassung nicht.

Rechnungssysteme sollten als Führungsinstrumente von Institutionen gestaltet und genutzt werden. Maßgebend für ihre Gestaltung müssen daher die mit ihnen verfolgten Rechnungszwecke sein. In erwerbswirtschaftlichen Unternehmungen bilden die Bereitstellung von Informationen zur Herstellung von Transparenz sowie zur Planung, Steuerung und Kontrolle die maßgeblichen Rechnungszwecke. In dieser allgemeinen Formulierung sind diese auch auf Bildungsinstitutionen übertragbar (*Küpper, H.-U.* 1997, S. 574 ff.), da in ihnen entsprechende Informationsbedarfe bestehen. Dabei dürften die Schaffung von Transparenz, die durch Abbildung und Dokumentation erreicht wird, und die (Verhaltens-) Steuerung zumindest gegenwärtig im Vordergrund stehen.

Im kameralistischen Haushaltswesen öffentlicher Bildungseinrichtungen haben im Rahmen der Planung *Verteilungsfragen* ein großes Gewicht, weil ein verfügbares Haushaltsvolumen u. a. auf die Schulen und Hochschulen eines Landes aufzuteilen ist. Dabei richtet man sich meist nach geplanten Vorhaben und den bisherigen, vielfach historisch entwickelten Ansätzen und speziell an Hochschulen nach Berufungsvereinbarungen. In einer Reihe von Bereichen haben sich Verteilungsschlüssel herausgebildet, die unterschiedlichen Kriterien (Gleichverteilung, Leistungsgrößen u. a.) folgen. Stringente Verteilungssysteme sind höchstens in Ansätzen erkennbar. Soweit sich die Verteilung nicht nur an historischen Werten und auf Einzelvorhaben bezieht, können für sie Steuerungsgesichtspunkte maßgebend sein. Die Ausrichtung auf die wichtigsten Entscheidungen in öffentlichen Bildungsinstitutionen und das für sie relevante Verursachungsprinzip treten demgegenüber zurück.

Durch die relativ genau nach Titeln gegliederte Vorgabe von Haushaltsansätzen wird insbesondere den Hochschulen und ihren Teileinheiten ein Rahmen gesteckt, in dem sie ihre Entscheidungen in Forschung, Lehre und Service zu treffen haben. Mit einem derartigen Steuerungssystem der Budgetvorgabe erhalten diese Institutionen einen Freiraum für das eigene Handeln, der jedoch zugleich ihre Handlungsmöglichkeiten begrenzt und hierdurch beeinflusst. Das Instrument der Budgetvorgabe zur Verhaltenssteuerung wird bislang jedoch in mehrfacher Hinsicht beeinträchtigt. Die Festlegung kameralistischer Planwerte folgt weitgehend dem Verfahren der Fortschreibungsbudgetierung. Die Planwerte für ein Haushaltsjahr richten sich zu wesentlichen Teilen nach den Werten des Vorjahres, die je nach Haushaltslage erneut angesetzt oder proportional erhöht bzw. gesenkt werden. Damit gewinnen historisch gewordene Strukturen ein starkes Gewicht. Techniken einer inputorientierten Budgetierung zur effizienteren Erreichung der bisherigen Leistungen oder einer output- und damit leistungsbezogenen Budgetierung werden erst ansatzweise eingesetzt. Das bisher übliche Verfahren bietet kaum Anreize für einen effizienten Mitteleinsatz und eine Leistungssteigerung. Die Fortschreibungsbudgetierung bildet zudem zusammen mit dem Jahresprinzip und der eingeschränkten Deckungsfähigkeit zwischen Ausgabentiteln eine Ursache für ineffiziente Mittelverwendungen. Diese zeigen sich am meisten an dem offenbar schwer vermeidbaren »Dezemberfieber«, bei dem nicht nur Haushaltsreste ohne ausreichenden Grund ausgegeben, sondern häufig auch verspätet zugewiesene Mittel schnell ausgeschöpft werden.

Dem Rechnungszweck der Kontrolle wird in Bildungsinstitutionen und Unternehmungen eine hohe Bedeutung beigemessen. Im kameralistischen System ermöglichen Haushaltsüberwachungslisten einen Soll-Ist-Vergleich, ob die zugewiesenen Haushaltsansätze eingehalten und zweckentsprechend verwendet worden sind. Ferner unterliegen Schulen und Hochschulen der Prüfung durch den Rechnungshof, für den die Daten der kameralistischen Rechnung eine wesentliche Grundlage liefern. Es ist jedoch fraglich, inwiefern ein speziell auf Kontrolle ausgerichtetes Rechnungssystem wie die Kameralistik die Anforderungen eines Informationssystems für den komplexen Bildungsbereich erfüllen kann.

Insbesondere die Zwecksetzung der (Verhaltens-) Steuerung wird durch eine rein kameralistische Rechnungslegung nur mangelhaft unterstützt. So verfügen öffentliche Bildungsinstitutionen nur über unzureichende Informationen zu ihrer Vermögenslage, deren Veränderung und zur Leistungserstellung. Anstelle einer Prozessorientierung, welche die Zusammenhänge zwischen den eingesetzten Ressourcen und der erstellten Leistung herstellt, steht die ordnungsgemäße Verwendung von Mitteln im Vordergrund. Damit wird der Blick auf mögliche Ineffizienzen verdeckt. Deshalb erscheint im öffentlichen Bildungsbereich die Herstellung von Transparenz über die wesentlichen Inputgüter und die Dokumentation des Output vordringlich.

Inzwischen hat eine Reihe von Hochschulen kaufmännische Rechnungskonzepte realisiert, um den oben skizzierten Mängeln entgegenzutreten. In Hessen wird ein derartiger Schritt vom Gesetzgeber vorgeschrieben. Neben den Sparzwängen scheint ein Antrieb hierfür in der Möglichkeit zum Übergang auf → *Globalhaushalte* zu liegen. Die Einführung eines kaufmännischen Rechnungswesens wird also vorangetrieben und in manchen Ländern politisch verordnet, ohne dass die damit verbundenen Probleme ausreichend analysiert zu sein scheinen. Dies soll im Folgenden näher diskutiert werden.

Möglichkeiten und Grenzen der Integration von Elementen der kaufmännischen Buchführung in Bildungsinstitutionen: Die Zwecksetzung einer Einführung der doppelten kaufmännischen Buchführung in nicht erwerbswirtschaftlich ausgerichteten Bildungseinrichtungen kann darin liegen, dass man die doppelte Verbuchung eines jeden Vorgangs zur Kontrolle der Buchführung nutzt. Ferner kann man durch eine systematische, auf die spezifischen Merkmale und zentralen Rechnungszwecke der Bildungsinstitution ausgerichtete Gliederung der Vorgänge und Buchungen die Aussagefähigkeit gegenüber der in das staatliche Haushaltssystem eingebundenen kameralistischen Rechnung steigern. Eine Abkoppelung von Vorschriften des kameralistischen Haushaltssystems kann dafür genutzt werden, die Vorgänge und die Buchungen nach Kriterien zu systematisieren, die sich an den spezifischen Merkmalen und Rechnungszielen der Bildungseinrichtung orientieren. Bei einem solchen Übergang stellen sich insbesondere drei Probleme, die erstmalige Erfassung des Vermögens, die Behandlung von Vermögenswertänderungen und der Ausweis des Eigenkapitals (*Küpper, H.-U.* 2000, S. 357-359).

Eher praktischer Art ist das Problem der erstmaligen Ermittlung und Bewertung der Vermögensgegenstände. Da man im kameralistischen System keine wertmäßigen Vermögensaufstellungen vornimmt, ist die Erfassung sämtlicher Vermögensgegenstände aufwendig, ihre Bewertung darüber hinaus häufig schwierig. Man muss festlegen, welche Bewertungskonzeptionen (z. B. fortgeschriebene Anschaffungs-, Tageswerte usw.) maßgeblich sind und wie die betreffenden Werte (z. B. historische Werte) ermittelt werden können.

Um eine approximative Vorstellung über den jeweiligen Wert des Vermögens einer Schule oder Hochschule zu erhalten, bietet es sich daher an, von den historischen Anschaffungswerten (bzw. den Werten der ersten Eröffnungsbilanz) auszugehen und die Abnutzung durch einfache Abschreibungskonventionen zu erfassen. Beispielsweise könnte man sich auf lineare Abschreibungen beschränken und für die Nutzungsdauern Normierungen für alternative Anlageklassen vereinbaren. Das Rechnungsziel besteht bei dieser Alternative darin, die Höhe und die Entwicklung des Reinvermögens näherungsweise zu ermitteln. Da die Bewertung nicht explizit zweckbezogen erfolgt, sind die errechneten Daten für keinen Rechnungszweck unmittelbar geeignet.

Ein weiteres konzeptionelles Problem besteht in der Abbildung von Vermögenswertänderungen. Es stellt sich schon bei der erstmaligen Bewertung von Vermögensgegenständen, soweit diese nicht unmittelbar zuvor zum aktuell gültigen Marktpreis angeschafft worden sind. Klare Bewertungskriterien lassen sich daher nur auf der Basis einer Abgrenzung von Rechnungszweck und Rechnungsziel begründen. Dies ist im öffentlichen Bereich besonders schwierig, solange über diese keine einheitliche Auffassung oder Regelung besteht.

In den Prozessen der Ausbildung werden Güter verbraucht, durch die Kapital vernichtet wird. Daraus ergibt sich das Problem, inwieweit und auf welche Weise die den staatlichen Schulen und Hochschulen zur Verfügung gestellten finanziellen und ggf. sachlichen (z. B. Grundstücke, Gebäude) Mittel zu ihrem (bilanziellen) Eigenkapital werden. Da die Schulden einer Bildungsinstitution auf Verträgen beruhen, sind deren Erfassung und Ausweis im Normalfall möglich. Das Problem liegt darin, wie die kapitalmäßige Gegenposition zum restlichen »Reinvermögen« auf der Passivseite ausgewiesen und ggf. untergliedert wird. Dazu muss der jeweilige Träger der Schule oder Hochschule klären, wie viel Kapital er ihr zu ihrer autonomen Verwendung als Eigenkapital überträgt.

Sowohl für die Behandlung von Wertänderungen des Vermögens als auch für die Kapitalgliederung spielt auf der Aktivseite einer Bilanz die Unterscheidung zwischen Verbrauchs- oder Umlaufgütern und Gebrauchs- oder Anlagegütern eine Rolle. Verbrauchsgüter wie Material, menschliche Arbeit usw. gehen im Gegensatz zu Gebrauchsgütern mit dem Einsatz in einem Unternehmensprozess unter. Die Problematik der Bewertung von Anlagegütern und der Erfassung ihrer Wertminderung durch Abschreibungen verschärft sich für Bildungsinstitutionen durch das Fehlen einer einfach definierbaren quantitativen Erfolgsgröße. Während sich beispielsweise in erwerbswirtschaftlichen Unternehmungen wenigstens konzeptionell klare Kriterien aus den Rechnungszwecken (z. B. der Ausschüttungsbemessungs- oder Ausschüttungssperrfunktion (*Moxter, A.* 1986, S. 18; *Ballwieser, W.* 1985, S. 22) und dem für das Rechnungsziel maßgeblichen Erfolgsziel (z. B. Shareholder Value) herleiten lassen, fehlt diese Möglichkeit für nicht erwerbswirtschaftlich orientierte Schulen und Hochschulen.

Diese Problematik hat zur Folge, dass sich eine bloße Übertragung beispielsweise handelsrechtlicher Ansätze auf die Bewertung von Gebrauchsgütern und ihren Verbrauch verbietet. Sie könnte Wirkungen auslösen, die den Zielen im Bildungssektor völlig zuwider läuft. Wenn man auch in Schulen und Hochschulen trotz des Fehlens eines eindeutigen und monetären Erfolgsziels Periodenabschlüsse mit Bilanzen aufstellen will, muss man sich mit *vereinfachten Konventionen* zur Erfassung von Wertänderungen an ihrem Vermögen zufrieden geben.

Eine auf derartigen Bewertungskonventionen beruhende Bilanz ist als Vermögensübersicht zu verstehen, in der die Vermögensgegenstände auf der Aktiv- und die Verbindlichkeiten sowie Verpflichtungen gegenüber Fremden und dem Träger der Bildungsinstitution auf der Passivseite wiedergegeben werden. Da bei staatlichen Bildungseinrichtungen dem Finanzierungsbereich nur eine begrenzte Bedeutung zukommt und es sich um typische Dienstleistungsunternehmungen handelt, könnte die Aussagefähigkeit durch bildungssektorspezifische Erweiterungen erhöht werden. Wenn diese von allen betroffenen Institutionen in übereinstimmender Weise übernommen werden, kommt man zu einer verbesserten Vergleichbarkeit.

Die wichtigste Position der Passivseite betrifft das vom Staat als dem Bildungsträger überlassene Kapital. Zweckmäßig erscheint dessen Gliederung nach der Kapitalherkunft, beispielsweise in vom Staat bereitgestelltes Kapital, Kapital aus Schenkungen sowie Kapitalrücklagen, die durch Aktivitäten der Bildungseinrichtung z.B. aus Drittmittelprojekten erwirtschaftet werden konnten.

Die wesentlichen Bewegungen innerhalb einer Periode beruhen einerseits auf dem Zugang von Mitteln aus dem Staatshaushalt, Drittmitteln und externen

Aufträgen. Diesen stehen auf der anderen Seite vor allem Ausgaben für Personal, Material, bezogene Leistungen und Investitionsausgaben gegenüber. Diese durch die Kameralistik bereits weitgehend erfassten Daten könnten durch eine eigenständige Finanzrechnung zur Herstellung von Transparenz über die Zahlungsströme einer Bildungseinrichtung beitragen. Sie kann über eine Vermögensänderungsrechnung abgeschlossen werden, die unter Berücksichtigung der o. g. Probleme den notwendigen 2. Rechnungskreis zur Bilanz darstellt und dadurch die Gewinn- und Verlustrechnung der kaufmännischen Rechnungslegung ersetzt.

Eine Einführung von Rechnungssystemen auf der Basis einer doppelten Buchführung kann also auch in öffentlichen Bildungsinstitutionen zweckmäßig sein. Deren Zielsetzungen, ihre Finanzierung in staatlicher Trägerschaft und ihre bisherige kameralistische Ausrichtung sprechen jedoch dafür, dass hierbei der zahlungsorientierten Finanzrechnung ein besonderes Gewicht zukommt und sie auch in einem möglichen Jahresabschluss als eigenständige Rechnung erhalten bleibt. Durch eine zweckgerechte Anpassung des Rechnungssystems lässt sich diese Rechnung mit der Bilanz als Vermögensaufstellung und einem Ausweis der Vermögensänderungen anstelle der Gewinn- und Verlustrechnung verknüpfen.

So kann in einem ersten Schritt erreicht werden, dass durch die Herstellung von Transparenz und die Rechnungslegung gegenüber dem Bildungsträger der zentrale Rechnungszweck für öffentliche Bildungseinrichtungen erfüllt wird.

Literatur:

Ballwieser, W.: Ergebnisse der Informationsökonomie zur Informationsfunktion der Rechnungslegung. In: *Stöppler, S.* (Hrsg.): Information und Produktion, Stuttgart 1985, S. 21-40.

Eisele, W.: Technik des betrieblichen Rechnungswesens, 6. Auflage, München 1999.

Oettle, K.: Kameralistik. In: *Chmielewicz, K./Schweitzer, M.* (Hrsg.): Handwörterbuch des Rechnungswesens, 3. Auflage, Stuttgart 1993, Sp. 1048-1055.

Küpper, H.-U.: Hochschulrechnung zwischen Kameralistik und Kostenrechnung. In: *Küpper, H.-U./Troßmann, E.* (Hrsg.): Das Rechnungswesen im Spannungsfeld zwischen strategischem und operativem Management, Berlin 1997, S. 565-588.

Küpper, H.-U.: Hochschulrechnung auf der Basis von doppelter Buchführung und HGB? In: Zeitschrift für betriebswirtschaftliche Forschung, 52. Jg., 2000, S. 348-369.

Küpper, H.-U./Sinz, E. (Hrsg.): Gestaltungskonzepte für Hochschulen – Effizienz, Effektivität, Evolution, Stuttgart 1998.

Moxter, A.: Bilanzlehre, Band II: Einführung in das neue Bilanzrecht, 3. Auflage, Wiesbaden 1986.

Schneider, D.: Betriebswirtschaftslehre. Band 2: Rechnungswesen, 2. Auflage, München 1997.

Schweitzer, M.: Struktur und Funktion der Bilanz, Berlin 1972.

Wiesner, H.: Das staatliche Haushalts-, Kassen- und Rechnungswesen, 3. Auflage, Heidelberg 1990.

v. Wysocki, K.: Kameralistisches Rechnungswesen, Stuttgart 1965.

Angaben zu den Autoren:

Prof. Dr. Hans-Ulrich Küpper
Leiter des Bayerischen Staatsinstituts für Hochschulforschung und Hochschulpla-
nung sowie des Instituts für Produktionswirtschaft und Controlling
Ludwig-Maximilians-Universität München
Ludwigstraße 28 RG
80539 München
Tel.: +49 89 21 80 20 93
Fax: +49 89 34 40 54
E-Mail: kuepper@bwl.uni-muenchen.de

Dipl.-Kfm. Gerhard Tropp
Bayerisches Staatsinstitut für Hochschulforschung und Hochschulplanung
Prinzregentenstraße 24
80538 München
Tel.: +49 89 21 23 43 10
Fax: +49 89 21 23 44 50
E-Mail: tropp@bwl.uni-muenchen.de

Effizienz und Effektivität

Axel Haunschild

Wenn Menschen oder Organisationen Ziele verfolgen und zur Erreichung dieser Ziele unterschiedliche Maßnahmen sowie begrenzte Ressourcen zur Verfügung stehen, stellt sich die Frage, inwiefern die gewählten Maßnahmen einen
Beitrag zur Zielerreichung leisten und inwiefern die verfügbaren Ressourcen
sinnvoll eingesetzt werden. Mit den Konzepten »**Effektivität**« und »**Effizienz**«
wird versucht, diese Fragestellungen zu bündeln und begrifflich zu fassen. Obwohl es sich hierbei um basale Begriffe der ökonomischen Theorie und Praxis
handelt, werden sie alles andere als eindeutig definiert und verwendet. Daher
gilt es, im Folgenden neben möglichen Begriffsverständnissen auch mögliche
Gründe für diese Uneindeutigkeiten zu erläutern.

Eine weit verbreitete Begriffsverwendung unterscheidet **Effektivität** als Maßgröße für die Zielerreichung (Output; Outcome) und **Effizienz** als Maßgröße
für Wirtschaftlichkeit (Output/Input-Relation) (*Scholz* 1992; *Budäus/Buch-
holtz* 1997). »Doing things right« (Effizienz) bedeutet hierbei nicht zwangsläufig auch »doing the right things (right)« (Effektivität). Ob »die Dinge« richtig
getan werden, kann in Bezug auf den Ressourceneinsatz nur entschieden werden, wenn Vergleichs- oder Referenzgrößen vorhanden sind. Effizienz ist daher
ein relationales Konzept. Das genannte Begriffsverständnis führt zu der zu

93

untersuchenden Frage, ob eine eingesetzte Maßnahme bei gleichem Input zu einem höheren Output oder bei geringerem Input zum gleichen Output führen kann bzw. ob dies durch andere Maßnahmen erreichbar wäre. Ist dies zu bejahen, wäre die untersuchte Maßnahme nicht effizient (»verschwenderisch«), und ihre Durchführung würde damit dem sog. Rationalprinzip widersprechen (→ *Rationales Entscheiden*).

In der ökonomischen Theorie wird der Effizienzbegriff häufig im Sinne einer Pareto-Optimalität verwendet, d. h. die Verteilung von Gütern oder die Allokation von Ressourcen erfolgt so, dass eine Veränderung der Verteilung bzw. Allokation nicht möglich ist, ohne einen der beteiligten Transaktionspartner schlechter zu stellen als bisher. Daneben wird unter Effizienz z. T. aber auch die **Tauglichkeit** (beabsichtigte Wirkungen werden mit erwarteten bzw. eingetretenen Wirkungen verglichen) oder die **Vorteilhaftigkeit** (Vorteile werden mit Nachteilen verglichen) von Maßnahmen verstanden (*Kossbiel* 1994). Dies erklärt die häufig synonyme Verwendung der Begriffe Effizienz und Effektivität bzw. den bei einigen Autoren gänzlichen Verzicht auf den Effektivitätsbegriff (z. B. *Grabatin* 1981).

In der Aufdeckung von Effizienz- und Effektivitätsdefiziten bzw. -potenzialen und der daran anknüpfenden zielgerichteten Einflussnahme auf die Effizienz und Effektivität organisationaler Maßnahmen und Prozesse wird gemeinhin eine der zentralen Aufgaben des → *Controlling* gesehen. Über vergleichende Betrachtungen von Ressourceninputs (Geld, Material, Arbeitszeit) hinausgehende diesbezügliche Analysen weisen allerdings gewichtige Operationalisierungsprobleme auf. So gelingt es in den wenigsten Fällen, eindeutige Kausalbeziehungen zwischen Maßnahmen und Wirkungen sowie alle relevanten Einflussfaktoren zu isolieren (s. a. *Scholz* 1992). Noch entscheidender aber ist, dass Effizienz in der Organisationspraxis nicht den höchsten Output für einen bestimmten Input bedeutet, sondern den höchsten messbaren Output für einen bestimmten messbaren Input (*Mintzberg* 1983). Die Tatsache, dass die Inputs i. d. R. besser quantifizierbar sind als die Outputs (vgl. mit besonderem Bezug auf Hochschulen *Brüggemeier* 2000), führt daher zur beobachtbaren Praxis, fassbare Kosten zulasten nicht fassbarer Nutzen zu reduzieren und nicht bzw. schlecht messbare, z. B. soziale Kosten zu externalisieren.

Es ist somit immer zu fragen, für wen und im Hinblick worauf etwas effizient ist. Was für wen als Input und Output zählt und welche Preise mit welchen Begründungen zur Bewertung herangezogen werden, ist hierbei nicht einfach gegeben, sondern Ergebnis einer sozialen, nicht beliebigen Konstruktion von Realität innerhalb eines institutionellen Rahmens (*Ortmann* 1995). Damit wird deutlich, dass Effizienz bzw. ökonomische Rationalität als kontextgebundenes Systemmerkmal (*Küpper/Felsch* 2000) und nicht als organisationsunabhängige, »objektive« Größe zu betrachten ist. Dieser (auch) politische Charakter von Effizienz bedeutet für eine Organisation, dass es gilt, die mit relevanten Interessengruppen (Stakeholdern) bestehenden Interaktionsbeziehungen sowie die daraus resultierenden Effizienzkriterien, an denen sie gemessen wird, zu ermitteln und zu analysieren (*Grabatin* 1981). Üblich ist es, je nach zugrunde liegender Zielsetzung hierbei zwischen z. B. ökonomischer, sozialer, politischer oder technischer Effizienz zu unterscheiden.

Der Umfang, in dem eine Organisation den von außen an sie gestellten Anforderungen gerecht wird, kann mit *Pfeffer/Salancik* (1978) als (organisationale) Effektivität bezeichnet werden. Effektive Organisationen müssen neben der Erfüllung ökonomischer Anforderungen in ihren Aktivitäten auch gesellschaftlichen Wertvorstellungen und Normen genügen sowie Anschlussfähigkeit an herrschende Diskurse und bestehende Machtverhältnisse herstellen (vgl. auch *Ortmann* 1995). Ökonomische Effizienz bzw. von relevanten Bezugsgruppen für ökonomisch effizient gehalten zu werden ist somit zwar ein bedeutendes, aber nicht das einzige Kriterium für die organisationsinterne und nach außen gerichtete Begründung und Rechtfertigung von Entscheidungen und Handlungen (→ *Rationales Entscheiden*). Vielmehr kann eine zu starke Orientierung an ökonomischer Effizienz die Effektivität der Organisation beeinträchtigen, und die mit organisationaler Effektivität verbundene Etablierung einer organisationalen Machtposition in der Umwelt kann durch die Verfestigung interner Machtstrukturen dazu führen, dass organisationsinterne Effizienz- und Innovationspotentiale gerade nicht ausgeschöpft werden (vgl. *Küpper/Felsch* 2000).

Diese uneindeutige Beziehung zwischen Effizienz und Effektivität ist in Bildungsinstitutionen besonders virulent. Dies resultiert vor allem bei öffentlich finanzierten bzw. nicht gewinnorientiert betriebenen Bildungsinstitutionen (Hochschulen, Schulen, Vereinen, Kammern) aus heterogenen, qualitativen und z. T. nicht explizierten Zielsetzungen. Ein grundlegendes Dilemma der ökonomischen Betrachtung von Bildungsarbeit liegt zudem darin begründet, dass Bildung vor allem bewusste oder unbewusste Einflussversuche auf individuelle und kollektive Handlungspotenziale beinhaltet, deren zukünftige Nutzung weder feststeht noch i. d. R. sinnvoll prognostiziert werden kann. Während eine Bewertung dieser Maßnahmen immer nur in der Gegenwart erfolgen kann, entstehen die für eine Effektivitätsbewertung relevanten Kriterien für diese Maßnahmen erst in der Zukunft bzw. ändern sich im Zeitverlauf. Mit dem Dramatiker *Heiner Müller* könnte man diesbezüglich zwischen dem »Erfolg« und der »Wirkung« eines Theaterstücks (einer Bildungsmaßnahme) unterscheiden. Während für ihn **Erfolg** kurzfristige Übereinstimmung, das Wissen darum, was gemeint war, und den zurückgelehnten Ausspruch »es war schön« bedeutet, hat ein Stück (eine Bildungsmaßnahme) für ihn dann eine **Wirkung**, wenn Zuschauer (Teilnehmer, Lernende) nicht genau wissen, was los war, und noch lange über das Gesehene und Gehörte nachdenken.

Auch wenn also der Zusammenhang zwischen ökonomischer Effizienz, Effektivität und den in und mit Bildungsinstitutionen verfolgten Zielen alles andere als eindeutig ist, wäre es in besonderer Weise begründungsbedürftig, wenn diese Institutionen von einem auf ökonomischen Effizienz- und Effektivitätskriterien basierenden Begründungsdiskurs über den Einsatz knapper Ressourcen ausgeklammert blieben. Aktuelle Entwicklungen im Bildungssektor, wie z. B. die stärkere Ökonomisierung von Bildung (als Gut) oder die steigende interne Finanzautonomie von Bildungsinstitutionen (➜ *Public Management*), sprechen zumindest für eine zunehmende Effizienzorientierung in diesen Organisationen. Der wachsende Zwang für viele Bildungsinstitutionen, im Wettbewerb z. B. um Drittmittel und Kunden zu bestehen (vgl. für Hochschulen auch *Hödl/Zegelin* 1999), fordert zudem eine stärkere Außenorientierung und Profilierung im Sinne organisationaler Effektivität, verändert über Marktsignale aber auch die Anforderungen an organisationsinterne Effizienz. Zukünftige Handlungsspielräume von Bildungsinstitutionen werden im Wesentlichen davon abhängen, inwiefern es gelingt, die Definitionsmacht für Effizienz- und Effektivitätskriterien so zu verteilen, dass aus dem auf diesen Institutionen zunehmend lastenden (ökonomischen) Legitimationsdruck kein unreflektierter Effizienzkult wird.

Literatur:

Brüggemeier, M.: Potentiale und Probleme eines Hochschul-Controlling. In: *Budäus, D./Küpper, W./Streitferdt, L.* (Hrsg.): Neues öffentliches Rechnungswesen. Stand und Perspektiven. Wiesbaden 2000, S. 451-487.

Budäus, D./Buchholtz, K.: Konzeptionelle Grundlagen des Controlling in öffentlichen Verwaltungen. In: Die Betriebswirtschaft, 57. Jg., 1997, H. 3, S. 322-337.

Grabatin, G.: Effizienz von Organisationen. Berlin u. New York 1981.

Hödl, E./Zegelin, W.: Hochschulreform und Hochschulmanagement. Eine kritische Bestandsaufnahme der aktuellen Diskussion. Marburg 1999.

Kossbiel, H.: Überlegungen zur Effizienz betrieblicher Anreizsysteme. In: Die Betriebswirtschaft, 54. Jg., 1994, H. 1, S. 75-93.

Küpper, W./Felsch, A.: Organisation, Macht und Ökonomie. Mikropolitik und die Konstitution organisationaler Handlungssysteme. Opladen 2000.

Mintzberg, H.: Power in and Around Organizations. Englewood Cliffs/N. J. 1983.

Ortmann, G.: Formen der Produktion. Opladen 1995.

Pfeffer, J./Salancik, G. R.: The External Control of Organizations. New York 1978.

Scholz, Chr.: Effektivität und Effizienz. In: *Frese, E.* (Hrsg.): Handwörterbuch der Organisation, 3. Aufl., Stuttgart 1992, Sp. 533-552.

Angaben zum Autor:

Dr. Axel Haunschild
Wissenschaftlicher Assistent am Lehrstuhl für Personalwirtschaftslehre der Universität Hamburg
Von-Melle-Park 5
20146 Hamburg
Tel: +49-40/42838-6101
Fax: +49-40/42838-6358
E-Mail: haunsch@hermes1.econ.uni-hamburg.de

Anton Hahne

Evaluationen durchführen, eine Qualitätssicherungsmaßnahme installieren, eine Zertifizierung absolvieren: innovative Weiterbildungsinstitutionen haben damit ihre ersten Erfahrungen gesammelt, oft in Form einmaliger Kraftanstrengungen. Soll daraus ein dauerhafter Verbesserungsprozess werden, so wird ein Qualitätsmanagementsystem gebraucht, das Verfahren und Mittel aufzeigt, die den Arbeitsprozess begleiten, fördern und nicht etwa behindern. Die Anforderung an solch ein modernes → *Qualitätsmanagement* liegt also mehr in der Steuerung als in der Kontrolle von Geschäftsprozessen. Diesem wird weder das klassische Rechnungswesen (→ *Hochschulrechnungswesen*, → *Controlling*) noch die bisherige Zertifizierungspraxis nach DIN ISO 9000 ff. ausreichend gerecht. Was bisher zu kurz kommt, ist eine allen verständliche Vorgehensweise, die also der Organisation eigen ist: die Praxis der Selbstevaluation. Extern vorgegebene normative Aspekte mit unerwünschten, belastenden Qualitätszuschreibungen wirken leicht demotivierend; ein selbst entwickeltes Modell dagegen, das die Eigenverantwortung und Kreativität unterstützt, bedarf weniger Überzeugungsarbeit. Als ein solches soll nun das Europäische Qualitätsmodell EFQM vorgestellt werden. Anschließend wird dargestellt, woraus dieser Ansatz des Total Quality Managements (TQM) im Einzelnen besteht und inwiefern er auf die kontinuierliche Veränderung der Organisation hinwirkt. Erste Versuche der Umsetzung im Hochschulbereich werden besprochen.

Das EFQM-Modell für Excellence – also für Vortrefflichkeit oder vorzügliche Leistung – stammt von der **European Foundation for Quality Management**, die 1988 von 14 europäischen Großunternehmen unter EU-Federführung gegründet wurde. Seit 1992 wird – als publikumswirksamer Ansporn – ein Europäischer Qualitätspreis verliehen. Anfang 2000 hatte die EFQM fast 800 Mitgliederorganisationen, hauptsächlich industrielle Großbetriebe aus ganz Europa, der Anteil klein- und mittelständischer Unternehmen, auch aus dem Non-Profit-Bereich, steigt aber kontinuierlich. Die Anzahl deutscher Unternehmen beträgt 10 bis 15 Prozent. Privatwirtschaftliche Organisationen und solche des Öffentlichen Dienstes können der EFQM-Initiative als reguläre Mitglieder beitreten (eingeteilt in verschiedene Kategorien je nach Umsatz oder Budget). Gemeinnützige Organisationen, z. B. nationale oder regionale Qualitätsorganisationen (wie die Deutsche Gesellschaft für Qualität in Frankfurt) können assoziierte Mitglieder werden. Weit größer als die Zahl der Mitglieder ist die der Anwender, welche auf mehrere zehntausend Organisationen geschätzt wird.

Als Anwender bezieht man nur das Know-how, als Mitglied kann man sich formell aufnehmen und registrieren lassen, um z. B. Zugriff auf → *Benchmarking-*

Datenbanken zu bekommen. Wie geht die Aufnahme praktisch vor sich? Der Antrag zur Aufnahme in die EFQM muss von der ranghöchsten Führungskraft der Organisation kommen, eine Führungskraft der oberen Managementebene muss als EFQM-Repräsentant benannt werden. Diese Repräsentanten fungieren als Bindeglied zwischen den Mitgliedern und den EFQM-Gremien in Brüssel, welche die verschiedenen Aktivitäten, Produkte, Dienstleistungen und Veranstaltungen koordinieren, als Input die Bedürfnisse der Mitgliedsorganisationen auswerten und die Strategie und Politik sowie die Produkte und Dienstleistungen der EFQM-Initiative festlegen. Das Prinzip, dass kein Unternehmen für sich alleine lebt, dass man voneinander auch auf europäischer Ebene lernen muss, weist die EFQM als Benchmarking-Ansatz aus, ähnlich wie dies für die amerikanische Variante des »Malcom Baldrige National Quality Award« gilt.

Obwohl die Vergabe des Europäischen Qualitätspreises und die des deutschen Pendants, des Ludwig Erhard Preises, in der Öffentlichkeit besondere Beachtung finden, ist weder dies noch eine Zertifizierung hauptsächlicher Sinn und Zweck. Es geht wie bei anderen TQM-Ansätzen um die kontinuierliche und konsequente Veränderung des Unternehmens, seiner Struktur und Kultur. Die »Grundkonzepte« nach dem EFQM-Verständnis sind folgende acht »Eckpfeiler«:

Ergebnisorientierung

Verantwortung gegenüber
der Öffentlichkeit

Kundenorientierung

Aufbau von
Partnerschaften

Führung und
Zielkonsequenz

Kontinuierliches
Lernen, Innovation
und Verbesserung

Management
mit Prozessen
und Fakten

Mitarbeiterentwicklung und -beteiligung

Abb. 1: Grundkonzepte im EFQM-Modell für Excellence (eigene Darstellung nach *EFQM* 1999)

1. **Ergebnisorientierung:** »Excellence hängt davon ab, dass man die Interessen aller relevanten Interessengruppen in ein ausgewogenes Verhältnis bringt (dazu gehören Mitarbeiter, Kunden, Lieferanten und die Gesellschaft im Allgemeinen sowie diejenigen, die ein finanzielles Interesse an der Organisation haben)«.
2. **Kundenorientierung:** »Über die Qualität von Produkten und Dienstleistungen entscheidet letztlich die Meinung des Kunden. Kundenloyalität, Kundenbindung und Marktanteil werden am besten durch eine klare Ausrichtung auf die Bedürfnisse von bestehenden und potentiellen Kunden optimiert.«

3. **Führung und Zielkonsequenz:** »Die Führungskräfte einer Organisation schaffen mit ihrem Verhalten in der Organisation Klarheit und Einigkeit hinsichtlich des Zwecks und ein Umfeld, in dem die Organisation und ihre Mitarbeiter überragende Leistungen erbringen können.«

4. **Management mit Prozessen und Fakten:** »Organisationen funktionieren effektiver, wenn alle miteinander verknüpften Aktivitäten verstanden und systematisch gemanagt werden und Entscheidungen über gegenwärtige Aktivitäten und geplante Verbesserungen aufgrund von zuverlässigen Informationen getroffen werden, zu welchen auch die Wahrnehmung der Interessengruppen gehört.«

5. **Mitarbeiterentwicklung und -beteiligung:** »Das volle Potential von Mitarbeitern wird am besten durch gemeinsame Werte und eine Kultur des Vertrauens und der Ermächtigung freigesetzt, welche alle Mitarbeiter ermutigt, sich zu beteiligen.«

6. **Kontinuierliches Lernen, Innovation und Verbesserung:** »Die Leistung einer Organisation wird maximiert, wenn sie auf dem Management und dem Austausch von Wissen beruht und in eine Kultur von kontinuierlichem Lernen, Innovation und Verbesserung eingebettet ist.«

7. **Aufbau von Partnerschaften:** »Eine Organisation arbeitet effektiver, wenn sie für beide Seiten vorteilhafte Beziehungen mit ihren Partnern unterhält, welche auf Vertrauen, Austausch von Wissen und Integration aufbauen.«

8. **Verantwortung gegenüber der Öffentlichkeit:** »Den langfristigen Interessen der Organisation und ihrer Mitarbeiter ist am besten gedient, wenn sie ein ethisch korrektes Vorgehen praktiziert und die Erwartungen und Vorschriften der Gesellschaft im weitesten Sinne übertrifft.« (*EFQM* 2000, S. 7)

Diese Konzepte stellen das EFQM-Selbstverständnis, ohne dass dies in einen theoretischen Zusammenhang gebracht und ausführlich begründet wird (*Wimmer/Neuberger* 1998, S. 580). In einer offen gehaltenen Bewertungspraxis erfolgt die Überprüfung anhand von neun Kriterien. Dies trägt – laut *EFQM* 1999 – der Tatsache Rechnung, dass es viele Vorgehensweisen gibt, um nachhaltig Excellence in allen Leistungsaspekten zu erreichen. Gemeinsame Prämisse ist aber, dass exzellente Ergebnisse bzgl. Unternehmensleistung, Kunden, Mitarbeitern und Gesellschaft durch eine Führung erreicht werden, welche Politik und Strategie, Partnerschaften, Ressourcen und Prozesse gleichermaßen im Blick behält.

Die Kriterien des EFQM, anhand derer die Selbstbewertung durchgeführt wird, teilen sich in »Befähigerkriterien (Enabler)« und »Ergebniskriterien (Results)«. Bei ersteren geht es darum, **wie** das Unternehmen vorgeht. Jedes Kriterium ist in eine Reihe von Unterkriterien aufgegliedert, die gegebenenfalls aber auch unberücksichtigt bleiben, wenn sie für ein konkretes Unternehmen oder die Sparte nicht relevant sind. Dies ist ein wesentlicher Unterschied zum Charakter der → *ISO-Normierung*: Nicht Zwangsschematisierung, sondern Entwicklung wirklicher, für das Unternehmen individuell bedeutsamer Qualitätsaspekte wird angestrebt (*Kolb/Bergmann* 1997, S. 28).

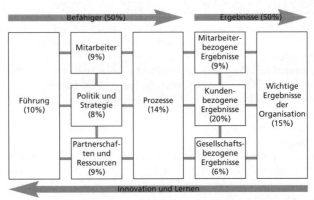

Abb. 2: TQM-Bewertungsmodell der EFQM (nach *Kolb/Bergmann* 1999 und *EFQM* 1999)

In neueren Abbildungen wird der dynamische Charakter des Modells durch zusätzliche Pfeile in horizontaler Richtung angedeutet. Sie sollen versinnbildlichen, dass Innovation und lern-orientierte Aktivitäten die Befähiger in die Lage versetzen, verbesserte Ergebnisse zu erreichen. Wie man sieht, gehen die Ergebnisse zu 50 Prozent in die Bewertung ein. Die **Ergebniskriterien** behandeln, **was** in der Vergangenheit erzielt wurde und heute erzielt wird. Alle Ergebniskriterien sollten Trendinformationen liefern über die derzeitige Unternehmensleistung, die Ziele der Organisation und, wo möglich, die Leistung von Wettbewerbern sowie die Leistung von »klassenbesten« Organisationen im Sinne von ➔ *Benchmarking.* Die jeweilige Selbstbewertung sollte zeigen, inwieweit die Ergebnisse die Aktivitäten der Organisation abdecken, sowie die relative Wichtigkeit der Messparameter. Dazu gehört auch die Relevanz dieser Messungen aus Sicht der verschiedenen Interessengruppen. Die qualitative Verlässlichkeit von quantitativen Umfrageergebnissen sollte mit Zahlen belegt, in Form von Tabellen oder Graphiken dargestellt werden und Trendaussagen über mehrere Jahre beinhalten.

Bei den **Befähigerkriterien** (in neuen deutschen Veröffentlichungen auch »Bewertungskriterien« oder »Mittel und Wege« genannt), die ebenfalls 50% ausmachen, werden Angaben über die Excellence des verwendeten Vorgehens und das Ausmaß der Umsetzung des Vorgehens verlangt – vertikal durch alle Ebenen der Organisation und horizontal in allen Bereichen und bei allen Aktivitäten. Auch können andere Ansatzpunkte hinzugefügt werden. Dies liegt im Ermessen der Organisation, welche die Selbstbewertung durchführt, und hängt davon ab, was sie für ihre Aktivitäten als besonders relevant ansieht.

Ein wichtiger Vorteil des Verfahrens liegt im niederschwelligen Einstieg. Mit Hilfe einfacher Fragebögen können erste subjektive Einschätzungen der Business Excellence vorgenommen werden, Standardformulare und Bewertungsmatrizen erfordern noch keinen externen Expertenrat. Ist man bereit, mehr Aufwand zu betreiben, so bieten sich externe Workshops an und im Fall besonderer Aktivität und »Reife« des Unternehmens die simulierte oder tatsächliche Bewerbung um einen nationalen oder europäischen Quality-Award. Bei mittlerem Aufwand wird von der EFQM-Initiative das systematische Vorgehen nach dem »Radar-Konzept« empfohlen, das berücksichtigt, dass es sich um dynamische Prozesse der Verbesserung handelt und nicht um eine statische Analyse. Der Begriff RADAR setzt sich aus den vier Elementen Results (Ergebnisse), Approach (Vorgehen), Deployment (Umsetzung), Assessment and Review (Bewertung und Überprüfung) zusammen. In einem zyklischen Prozess soll die Organisation Folgendes tun:

- Sie muss die Ergebnisse bestimmen, die sie mit ihrem Politik- und Strategieprozess erzielen möchte.
- Sie muss eine integrierte Reihe von fundierten Vorgehensweisen planen und erarbeiten, um jetzt und auch zukünftig die geforderten Ergebnisse zu erbringen.
- Sie muss die Vorgehensweisen auf systematische Art und Weise umsetzen, um deren vollständige Einführung zu gewährleisten.
- Die verwendeten Vorgehensweisen und deren Umsetzung sind mittels Überwachung und Auswertung der erzielten Ergebnisse und mittels lernorientierter Maßnahmen zu bewerten und zu überprüfen. Aufgrund dessen sind bei Bedarf Verbesserungen zu identifizieren, Prioritäten zu setzen, neue Maßnahmen zu planen und einzuführen (*EFQM* 1999).

Der Einsatz des Modells als Grundlage für die **Selbstbewertung** ist eine Strategie zur langfristigen Verbesserung der Leistung. Die eigenverantwortliche, systematische und regelmäßige Überprüfung der Aktivitäten und Ergebnisse kann allen Organisationen und/oder ihren Teilbereichen zu mehr Selbstdisziplin verhelfen. Der Selbstbewertungsprozess erlaubt, Stärken/Schwächen-Analysen unternehmensweit einheitlich durchzuführen und Transparenz darüber herzustellen. Durch ergänzende ➜ *Benchmarking*-Vergleiche kann der potenziellen Gefahr der Betriebsblindheit und Schönfärberei wirkungsvoll begegnet werden. Sinnvollerweise wird dieser Zyklus aus »Evaluieren« und »Maßnahmen ergreifen« wiederholt (z. B. jährlich) durchgeführt, um so nachhaltige Ergebnisse zu erzielen.

Zusammenfassend lässt sich sagen, dass der Einsatz dieses »Excellence-Modells« – aus der Perspektive der Unternehmensleitung – eine ganze Reihe von Vorteilen aufweist (*EFQM* 1999):

- EFQM bietet eine stark strukturierte, auf Fakten abgestützte Vorgehensweise zur Bewertung einer Organisation und zur Messung periodischer Fortschritte;
- es schult und beteiligt die Mitarbeiter in den Excellence-Grundkonzepten, im Begreifen komplexer Systeme und ihrer verantwortlichen Prozess-Steuerung;
- es erleichtert Vergleiche mit ähnlichen Organisationen, wenn Kriterien verwendet werden, welche auch sonst in Europa akzeptiert sind.
- Während der Fokus der Zertifizierung gemäß DIN ISO 9000 ff. in der Si-

cherstellung von Verfahren liegt, die im Qualitätsmanagementsystem des zertifizierten Unternehmens festgelegt sind, betont das EFQM-Modell die Kundenzufriedenheit (20 %) und alle Human Resources-Faktoren (Führung, Mitarbeiterorientierung und Mitarbeiterzufriedenheit: 28 %).

■ EFQM zielt nicht auf den Image-Gewinn durch Zertifikate, sondern hat quasi einen »erzieherischen« Wert, indem es als Mittel für den Erfahrungsaustausch über die Wettbewerbsfähigkeit Lernprozesse initiiert.

Kritisch wenden *Wimmer/Neuberger* (1998, S. 580 ff.) allerdings ein:

■ Messgrößen und Gewichtungen erscheinen willkürlich, da nicht operationalisiert;

■ der Inhalt der Ziele (»Grundkonzepte«) bleibt vage und auslegungsbedürftig;

■ als »Herrschaftstechnik« löse es nicht Probleme, sondern diene der Realitätsbeschwörung;

■ denn insgesamt erinnere die Vortäuschung von Exaktheit in diesen wie anderen Instrumenten des Personal-Controllings an »magisches Handeln« zur Angstbewältigung und verleihe die »Illusion der Kontrolle« (*Wimmer/Neuberger*, S. 600).

Hier soll trotzdem dafür plädiert werden, EFQM auch im Bildungsmanagement, speziell an Hochschulen, anzuwenden. Der Einwand, die Universität sei keine Fabrik, der Student sei kein Produkt, greift zu kurz. Wie bei anderen Verfahren des Qualitätsmanagements, z. B. bei der → *Balanced Scorecard*, spielt die Definition von Produkten und Kunden eine zentrale Rolle: Das Hauptprodukt stellt die Ausbildung der Studierenden dar. Ihre Eltern, die zukünftigen Arbeitgeber und die Gesellschaft insgesamt sind externe Kunden, Studierende während ihres Studiums interne Kunden. *Zink* (1999, S. 37) diskutiert als Übertragungsnotwendigkeit, an Hochschulen herauszuarbeiten, (1) wo die jeweilige Organisation »excellenter« ist als andere, (2) auf Grundlage welcher Politik und Strategie dies erfolgt, (3) welches die richtige Allokation von Ressourcen und die optimale Gestaltung von Prozessen darstellt. Seiner Erfahrung nach muss der → *Organisationsentwicklung*sprozess im Vordergrund stehen, um der psychologischen Dimension gegenüber einer mechanistischen Umsetzung den Vorrang zu geben. Während die praktische Implementierung an einzelnen Fachbereichen deutscher Hochschulen (z. B. Hochschule Bremen, RWTH Aachen, Universität Kaiserslautern) noch in der Vorbereitungsphase steht, gibt es im Ausland erste Erfahrungen. In Dänemark wird das Modell in Aarhus vom Technical College und an der School of Business (*Dahlgaard* 1999) genutzt, in der Schweiz an der Eidgenössischen Technischen Hochschule (ETH) Zürich. Beispielhaft sollen die folgenden dänischen Kriterien (nach *Dahlgaard*, S. 63 f.) zitiert werden:

Befähigerkriterien:
1. »Teachership« umfasst die Ansätze des Dozenten, Studierende zum Lernen anzuleiten.

2. »Purpose« bezieht sich auf die Planung und die Umsetzung übergeordneter Bildungspolitik, pädagogischer Ziele inklusive Vermittlungsmethodik und Lernstoff.
3. »Student Management« beschreibt die Einbeziehung der Studierenden in Lernprozesse durch Hochschullehrer und die Potenzialnutzung zur kontinuierlichen Verbesserung des Lernens.
4. »Resources« bezieht sich auf die Überwachung und Pflege von Lehreinrichtungen durch Dozenten mit dem Ziel, die didaktischen Lehrziele zu erreichen.
5. »Pedagogical Practices« umfasst das Management wertschöpfender Lernaktivitäten durch Dozenten, ihre Identifizierung, Bewertung und Verbesserung.

Ergebniskriterien:
1. »Applicability« ist die Befriedigung externer Nachfrage und externer Erwartungen durch das Bildungsprogramm einschließlich des Vorgehens, wie Dozenten Kundenwünsche identifizieren, bewerten und die Zufriedenheit messen.
2. »Student Satisfaction« beschreibt die Messung, wie Studenten die Lehre bewerten und wie erfolgreich Dozenten in Anlehnung an ihre Erwartungen und Bedürfnisse unterrichten.
3. »Impact on other Learning and Teaching« ist das allgemeine Image der Lehre, wie es von anderen Teilen des studentischen Bildungsprogramms gesehen wird und wie umgekehrt die Lehre diese Teile beeinflusst.
4. »Learning Results« beschreibt die Auswirkungen der Lehre auf die Ziele der Einrichtung und den Ansatz, wie Dozenten sicherstellen, dass diese Auswirkungen im Einklang mit den Erwartungen und Wünschen der Bildungseinrichtung stehen.

Ein derart adaptiertes Modell eignet sich also für die Selbstbewertung der Dozenten, die Bewertung ihrer Planung und die Beurteilung der Leitung einer Bildungseinrichtung insgesamt. Die Verwaltungsleistung steht nicht mehr primär im Vordergrund, wie dies bei Anwendung der → *ISO-Normierung* an Hochschulen in der Praxis oft noch geschieht. Entscheidend für den Erfolg solch umfassender TQM-Maßnahmen ist das persönliche Engagement von Promotoren und die Einbeziehung aller Mitarbeiter in den Prozess, für den entsprechend lange Zeiträume (5 bis 7 Jahre) vorzusehen sind. Da die Integration und inhaltliche Überprüfung von Forschung, Lehre und Verwaltung gleichermaßen erfolgt, ist mit Widerständen auf allen Ebenen zu rechnen. Dies gilt nicht zuletzt von Studierendenseite, wenn diese nicht nur als konsumierende Kunden berücksichtigt werden: »Studenten müssen wie Mitarbeiter behandelt werden, solange sie sich im Hörsaal befinden. Sie müssen lernen, was es bedeutet ein Mitarbeiter zu sein und die Erwartungen des Dozenten zu erfüllen.« (*Dahlgaard* 1999, S. 59). Das Qualitätsmanagementkonzept verändert so gesehen die Organisations- und Lernkultur in Richtung → *selbstorganisiertes Lernen*. Tragen die Studenten die Hauptverantwortung für ihre Studienergebnisse, so werden Dozenten zu Trainern oder Coaches. Dies lässt sich zwar nicht in jedem Bereich gleichermaßen umsetzen, das EFQM-Modell gibt aber genug Spielraum, die zum eigenen Leitbild (→ *Leitbilder*) passenden Definitionen und Vorgehensweisen zu verwenden.

Literatur:

Dahlgaard, J. J.: Erfahrungen mit der Implementierung von TQM an Hochschulen .In: Hochschulrektorenkonferenz (Hrsg.): Qualität an Hochschulen. Bonn 1999 (Beiträge zur Hochschulpolitik 1/1999), S. 55-72.

European Foundation for Quality Management (Hrsg.): Das EFQM-Modell für Excellence im Öffentlichen Dienst und sozialen Einrichtungen. Überarb. dt. Ausgabe. Brüssel 2000.

European Foundation for Quality Management (Hrsg.): Die acht Eckpfeiler der Excellence. Brüssel 1999.

European Foundation for Quality Management (Hrsg.): Excellence einführen. Brüssel, 1999.

European Foundation for Quality Management (Hrsg.): Bestimmung von Business Excellence in kleinen und mittleren Unternehmen. Brüssel 1997.

Kolb, M./Bergmann, G.: Qualitätsmanagement im Personalbereich. Landsberg/Lech 1997.

Wimmer, P./Neuberger, O.: Personalwesen 2. Stuttgart 1998.

Zink, K. J.: TQM als integratives Managementkonzept: Das europäische Qualitätsmodell und seine Umsetzung. München u. a. 1995.

Zink, K. J.: Qualitätsmanagement – ein Überblick. In: Hochschulrektorenkonferenz (Hrsg.): Qualität an Hochschulen. Bonn, 1999 (= Beiträge zur Hochschulpolitik 1/1999), S. 27-44.

Zink, K. J Voß, W.: Total Quality Management – Umsetzung im Hochschulbereich. In: Hochschulrektorenkonferenz (Hrsg.): Qualität an Hochschulen. Bonn, 1999 (= Beiträge zur Hochschulpolitik 1/1999), Anhang S. 144-161.

WWW-Adressen:

http://www.efqm.org
http://www.dgq.de

Angaben zum Autor:

Prof. Dr. Anton Hahne
Professor für Soziologie/Sozialkompetenz an der Hochschule Wismar
Gneisenaustraße 5
20253 Hamburg
Tel.: +49 40 42 91 14 41
Fax: +49 40 42 91 14 40
E-Mail: a.hahne@wi.hs-wismar.de
http://www.wi.hs-wismar.de/fbw/personen/A.Hahne

Entscheidungsstrukturen

Barbara Sporn

Entscheidungsstrukturen von Bildungsinstitutionen können unabhängig vom Anwendungsfeld verschieden betrachtet werden. Generell umfassen Entscheidungsstrukturen sowohl den Prozess als auch die Strukturen der Entscheidungsfindung und definieren die Rolle von verschiedenen Gruppen. Im englisch-sprachigen Raum werden Entscheidungsstrukturen bzw. der Prozess der Entscheidungsfindung meist als »governance« bezeichnet.

Durch die spezifische Organisationsform von Schulen, Weiterbildungseinrichtungen, Universitäten und Fachhochschulen lassen sich die Grundsätze der Betriebswirtschaftslehre (z. B. Profitorientierung, Markt, Wettbewerb) nur beschränkt anwenden. Zielambiguität, Serviceorientierung, Leistungsvielfalt, die mächtige Rolle der Experten und die Stellung in der Öffentlichkeit bedingen eine komplexe Organisationsform. Insofern werden Bildungseinrichtungen oft als organisierte Anarchien, lose gekoppelte Systeme oder professionelle Bürokratien bezeichnet (*Clark, B.* 1983).

Entscheidungen in komplexen Organisationen können aus verschiedenen Blickwinkeln analysiert werden. Drei Sichtweisen haben sich für Bildungseinrichtungen entwickelt: bürokratische, politische und kollegiale Entscheidungsstrukturen (*Baldridge, V. et. al.* 1977). Darüber hinaus kann die Entscheidungsfindung auch als Mülleimer definiert werden (*Cohen, M./March, J.* 1974).

Die Sichtweise der **bürokratischen Entscheidungsstrukturen** geht von einer genau geregelten Aufbau- und Ablauforganisation aus. Hierarchien, Kommunikationskanäle, Autoritätsbeziehungen und Vorgehensweisen sind festgelegt. Mitarbeiter treffen Routineentscheidungen, die sich aus ihrer hierarchischen Stellung ergeben. Der Entscheidungsprozess kann insgesamt als formal charakterisiert werden. Beispiele sind Entscheidungen über die Zulassung von Studierenden oder Fragen der Gehaltsabrechnung, die von den Dezernaten bzw. den entsprechenden Einrichtungen der Universitätsverwaltung bearbeitet werden. Das bürokratische Modell hilft zwar zur Klärung formaler Autoritätsbeziehungen, sagt aber wenig über informelle Kommunikationsbeziehungen, dynamische Prozesse wie Wandel und Veränderung, die Entstehung von Strategien oder die Bedeutung und den Einfluss einzelner Interessengruppen aus.

Kollegiale Entscheidungsstrukturen betonen den Gemeinschaftsaspekt der Fakultätsmitglieder und das Prinzip der Konsensfindung. Dementsprechend beruhen Autorität und Macht auf der Kompetenz von Experten und Entscheidungen auf Aushandlungsprozessen und Übereinstimmung. Dadurch entstehen

105

dezentrale Strukturen, die relativ große Autonomie für den Lehrstuhl vorsehen. Bürokratische Elemente der Organisation (z. B. Hierarchie, Aufgabenteilung, Verwaltung) sind stark zurückgedrängt. Kollegial ausgerichtete Entscheidungsstrukturen sind durch Gremien dominiert, die relativ weitreichende Befugnisse besitzen und in denen meist alle Fakultätsmitglieder vertreten sind. Professoren bestimmen damit das Geschehen der Organisation und können als ihre Vertreter oder »Eigentümer« verstanden werden. Das kollegiale Model wird häufig für seine Realitätsferne kritisiert. Obwohl Kommissionen und Gremien auf eine kollegiale Struktur hindeuten, finden sich an Bildungsinstitutionen auch andere, eher an Bedeutung gewinnende Entscheidungsstrukturen (z. B. Präsidenten/Rektoren, Dekane). Darüber hinaus sagt das Kollegialitätsprinzip wenig über potenzielle Konflikte aus. Der Konsens steht im Vordergrund, doch die damit verbundene Konfliktbewältigung bleibt im Hintergrund.

Politische Entscheidungsstrukturen gehen von Organisationen als politischen Systemen aus, die durch Interessenkonflikte zwischen verschiedenen Gruppierungen geprägt sind. Das politische Modell fokussiert die Grundsatzbildung und -entscheidung (engl.: policy formation process). Diese Grundsätze binden Organisationen in ihren Handlungen und sind damit von entscheidender Bedeutung. Alle Gruppen sind daran interessiert, auf diesen Prozess und die Entscheidungen Einfluss zu nehmen. Ihre Macht kann auf der Fähigkeit basieren, Mittel zu akquirieren, Studierenden ein qualitativ hochstehendes Angebot zu bieten oder eng mit den Gesamtzielen der Organisation übereinzustimmen. Der daraus resultierende interne Machtkampf und die Fragmentierung der Organisation schränkt die formalen Autoritätsbeziehungen ein. Das politische Entscheidungsmodell stellt somit Fragen nach dem Grund für Entscheidungen, den Entscheidungsbefugnissen einzelner Gruppen, dem Netzwerk an Beteiligten und möglichen Entscheidungsalternativen.

Das **Mülleimer-Modell** ist eine weitere Möglichkeit, Entscheidungen in komplexen Organisationen zu erklären. Organisationen werden als »organisierte Anarchien« und Entscheidungen als nicht zielgerichtet definiert. Entscheidungssituationen werden als Mülleimer gesehen, in die Teilnehmer Probleme und Lösungen hineinwerfen. Die vier Elemente einer Entscheidung (Gelegenheit, Teilnehmer, Problem, Lösung) sind relativ lose gekoppelt. Das kann dazu führen, dass wichtige Probleme aus Mangel an Gelegenheit nie gelöst werden bzw. einfache Probleme aus Mangel an schwerwiegenden Problemen schnell gelöst werden. Probleme existieren immer und werden nicht immer durch eine Entscheidung gelöst. Lösungen sind Antworten, die aktiv nach einer Frage suchen. Entscheidungsgelegenheiten treten auf, wenn eine Entscheidung zu fällen ist. Teilnehmer in Entscheidungen kommen und gehen. Generell sind Entscheidungsstrukturen durch eine hohe Unbeweglichkeit, überladene Prozesse und eine geringe Informationsbasis gekennzeichnet. Das Mülleimer-Modell geht jedoch von Ressourcenüberfluss aus. Bei knappen Mitteln und stringenten Gegebenheiten sind bestimmte Entscheidungen von zentraler Bedeutung. Diese Situation ruft vor allem nach politischer Einflussnahme von Gruppierungen. Insofern verschmelzen das politische und Mülleimer Modell bei Entscheidungen unter Ressourcenknappheit.

Speziell für **Universitäten** sind Entscheidungsstrukturen durch ihre Vielschichtigkeit von zentraler Bedeutung. Generell kann zwischen verschiedenen Organen unterschieden werden. Monokratisch entscheidende Organe sind die staatlichen Behörden, der → *Hochschulrat* bzw. das Universitätskuratorium als eine »Bufferorganisation« zwischen Staat und Universität, die Universitätsführung und die Abteilungs- bzw. Institutsleitung. Kollegialorgane umfassen verschiedene Gremien auf gesamtuniversitärer und dezentraler Ebene. In diesem Zusammenhang werden die Grundsätze der doppelten Legitimierung, der ex-post Steuerung und der Zielvereinbarungen (→ *Zielvereinbarungssysteme*) immer häufiger (*Müller-Böling, D./Fedrowitz, J.* 1998).

In Kontinentaleuropa hat der **Staat** im Bildungswesen traditionell eine große Bedeutung. Durch Gesetze waren weite Teile des Universitätsgeschehens vorgegeben. Die Universitäten wurden fast ausschließlich aus dem öffentlichen Budget finanziert und hatten relativ geringen Gestaltungsspielraum. Beispielsweise hatte das Ministerium in Österreich und Deutschland weitreichende Entscheidungskompetenz in Studien-, Personal- und Organisationsfragen. Der Grad der Reglementierung war auf die rechtliche Stellung der Universitäten als Einrichtungen der öffentlichen Hand zurückzuführen. In den letzten Jahren hat sich der Staat jedoch von seiner stark kontrollierenden Rolle zu einer Aufsichtsfunktion hin bewegt. Kompetenzen sind in weiten Teilen an die Universitätsleitung bzw. den Hochschulrat delegiert. Staatliche Entscheidungsbefugnisse umfassen vor allem generelle Grundsätze wie Finanzierung basierend auf Leistungsvereinbarung oder Zugangsregelungen.

Eine relative neue Entwicklung in Europa sind »**boards**«. Boards (→ Hochschulrat) sind Bufferorganisationen zwischen Staat und Universität. Darunter sind Einrichtung zur Leitung und Steuerung zu verstehen, die je nach Bezugsebene (Gesamtsystem, Hochschulverbünde, einzelne Hochschulen) unterschiedliche Aufgaben haben. Auf Ebene des Gesamtsystems sind sie meist für Qualitätssicherung, Akkreditierung, Mittelverteilung oder die Koordination von Lehr- und Forschungsschwerpunkten verantwortlich. Ähnliche Aufgaben haben boards für Hochschulverbünde, wobei der Handlungsspielraum regional oder thematisch eingeschränkt ist. Die boards der Hochschulen sind eng mit der Universitätsführung verbunden. Aufgaben umfassen Leitungs- und Aufsichtsfunktionen wie beispielsweise strategische Planung oder die Repräsentation gegenüber dem Staat bzw. dem wirtschaftlichen und gesellschaftlichen Umfeld. Je nach Ausgestaltung erfolgt die Besetzung der boards aus universitätsnahen und universitätsfernen Mitgliedern bzw. aus Vertretern unterschiedlicher Interessengruppierungen. Boards stellen damit eine Art Eigentümervertretung für Universitäten oder ganze Hochschulsysteme dar. Sie dienen durch ihre externe Ausrichtung der Rechenschaftslegung und Legitimierung universitärer Leistungen.

Die inneruniversitäre **Führung** hat durch die verstärkte institutionelle Autonomie an Bedeutung gewonnen. Unter Universitätsführung können dabei monokratische Organe wie beispielsweise Präsident/Rektor oder Dekan verstanden werden. Unterstützt werden sie oft von Management-Teams bestehend aus Vizepräsidenten/Vizerektoren oder Vizedekanen. Einer funktionalen Gliederung folgend können diese für Finanzen, Lehre, Forschung, Internationalisierung oder Infrastruktur zuständig sein. Die Entscheidungs- bzw. Führungsstrukturen sind nach dem Prinzip der dezentralen Zentralisierung aufgebaut, d. h. Dekan oder Institutsleitung haben mehr Entscheidungsbefugnisse und sind gleichzeitig verstärkt der obersten Führung verantwortlich. Entscheidungen werden dabei im Hinblick auf das operative »Geschäft« der Universität getroffen und umfassen Budgetverteilung, Personalangelegenheiten und die Vertretung nach Außen. Die strategische Ausrichtung der Führung wird meist in enger Abstimmung mit dem obersten Kollegialorgan entwickelt. Grundsätzlich wird versucht, Zuständigkeit und Verantwortung zu koppeln und auf der Ebene der »Betroffenen« anzusiedeln. Entscheidungsmacht bei gleichzeitiger Rechenschaftspflicht sind damit verbunden.

Der **Senat** (oder Universitätskollegium) stellt das oberste Kollegialorgan einer Universität dar. Hier werden strategische Entscheidungen getroffen. Je nach Ausprägung können diese vor allem Lehre und Forschung betreffen oder auch die ganze Universitätspolitik umfassen. Mitglieder stellen vor allem das wissenschaftliche Personal dar. Studierende und Verwaltungspersonal sind in mehr oder weniger großer Zahl ebenfalls vertreten. Der Senat trifft Entscheidungen auf demokratie-politischer Basis, d. h. ein Konsens zwischen verschiedenen Interessengruppen wird gesucht. Die Praxis der kollegialen Entscheidungsfindung an Universitäten hat gezeigt, dass Entscheidungen auf Basis des kleinsten Nenners bzw. nur mit großem Zeitaufwand getroffen werden können. Einzel- bzw. Gruppeninteressen gehen dabei vor gesamtuniversitären Zielsetzungen. Wie das Beispiel der Niederlande zeigt, wird sich die gemischte Leitung mit geteilten Kompetenzen zwischen Präsident/Rektor und Senat zu einem exekutiven Führungsstil mit klar geregelten Führungskompetenzen der monokratischen Organe und einer beratenden Funktion des Senats wandeln.

Auf unterster Ebene der Entscheidungshierarchie befinden sich die **Institute und Abteilungen**. Abhängig von der jeweiligen Organisationsstruktur der Universität bestehen diese aus einzelnen Lehrstühlen oder aus mehreren Professoren, die in einem Institut zusammengefasst sind. Generell kann eine Entwicklung in Richtung Großinstitute beobachtet werden, die interdisziplinär und problemorientiert in Lehre und Forschung arbeiten. Dabei schließen sie in Zukunft Leistungsverträge mit der Universitätsleitung ab und werden danach anhand von Indikatoren evaluiert. Die Instituts- oder Abteilungsleitung entscheidet dann über die Ressourcenverteilung oder die Personalangelegenheiten. Meist wird der Leitung auch ein Kollegialorgan (Institutskonferenz, Abteilungsrat) zur Aufsicht zur Seite gestellt.

Entscheidungsstrukturen werden an Universitäten oft als zu langwierig und ineffizient charakterisiert. Das Prinzip der Kollegialität bewirkt zu große Gremien, die schnelle und dynamische Entscheidungswege verhindern. Deshalb werden sie nach einigen Prinzipien neu strukturiert, die weitreichende Konsequenzen für die Entscheidungsfindung haben. Vor allem die doppelte Legitimation, die ex-post Steuerung sowie die Zielvereinbarungen sollen Abhilfe schaffen.

Entscheidungsträger müssen sowohl unabhängig als auch anerkannt sein. Einerseits sollten sie von der Einheit oder Ebene, die sie leiten, relativ unabhängig sein. Anderseits sollten möglichst alle Gruppierungen der Universität mit der Leitung einverstanden sein. Um beide Forderungen zu erfüllen, sollte der Wahlmechanismus dem Prinzip der **doppelten Legitimation** entsprechen. Dabei wird beispielsweise der Präsident/Rektor auf einer Ebene vorgeschlagen (Senat) und von einer anderen Instanz (Hochschulrat) gewählt. Verschiedene Ausprägungsformen sind dabei denkbar. Generell werden durch diese Vorgehensweise Entscheidungsträger anhand zweier Prozesse der Entscheidungsfindung – topdown und bottom-up – legitimiert.

Durch die **ex-post Steuerung** werden die Leistungen nach Leistungszielen und dem Grad ihrer Erreichung bewertet. Damit wird von der traditionellen ex-ante Planung im Hochschulbereich (Einperiodensystem, gesetzliche Vorgaben) abgerückt und die individuelle Leistung bzw. die Produktivität einer Einheit in den Vordergrund gestellt. Entscheidungen verändern sich damit in Richtung Aushandlung von Zielen und Festlegung von Indikatoren.

Die **Zielvereinbarungen** (➜ *Zielvereinbarungssysteme*) sind ein wichtiger Bestandteil der Entscheidungsstrukturen moderner Universitäten. Nachdem die Universität generell strategische Ziele festgelegt hat, sind diese auf die operative Ebenen der akademischen Einheiten zu übersetzen. Damit wird ein top-down Prozess durch eine bottom-up Vorgehensweise ergänzt. Zielfindung und -definition dienen dabei einem Entscheidungsprozess, der individuelle und institutionelle Ziele in Übereinstimmung bringt. Die Partizipation von Hochschulmitgliedern auf allen Ebenen – dem Prinzip der Kollegialität entsprechend – ist dabei notwendig. Verhandlungen, Vereinbarungen und Entscheidungen prägen diesen zentralen Prozess. Entscheidungsträger werden dann am Grad der Zielvereinbarung gemessen. Zielkontrolle und Zielüberprüfung begleiten den Prozess und garantieren das ständige Hinterfragen und die Anpassung der Ziele an neue Entwicklungen.

Tertiäre Bildungseinrichtungen sind einem verstärkten internationalen Wettbewerb ausgesetzt. Der Staat zieht sich immer mehr aus seiner traditionellen Rolle als Eigentümer und Geldgeber zurück. Für Universitäten und Hochschulen werden »neue« Strukturen gefordert, die Marktorientierung, Effizienz und Effektivität sicherstellen.

Entscheidungsstrukturen sind davon ebenfalls betroffen. Dabei werden kollegiale und monokratische Entscheidungsformen im Richtung »kooperative«

Strukturen neu gestaltet. Die Universität der Zukunft zeichnet sich durch hohe institutionelle Autonomie und starke, doppelt legitimierte Führungspositionen aus. Neben einer *Professionalisierung* des Universitätsmanagements und der Zielvereinbarung anhand von Leistungsverträgen kommt es im Hinblick auf Entscheidungsstrukturen zu einer Trennung von politischer, strategischer und operativer Verantwortung, von Leitungs- und Aufsichtskompetenzen und von Entscheidungsbefugnissen und Beratungsaufgaben (*Kieser, A.* 2000).

Politische Verantwortung sowie die Regelung der Rahmenbedingungen und die Art der Finanzierung liegt weiterhin bei Parlament und Ministerien. Maßnahmen zur Qualitätssicherung und Rechenschaftspflicht sind dabei festzulegen. Die strategische Führung in Form eines Hochschulrats orientiert sich an den politischen Vorgaben und steuert das Hochschulsystem im Hinblick auf Ressourcenverteilung und Profilbildung. Die operative Verantwortung liegt bei den Bildungseinrichtungen. Diese haben die Möglichkeit, auf Basis der politischen und strategischen Zielsetzungen ihre Leistung autonom zu gestalten.

Leitung und Aufsicht werden in Zukunft stärker voneinander abgegrenzt. Dabei kann das Aufsichtsorgan unterschiedlich weitgehende Kompetenzen haben. Diese können von Beratung und Informationsanforderung bis hin zur Mitentscheidung und Kontrolle gehen. Wichtig ist in diesem Zusammenhang der Grundsatz der Rechenschaftslegung in Form einer Berichts- bzw. Konsultationspflicht. Universitäre Leistungen erhalten damit mehr Transparenz und Legitimität.

Die Trennung von Entscheidungsmacht und Beratungsfunktion schreitet im Zusammenhang mit Hochschulreformen voran. Beratung basiert dabei auf Expertenwissen bzw. Fachkompetenz. Entscheidungsmacht ergibt sich aus der Stärkung der Hochschulleitung. So wird zusehends ein »exekutiver« Führungsstil an Universitäten implementiert, wobei die Universitätsleitung entscheidende und der Senat beratende Funktionen erfüllen. Dadurch soll – bei gleichzeitiger Stärkung der Führung – ein kollegiales Zusammenspiel möglich bleiben, in dem Interessen, Prioritäten und Bedürfnisse der Betroffenen kommuniziert und in Entscheidungen berücksichtigt werden können.

Zusammenfassend sind die Entscheidungsstrukturen als wichtiger Bestandteil der Universität zu sehen, die einem starken Wandel unterzogen sind. Nur wenn es gelingt, alle Gruppierungen mit ein zu beziehen und gleichzeitig ein schnelles Agieren zu ermöglichen, werden Universitäten in der Lage sein, im steigenden Wettbewerb zu bestehen und Strategien zu entwickeln, die Erfolg haben. Ein einheitliches Zielsystem sollte dabei auf einem effizienten Entscheidungsprozess beruhen. Diesen Herausforderungen müssen sich Universitäten im 21. Jahrhundert stellen.

Literatur:

Baldridge, J. V./Curtis, D. V./Ecker, G. P./Riley, G. L.: Alternative Models of Governance in Higher Education. In: *Riley, G. L./Baldridge, J. V.* (Hrsg.): Governing Academic Organizations. Berkeley 1977.

Clark, B. R.: The Higher Education System: Academic Organization in Cross-National Perspective. Berkeley 1983.

Cohen, M. D./March, J. G.: Leadership and Ambiguity: The American College President. (Second ed.). Boston 1974.

Kieser, A.: Alternative Organisationsmodelle autonomer Universitäten. In: *Titscher, S./ Winckler, G./Biedermann, H./Gatterbauer, H./Laske, S./Moser, R./Strehl, F./ Wojda, F./ Wulz, H.* (Hrsg.): Universitäten im Wettbewerb – Zur Neustrukturierung österreichischer Universitäten (pp. 234-282). München 2000.

Müller-Böling, D./Fedrowitz, J. (Hrsg.): Leitungsstrukturen für autonome Hochschulen. Gütersloh 1998.

Angaben zur Autorin:

a. o. Uni.-Prof. Dr. Barbara Sporn
Abteilung für Wirtschaftsinformatik
Wirtschaftsuniversität Wien
Augasse 2-6
A-1090 Wien
Tel.: +43 13 13 36-4429
Fax: +43 13 13 36-746
E-Mail: sporn@wu-wien.ac.at
Internet: http://wwwi.wu-wien.ac.at/people/Sporn.html

Evaluation

Margret Bülow-Schramm

Der **Begriff der Evaluation** ist vielschichtig und unterliegt historischen Wandlungen. Vier Wellen können wir identifizieren, die das Auf und Ab des Diskurses über Evaluation seit den Sechzigerjahren in der Bundesrepublik prägen.

Mitte bis Ende der Sechzigerjahre machten studentische Verlesungsrezensionen und -kritiken von sich reden. Im Mittelpunkt der meist individuell verfassten Veranstaltungskritiken stand die Analyse der Lehrinhalte, ihre gesellschaftliche Relevanz und ihr Bezug auf die Lebens- und Lernsituation der Studentinnen und Studenten. Diese Form der Auseinandersetzung mit Lehre hatte die Verbesserung der Lehre als Teil einer Umstrukturierung des gesamten Universitätsbetriebs zum Ziel und wirkte als Initialzündung für die folgende umfassende Infragestellung der Institution Universität als unpolitisch und unhistorisch.

111

Mitte der Siebzigerjahre wurde mit der Gründung von hochschuldidaktischen Zentren der Versuch gestartet, Studienreform zu institutionalisieren. Die Mitbestimmungsforderungen der Studierenden hatten sich inzwischen in gesetzlich verankerter Drittelparität in den Selbstverwaltungsgremien niedergeschlagen. Diese Institutionalisierung des kritischen Potenzials gab der Evaluation einen neuen Schub: Von nun an stand der didaktischen Intention entsprechend das »Wie«, nicht mehr das »Was« gelehrt und gelernt wird im Mittelpunkt. Viele der heute gebräuchlichen Instrumente und Methoden zur Evaluation wurden damals entwickelt und erprobt. Dies gilt vor allem für das Evaluationsinstrument Fragebogen. In den Veröffentlichungen der Arbeitsgemeinschaft für Hochschuldidaktik und des Interdisziplinären Zentrums für Hochschuldidaktik in Hamburg sind die Erfahrungen mit Lehrevaluation nachzulesen. In den Fokus trat neben die Evaluation einzelner Veranstaltungen die Curriculumevaluation. Sie wurde wichtig zur Selektion unter den vielfältigen Reforminitiativen und -studiengängen, denn schon Mitte der Siebzigerjahre war die noch Anfang des Jahrzehnts herrschende Reformeuphorie durch die ungünstiger gewordenen Realisierungsmöglichkeiten verflogen.

In den Achtzigerjahren gerieten unter der Überlast Fragen der Qualität der Lehre sowie Ansätze einer inhaltlichen und didaktischen Studienreform immer mehr in die Defensive. Das Massenproblem und die Studiendauer bestimmten die Diskussion. Der Zustrom zu den Hochschulen hielt unvermindert an und der erwartete Rückgang der Studierendenzahlen auf Grund der geburtenschwachen Jahrgänge ab 1985 blieb aus. Im Wintersemester 1988/89 streikten Studierende und machten die Öffentlichkeit auf die Ausbildungsmisere aufmerksam. Der Spiegel stieß mit seiner Ranking-Studie gleichfalls in die Wunde »Lehre«. Neben einem Bündel struktureller Maßnahmen zur Aufwertung der Lehre schien eine umfassende Lehrevaluation durch Studierende ein erfolgversprechender Weg, die Mängel im Lehrbetrieb identifizieren zu können. Es wurden möglichst flächendeckend die Veranstaltungen ganzer Fachbereiche evaluiert, um ein Bild über den Zustand der Studiengänge aus der Sicht der Studierenden zu gewinnen.

Damit überlappt sich **eine vierte Welle: 1993** wird der Diskurs über Lehr-Evaluation zentral forciert und finanziell gefördert. Zahlreiche Tagungen finden z. T. mit Unterstützung des ehemaligen Bundeswissenschaftsministeriums im Kontext mit Fragen der Qualität und Leistungsfähigkeit der Universitäten statt. Evaluation wird in eigenen Agenturen institutionalisiert, die meistens ohne Einbeziehung der bestehenden hochschuldidaktischen Arbeitskreise/-stellen oder Zentren neu gegründet werden, d. h. Evaluation wird losgelöst vom studienreformerischen Pathos und in den Kontext von Qualitätssicherung gestellt. Damit ist ein paradigmatischer Wandel im Blick auf die Universität vollzogen, denn der Begriff der Qualitätssicherung ist ein ingenieurwissenschaftlicher, der der expliziten Übertragung auf die Universität bedarf: Ist Bildung ein Produkt? Was bringt diese Sichtweise für die Universität und ihre Mitglieder? Qualitätssicherung erfordert Qualitätsmanagement, bei dem es darum gehen soll, »den Kunden und seine Erwartungen in den Mittelpunkt des Handelns zu rücken.« Für den Bereich Lehre und Studium ist der Evaluation als Maßnahme zur Qualitätssicherung eine zentrale Rolle zugewiesen: Sie soll auf der Grundlage international bewährter Verfahren den Fachbereichen helfen, ihre Schwächen abzubauen und ihre Leistungen zu verbessern.

Aus der Reformeuphorie der frühen Siebzigerjahre ist Krisenmanagement der frühen Neunziger geworden und für die Legitimierung von beidem sollte und soll Evaluation herhalten. Fächer und Fachbereiche geraten in den Blick der Evaluation und es wird wieder wie in den Sechzigern nach der Funktion der Hochschulen und ihrem Bildungsauftrag gefragt. Allerdings nicht mit demselben gesellschaftskritischen Anspruch, sondern aus finanzieller Not der Hochschulen: Der effektive Einsatz der Mittel muss gewährleistet werden, weil mit dem vorhandenen Budget eine Verbesserung der Hochschulausbildung erreicht werden muss. Ansonsten droht Mittelkürzung in Gestalt verschärfter Sparauflagen durch den Länderhaushalt. An dieser Stelle scheint es geboten, die verschiedenen **Formen der Evaluation** zu erläutern. Denn der Einsatz der Evaluation für verschiedene Zwecke ist nicht so beliebig, wie er im historischen Rückblick erscheint.

Die Evaluation von Lehrveranstaltungen kann verschiedene Schwerpunkte haben: die Lehrperson, den Lernerfolg oder die Lernchancen der Studenten und die umgebenden (sächlichen/räumlichen) Bedingungen der Lehrveranstaltung. Damit sind die Gegenstände oder Felder der Evaluation umrissen. Diese Felder liegen quer zu dem summativen oder formativen Charakter der Evaluation (zeitliche Dimension der Evaluation) und können als Selbst – oder Fremdevaluation (Träger der Evaluation) konzipiert und durchgeführt werden. Ob sie dem Vergleich verschiedener Lehrveranstaltungen oder der didaktischen Rückmeldung in einer Veranstaltung (Funktion von Evaluation) dienen sollen, muss ebenfalls in der Planung der Evaluation entschieden werden, weil jede Entscheidung Konsequenzen für die Ausgestaltung der Evaluation hat.

■ **Formative versus summative Evaluation**

Die Unterscheidung in formative und summative Evaluation ist die wohl folgenreichste. Sie geht auf *Michael Scriven* (1967) zurück und legt Ziele, Zeitpunkt und Ausgestaltung der Evaluation fest. Bei der **formativen Evaluation** geht es um die Sammlung von Wissen über ablaufende Lernprozesse mit dem Ziel, in diese Prozesse steuernd eingreifen zu können. Formative Evaluation dient der fortlaufenden Verbesserung des Lehr-/Lerngeschehens, was sich in der Ausgestaltung der Methode, ihrer Durchführung und bei der Auswertung der Ergebnisse niederschlägt. Inzwischen haben sich hierum Begriffe wie Rückmeldung, Feedback, grass-roots-assessment gerankt, die die Vielfalt der Handlungsmöglichkeiten auf dieser Ebene erahnen lassen. Entscheidend aber ist der Einsatz der Erhebungsinstrumente zu einem Zeitpunkt, an dem sowohl etwas »geschehen« ist, von dem ab aber auch noch genügend Zeit bleibt, vor Beendigung des Lernprogramms die erhobenen Daten auswerten und zurückfüttern zu können.

Summative Evaluation gibt im Nachhinein über den Erfolg der Lern- und Lehrverfahren, über das Verhältnis von Konzept und Umsetzung Auskunft. Sie beschreibt das Produkt eines Lernprogramms. Verfahren wie schriftliche Teilnehmer-Befragungen mit offenen Antwortmöglichkeiten eignen sich für summative, nicht aber – wegen der Probleme mit der Rückfütterung und der Interpretation der Daten – für formative Evaluation.

■ **Selbst-versus Fremdevaluation**

Die Evaluation eines Lernprogramms kann mit unterschiedlich hoher Beteiligung der Lehrenden und Lernenden geschehen. Die Bestimmung der Träger der Evaluation ist einerseits von den Zielen abhängig, die mit der Evaluation erreicht werden sollen, und determiniert andererseits den methodologischen Level, auf dem die Evaluationsmethoden liegen. Bei einer formativen Evaluation, die Informationen bereitstellt, um im Ablauf auf die Gestaltung des Prozesses einwirken zu können, ist aus pragmatischen und methodologischen Gründen eine hohe Beteiligung der Teilnehmer und Teilnehmerinnen am Lernprozess angezeigt. Die Verknüpfung von Untersuchungsobjekt und -subjekt verhilft dazu, Interpretationsdiskrepanzen zu verringern und die Handlungsfähigkeit der am Lernprozess Beteiligten nicht zu reduzieren – eine Gefahr, die den Untersuchungsobjekten in streng quantitativen empirischen Erhebungen droht (methodologischer Aspekt). Sie spart darüber hinaus Organisationsaufwand für die Abstimmung zwischen dem Lerngeschehen und seiner Untersuchung sowie dem Termin der Rückfütterung der Ergebnisse in den Lernprozess (pragmatischer Aspekt). Als **Selbstevaluation** bezeichnen wir:

■ alle Formen von Rückmeldungen in Lehrveranstaltungen, bei denen sowohl die Festlegung der Frageaspekte wie die Beantwortung in den Händen der Beteiligten liegt (entweder in mündlichen Feedback-Runden oder schriftlichen Fixierungen, die nur an die Beteiligten bzw. mit deren Zustimmung weitergegeben werden);

■ den Einsatz von Fragebögen oder anderen Erhebungsinstrumenten, dessen Kategorien zumindest den Beteiligten bekannt sind und die sie billigen, d. h. es hat ein Einigungsprozess über die Variablen des Fragebogens stattgefunden;

■ die Beobachtung und Dokumentation des Ablaufs von Veranstaltungen, sofern sie von Beteiligten vorgenommen werden.

Fremdevaluation wird durch Dritte geplant, durchgeführt und ausgewertet, wobei dennoch den Meinungen der am Lernprozess Beteiligten ein hoher Stellenwert zukommen kann. Sie sind jedoch an der Kategorisierung und Interpretation der von ihnen gelieferten Meinungen, die bei dieser Evaluation den Status von Daten haben, typischerweise nicht beteiligt. Zur Fremdevaluation zählen z. B. Lehrberichte, die von einer Gutachtergruppe erstellt werden. Fremdevaluation ist nicht notwendig eine summative Evaluation, denn auch formative Evaluation kann von Dritten vorgenommen werden. Beispiel hierfür ist die Video-Evaluation einzelner Seminarsitzungen auf Wunsch des Dozenten, deren Ergebnisse vor Semesterende ins Seminar zur Gestaltung des weiteren Verlaufs genutzt werden.

■ Vergleich von außen versus didaktische Rückmeldung

Mit diesem Gegensatzpaar ist die Funktion von Evaluation angesprochen. Nach *Csanyi/Sturm* (1992) hängen von der zugewiesenen Funktion u. a. die Ausgestaltung, die Verwendungsmöglichkeiten und die Methoden ab. Eine **vergleichende Beurteilung** von Lehre ist da von Interesse, wo es um Auslese im weitesten Sinne geht. Sie erfordert Daten, die in Relation zueinander gesetzt werden können, möglichst in eine Rangreihe. D. h. es muss ein relativ hohes Skalenniveau gegeben sein, das Daten einer bestimmten Qualität erfordert. Die **Rückmeldefunktion** mit dem Ziel der didaktischen Verbesserung durch die am Lernprozess Beteiligten kann dagegen schon mit Daten erfüllt werden, die auf Nominalskalen-Niveau liegen, also beschreibend sind, oder eine Weniger-/Mehr-Aussage zulassen, für die weder die Abstände zwischen den Skalenwerten noch der Nullpunkt bekannt sein müssen. Dies ist zu bedenken, wenn Daten, die für Rückmeldungen erhoben wurden, in einen Vergleich einfließen sollen. Werden die Daten dann auf Rangskalenniveau umdefiniert, eröffnet das der Kritik und Abwehr der Ergebnisse Tor und Tür. Populäres Beispiel hierfür sind die bereist erwähnten Spiegeluntersuchungen zum Ranking von Hochschulen aus den Jahren 1990 und 1993 (*Spiegel Spezial* 1990).

■ Ranking

Keine Aufbereitung von Evaluationsergebnissen hat so viel Aufmerksamkeit erregt wie das Ranking von Hochschulen oder Hochschullehrenden. Mit dem → *Ranking* von Hochschulen, das zu der Feststellung missbraucht wurde,»welche Uni die Beste ist«, wurde die Debatte über die Qualität der Lehre veröffentlicht, d. h. in die Medienöffentlichkeit gebracht. Der Missbrauch liegt darin, dass bei einer Rangliste unklar bleibt, wie hoch die Leistungen einer Hochschule auf dem Gebiet der Qualität der Lehre sind, unabhängig von den Konkurrenten. »Über die absolute Qualität wird (jedoch) beim Ranking keine Aussage getroffen, stets geht es um das Verhältnis zu anderen Vergleichsobjekten. Das heißt aber nichts anderes, als dass – absolut gesehen – die Bedingungen auch in der Spitzengruppe schlecht sein können« (*Klostermeier, J.* 1993).

Deshalb taugen Rankings am ehesten dazu, eine Debatte über die Qualität der beteiligten Hochschulen bzw. ihrer Fächer anzuregen. Die Inhalte für einen Diskurs geben sie erst ab, wenn auch die erhobenen Indikatoren, die die Qualität der Lehre messen, veröffentlicht werden. Die Gefahr einer Verzettelung in Methodendiskussionen und Verteidigung des Status quo ist hier besonders groß, denn selbstevaluative Anteile und die Chance der gemeinsamen Entwicklung von Strategien, in denen auch kurzfristige und ohne zusätzliche Mittel zu realisierende Maßnahmen ihren Platz hätten (formative Aspekte) haben hier keinen Raum.

Zum Schluss dieses Überblicks über die Evaluationsmethodologie wird ein Verfahren vorgestellt, das inzwischen einen Siegeszug an deutschen Universitäten angetreten hat: **das Peer-Review-Verfahren.** Spätestens mit den Empfehlungen der Hochschulrektorenkonferenz von 1995, die mit früheren Initiativen des Wissenschaftsrats korrespondieren, wird den Hochschulen dieses Verfahren empfohlen, das aus anderen Universitätsstrukturen, z. B. den niederländischen, entlehnt ist.

Phasen des Peer-Review-Verfahrens	Evaluationsformen
Erstellung eines Lehrberichts in der Lehreinheit	Selbstevaluation
Begutachtung der Lehreinheit durch renommierte Fachkollegen auf der Grundlage des Lehrberichts und Begehung der Lehreinheit. Vorschlag von Maßnahmen zur Behebung der Schwächen und Betonung der Stärken	Fremdevaluation
Stellungnahme der Lehreinheit zum Gutachten	Einverleibung der Fremdevaluation

Modellhaft an dem in der Bundesrepublik Platz greifenden Peer-Review-Verfahren erscheint die Kombination von Selbst- und Fremdevaluation. Die im Kontext veranstaltungsbezogener Evaluation bemängelte geringe Reichweite der Ergebnisse, die keinen systematischen Bezug zu den institutionellen und organisatorischen Rahmenbedingungen, unter denen Lehre stattfindet, zulassen, wird durch die Ausweitung der Evaluation auf das Peer-Review-Verfahren zu beheben versucht. Freiwilligkeit und Sanktionsfreiheit sind die umstrittenen essentials dieser Evaluation.

Kernstück des Peer-reviews und maßgeblich für seinen Namen ist die Begutachtung eines Studiengangs oder Fachbereichs durch eine Expertengruppe, die darüber einen Bericht verfasst, der der begutachtenden Einrichtung und eventuell einer größeren Öffentlichkeit bekannt gemacht wird. Basis der Fremdbeurteilung ist ein Lehrbericht, den der evaluierte Studiengang bzw. das Fach selbst anhand einer Checkliste, die die Organisatoren des Peer Review den Einrichtungen vorgeben, verfasst. Mit der Checkliste ragt Fremdevaluation in den selbstevaluativen Teil dieses Verfahrens hinein. Denn eigentlich beginnt die Fremdevaluation erst mit der Begehung der zu evaluierenden Einheit durch die Gutachter, die hierbei auch Befragungen einzelner Vertreter oder Gruppen der Einheit durchführen und den Lehrbericht durch so gewonnene eigene Daten ergänzen. Selbst- und Fremdevaluation greifen ineinander und sollen idealerweise in einen Aushandlungsprozess münden, dessen Ergebnis ein akzeptierter Lehrbericht und Vorschläge der Gutachter zur Reform des Studiengangs oder Fachbereichs sind. Allerdings können in der Praxis beide Aspekte so ausgedünnt werden, dass Lehrberichte und Gutachten substanzlos zu werden drohen. D. h. bezogen auf die Verbesserung der Lehre, dass der Diskurs über Evaluation den

Diskurs über die Verbesserung der Lehre zu ersetzen droht und so das Mittel Evaluation zu seinem eigenen Zweck wird.

Um dies zu verhindern ist eine Meta-Evaluation angezeigt, die folgende Fragen zu beantworten sucht:

- Gelang es, aussagekräftige Daten zu sammeln, die eventuell Grundlage für Mittelzuweisung sein könnten?
- Wer war effektiv an der Evaluation beteiligt – wie können hierbei die Lebenslagen der Studierenden berücksichtigt werden?
- Welche neuen Ideen wurden generiert im Evaluationsprozess: andere Studienstrukturen, neue Besoldungssysteme, neue Leitungsstrukturen, andere Service-Einrichtungen, neue Zielsetzungen?
- Wurden Wege zur Umsetzung angegeben und wurde die Umsetzung überprüft, kurz: bewirkte die Evaluation konkrete Veränderungen? Oder bewegte sich die Evaluation auf der talk-Ebene (Brunsson), die sorgfältig von der action-Ebene getrennt wird?

Von der Beantwortung dieser Fragen und einer Aufwand-Ertrag-Prüfung wird die künftige Gestaltung der Evaluationsprozesse zum Nutzen der Förderung der Lehrqualität abhängen.

Literatur:

Bülow, M. (Hrsg.): Evaluation I, Verfahren – Methoden – Erfahrungen zur Überprüfung universitärer Ausbildung. Hamburg 1977 (Hochschuldidaktische Arbeitspapiere 8).

Bülow-Schramm, M.: Planen – Beurteilen – Analysieren – Anwenden, In: Handbuch Hochschullehre. Juni 1994 Bonn.

Bülow-Schramm, M.: »Wer hat Angst vor den Evaluatoren?« Der Umgang mit Akzeptanzproblemen von Evaluationsverfahren. In: Handbuch Hochschullehre. November 1995 Bonn.

Bülow-Schramm, M.: Evaluation als Qualitätsmanagement – Ein strategisches Instrument der Hochschulentwicklung? In: Hanft, A. (Hrsg.): Hochschulmanagen? Neuwied-Kriftel-Berlin 2000.

Bülow-Schramm, M./Carstensen, D. (Hrsg.): Frischer Wind für Evaluation? Chancen und Risiken von Peer Review an deutschen Universitäten. Hamburg 1995.

Csanyi, G./Sturm, M.: Materialien zur Verbesserung von Lehrveranstaltungen I: Rückmeldungen. Wien 1992.

Hanft, A.: Sind Hochschulen reform(un)fähig? In: Hanft, A. (Hrsg.): a.a.O. 2000.

Hochschulrektorenkonferenz (HRK): Evaluation. Sachstandsbericht zur Qualitätsbewertung und Qualitätsentwicklung in deutschen Hochschulen. Dokumente und Informationen 1/1998 Projekt Qualitätssicherung, S. 13.

Klostermeier, J.: Hochschul-Ranking auf dem Prüfstand. Diplomarbeit Hamburg 1993.

Scriven, M.: The Methodology of Evaluation. In: *Tyler/Gagné/Scriven (eds.)* Perspectives of Curriculum evaluation, AERA Monographies, Chicago 1967, S. 39–83.

Shapiro, J. Z.: Evaluation research and educational decision-making. A Review of the literature. In: *Smart, J. C. (ed)*, Higher Education, Handbook of theory and research. Bd. II, 1985.

Spiegel Spezial: »Welche Uni ist die Beste?«, Hamburg 1990.

Angaben zur Autorin

Prof. Dr. Margret Bülow-Schramm
Hochschullehrerin am Interdisziplinären Zentrum für Hochschuldidaktik (IZHD)
und im wissenschaftlichen Leitungsteam des Projekts Universitätsentwicklung (Pro
Uni) der Universität Hamburg
Universität Hamburg, ProUni
Schlüterstraße 18
20146 Hamburg
Tel.: +49 40 42 83 83 836
Fax: +49 40 42 83 82 011
E-Mail: buelow-schramm@prouni.uni-hamburg.de

Evaluation von Online-Studienangeboten

Isabel Gehrlicher

Die enorme Entwicklung und Expansion der Informations- und Kommunikationstechnologien in den letzten Jahrzehnten verändert seit einigen Jahren auch das Gesicht der Lehre an den Hochschulen. Neben den herkömmlichen Medien können die verschiedensten Lern- und Übungsmaterialien nun auf digitale Weise präsentiert und gespeichert, aber auch sehr schnell weitergegeben, verändert und bearbeitet werden. Parallel dazu verfügen wir durch institutionenspezifische Intranets und weltweit zugängliche Internetdienste über eine Fülle neuer Kommunikationsmittel und -wege, die ermöglichen, räumliche Distanzen und örtliche Gebundenheit nahezu ohne Zeitverlust zu überwinden. All diese neuen Möglichkeiten zur Kommunikation und Informationsweitergabe haben bereits in Form von Online-Modulen in viele »herkömmliche« Hochschulen Einzug gehalten, zudem entstehen allerorts Internet-Universitäten, so dass sich das Angebot an Online-Kursen ständig erweitert und unaufhaltsam weiter wächst.

Diese Veränderung der technologischen Rahmenbedingungen der Hochschulbildung trifft zudem auf eine generell veränderte Ausbildungssituation. In den meisten Berufen kann heute nicht mehr davon gesprochen werden, dass der Auszubildende oder Studierende nach Abschluss der beruflichen Erstausbildung oder dem Studium »ausgelernt« hat. Vielmehr sind regelmäßige Qualifikationsanpassungen aufgrund von Veränderungen im Grundlagenwissen und kurzen Innovationszyklen notwendig geworden.

Daraus ergeben sich erheblich veränderte Anforderungen an den Aufbau und Ablauf eines Studiums als berufliche Grundqualifikation. Der Druck auf die Universitäten und die dort Lehrenden wächst, Studieninhalte kompakt, effizient, zielgerichtet zu vermitteln und marktfähig zu präsentieren. Der Druck auf die Studierenden wächst, eine Universität auszuwählen, deren Lehrangebot zukunftssicher ist und einen zügigen Übergang in die gewünschte Berufstätigkeit fördert. Qualifikationsangebote, die ganz oder teilweise im virtuellen Raum absolviert werden können, scheinen neben anderen Maßnahmen (z. B. → *gestufte Studiengänge*) ein Mittel der Wahl zu sein, um diesen Druck zu begegnen.

Mit der rapiden Zunahme von Online-Angeboten im Hochschulbereich unter den geschilderten Prämissen wächst aber auch die Notwendigkeit einer wissenschaftlich fundierten Bewertung dieser Angebote. Diese Notwendigkeit erkennen auch die verschiedenen Beteiligten, von den Institutionen der Erwachsenenbildung über die Lehrenden bis zu den Teilnehmern an. So ergab beispielsweise eine Delphi-Studie mit amerikanischen Fernlehrenden (*Rockwell et al.* 2000), dass diese sich von einer Evaluation Informationen hinsichtlich erfolgreicher Fernlehrstrategien, erforderlicher Kompetenzen der Lehrkräfte und Effektivität der Angebote sowie eine Förderung der Kooperation verschiedener Bildungsinstitutionen untereinander erhoffen.

Eine umfassende Evaluation eines Online-Kurses berücksichtigt aber nicht allein die Perspektive der Lehrenden, sondern bewertet die verschiedensten Aspekte rund um die Erstellung, Durchführung und Qualitätssicherung eines Kurses. Der C-RAC (*Council of Regional Accrediting Commissions*) und die WCET (*Western Cooperative for Educational Telecommunications*) legen in ihren *Guidelines for the Evaluation of Electronically Offered Degreee and Certificate Programs* (2000) folgende Betrachtungsebenen für eine umfassende Evaluation fest:
1. Institutioneller Rahmen und Engagement
2. Curriculum und Unterweisung
3. Unterstützung der Lehrenden
4. Unterstützung der Studierenden
5. Evaluation und Bewertung

Darüber hinaus sollten auch Kosten-Nutzen-Relationen bei der Beurteilung von Online-Modulen berücksichtigt werden (vgl. Glowalla et al., 2000, S. 65ff.).

Die Durchführung einer solch vielschichtigen Evaluationsstudie, die auch dem Kunden den so wichtigen Vergleich verschiedener Angebote untereinander ermöglichen würde, wird momentan jedoch noch durch das Fehlen allgemeingültiger und aussagekräftiger Qualitätskriterien und Evaluationsstandards erschwert. Diese Kriterien und Standards werden sich aber in nächster Zeit herausbilden müssen, denn »For purchasers and developers alike, there has been a pressing need to define the attributes of quality to create a common language for describing these new training forms. The requirement for a dependable and easy-to-use set of evaluation standards has become ever more urgent as online training becomes the preferred delivery method for our future learning and training needs« (*Gillis, L.* 2000). Angehende Online-Studierende können als erste Orientierungshilfe die Qualitätsrichtlinien von *Mind + More* (2000) heranziehen.

Erste vielversprechende Ansätze zur Entwicklung allgemeingültiger Qualitätskriterien und Evaluationsstandards finden sich wiederum in den USA, wo die Verbreitung von Online-Studienangeboten schon wesentlich weiter fortgeschritten ist als in Europa. Die zehn Bewertungskriterien, die die *Jury des Multimedia and Internet Training Awards* veröffentlichte (vgl. Hall, 1997, Appendix B), referieren auf die verschiedensten wissenschaftlichen Disziplinen wie Informatik, Softwareergonomie, Pädagogik und Psychologie, die in die Evaluation von Online-Modulen involviert sind. Mit diesem interdisziplinären Ansatz stellen sie eine einfache, aber umfassende Grundlage für die Gewinnung von Leitfragen zur Evaluation auf der Ebene von Instruktion und Unterweisung dar:

Inhalt: Enthält das Programm die richtige Menge und Qualität an Informationen?

Instruktionsdesign: Ist der Kurs so gestaltet, dass Benutzer tatsächlich etwas lernen?

Navigation: Können Benutzer ihren eigenen Weg durch das Programm nehmen? Gibt es die Option »Ausgang«? Gibt es eine Kursübersicht? Werden Icons so eingesetzt, dass Benutzer diese bedienen können, ohne sehr viel über die Bedienung des Programms zu lesen?

Motivationale Komponenten: Unterstützt das Programm den Benutzer durch Neuheit, Humor, spielerische Elemente, Tests, Abenteuer, einzigartigen Inhalt, Überraschungselemente usw.?

Verwendung von Medien: Setzt das Programm effektiv Video, Animation, Musik, Soundeffekte und spezielle visuelle Effekte ein? Wurde ein Zuviel an diesen Medien vermieden?

Bewertungssystem: Gibt es irgendeine Art von Bewertungssystem, wie z. B.
- Ist die Beherrschung des Inhalts eines Abschnittes Bedingung für den Abruf des nächsten Abschnitts?
- Gibt es Abschnittstests?
- Gibt es ein Abschlussexamen?

Ästhetik: Ist das Programm attraktiv und eingängig für Auge und Ohr?

Sicherung der Ergebnisse: Werden die Leistungsdaten der Teilnehmer aufgezeichnet, wie z. B. Dauer der Bearbeitung, Frageauswertung und Endergebnisse? Werden die Daten automatisch an den Kursleiter weitergeleitet?

Stil: Ist das Programm für Experten entworfen worden? Vermeidet es, herablassend, banal, pedantisch usw. zu sein?

Im nächsten Schritt der Evaluation müssen die gewonnenen Leitfragen in erfassbare Qualitätskriterien umgesetzt und in ein Evaluationsdesign eingepasst werden. Eine wertvolle Unterstützung bei der Formulierung und Auswahl der entscheidenden Kriterien kann die Studie des *Institute for Higher Education Policy* (2000) sein, deren Ergebnisse zur Festlegung von 24 Benchmarks für die

Qualitätsbeurteilung von Online-Bildungsangeboten führten. Diese Benchmarks wurden gewonnen, indem Qualitätsempfehlungen aus der aktuellen Literatur zusammengefasst wurden und in intensiven Vor-Ort-Analysen bei renommierten Online-Kursanbietern auf Umsetzung in die Praxis sowie auf tatsächliche Aussagefähigkeit hinsichtlich der Trainingsqualität überprüft wurden. Beispielhaft seien hier einige dieser Benchmarks aus zwei Bereichen aufgeführt:

Course Development Benchmarks

■ Guidelines regarding minimum standards are used for course development, design and delivery, while learning outcomes – not the availability of existing technology – determine the technology being used to deliver course content.

■ Instructional materials are reviewed periodically to ensure they meet program standards.

■ Courses are designed to require students to engage themselves in analysis, synthesis, and evaluation as part of their course and program requirements.

Course Structure Benchmarks

■ Before starting an online program, students are advised about the program to determine (1) if they possess the self-motivation and commitment to learn at a distance and (2) if they have access to the minimal technology required by the course design.

■ Students are provided with supplemental course information that outlines course objectives, concepts, and ideas, and learning outcomes for each course are summarized in a clearly written, straightforward statement.

■ Students have access to sufficient library resources that may include a »virtual library« accessible through the World Wide Web.

■ Faculty and students agree upon expectations regarding times for student assignment completion and faculty response.

Für das Design der Evaluationsstudie bieten sich verschiedene Designs an, die zu unterschiedlichen Zeitpunkten ansetzen. Welches Design geeignet ist, hängt vor allem davon ab, welche Informationen durch die Evaluation gewonnen werden sollen.

Formative Evaluation stellt vor allem Informationen für noch in der Vorbereitung oder Implementierungsphase befindliche oder laufende Programme bereit, die verbessert werden sollen (vgl. *Wottawa/Thierau* 1990). Mit Hilfe der formativen Evaluation lassen sich Daten zu den Zielsetzungen, Kontexten, Inputs und Prozessen eines Trainings gewinnen.

Summative Evaluation greift nicht in laufende Prozesse ein, sondern findet erst nach Beendigung eines Kurses statt. Nach Definition des Joint Commitee (1994) versteht man unter summativer Evaluation eine zusammenfassende Beurteilung der direkten und nachträglichen Effekte des untersuchten Gegenstandes mit dem Ziel, Anhaltspunkte zu liefern, ob ein Projekt beibehalten, erweitert, verkleinert oder zurückgenommen werden sollte. Die summative Evaluation liefert also Daten zum fertigen Trainingsprodukt.

Als Methoden der Evaluation von Online-Modulen eignen sich grundsätzlich qualitative und quantitative Verfahren gleichermaßen. Eine Kombination aus beiden ist meist der alleinigen Verwendung eines Verfahrens vorzuziehen, denn während qualitative Verfahren wie Interviews, Inhaltsanalysen von Diskussionsforen oder Lerntagebücher eher zu erklärenden Hintergrundinformationen führen, liefern quantitative Verfahren wie Fragebögen mit vorgegebenen Antwortskalen oder Lerntests über viele Teilnehmer bzw. verschiedene Erhebungen hinweg vergleichbare Ergebnisse. Beide Verfahren müssen allerdings den speziellen Bedingungen eines Online-Moduls angepasst werden. So wird es in der Regel nicht einfach sein, alle Beteiligten, z. B. für die Durchführung eines Interviews, persönlich aufzusuchen. Hier ist zu überlegen, ob Befragungen nicht auch in einem privaten Chatraum durchgeführt und Fragebögen bzw. Lerntest als interaktive Dokumente ebenso wie die anderen Kursmaterialien präsentiert werden können. Die größte Herausforderung dabei ist sicherlich die Gewinnung des Vertrauens der Teilnehmer hinsichtlich der diskreten, datenschutzrechtlich einwandfreien Behandlung ihrer Informationen.

Literatur:

C-RAC und WCET: Draft: Statement of the Regional Accrediting Commissions on the Evaluation of Electronically Offered Degree and Certificate Programs an Guideline for the Evaluation of Electronically Offered Degree and Certificate Programs, www.wiche.edu/telecom/, 2000.

Gillis, L.: Quality Standards for Evaluating Multimedia and Online Training – Guidebook, Toronto 2000.

Glowalla, U. et al.: Qualitätssicherung interaktiver Studienangebote, in: Bertelsmann Stiftung, Nixdorfstiftung (Hrsg.): Studium Online, 2000.

Hall, B.: Web-Based Training Cookbook, 1997.

The Institute of Higher Education Policy: Quality on the Line – Benchmarks for Success in Internet-Based Distance Education, www.ihep.com/PUB.htm, 2000.

Joint Committee on Standards for Educational Evaluation: The Program Evaluation Standards, www.eval.org, 1994.

Mind + More Training: mind-and-more.de/wissen/onlinelernen/qualitaet_online_lernen. htm, 2000.

Rockwell, K. et al.: Research an Evaluation Needs for Distance Education: A Delphi Study, in: Online Journal of Distance Learning Administration, Vol. III, No. III, State University of West Georgia, www.westga.edu/~distance/ojdla/fall33/rockwell33.htm, Winter 2000.

Wottawa, H./Thierau, H.: Lehrbuch Evaluation, Stuttgart 1990.

Angaben zur Autorin:

Dipl.-Psych. Isabel Gehrlicher
Carl von Ossietzky Universität Oldenburg
Fachbereich 1, Institut für Erziehungswissenschaften 1
Uhlhornsweg 49-55
26111 Oldenburg
Tel.: +49 441 798 42 75
Fax: +49 441 798 23 25
E-Mail: gehrlicher@gmx.de

Expertenmacht

Axel Haunschild

Dass Wissen etwas mit Macht zu tun hat, ist ebenso unumstritten wie trivial. Experten sind Menschen, denen von anderen Menschen ein spezifisches Wissen bzw. eine bestimmte Problemlösungskompetenz zugeschrieben wird. Die Macht von Experten und die Charakteristika von Organisationen, in denen Experten über besonderen Einfluss verfügen, sind Gegenstand dieses Beitrags.

Unter Macht soll hier keine Eigenschaft bzw. kein Besitztum einer Person oder Organisation verstanden werden, sondern eine Dimension jeder zwischenmenschlichen Beziehung. Eine (Macht-)Beziehung entsteht durch gegenseitige Interessen von Akteuren an Verhaltens- und Handlungsmöglichkeiten anderer Akteure, wenn also eine gegenseitige (strategische) Abhängigkeit besteht. Macht lässt sich so mit *Crozier/Friedberg* (1979) als die Kontrolle relevanter Unsicherheitszonen begreifen; um über Macht zu verfügen, muss das Problemlösungspotential eines Akteurs für die Handlungsmöglichkeiten eines anderen Akteurs von Bedeutung sein, und er muss in der Lage sein, Problemlösungsbeiträge verweigern zu können.

Neben formalstrukturell verankerten Handlungs-, Entscheidungs- und Weisungsbefugnissen sowie der Kontrolle über Informationswege und Kommunikationsinhalte gehört Expertenwissen zu einer der zentralen Machtquellen in Organisationen (*Crozier/Friedberg* 1979). Konkret kann diese Expertenmacht auf einer für andere Akteure bzw. für die Organisation schwer ersetzbaren Fähigkeit oder Spezialisierung basieren, aus der z. B. ein besonderes Konfliktlösungspotenzial oder die Definitionsmacht über zu lösende organisatorische Probleme und über Kriterien effizienter und effektiver Problemlösung (→ *Effizienz und Effektivität*) resultieren (*Küpper/Felsch* 2000). Eine spezielle Form des Expertenwissens und damit Quelle organisationaler Macht stellen so genannte Relaisfunktionen als Schnittstelle zwischen der Organisation und »ihrer Umwelt« dar. Expertenmacht kann daher sowohl von organisationsinternen Dienstleistungs- oder Servicebereichen (z. B. EDV-Betreuung, Personalentwicklung, Instandhaltung oder Controlling) als auch von einzelnen Mitarbeitern oder Linienvorgesetzten aufgebaut werden. Damit aus Expertenwissen aber tatsächlich Expertenmacht wird, ist immer auch eine organisationsinterne Nachfrage nach diesem Wissen notwendig; zudem bedarf es der Kompetenz der Expertin, sich ihrer Qualifikationen so zu bedienen, dass ihr Handeln für den anderen nicht nur *relevant*, sondern auch *überraschungsträchtig* ist. Der von anderen so bezeichnete selbsternannte Experte bleibt also unter Umständen machtlos.

In organisationalen Machtspielen verfolgte Strategien bzgl. des Expertentums können darin bestehen, einen Expertenstatus durch Professionalisierungsstrategien (Netzwerke, Standards) zu erzeugen, oder den eigenen Expertenstatus zu verteidigen bzw. zu erhöhen. Eine Gegenstrategie kann darin bestehen, durch technische Expertensysteme, Regeln oder Handlungsprogramme die Abhängigkeit von Akteuren mit Expertenmacht zu verringern (*Mintzberg* 1983).

Eine besondere Eigendynamik bekommt das Expertentum, wenn es Gegenstand und Ergebnis von Institutionalisierungsprozessen ist, die zur Bildung so genannter Professionen führen. In intensiven und i. d. R. langen Ausbildungsgängen (z. B. Hochschulstudium, evtl. ergänzt durch darauf aufbauende Qualifizierungsphasen, wie Promotion, Referendariat oder Facharztausbildung) werden dort komplexe Fertigkeiten und Spezialwissen erworben. Die Internalisierung von (professionellen) Standards führt dazu, dass Professionals vergleichsweise autonom arbeiten (können). Nicht-operationale Ziele und die Komplexität der ausgeführten Tätigkeiten reduzieren trotz dieser Standards zudem die Möglichkeit einer persönlichen Kontrolle und Leistungsbeurteilung. Der hierdurch ermöglichte Einfluss professioneller Berufsgruppen auf die Definition relevanter Probleme und »Sachzwänge« auch auf gesellschaftlicher Ebene ist Gegenstand einer kritischen Diskussion (vgl. z. B. *Ford* 1985).

Aber auch Organisationen, die aufgrund ihrer komplexen und/oder arbeitsteiligen Aufgabenstruktur von Professionals abhängig sind, sehen sich spezifischen Problemen gegenüber (vgl. *Scott* 1968; *Mintzberg* 1983). Die Zugehörigkeit zu einem professionellen System führt dazu, dass Experten tendenziell mobiler, autonomiebestrebter und weniger loyal der Organisation gegenüber sind als andere Mitarbeiter. Professionals beschäftigende Organisationen haben daneben häufig nur begrenzten Einfluss auf Rekrutierungs-, Leistungsbeurteilungs- und Entlohnungskriterien.

Während diese Probleme alle Organisationen betreffen, in denen Professionals arbeiten, gibt es Organisationen, deren gesamtes Machtgefüge maßgeblich durch Experten bestimmt wird. So zeichnen sich u. a. Hochschulen (vgl. auch *Pellert* 2000; *Brüggemeier* 2000), Krankenhäuser und Wirtschaftsprüfungsgesellschaften dadurch aus, dass Experten mit professionellen Standards den operativen Kern der Organisation ausmachen. Mit *Mintzberg* (1983; 1991) kann man hier von einer »professionellen Organisation« bzw. einer »Organisation der Professionals« sprechen. Die persönliche und bürokratische Kontrolle »klassischer« organisationaler Autoritätssysteme wird in diesen Organisationen geschwächt durch die auf professionellen Normen und der Standardisierung von Qualifikationen basierenden Selbststeuerung und -kontrolle der Experten. In Abgrenzung von einer durch spontane Teambildungen und gegenseitige Abstimmungen geprägten innovativen Organisation (Adhokratie) betont die Bezeichnung professionelle Bürokratie das professionelle »Funktionieren« von Experten in standardisierten Programmen. Expertenwissen als »Jedermannqualifikation« bedeutet in einer solchen Organisation nicht zwangsläufig auch Expertenmacht. Vielmehr induziert die Orientierung an beruflicher Exzellenz und der Kampf um Abgrenzung zwischen Experten- bzw. Berufsgruppen (z. B. zwischen den Instituten einer Fakultät oder den Fachärzten eines Krankenhauses) den Bedarf an einer ungleichen Machtverteilung (»Hackordnung«). Die konkrete Machtposition eines Experten oder einer Expertengruppe in der Organisation ist hierbei nie statisch gegeben, sondern Gegenstand kontinuierlicher Aushandlungsprozesse. Die mit der Überlappung von Expertenbereichen verbundenen Konflikte sowie die trotz inhaltlicher Unabhängigkeit i. d. R. vorhandene Abhängigkeit von gepoolten Ressourcen und externer Finanzierung stellt nun wiederum eine zentrale Machtquelle der administrativen Einheiten und Leitungsakteure (Verwaltung, Dekane, Präsidenten, Schulleiter etc.) (➔ *Leitungsstrukturen*) dar. Der i. d. R. über Repräsentationssysteme (z. B. Gremien) ausgeübte Einfluss von Experten auf administrative Entscheidungen (z. B. Personalauswahl- oder Budgetentscheidungen) kann durch Tendenzen einer Bürokratisierung der professionellen Organisation reduziert sein. Versuche, die Macht der Experten in einer Organisation der Professionals zu vermindern, bleiben allerdings aufgrund der geringen Organisationsbindung sowie der Fähigkeit der Experten, die zu ihrer Beurteilung herangezogenen Ziele und Kriterien zumindest partiell selbst hervorbringen zu können, in ihrer Wirkung begrenzt.

Eine Machtperspektive lenkt den Blick auf die Interessenlagen von Experten und Nicht-Experten sowie auf die strukturellen Voraussetzungen für und Konsequenzen von Expertenmacht in professionellen Organisationen. Bei Versuchen, Bildungsorganisationen als typische professionelle Organisationen zu reformieren und zu steuern, sollte man sich dieser Rahmenbedingungen bewusst sein.

Literatur:

Brüggemeier, M.: Potentiale und Probleme eines Hochschul-Controlling. In: *Budäus, D./Küpper, W./Streitferdt, L.* (Hrsg.): Neues öffentliches Rechnungswesen. Stand und Perspektiven. Wiesbaden 2000, S. 451-487.

Crozier, M./Friedberg, E.: Macht und Organisation – Die Zwänge kollektiven Handelns. Königstein/Ts. 1979.

Ford, B. J.: Der Experten-Kult. Vom maximalen Minimum. Wien u. Hamburg 1985.

Küpper, W./Felsch, A.: Organisation, Macht und Ökonomie. Mikropolitik und die Konstitution organisationaler Handlungssysteme. Opladen 2000.

Mintzberg, H.: Power in and Around Organizations. Englewood Cliffs/N. J. 1983.

Mintzberg, H.: Mintzberg über Management. Führung und Organisation. Mythos und Realität. Wiesbaden 1991.

Pellert, A.: Expertenorganisationen reformieren. In: *Hanft, A.* (Hrsg.): Hochschulen managen? Zur Reformierbarkeit der Hochschulen nach Managementprinzipien. Neuwied 2000, S. 39-55.

Scott, W. R.: Konflikte zwischen Spezialisten und bürokratischen Organisationen. In: *Mayntz, R.* (Hrsg.): Bürokratische Organisationen. Köln u. Berlin 1968, S. 201-216.

Angaben zum Autor:

Dr. Axel Haunschild
Wissenschaftlicher Assistent am Lehrstuhl für Personalwirtschaftslehre der Universität Hamburg
Von-Melle-Park 5
20146 Hamburg
Tel: +49-40/42838-6101
Fax: +49-40/42838-6358
E-Mail: haunsch@hermes1.econ.uni-hamburg.de

Frauenuniversitäten

Aylâ Neusel

»Gleiche Rechte für Frauen beim Zugang zur Bildung« war die eindringliche Forderung der ersten Frauenbewegungen im 19. Jahrhundert. Als erstes Land im Deutschen Reich ließ Baden Frauen zum Studium zu, so wurden 1900 fünf Studentinnen in der Universität Freiburg immatrikuliert. Als 1906 auch Preußen die Zulassung von Studentinnen zu seinen Universitäten ermöglichte, konnten nahezu 100 Jahre nach der Gründung der Berliner humboldtschen Universität im Jahre 1810 dort auch Frauen studieren. Das aufgeklärte moderne Universitätskonzept des 19. Jahrhunderts, die Berliner Universität, war also ein Jahrhundert lang eine reine Männeruniversität und schloss Frauen vom Studium aus.

Die Frauenbewegungen haben darum gekämpft, dass Studentinnen zum Studium an den bestehenden – Männern vorbehaltenen – Universitäten zugelassen werden. Im deutschen Hochschulsystem haben Frauenhochschulen daher keine Tradition. In der Geschichte des deutschen Hochschulwesens sind nur zwei – wenn auch kurzfristig – gelungene Experimente bekannt, Bildungsanstalten für Frauen im Universitätsrang zu gründen (die »Hochschule für das weibliche Geschlecht in Hamburg« von 1848 bis 1852 und die »Hochschule von Frauen« in Leipzig von 1911 bis 1932).

Ein Blick über die Grenzen Deutschlands zeigt, dass in den meisten europäischen Ländern Frauen bereits eine Generation früher sowohl mit ihren männlichen Kommilitonen gemeinsam studieren konnten als auch Frauenuniversitäten gegründet wurden, die ausschließlich für Studentinnen ein anspruchsvolles wissenschaftliches Studium anboten.

Europa: In Frankreich öffneten die Universitäten bereits in den Sechzigerjahren des letzten Jahrhunderts ihr Studienangebot für Frauen; zugleich gab es Frauenuniversitäten, um den jungen Frauen unabhängig von der Zulassung zu Männerhochschulen höhere Bildung zukommen zu lassen; beispielsweise durch die Gründung der »Ecole Normale Supérieure d'Institutrices de Fontenay« in 1880, sowie der »Ecole Normale Supérieure de Sevres« in 1882, die beide moderne Lehrerinnenausbildung anboten.

Die skandinavischen Länder ließen ab 1870 Frauen zum Studium zu, ebenso Belgien und die Niederlande (vgl. *Teubner, U.* 1996a, S. 15 ff.). An der Universität Zürich waren Frauen als (Gasthörerinnen) bereits in den Vierzigerjahren zugelassen; so wurde in den Achtziger- und Neunzigerjahren des 19. Jahrhunderts die Universität Zürich ein Treffpunkt von intellektuellen und gebildeten Frauen aus ganz Europa und den USA (vgl. *Stump, D.* 1988).

USA: Auch in den USA waren 1870 bereits 30 % der Hochschulen koedukativ (vgl. *Teubner, U.* 1996a, S. 15). Gleichzeitig setzte in den Siebzigerjahren die erste Gründungswelle von Women's Colleges ein, die sich als Parallelinstitutionen zu den Männeruniversitäten erfolgreich etablieren konnten. Im Lauf ihrer Entwicklung haben diese über 200 Universitäten durchaus kritische Phasen erlebt. In den Siebzigerjahren des 20. Jahrhunderts haben viele ihre Türen auch für Studenten geöffnet. Heute existieren noch 84 monoedukative Einrichtungen für Frauen. Diese haben sich seit den Siebzigerjahren umfassend neu orientiert, sich erfolgreich gegen den vermeintlichen Fortschritt durch die Koedukation gewehrt und haben das Fach women's studies systematisch in ihr Lehrprogramm aufgenommen (vgl. *Sebrechts, J. S.* 1996).

Nach über hundertjähriger wechselvoller Geschichte sind die US-amerikanischen Frauenuniversitäten heute etablierter und erfolgreicher denn je. Seit Beginn der Neunzigerjahre diskutiert die amerikanische Öffentlichkeit verstärkt über die Chancen der Single-Sex-Institutionen. In den regelmäßigen Hochschulevaluationen bekommen die Women's Colleges besonders gute Noten. Die Berufserfolge der Absolventinnen in und außerhalb der Wissenschaft sind signifikant und die Nachfrage nach Studienplätzen ist außergewöhnlich hoch (vgl. *Teubner, U.* 1997).

Asien und Afrika: In Europa weniger bekannt ist, dass es auch in Asien und Afrika zahlreiche, darunter hoch anerkannte Frauenuniversitäten gibt, die sich zur Aufgabe gemacht haben, die weibliche Elite ihrer Länder auszubilden. So existieren heute beispielsweise Frauenuniversitäten von Rang in Indien, Iran, Japan, Jordanien, Korea und im Sudan. Als Beispiele seien hervorgehoben: Die mit zwanzigtausend Studentinnen größte Frauenuniversität der Welt, die Ewha Woman's University in Seoul, 1886 von methodistischen Missionarinnen gegründet, ist heute eine moderne Volluniversität, in der natur- und technikwissenschaftliche Fächer genauso ihren Platz haben wie Asiens wichtigstes Forschungsinstitut für Frauenstudien (Asian Center for Women's Studies). Den Absolventinnen stehen alle hohen Positionen in Wirtschaft und Wissenschaft offen.

In der Ahfad University for Women in Omdurman, Sudan, gegründet 1903, studieren heute fünftausend Studentinnen. Frauen werden als wichtiger Motor der gesellschaftlichen Entwicklung gefördert, die Absolventinnen besetzen wichtige berufliche Positionen. Auch an der Ahfad University werden Frauenstudien gefördert, für alle Studentinnen besteht ein Pflichtfachangebot in women's studies.

Auch wenn die Entstehungsgeschichte und die Ziele der Frauenuniversitäten unterschiedlich sind, haben alle das Ziel, Frauen mit einer qualifizierten Bildung zu einer anerkannten Position in jeweils ihrem gesellschaftlichen Kontext zu verhelfen.

Der **Ursprung aktueller Überlegungen zu Frauenuniversitäten in Deutschland** geht auf die Hochschulprotestbewegungen der Sechziger- und Siebzigerjahre zurück. So war auch die Neue Frauenbewegung Impuls und Intention für eine Reihe Erneuerungsversuchen. Nach heftiger Kritik kehrten Wissenschaftlerinnen ihrer Alma Mater den Rücken:»raus aus der Institution, die unsere Interessen bisher nicht wahr- und ernst genommen hat«. So entstanden Frauenbewegung und Frauenforschung außerhalb der Universität, unter freiem Himmel.

In der Dokumentation über ihre Motive und Ziele, eine solche Sommeruniversität für Frauen als autonome und separate Einrichtung zu veranstalten, kritisieren die Wissenschaftlerinnen, dass sich Universität und Wissenschaft auch 70 Jahre nach der Zulassung von Frauen zum Studium kaum verändert haben (*Frauen und Wissenschaft* 1977).

Seit den Siebzigerjahren wurde auch verstärkt die Situation von Frauen als Studentinnen und Wissenschaftlerinnen aus der Sicht der Forschung betrachtet. Es entstand eine neue Forschungslinie über die Geschlechterverhältnisse in Hochschule und Wissenschaft. Im Zuge dieser Erforschung der Verhältnisse entstanden Ideen zur Reformierung der Institution und zur Gründung von eigenen Universitäten. Dabei wurden unterschiedliche Begründungen genannt: Es ging um Wissenschafts- und Gesellschaftskritik genauso wie um die Förderung einer weiblichen wissenschaftlichen Elite oder um die internationale Öffnung von Wissenschaft und Bildung.

Von den ca. einhundert Jahren, die seit der Zulassung von Frauen zum Studium vergangen sind, waren die letzten dreißig Jahre zweifellos eine der wichtigsten Etappen der Frauenemanzipation: Frauen haben die Chancen genutzt, die ihnen die Studienreformen und die Hochschulexpansion boten. Die Hochschulentwicklung seit den Siebzigerjahren hat in Deutschland und in der ganzen (westlichen) Welt eine selbstbewusste und hochqualifizierte Frauengeneration geschaffen. Die Studentinnenanteile haben sich seit dieser Zeit verdoppelt, in vielen europäischen Ländern und in vielen Fächern in Deutschland studieren heute mehr Frauen als Männer, und sie studieren mit Erfolg auch in Natur- und Technikwissenschaften. Beispielsweise studieren sie Biologie (54 %), Medizin (45 %), Literatur und Sprachen (74 %), Sozialwesen (73 %), Pharmazie (77 %), Mathematik (38 %), Architektur (42 %). (In Klammern: Studentinnenanteile an deutschen Hochschulen; vgl. *Frauenforschungskommission Niedersachsen* 1997).

Studentinnen studieren erfolgreicher als ihre Kommilitonen, machen ihr Diplom schneller, haben bessere Abschlussnoten aber keine besseren Chancen, wenn es um die Verteilung von privilegierten Stellen und Positionen geht. Sie bekommen keine adäquaten Stellen für wissenschaftliche Karrieren. So gibt es selbst in den folgenden Fächern mit hohen Studentinnenanteilen (s. o.) kaum Professorinnen: Biologie (2,7 %), Medizin (2,2 %), Sprachwissenschaften (4,8 %), Mathematik (0,9 %), Architektur (3,0 %). (In Klammern: Frauenanteile an den C4-Professuren an deutschen Hochschulen; *Frauenforschungskommission Niedersachsen* 1997).

Obwohl also heute in Deutschland die »bestqualifizierteste Frauengeneration« (*Metz-Göckel*) in der Geschichte existiert, eröffnen sich für die Frauen nur langsam Chancen, in den Universitäten wissenschaftliche Karriere zu machen. Das ist eine der Begründungen, die für die Einrichtung von Frauenuniversitäten genannt wurde: »Wir brauchen eine wirkungsvollere Förderung für Frauen bis zu den Spitzenpositionen im Wissenschaftssystem, damit sie Einfluss und Macht gewinnen« (*Neusel, A.* 1990).

Mit der These von der **Marginalität als strukturierendes Merkmal der Berufssituation von Wissenschaftlerinnen** wurde auf ihre geringe Repräsentanz in der Universität hingewiesen, aber sie besitzt auch eine qualitative Dimension: Frauen finden ihren Arbeitsplatz als »männlich« strukturiert vor: Die Entscheidungsverfahren, Qualifikations- und Berufungskriterien, das Wissenschaftsverständnis entsprechen und berücksichtigen nicht ihre Erfahrungen und Vorstellungen. Reform und Veränderung der Hochschule und Wissenschaft war eine gemeinsame Zielvorstellung der Entwürfe für Frauenuniversitäten in den letzten dreißig Jahren in Deutschland.

1990 gewann der internationale Zusammenhang besonders mit Blick auf Europa im Jahr 2000 an Bedeutung. Das Ziel sollte sein, die Hochschulvielfalt in Europa zu nutzen und eine europäische Hochschule zu gründen, »... die sich dem Internationalismus in Lehre und Forschung verpflichtet, in der Frauen unabhängig von ihrer nationalen Kultur- und Religionszugehörigkeit Zugang zu Studium, Lehre und Forschung bekommen, in der systematische Auseinandersetzung über die unterschiedlichen kulturellen, sozialen, politischen Werte und Normen stattfindet und für die Arbeitsmärkte von Morgen international und interkulturell ausgebildet wird« (*Neusel, A.* 1990).

Die Internationale Frauenuniversität »Technik und Kultur« (*ifu*)

In Deutschland startete im Jahre 2000 ein anspruchsvolles Experiment zur Einrichtung einer Frauenuniversität. Die Internationale Frauenuniversität »Technik und Kultur« (*ifu*) hat als weltweites Projekt der EXPO 2000 in Hannover begonnen, hat aber den Anspruch als Universität fortgeführt zu werden.

»Frauenförderung ist Hochschulreform – Frauenforschung ist Wissenschaftskritik«, mit diesem programmatischen Titel hatte im Januar 1994 die von der damaligen niedersächsischen Wissenschaftsministerin *Helga Schuchardt* berufene Frauenforschungskommission ihren Bericht veröffentlicht. Die Kommission forderte in ihrem Bericht unter der Überschrift »Tradition und Traditionsbruch« eine Frauenuniversität als Reformexperiment: »(Es) bedarf es der Räume, wo Anregungspotentiale entstehen. (...) Um völlig neue Wege zu gehen, brauchen Frauen einen Ort des Experimentierens (...). Eine solche Utopie könnte die erste deutsche Frauenuniversität sein: in Niedersachsen« (*Frauenforschungskommission Niedersachsen* 1994).

Zunächst ging es bei den Überlegungen darum, ein »radikal« verändertes Wissenschaftskonzept auszuprobieren. Als zentraler Begriff wurde dafür die »**Forschungsperspektive**« geprägt, als interdisziplinärer Strukturvorschlag für den Wissensbestand, der sich an den großen Themen der Welt orientiert (vgl. *Frauenforschungskommission Niedersachsen* 1997). Die Wechselwirkung zwischen der Wissenschaftsentwicklung und den gesellschaftlichen Veränderungen sollten in den Mittelpunkt der wissenschaftlichen Analysen gestellt und in allen Projekten sollte Interdisziplinarität als ein Prozess wechselseitiger Information und Korrektur angestrebt werden. Im Zentrum der Forschungsfragen sollte die Genderperspektive stehen: Erkenntnisse, Erfahrungen und Forderungen aus der Frauen- und Geschlechterforschung sollten zum Ausgangspunkt gemacht werden. Darüber hinaus wurde die Förderung des Dialogs von Kunst und Wissenschaft angestrebt.

Unter der Leitidee der »Forschungsperspektive« wurden sechs Projektbereiche – »Arbeit«, »Information«, »Körper«, »Migration«, »Stadt« und »Wasser« – entwickelt und in Zusammenarbeit mit sechs norddeutschen Hochschulen als postgraduale Studiengänge für Nachwuchswissenschaftlerinnen aus aller Welt angeboten. Das Studium dauerte 100 Tage. Die Verkehrssprache der Universität war Englisch. Die Studienplätze wurden weltweit ausgeschrieben, die Studentinnen in einem sorgfältigen Verfahren ausgewählt, zum Schluss konnten 765 Studentinnen aus 114 Ländern an dem Studium teilnehmen. Über 60 % von ihnen kamen aus den »devisenschwachen Ländern« (aus Osteuropa und den Entwicklungsländern), 78 % haben ein Stipendium erhalten. 97 % haben das Studium erfolgreich abgeschlossen und ein Zertifikat mit maximal 22 Credit-Punkten (ECTS) erhalten. Sie wurden von über 300 Dozentinnen aus ca. 50 Ländern unterrichtet.

Die *ifu* war eine **internationale Einrichtung**. Der Anspruch ging aber weit über die übliche Debatte um die Internationalisierung des deutschen Hochschulwesens hinaus. Es wurde eine Neukonzeptualisierung der Bildungs- und Forschungsinhalte angestrebt. »Der Dialog und die Reibung in der wirklich internationalen wissenschaftlichen Zusammenarbeit sollen neue Denkhorizonte eröffnen, Reflexion über die Grenzen der eigenen Erkenntnis ermöglichen, und schließlich die westliche (feministische) Wissenschaft korrigieren und bereichern. So wird eine utopisch anmutende Zielvorstellung versucht umzusetzen (...) Themen, Interessen, Inhalte wissenschaftlicher Arbeit in einem wirklichen internationalen Rahmen zu bestimmen« (*Neusel, A.* 2000, S. 51 ff.).

Die *ifu* war als EXPO-Projekt auf drei Monate beschränkt. Sie war als eine gemeinnützige GmbH organisiert. Gesellschafter der GmbH waren das Land Niedersachsen und die Internationale Frauenuniversität e.v. Die Hochschulleitung bestand aus einer Präsidentin, einer kaufmännischen Geschäftsführerin sowie aus der 12 Dekaninnen, die sie sechs Projektbereiche vertraten (je eine internationale und eine lokale Dekanin leiteten einen Projektbereich). Diese bildeten zusammen mit den Leiterinnen der Zentralen Projekte (Kunst, Virtuelle ifu, Service Center, ifu's open space und Evaluation) den Council, das Gremium, das für die akademischen Angelegenheiten der ifu zuständig war.

Obwohl auf Zeit eingerichtet, hat die Internationale Frauenuniversität den Anspruch, ein Hochschulreformmodell zu sein und damit auf Dauer zu existieren. Die Konzepte für die Verstetigung des Projekts werden diskutiert.

Die neuere Diskussion über die Frauenuniversitäten thematisiert die Paradoxie des Konzepts, die darin besteht, Geschlechtszugehörigkeit zum Zulassungskriterium zu machen, wenn gleichzeitig das Geschlecht als Strukturkategorie in der Gesellschaft beseitigt werden soll (vgl. *Wetterer* 1996).

Die Internationale Frauenuniversität hat die Annahme bestätigt, dass eine Bildungseinrichtung von und für Frauen ein Modell ist, das es weiterzuentwickeln gilt, von dessen innovativen Ideen traditionelle Einrichtungen profitieren können; kurz: eine »paradoxe Intervention« zum richtigen Zeitpunkt – wie die *ifu* – setzt genug Kreativität und Produktivität für einen Entwicklungsschub frei.

Literatur:

Ahfad University for Women (A. U. W.): A model for women education in the Sudan. Omdurman 1999.
Ewha Womans University: The Essence of Education. Seoul 2000.
Frauen und Wissenschaft: Beiträge zur Berliner Sommeruniversität für Frauen, Juli 1976. Berlin 1977.
Neusel, A.: »Die Frauenuniversität«. In: *Schlüter, A./Roloff, C./Kreienbaum, M. A.* (Hrsg.): Was eine Frau umtreibt. Pfaffenweiler 1990. S. 65-74.
Neusel, A. (Hrsg.): Die eigene Hochschule. Internationale Frauenuniversität »Technik und Kultur«. Opladen 2000b.
Neusel, A.: Die Internationale Frauenuniversität »Technik und Kultur« Das Besondere des Konzepts. In: *Neusel, A.* (Hrsg.): Die eigene Hochschule. Internationale Frauenuniversität »Technik und Kultur«. Opladen 2000. S. 33-56.
Frauenforschungskommission Niedersachsen: Frauenförderung ist Hochschulreform – Frauenforschung ist Wissenschaftskritik«. Hannover: Niedersächsisches Ministerium für Wissenschaft und Kultur 1994.
Frauenforschungskommission Niedersachsen: Berichte aus der Frauenforschung: Perspektiven für Naturwissenschaften, Technik und Medizin. Hannover: Niedersächsisches Ministerium für Wissenschaft und Kultur 1997.
Sebrechts, J. S.: Women's Colleges in the United States Today: An overview. In: *Teubner. U.* (Hrsg.): Dokumentation der Fachtagung: Single-Sex-Education im interkulturellen Vergleich. Chancen von Monoedukation für Frauen in Technik und Naturwissenschaften. Fachhochschule Darmstadt 1996, S. 20-30.

Stump, D. in: Verein Feministische Wissenschaft Schweiz (Hrsg.): Ebenso neu als Kühn, 120 Jahre Frauenstudium an der Universität Zürich. Zürich 1988, S. 15-18

Teubner, U.: Single-Sex-Education im interkulturellen Vergleich. In: Teubner, U. (Hrsg.): Dokumentation der Fachtagung: Single-Sex-Education im interkulturellen Vergleich. Chancen von Monoedukation für Frauen in Technik und Naturwissenschaften. Fachhochschule Darmstadt 1996a, S. 12-19.

Teubner, U.: Erfolg unter wechselnden Vorzeichen – einige Anmerkungen zur Geschichte der Frauencolleges der USA. In: Metz-Göckel, S./Steck, F. (Hrsg.): Frauenuniversitäten. Initiativen und Reformprojekte im internationalen Vergleich. Opladen 1997, S. 207-224.

Wetterer, A.: Die Frauenuniversität als paradoxe Intervention. Theoretische Überlegungen zur Problematik und zu den Chancen der Geschlechter-Separation. In. Metz-Göckel, S./Wetterer, A. (Hrsg.):Vorausdenken – Querdenken – Nachdenken. Texte für Aylâ Neusel. Frankfurt 1996, S. 263-280.

Angaben zur Autorin:

Prof. Dr.-Ing. Aylâ Neusel
Hochschulforscherin in Kassel und Präsidentin der Internationalen Frauenuniversität »Technik und Kultur« in Hannover
Universität Gesamthochschule Kassel
Wissenschaftliches Zentrum für Berufs- und Hochschulforschung
Mönchebergstraße 17
34109 Kassel
Tel.: +49 561 804 2415 (Sekretariat)
Fax: +49 561 804 7415 (Sekretariat)
E-Mail: A.neusel@hochschulforschung.uni-kassel.de

Fundraising

Arnold Hermanns

Unter den gegenwärtigen wirtschaftlichen Rahmenbedingungen ist die Finanzierung von Hochschulen ein zentrales Thema in der hochschulpolitischen Diskussion. Vor allem aufgrund gekürzter Unterstützungsleistungen der öffentlichen Hand sehen sich die Verantwortlichen vor neue Herausforderungen gestellt. Die Erfüllung ihres gesellschaftlichen Auftrags ist für Hochschulen nur dann gesichert, wenn in Eigenregie neue Möglichkeiten der Geld- und Sachmittelbeschaffung erschlossen werden. In dieser aus finanzieller Sicht sehr unbefriedigenden Situation haben die Hochschulen das Fundraising für sich entdeckt.

Der **Begriff des Fundraising**, der sich grundsätzlich auf Non-Profit-Organisationen bezieht, wird unterschiedlich weit ausgelegt. Während einige Autoren darunter lediglich die Beschaffung von Geldmitteln verstehen, sehen andere ihn breiter: es geht um die Beschaffung von zusätzlichen Ressourcen verschiedenster Art. Konsens besteht allerdings darüber, dass Fundraising dazu dient, eine Non-Profit-Organisation, hierunter zählen auch die weitaus meisten Hochschulen in Deutschland, zu befähigen, ihre Ziele zu verfolgen und zu erreichen.

Geht man von dem weiteren Begriffsverständnis aus, so lässt sich Fundraising betriebswirtschaftlich als eine **Strategie** im Rahmen des Beschaffungsmarketings identifizieren (siehe Abbildung).

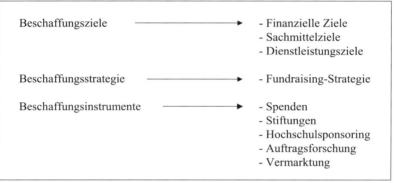

Beschaffungsziele ──────────▶ - Finanzielle Ziele
                              - Sachmittelziele
                              - Dienstleistungsziele

Beschaffungsstrategie ──────────▶ - Fundraising-Strategie

Beschaffungsinstrumente ──────────▶ - Spenden
                                    - Stiftungen
                                    - Hochschulsponsoring
                                    - Auftragsforschung
                                    - Vermarktung

Abb. 1: Fundraising als Strategie des Beschaffungsmarketing

Mit der Fundraising-Strategie werden Beschaffungsziele verfolgt. Konkretisiert wird die Strategie durch den Einsatz geeigneter Instrumente zur Ressourcengenerierung, wie sie nachfolgend kurz beschrieben werden.

Spenden können in zwei Formen realisiert werden, die beide mit der Absicht verbunden sind, etwas Gutes zu tun. Zum einen gibt es die Spende als die selbstlose Hingabe von Geld oder sonstigen Leistungen ohne dass damit eine Gegenleistung verbunden ist, man spricht dann von Mäzenatentum. Werden Spenden zur Förderung mildtätiger, kirchlicher, religiöser, wissenschaftlicher und als besonders förderungswürdig anerkannter gemeinnütziger Zwecke gegeben, so besteht in einem bestimmten Umfang die Möglichkeit der steuerlichen Abzugsfähigkeit im Rahmen der Einkommens- und der Körperschaftssteuer. Privatpersonen wie Unternehmen können als Spender auftreten.

Eine **Stiftung** bezeichnet zum einen den Vorgang der Widmung von Vermögen für einen bestimmten Zweck und zum anderen das selbstständige wirtschaftliche Gebilde, welches durch diesen Vorgang entsteht. Unternehmen oder auch Privatpersonen, die als Stifter auftreten, verfolgen mit ihrer Stiftung einen konkreten, auf ein bestimmtes gesellschaftliches Thema bezogenen gemeinnützigen Zweck, wie z. B. die Förderung von Forschung und Lehre. Motive für Einrichten einer Stiftung liegen vor allem in der Absicht, einen Beitrag zur gesellschaftlichen Förderung zu leisten. Der große Vorteil der Stiftung besteht in der langfristigen Förderkontinuität, sie ist daher für Hochschulen besonders interessant.

Unter **Hochschulsponsoring** (→ *Sponsoring*) wird die Zuwendung von Finanz-, Sach- und oder Dienstleistungen von einem Unternehmen (Sponsor) an eine Hochschule, eine organisatorische Einheit der Hochschule oder an ein Mitglied der Hochschule (Gesponserter) gegen die Gewährung von Rechten zur kommunikativen Nutzung von Institution bzw. Person und/oder Aktivitäten des Gesponserten auf der Basis einer vertraglichen Vereinbarung verstanden. Sponsoring erfordert die aktive und partnerschaftliche Zusammenarbeit mit Unternehmen.

Im Rahmen der **Auftragsforschung** unterstützt ein Unternehmen ein Forschungsvorhaben einer Hochschule mit Finanz-, Sachmitteln oder auch Dienstleistungen. Ziel des Unternehmens ist es, über die Ergebnisse dieses Forschungsvorhabens Know-how zu generieren und zu nutzen. Auftragsforschung wird häufig auf den untersten organisatorischen Stufen der Hochschulen betrieben (etwa von Professoren oder Instituten). Es wäre auch denkbar, dass sich die Hochschule als Ganzes oder auf Departmentebene im Sinne einer strategischen Forschungskooperation engagiert, hierfür kommen allerdings nur große Unternehmen als Partner in Frage.

Die Hochschulen bemühen sich derzeit verstärkt, über spezielle **Vermarktungsaktivitäten** vor allem Finanzmittel zu beschaffen. Derartige Aktivitäten betreffen besonders die Vermietung von Räumlichkeiten (z. B. Sportanlagen oder Hörsäle) sowie den Verkauf von Werbeflächen auf dem Hochschulgelände oder von Anzeigenplätzen in Schriftstücken (z. B. eine Hochschulzeitung). Vermarktungsaktivitäten verlangen einen aktiven Auftritt der Hochschule in den entsprechenden Märkten.

Die Einordnung des Fundraising als Strategie des Beschaffungsmarketing einer Hochschule und die Darstellung der einzelnen Instrumente des Fundraising zeigen auf, dass ein adäquates Fundraising-Management für die Hochschule notwendig erscheint. Zweifellos können dabei nicht alle Instrumente gleichermaßen verfolgt werden. Es empfiehlt sich daher, ein oder zwei Leadinstrumente zu implementieren und die anderen Instrumente eher akzidentell zu managen.

Will man die angeführten Instrumente der Ressourcenbeschaffung für die Hochschule erschließen, so hat ein grundsätzlicher Umdenkungsprozess einzusetzen. Gefordert ist ein neues Selbstverständnis, welches einerseits eine nach außen geöffnete marktorientierte Denkhaltung integriert, andererseits aber nicht dem eigentlichen Auftrag der Hochschulen widerspricht. Gewonnen werden kann dieses Selbstverständnis über eine konstruktive Auseinandersetzung mit den Herausforderungen, mit denen die Bildungseinrichtungen derzeit konfrontiert werden. Die Chancen für eine erfolgreiche Umsetzung des Fundraising stehen nicht schlecht. Vor allem die Unternehmen sind mehr und mehr bereit, sich im Sinne des New Charity-Gedankens auch für die Hochschulen stärker zu engagieren. Hochschulen und Unternehmen müssen jedoch mehr als bisher aufeinander zugehen und gemeinsam konzeptionelle Lösungen erarbeiten.

Literatur:

Brocks, C.: Basiskurs Fundraising, Markgröningen 1994.

Haibach, M.: Handbuch Fundraising, Frankfurt/M. u. a. 1998.

Hermanns, A./Glogger, A.: Management des Hochschulsponsoring, Neuwied, Kriftel, Berlin 1998.

Hermanns, A./Thurm, M.: New Charity, in: absatzwirtschaft, Nr. 5/1999, S. 40-43.

Urselmann, M.: Fundraising, 2. Aufl., Bern u. a. 1999.

Angaben zum Autor:

Prof. Dr. Arnold Hermanns
Universität der Bundeswehr München
Fakultät für Wirtschafts- und Organisationswissenschaften
Institut für Marketing
85577 Neubiberg
Tel.: +49 89 60 04 42 11
Fax: +49 89 60 04 39 08
E-Mail: Arnold.Hermanns@unibw-muenchen.de
http://www.marketing-munich.de

Ganzheitliche Hochschulreform

Detlef Müller-Böling

Nachdem seit Mitte der Neunzigerjahre eine Reihe von Reformen im deutschen Hochschulsystem auf den Weg gebracht worden ist, zeichnet sich ab, dass Hochschulreform nur dann erfolgreich sein kann, wenn sie auf der Grundlage einer ganzheitlichen Sichtweise sowohl der Hochschule als Institution als auch des Hochschulsystems betrieben wird. Dass Hochschulreform ganzheitlich betrieben werden muss, mag auf den ersten Blick als eine triviale Feststellung erscheinen. In der hochschulpolitischen Diskussion wurden jedoch immer wieder einzelne Reformmaßnahmen – sei es die Dienstrechtsreform, der Globalhaushalt oder Studiengebühren – zum Schlüssel für eine Veränderung des Gesamtsystems stilisiert. Ganzheitliche Ansätze der Hochschulreform berücksichtigen demgegenüber folgende Überlegungen:

1. Im Sinne der Systemtheorie sind Hochschulen als komplexe Organisationen zu verstehen, deren Veränderung ein integriertes Vorgehen notwendig macht, da jeder Funktionsbereich mit anderen Bereichen in Wechselwirkung steht (*Havelock/Hubermann* 1977).

2. Ausgangspunkt von Reformen im Hochschulbereich kann nicht die Umsetzung einer bestimmten Einzelmaßnahme oder eines neuen Steuerungsinstru-

mentes sein, sondern es braucht einen Ziel- und Bezugsrahmen, von dem aus einzelne Reformmaßnahmen im Hochschulsystem erst eingeordnet, bewertet und aufeinander bezogen werden können.

3. Die Herausforderungen der Gegenwart an das Hochschulsystem – Wachstum der Studierendenzahlen, internationaler Wettbewerb, Beschleunigung des wissenschaftlichen Fortschritts, Mittelknappheit, um nur einige zu nennen – erfordern eine erhöhte Handlungsfähigkeit der Hochschulen. Daher ist ein solcher Ziel- und Bezugsrahmen in einem neuen Verständnis der Hochschulautonomie und des Verhältnisses Staat – Hochschule zu suchen. Es gilt die korporative Autonomie der Hochschule als Institution in den Mittelpunkt zu stellen und zu behaupten sowohl gegen Partial- und Gruppeninteressen im Innern als auch gegenüber überzogenen Kontrollansprüchen des Staates. Die Hochschule ist als eigenständiger Akteur, als »corporate entity« zu begreifen, deren Handlungs- und Steuerungsfähigkeit innerhalb eines wettbewerblichen Systems es zu stärken gilt. Die Hochschule als lernende und handelnde Organisation bildet also die Klammer, die die verschiedenen Reforminstrumente zusammenhält und in Korrespondenz zu den individuellen Bedingungen innerhalb der Hochschule und in deren Umfeld erst zu einem sinnvollen Ganzen verknüpft.

Ausgehend von einem solchen Leitbild ergeben sich notwendige Reformschritte in fast allen die Hochschule betreffenden Bereichen, vom Hochschulzugang über Hochschulfinanzierung, Leitungs- und Organisationsstrukturen, dem Personalbereich bis hin zu Qualitätssicherung und Strategiebildung. Diese Reformen beinhalten enorme Herausforderungen an eine professionelle Hochschulführung in akademischer, organisationaler und wirtschaftlicher Sicht, auf die im Folgenden noch näher eingegangen wird.

Wichtige Befürworter eines ganzheitlichen Ansatzes auf dem Gebiet der Hochschulreform – mit jeweils unterschiedlichen Schwerpunkten und Begriffssystemen – sind *Clark* (1998), *Daxner* (1996, 1999) und *Müller-Böling* (2000).

Clarks Studie mit dem kontroversen Titel »Die unternehmerische Universität« hatte prägenden Einfluss auf die europäische Hochschulreformdiskussion. *Clark* (1998) identifiziert anhand der empirischen Analyse von fünf europäischen Reformuniversitäten fünf Elemente erfolgreicher Transformation: die Stärkung der Steuerungsfähigkeit der Hochschule, die Weiterentwicklung der universitären Peripherie, die Diversifizierung der Finanzierungsquellen, die Wiederbelebung des akademischen Kerns der Universität und die Schaffung einer von allen Teilen der Universität mitgetragenen unternehmerischen Kultur. Als »erklärende Kategorien« dienen diese Elemente einerseits der strukturierten Beschreibung von Reformprozessen und andererseits der Fokussierung des Diskurses über diese Reformen.

Auch wenn *Daxner* (1996, 1999) seine Gesamtsicht der Reformnotwendigkeiten nicht in eine mit *Clark* vergleichbare Terminologie verdichtet, zeichnet er sich durch eine integrierte Sichtweise aus, die immer wieder den Bogen zwischen akademischen, das heißt wissenschaftlichen und pädagogischen Fragen und solchen der Organisation und Finanzierung schlägt. *Daxner* verbindet eine detaillierte Problemanalyse mit sehr konkreten Reformvorschlägen. Die »andere Hochschule für die Wissensgesellschaft«, die er fordert, muss getragen sein von einem erneuerten gesellschaftlichen Konsens über die Aufgabe und Notwendigkeit der Wissenschaft sowie einer eigenverantwortlicheren Organisationsform für diese.

Der Zusammenhang zwischen den einzelnen Reformfeldern soll im Folgenden anhand der in *Müller-Böling* (2000) identifizierten zentralen Merkmale zukunftsfähiger Hochschulen, nämlich *Autonomie, Wissenschaftlichkeit,* → *Profilbildung, Wettbewerblichkeit, Internationalität* und *Virtualität* vertieft werden. Die Begriffe umreißen die zentralen Herausforderungen an die Hochschulen und damit zugleich die zentralen Handlungsfelder jeder Hochschulreformpolitik. Dabei sind sie untereinander vernetzt und bedingen sich gegenseitig. Abbildung 1 visualisiert die wichtigsten Maßnahmen und Instrumente der aktuellen Hochschulreform in ihren Bezügen untereinander und in Bezug auf die zentralen Merkmalskategorien.

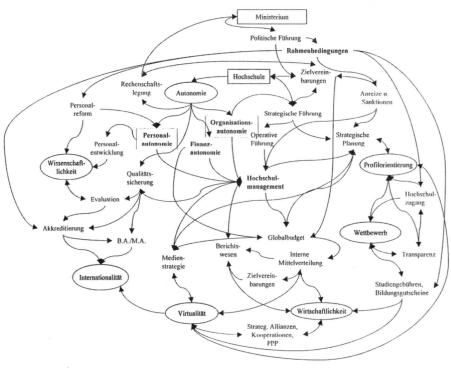

Netzwerk.ppt

137

Aus dem Ziel der Stärkung der korporativen **Autonomie** der Hochschulen ergibt sich insbesondere die Notwendigkeit der Finanz-, ebenso wie der Organisations- und Personalautonomie für die Hochschulen. Organisationsautonomie erfordert neue Leitungsstrukturen, die sowohl die Willensbildung innerhalb der Hochschule als auch ihr Verhältnis zum Staat neu organisieren. Der Hochschulleitung fällt dabei die zentrale Managementaufgabe zu, die Hochschule orientiert an einem Leitbild, das es zu entwickeln gilt, strategisch und operativ zu steuern. Damit ist die Aufgabe der **Profilbildung** angesprochen, die die Verständigung über Prioritäten und Posterioritäten beinhaltet. Diese sind innerhalb der Hochschule nur umsetzbar, wenn die interne Mittelverteilung darauf ausgerichtet ist. Dies wiederum ist nur im Rahmen eines Globalhaushaltes möglich. Finanzautonomie und Organisationsautonomie gehören also zusammen. Da Personalkosten den mit Abstand größten Teil der laufenden Kosten einer Hochschule ausmachen, kann man von wirklicher Finanzautonomie nicht sprechen, solange die Entscheidung über Umfang und Besoldung des Personaleinsatzes den Hochschulen vorenthalten bleibt. Die Verwirklichung des Prinzips der **Wirtschaftlichkeit** erfordert darüber hinaus ein Berichtswesen, das in der Lage ist, die in der Hochschule anfallenden Kosten in Bezug zu den Leistungen, die akademischen Leistungen eingeschlossen, zu setzen und dem Hochschulmanagement als Entscheidungsgrundlage abzubilden.

Auf der Ebene des Hochschulsystems führt die Profilbildung einzelner Institutionen zu einer stärkeren Differenzierung nach Aufgaben und Qualität, so dass ein **Wettbewerb** zwischen den Institutionen entsteht. Ein sinnvoller Wettbewerb um Qualität in Forschung und Lehre erfordert auf der einen Seite Transparenz der von den Hochschulen erbrachten Leistungen, auf der anderen Seite die freie Wahl der Studierenden durch die Hochschule und der Hochschulen durch die Studierenden. Durch das Prinzip »Geld folgt Studierenden«, umgesetzt durch staatlich finanzierte Bildungsgutscheine und Studiengebühren, wird der Wettbewerb um Studierende mit finanziellen Anreizen versehen. Auf diesem Wege beeinflusst die Qualität der Leistungen die Höhe der finanziellen Zuflüsse an die Hochschule. Aber auch durch die Verknüpfung der staatlichen Finanzierung mit anderen Indikatoren ist eine leistungsorientierte Hochschulfinanzierung möglich. Die Verwirklichung des Prinzips der Finanzautonomie erfordert darüber hinaus die Ausschöpfung der Möglichkeiten der Hochschule zur Diversifizierung ihrer Finanzierungsbasis. Hierzu zählen neben den klassischen Forschungsgeldern der Deutschen Forschungsgemeinschaft auch Drittmittel aus der Wirtschaft und Formen der Kooperation mit der Wirtschaft.

Wirtschaftlichkeit einer Hochschule kann aber nie Selbstzweck sein, sondern muss immer in den Dienst der **Wissenschaftlichkeit** gestellt sein. Die Generierung, Verbreitung und kritische Reflexion von Wissen und Ideen ist – in vielfältigen Schattierungen und besonderen Profilbildungen – die Aufgabe und der Daseinszweck der Hochschulen. In einem dezentralen und wettbewerblichen Hochschulsystem ist daher die Entwicklung und Sicherung der wissenschaftlichen Qualität eine zentrale Führungsaufgabe der Hochschulleitung, deren

Verwirklichung ein umfassendes Qualitätsmanagement erfordert. Neben verschiedenen Formen der Evaluation ist die Eröffnung langfristiger Entwicklungsperspektiven für die an der Hochschule tätigen Menschen in Forschung, Lehre und Verwaltung ein weiteres zentrales Instrument des Qualitätsmanagements, dessen Einsatz nur bei Personalautonomie uneingeschränkt möglich ist.

Internationalität war schon immer ein Wesenszug der Wissenschaft und damit auch der Hochschulen als wissenschaftlichen Einrichtungen. Durch die zunehmende Integration der Arbeitsmärkte, die zunehmende Mobilität der Studierenden und die internationale Verfügbarkeit von Bildungsangeboten stellt sich für Hochschulen die Frage der internationalen Wettbewerbs- und Anschlussfähigkeit aber in neuer Dimension. Die Ausrichtung solcher Bildungsangebote an internationalen Qualitätserwartungen und die internationale Kompatibilität von Studienstrukturen werden zu entscheidenden Aufgaben, die sowohl auf der Ebene der einzelnen Hochschule als auch zwischen den Hochschulsystemen gelöst werden müssen. Die Einführung von Bachelor- und Master-Studiengängen ist eine Antwort auf diese Anforderungen, verknüpft mit der Akkreditierung als neuer Form der hochschulübergreifenden Qualitätssicherung, die an die Stelle von Rahmenprüfungsordnungen tritt. Internationalisierung verstärkt durch die größere Durchlässigkeit der Systeme die Notwendigkeit zu einem neuen Verständnis von Qualitätssicherung als institutioneller Aufgabe mit sehr viel größerer Einzelfall- und Prozessorientierung. Internationalisierung beschleunigt aber auch den organisationalen Wandel von Hochschulen, da der verstärkte Austausch zwischen Hochschulen den internationalen Dialog über sachgerechte Organisationsformen befördert und der Wettbewerb der Systeme von den Hochschulen größere Reagibilität verlangt.

Indem das Internet die direkte Konkurrenz von Bildungsangeboten aus aller Welt unterstützt und beschleunigt, verstärkt es die Notwendigkeit der Hochschulentwicklung auf allen bisher genannten Feldern. Die Nutzung der neuen Medien – die **Virtualität** – wird für die Hochschule zu einem wesentlichen Faktor sowohl für die Erreichung wissenschaftlicher Exzellenz in Forschung und Lehre als auch für die Sicherung der internationalen Wettbewerbsfähigkeit. Die Entwicklung einer sinnvollen Strategie zum Einsatz neuer Medien – die im übrigen nicht nur in der internetgestützten Fernlehre besteht, sondern auch vielfältige Formen mediengestützter Präsenzlehre umfassen kann – stellt hohe Anforderungen an ein übergreifendes Hochschulmanagement. Eine solche Strategie wird zum wesentlichen profilbildenden Element einer Hochschule. Die für die Umsetzung einer Multimediastrategie erforderlichen Investitionen verlangen nach neuen Finanzierungs- und Zusammenarbeitsformen sowohl zwischen Hochschulen als auch zwischen Hochschulen und privaten Unternehmen. Und nur autonome Hochschulen werden in der Lage sein, diesen Anforderungen mit einer ganzheitlichen Antwort und der nötigen Handlungsfähigkeit zu begegnen.

Dies bedeutet allerdings nicht, dass sich der Staat aus der Verantwortung für das Hochschulsystem zurückzieht, sondern setzt vielmehr ein gewandeltes Aufgabenverständnis voraus. Parlamente und Ministerien sind in erster Linie für die politische Zielsetzung und Führung des Hochschulsektors zuständig und tun dies über die Realisierung entsprechender Rahmenbedingungen und die Handhabung von Steuerungsinstrumenten wie Zielvereinbarungen (→ *Zielvereinbarungssysteme*) und leistungsorientierter Mittelverteilung (→ *Indikatorengestützte Mittelvergabe*). Die Hochschule ist dem Ministerium gegenüber rechenschaftspflichtig, allerdings ist festzulegen, bis auf welche Ebene sich diese Rechenschaftspflicht sachgemäß erstreckt (*Küchler et al.* 2000).

Aus dieser Aufstellung wird deutlich, dass einzelne Maßnahmen und Instrumente nicht eindeutig bestimmten Handlungsfeldern zugeordnet werden können. Der → *Globalhaushalt* ist gleichzeitig eine Voraussetzung der Hochschulautonomie wie auch der wirtschaftlichen Führung der Hochschule, er ermöglicht Profilbildung, und ohne Globalhaushalt sind Investitionen in neue Medien nicht sinnvoll finanzierbar. Gleichzeitig reicht die Einführung eines Globalhaushaltes allein nicht aus, um all diese Ziele zu erreichen, eine handlungsfähige Hochschulleitung ist dafür beispielsweise ebenso notwendig. Ähnliches gilt für jede andere Einzelmaßnahme.

In einem traditionsreichen, über Jahrhunderte gewachsenen System ist es nicht möglich, alle notwendigen Reformen zeitgleich durchzuführen. Hierfür fehlt letztlich auch die politische Kraft zur Umsetzung. Aber es ist möglich, schon bei der Reform eines Teilbereichs einerseits das Gesamtziel und andererseits die Wechselwirkungen mit den unmittelbar angrenzenden Bereichen im Blick zu haben. Erst der integrierte Einsatz mehrerer Instrumente mit Blick auf bestimmte Teilziele verspricht Aussicht auf Erfolg.

Literatur

Clark, B.: Creating Entrepreneurial Universities. Oxford 1998.
Daxner, M.: Ist die Uni noch zu retten? Zehn Vorschläge und eine Vision. Hamburg 1996.
Daxner, M.: Die blockierte Universität. Warum die Wissensgesellschaft eine andere Hochschule braucht. Frankfurt 1999.
Havelock, R./Hubermann, A.: Solving Educational Problems. UNESCO, Paris 1977.
Müller-Böling, D.: Die entfesselte Hochschule. Gütersloh 2000.
Küchler, T./Müller-Böling, D./Schreiterer, U./Ziegele, F.: Gutachten Hochschulreform Baden-Württemberg 2000. Stellungnahme und Empfehlungen. Gütersloh 2000.

Angaben zum Autor:

Prof. Dr. Detlef Müller-Böling
Leiter des CHE Centrum für Hochschulentwicklung
Carl-Bertelsmann-Straße 256
33311 Gütersloh
Tel.: +49 52 41 97 61 21
Fax: +49 52 41 97 61 40
E-Mail: detlef.mueller-boeling@che.de
http://www.che.de

Gestufte Studiengänge

Ulrich Teichler
Stefanie Schwarz

In allen Ländern der Welt gibt es bei den Studiengängen Unterschiede im intellektuellen Anspruchsniveau, in der inhaltlichen Profilierung, in der erforderlichen Dauer des Studiums und in der Bewertung des Abschlusses. Unterschiedlich ist jedoch vor allem, welches Gewicht die verschiedenen Prinzipien der Differenzierung haben:

■ Typen von Hochschulen und Studiengängen,
■ Stufen von Studiengängen und -abschlüssen,
■ vertikale Rangstufung von formal gleichen Studiengängen,
■ horizontale Differenzierung (verschiedene Profile) von formal gleichen Studiengängen.

In Deutschland galt bis Mitte der Neunzigerjahre die Unterscheidung zwischen Typen von Hochschulen (vor allem zwischen Universitäten und Fachhochschulen) als das wichtigste Element inter-institutioneller Differenzierung. Horizontale oder vertikale Differenzen formal gleicher Studiengänge waren häufig Gegenstand lebhafter Debatten, hatten jedoch eindeutig ein geringes Gewicht. Intra-institutionelle Differenzierung war nur in einer begrenzten Zahl von Studienfächern an Gesamthochschulen verwirklicht, wobei nur die Universität Gesamthochschule Kassel gestufte Studiengänge anbot.

Unterschiede in Länge und Art von Studiengängen in Europa galten lange Zeit nicht nur als akzeptabel, sondern als Ausdruck wünschenswerter Vielfalt der europäischen Hochschulsysteme. Mitte der Neunzigerjahre verbreitete sich in verschiedenen europäischen Ländern die Sorge, dass die bestehenden Strukturen zu viele außereuropäische Studierende abschreckten, sich für ein Studium in Europa zu entscheiden und dass die Absolventen vieler europäischer Länder auf dem internationalen Arbeitsmarkt wegen der Struktur der Studiengänge und -abschlüsse Nachteile erlitten.

Bereits Ende der Achtzigerjahre wurde in Dänemark entschieden, dass alle Studierenden nach drei erfolgreichen Studienjahren einen Baccalaureus-Titel erhalten – unbeschadet der Tatsache, ob sie einen Dreijahres-Studiengang durchliefen oder drei Jahre eines längeren Studiengangs erfolgreich bewältigt hatten. In Finnland wurde es den Universitäten in der ersten Hälfte der Neunzigerjahre freigestellt, neben den langen Magister-Studiengängen eine gestufte Struktur mit Baccalaureus- und Magister-Abschlüssen einzuführen. In Konferenzen an der Sorbonne und in Bologna im Jahre 1999 forderten Minister verschiedener europäischer Länder, gestufte Studiengänge und -abschlüsse überall in Europa einzuführen.

International am stärksten verbreitet ist die US-amerikanische Struktur von überwiegend vier Jahre dauernden Bachelor-Studiengängen, denen ein zumeist zweijähriges weiteres Studium folgen mag (*Schwarz* 2000). Von den meisten Ländern, die ähnliche Strukturen einführten, wurden jedoch zwei Besonderheiten dieses Modells nicht übernommen:

■ Die Zulassung aller Studierenden zu einem »general education« oder »liberal arts« -Studienangebot zu Beginn, dem erst später – meistens nach zwei Jahren – eine Aufgliederung nach Studienfächern folgt.

■ Eine Aufgliederung der späteren Studienangebote in »master programs« oder »professional programs« (letztere z. B. in Jura und Betriebswirtschaftslehre).

In den kontinentaleuropäischen Ländern seit Mitte der Neunzigerjahre wurde häufig gefordert, das »angelsächsische Modell« von gestuften Studiengängen und -abschlüssen einzuführen; dabei fiel jedoch im Hinblick auf die Struktur überwiegend der Blick auf England (nicht Schottland) und die Mitglieder des britischen Commonwealth, die dem englischen Modell gefolgt sind (*Dalichow* 1997). Die Mehrheit der Studiengänge in England sehen ein dreijähriges Studium vor (eine Minderheit vier oder fünf Jahre), bei dessen erfolgreichem Abschluss überwiegend der Titel Bachelor vergeben wird. Eine Minderheit der Studierenden setzt das Studium an Hochschulen fort und kann nach ein oder zwei Jahren einen Master erwerben (Oxford allerdings verleiht einen Master-Titel, ohne ein weiteres Studium zu verlangen) (*Schnitzer u. a.* 1998).

Während es im Jahr 1998 erst ca. 100 Bachelor- und Masterstudiengänge an deutschen Hochschulen gab, hat sich diese Zahl bis zum Wintersemester 2000 bereits auf 524 erhöht. Allein im Jahr 2000 wurden an deutschen Hochschulen insgesamt über 300 neue gestufte Studiengänge mit der Möglichkeit des Bachelor- und/oder Masterabschlusses eingeführt. Von Beginn an dominierten sowohl an Fachhochschulen als auch an Universitäten die Masterangebote (*Jahn* 2000). In Deutschland setzte sich die Vorstellung durch, dass

■ die erste Stufe drei bis vier Jahre,

■ die zweite Stufe ein bis zwei Jahre und

■ beide Stufen nicht mehr als fünf Jahre

dauern sollen.

Zwei besondere Akzente wurden in Deutschland gesetzt:

■ Während in anderen Ländern lateinische oder an die Nationalsprache adaptierte lateinische Titel für die neuen Abschlüsse gewählt wurden, ziehen viele deutsche Hochschulen englische Benennungen (bachelor, master) in der Hoffnung vor, dass dies die internationale Anerkennung erleichtere.

■ Während in anderen Ländern die neuen Studiengänge und -abschlüsse nach den bisher herrschenden Modalitäten Anerkennung fanden, wurde in Deutschland für die neuen gestuften Studiengänge eine Sonderform der Anerkennung etabliert: die Akkreditierung (vgl. *Teichler* 1999).

Ergänzend wird erwartet, dass die gestuften Studiengänge – in Verbindung mit der Einführung von Credits – die Umsetzung von Studienstrukturreformen erleichtern. Dieser Zusatz ist von Bedeutung, denn die Einführung von gestuften Studiengängen in Verbindung mit Credits kann bedeuten, dass sowohl auf operativer als auch auf curricularer Ebene einschneidende Studienstrukturveränderungen in die Wege geleitet werden. Insbesondere vier Motive der Studienstrukturveränderung kristallisieren sich hierbei heraus: (1) Erleichterung der Mobilität, (2) Erhöhung der Transparenz von Lehre und Lernen, (3) Verkürzung der Studiendauer, (4) Hinführung zu lebenslangem Lernen (*Schwarz/Teichler* 2000).

Die Bereitschaft der deutschen Hochschulen, gestufte Studiengänge und -abschlüsse einzuführen, variiert stark nach Fächern, Hochschularten und einzelnen Hochschulen. Größte Popularität zeigte sich im Bereich der Wirtschafts- und Ingenieurwissenschaften. Nach einer Übersicht für das Wintersemester 2000 sind Bachelor- und Masterangebote am stärksten in den Ingenieurwissenschaften (169 Studiengänge) vertreten. Auch die Geistes- und Sozialwissenschaften bilden mit 89 Studiengängen einen vorderen Rangplatz (*Jahn* 2000).

Ausgehend vom bestehenden System der Studiengänge an deutschen Hochschulen erforderte die Einführung eines Systems gestufter Studiengänge und -abschlüsse erstens, einen kürzeren Studiengang zu entwickeln, der zu einem akzeptablen ersten Abschluss führt; dieser muss nach der deutschen Gesetzgebung im Prinzip »berufsqualifizierend« sein. Manche Fachhochschulstudienangebote, die dreijährige Lehrveranstaltungsangebote mit einer einjährigen Praxisphase vorsehen, konnten die Studienangebote unverändert lassen und nur die Verpflichtung zur Teilnahme an Praxisphasen von insgesamt einjähriger Dauer aufheben. Bei einigen Magister-Studiengängen wurde entschieden, lediglich die Zahl der erforderlichen Fachrichtungen zu verändern, innerhalb der Fachrichtungen die Angebote und Anforderungen aber unverändert zu belassen. Umgekehrt kamen insbesondere auf die universitären Fächer, in denen bisher die ersten beiden Jahre ganz einer propädeutischen wissenschaftlichen Grundlegung gewidmet waren und erst im dritten eine Konzentration auf das Fach bzw. die innerfachliche Spezialisierung einsetzte, große Anforderungen der Neu-Konzipierung zu.

In der deutschen öffentlichen Diskussion über die Einführung gestufter Studiengänge spielte in den ersten Jahren die Frage eine entscheidende Rolle, welche Akzeptanz die neuen Abschlüsse auf dem Arbeitsmarkt haben werden. Äußerungen von Beschäftigerseite blieben in der Mehrheit zurückhaltend und in den pointierten Stellungnahmen kontrovers. Ähnliche Erfahrungen zur Skepsis gegenüber der Einführung gestufter Studiengänge äußern Experten aus Nachbarländern. So wird beispielsweise für Dänemark dargelegt, dass die Einführung von Bachelorabschlüssen von der Arbeitgeberseite mit sehr viel Zurückhaltung und Zögerlichkeit angenommen wird, was darin resultiert, dass die große Mehrzahl der Bachelorabsolventen direkt im Anschluss an den ersten Abschluss den traditionellen zweiten Abschluss anfügt (*Sonne Jakobsen* 1998).

Viele deutsche Vertreter von Staat und Hochschulen unterstrichen, dass in den angelsächsischen Ländern nur 30 bis 40 Prozent der Bachelor-Absolventen ihr Studium fortsetzten. Entsprechend forderten sie die Etablierung eines hochselektiven Zulassungssystems für Studiengänge der zweiten Stufe. Dabei wurde allerdings übersehen, dass zur Zeit der Einführung solcher Studiengänge ein höherer Anteil der entsprechenden Altersjahrgänge in den USA, Großbritannien und Australien einen Master- oder ähnlichen Abschluss erwarb als in Deutschland einen universitären Abschluss; auch wird in diesen Ländern oft ein Abschluss für Ausbildungsgänge vergeben, die in Deutschland zu den anspruchsvollen Bereichen des beruflichen Ausbildungssystems gehören (Ausbildung für Kindergärtnerinnen und Kindergärtner, Techniker-Ausbildungen, Fachschulausbildungen für Gesundheitsberufe u. ä.); daher wurde auch die These vertreten, dass die Einführung des Bachelors einen Druck darauf ausüben würde, die Fachschulausbildungen zu Bachelor-Studiengängen aufzuwerten (*Teichler* 1999).

Die Einführung von Bachelor-Studiengängen wurde als Möglichkeit gesehen, auf der zweiten Stufe ein anderes Fach zu studieren und somit in Verbindung von Erst- und Zweitstudium unterschiedlicher Fächer eine Mischqualifikation zu erwerben, die die gleiche formelle Anerkennung erfährt wie ein zweistufiges Studium in demselben Fach. Dies ist ein deutlicher Bruch mit der Vergangenheit des deutschen Hochschulsystems, in dem zuvor eine »X-Qualifikation« nicht die gleiche formelle Anerkennung fand wie ein Aufstocken einer weiteren Studienstufe – soweit gegeben – innerhalb desselben Fachs.

Insgesamt wird die Master-Stufe als Chance gesehen, bei ausländischen Studierenden ein größeres Interesse an einem Studium in Deutschland zu erwecken. So wurden verschiedene Master-Studienangebote entwickelt, die sich in starkem Maße an ausländische Studierende richten und in vielen Fällen englischsprachige Lehrveranstaltungen anbieten.

Die Entwicklungsgeschichte von gestuften Studiengängen und -abschlüssen analog den englischen oder US-amerikanischen Bachelor- und Master-Studiengängen und -abschlüssen ist noch zu kurz, um die Erträge bewerten zu können. Die große Sorge um unzureichende internationale Attraktivität und die schnelle Entscheidungsbereitschaft staatlicher Instanzen, die Studiengänge und -abschlüsse als ein neues Modell zu akzeptieren, das anstelle der alten Abschlüsse oder neben sie treten kann, haben zu einer schnellen Startphase in der Einführung neuer Studiengänge geführt. Es blieb jedoch eine kontroverse Diskussion innerhalb der Universitäten erkennbar; in einigen Fachrichtungen, insbesondere in einigen Bereichen der Geistes- und Naturwissenschaften, bekamen die ablehnenden Stimmen die Oberhand. Auf der anderen Seite erscheint es wahrscheinlich, dass die intensiven Bemühungen auf europäischer Ebene, die Einführung eines gestuften Modells zu fördern, in Deutschland die Diskussion beschleunigen wird, ob die gestuften Studiengänge und -abschlüsse flächendeckend eingeführt werden und somit die alte Struktur ablösen sollen.

Literatur:

Dalichow, F.: Kredit- und Leistungspunktsysteme im internationalen Vergleich. BMBF (Hrsg.), Bonn 1997.

Jahn, H./Olbertz, J.-H. (Hrsg.): Neue Stufen – alte Hürden? Flexible Hochschulabschlüsse in der Studienreformdebatte. Weinheim, Deutscher Studienverlag, 1998.

Jahn, H.: Kommentierte Übersicht über Bachelor- und Masterstudiengänge an deutschen Hochschulen. 51 S. (http://www.hof.uni-halle.de/ueber900.pdf).

Schnitzer, K./Korte, E./Schwarz, S.: Bachelor- und Masterstudiengänge im Ausland. Vergleich der Systembedingungen gestufter Abschlüsse. In: Tagungsdokumentation. Bachelor und Master in den Ingenieurwissenschaften. Dok&Mat Band 32, Bonn, DA AD 1998, S. 115 – 229.

Schwarz, S.: Das US-amerikanische Credit-System: Einheitliches Rahmenwerk – vielfältige Ausgestaltung. In: *Schwarz, S./Teichler, U.* (Hrsg.): Credits an deutschen Hochschulen. Kleine Einheiten – große Wirkung. Neuwied, Luchterhand Verlag 2000, S. 90 – 107.

Schwarz, S./Teichler, U.: Credit-Systeme an deutschen Hochschulen. Wie viel Vielfalt ist kreativ – wie viel Einheitlichkeit ist nötig? In: *Schwarz, S./Teichler, U.* (Hrsg.): Credits an deutschen Hochschulen. Kleine Einheiten – große Wirkung. Neuwied, Luchterhand Verlag 2000, S. 3 – 13.

Sonne Jakobsen, K.: Dänemark: Gemischte Erfahrungen nach einem Jahrzehnt. In: hi – hochschule innovativ. Ideen, Impulse, Projekte in internationaler Perspektive. Ausgabe 1, Bonn, Lemmens Verlag 1998, S. 4-5.

Teichler, U.: Gestufte Studiengänge und -abschlüsse in den Geistes- und Sozialwissenschaften. Gutachten im Auftrage des Deutschen Akademischen Austauschdiensts. In: Tagungsdokumentation. Bachelor und Master in den Geistes-, Sprach- und Kulturwissenschaften. Dok&Mat, Band 33, Bonn, DA AD 1999, S. 37–143.

Angaben zu den Autoren:

Prof. Dr. Ulrich Teichler
Geschäftsführender Direktor des Wissenschaftlichen Zentrums für Berufs- und Hochschulforschung der Universität Gesamthochschule Kassel
Universität Gesamthochschule Kassel
Mönchebergstraße 17
34109 Kassel
Tel.: +49 56 18 0424 15
Fax: +49 05 61 80 43 301
E-Mail: teichler@hochschulforschung.uni-kassel.de

Dr. Stefanie Schwarz
Geschäftsführerin des Wissenschaftlichen Zentrums für Berufs- und Hochschulforschung der Universität Gesamthochschule Kassel
Universität Gesamthochschule Kassel
Mönchebergstraße 17
34109 Kassel
Tel.: +49 56 18 04 24 15
Fax: +49 05 61 80 43 301
E-Mail: schwarz@hochschulforschung.uni-kassel.de

Gleichstellungspolitik/Mainstreaming

Heike Kahlert

Die deutschen Hochschulen haben in der Gleichstellung von Frauen und Männern im internationalen Vergleich eine Schlusslichtposition (vgl. *European Commission, Research Directorate-General* 1999). Ihr Modernisierungs- und Demokratisierungsdefizit hinsichtlich der Geschlechterverhältnisse ist eklatant (vgl. Tab. 1).

Hauptberufl. wiss. und künstler. Personal, zusammen[1]	9,5
davon Professuren C4 und entspr. Besoldungsgruppen[1]	5,9
davon Professuren C3 und entspr. Besoldungsgruppen[1]	9,8
Habilitationen[2]	15,3
Dozenturen und Assistenturen, zusammen[1]	23,8
davon Wiss. und künstler. Assistenturen[1]	25,3
Wiss. und künstler. MitarbeiterInnen, zusammen[1]	28,9
Lehrkräfte für besondere Aufgaben, zusammen[1]	24,2
Studierende[3]	44,5
StudienanfängerInnen[4]	48,6
(alle Angaben aus *bmb+f* 2000: 1) S. 228; 2) S. 237; 3) S. 145; 4) S. 144)	

Tab.1: Frauenanteile an deutschen Hochschulen 1998 (in Prozent)

Die Datenlage ist eindeutig. Bei nahezu quantitativer Gleichstellung der Geschlechter im Studium zeigen sich dennoch fächergruppenspezifische Unterschiede. Bei den Studierenden sind Frauen in den meisten Kultur- und Geisteswissenschaften überrepräsentiert, in den meisten Technik- und Naturwissenschaften hingegen unterrepräsentiert. Lediglich in den Sozial-, Rechts- und Wirtschaftswissenschaften liegt eine annähernde Gleichverteilung vor. Mit steigender Hierarchie nimmt die Anzahl der Frauen in allen Fächern ab und die der Männer steigt. Diese Ergebnisse verdeutlichen, dass Chancengleichheit zwischen Frauen und Männern oder gar Geschlechtergerechtigkeit in Hochschule und Wissenschaft nicht verwirklicht ist.

Die Herstellung und Wahrung von Chancengleichheit ist als wichtiges gesellschaftspolitisches Ziel im Grundgesetz der Bundesrepublik Deutschland verankert und als Aufgabe der Hochschulen durch das Hochschulrahmengesetz und das Bundesgleichstellungsgesetz sowie die Hochschul- und Gleichstellungsgesetze der Bundesländer näher geregelt. 1985 wurde in Deutschland an der Universität Hamburg die erste Gleichstellungsstelle eingerichtet. Inzwischen gibt es an allen deutschen Hochschulen entsprechende Regelungen und Einrichtungen, die sich abhängig von den jeweiligen Landeshochschul- und Landesgleichstellungsgesetzen sowie den Satzungen der einzelnen Hochschulen voneinander unterscheiden.

Hochschulische **Frauenförderung** will die implizite – strukturelle und persönliche – Männerförderung abbauen. Instrumente zur Verwirklichung dieses Ziels sind u. a. Frauenbeauftragte, Frauenförderkommissionen, Quoten, Frauenförderrichtlinien und Frauenförderpläne, aber auch Sonderprogramme zur Förderung von Frauen in der Wissenschaft (z. B. Promotions- und Habilitationsförderung, Frauenforschungsförderung). Der Begriff »Frauenförderung« legt nahe, dass Frauen defizitär sind und besonderer Förderung bedürfen. Ursächlich für die eklatante Unterrepräsentanz von Frauen in der Wissenschaft sind jedoch weniger ihre mangelnden oder gar falschen Qualifikationen. Ein Großteil der Probleme ist vielmehr in den Hochschulstrukturen begründet, die in sich männlich geprägt sind und Frauen sowie die von ihnen bearbeiteten Themenstellungen marginalisieren. Frauenförder- bzw. Gleichstellungspolitik ist Hochschulstrukturpolitik. Sie umfasst alle Politikbereiche und liegt quer zu einzelnen, speziellen Politiken. Erfolgreiche hochschulische Gleichstellung ist abhängig von einem gelingenden (organisations-)politischen Aushandlungs- und Kommunikationsprozess (*Färber, C.* 2000).

Die herkömmliche Gleichstellungspolitik ist nur bedingt wirksam. Auf der Suche nach neuen Politikstrategien entstand »Gender Mainstreaming« (auch »Mainstreaming« genannt). Diese Strategie tauchte im internationalen Kontext erstmalig nach der dritten Weltfrauenkonferenz in Nairobi 1985 auf und wurde 1995 auf der vierten Weltfrauenkonferenz in Peking als Strategie zur Herstellung von Geschlechtergerechtigkeit in der »Platform for Action« festgeschrieben. Parallel zu diesen globalen Bemühungen wird Gender Mainstreaming auf der Ebene der Europäischen Union weiterentwickelt und soll dort, ebenso wie in den Politiken und Aktionen der Mitgliedstaaten – also auch im Hochschulbereich –, umgesetzt werden.

Mainstreaming meint die (Re-)Organisation, Verbesserung, Entwicklung und Evaluation von Politikprozessen, so dass die normalen Politikakteure eine Perspektive der Geschlechtergerechtigkeit in allen Politiken auf allen Ebenen und Stufen eingliedern (vgl. Gender Mainstreaming 1998). Gleichstellung ist demnach eine Aufgabe aller an Politik Beteiligten, also auch von Männern. Mainstreaming ergänzt die positiven Aktionen zur Sichtbarmachung von Frauen und zur Beendigung der Ungleichbehandlung zwischen Frauen und Männern (z. B.

spezielle Frauenförderprogramme). Es fördert auch das Mitwirken von Frauen in Bereichen, die vormals für geschlechtsneutral gehalten wurden, aber unterschiedliche Auswirkungen für Frauen und Männer haben.

Gender Mainstreaming erfordert die Feststellung des Vorhandenseins und die Ermittlung der Reichweite von geschlechterdifferenzierenden Unterschieden (gender-Analyse), die Entwicklung des Verständnisses dieser Unterschiede und ihrer politischen Implikationen (gender-Perspektive), die Verankerung von organisationaler Verantwortung für die Gleichstellung, Training und Schaffung von Problembewusstsein für Geschlechter(un)gerechtigkeit unter den Verantwortlichen, Monitoring und die Einrichtung entsprechender Strukturen. Bei näherem Hinsehen erweist sich diese Strategie jedoch als nicht so neu, wie sie klingt: Die Anwendung von Gender Mainstreaming erinnert an die Konzeption und konsequente Umsetzung von Gleichstellungspolitik als Querschnittspolitik. An den meisten Hochschulen sind viele Elemente des Gender Mainstreamings längst (wenn auch zumeist unter anderen Namen) implementiert. Gleichstellungspolitik nimmt damit eine Vorreiterposition in der Umstellung der Hochschulen auf die neue Steuerung ein.

Die Verbindung der Hochschulreformdebatte mit der Gleichstellungsfrage ermöglicht wesentliche Schritte, um mehr Geschlechtergerechtigkeit an den Hochschulen zu erreichen (vgl. *Roloff, C.* 1998). Die zugehörige Politik erstreckt sich auf sieben Handlungsfelder, die in der hochschulpolitischen Praxis eng miteinander verknüpft sind:

■ Handlungsfeld I: → *Indikatorengestützte Mittelvergabe*, **Anreizsysteme**
Das Hochschulrahmengesetz von 1998 sieht eine leistungsbezogene Mittelvergabe an die Hochschulen und innerhalb der Hochschulen nach den Kriterien Lehre, Forschung, Nachwuchsförderung und Frauenförderung vor. Soll Gleichstellung ein effektives Kriterium zur leistungsbezogenen Mittel(um)-verteilung sein, so ist die Entwicklung entsprechender Indikatoren für die Ziel- und Leistungsvereinbarungen zwischen Hochschule und Staat aber auch innerhalb der Organisation unumgänglich. Hier ist es notwendig, dass die weiblichen Hochschulmitglieder und die Gleichstellungsbeauftragten an der Entwicklung dieser Indikatoren mitwirken und die Kategorie Geschlecht in den Indikatoren repräsentiert ist. Anreizsysteme zur Frauenförderung wie das Ausloben eines Preises für besondere Leistungen in der Gleichstellung können die leistungsbezogene quantitative Mittelvergabe qualitativ ergänzen, ohne daraus eine Sonderförderung für Frauen zu konstruieren (vgl. *Färber, C.* 2000).

■ Handlungsfeld II: → *Evaluation* **von Forschung, Lehre, Studium und Organisation**
Gleichstellung ist eine Leistung und damit ein Qualitätsmerkmal und Ziel von Hochschulen. Es sollte entsprechend im organisationalen Leitbild und Profil etabliert werden. Die Einführung von Evaluation ermöglicht es, geschlechtergerechte Strukturen an den Hochschulen zu verankern: Evaluation

kann Veränderungsprozesse hinsichtlich der Gleichstellung anstoßen, Transparenz bzw. Rechenschaft ablegen über das diesbezüglich Erreichte und den Wettbewerb um das »beste« und »effektivste« E-Quality-Management fördern. Dafür müssen die weiblichen Hochschulmitglieder und die Gleichstellungsbeauftragten aktiv in die Evaluationsverfahren einbezogen werden und geschlechtsbezogene Antidiskriminierungsfragen als Evaluationskriterien angemessene Berücksichtigung finden.

■ Handlungsfeld III: **Etablierung neuer Leitungs- und Managementstrukturen**
Frauen sind bisher nur zu einem verschwindend geringen Anteil in den Hochschulleitungen vertreten: Präsidentinnen, Rektorinnen und Kanzlerinnen sind noch immer rar. Im Zuge der Professionalisierung des Hochschulmanagements (→ *Professionalisierung* der Leitungsebenen) tun sich vielfältige Ansatzpunkte zur Gleichstellung auf, wie z. B. gezielte Aus- und Weiterbildung von Frauen für hochschulische Führungspositionen, Implementation von Gleichstellung als Managementaufgabe, Etablierung geschlechterparitätisch besetzter Leitungspositionen und kollektiver Hochschulleitungen.

■ Handlungsfeld IV: → *Personalentwicklung* in **Wissenschaft und Verwaltung**
Personalentwicklung ist für die deutschen Hochschulen ein relativ neues Feld, denn bisher wurde das Personal in erster Linie verwaltet, nicht aber als organisationale Wachstumsgröße gesehen, in deren Weiterqualifizierung nach Einstellung/Berufung gezielt zu investieren ist. Gleichstellungsorientierte Personalentwicklung ist in erster Linie Förderung des weiblichen wissenschaftlichen Nachwuchses. Sie beginnt im Studium und umfasst entsprechende Stellen-/Qualifizierungsprogramme (v. a. Promotionen, Habilitationen), die Entwicklung neuer Qualifizierungswege (Äquivalente zur Habilitation), gezielte Forschungsförderung, Mentoring-Programme, eine frauenförderliche Berufungspolitik (vgl. *Zimmermann, K.* 2000), die Einrichtung von Kinderbetreuungsmöglichkeiten sowie die Aus- und Weiterbildung in Fragen der Hochschuldidaktik und des Wissenschafts- und Organisationsmanagements. Gleichstellungsorientierte Personalentwicklung in der Verwaltung setzt ebenfalls an der gezielten Aus- und Weiterbildung, der Aufstiegsförderung des weiblichen Personals und der Einrichtung von Kinderbetreuungsmöglichkeiten an.

■ Handlungsfeld V: **Wissenschaftsreform**
Frauen- und Geschlechterforschung bzw. feministische Forschung sind als neue Wissenschaftsrichtung bzw. -perspektive als akademischer Arm der neuen Frauenbewegung in westlichen Gesellschaften entstanden. Mit ihren drei Merkmalen – kritische Reflexivität, Anwendung der Analysekategorie Geschlecht auf Standards, Theorien und Methodologien der Herkunftsdisziplinen, inter-/transdisziplinäres Vorgehen – trägt die Frauen- und Geschlechterforschung zu einem zeitgemäße(re)n, moderne(re)n, demokratische(re)n Wissenschaftsverständnis bei.

Die Institutionalisierung der Frauen- und Geschlechterforschung im deutschen Hochschulwesen ist im internationalen Kontext betrachtet marginal:

Entsprechend denominierte Professuren, Forschungszentren oder Studienangebote finden sich – wenn überhaupt – in den Sozial-, Geistes- und Kulturwissenschaften, während die Philosophie sowie die Wirtschafts-, Natur- und Technikwissenschaften sich noch kaum für geschlechtsbezogene Fragestellungen öffnen (vgl. *Niedersächsisches Ministerium für Wissenschaft und Kultur* 1994 und 1997, *Wissenschaftsrat* 1998).

■ Handlungsfeld VI: **Reform von Lehre und Studium**
Zu den wichtigsten Kriterien für eine geschlechtergerechte Reform von Lehre und Studium gehören die Steigerung des Frauenanteils an den Professuren, der Abbau von Nachteilen für Frauen beim Studienzugang (Ausnahmeregelungen zum Numerus clausus werden bisher fast ausschließlich für junge Männer wirksam), der Abbau der geschlechtsspezifischen Studienfachwahl (insbesondere in den zukunftsträchtigen Technik- und Naturwissenschaften), die Neugestaltung der Strukturen und Inhalte von Lehre und Studium (Integration der Frauen- und Geschlechterforschung, Curriculumreform), die grundlegende Reform der Hochschuldidaktik (z. B. interaktive Lehr- und Lernformen, Projektstudium, forschendes Lernen, Mentoring, Einführung von Monoedukation in den Natur- und Technikwissenschaften) sowie die geschlechterdifferenzierende Evaluation von Lehre und Studium (vgl. *Kahlert, H./Mischau, A.* 2000).

■ Handlungsfeld VII: **Gründung neuer Hochschulen**
Seit Beginn der Neunzigerjahre wird in Deutschland kontrovers über die Gründung von internationalen → *Frauenuniversitäten* diskutiert (vgl. *Kahlert, H./Mischau, A.* 2000, Wissenschaftsrat 1998). Die Befürworterinnen und Befürworter wollen mit diesem »Reformexperiment« (*Niedersächsisches Ministerium für Wissenschaft und Kultur* 1994, S. 95) die herkömmliche Gleichstellungspolitik ergänzen, neue Bildungswege für Frauen sowie Arbeitsplätze für das vorhandene hoch qualifizierte weibliche Wissenschaftspotenzial schaffen und die Weiterentwicklung der Frauen- und Geschlechterforschung fördern. Ein Meilenstein auf dem Weg zur Verwirklichung dieser Vision war die *Internationale Frauenuniversität »Technik und Kultur«*, die als Sommeruniversität von Frauen für Frauen während der Weltausstellung Expo 2000 in Deutschland stattfand.

Literatur

bmb+f: Grund- und Strukturdaten 1999/2000. Bonn 2000.
European Commission, Research Directorate-General: Science policies in the European Union: Promoting excellence through mainstreaming gender equality. A Report from the ETAN Expert Working Group on Women and Science. Luxemburg 1999.
Färber, C.: Frauenförderung an Hochschulen. Neue Steuerungsinstrumente zur Gleichstellung. Frankfurt/New York 2000.
Gender Mainstreaming: Conceptual framework, methodology and presentation of good practices. Final Report of Activities of the Group of Specialists on Mainstreaming (EG-S-MS (98) 2). Strasbourg 1998.

Kahlert, H./Mischau, A.: Neue Bildungswege für Frauen. Frauenhochschulen und Frauenstudiengänge im Überblick. Frankfurt/New York 2000.

Niedersächsisches Ministerium für Wissenschaft und Kultur (Hrsg.): Frauenförderung ist Hochschulreform – Frauenforschung ist Wissenschaftskritik. Bericht der niedersächsischen Kommission zur Förderung von Frauenforschung und zur Förderung von Frauen in Lehre und Forschung. Hannover 1994.

Niedersächsisches Ministerium für Wissenschaft und Kultur (Hrsg.): Berichte aus der Frauenforschung: Perspektiven für Naturwissenschaften, Technik und Medizin. Bericht der niedersächsischen Kommission zur Förderung von Frauenforschung in Naturwissenschaften, Technik und Medizin. Hannover 1997.

Roloff, C. (Hrsg.): Reformpotential an Hochschulen. Frauen als Akteurinnen in Hochschulreformprozessen. Berlin 1998.

Wissenschaftsrat: Empfehlungen zur Chancengleichheit von Frauen in Wissenschaft und Forschung. Mainz 1998.

Zimmermann, K.: Spiele mit der Macht in der Wissenschaft. Paßfähigkeit und Geschlecht als Kriterium für Berufungen. Berlin 2000.

Angaben zur Autorin:

Dr. Heike Kahlert
Diplom-Soziologin
Projekte zur Hochschul- und Wissenschaftsforschung, zurzeit Habilitation
Freiberufliche Tätigkeiten in der Hochschulentwicklung und Erwachsenenbildung
Voigtstraße 10
20257 Hamburg
Tel./Fax: +49 40 85 01 536
E-Mail: KahlertH@hwp-hamburg.de

Globalhaushalt

Yorck Hener

Der **Globalhaushalt** (auch globale Budgetierung genannt) ist ein Instrument zur Finanzierung öffentlicher Einrichtungen. Im Unterschied zu einer im Detail festgelegten Haushaltsfinanzierung, wie sie die Kameralistik als die traditionelle Finanzierungsform der öffentlichen Haushalte kennzeichnet, verzichtet der Globalhaushalt auf solche Festlegungen. Mit einem Globalhaushalt verbindet sich der flexiblere Umgang mit den finanziellen Ressourcen und eine höhere Eigenverantwortung der staatlichen Einrichtung.

Der Begriff Globalhaushalt ist rechtlich nicht definiert. Er ist aus der Diskussion um neue Steuerungsmodelle in staatlichen Einrichtungen entstanden und wird mit unterschiedlichen Erscheinungsformen in Verbindung gebracht. In seinem instrumentellen Kern steht er für eine Finanzierungsart öffentlicher Aufga-

ben. Hinsichtlich seiner Bedeutung und seinen Wirkungen stellt der Globalhaushalt zugleich ein Instrument und eine Rahmenbedingung für neue Steuerungsmodelle im Bildungsbereich dar.

Der Staat verzichtet bei einem Globalhaushalt auf den direkten Einfluss bei der
Verteilung von Haushaltsmitteln auf Ausgabearten, Aufgabenfelder oder auf
die interne Organisation. Die Detailsteuerung soll von der staatlichen Ebene auf
die Einrichtung selbst verlagert werden. Daher kommt es bei der Einführung eines Globalhaushalts nicht nur auf die haushaltstechnische Veränderung, sondern zusätzlich auf eine umfassende Deregulierung der finanzrelevanten Rahmenbedingungen an. Mit einer Deregulierung ist sowohl ein Abbau von staatlichen Vorgaben als auch eine Verlagerung der Regelungskompetenz auf die
Einrichtungen gemeint. Der Staat muss seine Gestaltungsmöglichkeiten auf die
Setzung allgemeiner politischer Ziele und die Auswertung der Rechenschaftslegung konzentrieren. Er vollzieht damit einen Übergang von einer ex ante zu einer ex post Steuerung. Erheblich wichtiger wird die Rechenschaftslegung global
budgetierter Einrichtungen gegenüber dem Parlament und der Regierung. Da
sich die meisten Einrichtungen des Bildungssektors überwiegend aus öffentlichen Mitteln finanzieren, hängt auch bei einem Globalhaushalt der Umfang
des Zuschusses von der politischen Entscheidung ab. Damit ist trotz der Ablösung der Detailsteuerung durch den Globalhaushalt der verfassungsrechtlich
gebotene Einfluss des Parlaments gewahrt.

In der Praxis treten verschiedene Formen eines Globalhaushalts auf. In seiner
weitestgehenden Form richten sich bei einem Bundes- oder Landesbetrieb die
Haushaltsgrundsätze nach dem kaufmännischen Rechnungswesen, der kameralistische Haushalt wird durch einen Wirtschaftsplan abgelöst (→ *Doppik und
Kameralistik*). Daneben gibt es den flexibilisierten kameralen Haushalt. Dieser
nimmt Merkmale eines Globalhaushaushalts auf, belässt aber das Rechnungswesen im gewohnten Gerüst und ist somit als weiche Veränderungsstrategie anzusehen. Beide Formen können viele Übereinstimmungen haben, zum Beispiel
eine weitgehende Deckungsfähigkeit für Personal- und Sachmittel, der Verbleib
von Einnahmen in der eigenen Einrichtung oder die Möglichkeit der Bildung
von Rücklagen für spätere Haushaltsjahre. Das kaufmännische Rechnungswesen macht dagegen den Paradigmenwechsel des Übergangs auf die Selbststeuerung der Einrichtung deutlicher. Der Anspruch dieser umfassenden Veränderung, die über eine rein technische hinausgeht, wird leichter nachvollziehbar,
wenn sich die äußere Form von der Kameralistik trennt. Ein wichtiger Vorteil
besteht zusätzlich darin, dass das kaufmännische Rechnungswesen den Einsatz
ergänzender betriebswirtschaftlicher Instrumente, wie zum Beispiel eine
Kosten- und Leistungsrechnung, erleichtert.

Es sind vor allem **drei Gründe, die eine Einführung von Globalhaushalten gefördert haben:**
- ■ Regierungen suchen Entlastung von finanziellen Ansprüchen aus dem Bildungsbereich, vor allem aus den Hochschulen, durch eine Delegation finan-

zieller Verantwortung. Die Bildungsausgaben der Bundesrepublik Deutschland sind anteilig zum Bruttoinlandsprodukt seit 1980 gesunken. Sie lagen 1995 mit 4,5 % sogar unterhalb des OECD–Durchschnitts (4,7 %). Die Unterfinanzierung der Hochschulen allein wurde von der Kultusministerkonferenz, also der staatlichen Seite, 1990 auf 3-4 Milliarden DM pro Jahr geschätzt. Stellungnahmen aus Hochschuleinrichtungen gehen noch von einem weit höheren Bedarf aus. Zugleich wachsen den staatlich Verantwortlichen die Probleme der Hochschulen über den Kopf. Die Liste der Hochschulprobleme füllt Stellungnahmen und Gutachten. Der alte staatliche Kontroll- und Lenkungsmechanismus ist für diese Problemlösungen nicht mehr geeignet.

■ Hochschulen brauchen eine höhere Autonomie in Finanz- und Organisationsfragen, um notwendige Reformen von innen heraus zu gestalten. Ein Zeichen setzte der Wissenschaftsrat mit seinen 10 Thesen zur Hochschulpolitik (1993), wo er handlungsfähige Hochschulen durch die Globalisierung der Haushalte und eine Deregulierung fordert. Reformen und Innovationen können nur in einer autonomen Verfassung der Hochschulen, also in größerer Unabhängigkeit von staatlichem Regelwerk, realisiert werden.

■ Mit einem Globalhaushalt verbindet sich die Erwartung einer höheren Effizienz und Effektivität. Öffentliche Einrichtungen konnten sich dank hoheitlicher Aufgaben lange von den Zwängen ökonomischer Denkweisen frei halten. »Es ist der Beamtenmentalität der deutschen Wissenschaft nur sehr schwer beizubringen, dass sie mit Geld operiert, das ihr nicht gehört.« (*Daxner, M.* 1999) Schulen, Hochschulen und andere öffentliche Bildungseinrichtungen sind zumeist staatliche Anstalten, aber ihr hoheitlicher Auftrag wird zunehmend in Frage gestellt. Sie konkurrieren mit anderen staatlichen Aufgaben wie etwa der Justiz oder der Wirtschaftsförderung. Der verfassungsrechtlich geschützte Anspruch auf Wissenschaftsfreiheit in Forschung und Lehre bleibt geschützt, ist aber kein Hinderungsgrund mehr für eine effizientere Gestaltung der inneren Organisation und Entscheidungsprozesse. Mit einem Globalhaushalt müssen sich die Hochschulen nicht mehr allein für Aufgabenerfüllung, sondern auch für die Ergebnisse rechtfertigen.

Hochschulen und andere Bildungseinrichtungen müssen sich bei konsequenter Ausfüllung der Entscheidungsspielräume eines Globalhaushalts wie private Unternehmen verhalten, dürfen aber dabei nicht ihren Kernauftrag aus dem Auge verlieren. Eine konsequente Umsetzung des neuen Steuerungsmodells an Hochschulen verlangt **neue Instrumente für das Hochschulmanagement**. Dazu gehört der Aufbau neuer Leitungs- und Entscheidungsstrukturen innerhalb der Hochschule, damit die Ziele der Hochschule und die finanziellen Entscheidungen in Einklang gebracht werden können. Notwendig sind klare Verantwortungsbereiche und stärkere Kompetenzen für Leitungsaufgaben. In großen Organisationen mit verteilten Aufgaben sind die Verantwortungsbereiche nur durch eine konsequente Dezentralisierung zu erreichen. Die höhere Kompetenz für Leitungsentscheidungen bedarf der Ergänzung durch Kontrollorgane innerhalb und außerhalb der Hochschule, wie den Senat und den → *Hochschulrat*. Die Einrichtung eines → *Controlling*s als strategische Unterstützung der Leitungsfunktionen mit Hilfe einer Kosten- und Leistungsrechnung, einer dezentralen Budgetierung sowie einem Kennzahlen- und Indikatorsystem für die Förderung eines Kostenbewusstseins und einer Leistungskontrolle ist unverzichtbar. Notwendig für die autonome Hochschule ist außerdem die Qualitätssicherung für Prozesse und Produkte, die sich durch kontinuierliche Evaluationen oder andere Qualitätssicherungsinstrumente einbringen lassen.

Die ersten **Modellversuche zum Globalhaushalt** in der Bundesrepublik Deutschland gab es zwischen 1990 und 1995 in Nordrhein-Westfalen (Universität Bochum, Universität Gesamthochschule Wuppertal), in Hamburg (Technische Universität Hamburg-Harburg) und in Hessen (Technische Universität Darmstadt). Dabei handelte es sich um Modelle kameralistischer Flexibilität. 1995 folgte Niedersachsen mit drei Hochschulen (Technische Universität Clausthal, Universität Oldenburg und Fachhochschule Osnabrück) mit einem weitergehenden Modell auf der Basis eines Landesbetriebes, also mit kaufmännischem Rechnungswesen.

Mit der Neufassung des Hochschulrahmengesetzes (HRG) 1998 wurde eine Regelung getroffen, die staatliche Finanzierung von Hochschulen an Leistungen knüpft. Um dieses Ziel zu erreichen, bedarf es in den Ländern der Etablierung neuer Steuerungsmodelle, wozu auch der Globalhaushalt zählt. In immer mehr Ländern wird mit der Novellierung der Hochschulgesetze ein Globalhaushalt eingeführt. In weniger als 10 Jahren hat sich damit der Globalhaushalt bereits als Instrument einer modernisierten Hochschule durchgesetzt.

Globalhaushalte sind ein Weg zu mehr Autonomie, aber noch kein Durchbruch zur völligen Reform der Hochschulen. Landesinteressen in Finanzfragen stehen den Zielsetzungen der Globalhaushalte gegenüber. Eine Vielzahl von staatlichen Rahmenvorgaben erschweren den Hochschulen die Gestaltungsfreiheit. Erst eine konsequente Umsetzung der staatlichen Deregulierung kann das Instrument Globalhaushalt zur Entfaltung bringen. Vor allem die Organisationsfreiheit und die Personalhoheit fehlen den Hochschulen, um notwendige eigenständige Entscheidungen zu treffen. Bei erheblichen Restriktionen in den Rahmenbedingungen führt das Instrument Globalhaushalt nicht zu notwendigen Hochschulreformen, sondern erleichtert finanztechnisch staatliche Mittelkürzungen.

Literatur:

Alewell, K.: Autonomie mit Augenmaß. Hannover 1993.
Behrens, T.: Globalisierung der Hochschulhaushalte. Neuwied/Kriftel/Berlin 1996.
Daxner, M.: Die blockierte Universität. Frankfurt und New York 1999.
Müller-Böling, D.: Die entfesselte Hochschule. Gütersloh 2000.
Schoder, T.: Budgetierung als Koordinations- und Steuerungsinstrument des Controlling in Hochschulen. München 1999.
Universität Oldenburg (Hrsg.): Globalhaushalt in Niedersachsen. Oldenburg 2000.

www–Adresse:

www.admin.uni-oldenburg.de/dez5/contr/rahmen/reform.htm

Angaben zum Autor:

Yorck Hener
Diplom-Sozialwirt
Dezernent für Planung an der Carl von Ossietzky Universität Oldenburg
Ammerländer Heerstraße 114-118
26129 Oldenburg
Tel.: +49 44 17 98 24 67
Fax: +49 44 17 98 24 52
E-Mail: yorck.hener@uni-oldenburg.de

Hochschuldidaktik

Jörg Knoll

Hochschuldidaktik kann als Handlungszusammenhang, als Theorie und als Wissenschaft verstanden werden, um Lehr-Lern-Vorgänge zu steuern, zu beschreiben und zu erklären. Dies umfasst die Planung, Verwirklichung und Auswertung und schließt alle mitwirkenden Faktoren ein: die Lehrenden, die Studierenden als Einzelperson und Gruppe, die Lerngegenstände (Inhalte) und die Rahmenbedingungen – von den zeitlichen und technisch-organisatorischen Gegebenheiten bis hin zum institutionellen, politischen und weltanschaulichen Kontext (zur Übersicht vgl. *Helmke, A./Krapp, A. 1999; Huber, L. 1999*). Hochschuldidaktik ist also stets in einem System von Wechselwirkungen verankert und auch nur so zu entfalten. Herkömmlicherweise ist sie allerdings enger ausgerichtet, nämlich bezogen auf unterrichtliche Vorgänge und deren Ertrag, also auf Optimierung der Wissensvermittlung und -verarbeitung. Dies gilt ebenso für die ausdifferenzierte frühere **Hochschulpädagogik** und -**methodik** in der DDR (*Krause, K. 1998*). Ähnlich auf sich selbst gerichtet verläuft die neuere Diskussion zur Hochschulreform (→ *ganzheitliche Hochschulreform*) und Modernisierung, hauptsächlich beschäftigt mit → *Entscheidungsstrukturen* und Steuerungsmodellen und weitgehend ohne Bezug auf die Gestaltung einer angemessenen Lehr-Lernkultur. Ähnlich randständig bleiben Aussagen zu Hochschuldidaktik in der Diskussion um überfachliche Schlüsselqualifikationen. Dass ein enger Zusammenhang zwischen Strukturfragen einerseits und dem Lehr-Lern-Geschehen andererseits besteht, legt die aktuelle Debatte zur **Qualitätssicherung** (→ *Qualitätsmanagement*) im Hochschulbereich nahe, ohne dies bisher zu entfalten. Er wird in der Praxis spätestens dann deutlich, wenn → *Evaluation* der Lehre nicht nur isoliert oder als Pflicht betrieben wird, sondern die eigentlich fruchtbaren Fragestellungen angegangen werden, z. B.: Was geschieht mit den Ergebnissen? Wer bekommt sie, und wie werden sie reflektiert? Wie werden sie an Zielbestimmungen in Studienordnungen, Berufsprofilen oder → *Leitbilder* rückgekoppelt? Welche Konsequenzen werden für Lehrverhalten und Studienorganisation gezogen? Wie werden die Konsequenzen gesichert und in ihrer Auswirkung überprüft?

Vor diesem Hintergrund empfiehlt sich eine Verknüpfung herkömmlicher Hochschuldidaktik mit den aktuellen Modellen zur Qualitäts- und → *Organisationsentwicklung* der Hochschule durch eine integrierende Sicht im Sinne von → *Personalentwicklung* auf Seiten der Lehrenden und Studierenden.

Zur Verankerung von Hochschuldidaktik: In der Praxis bezieht sich Hochschuldidaktik häufig auf äußere Situationen des Lehr-Lern-Geschehens. Dabei geht es um die einzelne Person (Befinden und Verhalten der Studierenden oder Lehrenden), um die Gruppe (Interaktionen zwischen Studierenden sowie zwischen ihnen und Lehrenden), um Vermittlungsvorgänge (Einsatz von Methoden und Medien) und deren Ergebnis (»Verständlichkeit«, Lernerfolg). Dieses Bezugsfeld lässt sich unter dem Stichwort **Prozess** zusammenfassen. Da hier nicht selten Leidensdruck besteht, gibt es Bedarf, die Handlungsformen der Lehre weiter zu entwickeln und hierfür Unterstützung zu bekommen. Er wird von den Studierenden und am ehesten von Angehörigen des sog. Mittelbaus geäußert.

Zugleich ist Hochschuldidaktik auf Seiten der **Sache** verankert. In diesem Sinne bezieht sie sich auf den Gegenstand des Lehrens und Lernens als Ergebnis von Erkenntnisvorgängen und Forschung (fachwissenschaftliche Systematik); auf die Art und Weise, wie gegenstandsbezogene Aussagen zustande kommen (Methodologie); schließlich auf die Frage, wovon die Aussagen abhängen, was sie bewirken und wozu sie dienen (Reflexivität und Praxisbezug). Diese Verankerung bedeutet, aus der jeweils spezifischen Sachstruktur Konsequenzen für das Lehren und Lernen zu entwickeln.

Das übliche Verständnis von Lehre ist häufig an der Sache ausgerichtet. »Lehren« heißt hier, Inhalte zu vermitteln. Aber Inhalte zu vermitteln bzw. über etwas zu informieren, bedeutet nicht, dass dabei auch gelernt wird, also Wissen entsteht, geschweige denn eine Fähigkeit. Ein erweitertes Verständnis von Lehre ist deshalb darauf gerichtet, Lernen zu fördern. Dies erleichtert der Perspektivwechsel, d. h. sich auf die Seite der Studierenden zu stellen und auch aus deren Sicht (und nicht nur von der fachwissenschaftlichen Systematik eines Inhalts her) den Lernvorgang zu gestalten. Damit kommen die beteiligten Menschen in ihrer Studien- und Lebenssituation sowie die Bedingungen ihres Lernens in den Blick. Auf diese Weise werden die Perspektiven der Sach- und Prozessorientierung wechselseitig verbunden.

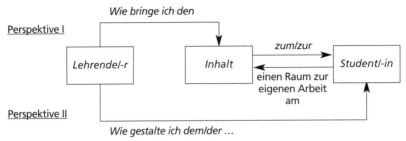

Abb. 1: Perspektiven zur Gestaltung von Lehr-Lern-Situationen

Zur Aufgabe von Hochschuldidaktik: Damit Wissen nicht einfach »vermittelt«, sondern im Sinne von Erkenntnisbildung immer wieder geschaffen wird, ist eine spezifische Vorgehensweise nötig. Sie zielt darauf ab, die kristallinen Strukturen wissenschaftlichen Wissens (Theorien, Fakten, Modelle) in den flüssigen Zustand der Ausgangsprobleme rückzuübersetzen, um von da aus zu neuen Kristallisierungen zu kommen. Hochschuldidaktik heißt also nicht nur, die Ergebnisse von wissenschaftlicher Arbeit so aufzubereiten, dass ihre Weitergabe besser gelingt (Optimierung von Information). Es heißt darüber hinaus, sie in erschließende Arbeitsvorgänge umzuwandeln und hierbei solche Methoden einsetzen oder erfinden, die für das spezifische fachliche Ausgangsproblem angemessen, also auch in der Struktur der Sache verankert sind (*Knoll, J.* 2001). So wird Hochschuldidaktik zur Nahtstelle, wo Lehre und Forschung zusammentreffen; denn die spezifischen Ausgangsprobleme sind letztlich in der Forschung zu finden – in der eigenen oder in der Forschungstradition der Disziplin.

Für die Vorbereitung einer Lehrveranstaltung bringt das über die übliche Beschäftigung mit Forschungsfragen, Forschungslage und Forschungstradition hinaus die Überlegung mit sich, inwieweit die fachlichen Problem- und Fragestellungen einen Ansatz für Vergegenwärtigung bieten, d. h. für einen Arbeitsvorgang, der im aktuellen Lehr-Lern-Geschehen des Seminars oder der Vorlesung Erkenntnis erschließt und neu entstehen lässt. Dadurch wird die Lehr- zur Lern- bzw. Studierveranstaltung.

Anwendungsfelder: Das eingangs umrissene, umfassende Verständnis von Hochschuldidaktik öffnet den Blick für Situationen, in denen in der Hochschule ebenfalls Lernen stattfindet, ohne dass dies didaktisch reflektiert und gestaltet wird. Das betrifft die Anleitung (die am Einzelfall ansetzende Hilfe bei der Entwicklung von Aussagen oder Erarbeitung von Problemlösungen, z. B. durch Betreuung einer wissenschaftlichen Arbeit oder das Vorbereitungsgespräch mit einer studentischen Arbeitsgruppe, die eine Präsentation für eine Seminarsitzung ausarbeitet, oder Anregungen für → *Selbstorganisiertes Lernen*); die **Beratung** (die wiederum am Einzelfall ansetzende Hilfe zur Selbsthilfe, z. B. das Gespräch über die Auswahl von Lehrveranstaltungen oder über die Themenwahl für die Magister- bzw. Diplomarbeit in Bezug auf persönliche Profilbildung und spätere Tätigkeitswünsche; oder das Nachgespräch im Sinne von Praxisberatung mit der studentischen Arbeitsgruppe, die eine Seminarsitzung leitete und nun den Vergleich zwischen Planung und Durchführung als Lernmöglichkeit nutzen kann); die **Prüfung** (die Feststellung von Kenntnissen und Fähigkeiten mit der Möglichkeit, gerade gegen Ende des Studiums Chancen für integrierende Leistungen zu eröffnen – z. B. durch anwendungsorientierte Themenwahl oder durch bilanzierende Selbsteinschätzungen im Wechselbezug von Person und Fach); die qualifizierte Vor- und Nacharbeit sowie Begleitung für **Tutoren/Tutorinnen** als besonders anregende Verbindung zwischen der Unterstützung einzelner Studierender bei der fachlichen und methodischen Erschließung von Inhalten einerseits und Modellbildung in Lehrveranstaltungen andererseits (»durch Lehren lernen«; vgl. *Knoll, J.* 1998); schließlich zunehmend Lehren und Lernen mit Hilfe des **Internet** (*Koring, B.* 1997, vgl. auch → *Online-Lehr-Lern-Plattformen*).

Diese Handlungsformen zeigen: Es gibt neben der »expliziten Lehre« eine mitlaufende Begleitdimension durch die Art und Weise des Umgangs mit Studierenden, also eine »implizite Lehre«. So, wie die Lehrenden »unterrichten«, moderieren, leiten, prüfen; wie sie als Person zur Sache stehen und präsent sind, wirken sie als Modell. Insofern ist das, was sie tun und sind, hochschuldidaktisch bedeutsam, selbst wenn jemand von Hochschuldidaktik wenig hält. Es geht also darum, die stets vorhandene hochschuldidaktische Seite des Handelns bewusst wahrzunehmen und zu gestalten; also zu lernen, um lehren zu können. Hieraus erwachsen Entwicklungschancen für Rollenverständnis und Selbstbild, nämlich Partner/-in zu sein in einem Entwicklungsvorgang, der die eigene Person einbezieht.

Literatur:

Helmke, A. u. a. (Hrsg.): Qualität und Qualitätssicherung im Bildungsbereich: Schule, Sozialpädagogik, Hochschule. Zeitschrift für Pädagogik (ZfP), 41. Beiheft. Weinheim-Basel 2000.

Helmke, A./Krapp, A.: Lehren und Lernen in der Hochschule. In: ZfP, 45. Jg., 1999, H. 1, S. 19-24.

Huber, L.: An- und Aussichten der Hochschuldidaktik. In: ZfP, 45. Jg., 1999, H. 1, S. 25-44.

Knoll, J. (Hrsg.): Hochschuldidaktik der Erwachsenenbildung. Bad Heilbrunn 1998.

Knoll,. J.: Kurs- und Seminarmethoden. Weinheim-Basel 2001/9. Aufl.

Krause, K.: Zur Entwicklung von Hochschulfachdidaktiken als Teilgebiete einer Hochschulpädagogik in der DDR. In: *Knoll, J.* (Hrsg.): Hochschuldidaktik der Erwachsenenbildung. Bad Heilbrunn 1998. S. 130-171.

Koring, B.: Lernen und Wissenschaft im Internet – Anleitungen und Reflexionen zu neuen Lern-, Forschungs- und Beratungsstrukturen. Bad Heilbrunn 1997.

WWW-Adressen:

www.hochschuldidaktik.de; www.uni-bielefeld.de/IZHD/

Angaben zum Autor:

Prof. Dr. Jörg Knoll
Lehrstuhl für Erwachsenenpädagogik an der Universität Leipzig
Karl-Heine-Straße 22 b
04229 Leipzig
Tel.: +49 34 19 73 14 70
Fax: +49 34 19 73 14 79
E-Mail: knoll@rz.uni-leipzig.de

Hochschuldienstrecht

Frank Chantelau

Für Hochschulen im Wettbewerb ist das wissenschaftliche Personal die wichtigste Ressource bei der Leistungserstellung. Ihre Möglichkeiten exzellente Wissenschaftler auf einem zunehmend internationalen Markt gewinnen und leistungsgerecht vergüten zu können, hängen entscheidend von den personalrechtlichen Rahmenbedingungen ab, denen sie unterworfen sind. Ihre autonome Profilbildungsfähigkeit wird nicht zuletzt durch den Grad von Flexibilität und Eigenverantwortlichkeit, den ihnen dieser Rahmen gewährt, bestimmt. Internationale Kompatibilität der Beschäftigungsmodalitäten wird als Voraussetzung für die Gewinnung ausländischer Wissenschaftler immer wichtiger. Umgekehrt stellen mangelnde Kompatibilität und Flexibilität Mobilitätshindernisse dar; für das Wissenschaftssystem zugleich eine Minderung seines Innovationspotenzials, das auch von Umfang und Intensität des internationalen Wissenschaftleraustausches bestimmt wird. Das in Deutschland geltende, von Bundesland zu Bundesland in seiner Detailausprägung variierende Hochschuldienstrecht wird vor diesem Hintergrund zunehmend als zu enges und zu starres normatives Geflecht wahrgenommen, das die autonome Selbststeuerung der Hochschulen zu stark behindert und sie dadurch Konkurrenznachteilen im internationalen Wettbewerb aussetzt. Mangelnde Flexibilität und Leistungsorientierung des Hochschuldienstrechts sind denn auch in der hochschulpolitischen Reformdiskussion der letzten Jahre wieder stärker ins Blickfeld geraten. Angesichts der in der bevorstehenden Dekade erwarteten, überdurchschnittlichen altersbedingten Ausscheidensrate wird der Zeitpunkt für eine strukturelle **Dienstrechtsreform** für die Hochschulen als günstig eingeschätzt. Zur Vorbereitung hatte die Bundesregierung Mitte 1999 eine Expertenkommission eingesetzt, deren Empfehlungen (Bericht der Expertenkommission »Reform des Hochschuldienstrechts«, verabschiedet am 07. April 2000) sie nach durchaus kontroverser Diskussion innerhalb des Hochschul- und Wissenschaftssystems nunmehr weitgehend umzusetzen beabsichtigt (Pressemitteilung des BMBF Nr. 150/2000 vom 21. September 2000).

Das **wissenschaftliche Personal** der (staatlichen) Hochschulen – insgesamt über 150.000 Personen – ist Teil des öffentlichen Dienstes, für das neben den allgemeinen Vorschriften des öffentlichen Dienstrechts – hierzu gehören u. a. die Beamtengesetze der Länder, die Bundesbesoldungsordnung (BBesO), das Bundesversorgungsgesetz, das Arbeits- und Tarifrecht (BAT) des öffentlichen Dienstes sowie die Personalvertretungsgesetze der Länder – noch zahlreiche Sonderbestimmungen, die an die im Hochschulrahmengesetz des Bundes (HRG) geregelten Personaltypen tatbestandlich anknüpfen. Diese rahmenrechtlich vorgegebene **Personalstruktur** ordnet das hauptberufliche wissenschaftliche Personal nach funktionalen, aufgabenbezogenen Gesichtspunkten; sie muss im Sinne eines Typenzwangs von den Parlamenten der Länder in die jeweiligen Landeshochschulgesetze übernommen werden. Das HRG sieht zur Zeit als hauptberufliche wissenschaftliche Funktionstypen Professoren, Hochschuldozenten, Oberassistenten und Oberingenieure, wissenschaftliche Assistenten, wissenschaftliche Mitarbeiter und Lehrkräfte für besondere Aufgaben vor. Sämtliche Funktionstypen des wissenschaftlichen Personals können grundsätzlich im Beamten- oder Angestelltenverhältnis beschäftigt werden; allerdings geht das derzeitige Hochschulrahmenrecht mit Ausnahme für wissenschaftliche Mitarbeiter und Lehrkräfte für besondere Aufgaben vom Beamtenverhältnis als Regelfall aus. Mit der Dienstrechtsreform sollen für Professoren und Juniorprofessoren (dazu weiter unten) beide Beschäftigungsformen als gleichrangige Alternativen zur Verfügung stehen, während für wissenschaftliche Mitarbeiter und Lehrkräfte für besondere Aufgaben zukünftig nur noch das Angestelltenverhältnis vorgesehen werden soll. Beide Formen des Personalstatuts, das Beamten- wie das Angestelltenverhältnis sind mit den Besonderheiten des wissenschaftlichen Bereichs nur bedingt in Einklang zu bringen; die Expertenkommission empfiehlt daher mittelfristig ein eigenes Personalstatut für das Wissenschafts- und Hochschulsystem einzuführen.

Professoren nehmen die wissenschaftlichen Aufgaben ihrer Hochschule durch Forschung, Forschung und Entwicklung, Lehre und Weiterbildung eigenverantwortlich wahr. Der Umfang ihrer Lehraufgaben ist durch Vereinbarung der Kultusministerkonferenz festgelegt: Danach beträgt die Regellehrverpflichtung für Professoren an Universitäten 8 Semesterwochenstunden (SWS) und für Professoren an Fachhochschulen 18 SWS. Als primär für den Leistungsprozess der Hochschule Verantwortliche können Professoren bei der Wahrnehmung ihrer Dienstaufgaben das Grundrecht der Wissenschaftsfreiheit aus Art. 5 Abs. 3 Satz 1 GG ohne substantielle Einschränkungen fachbezogen für sich in Anspruch nehmen. Mitgliedschaftsrechtlich gehören sie der mit qualifizierten Einflussrechten in der akademischen Selbstverwaltung ausgestatteten Hochschullehrergruppe an. Einstellungsvoraussetzungen für eine Professur sind neben einem Hochschulstudium, pädagogischer Eignung und dem Nachweis der besonderen Befähigung zu wissenschaftlicher Arbeit (im Regelfall eine qualifizierte Promotion), die Habilitation, gleichwertige wissenschaftliche Leistungen oder eine fünfjährige, anspruchsvolle und fachlich einschlägige berufliche Praxis; an Fachhochschulen kommt nur letztere Alternative in Betracht.

Mit der beabsichtigten Dienstrechtsreform soll die **Habilitation** als formelle Regeleinstellungsvoraussetzung für Universitätsprofessoren abgeschafft werden. Die Habilitation gilt international, und zwar insbesondere mit Blick auf die angelsächsischen Hochschulsysteme als nicht kompatibel; sie erschwert die Mobilität ausländischer Wissenschaftler nach Deutschland und umgekehrt die deutscher Wissenschaftler ins Ausland. Die Habilitation wird zudem als innovationshemmend angesehen, weil sie junge Wissenschaftler während ihrer (besonders kreativen) Habilitationsphase in wissenschaftliche Abhängigkeitsverhältnisse zwingt. An die Stelle der Habilitation soll als Regeleinstellungsvoraussetzung eine vorangegangene, befristete Beschäftigung als Juniorprofessor (dazu unten) oder, alternativ, die wissenschaftliche Qualifizierung als wissenschaftlicher Mitarbeiter an einer Hochschule oder außeruniversitären Forschungseinrichtung im In- oder Ausland treten; weiterhin geben soll es den berufspraktischen Qualifikationsweg zur Professur.

Professoren werden nach einem Berufungsverfahren in der Regel in ein Beamtenverhältnis auf Lebenszeit berufen; die schon jetzt bestehenden Möglichkeiten der Berufung in Zeit- und Teilzeitbeamtenverhältnisse sollen nach den Empfehlungen der Expertenkommission erweitert werden. Professoren werden an Fachhochschulen nach Gehaltsstufe C 2 BBesO (je nach Dienstaltersstufe DM 4.855 bis DM 8.650) oder C 3 BBesO (DM 5.346 bis DM 9.643) und an Universitäten nach C 3 oder C 4 BBesO (DM 6.791 bis DM 11.110) vergütet. Im Rahmen von Berufungs- und Bleibeverhandlungen können C 4-Professoren höhere Vergütungen bis Gehaltsstufe B 10 BBesO (ca. DM 17.900) zugesagt werden (so genannte Marktwertzulage).

Die derzeitige **Besoldungsstruktur** stellt einen zentralen Ansatzpunkt der geplanten Dienstrechtsreform dar. Künftig soll es ohne Differenzierung nach Universitäten und Fachhochschulen und ohne Dienstaltersstufen nur noch zwei Gehaltsstufen für Professoren geben: W 2 mit einem Grundgehalt von DM 7.000 und durchschnittlich weiteren DM 2.000 variablen Gehaltsbestandteilen und W 3 mit einem Grundgehalt von DM 8.500 und durchschnittlich DM 3.100 an variablen Bestandteilen. Die variablen Gehaltselemente können bei Anhebung der bisherigen Obergrenze (B 10) wie bisher im Rahmen von Berufungs- und Bleibeverhandlungen als Marktwertzulage vergeben werden. Erheblich ausgedehnt werden soll die Möglichkeit der Vergabe von Funktionszulagen für die Übernahme von Funktionen und besonderen Aufgaben, z. B. für Sprecher von Sonderforschungsbereichen, Koordinatoren von Verbundprojekten, Kommissionsvorsitzenden usw.; bisher erhalten nur Mitglieder von Fachbereichsleitungen (Dekane und Prodekane) und nebenberufliche Mitglieder von Hochschulleitungen (Vizepräsidenten und Prorektoren) eher niedrige Funktionszulagen. Neu eingeführt werden sollen Leistungszulagen für individuelle wissenschaftliche Leistungen. Die der Leistungszulage zu Grunde liegende Leistungsbewertung soll in einem mehrstufigen, wissenschaftsadäquaten und qualitative Gesichtspunkte hinreichend berücksichtigenden Verfahren unter Einbeziehung externer Gutachter und, in Bezug auf die Qualität der Lehre, unter Berücksichtigung der Ergebnisse studentischer Veranstaltungsevaluationen erfolgen. Die variablen Gehaltsbestandteile sollen mit oder ohne Dynamisierung, d.h. automatische Anpassung an Besoldungserhöhungen, vergeben werden können. Die Entscheidung über Gewährung, zeitliche Dauer und Dynamisierung soll die Hochschulleitung auf Vorschlag des jeweiligen Fachbereichs treffen. Die **Ruhegehaltsfähigkeit** der variablen Gehaltsbestandteile, also ihre Auswirkungen auf die Höhe späterer Versorgungsbezüge, soll sich nach allgemeinen beamtenrechtlichen Versorgungsregelungen richten: Berechnungsgrundlage sind danach die dauerhaften Bezüge in den letzten drei Jahren vor der Pensionierung; Funktionszulagen werden wie bei Zeitbeamten zeitanteilig berücksichtigt. Aufgegriffen werden soll mit der Dienstrechtsreform auch die von der Expertenkommission vorgeschlagene Möglichkeit, Professoren, die im Hauptamt durchzuführende Drittmittelprojekte aus der Privatwirtschaft einwerben, unter bestimmten Voraussetzungen aus diesen Mitteln zusätzliche (nicht ruhegehaltfähige) Einkommensbestandteile zu zahlen.

Für Professoren gilt derzeit das allgemeine **Nebentätigkeitsrecht** für Beamte mit einer Vielzahl zusätzlicher, je nach Bundesland differierender Sonderbestimmungen im Detail. Auf die Besonderheiten wissenschaftlichen Arbeitens ist das geltende Nebentätigkeitsrecht nicht hinreichend abgestimmt; kaum lösbare Anwendungsprobleme ergeben sich aus der Notwendigkeit des besonders engen und aktuellen Praxisbezugs in bestimmten Fächern (Architektur, Ingenieurwesen etc.), in denen fachbezogene Nebentätigkeiten neben einer (Teilzeit-) Professur geradezu erwünscht sind. Die Expertenkommission hat daher auch eine grundlegende Reform des Nebentätigkeitsrechts für Hochschullehrer gefordert.

An Universitäten gibt es nach geltendem Recht neben den Professoren als weiteren Funktionstyp in der Hochschullehrergruppe den **Hochschuldozenten**. Für Hochschuldozenten gelten die gleichen Einstellungsvoraussetzungen wie für Professoren; ein Berufungsverfahren ist (rahmenrechtlich) nicht obligatorisch. Hochschuldozenten werden einmalig in ein Beamtenverhältnis auf Zeit für sechs Jahre berufen; ihre Vergütung erfolgt nach C 2 BBesO.

Ebenfalls nur an Universitäten gibt es die **Funktionstypen des wissenschaftlichen Nachwuchses**: wissenschaftliche Assistenten, Oberassistenten und Oberingenieure. Dienstaufgaben der **wissenschaftliche Assistenten** sind die Erbringung wissenschaftlicher Dienstleistungen und die eigene wissenschaftliche Weiterqualifikation, in der Regel die Habilitation. Wissenschaftliche Dienstleistungen sind weisungsgebundene Tätigkeiten in Forschung und Lehre einschließlich so genannter Zusammenhangstätigkeiten. Wissenschaftliche Assistenten sind fachlich einem Professor zugeordnet, der sie bei ihrer Habilitation betreut. Einstellungsvoraussetzung ist eine qualifizierte Promotion oder zweite Staatsprüfung. Sie werden regelmäßig für zwei mal drei Jahre im Beamtenverhältnis auf Zeit beschäftigt und nach Gehaltsstufe C 1 BBesO (zwischen DM 4.844

und DM 7.055) vergütet. **Oberassistenten und Oberingenieure** erbringen ebenfalls wissenschaftliche Dienstleistungen und halten eigenverantwortlich von der jeweiligen Fachbereichsleitung festgelegte Lehrveranstaltungen ab. Oberassistenten müssen habilitiert sein, Oberingenieure müssen eine qualifizierte Promotion oder zweite Staatsprüfung nachweisen. Sie werden ebenfalls in der Regel für vier bzw. sechs Jahre im Beamtenverhältnis auf Zeit beschäftigt und nach C 2 BBesO vergütet. Alle drei Funktionstypen sind mitgliedschaftsrechtlich der Gruppe der akademischen Mitarbeiter zugeordnet.

Mit der geplanten Dienstrechtsreform sollen die Hochschuldozenten, wissenschaftlichen Assistenten, Oberassistenten und Oberingenieure als Funktionstypen aufgegeben werden. An ihre Stelle soll eine für zweimal drei Jahre zu besetzende **Juniorprofessur** treten, die sich durch volle Selbstständigkeit in Forschung, Lehre und Weiterbildung auszeichnet. Juniorprofessoren sollen ein Lehrdeputat zwischen 4 und 8 SWS haben, mit einer drittmittelfähigen Grundausstattung versehen sein und Promotionen abnehmen dürfen; die Stelleninhaber sollen der Gruppe der Hochschullehrer zugeordnet sein. Einstellungsvoraussetzung für eine Juniorprofessur soll eine zügig abgeschlossene, qualifizierte Promotion sein. Der Verzicht auf den wissenschaftlichen Assistenten und den Oberassistenten ergibt sich bei diesem Reformansatz als Konsequenz aus dem Verzicht auf die Habilitation als Regeleinstellungsvoraussetzung für Universitätsprofessuren. Die derzeitige, ebenfalls auf insgesamt sechs Jahre befristete Hochschuldozentur wäre der Juniorprofessur von den Dienstaufgaben her so ähnlich, dass für sie kein Raum mehr wäre; Oberingenieure würden von ihrer Qualifikation her auch die Voraussetzungen für eine Juniorprofessur erfüllen, so dass für diesen Typus von der Qualifikationsseite her keine Existenzberechtigung mehr bestünde. Die Juniorprofessur soll zukünftig der Funktionstyp sein, der regelmäßig, aber nicht automatisch zur Lebenszeitprofessur führt; das anglo-amerikanische Tenure-Track-Modell, das eine Anschlussberufung ohne Ausschreibung und externe Konkurrenz ermöglichen würde, soll im deutschen Hochschulsystem nicht realisiert werden. Juniorprofessoren sollen in einem externe Gutachter einbeziehenden Verfahren ausgewählt und nach drei Jahren einer Zwischenevaluation unterzogen werden. In der neuen Gehaltsstruktur sollen die Juniorprofessoren im Beamten- oder Angestelltenstatus nach Gehaltsstufe W 1 vergütet werden, das entspräche DM 6.000 in den ersten drei Jahren und DM 6.500 nach positiver Zwischenevaluation; außerdem soll die Gewährung von Sonderzuschlägen ermöglicht werden, wenn anders qualifizierte Bewerber wegen ihrer hohen Nachfrage im Beschäftigungssystem nicht gewonnen werden können. Von der Einführung der Juniorprofessur wird erwartet, dass der Qualifikationsweg zur (Universitäts-) Professur wesentlich verkürzt und diese Form der Nachwuchsförderung auch für ausländische junge Wissenschafter interessanter wird.

Kein wesentlicher Reformbedarf wird derzeit für die zahlenmäßig größte Gruppe von Hochschulwissenschaftlern, die **wissenschaftlichen Mitarbeiter** gesehen. Wissenschaftliche Mitarbeiter erbringen wissenschaftliche Dienstleistungen in

Forschung, Lehre und Weiterbildung; sie unterliegen den fachlichen Weisungen des Professors, dem sie zugewiesen sind. Sie haben an Universitäten ein Lehrdeputat von maximal 8 SWS und führen ihre Lehrveranstaltungen unter der fachlichen Verantwortung eines Hochschullehrers als unselbstständige Lehre durch. Regeleinstellungsvoraussetzung ist ein abgeschlossenes Hochschulstudium. Befristet zu besetzende Stellen für wissenschaftliche Mitarbeiter, häufig Teilzeitstellen werden, in großen Umfang neben Stipendien zur Nachwuchsförderung als Promotionsstellen eingesetzt. Wissenschaftliche Mitarbeiter gehören in der akademischen Selbstverwaltung zur Gruppe der akademischen Mitarbeiter und werden überwiegend im Angestelltenverhältnis beschäftigt. Ihre Vergütung erfolgt je nach Hochschulabschluss und konkreter Tätigkeit zwischen Vergütungsgruppe IVb/IVa BAT z. B. als Laboringenieure an Fachhochschulen und Vergütungsgruppe I BAT z. B. als Leiter großer Sammlungen (je nach Lebensaltersstufe, familiären Verhältnissen und Eingruppierung DM 3.900 bis DM 10.500). Im Beamtenverhältnis werden sie in der Laufbahn der akademischen Räte nach A 13 bis A 16 BBesO (DM 5.185 bis DM 9.863) vergütet.

Auf wissenschaftliche Mitarbeiter im Angestelltenverhältnis findet das so genannte **Zeitvertragsgesetz** (§§ 57a ff. HRG) Anwendung, das über die allgemeinen arbeitsrechtlichen Grundsätze hinaus in erheblichem Umfang die Befristung von Arbeitsverträgen zulässt. Befristungen bis zu einer maximalen Dauer von fünf Jahren sind danach an ein und derselben Hochschule unter anderem zulässig zur Beschäftigung in Drittmittelprojekten, zur wissenschaftlichen Weiterqualifikation (z. B. zu Promotionszwecken) und bei erstmaliger Einstellung als wissenschaftlicher Mitarbeiter. Das Zeitvertragsgesetz soll weitgehend von der Dienstrechtsreform unangetastet bleiben; von der Expertenkommission wird allerdings eine größere Flexibilität insbesondere bei der Anwendung der strikten Fünf-Jahres-Grenze, deren Überschreitung regelmäßig zu einem unbefristeten Beschäftigungsverhältnis führt, gefordert.

Lehrkräfte für besondere Aufgaben werden zur Vermittlung überwiegend praktischer und propädeutischer Fertigkeiten und Kenntnisse eingesetzt. Das Spektrum ihrer Lehrtätigkeiten ist sehr breit; zu den Lehrkräften für besondere Aufgaben gehören Fremdsprachenlektoren ebenso wie in technischen Studiengängen Techniker und Meister, die handwerkliche oder gewerbliche Techniken vermitteln. Ihr Lehrdeputat beträgt an Universitäten bis zu 16 und an Fachhochschulen bis zu 24 SWS. Sie werden durch die Landeshochschulgesetze überwiegend der Gruppe der akademischen Mitarbeiter zugeordnet. Lehrkräfte für besondere Aufgaben werden in aller Regel im Angestelltenverhältnis beschäftigt. Da sie als Lehrkräfte nicht unter die Vergütungsordnung des BAT fallen, werden sie auf der Grundlage von Eingruppierungserlassen der Länder in Anlehnung an den BAT vergütet. Auf sie findet ebenfalls das Zeitvertragsgesetz Anwendung.

Neben den Funktionstypen des hauptberuflichen wissenschaftlichen Personals finden sich an den Hochschulen noch die nebenberuflichen, wissenschaftlichen Personalkategorien der Lehrbeauftragten und wissenschaftlichen Hilfskräfte.

Die Personalwirtschaft der Hochschulen gehört in den meisten Bundesländern (noch) zu den staatlichen Aufgaben, bei deren Wahrnehmung sie der **staatlichen Fachaufsicht** unterliegen. Aus der Fachaufsicht resultieren weitere haushalts- und personalrechtliche Restriktionen in Form von allgemeinen und Einzelerlassen, die häufig einen flexiblen Umgang der Hochschulen mit der Ressource Personal behindern und die in erheblichem Umfang zu Ausweichstrategien und bürokratischer Selbstbeschäftigung führen. So macht das beamtenrechtliche Planstellenprinzip die Hochschulen bei der Bewirtschaftung ihres Personals abhängig von Entscheidungen der jeweiligen Landeshaushaltsgesetzgeber, denen langwierige Haushaltsaufstellungsverfahren vorangehen. Auch der generelle Vorbehalt der Professorenberufungen durch den jeweiligen Minister schränkt das autonome Selbstergänzungsrecht und eine daraus resultierende Profilbildung erheblich ein. In der hochschulpolitischen Reformdiskussion wird daher zu Recht gefordert, die Hochschulen rechtlich zu verselbstständigen und ihnen **Dienstherrnfähigkeit, Arbeitgebereigenschaft und Tariffähigkeit** zu verleihen. Aus der Perspektive autonomer Hochschulen muss es letztlich darum gehen, volle Personalhoheit einschließlich Disziplinargewalt und Versorgungsverantwortung für das eigene Personal zu erhalten. Auch wenn insbesondere in Versorgungslasten und Tarifhoheit nicht zu unterschätzende finanzielle Risiken liegen können, werden ohne volle Personalhoheit der autonomen, profilbildenden Personalbewirtschaftung der Hochschulen flexibilitäts- und mobilitätshemmende, heteronome Grenzen gesetzt bleiben.

Literatur:

Chantelau, F.: Personalstruktur und Typenzwang im Hochschulrahmenrecht. In: Wissenschaftsrecht, Wissenschaftsverwaltung, Wissenschaftsförderung, Band 23, 1990, S. 45.

Hartmer, M.: Besoldung und Versorgung des wissenschaftlichen Personals. In: *Flämig, Chr. et. al.,* Handbuch des Wissenschaftsrechts, Band 1, 2. Aufl., Berlin, Heidelberg, New York 1996, S. 509.

Hartmer, M.: Wie geht es weiter mit der Dienstrechtsreform? In: Forschung & Lehre, Heft 11, 2000, S. 576.

Müller-Böling, D./Sager, K. (Hrsg.): Personalreform für die Wissenschaft: Dienstrecht – Vergütungsstrukturen – Qualifizierungswege, Gütersloh 2000.

Wissenschaftsrat: Personalstruktur und Qualifizierung: Empfehlungen zur Förderung des wissenschaftlichen Nachwuchses, Drs. 4756/01 vom 19.01.2001.

Digitale Publikationen:

Bundesministerium für Bildung und Forschung: Hochschuldienstrecht für das 21. Jahrhundert, www.bmbf.de/veroef01/digipubl.htm.

Deutscher Hochschulverband: Positionspapier zum Bericht der Expertenkommission zur Reform des Dienstrechts und zur leistungsorientierten Besoldung von Hochschullehrern vom 05. Juni 2000, www.hochschulverband.de.

Expertenkommission »Reform des Hochschuldienstrecht«: Bericht vom 07. April 2000, www.bmbf.de/veroef01/digipubl.htm.

Hochschullehrerbund e.V.: Positionspapier zur Modernisierung des Hochschullehrerdienstrechts, www.hlb.de.

Hochschulrektorenkonferenz: Pressemitteilung vom 5. Juli 2000, HRK: Dienstrechtsreform darf nicht an unflexiblem Finanzrahmen scheitern, www.hrk.de.
Wissenschaftsrat: Personalstruktur und Qualifizierung. Empfehlungen zur Förderung des wissenschaftlichen Nachwuchses. Wissenschaftsrat 4756/01 vom 19.01.2001, www.wissenschaftsrat.de.
Centrum für Hochschulentwicklung, www.che.de.
Ständige Konferenz der Kultusminister der Länder in der Bundesrepublik Deutschland, www.kultusministerkonferenz.de.

Angaben zum Autor:

Frank Chantelau
Kanzler der Universität Lüneburg
Scharnhorststraße 1
21335 Lüneburg
Tel.: +49-4131-781005
Fax: +49-4131-781091
E-Mail: kanzler@uni-lueneburg.de

Hochschulpolitik

Michael Daxner

Hochschulmanagement ist eingebettet in **Hochschulpolitik**, über deren Art man sich vergewissern sollte, bevor es zu hochschulpolitischen Grundlagen oder aber Konsequenzen kommt. Hochschulpolitik kann als **Spezialfall der Wissenschaftspolitik** aufgefasst werden, dann unterstellt sie sich einerseits der Autorität staatlicher Zwecksetzungen (Innovation, Forschungsmacht, Patente, Beschäftigungseffekte, Forschungsindustrie, nationales Prestige ...), andererseits implizit immer der Autorität der wissenschaftlichen Gemeinschaften (Scientific Communities), die in Fachgesellschaften, paradigmatischen Texten und Experten ihre Repräsentation finden. Diese Hochschulpolitik ist im Grunde **Politik für die Hochschulen**, behandelt sie als **Subsysteme** der Wirtschafts-, Finanz-, Beschäftigungs- und Kulturpolitik. Je nach dem Schwerpunkt sind dann mögliche Ziele der Hochschulpolitik Qualifikationsprofile, Beschäftigungspotenzial (Employability des Individuums), Absolventenoutput oder nationale Vorbilder. Die Hochschulen sind in dem Maß Subjekte dieser Art von Hochschulpolitik, in dem sie Autonomie besitzen. Die klassischen Bereiche dieser Autonomie sind in der Haushalts- und Berufungspolitik angesiedelt. Ein Globalhaushalt und die Vorgesetztenfunktion über den Lehrkörper wären Ausdruck einer Autonomie, die sie als Akteure bzw. Agenturen ihrer eigenen Interessen und nicht so sehr als

Agenten der staatlichen oder wirtschaftlichen Zwecksetzungen höherer Ordnung erscheinen lässt.

Diese zentrale Aussage führt zur zweiten Art von Hochschulpolitik, nämlich **der von den Hochschulen selbst gesetzten und gemachten.** Auch diese ist von den Scientific Communities abhängig, hat aber als vorrangiges Ziel die Selbsterhaltung und Reproduktion des eigenen institutionellen Systems. Öffentliche oder staatliche Hochschulen gehen in der Regel nicht bankrott, aber auch sie können, wie private Hochschulen, aus Mangel an Nachfrage oder Reputation verkümmern oder eingehen. Die Selbsterhaltung der Hochschule wird auf den relativen Rangplatz (→ *Ranking*) innerhalb von Wertskalen oder auf die absolute Nachfrage nach Studienplätzen, Diensten und Forschungsleistungen projiziert. Reproduktionsziel ist es, so weit wie möglich »als Hochschule« erhalten zu bleiben und nicht mit einem Wirtschaftsbetrieb verwechselt zu werden, was bei den so genannten »Entrepreneurial Universities« eine reale Gefahr ist *(Burton Clark* 1998). Autonomie bedeutet hier, sich einer Auftragsverschiebung zu verweigern, also Bildungs- und Ausbildungsstätte bleiben zu wollen. Das führt zu einem nicht lösbaren, aber produktiv auszuagierenden Konflikt mit dem weitgehend betrieblich organisierten Forschungsbereich der Universitäten. »Forschungsuniversitäten« mit guter Lehre entgehen diesem Konflikt eher als »Lehruniversitäten« ohne Forschungspotenzial, weil letztere zu Trainingsbetrieben verkommen können und dann jedem Auftraggeber »sein« Curriculum liefern müssen.

Bindeglied zwischen beiden Typen von Hochschulpolitik ist die **Autonomie,** die im ersten Fall mit den **Marktmechanismen** in Konkurrenz tritt, im zweiten Fall mit der **Wissenschaftsfreiheit,** die vor allem individuell, aber auch institutionell, sich den Marktregeln gegenüber kontingent verhält. Wissenschaftsfreiheit bedeutet im Kern das Ausagieren der unplanbaren Produktion von Wissen, Erkenntnis und Kritik für künftige Märkte und Gesellschaften, sie ist der Ausfluss ziviler Gesellschaftsverfassung und ein hohes schutzwürdiges Gut: die durch sie zusammengefassten Wissenschaftler werden für den Erhalt der Gesellschaft gebraucht, können aber nur gute Ergebnisse im Schutze dieser Freiheit produzieren. Diesem platonischen Anspruch steht die ganz triviale Pflicht der Qualitätsmaßstäbe gegenüber, durch die Wissenschaftsfreiheit legitimiert und Meinungsfreiheit unterschieden wird. Hochschulpolitik der Hochschulen ist immer auch Interessenpolitik, wobei es sowohl um das Aufrechterhalten des Status der Hochschulen (gesellschaftliches Subsystem, eigener Wissenschafts- und Arbeitsmarkt) als auch um ihre Autorität geht, die »Gesellschaft selbst zu denken« bzw. ihre Begriffe und Leitbilder zu besetzen und wissenschaftlich zu stützen. Die vielfältigen innerhochschulischen und externen Vertretungsorgane der Hochschulpolitik können nach diesen Bestimmungen gruppiert werden.

Die Vermittlung zwischen beiden Arten der Hochschulpolitik erfolgt über **Buffer-Institutionen** (z. B. Hochschulräte, Kuratorien, aber auch politische Beratungsgremien hoher Bedeutung, wie dem Wissenschaftsrat) und über die Hochschulforschung. In den vermittelnden Zwischeninstanzen, z. B. Hochschulräten, schafft sich die Hochschulpolitik ihre eigenen, produktiven inneren Widersprüche, indem die Machtverteilung zwischen Staat, Institutionen und Öffentlichkeit »flüssig« gehalten wird. *Teichler* hat das Dilemma der Hochschulforschung auf dem Soziologentag 1993 genau beschrieben, wenn er feststellt, dass sie meist als Auftragsforschung genau das an Hochschulpolitik legitimieren soll, was sie als Wissenschaft eigentlich kritisch zu analysieren und bewerten hätte. Weniger vorsichtig ausgedrückt bedeutet das, dass aus dem Fehlen hochschulpolitischer Grundlagenforschung auch eine mangelnde Resistenz der Hochschulforschung gegenüber ihrer Instrumentalisierung durch eine der beiden Arten von Hochschulpolitik resultiert.

Jede Systematik der Hochschulpolitik steht vor einer Reihe disjunkter Entscheidungsprobleme, die mit Wertentscheidungen (wie wichtig sind Hochschulen für ein bestimmtes politisches Programm?) ebenso verknüpft sind wie mit einer politisch legitimierbaren Prognose über die Auswirkungen einer bestimmten Handlung (Gelten die Ergebnisse einer politisch angeordneten Evaluation auch noch für die nächste Generation der Studierenden?). Es wäre zu einfach, die bildungsökonomischen Grundlagen der Hochschulpolitik nur dem Marktpol zuzurechnen, während die kulturellen dem Pol der Wissenschaftsfreiheit bloß als Grundpfeiler ziviler Gesellschaften gutgeschrieben würden. Wissenschaftsfreiheit erzeugt den Meinungs»markt«, der sich in der Dynamik der Wissenschaftsgemeinschaften reproduziert – und eine zivile Gesellschaft muss die praktische Wende jeder kritischen Ausbildung (Tätigkeiten, Berufe, notwendige und sinnvolle Arbeit) fordern.

Hochschulpolitik in ihren beiden Ausprägungen ist vielmehr in einer »Kollusion« die Bedingung für erfolgreiche Hochschulen, und deshalb kann sie ohne Schaden niemals auf den einen oder anderen Teil verzichten. Kollusiv nennen wir ein Verhältnis, in dem zwei Antagonisten aufeinander angewiesen sind, aber keine dauerhafte synergetische Koalition zu einem gemeinsamen Zweck eingehen können. Müller-Böling weist in seinem Beitrag (→ *Ganzheitliche Hochschulreform*) kursorisch auf den Widerspruch zwischen Marktförmigkeit und Wissenschaftlichkeit hin. Nehmen wir zwei Beispiele: Ausbildung und Forschung in antiker Numismatik oder Anatomie können niemals marktgerecht sein, bleiben aber, einmal für die Vermehrung und Ordnung des Wissens, einmal als praktische Voraussetzung eines hochlukrativen Berufs, unverzichtbar – nur: die Numismatik wird eher geopfert als die Anatomie. Setzt sich der Markt allein durch, so setzt auch das »Artensterben« der Disziplinen ein (was im Übrigen die amerikanischen Spitzenuniversitäten, die sich den Luxus der Arterhaltung eher erlauben als die europäischen, uneinholbar exzellent macht). Das andere Beispiel: Entziehen sich die Geisteswissenschaften in totalitären Systemen, wie dem des untergegangenen Staatssozialismus, jeder Qualitätskontrolle (also einem Binnenmarkt mit Wettbewerbselementen), dann verlieren sie die autoritative Deckung durch die Scientific Community und werden sinnlos. Hochschulpolitik vermittelt nun insoweit, als sie dem Marktelement den Primat der Politik (inklusive Kultur und Sozialstaatsgebot) aufzwingen muss, der Wissenschaftsfreiheit aber ihre Schranken in der Qualitätsforderung weist.

Aus dem Primat der Politik folgt die Maxime, dass Hochschulpolitik immer ein die privaten Interessen von Besitzern der Hochschule übersteigendes Eigentumsinteresse an der »ganzen Wissenschaft« aufweisen muss, um erfolgreich eine öffentliche und nachhaltige, also auch generationenübergreifende Wissenschaftstradition erhalten zu können. **Öffentlich** muss sie sein, damit der Wettbewerb der wissenschaftlichen Begabungen seine Ergebnisse zeitigen kann, **nachhaltig**, weil Hochschulen »langsame Systeme« sind, d. h. sich nicht reaktiv nach jeder politischen Laune verändern, aber geradezu unheimlich schnell etwas von ihrer Disziplinenvielfalt einbüßen, wenn man sie zu sehr in Richtung auf Wirtschaftlichkeit drängt.

Nun stehen die heutigen Hochschulen weniger unter dem Druck von politischer Engführung als unter dem Zwang, **massenhaft** genau das zu tun, was sie sollen: Studierende auf den Markt vorzubereiten und in ihn zu entlassen. Aber es ist nicht nur ein Irrtum anzunehmen, dass die Quantitäten der produzierten Absolventen schon etwas über das Wettbewerbspotenzial der »veredelten« Qualifikation auf dem Markt aussagen. Natürlich nützen Tausende von schlecht ausgebildeten Absolventen weder sich noch der Gesellschaft, aber offenbar absorbiert der Markt eine große Menge berufsunspezifischer (Fehl)qualifikationen, und sicher mehr, als jede berufsbezogene Prognose als »brauchbar« ausweist. Das ist kein Plädoyer für eine Hochschulpolitik, die Hochschulen »an sich« für genügend erachtet. Wenn wir davon ausgehen, dass der Markt »employability« vor allem in mittel- und kurzlebigen Tätigkeitsfeldern ohnedies erzwingt, dann kommt es gerade auf die Beherrschung der diskursiven und sozialen Techniken und Eigenschaften an, die »jenseits des Marktes« (*Walter Siebel*) aus der Beschäftigung mit Wissenschaft eine gewisse Überlegenheit gegenüber der »Realität« gewinnen. Dieser **gesellschaftliche Mehrwert** ist der heikle Punkt jeder Hochschulpolitik, weil er scheinbar empirisch gegenüber den wirtschaftlichen Effekten einer auf Beschäftigung und produktorientierte Qualifikation ausgerichteten Hochschulpolitik unscharf und ideologisch aufgeladen erscheint. Hochschulpolitik ist deshalb zentral für das Selbstverständnis staatlich organisierter Gesellschaften, in denen Hochschulen eine konstitutive oder, im negativen Fall, eine marginale Rolle spielen.

Die **Delegation des gesellschaftlichen Selbstverständigungsdiskurses an die Hochschulen**, sofern sie ausbilden und forschen, ist deshalb keine schlechte Grundlage für nachhaltige Hochschulpolitik. Auf diese Weise wird die heranwachsende demokratische Elite bzw. politische Klasse sowohl mit dem materiellen Substrat einer »Wissensgesellschaft« als auch mit der Differenz zwischen wissenschaftlichem Diskurs und gesellschaftlicher Realität konfrontiert. Das ist freilich ein Elitekonzept insoweit, als die Massenausbildung eine umfassende intellektuelle Entwicklung nur partiell zulässt. Hochschulpolitik sollte also dafür sorgen, dass der fundamentale Ansatz der berufsüberschreitenden Zielvision von Hochschulen – **Exzellenz für den Markt und jenseits des Marktes** – in allen Ausbildungskonzepten integriert wird, und sich dann, im Lauf der Ausdifferenzierung von Studienprogrammen und Forschungskonzepten, in unterschiedlichen Größenordnungen manifestieren kann. Dabei spielen die Konzepte des lebenslangen Lernens, also des biographisch »normalen« Rückkehrens an die Hochschule eine große Rolle.

Hochschulpolitik im staatlichen Routinehandeln ist oft eine reine Funktion der finanziellen Spielräume und Prioritäten. Sie wird, zu Unrecht, unter die konsumtiven Leistungen des Staates subsumiert. Deshalb gewinnen Fragen nach ➜ *Studiengebühren*, Joint ventures, ➜ *Public-private partnership* und ➜ *Evaluation* nach Effizienzkriterien eine so große Bedeutung. Hochschulpolitik kann sich davon nicht emanzipieren, indem sie diesem Effizienzstreben kritiklos nachgibt, um in einem virtuellen »Danach« den Rücken für inhaltliche Reformen frei zu haben. Im Sinne einer modernen, nachhaltigen Ökonomie muss sich **Hochschulpolitik als Investitionspolitik mit langfristigen, disparaten Returns** verstehen. Womit wir wieder bei der Frage des gesellschaftlichen Mehrwerts sind, der die Hochschulpolitik erst rechtfertigt. Die Beweisführung für einen berechtigten Anspruch dieser Art beruht auf drei Prämissen:

1. Hochschulen sind **institutionell** für die moderne Gesellschaft nicht durch segmentierte Einzeleinrichtungen mit je höherem Nutzungsgrad zu ersetzen (Hypothese von der optimalen Synergie suboptimaler Teilelemente).
2. Der **gesellschaftliche Mehrwert** der wissenschaftlichen Forschung und Ausbildung in Hochschulen ist größer als die Summe der privaten Mitnahmeeffekte durch alle an den Hochschulen ausgebildeten und forschenden Menschen (diese These impliziert die legitime Privilegierung akademischer Tätigkeit, einschließlich des Studiums, und verbietet in letzter Konsequenz eine Überwälzung aller Kosten des Studiums auf die Studierenden; was kein Argument gegen moderate Gebühren ist).
3. Hochschulen in der Massendemokratie stellen selbst einen derart großen **Markt** mit internationalen Verflechtungen dar, dass Hochschulpolitik immer auch den Ausgleich zwischen regionalen Hochschulräumen, nationalen Interessen und der übernationalen Organisation von Wissenschaft herstellen muss, und in dieser Weise gesellschaftlich kohärent wirkt. (These von der Hochschulpolitik als Vorfeldpolitik übernationaler Politikbereiche).

Aus der letzten These folgt die abschließende Bestimmung, dass Hochschulpolitik heute und in Zukunft **keine nationale** mehr sein kann. In Europa haben die großen zwischenstaatlichen Organisationen längst eine Struktur entwickelt (»Bologna-Prozess«), die nationalen Sonderwegen keine Zukunft gibt, ohne dass deshalb traditionelle Differenzierungen oder Besonderheiten wegfallen müssen. Hochschulpolitik, wie etwa das Beispiel der Niederlande zeigt, kann diesen Prozess der Europäischen Einigung sogar in einer Weise befördern, die anderen Politikbereichen weit schwerer fällt.

Und schließlich ist Hochschulpolitik notwendig immer **Hochschul*reform*politik**. Die autonome Selbstverwaltung der Hochschulen im jeweiligen Status quo bedürfte keiner Politik, sondern nur administrativer Vernetzung. Aktive Hochschulpolitik aber ist jener Bereich der Gesellschaftspolitik, in dem die Hochschulen eine konstitutive Rolle ihrer Veränderung aufgrund wissenschaftlicher Befunde in Betracht ziehen. Da keine nachhaltige Veränderung ohne Beteiligung der Wissenschaft geschehen kann, ist Hochschulpolitik ein entscheidendes Agens für die Bedingung der Möglichkeit solcher Veränderungen. Die Rede von der Wissensgesellschaft ist nur dann glaubwürdig, wenn sie die Überlebens- und Lebensqualität am mehr oder weniger rationalen Einsatz von Wissenschaft festmachen kann. Da sich eine andere Organisationsform als die Hochschule nicht anbietet, ist hier der gesellschaftliche »Auftrag« der Hochschulpolitik abzulesen und steht nicht zur beliebigen Disposition marktorientierter Segmentierung.

Literatur:

Clark, B.: Creating Entrepreneurial Universities. Oxford 1998.

Angaben zum Autor:

Prof. Dr. Michael Daxner
Professor für Soziologie und Jüdische Studien an der Universität Oldenburg
Zur Zeit: Internationaler Administrator der Universität Pristina und zuständig für das gesamte Bildungswesen des Kosovo unter UN-Verwaltung (UNMIK)
Carl von Ossietzky Universität Oldenburg
Ammerländer Heerstraße 114-118
Postfach 2503
26111 Oldenburg
Tel.: +49 44 17 98 26 00
Fax: +49 44 17 98 29 19
E-Mail: michael.daxner@uni-oldenburg.de

Hochschulrat

Yorck Hener

Mit dem **Begriff Hochschulrat** verbinden sich unterschiedliche Beschreibungen, Aufgabenzuweisungen und Kompetenzen. Vielfältig sind auch die Bezeichnungen für einen Hochschulrat in der Literatur wie in Gesetzen. Häufig werden die Begriffe Kuratorium, Board (of Trustees) oder Beirat verwendet. Hochschulrat soll hier als Sammelbegriff für ein Organ definiert sein, das zwischen Hochschulen und Staat als Zwischeninstanz eingerichtet ist, Einfluss auf das Geschehen in der Hochschule hat und in ein System der → *Entscheidungsstrukturen* und → *Leitungsstrukturen* der Hochschulen eingebunden ist. Dabei muss ein Hochschulrat nicht notwendig auf eine einzelne Hochschule bezogen sein, auch für einen Verbund von Hochschulen oder eine Hochschulregion können Hochschulräte zuständig sein.

Hochschulräte stehen in einem engen Zusammenhang mit der Einführung neuer Steuerungsmodelle an Hochschulen. Die Stärkung der Autonomie von Hochschulen, verbunden mit einer Dezentralisierung von Entscheidungsbefugnissen des Staates, erfordern neue Leitungs- und Entscheidungsstrukturen an den Hochschulen, aber auch eine Neufestsetzung der Kompetenzen des Staates. Aus internationalen Erfahrungen, vor allem auch aus europäischen Ländern mit einem Hochschulsystem, das dem deutschen ähnlich ist, lassen sich Anregungen für die Zweckmäßigkeit von Organen gewinnen, die zwischen Staat und Hochschule eine sowohl steuernde wie kontrollierende Funktion besitzen.

Innerhalb von Hochschulen bestehen gegenüber dem Organ Hochschulrat Vorbehalte. Die Kannbestimmung in mehreren Ländergesetzen, Hochschulräte aus hochschulinterner Willensbildung heraus einzurichten, ist – von einzelnen Ausnahmen abgesehen – daher meist ignoriert worden. In Niedersachsen wurde der Vorschlag des »Wissenschaftlichen Beirats zur Begleitung des Modellvorhabens für eine Erprobung der globalen Steuerung von Hochschulhaushalten im Land Niedersachsen« (1997) auf Einrichtung von Hochschulräten von keiner Hochschule aufgegriffen. Gegen die Einrichtung von Hochschulräten wird vor allem eingewandt, dass

- Mitglieder von Hochschulen die höhere Kompetenz in Hochschulfragen besitzen und Hochschulräte daher sachfremd und überflüssig seien,
- nicht wissenschaftsgerechte Gesichtspunkte die Entscheidungen beeinflussen könnten und vor allem,
- der Staat sich nicht aus der Verantwortung entlassen dürfe.

Demgegenüber steht die Auffassung, dass sich die Autonomie der Hochschulen durch Staatsferne legitimiert: nicht der Staat allein, sondern die »kompetente Öffentlichkeit« (*Daxner, M.* 1999) hafte für das Wohl der Einrichtung. Autonomie wird hier verstanden als eine größere Unabhängigkeit von staatlichen Eingriffen im Einzelnen und eine größere Handlungsfähigkeit gegenüber der Öffentlichkeit. Zugleich wird erwartet, dass sich mit den wachsenden Gestaltungsspielräumen der Hochschulen die Qualität von Forschung und Lehre verbessert. Dies setzt aber voraus, dass der »Arm des Staates kürzer« wird (*Müller-Böling, D.* 2000). Hochschulräte als Aufsichts- und Kontrollorgane, die vor allem Kompetenzen des Staates übernehmen, füllen die dabei entstehende Lücke. Hochschulräte wirken wie Aufsichtsräte, die an strategischen Fragen des »Unternehmens« Hochschule mitwirken. Eine offene Frage ist, ob die Mitwirkung der Hochschulräte eine Entscheidungskompetenz notwendig macht.

Hochschulrat für autonome Hochschulen

Der **Hochschulrat mit Entscheidungskompetenz** wird zu einem Organ, das wesentliche grundsätzliche und strategische Entscheidungen treffen und Kontrolle ausüben kann. Vor allem der Staat muss Zuständigkeiten abgeben. Der Staat

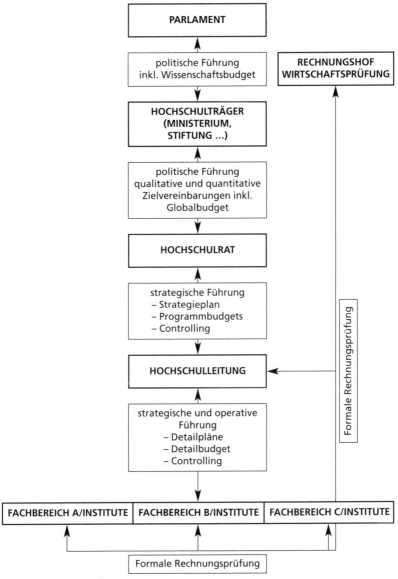

Quelle: *Wissenschaftlicher Beirat zur Begleitung des Modellvorhabens für eine Erprobung der globalen Steuerung von Hochschulhaushalten im Land Niedersachsen:* Zehn Empfehlungen zur Einführung von Hochschulräten. Gütersloh 1997.

173

beschränkt sich dann in der Aufsicht über die Hochschule auf Zielvorgaben und rechtsaufsichtliche Maßnahmen.

Bei Hochschulräten mit Entscheidungsrechten müssen auch die Hochschulen auf Kompetenzen verzichten, etwa durch eine Mitwirkung bei der Auswahl der Leitungsfunktion. Bei einem Rückzug des Staates aus der ex ante-Steuerung von Hochschulen fallen den Hochschulen ohnehin bislang staatliche Aufgaben in erheblichem Umfang zu. Umso stärker tritt die Rechenschaftspflicht der Hochschule und die Notwendigkeit öffentlicher Kontrolle hervor.

Hochschulräte können aber auch bei einer **auf Empfehlungen und Stellungnahmen begrenzten Kompetenz** in die Hochschule hinein ausgleichend wirken. Die sehr unterschiedlichen Interessen und Ausrichtungen der Fachgebiete machen gerade in der Entwicklungsplanung oder Profilbildung einen Ausgleich über die Fachgebiete notwendig. Hier kann eine Außeninstanz helfen, höhere Akzeptanz für Prioritäten zu schaffen.

Aufgaben der Hochschulräte können zum Beispiel sein:
- Entgegennahme der Rechenschaftsberichte der Hochschule über Leistungen und Finanzen;
- Beschlussfassung oder Stellungnahme zu der Entwicklungs- und Ausstattungsplanung der Hochschule;
- Feststellung des Finanzbedarfs;
- Beschlussfassung oder Empfehlung zur inneren Organisation der Hochschule;
- Beschlussfassung oder Stellungnahme zu internen Richtlinien und Ordnungen;
- Mitwirkung bei der Wahl der Leitung der Hochschule;
- Mitwirkung bei Ziel- und Leistungsvereinbarungen zwischen Hochschule und Staat sowie Hochschule und ihren Organisationseinheiten.

Zusammensetzung der Hochschulräte: Die Vertreter der »kompetenten Öffentlichkeit« sollten sich mit dem Hochschulwesen auskennen und an der Zukunft der Hochschulen mitgestalten. Daher sollte die Auswahl der Personen Vorrang vor der Stellvertretung gesellschaftlich relevanter Gruppen haben. Vertreter der Exekutive haben bei den Entscheidungen der Hochschulen immer noch eine eigenständige Rolle und sollten daher in einem Hochschulrat zurückhaltend beteiligt werden: Sie beeinflussen durch die Finanzierung, unterstützt durch Ziel- und Leistungsvereinbarungen, die Strategie und Aufgaben der Hochschulen. Der Staat sollte aber bei der Auswahl der Mitglieder eines Hochschulrates mitwirken.

Die Hochschulen sollten Vorschlagsrecht für die Auswahl der Mitglieder des Hochschulrats haben, denn bei der Vorbereitung von Entscheidungen ist eine enge Beziehung zu den Organen der Hochschulen wichtig. Außerdem kann die Auswahl der Mitglieder am Profil der Hochschule orientiert sein, also eher regional oder international ausgerichtet. Allerdings sollten Hochschulvertreter nicht die Mehrheit des Gremiums stellen, das würde die Glaubwürdigkeit der Unabhängigkeit eines Hochschulrats unterlaufen.

Gesetzliche Regelungen: Mit der Novelle zum Hochschulrahmengesetz (HRG) von 1998 wurden die bisher bestehenden Vorgaben zur Organisationsstruktur der Hochschulen beseitigt. Das neue Gesetz verzichtet vollständig darauf und überlässt die Ausgestaltung den Ländern. Damit ist der Weg frei für eine gesetzliche Neugestaltung der Entscheidungs- und Leitungsstrukturen in den Ländern.

Viele Ländergesetze haben bereits vor der Novelle des HRG einen Hochschulrat als Organ vorgesehen, wenn auch unter verschiedenen Bezeichnungen (Beirat, Kuratorium) und Ausgestaltungen. In den meisten Gesetzen (Saarland, Bayern, Nordrhein–Westfalen, Bremen) wird ein Hochschulrat ohne Entscheidungsbefugnis benannt. Mehrere Gesetze sehen einen Hochschulrat mit beratender Funktion vor, der nur auf Entscheidung einer Hochschule errichtet werden kann (Thüringen, Sachsen-Anhalt, Niedersachsen). Das niedersächsische Hochschulgesetz sieht allerdings als spezielle Regelung für die Hochschule Vechta einen Hochschulrat mit Entscheidungskompetenz vor. Bremen hat in seinem neuen Hochschulgesetz von 1999 auf Hochschulräte verzichtet. Brandenburg sieht im neuen Hochschulgesetz ebenfalls keine Verpflichtung zum Hochschulrat vor, überlässt es aber einem Landeshochschulrat, einzelne Hochschulräte zu errichten. Das Berliner Hochschulgesetz von 1995 sieht Kuratorien für alle Hochschulen Berlins vor. Die Kuratorien in Berlin besitzen aber umfängliche Entscheidungskompetenzen und weichen damit von den meisten Gesetzen ab.

Beispiele von Hochschulräten

Hochschulrat Vechta: In der Hochschule Vechta (Niedersachsen) wurde ein Hochschulrat mit Entscheidungsbefugnis eingerichtet. Auf der Grundlage des § 147 des Niedersächsischen Hochschulgesetzes wurde der Hochschulrat mit Kompetenzen staatlicher Genehmigungs- und Aufsichtsbefugnisse sowie mit einer allgemeinen Mitwirkungskompetenz an der Entwicklung der Hochschule ausgestattet. Von den 13 Mitgliedern dürfen je drei von der katholischen Kirche und der Hochschule vorgeschlagen werden. Die Mitglieder dürfen nicht der Hochschule angehören. Die konkrete Zusammenarbeit zwischen Hochschulrat und Staat auf der einen und Hochschule auf der anderen Seite hat dem Hochschulrat erhebliche Kritik eingebracht.

Universitätsrat Basel/Eidgenössischer-Technischer-Hochschul-Rat (ETH-Rat): In der Schweiz waren im Zuge der Hochschulreform der Neunzigerjahre Universitätsräte in unterschiedlicher Ausprägung eingesetzt worden. So hat der Universitätsrat Basel für die städtische Universität seit 1995 ähnlich umfassende Rechte und Befugnisse wie ein Ministerium in Deutschland, bis hin zur Genehmigung von Studiengängen und der Ernennung von Professoren. Der Staat in Form des Ministeriums spielt nur noch eine untergeordnete administrative

Rolle, das Parlament dafür bestimmt nach wie vor den Umfang des Gesamtbudgets.

Der **ETH–Rat für Zürich, Lausanne und vier Forschungseinrichtungen** dagegen hat eine etwas abweichende Aufgabenkompetenz, aber auch hier kann man von einem Aufsichtsrat sprechen, denn eine der wichtigen Kompetenzen ist die Einsetzung der Leitung – auch ihre Absetzung – sowie die Ernennung der Professorinnen und Professoren. Da es kein zuständiges Ministerium gibt, sind dem ETH–Rat viele Kompetenzen zugeordnet, die sonst von der Regierung ausgeübt werden. Der ETH–Rat hat aber einen Weg beschritten, wie in einem Konzern die strategischen Entscheidungen zu treffen und Rahmenbedingungen zu setzen und im Übrigen die Autonomie der Einrichtungen zu stärken.

Kuratorium Freie Universität Berlin: Seit 1999 gibt es an der FU Berlin ein neues Kuratorium, das sich aus 10 Mitgliedern – fünf externe, fünf interne – zusammensetzt. Die fünf Externen sollen hochschulpolitisch erfahren sein oder Experten aus Wirtschaft und Gewerkschaften. Von den fünf Internen kommen vier aus der FU Berlin und ein Mitglied vom politischen Senat, also der Exekutive. Dem Kuratorium sind auch Entscheidungsrechte übertragen.

Hochschulrat TU München: Der Hochschulrat der TU München ist ein besonderes Modell der Verknüpfung hochschulinterner Entscheidungen durch die Leitung oder den Senat mit einem Hochschulrat. Die paritätische Zusammensetzung aus externen Mitgliedern und internen (Senats)mitgliedern bindet den Hochschulrat stark in die interne Meinungsbildung ein. Die acht Mitglieder des Hochschulrates werden von der Hochschule vorgeschlagen und vom Ministerium bestellt. Kompetenzen bestehen durch Einbindung in Rechenschaftslegung und Haushaltsverhandlungen oder Zielvereinbarungen.

Literatur:

Alewell, K.: Autonomie mit Augenmaß. Hannover 1993.
Daxner, M.: Die blockierte Universität. Frankfurt und New York 1999.
Müller-Böling, D.: Die entfesselte Universität. Gütersloh 2000.
Müller-Böling, D./Fedrowitz, J. (Hrsg.): Leitungsstrukturen für autonome Hochschulen. Gütersloh 1998.
Hochschulrektorenkonferenz (Hrsg.): Hochschulräte als Steuerungsinstrumente von Hochschulen. Beiträge zur Hochschulpolitik 6/2000. Bonn 2000.

WWW-Adressen:

Technische Universität München:
www.tu-muenchen.de/einrichtungen/organisation/reform/tumleo.tuml
Hochschule Vechta:
www.uni-vechta.de/organe/rat
Freie Universität Berlin:
www.fu-berlin.de/fun/3-4-99/hochschule/content/4.html
Eidgenössische Technische Hochschule Zürich:
www.ethrat.ch/index/de.html

Angaben zum Autor:

Yorck Hener
Diplom-Sozialwirt
Dezernent für Planung an der Carl von Ossietzky Universität Oldenburg
Carl von Ossietzky Universität Oldenburg
Dezernat 5
Ammerländer Heerstraße 114-118
26129 Oldenburg
Tel.: +49 44 17 98 24 67
Fax: +49 44 17 98 24 52
E-Mail: yorck.hener@uni-oldenburg.de

Hochschulrechnungswesen

Jürgen Weichselbaumer

Prozesse der Planung, Steuerung und Entscheidung in Hochschulen bedürfen Informationen, deren Qualität und Quantität die Güte der Führungsentscheidungen beeinflusst. Das Hochschulrechnungswesen als wesentlicher Bestandteil des Informationssystems einer Hochschule hat die zur zweckmäßigen Lösung der Planungs-, Steuerungs- und Entscheidungsprobleme notwendigen Informationen bereitzustellen.

Aktuelle Entwicklungen im Umfeld der Hochschulen wie beispielsweise die Erhöhung der Wettbewerbsintensität sowohl im inner- wie auch im interuniversitären Leistungszusammenhang, zunehmende Autonomiebestrebungen oder die steigende Leistungsorientierung bei gleichzeitig defizitärer Finanzmittelsituation bedingen heute veränderte Informationsanforderungen an die Hochschulen und haben zu einer Verschiebung und Intensivierung des von der Hochschule bereitzustellenden Informationsangebots geführt.

Die Ausgestaltung des Hochschulrechnungswesens wird von den verfolgten **Rechnungszwecken** determiniert, die hochschulspezifisch begründet liegen in
- der Schaffung von **Transparenz** über das Geschehen in Hochschulen, i. e. die Rechnungslegung und Kommunikation der hochschulbezogenen Wertschöpfungsprozesse nach innen und außen (z. B. zum Zwecke der internen und/oder externen Vergleichbarkeit);
- der kurz-, mittel- und langfristigen **Planung** des Ressourceneinsatzes (z. B. Ermittlung von Reinvestitionsbedarfen, Bindung des Humankapitals an Berufungszusagen usw.);
- der internen **Steuerung** des Ressourceneinsatzes über verhaltensbeeinflussen-

de, anreizorientierte Koordinationsmechanismen (z. B. leistungsbezogene Mittelallokation);
- der **Entscheidungsunterstützung** im Tagesgeschäft der Hochschule (z. B. bei Fragestellungen des Outsourcing, betriebswirtschaftlichen Evaluationsprozessen) sowie
- der **Kontrolle** der Erfolgswirksamkeit von Planung und Steuerung.

Eine auszugsweise Übersicht des für die Rechnungszwecke von Hochschulen erforderlichen Informationsangebots ist in Abbildung 1 dargestellt. Dieser **Grunddatenbestand** berücksichtigt Erfahrungen der deutschen Universitätskanzler, des Wissenschaftsrats, der Hochschul-Informations-System GmbH, der Hochschulrektoren- sowie der Kultusministerkonferenz. Die Liste erhebt keinen Anspruch auf Vollständigkeit, sondern variiert mit Zielverschiebungen im Zeitablauf sowie in Abhängigkeit vom jeweils relevanten Kreis der Informationsanspruchsberechtigten.

Zweckneutraler Grunddatenbestand (Auszug)

- Zahl der Studierenden in der Regelstudienzeit
- Zahl der Promotionen
- Zahl der Habilitationen
- Zahl der Absolventen je Studiengang
- Höhe der Drittmitteleinwerbung
  - öffentliche/Stiftungs-
  - private
- mittlere Studiendauer
- Zahl der Studienanfänger je Studiengang
- Gesamtzahl der Studierenden
- Zahl der Prüfungen, Zwischenprüfungen, Diplomarbeiten
- Notenspiegel/Prüfungsergebnisse
- Absolventenverbleib
- Zahl evaluierter Stipendiaten und herausragender Preisträger
- wiss. Publikationen
- Patente, DIN-Normen, Urheberrecht
- Herausgeber- und Gutachtertätigkeit
- wiss. Auszeichnungen

- Neue Studiengänge
- Lehrbeauftragte aus der Praxis
- Anzahl von Gastprofessoren aus dem Ausland
- Wahrnehmung von Gastprofessuren im Ausland
- Anzahl ausländischer Studenten im Inland
- Anzahl eigener Studenten im Ausland
- Zahl der Studienabbrecher, -fachwechsler, -ortswechsler je Studiengang
- Anteil der Studierenden aus nahen und fernen Regionen
- Zahl der Rufe an Universitätsangehörige
- Studienplätze flächenbezogen
- Existenzgründungen, spin-offs
- Zahl der Forschungsaufträge
- bezahlte Weiterbildungskurse
- Fernstudiengänge
- Sprachkurse
- Höhe der Investitionen (absolut)
- Auslastungsgrade/Nutzungen bzgl. Räume, Einrichtungen, Großgeräte

Abb. 1: Beispielhaftes Informationsangebot des Hochschulrechnungswesens (Abb. nach *Kronthaler/Weichselbaumer* 1999, S. 38)

Der Adressatenkreis des Hochschulrechnungswesens setzt sich aus hochschulinternen (z. B. Hochschulleitung, Hochschulrat, Dekan, Professur usw.) und -externen Informationsanspruchsberechtigten (z. B. Öffentlichkeit, Parlament, Ministerien usw.) zusammen. Dabei ist zu überdenken, auf welchem **Aggregationsniveau** die Informationsbereitstellung empfängerabhängig zu erfolgen hat. Während für eine Professur Detailinformationen zur internen Steuerung ihres

Verantwortungsbereichs wichtig sind, genügen für die Hochschulleitung globale Steuerungsinformationen aggregiert über alle Fakultäten hinweg. Für den Dekan mag das Informationsangebot über die aggregierten Daten aller Professuren seiner Fakultät hinreichend sein (vgl. Abb. 2).

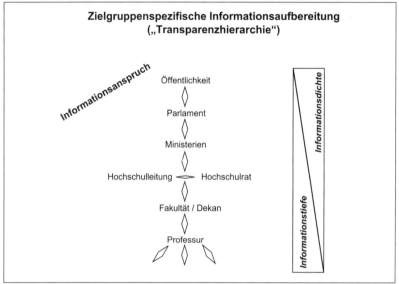

Abb. 2: Informationsadressat und Informationsdichte

Die Produktion und Logistik des Informationsangebots erfolgt über die Teilsysteme des Hochschulrechnungswesens, deren inhaltlich-konzeptionelle Ausrichtung den **Leitmaximen hochschulbezogenen Handelns** folgt. Dabei richten Hochschulen ihr Handeln vorrangig nicht an einem erwerbswirtschaftlichen Zielsystem aus, sondern sie verfolgen in der Regel ein Zielbündel, bestehend aus Einzel- bzw. Mehrfachzielen wie z. B. Erfolge in der Lehre, Erfolge in der Forschung, Förderung des wissenschaftlichen Nachwuchses usw. Die Zielerfüllung lässt sich dabei oftmals nur in nicht monetär messbaren Zielgrößen erfassen (z. B. Zahl der Absolventen, Zahl der Promotionen und/oder Habilitationen usw.). Dies hat zur Folge, dass sich die inhaltliche Konzeption des Hochschulrechnungswesens nicht an der Leitmaxime unternehmerischen Handelns – traditionell die Gewinnerzielung – orientieren darf, sondern an einem weitaus differenzierteren hochschulspezifischen Zielsystem, das auf dem Hochschulerfolg als multidimensionale Handlungsmaxime aufbaut und einem Prozess des inhaltlichen Wandels im Zeitablauf unterliegt.

Neben einem **monetär geprägten Hochschulrechnungswesen**, das sich unter anderem aus der kameralen Aufgabe der Sicherung der Ordnungsmäßigkeit von Einnahmen und Ausgaben und der Einhaltung der Haushaltsansätze ergibt, gewinnt vor diesem Hintergrund ein **nicht monetär ausgerichtetes Hochschulrechnungswesen** an Bedeutung, das die Erfüllung der hochschulspezifischen Ziele zum Betrachtungsgegenstand hat (vgl. Abb. 3).

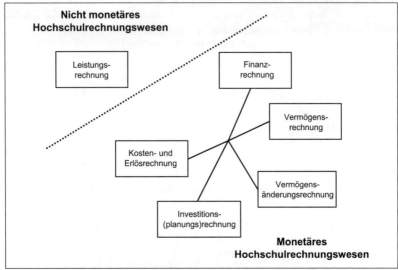

Abb. 3: Teilgebiete des Hochschulrechnungswesens

Als **Teilgebiete des monetären Hochschulrechnungswesens** lassen sich unterscheiden:

- die **Finanzrechnung** als Liquiditätsrechnung, die die Bewegungen der Zahlungsmittelbestände abbildet und den Zahlungsüberschuss einer Periode ermittelt;
- die **Vermögensrechnung** als eine Aufstellung bzw. Bilanzierung der Vermögenswerte einer Hochschule zu einem Stichtag;
- die **Vermögensänderungsrechnung**, die die Wertänderung des in der Hochschule eingesetzten Vermögenskapitals (z. B. bei Abnutzung von Anlagegütern, Veränderung des Zahlungsmittelbestandes) wiedergibt;
- die **Investitions(planungs)rechnung**, die den mittel- und langfristigen finanziellen Ressourcenbedarf der Hochschule nach Art und Fälligkeit ermittelt;
- die **Kosten- und Erlösrechnung**, die den Werteverzehr und die Leistungsentstehung im Rahmen des hochschulbezogenen Wertschöpfungsprozesses – soweit er monetär erfassbar ist – ausweist.

Dieses fünfteilige monetäre Rechnungssystem für Hochschulen lässt sich unabhängig vom jeweils zugrunde liegenden kameralistischen oder kaufmännischen Rechnungssystem durchführen. Es kann dazu beitragen, die Liquidität einer Hochschule sowie das Reinvermögen und seine Veränderung festzustellen. Was es aber nicht leisten kann, ist die Ermittlung der Erfüllung der originären Erfolgsziele einer Hochschule. Hierzu bedarf es der Ergänzung um ein **nicht monetäres Hochschulrechnungswesen.** Seine Abbildung erfährt dieses in einer **Leistungsrechnung,** in der Leistung als Ausmaß der Zielerfüllung im Hinblick auf die verfolgten Hochschulzielsetzungen interpretiert wird und die der mengenmäßigen Erfassung der hierfür maßgeblichen Erfolgsindikatoren dient.

In einer **universitären Erfolgsrechnung** als besondere Form einer Auswertungsrechnung lassen sich die Erfolgskomponenten der aufgezeigten Rechensysteme zusammenführen. Abbildung 4 veranschaulicht beispielhaft hierzu das Grundmuster eines denkbaren **Hochschulabrechnungsbogens,** der den getrennten Ausweis von nicht monetärem und monetärem Erfolg vorsieht und sich aufgrund der intersubjektiven Überprüfbarkeit des originären Datenmaterials für die Rechnungslegung zum Zwecke der interuniversitären Vergleichbarkeit eignet.

Grundstruktur einer universitären Erfolgsrechnung (Fakultätsausschnitt)

	Fakultät A					
	Fach A ...		Fach Z		Dezentr. wiss.	Sonst. dezentr.	Summe
	Prof. A1 ... An	Summe	Prof. Z1 ... Zn	Summe	Einricht.	Einricht.	
I. Nichtmonetärer Erfolg							
a) Erfolge in der Lehre							
b) Erfolge in der Forschung							
c) Erfolge bei der Förderung des wiss. Nachwuchses							
[...]							
II. Monetärer „Erfolg"							
a) Verfügbare Budgetsumme							
b) Direkt zurechenbare Kosten (Einzelkosten)							
c) Nicht direkt zurechenbare Kosten (Gemeinkosten)							

Abb. 4: Grundstruktur einer universitären Erfolgsrechnung (Fakultätsausschnitt)

Literatur:

Kronthaler, L.: Neuorientierung der Technischen Universität München: Organisation, Akademisches Controlling, Hochschulrechnungswesen. In: *Horváth, P.* (Hrsg.): Controlling & Finance: Aufgaben, Kompetenzen und Tools effektiv koordinieren. Stuttgart 1999, S. 313-325.

Kronthaler, L./Weichselbaumer, J.: Schlußbericht des Arbeitskreises »Hochschulrechnungswesen« der deutschen Universitätskanzler. München 1999 (verfügbar unter unten stehender Web-Adresse).

Küpper, H.-U.: Hochschulen steuern mit kaufmännischem Rechnungswesen – aber richtig! In: Beiträge zur Hochschulforschung, 2000, H. 1/2, S. 217-231.

Weichselbaumer, J.: Hochschulrechnungswesen im Wandel. Entwicklungen, Bestandsaufnahme, Perspektiven. In: Beiträge zur Hochschulforschung, 1999, H. 4, S. 279-293.

WWW-Adressen:

Arbeitskreis »Hochschulrechnungswesen« der deutschen Universitätskanzler:
http://www.tu-muenchen.de/aktuell/reformprojekte/AK_HSReW.html

Angaben zum Autor:

Dr. Jürgen Weichselbaumer
Referent des Kanzlers an der Technischen Universität München
Technische Universität München
Arcisstraße 21
80333 München
Tel.: +49 89 28 92 23 09
Fax: +49 89 28 92 83 00
E-Mail: weichselbaumer@zv.tum.de

Hypertext und Hypermedia

Marco Zimmer

Hypertext stellt ein Konzept zur Aufbereitung von und zum Zugriff auf Daten dar. Es unterscheidet sich von anderen Formen der Darstellung von Daten vornehmlich durch folgende Eigenschaften:

- Es erlaubt, Daten uneingeschränkt mit Verweisen (»Links«) zu versehen, ohne an eine lineare oder hierarchische, baumförmige Ordnung gebunden zu sein.
- Hypertext ist daher im Aufbau nicht zentralistisch. Es gibt also keinen vom System vorgegebenen Startpunkt einer Informationsrecherche und Ergänzungen des Datenbestandes können prinzipiell an jeder Stelle in das System integriert werden.
- In Hypertext-Systemen kann auf Daten aus unterschiedlichen Quellen (ASCII-Texte, Datenbanken, etc.) zurückgegriffen werden, unabhängig von dem Betriebssystem, unter dem die Quellen gespeichert sind.
- Die Darstellung der Daten ist in einer ebenso systemübergreifenden Form möglich.

Die Anwendung von Hypertext findet sich in der Regel bei digitalisierten Daten, da die EDV-Technologie bei der Rezeption eine maschinelle Unterstützung der Verfolgung von Verweisen erlaubt und die dezentrale Ergänz- und Veränderbarkeit bei elektronisch gespeicherten Daten prinzipiell immer gegeben ist. Aber auch traditionelle Formen der Speicherung von Daten können in einer der Hypertext-Idee ähnlichen Weise strukturiert und rezipiert werden, man denke an Lexika, Nachschlagewerke und bestimmte Formen von Lehrtexten, die mit ihrer Verweisstruktur dem Prinzip des Hypertext sehr nahe kommen.

Hypermedia ergänzt das Konzept des Hypertext durch die Integration von nicht-schriftlicher Informationen wie Grafiken, Bildern, Tönen (Sprache) oder Videosequenzen. Damit beschreiben die Begriffe Hypertext und Hypermedia, obwohl sie häufig nahezu synonym verwendet werden, unterschiedliche Aspekte der Informationsaufbereitung und Darstellung: Während Hypertext mehr auf die Organisation der Informationen und Daten abhebt, also den strukturellen Aspekt betont, legt Hypermedia den Schwerpunkt auf die multimedialen Darstellungsformen von Informationen, die in einem Hypertext-System vereint sind, und ist damit stärker von technologischen Entwicklungen abhängig (*Streitz, N. A.* 1990, S. 299).

Obwohl Hypertext und Hypermedia im Allgemeinen als untrennbar mit dem Einsatz von Computern, dem Internet und insbesondere dem World Wide Web (WWW) verbunden betrachtet werden, reicht die **Ideengeschichte beider Konzepte** wesentlich weiter zurück und hat ihren Ursprung in informations- und kognitionstheoretisch fundierten Überlegungen zur nicht-linearen Repräsentation und Wiederauffindung von komplexen Informationen aus unterschiedlichsten Quellen. Bereits 1945 publizierte *Vannevar Bush* unter dem Titel »As we may think« (*Bush, V.* 1945) die Vision eines Systems namens »Memex«, das es dem einzelnen erlauben sollte, in einer ähnlich assoziativen Form wie das menschliche Gedächtnis alle ihm bekannten Informationen und Daten zu speichern und zu verknüpfen. Die Begriffe »Hypertext« und »Hypermedia« für diese nicht-lineare, heterogene Quellen verknüpfende Form der Wissensrepräsentation wurden in den Sechzigerjahren auf Konferenzen der Association of Computing Machinery (ACM) geprägt. Auch der gemeinhin als Startpunkt zur Popularisierung dieser Konzepte betrachtete Vorschlag zur Entwicklung eines globalen Hypertext-Systems durch das CERN, die europäische Organisation für Kernforschung in Genf, war überschrieben mit »Information Management: A Proposal« (*Bernes-Lee, T.* 1989). Die hierdurch angestoßene Entwicklung der HyperText Markup Language (HTML) führte zu der technischen Implementierung von Hypertext und Hypermedia, die am weitgehendsten den konzeptuellen Überlegungen entsprach.

Hypertext, Hypermedia und das Internet: In Standard-HTML formatierte Dokumente können auf einem beliebigen EDV-System erstellt und durch entsprechende Betrachtungsprogramme (Browser) ebenfalls auf jedem EDV-System gesichtet werden. Es ist möglich, an beliebiger Stelle in HTML-Dokumenten Verweise (Links) auf andere Dateien zu integrieren. Diese Links können auf andere HTML-Dokumente verweisen, auf bestimmte Stellen in diesen Dokumenten sowie auf digitalisierte Informationen, die in anderen Formaten vorliegen. Die Browsertechnologie unterstützt das Verfolgen dieser Verweise in der Form, dass es nur eines schlichten »Anklickens« mit der Computermaus bedarf, um zu dem referenzierten Dokument zu gelangen. Verfügt der Computer, auf dem die HTML-Dokumente abgerufen werden, über einen aktiven Internetzugang, so brauchen sich diese Links nicht auf lokal vorhandene Dokumente zu beschränken, sondern können auf jedes über das Internet erreichbare Dokument auf einem beliebigen Rechner im WWW verweisen. Diese offene Verweisstruktur erlaubt es, das so geschaffene System von Datenverknüpfungen dezentral zu ergänzen, indem Autorinnen von Dokumenten innerhalb des Systems weitere Links in ihre Dokumente aufnehmen.

Der Hypermedia-Aspekt wird dadurch unterstützt, dass Verweise nicht nur zu anderen HTML-Dokumenten möglich sind, sondern prinzipiell zu jeder im Internet erreichbaren Datei. Damit können Textverarbeitungsdokumente, Grafiken, Datenbanken oder andere Dateien über HTML abgerufen werden. Die Möglichkeit, die in diesen Dateien enthaltenen Informationen auch zu rezipieren, hängt allerdings davon ab, ob entweder entsprechende Schnittstellen zur Darstellung der Inhalte existieren oder der Betrachter selbst über die hierfür notwendigen Programme verfügt. Diese Programme können (als so genanntes »Plug-In«) in den benutzten Browser integriert oder eigenständig lokal auf dem Computer des Betrachters vorhanden sein. In den Browser integrierte Programme erlauben multimediale Betrachtungserlebnisse, bei denen außer Text auch Grafiken, Audio- und zunehmend auch Videosequenzen abgerufen werden können. Diese Hypermedia-Elemente können in unterschiedlichem Maße in die Linktechnologie integriert werden. So kann beispielsweise ein Ort auf einer als Grafik übertragenen Karte mit einem Link zu einem Text über diesen Ort versehen sein. Die durch das WWW eingetretene Verbreitung der Hypermedia-Idee hat in den letzten Jahren zur Schaffung einer Vielzahl von Plug-Ins und Schnittstellen geführt, so dass nicht nur die meisten Datenbanksysteme über Schnittstellen zur Abfrage oder sogar Dateneingabe über HTML-Systeme verfügen, sondern auch für die meisten Dateiformate Plug-Ins (kostenlos) im Internet erhältlich sind, die die Betrachtung dieser Datei innerhalb des Browsers erlauben. Verschiedene Dateiformate haben sich dabei als Quasi- oder Defacto-Standards herauskristallisiert.

Die sprichwörtliche weltweite Verfügbarkeit von Hypertext- und Hypermedia-Dokumenten hängt von der **Beachtung von Standards** bei der Formatierung von Dateien ab. Für HTML setzt seit 1994 das World Wide Web Consortium (http://www.w3c.org) diese Standards. Neben diesem »offiziellen« Standard haben allerdings auch die Hersteller der am weitesten verbreiteten Browser, Netscape und Microsoft, eine Definitionsmacht für die aktuellen Möglichkeiten von HTML erlangt. Beide Hersteller unterstützen in ihren Browsern nicht alle offiziellen Standards von HTML und präsentieren statt dessen eigene Erweiterungen in den Kodierungs- und Formatierungsmöglichkeiten. Somit ist es durchaus möglich, dass eine gemäß der Normierungen des World Wide Web Consortiums formatierte Hypertext-Datei in den gängigen Browsern fehlerhaft dargestellt wird, oder dass eine Seite, die mit dem einem Browser wie gewünscht erscheint, ein überraschendes Aussehen oder mangelnde Funktionalitäten bei der Betrachtung mittels des anderen Browsers zeigt. Neben dem Test von Seiten mittels verschiedener Browser bieten dem Designer von Hypertext-Seiten für das Internet solche Handbücher Hilfe, die auf die Unterstützung der jeweiligen HTML-Formatierungen durch die unterschiedlichen Browser eingehen. Ein solches Handbuch, das über das Internet abrufbar ist und immer wieder aktualisiert wird, stammt von Münz (*Münz, S.* 1998).

Im Hypermedia-Bereich haben sich weitgehend von der Industrie entwickelte Dateiformate als Defacto-Standard durchgesetzt. Beispielhaft zu nennen sind hier: für Grafiken und Bilder die Formate GIF und JPG bzw. JPEG, für Töne die Formate Real-Audio und MP3 und für Video die Formate Real-Video und MPG bzw. MPEG. Diese werden von aktuellen Browsern, zum Teil über Plug-Ins, unterstützt.

Anwendungsmöglichkeiten im Kontext von Bildungseinrichtungen: In Hochschulen gehören Internetzugänge für Lehrende und Lernende mittlerweile zur normalen Ausstattung. Auch in anderen Bildungseinrichtungen werden zunehmend – zum Teil gefördert durch Initiativen wie »Schulen ans Netz« – Internetanschlüsse geschaffen. Nach dem Wegfall dieser technischen Zugangsschwelle existieren vielfältige Möglichkeiten der Nutzung von Hypertext und Hypermedia durch diese Einrichtungen. Neben den in diesem Handbuch diskutierten Optionen der Internet-Präsenz, des Internet-Marketings und des Web-based Trainings soll hier auf die oben angesprochenen Möglichkeiten zur Unterstützung des → *Wissensmanagements* hingewiesen werden. Vielfältige Möglichkeiten der Unterstützung des Informationsaustausches bietet zudem die zunehmende Verfügbarkeit von → *Autorensystemen*, die es auch EDV-technisch ungeübten Personen erlauben, vorhandene digitalisierte Dokumente und Dateien in Hypertext-Dokumente und Hypermedia-Dateien umzuwandeln und zu pflegen. Ähnliches gilt für Hypertext-basierte Systeme der Computer Supported Cooperative Work oder Groupware-Systeme (*Lehner, F.* 2000, S. 336 ff. und dort angegebene Quellen).

Dieser Informationsaustausch kann zwischen den Mitgliedern einer Arbeitsgruppe an einer Hochschule, organisationsweit an einer Bildungseinrichtung oder zwischen Lehrenden und Lernenden stattfinden. Schließlich könnte eine Anwendung auch darin bestehen, den Lernenden durch Bereitstellung einer entsprechenden Plattform die Möglichkeit zum selbstorganisierten Informationsaustausch zu geben, in den die Lehrenden nur moderierend eingreifen. Solche Ansätze finden sich beispielsweise mit Campus-Virtuell (http://www.campus-virtuell.de) an den Universitäten Oldenburg und Lüneburg.

Literatur:

Berners-Lee, T.: Information management: A proposal. Http://www.w3.org/History/ 1989/proposal.htm 1989, Stand: 30.8.2000.
Bush, V.: As we may think. Http://www.isg.sfu.ca/~duchier/misc/vbush/vbush-all.shtm

1945, Stand: 30.8.2000 (Originalpublikation in: The Atlantic Monthly, July Issue 1945).

Lehner, F.: Organizational Memory, Konzepte und Systeme für das organisatorische Lernen und das Wissensmanagement. München und Wien 2000.

Münz, S.: Selfhtml – HTML-Dateien selbst erstellen, Version 7.0 vom 27.04.1998. Http://www.teamone.de/selfhtml/selfhtml.htm 1998, Stand: 8.10.2000.

Streitz, N. A.: Werkzeuge zum pragmatischen Design von Hypertext. In: *Hergert, J./Kulhen, J.* (Hrsg.): Pragmatische Aspekte beim Entwurf und Betrieb von Informationssystemen. Proceedings des 1. Internationalen Symposiums für Informationswisssenschaft. Konstanz, 1990, S. 297-304.

Angaben zum Autor:

Dr. Marco Zimmer
Wissenschaftlicher Assistent am Lehrstuhl für Personalwirtschaftslehre der Universität Hamburg
Von-Melle-Park 5
20146 Hamburg
Tel: +49 40 42 83 82 953
Fax: +49 40 42 83 86 358
E-Mail: zimmer@hermes1.econ.uni-hamburg.de

Image-Analyse

Klaus Merten

Der **Begriff des Images** ist definiert als kollektive, konsentierte Vorstellung von einem Objekt (Person, Organisation, Idee, Ereignis, Sache, Sachverhalt) und integriert kognitive, affektive und konative Elemente zu einer vereinfachten, dafür aber stimmigen Ganzheit.

Der Begriff des Images stammt aus dem Lateinischen (imago = das Bild) und ersetzt den herkömmlichen Begriff des »Rufes« gerade vor dem Hintergrund einer Entwicklung zur Mediengesellschaft, die folgerichtig den visuellen Kanal favorisiert (Bild, Film, Fernsehen) und damit die stärksten Medienwirkungen erzielt. Ein »Ruf«, den eine in der Regel nicht persönlich bekannte Person besitzt, ist ein Bündel von affektiv bzw. kognitiv strukturierten Informationen über das Verhalten dieser Person in der Vergangenheit, das meist von Mund zu Mund verbreitet wird. Gleiches gilt für das Image, mit dem bezeichnenden Unterschied, dass sich der »Ruf« sehr viel mehr der Face-to-Face-Kommunikation, das Image hingegen sehr viel stärker der Medienkommunikation verdankt.

Das Image unterscheidet sich von einer **Meinung** in zweierlei Hinsicht: Zum einen ist eine Meinung eine subjektive Größe, die stark an die Erfahrungen des jeweiligen Subjekts gebunden ist, während das Image eine kollektive Größe ist; zum anderen besitzt eine Meinung in der Regel nur eine einzige, meist wertende und polarisierend aufgebaute Dimension (etwa: gut-schlecht), während das Image sehr viel mehr Dimensionen und Wertungen umfasst und daher facettenreicher erscheint. Meinung und Image haben hingegen gemeinsam, dass sie nicht an Wahrheit zu binden sind.

Wenig präzise ist das Image von einem **Stereotyp** zu unterscheiden. Der Unterschied wird vor allem an der Dauerhaftigkeit festgemacht: Üblicherweise gilt ein Stereotyp als langfristig stabil und gerade deshalb wird es auch mit dem Begriff des Vorurteils synonym gesetzt. Auch Image ist vorurteilend (weil es selektiv ist), aber es gilt als flexibler und weniger stabil. Sehr viel größer sind die Gemeinsamkeiten: Sowohl Image als auch Stereotyp beruhen auf Vorstellungen, also fiktionalen Bildentwürfen. Analog zur Dichotomie von Selbstbild und Fremdbild (Selbstimage und Fremdimage) gibt es das Auto-Stereotyp und das Heterostereotyp.

Die **Funktion von Images** liegt vor allem in ihrer Stellvertreterfunktion für Erfahrung für Objekte, die der Einzelne nicht persönlich kennen oder in Erfahrung bringen kann. Images sind fungible Vehikel für »Erfahrung aus zweiter Hand« (*Arnold Gehlen*) und reduzieren die Komplexität von Wirklichkeit, indem sie als Informationsraffer wirken und gerade dadurch eine je spezifische Wirklichkeit konstruieren.

Images begünstigen die Personalisierung und erleichtern dadurch die Identifikation mit, die Wiedererinnerung an und die Ausbildung von Affinität zu einem Objekt. Von daher sind Images hochattraktiv für Public Relations. Auf der anderen Seite sind Images instabil und müssen gepflegt werden, indem sie laufend in der Öffentlichkeit penetriert und thematisiert werden. Vor diesem Hintergrund hat die simultane Präsentation möglichst unverwechselbarer, aber konstanter Symbole (etwa: Logos, Markenzeichen) einen besonderen Stellenwert.

Die vergleichsweise einfache **Veränderung von Images** beruht vor allem darauf, dass Images durch die Medien kreiert werden. Die häufige und permanente Medienberichterstattung gestattet es bei Bedarf, ein Image entsprechend schnell zu verändern, wobei sich die fehlende Bindung an Wahrheit jetzt vorteilhaft erweist. Images sind daher bevorzugter Gegenstand einer Branche, die professionell die jeweils aktuelle Konstruktion von Wirklichkeit betreibt: Public Relations (➔ *Öffentlichkeitsarbeit*).

Die **Messung von Images** wird üblicherweise durch ein semantisches Differential (auch: Polaritätenprofil) vorgenommen, das im Rahmen einer Befragung oder einer Inhaltsanalyse beantwortet wird.

Das **Polaritätenprofil** besteht aus einer Anzahl (bis zu 20) von wesentlich erachteten Dimensionen (Variablen) des zu messenden Images, die in ihren Extremwerten vorgegeben und auf einer Skala projiziert werden. Verbindet man die erhaltenen Mittelwerte (+) durch einen Graph, so erhält man das entsprechende Polaritätenprofil. In Abb. 1 wird beispielsweise nach dem Image einer

Organisation gefragt, das durch sieben Gegensatzpaare (Variablen, deren Extremwerte definiert und durch eine Ordinalskala verbunden werden) definiert wird. Die Definition dieser Gegensatzpaare ist nicht beliebig, sondern soll wesentliche Eigenschaften des Objekts, dessen Image zu bestimmen ist, treffen. In Abb.1 markiert die Variable »fortschrittlich« einen positiven Wert, der sich z. B. auf die Produkte der Organisation beziehen kann, aber auch auf die Organisation selbst, während die Eigenschaft »großzügig« eher auf den Umgang mit der Öffentlichkeit (den Kunden) zielt.

Eigenschaft (+):	1	2	3	4	5	6	Eigenschaft (-):
fortschrittlich		+					antiquiert
stark				+			schwach
angesehen			+				nicht angesehen
dynamisch						+	starr
freundlich				+			unfreundlich
attraktiv			+				abstoßend
großzügig					+		kleinlich

Abb. 1: Semantisches Differential für das Image einer Organisation

Die verwendete Skala soll gradzahlig (als 6er oder 10er Skala) skaliert sein, damit dem Befragten resp. dem Codierer letztlich eine Entscheidung »eher X« oder »eher Non-X« abgefordert werden kann und ein »Unentschieden-Effekt«, der bei ungerade skalierten Skalenwerten (etwa: 5er oder 7er Skala) auftritt, vermieden werden kann. Hätte man beispielsweise das Organisationsimage in Abb. 1 mit einer 7er-Skala erhoben, so hätte die Skalenmitte (Skalenwert: 4) überdurchschnittlich viele Nennungen erhalten. Die gradzahlige Skalierung erlaubt es darüber hinaus, die Skala nochmals zu binarisieren (»eher x« versus »eher non-x«).

Die Messung von Images mit Polaritätenprofil gewinnt wesentlich an Interesse, wenn sie – sachlich, sozial oder temporal – als **vergleichende Analyse** durchgeführt wird: *Sachlich*, indem man Images bei der gleichen Zielgruppe, aber von verschiedenen Objekten erhebt (z. B. das Image konkurrierender Produkte). *Sozial*, indem das Image zum gleichen Objekt bei verschiedenen Populationen erhoben wird oder aber, wenn man das Image eines bestimmten Objektes mit dem Mittelwert der Images aller vergleichbaren Objekte vergleicht. In Abb. 2 ist neben dem Polaritätenprofil einer Organisation (aus Abb. 1) auch das Polaritätenprofil für den (repräsentativen) Durchschnitt aller (oder vieler) Organisationen aufgetragen. Die Differenz zwischen Durchschnitt und individuellem Fall bei den jeweiligen Variablen zeigt an, in welcher Dimension das individuelle Image schlechter oder besser ist und gibt damit präzise Hinweise, in welcher Dimension das Image durch eine darauf abgestimmte Werbe- bzw. PR-Konzeption (z. B. eine Sponsoring-Kampagne) verbessert werden kann.

Eigenschaft (+):	1	2	3	4	5	6	Eigenschaft (-):
fortschrittlich	+						antiquiert
stark				+			schwach
angesehen			+				nicht angesehen
dynamisch						+	starr
freundlich				+			unfreundlich
attraktiv			+				abstoßend
großzügig			+				kleinlich

Abb. 2: Vergleichendes Semantisches Differential für Organisationen

Eine vergleichende Analyse in *temporaler* Hinsicht zeigt, wie sich ein Image zum gleichen Objekt und bei der gleichen Zielgruppe verändern kann: Abb. 3 zeigt z. B. das Russen-Image (Russen-Stereotyp) in der amerikanischen Bevölkerung zu zwei verschiedenen Zeitpunkten: 1942 waren die USA und Russland Verbündete, so dass das Image der Russen vergleichsweise positiv ausfällt. 1948 aber war der Kalte Krieg ausgebrochen und folgerichtig verschlechterte sich das Image der Russen (aus der *Sicht* der amerikanischen Bevölkerung) ganz erheblich.

Eigenschaft (+):	1	2	3	4	5	Eigenschaft (-):
Fleißig			+			Faul
Bescheiden	+					Arrogant
Mildtätig			+			Grausam
Tapfer				+		Feige
fortschrittlich					+	Antiquiert

Abb. 3: Image der Russen 1942 (–) versus 1948 (...) in der amerikanischen Bevölkerung

Nach: *Buchanan/Cantril* (1954)

Die **Erhebung von Images** mittels Polaritätenprofil kann durch Befragung und durch Inhaltsanalyse erfolgen. Bei der **Befragung** wird das Polaritätenprofil im Fragebogen aufgeführt, in seiner Handhabung erklärt und dann von der befragten Zielperson hinsichtlich der vorhandenen Dimensionen eingeschätzt.

Bei der Inhaltsanalyse wird das Polaritätenprofil nicht dem Befragten vorgelegt, sondern dem jeweiligen inhaltsanalytischen Codierer, der aus Aussagen (Texten) über das Objekt die entsprechenden Einschätzungen im Polaritätenprofil codiert.

Ein Sonderfall der Befragung wäre es z. B. wenn man die Werbeplakate eines Unternehmens anhand eines Polaritätenprofils gemäß den Werten der Unter-

189

nehmensphilosophie des jeweiligen Unternehmens durch eine Zahl von n Personen einschätzen lässt und den jeweiligen Mittelwert dann als Expertenurteil für das Image ausweist.

Das Polaritätenprofil ist nicht die einzige Methode zur Imagemessung. Beispielsweise kann man Images auch an Abstimmungsergebnissen, dem Grad der Nachfrage nach einem Produkt oder sogar an dessen Preis festmachen. Genau besehen aber sind diese Verfahren im Grunde nur Vereinfachungen des Polaritätenprofils, das auf eine einzige Dimension (Beliebtheitsgrad, Produktnutzen, Wertschätzung etc.) reduziert wird.

Literatur:

Buchanan, W./Cantril, H.: National Stereotypes, in: *Schramm, W.* (ed.): The Process and Effects of Mass Communication. Urbana: University of Illinois Press 1954, S. 191-206.
Hofstätter, P.: Einführung in die Sozialpsychologie. Stuttgart: Kröner [2]1964, S. 258 ff.
Merten, K.: Inhaltsanalyse. Opladen: Westdeutscher Verlag [2]1995: S. 247 ff.
Merten, K.: Handwörterbuch Public Relations. Frankfurt: FAZ-Verlag 2000, 2 Bde., S. 110 ff.
Merten, K.: Einführung in Public Relations. Opladen: Westdeutscher Verlag 2001, 3 Bde. (im Druck).

Angaben zum Autor:

Prof. Dr. Klaus Merten
Institut für Kommunikationswissenschaft
Westfälische Universität Münster
Bispinghof 9
48143 Münster
Tel: +49 25 18 32 42 63
Fax: +49 25 12 73 735
E-Mail: Merten@uni-muenster.de

Iuk-gestütztes Veranstaltungsmanagement

Uwe Haneke

Obwohl das Veranstaltungsmanagement einen der wichtigsten Kernprozesse der Hochschulen betrifft und tief in das *Core Business* des »Unternehmen Hochschule« eingreift, spielt die Unterstützung durch Werkzeuge moderner IT-Technologien bisher eine eher untergeordnete Rolle. Dies dürfte sich in den kommenden Jahren drastisch ändern. Diese Erwartung ist auf verschiedene Entwicklungen zurückzuführen:

1. Die IT-Struktur der Hochschulen hat sich in den letzten Jahren enorm verbessert (➜ *IT-gestützte Informationssysteme*).
2. Die Kundenorientierung hat deutlich zugenommen. Damit kommt dem Service im Bereich des Lehrangebots und der Lehrabwicklung ein höherer Stellenwert zu. Dies ist auch vor dem Hintergrund eines zunehmendem Wettbewerbs der Hochschulen untereinander zu sehen (*Encarnação, J./Leidhold, W./Reuter, A.* 2000).
3. Das zunehmend wirtschaftliche Denken an den Hochschulen und ihren übergeordneten Behörden hat zu einem verstärkten Einsatz von Controllinginstrumenten (➜ *Controlling*), insbesondere natürlich der ➜ *Kostenrechnung* und Leistungsrechnung, geführt, in die auch Daten der Lehrabwicklung eingehen müssen. Die hier entstehende Nachfrage nach Daten hinsichtlich des Ressourcenverbrauchs, der Ressourcenauslastung und der Leistungserstellung betrifft klassischerweise in einem großen Maße den Lehrbereich.
4. Die Komplexität der Lehrabwicklung hat angesichts einer zunehmenden Anzahl von Studiengängen, der Vielzahl neuer Abschlussarten sowie der bereits seit Jahren bestehenden Tendenz zu einer interdisziplinären Ausrichtung in Forschung und Lehre enorm zugenommen. Neue Instrumente der akademischen Selbstverwaltung, die das aktuelle Lehrangebot hinsichtlich des Soll-Angebots sowie einer Überscheidungsfreiheit der Pflichtveranstaltungen sicherstellen sollen, bedürfen einer entsprechenden Unterstützung seitens der Verwaltung. Im bayerischen Hochschulgesetz von 1998 ist erstmals die Funktion des Studiendekans vorgesehen, der diese Rolle in den Fakultäten ausfüllen soll (*Art. 39a, BayHschG*). In anderen Bundesländern gibt es zum Teil entsprechende Pendants. Eine vorausschauende, über das kommende Semester hinausgehende Veranstaltungsplanung ist angesichts der angedeuteten Komplexität ohne eine geeignete IT-Unterstützung kaum noch zu bewältigen.
5. Aufgrund der angespannten Budgetsituation gehen verschiedene Institutionen verstärkt dazu über, nicht genutzte Räumlichkeiten für Dritte zur Verfügung zu stellen, um Raumauslastung und Einnahmesituation zu verbessern. Diese kommerzielle Nutzung der hochschuleigenen Gebäude bedarf einer entsprechenden Planungs- und Abwicklungsunterstützung.
6. Nicht zuletzt muss man feststellen, dass es bis vor einigen Jahren im Bereich des Veranstaltungsmanagements relativ wenig Auswahl an Software gab. Mittlerweile gibt es zwar auch hier eine Vielzahl von Produkten, doch weisen diese vor allem für öffentliche Bildungsinstitute meist noch immer nicht das hier notwendige Spektrum an Funktionalitäten auf. Das iuk-gestützte Veranstaltungsmanagement muss mehr als eine »moderne Schreibmaschine« sein, also weit mehr als nur das Anlegen von Veranstaltungen, die Zuordnung von Räume und Dozenten und vielleicht noch ein paar Auswertungen ermöglichen.

An den Hochschulen, die im Laufe der letzten Jahre eine neue IT-Infrastruktur (etwa durch die Implementierung vollständig integrierter Enterprise-Resource-

Planning (ERP) Systeme) aufgebaut haben, stand die Einbindung eines Veranstaltungsmanagements selten im Vordergrund. Hier waren es in der Regel das Rechnungswesen, die Beschaffung oder die Personaladministration, auf deren Implementierung der Schwerpunkt gelegt wurde. Doch darf die Integration nicht vor den Kernprozessen der Hochschule stoppen und sich auf die reinen, klassischen Verwaltungsprozesse zurückziehen!

Ein zeit- und hochschulgemäßes Veranstaltungsmanagement muss unterschiedlichste Bereiche abdecken:

a. **Lehrabwicklung:** Sämtliche verwaltungstechnischen Prozesse im Rahmen der Lehre müssen bearbeitet werden können, und dies auch dezentral. Planung, Reservierung, Ressourcenzuordnung, Teilnehmerbuchung, Durchführung und nicht zuletzt die Nachbereitung (Eingeben von Noten, (On-Line) Evaluation des Dozenten etc.) sind Standardfunktionalitäten, deren Vorhandensein vorausgesetzt werden sollte. Die unter Punkt 4. oben angedeutete Unterstützung der Veranstaltungsplanung unter Berücksichtigung der dort genannten Nebenbedingungen sollte gewährleistet sein.

b. **Auswertungen:** Nicht nur das Erstellen einfacher Auswertungen in Form von Belegungsplänen, Ressourcenauslastungen oder Veranstaltungsverzeichnissen (einfache Listen, kommentierte Aushänge oder ähnliches) sollte möglich sein, sondern auch das automatisierte Erzeugen von Statistiken für den internen und externen Gebrauch, die heute in vielen Fällen noch unter hohem Aufwand manuell produziert werden. Dies betrifft beispielsweise die KapVO, die sich aus dem aktuellen Veranstaltungsangebot anhand der vorgegebenen Rechenregeln und Parameter ohne weiteres ableiten ließe. Andere Beispiele wären die Hochschulstatistik oder die Abbildung der intercurricularen Verflechtungen.

c. **Serviceleistungen:** Das Veranstaltungsmanagement ist das Medium, über das die Hochschulen die Mehrzahl ihrer Kunden, die Studierenden, erreichen kann. Hierzu dient nicht nur ein wirklich tagesaktuelles Vorlesungsverzeichnis und Veranstaltungsangebot im WWW, aus dem der Studierende ersehen kann, ob die von ihm geplanten Veranstaltungen auch wirklich stattfinden und falls ja, ob sie auch in den angegebenen Räumlichkeiten abgehalten werden. Wichtig ist hier vielmehr die IT-gestützte Betreuung der Studierenden im Self-Service Bereich. Angefangen vom Buchen einzelner Veranstaltungen (etwa anmeldepflichtiger Seminare oder Praktika) über statische Informationen zur Studien- und Prüfungsordnung bis hin zu einer IT-gestützten Studienverlaufsansicht und -planung. Die Frage »wo stehe ich eigentlich zurzeit?« lässt sich selbstverständlich nur bei einer vorhandenen Kopplung mit der Studierenden- und Prüfungsverwaltung beantworten, da das System wissen muss, welche Studiengänge, mit welcher Abschlussart vom Studierenden belegt wurden, welche Qualifikationen erforderlich sind auf dem Weg zu diesem Abschluss und welche dieser Qualifikationen bereits erworben wurden. Idealerweise sollte den Studierenden hier auch ein für sie optimierter Belegungsplan angeboten werden. Die Objektorientierte Programmierung (OOP) ermöglicht die Auswertung der vorhandenen Daten und Strukturen nach vielerlei Gesichtspunkten und unterstützt den Aufbau solcher Auswertungs- und Anwendungsmöglichkeiten. Voraussetzung hierfür ist die – alles andere als triviale – Abbildung der vorhandenen Studien- und Prüfungsordnungen im System. Die verbal formulierte Struktur muss dabei in Form eines Regelcontainers hinterlegt werden. Es wird sich erst noch zeigen müssen, ob dies überhaupt gelingen wird.

Mit den MBA-Abschlüssen haben in den vergangen Jahren zudem verstärkt Produkte Eingang in die Hochschulen erhalten, die von den Kunden käuflich erworben werden müssen. Damit verbunden ist aber auch ein neues Kundenverhalten, denn die »zahlenden Kunden« bauen ein sehr viel stärkeres Anspruchsverhalten auf, als dies bisher bei den Studierenden anzutreffen war. Der Druck auf die Hochschulen hin zu mehr Kundenorientierung ist in diesen Studiengängen besonders ausgeprägt und wirkt quasi als ein Treiber für Verbesserungen in diesem Bereich insgesamt.

Es muss das Ziel der Hochschule sein, ein adäquates und umfangreiches Studierendeninformationssystem aufzubauen. Dieses – wohl wichtigste – Kundensegment fragt in erster Linie Informationen zu den Bereichen Veranstaltungen, Studienverlauf und Prüfungsanforderungen und -bedingungen nach. Nur mit dem Einsatz eines IT-gestützten Veranstaltungsmanagements kann dieser Informationsnachfrage entsprochen werden. Durch die Nutzung von Push und Pull – Technologien kann der Service gegenüber den Kunden darüber hinaus weiter verbessert werden. Beispiel: Bei Änderungen im Ablauf einer Veranstaltung erfolgt die automatische Benachrichtigung aller Studierenden per E-Mail, die zu dieser Veranstaltung angemeldet sind.

d. **Virtualisierung und neue Lernstrategien:** Die Unterstützung von e-learning (→ *Computergestützte Hochschullehre*) und die Bereitstellung vorhandener Informationen aus dem Veranstaltungsmanagement wird zukünftig an Bedeutung gewinnen. Dazu gehört beispielsweise die Kopplung mit einem eventuell vorhanden *Knowledge Warehouse*, in dem etwa Materialien, Übungsaufgaben und ihre Lösung, Hinweise auf weiterführende Literatur mit direktem Zugriff auf den Bibliothekskatalog und entsprechenden Bestellmöglichkeiten abgelegt sind. In diesem Rahmen werden umfangreiche Recherchemöglichkeiten mit entsprechenden Analysewerkzeugen angeboten. Die (Teil-) Virtualisierung der Hochschulen wird in den kommenden Jahren stark zunehmen und muss technisch entsprechend vorbereitet und unterstützt werden (*Freitag, B./Sinz, E. J./Wismanns, B.* 2000).

e. **Datenbasis für wichtige Kennzahlen der Hochschulsteuerung:** Bisher wiesen Informationssysteme an Hochschulen sehr oft den Nachteil auf, dass sie nur unzureichende Informationen aus dem Bereich der Lehre enthielten (→ *IT-gestützte Informationssyteme*). Mit einem geeigneten, auswertungsfähigen Veranstaltungsmanagement aber können nun auch Daten aus dem Bereich der Lehrabwicklung automatisch an die entsprechenden Informationssysteme (wie etwa die Kosten- und Leistungsrechnung) übergeben werden. Durch diese Daten aus einem der Kernprozesse der Hochschulen können die Informationssysteme damit qualitativ auf ein ganz neues Niveau gehoben werden. Diese Informationssysteme unterstützen dabei nicht nur die Hochschulleitung, sondern auch die Fakultäten bei der Planung, Durchführung und Bewertung ihrer Aktivitäten.

f. **Integration:** Ein modernes Veranstaltungsmanagement sollte sich auf seine Kernprozesse konzentrieren können und daher so weit wie möglich auf die Daten anderer operativer Anwendungen zurückgreifen (Stichwort: Horizontale Integration → *IT-gestützte Informationssysteme*). Neben der Kopplung mit der Studierenden- und Prüfungsverwaltung betrifft dies beispielsweise das Facility Management und die Personaladministration: Es kann nicht die Aufgabe eines iuk-gestützten Veranstaltungsmanagements sein, die notwendigen Räumlichkeiten in der Anwendung selbst zu hinterlegen. Informationen zu den Charakteristika des Raumes (Lage, Ausstattung, Kapazität) sollten daher aus den hierfür zuständigen Anwendungen gezogen werden können. Gleiches gilt für die Informationen zu den Dozenten. Sämtliche Dozenten existieren ja bereits in der Personaladministration und sind organisatorisch zugeordnet. Auch hier ist auf die vorhandene Information zurückzugreifen.

g. **Unterstützung der Personalentwicklung:** Neben einem lesenden Zugriff auf die Daten der Personaladministration ist auch eine automatisierte Übernahme der Daten aus dem Veranstaltungsmanagement heraus wichtig. Die Mitarbeiter der Institutionen selbst erlangen beispielsweise durch das Fort- und Weiterbildungsangebot Qualifikationen, die sie für bestimmte Tätigkeiten oder Sonderfunktionen (etwa Erste Hilfe – oder Gefahrstoffbeauftragte) befähigen. Diese Qualifikationen lassen sich dabei mit einer zeitlichen Begrenzung (z. B. Gültigkeit 2 Jahre) oder einer Halbwertzeit (Wert der erworbenen Qualifikation nimmt im Zeitablauf ab) belegen. Auf diese Weise trägt das Veranstaltungsmanagement zum Aufbau einer aktiven Personalentwicklung bei und ermöglicht eine softwaregestützte Unterstützung der Laufbahn- und Besetzungsplanung.

Wie oben bereits angesprochen, gibt es kaum Produkte, welche die erforderliche Vielfalt an Funktionalitäten anbieten. Der Hochschulmarkt ist erst in den letzten Jahren entdeckt worden, war er doch zuvor praktisch beherrscht von Produkten der HIS GmbH, einem von Bund und Ländern getragenen Unternehmen, und Eigenentwicklungen. Erste Ansätze, ein umfassendes Produkt anzubieten, zeigen darüber hinaus, dass die Komplexität der Hochschulprozesse und der sich hieraus ergebenen Anforderungen vielfach unterschätzt wurden. Die vollständige Integration eines solchen Produktes in ein ERP-System stellt nach wie vor eine Herausforderung dar.

Die immer schnellere Verbreitung iuk-gestützter Werkzeuge zur Veranstaltungsabwicklung an den deutschen Hochschulen zeigt aber, dass sowohl die Hochschulen selbst als auch die Softwareanbieter in diesem Segment eine Lücke erkannt haben, die es zu schließen gilt. Die Nachfrage nach solchen Produkten und der Entwicklungsdruck lassen erwarten, dass dieser Bereich in den kommenden Jahren eine hohe Dynamik aufweisen wird, auf die man schon heute gespannt sein darf.

Literatur:

Bodendorf, F.: Computergestützte Self-Service-Ansätze in der Universität. Arbeitspapier 01/1997, Lehrstuhl für Wirtschaftsinformatik II, Friedrich-Alexander-Universität Erlangen-Nürnberg.

Encarnação, J./Leidhold, W./Reuter, A.: Szenario: Die Universität im Jahre 2005. Informatik Spektrum, 23.08.2000.

Freitag, B./Sinz, E. J./Wismanns, B.: Die informationstechnische Infrastruktur der Virtuellen Hochschule Bayern (vhb). In: *Steinberger et al.* (Hrsg.): Tagungsband zum Workshop »Unternehmen Hochschule 2000«, Berlin, Sept. 2000.

Küpper, H-U./ Sinz, E. (Hrsg.): Gestaltungskonzepte für Hochschulen. Effizienz, Effektivität, Evolution. Schäffer Verlag, Stuttgart 1998.

WWW-Adressen:

Integriertes Veranstaltungsmanagement an der Universität Würzburg: http://www.zv.uni-wuerzburg.de/HERUG/Uni_Wuerzburg.pdf
Higher Education & Research Solution Map: http://www.sap-ag.de/solutionmaps/sm_hr2001over.htm

Angaben zum Autor:

Dr. Uwe Haneke
Universität Würzburg
Referat Organisation & Controlling
Zwinger 34
97070 Würzburg
Tel.: +49 93 13 12 027
Fax: +49 93 13 12 030
E-Mail: Uwe.Haneke@mail.zv.uni-wuerzburg.de
Uwe.Haneke@hochschul-management.de

Indikatorengestützte Mittelvergabe

Frank Ziegele

Die **indikatorengestützte Mittelvergabe** (teilweise auch als Indikatorsteuerung, kennzahlengestützte bzw. formelgebundene Mittelverteilung o. ä. bezeichnet) ist eine Methode zur Zuweisung öffentlicher Gelder im Hochschulsektor. Die Zuweisungen (die Hochschulhaushalte) fließen von einem Mittelgeber an einen

-empfänger, d. h. zunächst vom Staat an die Hochschule und auf den darunter liegenden Ebenen von der Hochschulleitung an die Fachbereiche/zentralen Einrichtungen bzw. von den Fachbereichsleitungen an die Institute/Lehrstühle. Die Indikatorsteuerung ersetzt – zusammen mit dem Instrument der ➜ *Zielvereinbarungen* – im deutschen Hochschulsystem zunehmend das traditionelle Zuweisungs- und Budgetbemessungsverfahren, das kameralistische Haushaltsführung mit der Fortschreibung von Budgets verbindet (*Müller-Böling, D./Ziegele, F.* 1997).

Die indikatorengestützte Mittelvergabe ist als **zielbezogene, regelgebundene und wettbewerbliche Finanzierung** zu kennzeichnen:

■ **Zielbezug:** Es werden Indikatoren bestimmt, die die Kernziele des Zuweisungsgebers abbilden. Die Zuweisung richtet sich automatisch nach den gemessenen Werten dieser Indikatoren. Erfolgreiches Handeln in Bezug auf die Ziele wird belohnt; Misserfolge werden finanziell sanktioniert (*Körber-Weik, M.* 1999). Es entstehen Anreize bei den Empfängern zu höherer Zielverfolgung und Zielerreichung (gemessen an den Indikatoren). Als Indikatoren für die Primäraufgaben von Hochschulen werden häufig Studierende in der Regelstudienzeit bzw. in den ersten X Semestern und Absolventen sowie Promotionen und Drittmittelvolumina verwendet.

■ **Regelbindung:** Der Zusammenhang zwischen Zielen und Finanzierung wird in eine mathematische Formel gefasst. Der Zuweisungsgeber hat also bei der Mittelvergabe keinen diskretionären Spielraum (d. h. er kann keine Einzelfall- und Ermessensentscheidungen treffen), sondern unterwirft sich einer transparenten und eindeutig formulierten Finanzierungsregel, die automatisch greift.

■ **Wettbewerb:** Analog zum Marktmechanismus wird zwischen den Zuweisungsempfängern ein Wettbewerb in Bezug auf die Indikatoren induziert. Dies ermöglicht einerseits eine freie, dezentrale Entscheidung des Zuweisungsempfängers, andererseits eine Steuerung und Koordination dezentraler Entscheidungen entsprechend den Zielen des Geldgebers.

Normative Hintergründe der formelgebundenen Finanzierung sind das Leitbild der »entfesselten Hochschule« (*Müller-Böling, D.* 2000) und die damit verbundenen Konsequenzen für die Wahrnehmung von Steuerungsfunktionen: Indikatorsteuerung ist untrennbar mit der Autonomie des Zuweisungsempfängers verbunden. Möglichst viele Entscheidungen sollten im Hochschulsektor dezentral gefällt werden, denn dezentrale Entscheidungsträger sind näher an den Problemen und verfügen über Informationsvorsprünge, können also effizienter, effektiver und flexibler handeln. Dies darf aber nicht als vollständiger Verzicht auf jegliche Steuerung missverstanden werden: Die zentrale Einheit (der Zuweisungsgeber) muss weiterhin darauf achten, dass die Gelder effizient und effektiv eingesetzt werden. Die dezentrale Autonomie erfordert also Rahmenbedingungen, um die Einzelentscheidungen im Hinblick auf die Ziele der höheren Ebene zu lenken und zu koordinieren. Die traditionell im Staatssektor praktizierte Steuerung per Einzelanweisung und Regulierung ist jedoch ungeeignet, denn sie zerstört die Vorteile dezentraler Autonomie; an ihre Stelle sollte die Steuerung über finanzielle Anreize treten. Dieser neue Steuerungsansatz lässt sich über formelgebundene Mittelvergabe umsetzen (*Ziegele, F.* 1999), denn

■ die Finanzierung nach Formeln hat **ordnungspolitischen** Charakter. Der Budgetgeber schreibt nicht Ergebnisse vor, sondern setzt über die Formel eindeutige und stabile finanzielle Rahmenbedingungen. So kann eine Hochschule ihre alltäglichen Entscheidungen ohne staatliche Einmischung treffen; sie kennt aber die finanziellen Konsequenzen im Rahmen der Formel und wird daher die finanziellen Rückwirkungen in die laufenden Entscheidungen über Aufgaben und Ausgaben einbeziehen. Die Steuerung erfolgt ex-post, d. h. anstatt Ergebnisse vorab zu bestimmen, wird die in Indikatoren ausgedrückte Zielerreichung im nachhinein gemessen und die Leistung entsprechend finanziell bewertet.

■ die Formelfinanzierung ermöglicht **outputorientierte** Steuerung. Inputorientierung kameralistischer Prägung (durch Überprüfung der ordnungsgemäßen Verausgabung veranschlagter Titel) provoziert unwirtschaftliches Handeln und mangelnde Zielorientierung. Die Indikatoren können hingegen Ergebnisse/Outputs des Handelns messen und finanziell belohnen und damit Anreize setzen, effizienter und im Hinblick auf die Ziele des Geldgebers effektiver zu handeln.

■ die Formelfinanzierung folgt dem Ansatz der **Grobsteuerung.** Die Indikatoren sollten auf wenige Lenkungsziele von hoher Priorität beschränkt sein, damit das System transparent bleibt und deutliche Anreizeffekte vermittelt.

Dezentrale Freiheit und neue Steuerung über Indikatoren sind somit zwei Seiten einer Medaille und bedingen sich gegenseitig. Im Rahmen dieser normativen Ausrichtung soll die Formelfinanzierung folgende **Wirkungen** entfalten (*Wissenschaftlicher Beirat* 1998):

■ Einen **wettbewerblichen Anreizrahmen** → *Leistungsanreize* schaffen, der Aufgabenerfüllung, Leistung und Innovationsfähigkeit von Hochschulen finanziell belohnt. Damit ist das Begriffspaar aufgaben-/volumen-/belastungsbezogene Finanzierung einerseits vs. leistungsbezogene Finanzierung andererseits angesprochen: Formeln können sowohl das Volumen der Übernahme von Primäraufgaben (in Forschung, Lehre, Dienstleistung) honorieren und sich dabei am Gedanken der Kostenerstattung orientieren, als auch gezielte Leistungsanreize zur Veränderung des Verhaltens in Richtung auf die Ziele des Zuweisungsgebers setzen. Durch die aufgabenbezogene Finanzierung wird eine direkte Nachfragesteuerung im Finanzierungssystem verankert: Gelder richten sich automatisch nach der Nachfrageentwicklung und sorgen damit – analog zum Preismechanismus auf Märkten – für Anreize zur Ausrichtung der Angebote an den Bedürfnissen der Nachfrager. Wesentliches Element der Nachfragesteuerung ist die Realisierung des Prinzips »Geld folgt Studierenden« über die oben genannten Lehrindikatoren.

■ Eine **stabile und kalkulierbare Finanzierung** sicherstellen. Hier existiert ein Zielkonflikt zum ersten Punkt; das Formelmodell muss daher Stabilität und Anreizorientierung in geeigneter Weise austarieren. An bestimmten Stellen des Modells müssen also die finanziellen Effekte von Indikatoränderungen begrenzt bleiben, an anderen Stellen müssen veränderte Indikatorwerte starke finanzielle Reaktionen auslösen.

■ Die **Gestaltungs- und Entscheidungsspielräume** des Zuweisungsempfängers nicht einschränken. Dazu gehört beispielsweise auch, dass die staatliche Finanzierungsformel nicht so detailliert sein sollte, dass sie keine Spielräume für eine eigene Formelgestaltung innerhalb der Hochschule mehr lässt.

■ Den Anspruch des Zuweisungsempfängers auf das aus der Formel errechnete **Mittelvolumen legitimieren.** Hier ist die Transparenz und objektive Berechenbarkeit des Zuweisungsmodells von entscheidender Bedeutung.

■ Durch die Automatisierung der Finanzierung einerseits den **administrativen Aufwand** minimieren, andererseits aber auch verhindern, dass Mittelvergabe in intransparenten Aushandlungsprozessen von Machtfaktoren und Lobbying-Einfluss und nicht von Sach- und Leistungsaspekten bestimmt wird.

Entscheidend für das Eintreten der erhofften Wirkungen der formelgebundenen Mittelvergabe ist allerdings, dass zwei grundsätzliche **Risikofaktoren** bewältigt werden: Indikatorsteuerung funktioniert **erstens** nur dann, wenn sie konsistent in einen Gesamtkontext von Steuerungsinstrumenten eingebunden ist. Statt unverbundener Einzelreformen sollte daher stets die »Gesamtarchitektur« von Steuerungsmodellen im Blick behalten werden.

Dazu vier Beispiele: (1) Die Formelfinanzierung ist das Gegenstück zum → *Globalhaushalt.* Die Vermittlung von Leistungsanreizen bleibt wirkungslos, wenn der Zuweisungsempfänger keinen Spielraum bei der Verausgabung der Gelder hat. Finanzautonomie und ex-post-Steuerung per Indikatoren bilden eine logische Einheit. (2) Bestimmte Funktionsdefizite der Indikatorenmodelle legen es nahe, ergänzend → *Zielvereinbarungen* als Verfahren der Mittelvergabe einzuführen. Beispielsweise sind Indikatormessungen stets rückwärts auf vergangene Perioden ausgerichtet. Daher kann mit der Formelfinanzierung keine Vorfinanzierung von Innovationen realisiert werden. Ergänzende Zielvereinbarungen hingegen ermöglichen eine innovationsbezogene Mittelvergabe aus Finanzpools, die neben dem per Formel verteilten »Topf« einzurichten sind. (3) An indikatorengestützter Mittelvergabe wird häufig kritisiert, die mengenbezogenen Anreize (z. B. bei Belohnung der Zahl der Absolventen) würden Anreize zur Qualitätssenkung beinhalten. Diesen Anreizen, die allenfalls kurzfristiger Natur sein können, kann ein Gegengewicht durch → *Evaluations*verfahren entgegen gesetzt werden. (4) Bestimmte Ausgabenposten sind nicht »verformelbar«. Wenn Zuweisungsempfänger beispielsweise besondere Aufgaben haben, die den anderen Empfängern nicht zukommen, sollten diese Aufgaben über Sonderzahlungen außerhalb des Formelmodells entgolten werden (so genannte »**Vorabzuweisungen**«). Unterhält eine Hochschule beispielsweise einen Botanischen Garten, der aus dem Haushalt des Fachbereichs Biologie finanziert wird, kann dieser Fachbereich nicht aus den allgemeinen Formelgeldern dafür aufkommen, sondern benötigt Sondermittel. Es macht keinen Sinn, wenn alle Fachbereiche um die für die Sonderaufgabe vorgesehenen Mittel konkurrieren.

Indikatorsteuerung funktioniert **zweitens** nur dann, wenn sie im Detail richtig ausgestaltet wird. Wie für alle neuen Instrumente der Steuerung im Hochschulkontext gilt, dass die Einführung einer Formel nicht per se vorteilhaft ist. Vielmehr kommt es darauf an, die Grundidee verfahrenstechnisch so umzusetzen, dass die richtigen Anreize erzeugt werden.

Als einige wesentliche **Fragen der Gestaltung** sind zu nennen (zu einem umfassenden Überblick über die Gestaltungsfragen vgl. *Ziegele, F.* 2000; Beispiele für Projekte auf Landes- und Hochschulebene, in denen die Indikatorsteuerung praktisch umgesetzt wurde, finden sich im Internet unter www.che.de):

■ Grundorientierung des Indikatorenmodells festlegen: Soll die Stabilitäts- oder die Anreizorientierung stärker sein? Sollen Lehr- und Forschungsindikatoren gleichgewichtig eingehen?

■ Ziele in operationalisierbare Indikatoren umsetzen; Indikatoren entsprechend den Zielprioritäten gewichten; ggf. Normierungen für Indikatoren (durch Bildung aussagefähiger Beziehungszahlen) bestimmen.

■ Die einbezogenen Hochschulen, die um den per Indikator verteilten Topf konkurrieren, festlegen: Soll auf Landesebene ein gemeinsames Modell für Fachhochschulen und Universitäten entworfen werden?

■ Das zur Verteilung stehende Mittelvolumen bestimmen: Welcher Prozentsatz des Gesamthaushalts soll formelgebunden verteilt werden?

■ Stabilisierungsmechanismen in das Modell einbauen: Soll der Indikator »Personal« zur Stabilisierung verwendet werden? Soll man gleitende Mehrjahresdurchschnitte der Indikatoren bilden, um Zufallsschwankungen zu glätten?

■ Aggregationsverfahren für Indikatoren finden: Setzt man ein Preismodell (Multiplikation z. B. von Studierendenzahlen mit festen Entgelten) oder ein Prozentualmodell (Aufteilung eines »Topfes« nach den prozentualen Anteilen am Gesamtindikatorwert) ein?

■ Fächerdifferenzen berücksichtigen: Wie sollen Indikatorwerte für unterschiedliche Fächer gewichtet werden (z.B. Höhergewichtung von Absolventen der Ingenieurwissenschaften wegen höherer Kosten)? Wie können Fächer Clustern mit gleichem Gewicht zugeordnet werden und wie hoch muss die Spreizung zwischen den Gewichten sein?

■ Implementierungsstrategien entwickeln: Wie kann man das Modell schrittweise einführen? Soll man eine Kappungsgrenze für Verluste als vertrauensbildende Maßnahme einsetzen?

Aktuelle Entwicklungen: Indikatorsteuerung innerhalb von Hochschulen hat in Deutschland, v. a. in Form einer Finanzierung nach der Zahl der Studierenden bzw. nach Personalzahlen, an einigen Hochschulen bereits eine langjährige Tradition. In jüngerer Zeit führen zahlreiche Hochschulen Finanzierungsformeln ein, z. T. mit umfassender Anwendung bzw. stärkerer Leistungsorientierung. Auf staatlicher Ebene finden die Formeln seit Mitte der Neunzigerjahre zunehmende Verbreitung, beginnend in Rheinland-Pfalz und Nordrhein-Westfalen (vgl. *CHE/HIS 1997*, und im Internet die Informationsbörse Mittelverteilung unter www.his.de). Wenngleich die aktuellen Entwicklungen sehr vielfältiger Natur sind, lassen sich doch einige Trends bei der staatlichen Formelfinanzierung ausmachen:

■ Die meisten Modelle erstrecken sich auf die laufenden Mittel für Forschung und Lehre und verwenden die oben genannten Lehr- und Forschungsindikatoren, zumeist als Mengengrößen, sowie personalbezogene Messgrößen. Hinzu kommen zunehmend Indikatoren der Frauenförderung. Diese Modelle werden häufig auch in ähnlicher oder identischer Form innerhalb der Hochschulen fortgesetzt. Einige staatliche Modelle sind jedoch stärker auf die Verteilung großer Teile der Haushalte angelegt (Extremfall Fachhochschulen Niedersachsen, für die ein 100-Prozent-Verteilungsmodell per Formel angestrebt wird).

■ Die Flächenstaaten in Deutschland setzen stärker auf Indikatorsteuerung, die Stadtstaaten auf Zielvereinbarungen. Bei beiden entstehen jedoch zunehmend Mischmodelle zwischen den beiden Verteilungsmechanismen.

■ Es dominieren Prozentualmodelle (mit Nullsummenspielcharakter). Ein Preismodell gibt es hingegen in Baden-Württemberg; Änderungen des errechneten Gesamtbudgets (z. B. ein errechneter Anstieg bei Leistungssteigerungen in allen Hochschulen) werden über eine Variation ministerieller Zentralkapitel ausgeglichen.

■ Wenn größere Teile des Haushalts formelgebunden verteilt werden, sind die Modelle zumeist komplexer konstruiert und stärker auf Stabilität ausgerichtet.

■ Kostenorientierte Fächergewichtungen finden sich in allen Modellen, beschränken sich auf 2 bis 3 Cluster und weisen häufig eine Spreizung von 1 bis 2,5 auf.

Neben solchen Grundtendenzen gibt es zahlreiche individuelle Entwicklungen: So versuchen beispielsweise einige Hochschulen, Zahl und Qualität von Publikationen über Indikatoren zu messen und Formeln so anzulegen, dass eine Steigerung von Indikatorwerten mit fallenden finanziellen Grenzerträgen verbunden wird. Auch gibt es Ansatzpunkte, die Forschungsleistungen unterschiedlicher Fächer über individuelle, fachbezogene Leistungsindizes abzubilden. Auch die kommenden Jahre werden nicht von einem Indikator-Einheitsmodell geprägt sein, sondern von einer Konkurrenz zwischen einer Vielfalt von Modellen, die sich ausgerichtet an hochschul- und landesspezifischen Bedürfnissen entwickeln werden.

Literatur:

CHE und HIS (Hrsg.): Symposium: Staatliche Finanzierung der Hochschulen – Neue Modelle aus dem In- und Ausland, HIS-Kurzinformationen A9/97 und A10/97. Hannover, Gütersloh 1997.

Körber-Weik, M.: Indikatorsteuerungen. In: *Roloff, C.* (Hrsg.), Reformpotential an Hochschulen: Frauen als Akteurinnen in Hochschulreformprozessen, Berlin, 1998, S. 153-178.

Müller-Böling, D.: Die entfesselte Hochschule. Gütersloh 2000.

Müller-Böling, D./Ziegele, F.: Die Vergabe staatlicher Mittel bei Globalhaushalten. In: Die neue Hochschule, Band 38, 1997, S. 11-13.

Wissenschaftlicher Beirat zur Begleitung des Modellvorhabens für eine Erprobung der globalen Steuerung von Hochschulhaushalten (Hrsg.): Ein neues Verfahren der staatlichen Mittelvergabe an die Universitäten in Niedersachsen: Anforderungen, Prinzipien und Umsetzungsvorschläge. Gütersloh 1998.

Ziegele, F.: Zwischen Steuerung und Autonomie – ein neues Verfahren der staatlichen Universitätsfinanzierung für Niedersachsen. In: Wissenschaftsmanagement, 5. Jg. 1999, Heft 3, S. 37-42.

Ziegele, F.: Mehrjährige Ziel- und Leistungsvereinbarung sowie indikatorgesteuerte Budgetierung. In: Titscher u. a. (Hrsg.), Universitäten im Wettbewerb: Zur Neustrukturierung österreichischer Universitäten, Bericht der Arbeitsgruppe »Erweiterte Autonomie«. Wien, 2000, S. 208-248.

Angaben zum Autor:

Dr. Frank Ziegele
CHE Centrum für Hochschulentwicklung
Carl-Bertelsmann-Straße 256
33311 Gütersloh
Tel.: +49 52 41 97 61 24
Fax: +49 52 41 97 61 40
E-Mail : frank.ziegele@che.de

Interne Märkte

Marita Hillmer

Zur Restrukturierung des öffentlichen Sektors wurden partiell bereits weitreichende Veränderungen eingeführt oder sind geplant. Globalisierung und Dezentralisierung sind die zentralen Begriffe der Autonomie. Angestrebt wird eine outputorientierte Steuerung auf der Basis von leistungsbezogenen Budgetierungssystemen und Zielvereinbarungen. Outputsteuerung bedeutet in diesem Zusammenhang Steuerung über Produkte. Eine Orientierung an den Bedürfnissen der Kunden rückt damit in den Mittelpunkt des Interesses, die Nachfrage nach den angebotenen Produkten entscheidet wesentlich über den Erfolg des Angebots. Für ein marktgerechtes Verhalten müssen Wettbewerbsstrukturen aufgebaut werden, hierfür sollen ➜ *Benchmarking*s eingeführt werden. Insbesondere in den angelsächsischen und skandinavischen Ländern sowie in den Niederlanden wurden zum Teil schon weitreichende Veränderungen in Richtung eines »New ➜ *Public Management*« vollzogen. Mit einer gewissen zeitlichen Verzögerung bestimmen diese Themen auch in Deutschland die Diskussion.

Neben der ordnungspolitischen Entscheidung, welche Aufgaben (auch zukünftig) vom Staat wahrgenommen werden und welche privatisiert werden können, geht es um neue Methoden und Instrumente zur wirtschaftlichen Steuerung der (verbleibenden) staatlichen Aufgaben. Der Handlungsrahmen der einzelnen Institutionen muss dabei so ausgestaltet werden, dass Managementaufgaben auch tatsächlich wahrgenommen werden können. Kompetenzen und Befugnisse müssen in diesem Zusammenhang neu verteilt werden; denn Verantwortung für Kosten und Leistungen setzt die Beeinflussbarkeit dieser Größen voraus. Dabei muss den Entscheidungsträgern die notwendige Freiheit gewährt werden, einen wesentlichen Einfluss auf die Mittel und Maßnahmen zur Erstellung der Kernaufgaben zu nehmen. Dies gilt sowohl für die Beziehungen zwischen Staat und den einzelnen öffentlichen Verwaltungen bzw. nachgeordneten Behörden, als auch für die Binnenorganisation der jeweiligen Einrichtungen.

Zu den Managementaufgaben gehört unter anderem auch das → *Controlling* mit seinen verschiedenen Methoden und Instrumenten zur Planung und Kontrolle. Die Kostenrechnung ist ein Element aus dem Werkzeugkasten des Controllings. Innerhalb der Kostenrechnung wird zwischen der Kostenarten-, der Kostenstellen- und der Kostenträgerrechnung unterschieden. Somit werden sämtliche Kosten nach übergeordneten Kategorien (z. B. Personal, Sachkosten, Abschreibungen etc.) erfasst und dem Ort der Entstehung sowie den erstellten Produkten zugeordnet.

Die **Kostenstellenrechnung** wird in der Regel entsprechend der Organisationsstruktur einer Einrichtung aufgebaut. Hierbei ist die unterschiedliche Funktion von Vor- und Endkostenstellen zu beachten. Organisationseinheiten, die Dienstleistungen oder Infrastrukturleistungen für die gesamte Einrichtung oder mehrere Teilbereiche erbringen sind Vorkostenstellen, wie zum Beispiel Gebäudekostenstellen, auf denen die Kosten für Energie, Reinigung, Hausmeister etc. gebucht werden. Diese Kosten können nicht direkt einem Kostenträger zugerechnet werden. Endkostenstellen sind demgegenüber Stellen, die direkt zur Leistungserstellung einzelner Produkte beitragen und deshalb auch unmittelbar einem Kostenträger zugeordnet werden. Alle Kosten sind möglichst verursachungsgerecht den jeweiligen Kostenstellen zuzurechnen. Für die Berechnung der Produktkosten (auf Vollkostenbasis) müssen auch die Kosten der Vorkostenstellen den Kostenträgern zugeordnet werden. Hierfür stehen verschiedene Verfahren zur Verfügung.

Zunächst erfolgt die Umbuchung beziehungsweise Verteilung ausgewählter Kostenarten der Vorkostenstellen auf die Endkostenstellen. Üblicherweise werden zum Beispiel die Kosten für Porto auf einer Vorkostenstelle gebucht und am Ende einer Periode (Monat) gemäß Verbrauch auf die Empfängerkostenstelle umgebucht. Die Energiekosten werden ebenfalls auf einer Vorkostenstelle gebucht (Gebäude) und am Ende einer Periode entsprechend einem Verteilungsschlüssel (z. B. Hauptnutzfläche in m^2) den Nutzern der Räume zugeordnet. Umbuchungen und Verteilungen von Kosten beziehen sich immer auf eine einzelne Kostenart, die unter Beibehaltung ihrer ursprünglichen Bezeichnung den Endkostenstellen zugerechnet wird.

Danach erfolgt die **innerbetriebliche Leistungsverrechnung**, für die unterschiedliche Methoden zur Verfügung stehen. Das Umlageverfahren ist eine Möglichkeit die gesamten Kosten einer Vorkostenstelle (nach Abzug der Umbuchungen) den jeweiligen Endkostenstellen zuzuordnen. Hierfür werden häufig statistische Schlüsselungen eingesetzt. Art und Umfang der auf den Vorkostenstellen gebuchten Kosten ist für die Verantwortlichen der Endkostenstellen nicht nachvollziehbar. Für welche Leistungen die Kosten entstanden sind, ob diese Leistungen in Umfang und Qualität den Bedürfnissen der Empfänger entsprechen, wird nicht transparent. Die Weiterberechnung von Gemeinkosten auf Basis von Umlagen hat keine steuernde Funktion bezüglich der Leistungserbringung auf den Vorkostenstellen und führt deshalb häufig zu Akzeptanzproblemen bei den Verantwortlichen der Endkostenstellen.

Insbesondere im Dienstleistungsbereich ist der Anteil der Gemeinkosten sehr hoch, deshalb wurde für diesen Bereich die **Prozesskostenrechnung** – als ein neues Instrument – entwickelt. Die Kostenträgerrechnung wird nicht nur für externe Leistungen, sondern auch für die internen Dienste erstellt. Hierfür wird zunächst kostenstellen-, abteilungs- und funktionsübergreifend die Prozess-Struktur zur Erstellung einer Dienstleistung analysiert. Ablaufschwächen des Prozesses und Aufbauschwächen der Organisation sollen identifiziert werden, um darauf aufbauend eine bedarfsgerechte Gestaltung der notwendigen Kapazitäten zu bestimmen. Ziel ist es, die Fach- und Ressourcenverantwortung zu einer Ergebnisverantwortung für das Produkt zusammenzuführen. Organisatorische Veränderungen können das Ergebnis von Prozessanalysen sein.

Im Rahmen der **Kostenträgerrechnung** für interne Produkte werden nur die tatsächlich in Anspruch genommenen Leistungen und Dienste den Endkostenstellen in Rechnung gestellt (Menge x Preis). Umfang und Qualität der Leistungen müssen von den Produkt-Verantwortlichen regelmäßig überprüft und bei Bedarf den neuen Anforderungen angepasst werden, da ansonsten Leerkapazitäten entstehen und diese Kosten nicht weiter berechnet werden können. Auch die Kalkulation der Preise für die internen Leistungen und Dienste kann marktgerecht erfolgen, wenn das Target Costing angewendet wird. Ausgehend vom Marktpreis, werden die einzelnen Stufen zur Erstellung einer Dienstleistung so kalkuliert, dass der Gesamtpreis mit dem Marktpreis identisch ist. Jeder einzelne Beitrag zur Erstellung einer Dienstleistung muss auf seine Notwendigkeit hin geprüft werden und bei Bedarf modifiziert werden. Oberstes Ziel ist es, die Kosten so zu gestalten, dass der Marktpreis eingehalten werden kann. Deshalb wird dieses Instrument auch als **Zielkostenrechnung** bezeichnet.

Voraussetzung für ein Target Costing ist, dass Marktpreise für eine Dienstleistung bekannt sind. Da dies im öffentlichen Sektor bislang häufig nicht der Fall ist, wird verstärkt das Instrument des → *Benchmarking*s eingesetzt. Durch systematische Preisvergleiche werden Kostenstrukturen auch für die Nutzer von

Dienstleistungen transparent. Dies ist eine wesentliche Voraussetzung für ein rationales und wirtschaftliches Verhalten aller Beteiligten am internen Markt. Zielkonflikte, zwischen den Anforderungen zum wirtschaftlichen Handeln und den politischen und gesetzlichen Aufträgen einer Institution sind dabei jedoch nicht auszuschließen und müssen bei Bedarf im Rahmen der strategischen Zielformulierung berücksichtigt werden.

In Niedersachsen beteiligen sich seit 1995 drei Hochschulen (TU Clausthal, Universität Oldenburg, FH Osnabrück) an einem **Modellversuch zur Einführung eines Globalhaushalts.** Im Jahr 2000 wurden alle Fachhochschulen in den → *Globalhaushalt* einbezogen und ab 2001 sind auch alle Universitäten dazugekommen. Vergleichbare Entwicklungen sind auch in den anderen Bundesländern zu beobachten. Niedersachsen war das erste Bundesland, in dem die Hochschulen als Landesbetriebe geführt wurden und in diesem Zusammenhang verpflichtet sind, eine kaufmännische Buchführung einzuführen. Aufgrund der weitgehenden Deckungsfähigkeit der Kontengruppen des Wirtschaftsplans (Erfolgsplan/Finanzplan) wurde das Prinzip der zweckgebundenen Mittelzuweisung durchbrochen und damit der flexible, bedarfsgerechte Einsatz der Mittel grundsätzlich möglich.

Die Auswahl der Controlling-Instrumente bzw. die Wahl der Kostenrechnungsmethoden muss mit den Zielen des Globalhaushalts und der Finanzautonomie im Einklang stehen. Ziel der Globalisierung der Hochschulhaushalte ist es, die nur begrenzt zur Verfügung stehenden Mittel effektiver und effizienter zu nutzen. Die in der Vergangenheit übliche titelgebundene Zuweisung von Mitteln an die Hochschulen hat offensichtlich zu Fehlsteuerungen geführt. Die Delegation der Verantwortung für die Mittel basiert auf der These, dass nur in den Hochschulen selbst die notwendigen Informationen zur effektiven und effizienten Mittelsteuerung vorhanden sind. Die neu gewonnene Autonomie der Hochschulen gegenüber dem Hochschulträger muss auch im Innenleben der Hochschulen zu veränderten Leitungs- und Entscheidungsstrukturen (→ *Leitungsstrukturen*, → *Entscheidungsstrukturen*) führen. Der Handlungsrahmen aller am Lehr- und Wissenschaftsbetrieb Beteiligten soll erhöht werden; denn nur auf dieser Basis können auch Verantwortlichkeiten delegiert werden. Dies gilt um so mehr, bei einer indikatorengesteuerten Mittelverteilung auf Basis von Leistungskriterien. Wenn die Leistungen einzelner Personen oder Gruppen beurteilt werden sollen, so muss den Verantwortlichen die notwendige Entscheidungsfreiheit gewährt werden, welche Mittel und Maßnahmen zur Erstellung der Kernaufgaben eingesetzt werden sollen.

In einer Hochschule werden eine Vielzahl von innerbetrieblichen Leistungen, unter anderem in den Werkstätten, Laboren, Hochschulrechenzentren, Bibliotheken und der Verwaltung etc., erstellt. An der Universität Oldenburg sind 1999 ca. 50 % der Kosten (ohne Drittmittel und Sonstige Mittel) den Zentralen Einrichtungen (inkl. Gebäude) zuzuordnen. In dem von der HIS GmbH veröffentlichten »Ausstattungs- und Kostenvergleich« der niedersächsischer Universitäten werden diese Kosten per Umlage weiter berechnet (Vgl. *Leszczensky, M.* 2000,

S. 24 f.). Häufig werden die Kosten der Vorkostenstellen zu 50 % gemäß Beschäftigungsverhältnissen und zu 50 % nach Studierenden in der Regelstudienzeit auf die Endkostenstellen verteilt. Angewendet wird diese Schlüsselung beispielsweise für das Dezernat »Finanzen« der Universität Oldenburg. Eines der Aufgabengebiete des Dezernats ist die Drittmittelverwaltung, deren Kosten zu 11 % dem Fachbereich Wirtschafts- und Rechtswissenschaften und mit 4 % dem Fachbereich Physik zugewiesen wurden. Der Anteil am gesamten Drittmittelvolumen der Universität betrug für die Wirtschafts- und Rechtswissenschaften aber nur 2 %, während die Physik mit einem Anteil von 24 % beteiligt war. Eine Verteilung der Kosten nach statistischen Schlüsseln kann immer nur eine Annäherung an die Realität sein, muss aber mit den tatsächlichen Leistungsverflechtungen nicht übereinstimmen. Hinzu kommt, dass dem Nutzer der Dienstleistungen keine Informationen über Art und Umfang der Leistungen zur Verfügung gestellt werden können. Aber auch dem Dienstleister fehlen Angaben zur Beurteilung seiner Wirtschaftlichkeit. Maßnahmen zur Steigerung der Effizienz bleiben so eher dem Zufall bzw. der Intuition der Entscheidungsträger überlassen.

An der Universität Oldenburg soll deshalb in möglichst vielen Bereichen eine **innerbetriebliche Leistungsverrechnung auf Basis einer Produktkostenrechnung** eingeführt werden. Hierzu wurde mit dem Dezernat Finanzen ein Pilotprojekt durchgeführt. Für alle Aufgabengebiete des Dezernats wird ab 2001 eine Produktkostenrechnung eingeführt. Am Beispiel der Drittmittelverwaltung wird im Weiteren das Verfahren erläutert und Grenzen sowie Probleme in der praktischen Umsetzung beschrieben.

Die Drittmittelverwaltung erbringt Serviceleistungen zur formalen Antragsbearbeitung inkl. Vertragsberatung bei Großprojekten, der laufenden Finanzkontrolle und Bewirtschaftung sowie Abrechnung von Projekten der Universität Oldenburg. Im Rahmen der Definition von Dienstleistungen wurden zunächst die formalen Anforderungen der potenziellen Geldgeber analysiert und in einzelne Bearbeitungsstufen eingeteilt. Darauf aufbauend erfolgte eine Bündelung zu Leistungspaketen für die ein durchschnittlicher Bearbeitungsaufwand ermittelt wurde. Zur Einordnung der Projekte wurde folgendes Raster entwickelt:

Bearbeitungs-aufwand	Leistungspakete		
	Beratung inkl. Antragsbearbeitung	Finanzkontrolle und Bewirtschaftung	Verwendungsnachweis
1	Geringer Aufwand	Bis 10.000 DM/ Jahr	Einfacher Aufwand
2	Mittlerer Aufwand	X > 10.000 DM bis 50.000 DM/ Jahr	Mittlerer Aufwand
3	Hoher Aufwand	X > 50.000 DM/ Jahr	Hoher Aufwand
4	Sehr hoher Aufwand		

Tab. 1:

Auf Basis dieser drei Leistungspakete wird der Gesamtaufwand für jedes Projekt ermittelt. Beispiele:

Projekt/ Geldgeber	Beratung inkl. Antragsbearbeitung	Finanzkontrolle und Bewirtschaftung	Verwendungsnachweis	Gesamtschlüssel	Preis (DM/Jahr)
......../ EU-Mittel	4 *	2 *	2 =	16	= 1.600
......../ DFG	3 *	3 *	2 =	18	= 1.800
......../ EU-Mittel	4 *	3 *	3 =	36	= 3.600

Tab. 2:

Für die Bewertung der einzelnen Arbeitsschritte wird bewusst nicht die individuell benötigte Arbeitszeit der Mitarbeiterinnen und Mitarbeiter zugrunde gelegt, sondern ein Durchschnittswert. Grundlage für eine Standardisierung sind homogene Arbeitsabläufe und – entsprechend den Aufgaben – ausreichend qualifiziertes Personal. Zur Ermittlung der durchschnittlich benötigten Arbeitszeit sind Zeitaufschreibungen notwendig. Die Kalkulation des Punktwertes (hier Prämisse: jeder Punkt = 100,– DM) erfolgt auf Basis von Plankosten und muss jährlich überprüft werden. Das einzelne Projekt wird während seiner Laufzeit mit den anteiligen Kosten belastet. Die Abrechnung erfolgt in SAP R/3 Modul Controlling und steht damit den Verantwortlichen im Rahmen der Kostenrechnung zeitnah (monatlich) zur Verfügung. Neben den bereits üblichen Eingaben von beispielsweise Beginn- und End-Datum eines jeden Projektes muss zusätzlich nur der Punktwert und einmal jährlich die Preiskalkulation eingegeben werden. Zur Beurteilung, ob die Preisgestaltung für die einzelnen Leistungspakete angemessen ist, werden Vergleichspreise benötigt. Diese liegen bislang nicht vor, könnten aber Bestandteil einer methodische Weiterentwicklung der von der HIS GmbH veröffentlichten Ausstattungs- und Kostenvergleiche sein, oder unabhängig davon, in → *Benchmarking*s organisiert werden.

Der Leiter eines Drittmittelprojektes kann zukünftig mit einem festen Preis für die Drittmittelverwaltung kalkulieren und diese Information zum Beispiel im Rahmen der Antragstellung für ein Projekt nutzen. Wird dieser Eigenanteil der Universität vom Drittmittelgeber nicht refinanziert, so wird in der Kostenrechnung die Finanzierungslücke transparent. Bislang liegen in den Hochschulen keine verlässlichen Daten über die Höhe der Eigenfinanzierung von Drittmittelprojekten vor.

Auch der Verantwortliche für die Drittmittelverwaltung erhält neue Informationen zur Steuerung der personellen Ressourcen und der notwendigen Kapazitäten. Durch die systematische Erfassung der einzelnen Arbeitsschritte und die Bündelung zu Leistungspaketen ist eine Überprüfung der Ablauforganisation möglich. Am Ende eines Geschäftsjahres kann es zu Über- oder Unterdeckungen der Kostenstelle Drittmittelverwaltung kommen. Im Gegensatz zu einem Umlageverfahren wird die Kostenstelle nicht automatisch zu 100 % entlastet. Jede Änderung der Aufgabenstruktur wird dokumentiert. Sinkt beispielsweise der Anteil der EU- oder DFG-Projekte und die Anzahl der anderen Projekte bleibt konstant, so wird am Ende des Jahres auf der Kostenstelle Drittmittelverwaltung eine Unterdeckung ausgewiesen. Aber auch der umgekehrte Fall ist möglich. Wenn Überschüsse ausgewiesen werden, so ist dies ein Indikator dafür, dass entweder der Zeitrahmen für die einzelnen Leistungspakete zu großzügig bemessen war, oder mit Hilfe zusätzlichen Personals und/oder Überstunden zusätzliche Aufgaben übernommen werden konnten. Eventuell notwendige Preisänderungen müssen begründet werden und bieten damit die Grundlage, bei Bedarf Strukturen erneut zu überprüfen und zu optimieren. Da das Modell gemeinsam mit dem Dezernat Finanzen entwickelt wurde, wird es auch in diesem Sinne als ein Instrument zur Entscheidungsunterstützung akzeptiert.

Die Untersuchung der Drittmittelverwaltung und das Modell Produktkostenrechnung ist begrenzt auf die vom Dezernat Finanzen wahrgenommenen Aufgaben. Diese Aufgaben sind nur ein Bestandteil des Gesamtprozesses der Drittmittelförderung der Universität. Die Beratung der Universitätsmitglieder zur Forschungsförderung erfolgt im Planungsdezernat. Eine weitere Schnittstelle gibt es zu den dezentralen Sachbearbeitern in den Fachbereichen. Insbesondere im Rahmen von Großprojekten werden auch hier Aufgaben der Drittmittelverwaltung erledigt.

Die Verrechnung von internen Dienstleistungen auf der Basis von Produktkosten ist ein erster Schritt hin zu einer internen Kundenorientierung. Letztlich besteht aber ein Angebotsmonopol, so dass Marktmechanismen nicht automatisch greifen. Umso wichtiger ist die Etablierung von flankierenden Maßnahmen zur Sicherung eines bedarfsgerechten Angebots von internen Dienstleistungen im Sinne einer Prozessorientierung. Hierzu wird in 2001 eine Befragung der internen Kunden an der Universität Oldenburg durchgeführt.

Das Gesamtmodell soll nach Ablauf eines Jahres evaluiert werden und kann bei Bedarf in ein System der leistungsbezogenen Budgetierung in Verbindung mit Zielvereinbarungen integriert werden.

Literatur:

Budäus, D.: Public Management. Konzepte und Verfahren zur Modernisierung öffentlicher Verwaltungen. In: *Böhret, C. u. a.* (Hrsg.): Modernisierung des öffentlichen Sektors, Bd. 2. Berlin 1994.
Gerstelberger, W./Grimmer, K./Wind, M.: Innovationen und Stolpersteine in der Verwal-

tungsmodernisierung. In: *Böhret, C. u. a.* (Hrsg.): Modernisierung des öffentlichen Sektors, Extraband. Berlin 1999.

Lenk, K.: Kennzahlen als Angebote an die lernende Organisation. In: IV – die innovative Verwaltung, 3. Jg. 1997, H. 2.

Leszczensky, M. u. a.: Ausstattungs- und Kostenvergleich niedersächsischer Universitäten. In: Hochschul-Informations-System (Hrsg.): Hochschulplanung, Bd. 144, Hannover 2000.

Simon, H. (Hrsg.): Das große Handbuch der Strategiekonzepte, Frankfurt/Main 2000.

Weissner, L.: Controlling in kybernetischer Sicht. In: Controller Magazin, 23. Jg., 1998, H. 2.

www-Adressen:

http://www.admin.uni-oldenburg.de/dez5/contr/index.htm
http://www.offis.de

Angaben zur Autorin:

Marita Hillmer
Diplom Ökonomin
Carl von Ossietzky Universität Oldenburg
Controllerin/Planungsdezernat
Ammerländer Heerstraße 114-118
26129 Oldenburg
Tel.: +49 44 17 98 40 60
Fax: +49 44 17 98 24 52
E-Mail: hillmer@admin.uni-oldenburg.de

Internetgestützte Wissensorganisation

Reinhard Keil-Slawik
Harald Selke

Viele Ansätze im Bereich Multimedia und Lernen können als Einbahnstraßen des Lernens charakterisiert werden. Autoren entwickeln Lernsoftware, die über CD-ROMs oder das Internet erschlossen und von den Studierenden individuell genutzt wird. Viele Plattformen und → *Autorenumgebungen* sind bislang auf diese Form des Einsatzes digitaler Medien zugeschnitten; Standards haben sich etabliert und viele, teilweise konkurrierende Produkte sind in Form von kommerziellen Produkten oder »Open Source«-Entwicklungen erhältlich. Je mehr solche Ansätze etabliert werden, desto deutlicher treten jedoch Defizite im Bereich des kooperativen Wissensmanagements in den Vordergrund. Hier entstehen gegenwärtig eine Fülle neuer Ansätze und Systeme, deren Bedeutung stark zunehmen wird. Dieses soll nachfolgend an drei Punkten skizziert werden: Verteilte Dokumentenpflege, kooperative Informationsstrukturierung und Metadaten.

Für die **verteilte Erstellung und Pflege von Dokumentenbeständen** sind unterschiedliche Aspekte zu berücksichtigen, die beispielhaft am Konzept der verteilten Multimediaskripten skizziert werden soll. Die Idee dabei ist, durch kooperative Arbeit die Qualität des Materials bei gleichzeitiger Reduktion des Erstellungsaufwandes zu verbessern. Der Grundgedanke besteht darin, den Teil des Materials, der ohne didaktische Aufbereitung in Veranstaltungen genutzt werden kann (Hintergrundmaterial wie wissenschaftliche Beiträge oder andere Originalquellen), in Arbeitsteilung zu produzieren. Das eigentliche Lehrmaterial des Skripts, das didaktisch aufbereitet werden soll, wird in Kooperation – ähnlich wie bei einem Lehrbuch mehrerer Autoren – erstellt. Darüber hinaus sollte es möglich sein, das Material dahingehend zu individualisieren, dass es einerseits von den Lehrenden individuell an die jeweilige Lehrveranstaltung angepasst werden kann, es andererseits den Studierenden einen aktiven Umgang mit dem Material bei Wahrung der Authentizität ermöglicht.

Eine derartige Art kooperativen Arbeitens kann durch verschiedene Systeme aus dem Bereich computerunterstützten kooperativen Arbeitens (CSCW) unterstützt werden. Als Basis werden Mechanismen zum Dokumentenmanagement benötigt wie serverbasierte Datenhaltung, verteilte Bearbeitung von Dokumenten, Verhinderung von Schreibkonflikten oder Versionsmanagement. Über Kommunikationsmechanismen kann die eigentliche Kooperation koordiniert werden. Dazu gehören Benachrichtigungsmechanismen, die die beteiligten Autoren über wichtige Modifikationen informieren, ebenso wie Mechanismen zur Diskussion offener Fragen sowie zur Entscheidungsfindung. Falls die Arbeitsabläufe genügend gut beschrieben und formalisiert werden können, ist auch die Verwendung von Workflow-Systemen möglich. Bei eher informelleren Kooperationen bringen solche Systeme wenige Vorteile.

Die Entwicklung verteilter Multimediaskripte bietet sich überall dort an, wo sich Lehrende verschiedener Hochschulen auf gewisse gemeinsame Materialien einigen können. In der Lehre innerhalb eines Fachbereichs bietet sich eine derartige Kooperation an, wenn eine Lehrveranstaltung von verschiedenen Dozenten reihum angeboten wird, die Materialien aber bis zu einem gewissen Grad einheitlich sein sollen. Im einfachsten Fall wird lediglich eine Bibliothek von Hintergrundmaterial arbeitsteilig aufgebaut. Können sich die Lehrenden auf einen didaktischen Grundansatz einigen, so kann das eigentliche Lehrmaterial kooperativ entwickelt werden.

Kooperative Informationsstrukturierung: Bisherige ➜ *multimediale Infrastrukturen* sind trotz der vorherrschenden Betonung der neuen didaktischen Qualitäten zur Unterstützung der Lernenden in ihrer technischen Grundstruktur autorenzentriert. Dokumente liegen auf zentralen Servern und die Studierenden erhalten jeweils Zugriffsrechte auf die Dokumente eines Kurses oder eines Studienganges ohne sie selbst verändern oder anders anordnen zu können. Das Konzept des Hypertextes (➜ *Hypertext und Hypermedia*), das in seinem technischen Kern eigentlich das nichtsequenzielle Schreiben beinhaltet (Nelson), reduziert sich meist auf das nichtsequenzielle Lesen. Insbesondere bei Erstellung der Materialien mit ➜ *Autorenumgebungen* beschränken sich die Operationen der Lernenden am System auf das Verfolgen von Verweisen, das Starten von Animationssequenzen, die Selektion einer Instruktionssequenz durch Ankreuzen von »Multiple Choice«-Fragen, die Festlegung eines Simulationsablaufs durch die Eingabe von Randbedingungen und Anfangswerten oder die Auswahl vordefinierter Präsentationssequenzen (Guided Tours). Das heißt, Inhalt und Struktur des Materials werden jeweils durch die Autoren einer Veranstaltung bzw. die Verantwortlichen des jeweiligen Servers vorgegeben. Die Lernenden sind dadurch weder in der Lage, kommunikative Aktivitäten unmittelbar auf das Material zu beziehen und mit diesem zu verknüpfen, noch Materialien gemeinsam zu überarbeiten, sie durch eigene Dokumente zu ergänzen oder auch sie nach eigenen Gesichtspunkten neu zu arrangieren. Studierende sollen sich zwar zunehmend auf unterschiedliche Autoren verschiedener Bildungseinrichtungen in ihren Lernprozessen beziehen (➜ *virtuelle Studiengänge* und ➜ *virtueller Campus*), können dies aber in den bestehenden medientechnischen Strukturen nicht oder nur sehr beschränkt umsetzen. Hier sind neue Konzepte für virtuelle Lerngemeinschaften erforderlich, die mehr Raum für eine lernerzentrierte Gestaltung von Lernumgebungen bieten, bei denen die Verknüpfung individueller und kooperativer Lernaktivitäten sich auch dem Lernfortschritt entsprechend im Material niederschlägt. Die wesentliche Herausforderung für die Universitäten besteht darin, den Ausbau ➜ *multimedialer Infrastrukturen* mit Forschungsaktivitäten auf dem Gebiet der internetgestützten Wissensorganisation so zu verknüpfen, dass die Anschlussfähigkeit der Systeme und Strukturen gewahrt bleibt.

Weitere wichtige Aspekte, die über die unmittelbare Erstellung und Nutzung hinausgehen, sind der Nachweis von und die Recherche nach multimedialen Angeboten mittels **Metadaten**. Da multimediale Materialien an vielen Orten und häufig mit nicht unerheblichem Aufwand entwickelt werden, stellt sich die Frage nach der Wiederverwendbarkeit an anderen Hochschulen. Dazu müssen die Materialien einerseits genügend gut modularisiert sein, um sie in einem anderen Kontext als dem, in dem sie entwickelt wurden, einsetzen zu können. Andererseits muss es möglich sein, derartige Materialien überhaupt auffinden und bezüglich ihrer Verwendungsmöglichkeit einschätzen zu können. Metadaten sollen entsprechende Informationen durch eine standardisierte Beschreibung bereitstellen. Derzeit entstehen mehrere Standards sowie technische Systeme, die entsprechende Recherchen ermöglichen sollen.

Auf Basis einer Klassifikation für elektronische Dokumente, die für bibliothekarische Zwecke entwickelt wurde (der so genannte Dublin Core), scheinen derzeit die Learning Objects Metadata (LOM) der aussichtsreichste Kandidat für einen weitgehend akzeptierten Standard zu sein. Er ist genügend flexibel, um verschiedene Substandards zu integrieren. Dazu gehört insbesondere das von der EU geförderte Ariadne-Projekt, in dessen Rahmen neben einem Klassifikationsschema auch Werkzeuge zur Erfassung von Metadaten und eine serverbasierte Infrastruktur zur Erschließung von Lehr-/Lernmaterialien entwickelt wurden.

Daneben gibt es bereits kommerzielle Datenbanksysteme (➜ *IT-gestützte Informationssysteme*), deren Entwicklungsschwerpunkt weniger auf der Erschließung von Metadaten liegt, sondern sich auf die effektive Verwaltung und den effizienten Abruf großer Datenobjekte wie z. B. digitalisierte Filme konzentriert. Welcher Ansatz sich letztlich durchsetzen wird und wie die Einbettung in vorhandene Bibliotheksstrukturen und Fachinformationssysteme ausgestaltet wird, ist momentan noch nicht absehbar.

Konzepte und Mechanismen zur internetgestützten Wissensorganisation stecken derzeit noch in den Kinderschuhen, werden aber in dem Maße, in dem die Nutzung digitaler Medien zum Hochschulalltag wird, enorm an Bedeutung gewinnen. Das betrifft zum einen die fachgebiets- oder hochschulübergreifende Kooperation und zum anderen die eigenverantwortliche Strukturierung von Bildungsmaterialien durch die Nutzer. Neben bestimmten Funktionen und Mechanismen zur kooperativen Erstellung und Bearbeitung von Materialien integrieren Systeme zur verteilten Wissensorganisation insbesondere auch Kommunikationsfunktionen, wie sie beispielsweise für virtuelle Gemeinschaften charakteristisch sind. Die gegenwärtigen Ansätze, die den Aufbau so genannter Bildungs- oder Lernserver in den Vordergrund stellen, müssen in Zukunft verstärkt in Systeme und Organisationsstrukturen zur verteilten Wissensorganisation eingebettet werden.

Literatur:

Uellner, S./Wulf, V. (Hrsg.): Vernetztes Lernen mit digitalen Medien. Tagungsband »D-CSCL 2000«, Heidelberg 2000.
Engelien, M./Neumann, D. (Hrsg.): Virtuelle Organisation und Neue Medien. Dresden, Tagungsband GeNeMe2000 Gemeinschaften in Neuen Medien. Dresden 2000.

www-Adressen:

WWW-Adressen zu Metadaten finden sich unter der Rubrik »URL Sammlung« und der Abfrage nach der Kategorie »URLs zu Metadaten« unter: http://kmmt.diff.uni-tuebingen.de/kmmt/angebote/suche/.

Angaben zu den Autoren:

Prof. Dr.-Ing. Reinhard Keil-Slawik
Heinz Nixdorf Institut
Universität Paderborn
Fürstenallee 11
33102 Paderborn
Tel.: +49 52 51 60 64 11
Fax: +49 52 51 60 64 14
E-Mail: rks@uni-paderborn.de
http://iug.uni-paderborn.de/Keil-Slawik

Harald Selke
Heinz Nixdorf Institut
Universität Paderborn
Fürstenallee 11
33102 Paderborn
Tel.: +49 52 51 60 65 18
Fax: +49 52 51 60 64 14
E-Mail: hase@uni-paderborn.de
http://iug.uni-paderborn.de/hase

Internet-Marketing

Michael Reiners

Internet-Marketing (auch Online-Marketing) wird in der einschlägigen Literatur meist als eine neuere Form des Direkt-Marketings gefasst (vgl. z. B. *Kotler/Bliemel* 1999, Link 2000). Unter Direkt-Marketing kann man hierbei »die Herstellung unmittelbarer Kundenbeziehungen auf informationeller und ggf. auch leistungsmäßiger Ebene verstehen« (*Link* 2000). Dieses weite Verständnis von Direkt-Marketing umfasst sowohl Maßnahmen, welche unmittelbar eine Reaktion des Kunden, z. B. die Erteilung eines Auftrags, hervorrufen (Direktauftragsmarketing) als auch Maßnahmen, welche solch eine Reaktion mittelbar, z. B. durch eine Intensivierung der Beziehungen zu potentiellen Kunden (Direktbeziehungsmanagement) zu erreichen suchen. Bekannt sind hier v. a. die klassischen Formen des Telefonmarketings, der Werbebriefe oder der Versandhauskataloge. Internet/Online-Marketing, als »der Versuch der Nutzung des Internets oder kommerzieller Online-Dienste zu Marketing-Zwecken« avanciert jedoch bereits nach kurzer Entwicklungszeit zu der Form des Direktmarketings oder darüber hinausgehend vielleicht sogar des Marketings überhaupt.

212

Eine Reihe von Gründen lassen sich hierfür identifizieren (vgl. *Alpar* 1996, *Subramaniam/Shaw/Gardner* 2000):

Ubiquität: Marketing-Kommunikation im Internet ist zeit- und ortsunabhängig. Im Gegensatz zu den klassischen Werbemedien Rundfunk, Fernsehen, Print-Medien ist der Umfang der Kommunikation weder zeitlich (z. B. Werbesekunden) noch räumlich (z. B. Abmessungen einer Anzeige innerhalb einer Zeitschrift) begrenzt.

Interaktivität: Kommunikation im Internet ist keine Einweg-Kommunikation (wie z. B. Rundfunk und Fernsehen) sondern bietet vielfältige Interaktionsmöglichkeiten sowohl zwischen Anbieter und Kunde als auch zwischen den Kunden.

Reaktionsschnelligkeit: Die Erstellung und Anpassung von Marketing-Kommunikationsinhalten kann innerhalb kürzester Zeit erfolgen. Die Unwiderrufbarkeit gedruckter Informationen trifft auf Informationen im Netz nicht zu. Internet-Inhalte können kurzfristig und beliebig oft aktualisiert oder nachgebessert werden, ohne dass größerer Aufwand oder größere Kosten entstehen.

Kosten: Die Kosten der Erstellung und Pflege internet-gestützter Marketingangebote sind im Vergleich zu den meisten anderen Instrumenten erheblich geringer.

Individualisierung: Entgegen herkömmlicher, relativ undifferenzierter One-to-Many-Ansätze kann das Internet vor allem in Kombination mit einem Database-Marketing zu einer Individualisierung sowohl des Informations- als auch des Kommunikations- und Interaktionsangebots führen.

Multimedialisierung: Dem Fernsehen (in dieser Hinsicht) ähnlich, zeichnet sich das Internet durch »Multimedialität« aus. Gemeint ist hier die mögliche Verknüpfung unterschiedlicher Medien/Technologien (z. B. PC und Video), unterschiedlicher Codierungssysteme (Text und Grafik) und unterschiedlicher Sinnesreize (z. B. auditive und visuelle Reize).

Internetgestütztes Marketing sollte in ein umfassendes Marketingkonzept eingebunden sein. Es bewegt sich innerhalb der klassischen Marketinginstrumente (Kontrahierungs-, Distributions-, Kommunikations- und Produktpolitik) vorwiegend innerhalb des kommunikationspolitischen Rahmens. Distributionspolitische Ansätze finden sich z. B. in (→ *Web-based-Trainings* oder (→ *virtuellen Studiengängen*.

Das vielschichtige Nutzungspotenzial internetgestützten Marketings lässt sich exemplarisch aus der Sicht einiger klassischer kommunikationspolitischer Instrumente betrachten. Im Folgenden sollen einige Möglichkeiten dargelegt und kritische Faktoren beim Einsatz skizziert werden.

Es gibt keine Hochschule mehr, welche nicht eine basale Form internetgestützter Öffentlichkeitsarbeit praktiziert, die (→ *Internet-Präsenz*. Sie bildet mittlerweile einen unverzichtbaren Teil der Versorgung der Öffentlichkeit mit grundlegenden Informationen über hochschulische Aktivitäten. Für Hochschulen entsteht dadurch die Möglichkeit, einer von der HRK geforderten »strategischen Selbstprofilierung« Rechnung zu tragen (vgl. hierzu auch (→ *Öffentlichkeitsarbeit*). In der Tat entwickelt sich die Internet-Präsenz zu einer der wesentlichen Ausdrucksformen der (→ *Corporate Identity* einer Hochschule, muss aus diesem Grund folgerichtig auch bei der Entwicklung des (→ *Corporate Designs* besondere Berücksichtigung finden.

Über statische Websites hinaus können neuere technologische Standards, gekoppelt mit den bereits erwähnten »multimedialen« Fähigkeiten des WWWs sinnvoll zur Dynamisierung der Website und damit zur Interaktion des Nutzers mit den bereitgestellten Inhalten führen. Ein Anwendungsbeispiel ist die Durchführung eines »virtuellen Tags der Offenen Tür« für potenzielle Studierende oder die interessierte Öffentlichkeit. Im Rahmen eines solchen »virtuellen Tags der Offenen Tür« lassen sich virtuelle Rundgänge über das Universitätsgelände (ein anschauliches nicht-hochschulisches Beispiel bietet die Neue Osnabrücker Zeitung unter http://www.neue-oz.de/unterhaltung/quicktime/), virtuelle Probeseminarbesuche und virtuelle Sprechstunden auf Chat-Basis mit Personen, welche ansonsten nicht so leicht verfügbar sind (z. B. Hochschulleitungen) realisieren. Beim Einsatz fortgeschrittener Web-Technologien (Java-Applets, VRML etc.) ist allerdings zu berücksichtigen, dass noch nicht davon ausgegangen werden kann, dass alle Nutzer Browser bzw. Plug-Ins, welche zur Nutzung dieser Technologien notwendig sind, installiert haben. Ein Grund liegt sicherlich in der teilweise verbreiteten Nutzung veralteter Browser. Viele Nutzer installieren diese Technologien jedoch bewusst nicht, da sie nicht nur neue Möglichkeiten, sondern auch gravierende Sicherheitsprobleme mit sich bringen (Viren, Trojaner o. Ä.).

Die eigene Internet-Präsenz kann natürlich auch zu **Werbezwecken**, d. h. zur »nicht-persönlichen Vorstellung und Förderung von Ideen, Waren oder Dienstleistungen eines eindeutig identifizierbaren Auftraggebers durch den Einsatz bezahlter Medien« (*Kotler et al.* 1999) genutzt werden. Im Gegensatz zu den meisten anderen Werbeinstrumenten steht bei der Website ein »Pull«-Charakter im Vordergrund (*Link/Tiedtke* 1999), d. h. der Nutzer wird nicht einer Werbebotschaft ausgesetzt (wie z. B. bei der unangeforderten Werbung im Fernsehen) sondern muss eine Seite mit Werbeinhalten durch das Eingeben einer Adresse oder das Anklicken eines Links ausdrücklich aufrufen. Es gibt verschiedene Wege auf denen Nutzer auf eine Website gelangen. Die Hauptseite einer Hochschulseite wird meist durch Erraten der richtigen URL erreicht, da diese meist bestimmten Regeln folgt (z. B. http://www.uni-stadt.de oder http://www.fh-stadt.de). Da Nutzer bei der Suche nach z. B. spezifischen Studien- oder Weiterbildungsangeboten nicht zwangsläufig auf bestimmte Hochschulen bzw. auf Hochschulen überhaupt fixiert sind, werden von ihnen meist Suchmaschinen

(Web-Kataloge, Spezialsuchmaschinen, Metasuchmaschinen etc.) zur Ausgabe der relevantesten Websites eingesetzt. Damit die Website der eigenen Hochschule bei den relevanten Suchmaschinen und inhaltlich passenden Stichworten eine möglichst gute Platzierung auf den Ranglisten der wichtigsten Suchmaschinen erreicht sind eine Reihe von Maßnahmen bei der Erstellung der Internet-Präsenz zu beachten (Stichworte sind hier: Meta-Tags, Link-Exchange, Website vorschlagen/anmelden, img-alt-Attribut). Eine dritte Möglichkeit Nutzer zum Besuch der eigenen Site zu bewegen ist die *Veröffentlichung* entsprechender WWW-Adressen in anderen Medien (Fachzeitschriften, Allgemeines Informationsmaterial etc.). Nachdem der User auf die Website gelenkt wurde ist wesentlich stärker noch als in anderen Medien der konkrete Nutzen für den Verbleib auf der Site und der Beschäftigung mit den Inhalten von Bedeutung. Eine Site ohne Mehrwert bedeutet für den Nutzer nicht nur einen Zeitverlust, sondern auch Kosten. Es sind daher »produktbegleitende Dienstleistungen«, welche neben der eigentlichen Information einen Anreiz zum erneuten Aufsuchen der Website bieten einzubeziehen. Der Spiegel (http://www.spiegel.de) bietet bspw. jedem Besucher einen Tariftipp-Service an, welcher für eine wählbare Uhrzeit jene Telekommunikationsanbieter mit den günstigsten Telefontarifen ausgibt. Die Zeit (http://www.zeit.de) hat einen Kulturkalender mit nach eigenen Angaben über 30.000 kulturellen Angeboten in Deutschland, Österreich und der Schweiz.

Es lässt sich jedoch auch »Push«-Werbung in den Mix eingesetzter Marketing-Instrumente einbeziehen. Der bekannte Fall der Rechtsanwaltskanzlei Canter & Siegel zeigt, dass dies jedoch ein sensibel zu handhabendes Feld ist. Als Antwort auf ihrerseits massenweise verschickte Werbe-Mails erhielten sie von aufgebrachten Newsgroups eine derart große Flut an sog. Flame-Mails (also E-Mails mit Beschimpfungen), dass ihr Server zum Absturz gebracht wurde. Die Brisanz dieses Themas führte sogar dazu, dass in den Vereinigten Staaten mittlerweile ein Gesetz, welches das Versenden von »junk-mail« verbietet, verabschiedet wurde. Eine für den Nutzer akzeptablere und zwischenzeitlich auch gängige Alternative ist das Angebot eines oder mehrerer themenspezifischer Newsletter. Newsletter sind abonnierbare Informationsmails, welche im Falle von Hochschulen regelmäßig z. B. über neue Studiengänge, Weiterbildungsangebote oder andere Entwicklungen an der Hochschule berichten könnten. Ein anderes »Push«-orientiertes Instrument stellt die sog. Bannerwerbung dar. Banner sind auf möglichst hochfrequentierten Sites platzierte, bis zu 468 x 60 Pixel große, z. T. animierte Grafiken mit einer Werbebotschaft oder zumindest einem Anreiz eine längere Werbebotschaft durch einen Klick auf den Banner abzurufen. Eine sinnvolle Platzierung von Bannern erfordert natürlich Wissen über die von der zu erreichenden Zielgruppe häufig aufgesuchten Websites. Eine gründliche Zielgruppenanalyse sollte im Internet-Marketing mindestens genauso selbstverständlich sein wie im »klassischen« Marketing.

Die aufgeführten Online-Marketing-Instrumente bzw. Anwendungsfelder stellen bei weitem keine erschöpfende Liste dar. Individualisierte, datenbankbasierte (»Databased Online Marketing) bieten noch vielfältige andere Möglichkeiten, sind allerdings aufwändiger und technisch komplexer. Statt eines umfassenden Überblicks dienten die beschriebenen Beispiele vielmehr dazu, aufzuzeigen, dass Internet-Marketing keine Domäne privatwirtschaftlich agierender Unternehmen sein muss, sondern auch für hochschulische Zwecke sinnvoll einsetzbar ist. In der Bandbreite von »einfachen« statischen Internet-Auftritten bis hin zur sehr komplexen Abwicklung kompletter administrativer Tätigkeiten lassen sich für jede Hochschule eine Reihe von sinnvollen Anwendungen finden.

Literatur:

Alpar, P.: Kommerzielle Nutzung des Internet. Berlin: Springer 1996.

Kotler, P./Bliemel, F.: Marketing-Management. 9. Aufl. Stuttgart: Schäffer-Poeschel 1999.

Link, J./Tiedtke, D.: Von der Corporate Site zum Databased Online Marketing. In: *Link, J./Tiedtke, D.* (Hrsg.), Erfolgreiche Praxisbeispiele im Online-Marketing. Berlin: Springer 1999, S. 1-22.

Link, J.: Zur zukünftigen Entwicklung des Online-Marketing. In: *Link, J.* (Hrsg.), Wettbewerbsvorteile durch Online Marketing: Die strategischen Perspektiven elektronischer Märkte. 2. Aufl. Berlin: Springer 2000.

Subramaniam, C./Shaw, M./Gardner, D.: Product Marketing on the Internet. In: *Shaw, M./Blanning, R./Strader, T./Whinston, A.* (Eds.), Handbook on Electronic Commerce. Berlin: Springer 2000, S. 146-173.

WWW-Adressen:

http://www.zeit.de
http://www.neue-oz.de/unterhaltung/quicktime/
http://www.spiegel.de

Angaben zum Autor:

Michael Reiners
Carl von Ossietzky Universität Oldenburg
Fachbereich 1
26111 Oldenburg
Tel.: +49 44 17 98 27 72
Fax: +49 44 17 98 23 25
E-Mail: michael.reiners@uni-oldenburg.de

Internet-Präsenz

Andreas Altvater

Vor dem Hintergrund des zunehmendem Wettbewerbs zwischen den Hochschulen (→ *Ranking*), bietet das Internet wie kein anderes Medium die Chance, sich weltweit mit spezifischen Schwerpunkten, Leistungen und Vorzügen zu präsentieren (→ *Internet-Marketing*). Inwieweit deutsche Hochschulen diese Chance nutzen, wie es um die Qualität ihrer Internet-Präsenzen bestellt ist, wo Stärken, wo Verbesserungsbedarf zu sehen sind, ist noch weitgehend klärungsbedürftig.

Im November 1998 veröffentlichte die Zeitschrift »Online Today« die Ergebnisse der vom Dortmunder »ProfNet-Institut für Internet-Marketing« durchgeführten Studie, die die Internet-Präsenzen aller 259 zum damaligen Zeitpunkt im Netz vertretenen deutschen Hochschulen unter die Lupe nimmt (www.profnet.de/presse/01/0111.html sowie www.online-today.de/online/surfguide/tests/unis/uniliste.hbs). Bewertet wurde das jeweilige Web-Angebot an Hand von insgesamt 83 Einzelkriterien, die ausschlaggebend waren für eine entsprechende Punktvergabe in den Ergebniskategorien »Layout«, »Handling«, »Inhalte« und »Interaktivität«.

Zwar wurde den Hochschul-Webseiten im Vergleich mit denen anderer Branchen ein noch relativ gutes Abschneiden bescheinigt, dennoch kamen die Tester insgesamt zu dem Urteil, dass deutsche Universitäten und Hochschulen die Chancen und Möglichkeiten des Internets hinsichtlich Selbstdarstellung und Zielgruppenansprache bei Weitem nicht ausschöpften. Festgestellt wurde u. a., dass

- nur die Hälfte der untersuchten Einrichtungen mit einem mehrsprachigen Web-Angebot aufwartet,
- interaktive Funktionen wie etwa Studienplatztausch-Börsen oder Foren nur selten anzutreffen sind,
- selbst Standard-Informationen und -Funktionen wie z. B. Vorlesungs- und Telefonverzeichnisse, Campus- und Gebäudepläne oder eine Suchmaschine bei knapp über 50 % der untersuchten Websites fehlen – über Auslandsstudien, BAFöG-Zuwendungen, Stipendiengeber oder die Wohnsituation am (potentiellen) Studienort erfährt der Studierende bzw. Studierwillige auf nur ganz wenigen Hochschul-Websites überhaupt etwas (*Kamenz, U./Heiland, T./Hülsmann, P.* 1998).

Zweieinhalb Jahre sind seither vergangen – gemessen an den rasanten Entwicklungen im Bereich der Informations- und Kommunikationstechnologien eine sehr lange Zeit. Vergleichbare aktuelle Studien, die ein Bild der gegenwärtigen Verhältnisse skizzieren und stattgefundene Veränderungen dokumentieren könnten, stehen leider noch aus.

Eine Sichtung der aktuellen Hochschul-Websites ergibt, dass sich gerade in jüngster Zeit hier viel getan hat: Vorsichtig geschätzt, erfuhr im fraglichen Zeitraum mindestens die Hälfte der Hochschul-Websites einen teilweisen oder kompletten Relaunch und jeder Klick bestätigt den Eindruck, dass sich das Web-Angebot der Hochschulen – insgesamt betrachtet – inhaltlich, funktional und gestalterisch stark gebessert hat. So gehören o. g. Standard-Informationen mittlerweile praktisch durchgehend zum Standard und das Ende der Neunziger noch stark verbesserungsbedürftige Web-Erscheinungsbild so mancher deutschen Universität hat in den meisten Fällen eine durchaus ansprechende Form angenommen – zumindest was die offiziellen Seitenbereiche angeht. Ebenfalls weitgehend behoben scheinen gröbere technische Unzulänglichkeiten wie z. B. unvertretbar lange Ladezeiten, der Komplettausfall JavaScript-gebundener Navigationsmenüs oder tagelange Server-Ausfallzeiten.

Interaktive Kommunikationsmöglichkeiten und Serviceangebote hingegen sind – von E-Mail-Kontakt und Gästebuch einmal abgesehen – noch immer relativ dünn gesät; am fortschrittlichsten präsentieren sich diesbezüglich die Bibliotheken. Allerdings dürfte der bereits in o. g. Studie beklagte Mangel an derartigen Angeboten auf Hochschul-Homepages nicht zuletzt damit zusammenhängen, dass z. B. Studienplatztausch-, Kontakt- und Wohnungsbörsen, spezielle Seiten für ausländische Studienbewerber, Expertennetzwerke, themenspezifische Foren und ausgefeilte Chatrooms sowie Datenbanken aller Art mittlerweile mehrfach als eigenständige, hochschulübergreifende Angebote im Netz vertreten sind (z. B. http://www.de.dir.yahoo.com/Bildung_und_Ausbildung/Hochschulen/Verzeichnisse; http://www.zvsopfer.de; http://www.studentenwohnungsmarkt.de; http://web.icq.com; http://doktorandenforum.de; http://www.gerhard.de; http://www.e-fellows.net; http://www.fiz-karlsruhe.de).

Überarbeitungsbedürftig sind eher Hochschul-Linklisten, die – anstatt auf externe Schlüsselseiten hochschulrelevanter Serviceangebote zu verweisen – offenbar mit dem Ziel angelegt wurden, die 100 populärsten Links ein weiteres Mal in loser Form zu präsentieren. Weiterhin sind Servicefunktionen im administrativen Bereich bislang kaum entwickelt. Der relativ große (verwaltungs-)technische Aufwand – auch hinsichtlich der Einhaltung von Datenschutzbestimmungen – mag derzeit noch verhindern, dass verwaltungsbezogene Angelegenheiten komplett oder großteils online abgewickelt werden können (➜ *Software-Einsatz in der Hochschulverwaltung*; ➜ *Virtueller Campus*). Weniger leicht nachzuvollziehen ist dagegen, dass auch technisch unaufwendige Serviceleistungen wie z. B. ein gut sortiertes Download-Angebot stets benötigter Formulare vielerorts noch nicht zum Service-Repertoire gehören.

Homepages von Hochschulen, insbesondere die großer Universitäten, haben eine große Menge an ausgesprochen heterogenen Binnenbereichen und Inhalten (»Content«) zu bewältigen. Sie sind daher eher mit Web-Portalen als mit Internet-Präsenzen »normaler« Firmen und Organisationen zu vergleichen. Ganz abgesehen von der Qualität der Inhalte selbst wird hier die Art und Weise der

Informationsdarstellung und -aufbereitung (Seitennavigation und -aufteilung, Gliederung und Strukturierung der Inhalte etc.) zum zentralen Qualitätskriterium und »Usability« (➜ *Software-Ergonomie*) zum obersten Gebot (http://www.ideenreich.com/dr-nut.shtml). Im Vergleich etwa zu den Web-Präsenzen großer amerikanischer Universitäten (http://www.utexas.edu/world/univ/alpha/) wird diese Erkenntnis bei einem Großteil der deutschen Hochschul-Sites noch nicht konsequent genug umgesetzt.

In nicht wenigen Fällen entsteht der Eindruck, als wäre die Web-Präsenz nicht aus Nutzersicht, sondern gewissermaßen »von innen nach außen« entwickelt worden. Dem entsprechend gleicht die Navigations-, Informations- und Seitenstruktur eher einem mit webspezifischen Features angereicherten Abbild der Organisationsstrukturen als einer bewusst auf unterschiedliche Bezugs- und Nutzergruppen hin ausgerichteten Kommunikationsschnittstelle. Insbesondere ist hier anzumerken, dass

■ Orientierungs- und Navigationselemente, die parallel zur »klassischen« Gliederung nach Organisationsbereichen Alternativzugänge zu Inhalten und Substrukturen bieten (Sitemap, Index, Sprungmenüs, nutzergruppenspezifische Menüs etc.) zu selten eingesetzt werden oder ungünstig platziert sind. Ähnliches gilt für Hilfeseiten sowie für den Einsatz von FAQs (»Frequently Asked Questions« d. h. eine Auflistung von bereits beantworteten, häufigen Fragen).

■ die für die Hauptgliederungspunkte gewählten Begrifflichkeiten bzw. die Aufgliederungen selbst in einigen Fällen nicht durchdacht genug sind (zu allgemein, zu speziell oder irreführend ist, wenn – wie beispielsweise gesehen – als Hauptkategorien »Information«, »Öffentlichkeit«, »Evaluation«, »Veranstaltungen/Presse«, »Service für Studierende, sonstige Organisationen und Einrichtungen« oder »links [alt]« erscheinen).

Auffallend weiter bei relativ vielen deutschen Hochschulen ist eine Art »Zweiteilung« der Webseiten hinsichtlich Qualität und Art der **Seitengestaltung**: Zeigen die Homepage und »offizielle« Seitenbereiche wie z. B. die direkt daran anschließenden Übersichtsseiten noch ein ansprechendes und gestalterisch geschlossenes Gesicht, so kann schon der nächste Klick aus gestalterischer Sicht ins Laienhafte führen, wenn beispielsweise lediglich noch ein entstelltes Universitäts-Logo auf korporative Zugehörigkeit schließen lässt. Für Hochschulen und insbesondere für Universitäten ist auf Grund organisationaler Besonderheiten ein über sämtliche Seitenbereiche sich erstreckendes, durchgängiges Design zwar weder praktizierbar noch ratsam, ein Mindestmaß an gleichbleibenden Gestaltungs- und Funktionselementen aber ist allein schon aus Gründen der Benutzerfreundlichkeit anzustreben (➜ *Corporate Design*; ➜ *Corporate Identity*).

Befriedigend lösbar scheint diese Problematik nur mit einem modularen Gestaltungskonzept, das ein hinreichendes Maß an gestalterischer Kontinuität vermitteln kann, gleichzeitig aber genügend Flexibilität aufweist, um z. B. mit (fach-)bereichs- oder institutsspezifischen Gestaltungselementen kombiniert werden zu können. Mindestens ebenso wichtig in diesem Zusammenhang ist allerdings die Qualität des von der Hochschule zu leistenden Webdesign-Supports. Hier ist der Idealfall dann gegeben, wenn die Einhaltung eines Minimums an Gestaltungsvorgaben für dezentral erstellte Seiten nicht als lästige Gängelung sondern eher als Arbeitserleichterung empfunden wird (z. B. http://www.uni-heidelberg.de/intern/www/vorlagen/index.html).

Fazit ist, dass von wenigen Ausnahmen abgesehen, die Möglichkeiten des Mediums Internet hinsichtlich Selbstdarstellung und Zielgruppenansprache von deutschen Hochschulen auch gegenwärtig noch nicht hinreichend ausgeschöpft werden. Nach wie vor bestehen z. T. erhebliche Mängel hinsichtlich Informationsaufbereitung, Benutzerfreundlichkeit, Serviceleistung und Seitengestaltung. Zu häufig bleibt es bei bloßer »Internet-Präsenz«, zu selten noch spiegeln sich die zweifellos vorhandenen Profilbildungsbemühungen vieler deutscher Hochschulen in einem konsequent auf die tatsächlichen und potentiellen Bezugs- und Nutzergruppen zugeschnittenen Informations- Kommunikations- und Serviceangebot wider (➔ *Öffentlichkeitsarbeit*).

Literatur:

Horton, S./Lynch, P. J.: Erfolgreiches Web-Design. München, 1999. (HTML-Version zum Download unter »Yale Style Guide« (deutsche Version) http://sim.uni-landau.de/index_downloads.htm in der Rubrik »Dokumentation«).
Kamenz, U./Heiland, T./Hülsmann, P.: Profnet Internet-Studie Hochschulen 1998. Dortmund 1998.
Lankau, R.: Webdesign und -publishing. Grundlagen und Designtechniken. 2., aktualisierte Auflage. München 2000.
Lankau, R.: Webdesign und -publishing. Projektmanagement für Websites. München 2000.
Studium digitale: Unis online – der große Hochschultest. In: Online-Today, Ausgabe 11. Hamburg 1998.

WWW-Adressen:

Gestaltungs-, Struktur- und technische Empfehlungen für internationale WWW-Seiten deutscher Hochschulen vom DAAD: http://www.daad.de/modellhochschulen/index.html
Seminar für Netzwerkbeauftragte zum WWW-Auftritt der Universität Heidelberg: http://www.uni-heidelberg.de/intern/schulung/index.html
Portalseite zum Thema Contentmanagement: http://www.contentmanager.de/

Angaben zum Autor:

Dipl.-Psych. Andreas Altvater
Universität Oldenburg
Fachbereich 1
Arbeitsbereich Weiterbildung
Uhlharnsweg
26111 Oldenburg
Tel.: +49 441 798 4274
E-Mail: andreas.altvater@uni-oldenburg.de

ISO-Normierung

Jörg Knoll

Die Normenserie ISO 9000 wurde von der »International Organization for Standardization (ISO)«, einer weltweiten Vereinigung nationaler Normungsinstitute, zum ersten Mal 1987 veröffentlicht, 1994 geringfügig verändert und durch die Revision ISO 9000:2000 nun neu gefasst (Quellen: *Deutsches Institut für Normung e. V. [Hrsg.]* 1998). Die Übernahme der Normentexte durch das CEN (Comité Européen de Normalisation) und meist auch durch das Deutsche Institut für Normung sorgt für die Geltung der ISO 9000-Familie als europäische bzw. deutsche Norm (EN bzw. DIN). Darauf verweisen Kombinationsbezeichnungen wie EN ISO oder DIN EN ISO. Internationale Verbreitung der ISO-Norm und Anwendung auch auf Dienstleistungen führte zur Umsetzung in verschiedenen Bereichen des Bildungswesens. Das macht die Normenserie auch für die Hochschule interessant.

Der Grundansatz: Der ISO-Norm geht es um diejenigen Tätigkeiten, Prozesse und Strukturen, mit denen etwas geschaffen wird, etwa ein Gebrauchsgegenstand, eine Veröffentlichung oder eine Dienstleistung wie z. B. ein Lehr-Lern-Angebot. Die Tätigkeiten sollen in einer Weise gestaltet werden, dass das Ergebnis so ist, wie gewünscht oder gefordert. Dafür zu sorgen, ist Aufgabe des → *Qualitätsmanagements*. Es soll die Qualität der Tätigkeiten sichern, weil dadurch die Qualität des Ergebnisses gesichert wird. Dies wiederum soll für alle Interessenpartner einer Organisation verlässlich geschehen – vor allem für diejenigen, die das Ergebnis der Tätigkeiten nutzen (in der ISO-Begrifflichkeit die »Kunden«), aber auch für die Mitarbeiter/-innen, die Träger oder Eigentümer der Organisation und die Gesellschaft. Zu diesem Zweck wird überprüfbares und regelmäßig überprüftes, also systematisches Handeln gefordert. Dessen Steuerung leistet das Qualitätsmanagementsystem. Die ISO-Normen beschreiben, welche Bestandteile ein solches System enthalten soll, »nicht aber, wie eine spezifische Organisation diese Elemente verwirklicht« (EN ISO 9000-1/Abschn. 0 Einleitung) und erst recht nicht, wie das aussieht, was jeweils geschaffen oder hergestellt wird. Sie stellen also keine Produktnormen dar. Vielmehr formulieren sie Anforderungen an die Qualitätssicherung bzw. Qualitätsmanagementdarlegung. Dies geschieht mit Hilfe der sog. Qualitätselemente. Sie sind nach dem Ansatz des ISO-Systems in dem Grundverhältnis zwischen Tätigkeiten, Strukturen und Prozessen einerseits und etwas Geschaffenem, einem Ergebnis andererseits Hilfsstrukturen. Sie sollen sicherstellen, dass das Ergebnis des Handelns wie gewünscht bzw. wie erwartet ist. Je nachdem, ob sie sich auf weniger oder mehr Tätigkeitsbereiche in einer Organisation bzw. in einem Unternehmen beziehen, handelt es sich um 20 Qualitätselemente (»DIN EN ISO 9001 – Modell zur Qualitätssicherung/QM-Darlegung in Design, Entwick-

221

lung, Produktion, Montage und Wartung«), bezogen auch auf den Tätigkeits-
bereich des Entwickelns, oder 18 (»DIN EN ISO 9002 – Modell zur Qualitäts-
sicherung/QM-Darlegung in Produktion, Montage und Wartung«) oder 12
(»DIN EN ISO 9003 – Modell zur Qualitätssicherung/QM-Darlegung bei der
Endprüfung«). Im Unterschied zu diesen Forderungsnormen enthält »DIN EN
ISO 9004-1 – Qualitätsmanagement und Elemente eines Qualitätsmanagementsystems, Teil 1 Leitfaden« eine Handlungsrichtlinie für die Einführung von
Qualitätsmanagementsystemen. Empfehlungen für Dienstleistungen, ausgerichtet an den ablaufenden Prozessen, finden sich in »DIN ISO 9004-2 – Qualitätsmanagement und Elemente eines Qualitätsmanagementsystems, Teil 2 Leitfaden für Dienstleistungen«, die keine Europanorm (EN) darstellt.

Die Normenrevision DIN EN ISO 9000:2000 rückt die Prozesse in der Organisation bzw. im Unternehmen stärker in den Vordergrund. Sie sollen erfasst, beschrieben und in ihrem wechselseitigen Zusammenhang gestaltet werden, und
zwar bezogen auf die Anforderungen und die Zufriedenheit der Nutzer bzw. der
»Kunden«. Diese Prozessorientierung war allerdings auch in der bisherigen und
für eine Übergangszeit noch geltenden ISO-Version enthalten, vor allem durch
die Qualitätselemente 1 und 2 (»Verantwortung der Leitung« und »Qualitätsmanagementsystem«). Ihnen geht es darum, die Gesamtsicht der Arbeit samt
Leitideen und Zielen zu beschreiben und ihnen Tätigkeiten und Strukturen
stimmig zuzuordnen. Wenn ohne solche Gesamtsicht jedes Qualitätselement
isoliert gesehen wird, droht Formalisierung, verstärkt durch die aus Gründen
branchenübergreifender Geltung abstrakte Sprachgestalt der Elemente.

In der externen Zertifizierung wird überprüft, ob also die Organisation das, wofür sie sich entschieden hat (z. B. die Art und Weise, ihre Nutzer einzubeziehen
oder mit Evaluationen umzugehen), auch tatsächlich tut und ob sie daraus Konsequenzen zieht. Die Zertifizierung stellt somit keine inhaltliche Kontrolle dar.

Übertragung auf Bildungsarbeit: Für die Übertragbarkeit der ISO-Normen auf
Bildungsarbeit gibt es Anleitungen (*Hoffmann, R.* o. J.) und eine differenzierte
Praxis. In der konzeptbezogenen Diskussion finden sich positive (*Berghe, W.
van den* 1998) und kritische Sichtweisen (*Gnahs, D.* 1997). Solchen Aussagen
ist gemeinsam, dass es sich um Einschätzungen handelt, die aus Texten abgeleitet sind, und da wiederum oft nicht aus der ISO-Normen selbst, sondern aus
Übersichtsdarstellungen, Zusammenfassungen usw. So wird z. B. häufig die
Formalisierungsgefahr (s. o.) genannt, hingegen der Hinweis in der ISO Nor-
men-Familie auf die notwendige Balance zwischen Kundenorientierung und
Professionsethik kaum zitiert (»Die Zufriedenstellung der Kunden sollte vereinbar sein mit den beruflichen Maßstäben und der Berufsethik der Dienstleistungsorganisation ...« / DIN ISO 9004-2/6.3.3 Anm. 17.). Aussagen aufgrund
praktischer Erprobungen im Sinne von Handlungsforschung sind selten. Sie haben eine deutliche Prozessorientierung. Demnach ist die Art und Weise der Vorbereitung, Gestaltung und Sicherung entscheidend für die Art und Weise, wie
das konkrete Lehr-Lern-Angebot aussieht, geschieht und abläuft; und dies
wiederum ist mit maßgeblich dafür, was bei der einzelnen Person (Schüler/-in,

Weiterbildungsteilnehmer/-in, Student/-in) als Lernertrag entsteht. Demnach kommt die Prozessqualität in der Schule, Weiterbildungseinrichtung oder Hochschule über das Ergebnis der Tätigkeiten, d. h. das konkrete Lehr-Lern-Angebot und -Arrangement, der Qualität dessen zugute, was die Lernenden als kognitive, personale und soziale Kompetenzen entwickeln wollen oder sollen. Dabei steht der Charakter dessen, was als Dienstleistung in der Bildungsarbeit erbracht wird, einer schlichten Übertragung des Begriffs »Kunde« entgegen. Der Kern der Dienstleistung besteht darin, dass Voraussetzungen, Anregungen und Hilfen für das Lernen entwickelt, vorbereitet und verwirklicht werden, z. B. Methoden, lernfördernde Arbeitsmaterialien oder didaktische Kompetenzen derjenigen, die den Lernprozess anregen und begleiten. All dies ist Ergebnis von vorauslaufenden Tätigkeiten und Prozessen. Ob das Kompetenzziel wirklich erreicht wird, hängt dann allerdings auch von der Mitwirkung der Lernenden selber ab. Deren aktiver Beitrag ist notwendig, damit tatsächlich ein Lernertrag entsteht. Wenn in der Bildungsarbeit angesichts dieser notwendig komplementären Tätigkeiten von »Kunden« die Rede ist, dann ist das nur sachgemäß im Sinne von »mitproduzierende Kunden«.

Übertragung auf die Hochschule: Bisher haben wenige Hochschuleinrichtungen ein Qualitätsmanagementsystem nach der ISO-Norm bis hin zur Zertifizierung eingerichtet. Nach jetzigem Informationsstand handelt es sich um drei Lehrstühle, zwei Institute, zwei Fachhochschulen und ein Dekanat. Als Grund für die geringe Zahl lässt sich die innere Komplexität der Dienstleistungen in der Hochschule vermuten (»Lehre« mit verschiedenen Teil-Dienstleistungen vom Lehrangebot über Anleitung/Beratung bis hin zur Prüfung, außerdem Forschung und Selbstverwaltung), ferner die Notwendigkeit eines hohen Engagements bei der Einrichtung und Pflege eines Qualitätsmanagementsystems, aber auch Skepsis gegenüber einer als inhaltliche Außenkontrolle gedeuteten externen Zertifizierung sowie die Befürchtung eines Missverhältnisses zwischen zeitlich-personellem Aufwand und Ertrag. Demgegenüber wird als Gewinn eines an ISO ausgerichteten Qualitätsmanagementsystems u. a. genannt (*Knoll, J.* 1999), dass ein Rahmen entsteht für Einzelansätze wie → *Evaluation*, → *Organisationsentwicklung*, Entwicklung von → *Leitbildern*, → *Personalentwicklung* und → *Controlling*, die in ihrer Leistungsfähigkeit begrenzt bleiben, wenn sie in der Hochschule isoliert und ohne Rückkoppelung zu den vorausgehenden oder daraus eigentlich abzuleitenden Tätigkeiten, Prozessen und Strukturen betrieben werden; dass die Einbeziehung von Studierenden und Absolventen in die Entwicklung der Arbeit (z. B. Angebotsplanung) zunimmt; dass die interne Beschäftigung mit zentralen Prozessen nach außen kommunikationsfähiger macht mit anderen Fachgebieten und gesellschaftlichen Handlungsfeldern, z. B. Wirtschaftsunternehmen, die sich ebenfalls auf der Grundlage von ISO mit Grundfragen ihrer Organisation befassen; und dass die Schnittstellen mit anderen Einrichtungen innerhalb der Hochschule und zwischen diesen (Prüfungsämter, Personaldezernat, Beschaffung, Studentensekretariat usw.) deutlicher wahrgenommen werden. Hier könnte ein verstärktes Selbstverständnis von Teilbereichen der Hochschule als wechselseitige Dienstleistung die Qualität der Tätigkeiten und Prozesse erheblich steigern.

Zwischen Errichtung und Pflege eines Qualitätsmanagementsystems und dessen Zertifizierung nach ISO 9000 ff. ist zu unterscheiden. Wichtig ist die Klärung, wozu systematisches Handeln zugunsten der Qualität von Tätigkeiten und Prozessen benötigt wird und wie es so formuliert, dokumentiert und regelmäßig überprüft werden kann, dass es der eigenen Arbeit nützt. Ob das Qualitätsmanagementsystem zertifiziert wird, ist eigens zu entscheiden. Die hilfreiche Außensicht lässt sich auch anders als durch eine Zertifizierungsinstanz bereitstellen (z. B. durch kollegiale Praxisberatung bzw. Peer-Supervision). Deshalb sind jene Ansätze von Interesse, die den Grundansatz der ISO-Normierung umsetzen – nämliche Tätigkeiten, Prozesse und Strukturen mit den geschaffenen Ergebnissen in einem beständigen Rückkoppelungsvorgang zu verbinden –, ohne die Details des ganzen ISO-Systems zu übernehmen. Die Umgestaltung des Lehrberichtsverfahrens an der Universität Leipzig ist ein Beispiel in diesem Sinne, von der ISO-Normierung zu lernen, ohne sie als Gesamtheit übertragen zu wollen (vgl. *Erfahrungsberichte* 2000).

Literatur:

Berghe, W. van den: Application of ISO 9000 Standards to Education and Training. Thessaloniki 1997.

Deutsches Institut für Normung e.V. (Hrsg.): Qualitätsmanagement, Statistik, Umweltmanagement – Anwendungshilfen und Normensammlungen. Berlin-Wien-Zürich 1998.

Gnahs, D.: Handbuch zur Qualität in der Weiterbildung – Strand, Perspektiven, Praxis. Frankfurt 1997.

Hoffmann, R.: Das Handbuch – Qualitätsmanagement für Bildungsträger nach DIN EN ISO 9000 ff. Hamburg o. J.

Hochschulrektorenkonferenz (Hrsg.): Erfahrungsberichte zum Qualitätsmanagement im Hochschulbereich. Bonn 2000.

Knoll, J.: Qualitätsmanagement im Überschneidungsbereich von Universität und Erwachsenenbildung. In: *Küchler, F. von/Meisel, K.* (Hrsg.): Qualitätssicherung in der Weiterbildung – Auf dem Weg zu Qualitätsmaßstäben. Frankfurt 1999.

www-Adresse:

www.quality.de

Angaben zum Autor:

Prof. Dr. Jörg Knoll
Inhaber des Lehrstuhls für Erwachsenenpädagogik der Universität Leipzig seit 1993
Karl-Heine-Straße 22 b
04229 Leipzig
Tel.: +49 34 19 73 14 70
Fax: +49 34 19 73 14 79
E-Mail: knoll@rz.uni-leipzig.de

IT-gestützte Informationssysteme

Uwe Haneke

Hochschulen werden immer stärker in eine – bedingte – unternehmerische Freiheit entlassen, die eine Verlagerung der Entscheidungsebene auf die Hochschulen selbst zur Folge hat. Dadurch ist die Informationsnachfrage innerhalb der Universität deutlich angestiegen. Doch auch die Informationsanforderungen von außen haben signifikant zugenommen. Angefangen bei den Parlamenten und den Ministerien über die Kunden der Hochschulen (in erster Linie die Studierenden) bis hin zu den Drittmittelgebern (die man als Nachfrager von Forschungsleistungen auch als Kunden einstufen könnte) und einer interessierten Öffentlichkeit wird gegenüber den Hochschulen eine zunehmende Fragehaltung aufgebaut (siehe u. a. *Schlussbericht des AK »Hochschulrechnungswesen«*, 1999). Dabei müssen die nachgefragten Informationen nicht nur qualitativ hochwertig sein – im Gegensatz zu so manchen alten Statistiken im Hochschulbereich –, sie sind auch wesentlich zeitnaher zur Verfügung zu stellen, als es noch vor einigen Jahren der Fall war.

Ein effizientes, d. h. an den Bedürfnissen der Entscheidungsträger auf allen Ebenen der Hochschule orientiertes Führungsinformationssystem (FIS) muss ermöglichen:

- stets über die aktuelle Situation informiert zu sein,
- entscheidungsrelevante Daten greifbar zu haben,
- frühzeitig Entwicklungen zu erkennen, um entsprechende Maßnahmen zu ergreifen,
- zu handeln, statt zu reagieren, und
- anhand der Gegenüberstellung von Vergangenheits- und Planungsdaten die Zielerreichung zu überprüfen bzw. zu hinterfragen (Abweichungsanalyse).

Dabei sind natürlich nicht nur monetäre Aspekte zu beachten, sondern auch solche der Studierenden- und Prüfungsverwaltung, der Lehrabwicklung, der Forschungsleistungen oder der Personalentwicklung. Quantitative und qualitative Aspekte sind also gleichermaßen entscheidend.

In einem ersten Schritt sind folgende Sachverhalte zu eruieren:
1. Wer fragt **welche** Information bei **wem** in der Hochschule nach?
2. **Welche** Entscheidung wird **wo** und von **wem** getroffen?
3. **Welche** Informationen benötigen die Entscheidungsträger **wann** an **welchen** Stellen?
4. **Woher** kommen diese Informationen? (Datenbasis)

Der erste Schritt stellt demnach eine Informationsbedarfsanalyse dar. Diese ist vor allem deshalb notwendig, da noch immer zu wenig über den Entscheidungsfindungsprozess in der Hochschule bekannt ist.

Die Ergebnisse der Bedarfsanalyse sind in einem zweiten Schritt mit dem vorhandenen Datenbestand abzugleichen, wobei es zu sichten gilt, um welche Daten dieser Bestand noch zu erweitern ist bzw. wie die fehlenden Daten ermittelt werden können (*Haneke, U.* 2000). Der Aufbau von Informationssystemen ist daher in der Regel Themenkomplex des → *Controllings* und nicht des IT-Managements, auch wenn die Qualität des Informationssystems sehr stark von den eingesetzten IT-Werkzeugen abhängt (*Weber, J.* 2000).

In Anbetracht der zumeist heterogenen DV-Landschaft an Hochschulen wird der Aufbau des Informationssystems in erster Linie vor das Problem der Datenerfassung und -zusammenführung gestellt. Dieser komplexe Prozess ist ohne eine geeignete IT-Unterstützung heutzutage nicht zu bewältigen. Daher müssen Wege gesucht werden, die den Aufbau eines effizienten Informationssystems an den Hochschulen unterstützen beziehungsweise erst ermöglichen. Die Daten müssen in den operativen Systemen erfasst werden und für nachfolgende Auswertungen und Berichte zur Verfügung stehen, ohne dass damit ein zusätzlicher Aufwand verbunden ist.

Angesichts der unterschiedlichen DV-Strukturen können hier **drei Ansätze** betrachtet werden:

1. **Das Zusammenführen bestehender Insellösungen:** Vor allem Hochschulen, die nicht durch einen Wechsel von kameralem auf kaufmännisches Rechnungswesen zu einem neuen DV-System gezwungen werden, schlagen diesen Weg ein. Das Informationssystem bezieht dabei Daten aus den verschiedenen operativen Systemen und macht diese für übergreifende Auswertungen nutzbar. Ein drill-down auf die unterste Datenebene ist nicht möglich. In der Regel werden die Daten in regelmäßigen Abständen übernommen, so dass keine Auswertungen in real-time möglich sind. Meist kommen hier Lösungen zum Zuge, die entweder vom Controlling selbst entwickelt (oftmals auf der Basis von Excel oder Access mit entsprechenden Übernahmeroutinen zu den operativen Systemen), oder aber unter beträchtlichem finanziellen Aufwand fremdvergeben werden. Ein Beispiel hierfür ist das an der TU München entwickelte Informationssystem TUMCosy.

2. **Die Umstellung auf vollständig integrierte Systeme:** Vollständig integrierte Systeme (Enterprise-Resource-Planning (ERP) Systeme wie etwa SAP R/3 oder BaaN) bieten DV-technisch gesehen eine gemeinsame Plattform, auf der die unterschiedlichen Anwendungssysteme aufbauen und ihre Daten gegenseitig austauschen können. Dies sei anhand der Geschäftsprozesspyramide in Abb. 1 kurz erläutert.

Die operativen Systeme greifen dabei untereinander auf ihre Daten zurück (etwa greift das Veranstaltungsmanagement nicht nur auf die eigenen Daten in Form von Lehrangebotsstrukturen zurück, sondern es nutzt bei der Frage »wer hält diese Veranstaltung?« Daten der Personaladministration oder bei der Frage »wo findet die Veranstaltung statt?« Daten des Facility Managements), so dass diese nicht doppelt an unterschiedlichen Stellen gepflegt werden müssen. Datenredundanzen und -inkonsistenzen durch überflüssige Mehrfacherfassungen werden vermieden und die Datenqualität auf diese Weise verbessert. Spricht man in diesem Fall noch von horizontaler Integration, so ist jedoch auch die Aggregation der Daten, also ihre Zusammenführung zum Zwecke der Berichtserstellung möglich: die so genannte vertikale Integration. Sie betrifft Teilbereiche der Hochschule wie etwa das Haushaltsmanagement oder das Controlling. Auf einer noch höheren Ebene wiederum lassen sich diese Daten für klassische Berichte, wie etwa die → *Kostenrechnung* oder die Hochschulstatistik ebenso auswerten, wie sie sich für die Kennzahlenermittlung (noch höhere Aggregationsstufe) oder ein Führungsinformationssystem heranziehen lassen.

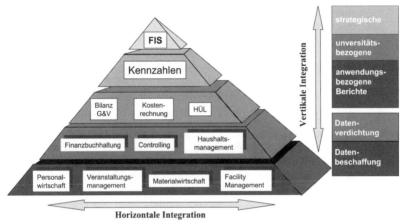

Abb. 1: Die Hochschul-Geschäftsprozess-Pyramide

Die Integration ermöglicht idealerweise nicht nur die Datenintegration, also das Zurückgreifen auf eine gemeinsame Datenbasis, sondern sichert auch eine Prozessintegration, also das Ineinandergreifen unterschiedlicher operativer Anwendungen innerhalb der Prozessketten. Mittlerweile wurden solche integrierten Systeme bereits in mehreren Bundesländern top-down verordnet, nicht zuletzt mit dem Hintergedanken, zukünftig auch die Integration zu den übrigen DV-Anwendungen der öffentlichen Verwaltung sicherzustellen (Beispiele hierfür sind die Bundesländer Hessen, Baden-Württemberg und Hamburg; wobei interessanterweise gerade den Hochschulen als Piloten zum Teil eine Vorreiterrolle für die übrige Landesverwaltung zukam).

Problematisch sind in diesem Zusammenhang drei Aspekte: einerseits verlangt die Integration, dass die Strukturen, die ja zuvor auf verschiedene DV-Anwendungen verteilt waren, eindeutig und vor allem kompatibel sein müssen. Dies betrifft die aufgebauten Hierarchien ebenso wie die verwendeten Schlüssel und Systematiken (da die beiden Letztgenannten oftmals extern inkonsistent vorgegeben sind, liegt hier ein weiterer Problemkreis). Das System verlangt von den Anwendern eine Integration der bisher inkompatibel gepflegten Strukturen und löst nicht selten durch diesen Zwang zu Koordination und Abstimmung Konflikte innerhalb der Hochschule aus. Andererseits wird zwar seitens der Hochschulen der Aspekt der Transparenz begrüßt, doch die Angst vor zuviel Transparenz (sowohl innerhalb der Hochschulen, als auch nach Außen) bremst diese Euphorie. Darüber hinaus handelt es sich bei der eingesetzten Software um so genannte Standardsoftware. Die Hochschule kann sich daher lediglich an dem vorgegebenen Datenmodell orientieren und muss ihre Prozesse und Strukturen zum Teil entsprechend anpassen, sollen die Vorteile der Integration auch genutzt werden.

3. **Die Nutzung von zusätzlichen IT-Werkzeugen:** Neuere Entwicklungen deuten darauf hin, dass weitere IT-Werkzeuge zunehmend Einzug in die Hochschulen halten. In erster Linie sei hier die *Data Warehouse* – Technologie genannt. Ein Data Warehouse wird bei *Bange/Schinzer* (2000) definiert als »eine themenorientierte, integrierte, zeitbezogene und dauerhafte Sammlung von Informationen zur Entscheidungsunterstützung des Managements« und erfordert eine enge Koppelung mit den operativen ERP – Anwendungen. Das *Data Warehouse* bietet eine konsistente Datenbasis, auf die entscheidungsunterstützende Anwendungssysteme aufbauen können.

Es hat sich gezeigt, dass die Berichts- und Analysefunktionen der unter 1., aber auch unter 2. aufgezeigten Lösungen zu begrenzt sind, um den Anforderungen eines modernen Führungsinformationssystems zu genügen. Diese Erkenntnis hat bereits in der freien Wirtschaft zu einer verstärkten Nutzung von *Data Warehouse*s geführt und wird auch vor den Hochschulen nicht halt machen. Neben Initiativen einzelner Hochschulen, so etwa der Universität Osnabrück (*Rieger, B./Postert, St.* 2000), wird vor allem in Pilotprojekten wie etwa CEUS (Computerbasiertes Entscheidungsunterstützungssystem für die bayerische Hochschulen) der Einsatz von *Data Warehouse* Technologien im Hochschulbereich vorangetrieben (*Sinz, E. J./Böhnlein, M./Ulbrich-vom Ende, A.* 1999) und es ist zu erwarten, dass in fünf Jahren die Mehrzahl der Hochschulen in Deutschland mit solchen oder ähnlichen Werkzeugen ihre Informationssysteme betreiben wird.

Geeignete DV-technische Strukturen und Methoden können aber nur ein Hilfsmittel für den Aufbau betriebswirtschaftlicher Informations-, Kontroll- und Planungsmechanismen an der Hochschule sein. Verantwortlich für das Informationsversorgungssystem ist immer das Controlling. Erst die geeignete Informationsversorgung schafft die Grundlage für eine integrierte Unternehmensplanung und damit auch die Basis für die Kontrolle der angestrebten Ziele (*Weber, J.* 2000).

Aufgrund der in modernen IT-gestützten operativen Systemen – seien sie integriert oder nicht – auftretenden Datenflut ist es nun Aufgabe des Controlling, als aktiver Filter die notwendigen Daten im Zusammenspiel mit den Entscheidungsträgern zu definieren und zu ermitteln. Das Aufgabenprofil des Controllers an den Hochschulen ändert sich demnach: Aus dem ehemaligen Datensammler wird nun ein Datenfilter. Das Controlling legt lediglich die Regeln fest, nach denen die Auswertungen für die Informationsnachfrager möglich sind. Die bisherige »Bringschuld«, die das Controlling im Berichtswesen hatte, wird nun zu einer »Holschuld« für die Entscheidungsträger bzw. die Kostenverantwortlichen. Moderne *Push* oder *Pull* Technologien sorgen dafür, dass die Berichte im Informationssystem nicht nur abgeholt werden, sondern beispielsweise im Fall von Planabweichungen oder einer Veränderung der Rahmenbedingungen auch eine automatische Berichtserstellung und -versendung an die entsprechenden Gruppen erfolgt.

Dieser Wechsel basiert natürlich in erster Linie auf den bestehenden IT-Möglichkeiten. Während viele Hochschulen ihren Lehrstühlen bereits die an sie gerichteten Berichte Password-geschützt ins Netz stellen (etwa die TU München mit ihrem TUMCosy), geht man in Projekten wie CEUS noch einen Schritt weiter. Mit Hilfe des *Data Warehouse* sollen die Berichte und Informationen nicht nur statisch zur Verfügung gestellt werden (dies bedeutet ja prinzipiell nichts anderes als einen Austausch der Übertragungsmedien), sondern die bestehende Datenmenge auch für interaktive Recherchen genutzt werden können. Vor allem hinsichtlich immer wieder auftauchender ad-hoc-Anfragen, die heute in der Regel sehr zeitaufwendig sind, können enorme Effizienzverbesserungen erwartet werden. Allerdings gehören hierzu notwendigerweise ein emanzipierter User und eine benutzerfreundliche Software.

Für den oben dargestellten Aufbau geeigneter Informationssysteme ist die Verwendung der neuen IT-Technologien, die es den Hochschulen erst ermöglichen, mit den ihnen zur Verfügung stehenden (Personal-) Mitteln ein effizientes FIS zu betreiben, ohne Zweifel eine Grundvoraussetzung. Die Verwendung moderner IT-Technologien wird eine immer zentralere Rolle im zunehmenden Wettbewerb der Hochschulen untereinander spielen und eine notwendige Bedingung dafür darstellen, dass eine Hochschule ein effizientes Hochschulmanagement aufbauen und in diesem Wettbewerb bestehen kann (*Rieger, B./Postert, St.* 2000).

Die neuen IT-Strukturen und die große Informationsdichte an den Hochschulen wird in den kommenden Jahren zu einer massiven Akkumulation von Daten führen. Die oben erwähnte Einführung großer, konsistenter Datenbanken in Form eines *Data Warehouse* oder spezieller *Data Marts* wird zukünftig bereits nicht mehr ausreichend sein. Die zunehmende Datenmenge und -komplexität erfordert immer mächtigere und intelligentere Retrieval- und Analyseinstrumente. Rationalitätssichernde Instrumente gewinnen an Bedeutung, so z. B die *Business Intelligence (BI)*. *Business Intelligence* bezeichnet den analytischen Transformationsprozess, in dessen Verlauf die angefallenen Daten in handlungsgerichtetes Wissen überführt werden (*Grothe, M.* 1999). *BI* – Tools stellen damit eine weitere Entwicklungsstufe entscheidungsunterstützender bzw. analytischer Informationssysteme dar, die mit Hilfe von OLAP (*On-Line Analytical Processing*) auf die vorhandenen Informationssysteme zurückgreifen (*Bange, C./Schinzer, H.* 2000).

Gerade hinsichtlich der zunehmenden Kundenorientierung, die sich an den Hochschulen durchzusetzen beginnt, dem angesprochenen Wettbewerbsdruck und der Entwicklung von Hochschulen hin zu eigenständigen Unternehmen wird

Informationsvorsprung (und damit die Verwendung von *Business Intelligence Tools*) zu einem wichtigen Faktor werden, an dem sich die Spreu vom Weizen trennen wird. IT-gestützte Informationssysteme werden an den Hochschulen zu einem strategischen Instrument werden, die eine geeignete Steuerung des Unternehmens Hochschule garantieren. Den Hochschulverwaltungen, die üblicherweise diese Informationssysteme betreiben und aufbauen, wird als zentraler Dienstleister damit eine wichtige Rolle zukommen; eine Rolle, der sie nur mit der Unterstützung aller übrigen Sektoren der Hochschule gerecht werden können.

Literatur:

Bange, C./Schinzer, H.: Data Warehouse und Business Intelligence – Grundlagen entscheidungsorientierter Informationssysteme. http://www.competence-site.de/bisysteme.nsf/ GrundlagenView, 2000.
Grothe, M.: Aufbau von Business Intelligence. In: Kostenrechnungspraxis; H. 3, 1999.
Haneke, U.: »Hochschulmanagement und neue IT-Technologien: sine qua non?«. In: Tagungsband der 3. Internationalen Fachtagung »Verwaltungsinformatik« der Gesellschaft für Informatik, 2000.
Rieger, B./Postert, St.: Technisch-Organisatorische Infrastruktur für ein effektives Hochschul-Management. In: *Steinberger et al.* (Hrsg.): Tagungsband zum Workshop »Unternehmen Hochschule 2000«, Berlin, Sept. 2000.
Sinz, E. J./Böhnlein, M./Ulbrich-vom Ende, A.: Konzeption eines Data Warehouse-Systems für Hochschulen, Bamberger Beiträge zur Wirtschaftsinformatik Nr. 52, Bamberg 1999.
Thome, R./Hufgard, A.: Continuous System Engineering: Entdeckung der Standardsoftware als Organisator. Vogel Buchverlag, Würzburg 1996.
Weber, J.: Einführung in das Controlling. 7., vollständig überarbeitete Auflage, Schäffer-Poeschel, Stuttgart 1998.
Weber, J.: Neue Perspektiven des Controlling. WHU-Forschungspapier, Nr. 77, 2000.

WWW-Adressen:

Arbeitskreis »Hochschulrechnungswesen« der deutschen Universitätskanzler: http://www.tu-muenchen.de/einrichtungen/organisation/reform/akhsr
CEUS-Projekt: http://pda15.seda.sowi.uni-bamberg.de/ceus
Competence Site – Business Intelligence Systeme: http://www.competence-site.de/bisysteme.nsf/
Hochschulmanagement: http://www.hochschul-management.de

Angaben zum Autor:

Dr. Uwe Haneke
Controller
Universität Würzburg
Referat Organisation & Controlling
Zwinger 34
97070 Würzburg
Tel.: +49 93 13 12 027
Fax: +49 93 13 12 030
E-Mail: Uwe.Haneke@mail.zv.uni-wuerzburg.de
Uwe.Haneke@hochschul-management.de

Kommunikationsmanagement

Anton Hahne

Kommunikation ist einerseits Gegenstand, andererseits Voraussetzung für die Durchführung von Managementhandeln. In allen einschlägigen Veröffentlichungen wird betont, dass Kommunikationen in Arbeitsorganisationen zentrale Funktionen wahrnehmen: (1) Orientierung und Information, (2) Anordnung und Anweisung sowie (3) Koordination der verschiedenen Aktivitäten. Dies gilt auch in der Hochschulkommunikation. Im Rahmen des Kommunikationsmanagements werden von der Unternehmensleitung (Öffentlichkeitsabteilung, Personalabteilung, dem Management insgesamt) idealerweise bewusste, zielgerichtete Maßnahmen ergriffen, um Problemlösungspotenziale auszuschöpfen, Marktchancen zu nutzen und Risiken für das Unternehmen zu minimieren. Insofern gilt die Definition von *Börner* (1998, S. 25), Kommunikationsmanagement sei »die gezielte Gestaltung der Informationsübermittlung in sozialen Systemen«. → *Kommunikationspolitik* und Kommunikationskultur beschreiben dabei die Festlegung auf Visionen und Ziele, Normen und Werte. Die Dimension der Kommunikationssituationen variiert von der persönlichen Face-to-face-Situation bis zur unpersönlichen Massenkommunikation. Meist wird in der Literatur zwischen externer und interner Kommunikation differenziert, eine Unterscheidung, der auch die folgende Gliederung entspricht, wobei auch auf Integrationsansätze eingegangen werden soll. Die Wechselwirkung ist evident: Außendarstellung der Organisation und interne Kommunikationsrealität stehen in einem rekursiven Verhältnis; beide beeinflussen sich und beide gelten gemeinhin als gestaltbar.

Reineke u. a. (1997) fasst die Pluralität der Kommunikationsmöglichkeiten in dem Begriff **Gesamtkommunikation**. Diese untergliedert sich nach Zielgruppen in die »Internal Relations« (= »Human Relations«), ein Begriff, der sich bisher aber nicht allgemein durchgesetzt hat und die extern gerichtete »Public Relations« (PR). PR besteht in der systematischen Gestaltung der Beziehungen zwischen Organisation und externen Anspruchsgruppen aus der Organisationsumwelt. Die Begriffsdefinitionen von PR bzw. → *Öffentlichkeitsarbeit* sind allerdings nicht einheitlich. Immer geht es darum, das »Image« der Organisation nach außen und innen zu verbessern. Es soll »je nach Bedarf, kurzfristig und ökonomisch am Reißbrett entworfen und durch geeignete Strategien in die Öffentlichkeit getragen werden« (*Merten/Westerbarkey* 1994). Diese instrumentalistische Herangehensweise wird besonders deutlich im Konzept der → *Corporate Identity*.

Reale Akteure mit realen Face-to-face-Kommunikationen scheinen aber auf dem Rückzug begriffen. Die Vermittlung von Wirklichkeit geschieht mehr und mehr über Medien. Diese Praxis zwingt geradezu zur **Entwicklung fiktionaler Wirklichkeit:** »Die Gesellschaft braucht fiktionale Stellvertreter für reale Objekte (Personen, Unternehmen, Ereignisse, Ideen), die schon dann Wirkung entfalten, wenn die Medien diese kommunizieren: Images.« (*Merten* 1998, S. 10). Die laufende Konstruktion passgenauer Images erfordere ein Kommunikationsmanagement, das im Sinne von Public Relations »Überzeugungshandeln« nach innen und außen darstellt. Dieser persuasive Aspekt tritt im Bildungsmarketing deutlich zu Tage; denn Kommunikation im Marketing und in der → *Öffentlichkeitsarbeit* haben gemeinsam, dass sie zielgerichtet (teleologisch) bzw. absichtsvoll (intentional) sind und dass sie sich appellativ äußern: Erfolgreich Werben heißt, »den Horizont des Rezipienten auf einen bestimmten Punkt hin zu schließen«: Das Gebrauchswertversprechen muss akzeptiert, die Inanspruchnahme einer Bildungsdienstleistung eingeleitet sein.

Nun sind kommunikative Prozesse der postindustriellen Gesellschaft sehr viel stärker ausdifferenziert als in der gesamten Zeit davor. Die **Evolution von Kommunikation** (*Merten*) hat nicht nur eine Vielzahl von Medien erzeugt, sondern auch kommunikative Subsysteme wie die »Öffentliche Meinung« und die schon erwähnten »Public Relations«. Innerhalb dieses Subsystems soll nicht primär der Käufer/Kunde/Student, sondern der mündige Bürger angesprochen werden, um das Organisationsimage bekannt zu machen. → *Kommunikationspolitik* ist dabei das wichtigste Aktionsinstrument im »Kommunikationsmix«. Zwei Nebenwirkungen treten dabei auf: Erstens korreliert das exponentielle Wachstum an Medien und verfügbarem Wissen mit inhaltlicher Verarmung bzw. dem immer schnelleren Verschwinden scheinbar veralteten Wissens. Soweit es sich dabei um prozedurales Wissen, um Kulturwissen (im Sinne von Eingebettetsein in eine Kultur), um Erfahrungswissen handelt, besteht keine Möglichkeit der Speicherung und des späteren Retrieval. Zweitens leiden die Rezipienten verstärkt unter »information overload«.

Der Überfluss führt zu Überdruss: Bei vielen klassischen Werbeträgern spricht man von Sättigungserscheinungen. Hohe Kosten und geringe Medialeistungen verstärken zudem die Tendenz neue Formen der → *Werbung* zu erproben. Zu nennen sind z. B. Product Publicity, Sales Promotion, Direkt Marketing. Eine zentrale Rolle spielt das → *Sponsoring* in den Bereichen Sport, Kultur, Gemeinwesen und Umwelt. Vor allem das »Ökosponsoring« (*Seydel* 1998) verspricht Erfolge, bringt aber auch weitreichende Anforderungen an eine integrierte Unternehmenskommunikation mit sich, um glaubwürdig sein zu können (*Bruhn u. a.* 1993, S. 465 ff.). Neben ethischen Selbstverpflichtungen (z. B. für Nachhaltigkeit) steht oft der Wunsch im Vordergrund, mit ökologisch relevanten Zielgruppen (Kunden, kritische Öffentlichkeit, Umweltschutzorganisationen) in einen offenen Dialog einzutreten. Ökosponsoring sieht dann nicht nur die Förderung externer Interessensgruppen vor, sondern auch die Beratung des Unternehmens durch die geförderte Organisation. Es stellt also eine Möglichkeit dar, das **Unternehmensimage** mehr durch Taten als durch Lippenbekenntnisse zu verbessern. Man mag darin einen Beleg sehen, dass in jüngster Zeit die zentrale Bedeutung von »glaubwürdiger« Kommunikation verstärkt erkannt wird. Nicht mehr die »Richtigkeit« von Informationen interessiert primär, sondern die **Glaubwürdigkeit** der jeweils kommunizierenden Menschen. Dies ist eine zentrale Problematik der Public Relations, auf die wir nun näher eingehen.

Öffentlichkeitsarbeit wirbt um Verständnis und **Vertrauen**, um hierdurch das Image einer Unternehmung positiv zu gestalten. Der Grundsatz »Vertrauen gegen Vertrauen« zwischen Organisation und Umwelt (Presse) setzt voraus, dass die Grundsätze solider Öffentlichkeitsarbeit (Wahrheit, Klarheit und Einheit in Wort und Tat) eingehalten werden. Das ist jedoch eine Lehrbuchmeinung, denn entscheidender als die inhaltliche Stimmigkeit ist in der Praxis die Übereinstimmung zwischen dem professionellen Verständnis interner und externer Meinungsbildner. Kommunikationsmanagement in besonders konfliktären Bereichen (oft gekennzeichnet durch offizielle Sprachregelungen der »political correctness«) muss immer berücksichtigen, dass das Risiko des kommunikativen Scheiterns sehr hoch ist. **Krisen-Kommunikation** wird daher zunehmend zur Notwendigkeit, ein schnelles Reagieren im Fall akuter Krisen, die den Bestand der Organisation, ihr Image oder das Ansehen ihrer Führungskräfte bedrohen. Spektakuläre Störfälle in der Chemie- und Atomindustrie zeigen immer wieder, wie verheerend tabuisierendes, verschweigendes oder sogar nur abwartendes Agieren in der Öffentlichen Meinung interpretiert wird. Selbst vergleichsweise harmlose Stellungnahmen der Unternehmensleitung können in politisch brisanten Lagen langfristig erarbeitetes Vertrauenspotential zerstören, wie *Bretschneider* (1999) anhand einer Ex-Post-Analyse der Kommunikationspolitik der Universität Leipzig während eines Studentenstreiks veranschaulicht.

Personale Umfeldkommunikation in risikoträchtigen Bereichen, z. B. Gentechnologie, kann Kritikpotential verringern und betroffene Mitarbeiter in ihr privates Umfeld besser integrieren. Diese entwickeln sonst Immunisierungsstrategien, mit denen sie potentielle Gespräche über Risiken im Keim ersticken. Gerade Naturwissenschaftler eint oft das Bewusstsein überlegener ökologischer Eigenkompetenz, was die Identifikation mit den Kollegen und dem Unternehmen oder der Forschungseinrichtung zwar vergrößert, nach außen aber Abschottungstendenzen verstärkt. Für unseren Zusammenhang ist wesentlich, dass Kritik, die von außen an der Organisation geübt wird, immer auch intern wirkt. Als Voraussetzung gelingender Kommunikation in der Außendarstellung ergibt sich die metakommunikative Notwendigkeit der Reflexion der unterschiedlichen Voraussetzungen, Problemwahrnehmungen und Bewertungsstandards.

Für Konfliktfälle der kommunikativen Alltagspraxis schlägt *Habermas* die diskursive Methode vor. Mit diesem Verfahren gelange man zu einer praktikablen, für alle Betroffenen verbindlichen Lösung. Die Grundüberlegung ist, dass die Rechtmäßigkeit von Geltungsansprüchen nicht autoritativ gegeben ist, sondern diskursiv überprüfbar sein muss. *Habermas* nennt seine Methode daher »Konsensustheorie« der Richtigkeit von Handlungsnormen. Allgemein anerkannte Normen und Werte sind hinsichtlich ihrer Verbindlichkeit in Frage zu stellen.

Verschiedene Kommunikationswissenschaftler haben Wege zu einer **verständigungsorientierten Öffentlichkeitsarbeit** aufgezeigt (vgl. z. B. *Zerfaß* 1996; *Hahne* 1997). Ziel ist dabei die wechselseitige Verständigung auf der Basis gemeinsamer Situationsdeutungen im Gegensatz zur Beeinflussungsstrategie in asymmetrisch-persuasiver Öffentlichkeitsarbeit.

Praktische Anwendung findet verständigungsorientiertes Sprechen in konfliktären Situationen, in Teamsitzungen ebenso wie bei politischen Auseinandersetzungen in der Öffentlichkeit. Dort gilt Verständigungsorientierung für Großunternehmen und Gebietskörperschaften gleichermaßen als erfolgversprechend beim professionellen Umgang mit Umweltschutzproblemen und Bürgerinitiativen. Diese **Risiko-Kommunikation** kann als ein spezifisches Instrument im Rahmen des Risiko-Managements angesehen werden. Im Gegensatz zur oben genannten Krisen-Kommunikation (ex post) bietet sie einen proaktiven Ansatz (ex ante), bei dem u. a. die Akzeptanz von Risiken durch externe Anspruchsgruppen gefördert werden soll. Gleichzeitig sollen die Sensibilität und das Sicherheitsverhalten intern vergrößert werden. Man kann dies als elaborierte Versuche der Einstellungs- und Verhaltensbeeinflussung belächeln, sollte jedoch nicht übersehen, dass auf breitem Konsens beruhende Entscheidungen vielerorts getroffen werden müssen. Ohne dialogorientiertes Risikomanagement wären Dauerkonflikte vorprogrammiert.

Zu denken gibt aber folgendes Bild: Die **Kommunikationsarenen** großer Organisationen ähneln Behältnissen, in denen die »hineingeworfenen« Probleme, Lösungen und Beteiligten einen ziemlich bunten Mix relativ zufällig zustande gekommener Ergebnisse bilden. Dieses Mülleimer-Konzept (garbage can model) der Amerikaner *Cohen, March* und *Olsen* – ein inzwischen klassisches Konzept der Organisationstheorie – verdeutlicht drastisch die Schwierigkeiten, denen Manager in kollektiven Entscheidungs- und Kommunikationsprozessen ständig ausgesetzt sind: Wesentliche Probleme werden übersehen, gemieden (»geflüchtet«) und nur selten und dann eher zufällig systematisch gelöst. Unter dieser Prämisse ein stringentes, rationales und effizientes Kommunikationsmanagement zu betreiben, scheint aussichtslos. Doch kann diese überpointierte Realitätssicht auch Ansporn sein, Kommunikation bewusst, d. h. vor allem akteursnah zu gestalten. Die Bereitschaft, entnervende Diskussionen als unerträgliche Kommunikationsstörungen zu entlarven, sollte gefördert werden.

Deutlich wird an der Mülleimer-Metapher aber auch die strukturelle Verflechtung verschiedener Kommunikationsarenen interner und externer Art, hier Führungssituation, Abteilungs- und Betriebsöffentlichkeit, dort Fachöffentlichkeit, politische Öffentlichkeit und Weltöffentlichkeit. Deshalb werden auch immer wieder **Kommunikationsplattformen** zur Verbesserung interner und externer Abstimmungsprozesse gefordert. Bildungseinrichtungen nutzen schon jetzt eine Fülle dieser Darstellungsmöglichkeiten (z. B. Kongresse, Workshops, öffentliche Diskussionsveranstaltungen), ohne dass dies aber in koordinierter Form in ein systematisches Kommunikationsmanagement eingebettet wäre.

Mit diesem Beispiel kommen wir auf die Feststellung zurück, dass jede Kommunikationspolitik auch Unternehmenspolitik ist. Moderne Öffentlichkeitsarbeit großer Unternehmen bringt es mit sich, dass Kommunikationspolitik (z. B. durch systematisches und kurzfristiges Direct-Mailing per Internet) gezielt nach außen betrieben werden muss. Der Prozess des Themenlancierens (Public Relations-Aktivitäten) und des Lobbyings (Government Relations-Aktivitäten) erweist sich nüchtern betrachtet als **unternehmerische Realitätskonstruktion.** Geschönt mag aus dieser Perspektive die Vorstellung eines »gesellschaftspolitischen Dialogs« wirken, den Geschäftsleitungen in der Öffentlichkeit führen sollten, da – z. B. zwischen Produzent und Konsument bzw. Forscher und Anwender – nur selten symmetrische Kommunikationsbedingungen gegeben sind. Trotzdem soll nicht die Ernsthaftigkeit bestritten werden, mit der bisweilen – z. B. mit dem Ansätzen des Total Quality Managements (→ *EFQM*) versucht wird, die »kritische Öffentlichkeit« als geschätzte Klientel einer (meinungs-) marktbezogenen Informationspolitik zu gewinnen. Wird die kritische Öffentlichkeit als »lästiger Störenfried«, als »armselige Bittsteller« oder »dümmliche Kinder« behandelt, so verhindert das ein kundenorientiertes Unternehmensprofil.

Kommunikationspolitik kann nur dann zur sinnvollen Unternehmenspolitik werden, wenn sie integriert ist: Sie muss inhaltlich und zeitlich widerspruchsfrei sein und formal einheitlich gestaltet werden. Diese Vorstellung verfolgt *Bruhn*, dessen Ansatz einer **integrierten Unternehmenskommunikation** hier kurz dargestellt werden soll.

»Integrierte Kommunikation ist ein Prozess der Planung und Organisation, der darauf ausgerichtet ist, aus den differenzierten Quellen der internen und externen Kommunikation von Unternehmen eine Einheit herzustellen, um ein für die Zielgruppen der Unternehmenskommunikation konsistentes Erscheinungsbild über das Unternehmen zu vermitteln.« (*Bruhn* 1993, S. 4)

Bruhn bemängelt drei fundamentale **Barrieren des Kommunikationsflusses:** (1) Inhaltlich-konzeptionelle Barrieren führen zu Konzeptionslosigkeit, unterschiedlichen Zielvorstellungen und mehrdeutigen Zielinterpretationen. (2) Organisatorisch-strukturelle Barrieren beinhalten die mangelnde Verankerung der Unternehmenskommunikation, fehlende Entscheidungskompetenz ihrer Vertreter und fehlende Koordinationsverantwortung der Vorgesetzten. (3) Personell-kulturelle Barrieren sind auf Angst vor Kompetenzverlust oder Kontrolle zurückzuführen; Einzelkämpfertum und Bereichsdenken gehen mit dysfunktionalen Subkulturen einher.

Integrierte Unternehmenskommunikation sollte daher strategisch positioniert sein, indem kommunikative Leitideen von der Geschäftsleitung initiiert und getragen werden. Aus ihnen lassen sich nach der Identifikation der Hauptzielgruppen Kernaussagen ableiten, die in einer Spezifizierung der Leitinstrumente bis hin zu einzelnen Argumentationsmustern führen. Integration beinhaltet nach *Bruhn* den Abbau von Hierarchie, eine »De-Spezialisierung« (keine weiteren Kommunikationsfachabteilungen), die Bevorzugung von Projektorganisationen mit interdisziplinären Teams und Lenkungsgremien, Kommunikationsmanager als Koordinatoren, die vor allem auch mit externen Kommunikationsagenturen zusammenarbeiten, regelmäßige Erfolgskontrollen und Wirkungsanalysen.

Hahne (1997) zeigt in einem weiteren **Integrationsmodell**, welche kommunikationsrelevanten Aspekte auftreten, wenn gleichzeitig die organisationale Makrostruktur und die interaktionale Mikrobeziehung thematisiert werden: Es sind dies Machtbeziehungen und -strategien, Muster der Herrschaftsausübung sowie Einzelheiten einer »strategischen« Organisationsanalyse (nach *Crozier/Friedberg*) in Bezug auf »Herrschaft«; normative Orientierungen, Einbindungsmuster und Sprechregeln in Bezug auf »Legitimation«. Die meisten dieser Regeln werden erst bewusst, wenn ein Individuum genötigt wird, sein Handeln und Sprechen zu begründen oder wenn kulturelle Divergenzen die Normalität in Frage stellen. Dies gilt auch für Aspekte, die im Modell dem Strukturmoment »Deutungsmuster« zugeordnet sind: Impression Management, Schema und Rahmung. Jede Story in der Organisation, jeder Klatsch, jeder Versuch einer Überredung ist in intersubjektive Deutungsmuster eingebettet. Das Strukturmoment der »körperlichen Prägung« durch und von Kommunikation manifestiert sich in Körperausdruck und Körpersprache, wovon die Augensprache wahrscheinlich das wichtigste nonverbale Ausdrucksmittel ist. Im Prozess des Face-to-face-Kontaktes vermitteln vor allem Emotionen zwischen dem wie auch immer gearteten persönlichen Innen und dem beobachtbaren Außen. Last but not least korrelieren bestimmte Kommunikationsstile mit geschlechtstypischen Verhaltensweisen. Für die bewusste Gestaltung durch das Kommunikationsmanagement ist der Dualitätsgedanke von *Giddens* maßgeblich: Jede konkrete Interaktion ist zugleich individuelles und soziales Handeln, (re-)stukturiert also das soziale System. Insofern lässt sich auch mit gezieltem Coaching auf die Gesamtkommunikation einer Organisation einwirken.

Defizite betrieblicher Informations- und Kommunikationsstrukturen werden besonders bei Innovationsprozessen deutlich. Kommunikative Hemmnisse gibt es bei der abteilungsübergreifenden Zusammenarbeit; die Koordination zwischen Forschungsbereichen und anderen betrieblichen Abteilungen (Verwaltung, Marketing, anwendungsbezogene Lehre) findet oft nicht statt. Während abteilungsinterne Möglichkeiten der Informationsbeschaffung und Zusammenarbeit zufriedenstellend beurteilt werden, bemängeln Akteure in Umfragen zu geringe Umfeldinformationen (Unternehmenspolitik, Marktsituation, Außenkontakte). Man kann aber auch den Befragten nachweisen, dass sie selbst abteilungsübergreifende und externe Kommunikationen vernachlässigen. Der niedrige Anteil an Nutzung externer Forschungsergebnisse zeigt, dass die Bereitschaft gering ist, »fremde« Forschungsresultate zu übernehmen und weiter zu entwickeln (»not-invented-here«-Syndrom). Gegenseitige technikvermittelte Informationen und bereichsübergreifende Kommunikationen sind im Alltag vielfach eher Wunschdenken als Realität. Das ➔ *Wissensmanagement* hat aber für den Fortbestand der Organisation eine strategische Bedeutung, wie auch in jüngsten Veröffentlichungen zum → *organisationalen Lernen* oft hervorgehoben wird.

Obwohl in modernen partizipativen Führungsszenarien ständig Transparenz, Offenheit und Dialogorientierung gefordert wird, bleibt in der Praxis die **interne Kommunikation** weiter »stiefmütterlich« behandelt, zum Teil aus Angst vor dem erhöhten Zeitbedarf bei Abstimmungsprozessen, eine leidvolle Erfahrung aus unprofessionell geleiteten Meetings (Gremiensitzungen etc.). Welche innerbetrieblichen Erfordernisse die ideale Kommunikation aus personalwirtschaftlicher Sicht tatsächlich erfordert, soll im Folgenden anhand der **Mitarbeiterkommunikation** kurz skizziert werden:

In der traditionellen Bürokratie wird vom innerbetrieblichen **Informationswesen** gesprochen und diskutiert, welche Informationsmittel die Autoritätsstruktur weder ignorieren noch stören. Die Angst vor dem Verlust der vermeintlichen Objektivität und Rationalität wird auch in der Abgrenzung gegenüber Informationen der Mitarbeiter untereinander und gegenüber vielen anderen »Informationsmächten« deutlich, die tendenziell »ausgeschaltet« werden sollen (z. B. Betriebs- und Personalräte). Dem steht ein modernes Verständnis von direkter »Kommunikation der kurzen Wege« gegenüber, die Betonung und Förderung des Gemeinschaftsgefühls auch durch persönliche Kommunikation außerhalb der unmittelbaren Arbeitszusammenhänge. Zwischen verschiedenen Ebenen in der betrieblichen Hierarchie kann interpersonal z. B. durch gemeinsame Aktivitäten (Mahlzeiten, Betriebsfeste), durch Abbau von Formalien (duzen statt siezen) Austausch erreicht werden. Interne Publikationen (Mitarbeiterzeitungen, Schwarze Bretter, Intranet-Diskussionsforen etc.) erfüllen nicht nur Informationsbedürfnisse. Wünsche nach Würdigung persönlicher Identität, nach sozialer Integration und selbst nach Unterhaltung (zum Auflockern, Entspannen, Motivieren etc.) sind ebenso legitim und beachtenswert.

Das Mittel des Gesprächs zu optimieren gilt heutzutage auch als betriebswirtschaftlich effizient; denn der »Verlust einer gemeinsamen Sprache« wird zu einem der Kernprobleme der arbeitsteiligen Industriegesellschaft, in der ausdifferenzierten Wissensgesellschaft sogar zu einem Wesensmerkmal gesellschaftlicher Segmentierung. Innerbetriebliches Kommunikationsmanagement beinhaltet daher auch die **Förderung kommunikativer Kompetenz** und die Moderation bzw. Befriedung interner Konflikte. Die in Deutschland populärste Form der theoretischen Analyse für diesen Zweck ist die Heranziehung des Kommunikationsmodells von *Schulz von Thun*. Dieser thematisiert in Anlehnung u. a. an *Watzlawick* verschiedene Ebenen der Kommunikation (»4-Seiten-Modell«), die Zirkularität zwischenmenschlicher Interaktion (»Teufelskreise«) und die Dialektik von Werten und menschlichen Qualitäten (»Werte- und Entwicklungsquadrate«). Das Ziel dieser Kommunikationspsychologie ist ein klares Rollenverständnis durch das Kennenlernen und die Akzeptanz eigener Rollenvielfalt, repräsentiert im »Inneren Team«.

Die Alltagskompetenz kommunikativen Handelns wurde bisher gemeinhin als ausreichend erachtet, um Managementfunktionen wahrzunehmen. Damit täuschen sich vor allem scheinbar erfolgreiche Vielredner, denen aufgrund ihrer Positionsmacht nur noch selten kommunikatives Feedback gegeben wird. Folgende **Kompetenzen** müssen in der Regel eingeübt werden, selbst wenn keine konfliktäre Situation vorliegt: (1) Aktives Zuhören, (2) das Führen von systematischen Mitarbeiter-Vorgesetzten-Gesprächen, (3) die zielorientierte und gleichzeitig partizipative Leitung von Kollegialgremien sowie (4) die Metakommunikation in Teamprozessen. Treten massive Kommunikationsstörungen (»Mobbing«) auf, die nicht mikropolitisch erklärbar, geschweige denn lösbar sind, so muss externe Beratung zugezogen werden. Aber auch der normale Status Quo innerbetrieblicher Kommunikation sollte auf seine Lebendigkeit hin kritisch betrachtet und gegebenenfalls verbessert werden:

»Aufgrund der bislang vorherrschenden schulischen und beruflichen Sozialisation, gekennzeichnet durch Konkurrenz und Entwertung von Emotionalität, haben viele Menschen (besonders auch Führungskräfte) ein Ausmaß an Verschlossenheit und Fassadenhaftigkeit entwickelt, das ihnen selbst und ihren Beziehungen zu anderen schadet.« (*Schulz von Thun u. a.* 2000, S. 189).

Kommunikationsmanagement muss widersprüchliche Anforderungen und Erwartungen handhaben. Paradoxe Anforderungen zu meistern, gilt als herausragende Führungsqualität: Das eine (reaktionsschnell, just-in-time) tun und das andere (nachhaltig, verlässlich) *nicht* lassen, wird zur Zielsetzung des Managements. Kooperation und Konkurrenz müssen gleichzeitig gelebt werden. Die Herausforderung liegt in der Bewältigung der »sachlogischen Komplexität dualer und dilemmatischer Situation« (*Fontin* 1997), denn das Auftreten von **Dilemmata** verhindert die Erschließung eines spezifischen Nutzens. Dies gilt schon auf der Interaktionsebene, z. B. bei der Vorgesetztenaufforderung gegenüber gehemmten Mitarbeitern »Sei spontan!«. Der »double-bind«-Charakter in der Führungskommunikation zeigt laut *Neuberger*, dass Führung an sich ein unlösbares Problem darstellt, denn Manager stehen trotz antagonistischer Handlungsappelle unter Entscheidungszwang. Misslingt die Bewältigung, so können Organisationspathologien entstehen. Das labile Gleichgewicht der Organisation hängt dann von defensiven Routinen (*Argyris*) und restringierten Spielen (*Mintzberg*) ab, bei denen sich z. B. jeder Akteur vornimmt zu gewinnen, obwohl als erste ungeschriebenen Regel gilt, dass Gewinnen oder Verlieren verboten ist (*Fontin* 1997, S. 75). Eine Lösung bietet die sozialkonstruktivistische Perspektive, die unzulässige Objektivierungen individuellen Erlebens vermeidet. Die kollektive Wahrnehmung sollte – laut *Fontin* – gerade die Erfassung komplexer Dilemma-Situationen fördern. Eine Anreicherung der organisationalen Binnenkomplexität ist Voraussetzung für eine Strategie der Transformation, die Aufhebung von Dilemmata in Organisationen durch Akzeptanz, Verlassen der Systemgrenzen und moderiertes Finden dritter Variablen.

Abschließend sei darauf hingewiesen, dass Kommunikationsmanagement leicht der Gefahr mechanistischer Vorstellungen erliegt: Da wird der Kommunikationsprozess systematisch geplant, um das Kommunikationsverhalten (-fähigkeit, -willigkeit) und die Kommunikationsstrukturen (-kanäle; Rückkopplungsmechanismen) strategisch als Mittel zur Zielerreichung nutzen zu können. Problematisch ist die Vorstellung einer einzigen, stabilen und autonomen Wirklichkeit, erkenntnistheoretisch eines normativen Weltbildes, semantisch einer festen Beziehung von Zeichen und der wahren Wirklichkeit. Gerade bei Organisationsveränderungen gilt: Organisation spielt sich vor allem in den Köpfen der Mitarbeiter und Kunden ab (*Kieser u. a.* 1998), weswegen lebendige Kommunikation das wichtigste Instrument organisatorischen Wandels ist. Managementhandeln sollte dabei nicht als technisch exaktes Konstruieren betrachtet werden, denn Organisationsstrukturen sind – auch und vor allem – soziale Konstruktionen. *March*, der oben zitierte Erfinder des Mülleimer-Konzepts, empfiehlt eine »technology of foolishness«: Scheinbar irrationale Elemente werden dabei in Organisationen integriert: Mythen, Legenden, Geschichten. Diese Strategie zur Lenkung der Aufmerksamkeit dient der symbolischen Orientierung über erwünschte Probleme und Problemlösungen.

Modernes Kommunikationsmanagement sieht in einer vitalen internen Kommunikation die unverzichtbare Bedingung für gelingende externe Kommunikation. Die systematische Vernetzung von Personen und Organisationen erweist sich dabei als reflexiver Mechanismus durchgreifender Leistungssteigerung (*Merten*). Gerade deshalb ist ein überzogener Machbarkeitswahn kontraproduktiv. Statt mit Brachialgewalt propagandistisch zu kommunizieren, sollte der Kommunikationsmanager dem *Marchschen* Managementstil folgen: Segeln anstelle von Motorboot fahren. Oder um eine Maxime der Gestalttherapie aufzugreifen: Don't push the river, it flows by itself!

Literatur:

Börner, A.: Kommunikations-Management. Bayreuth 1998.

Bruhn, M./Dahlhoff, H. D.: Effizientes Kommunikationsmanagement. Stuttgart 1993.

Bretschneider, F.: »Es war schon ein kritischer Moment«. Zur internen Kommunikationspolitik der Universität Leipzig während des Studierendenstreiks im Winter 1997. In: hochschule ost, 8. Jg., 1999, H. 1-2, S. 228-247.

Fontin, M.: Das Management von Dilemmata. Wiesbaden 1997.

Hahne, A.: Kommunikation in der Organisation. Opladen 1997.

Kieser, A./Hegele, C./Klimmer, M.: Kommunikation im organisatorischen Wandel. Stuttgart 1998.

Merten, K./Zimmermann, R.: Das Handbuch der Unternehmenskommunikation. Köln/Neuwied; Kriftel 1998.

Reineke, W./Gollub, W./Schunk, C.: Gesamtkommunikation. Heidelberg 1997.

Schulz von Thun, F./Ruppel, J./Stratmann, R.: Miteinander reden: Kommunikationspsychologie für Führungskräfte. Reinbek bei Hamburg 2000.

Seydel, S.: Ökologieorientiertes Kommunikationsmanagement. Wiesbaden 1998.

Zerfaß, A.: Unternehmensführung und Öffentlichkeitsarbeit. Opladen 1996.

Angaben zum Autor:

Prof. Dr. Anton Hahne
Professor für Soziologie/Sozialkompetenz an der Hochschule Wismar
Gneisenaustraße 5
20253 Hamburg
Tel.: +49-40 42 91 14 41
Fax: +49-40 42 91 14 40
E-Mail: a.hahne@wi.hs-wismar.de
http://www.wi.hs-wismar.de/fbw/personen/A.Hahne

Kommunikationspolitik

Frauke Hamann

Die Hochschulen sind gefordert in der Vermittlung ihrer Arbeit: »Kommunikation gehört ganz selbstverständlich zur Wissenschaft« (*Wirtschaft & Wissenschaft*, Heft 4/2000) – das Credo des Mathematikers *Albrecht Beutelsbacher*, Communicator-Preisträger 2000, macht zusammen mit den Empfehlungen der Hochschulrektorenkonferenz »Zur Öffentlichkeitsarbeit der Hochschulen« (*HRK* 1995) den Eigenwert von Kommunikation für Hochschulen deutlich. Hochschulkommunikation ist mehr als eine bloße Zweck-Mittel-Beziehung zur Erreichung ökonomischer Ziele, wie dies der klassische Kommunikationsmanagement-Ansatz für Unternehmen vorsieht (*A. Börner* 1998).

Das Hochschulrahmengesetz verpflichtet die deutschen Hochschulen zur Leistungsdokumentation (§ 2 (8) Hochschulrahmengesetz vom 20. Aug. 1998, BGBl. I, S. 2190: »Die Hochschulen unterrichten die Öffentlichkeit über die Erfüllung ihrer Aufgaben«) und formuliert den Auftrag, ihr Bild in der Öffentlichkeit aktiv und gezielt zu gestalten, um Akzeptanz, Verständnis und Transparenz zu schaffen. Neben dieser rechtlichen Verpflichtung gibt es neue kommunikationsbezogene Initiativen und Anregungen von verschiedener Seite: Mehrere Forschungsorganisationen und das Bundesministerium für Bildung und Forschung deklarieren so genannte »Wissenschaftsjahre«, seit 1999 existiert die Initiative »Public Understanding of Science and Humanities« (PUSH), die jetzt »Wissenschaft im Dialog« heißt (siehe »Memorandum Dialog Wissenschaft und Gesellschaft« des Stifterverbandes für die Deutsche Wissenschaft, www.stifterverband.de/push_memorandum.html, außerdem: www.wissenschaft-im-dialog.de.), der Deutsche Akademische Austauschdienst, Hochschulrektorenkonferenz und Hochschulen haben das Auslandsmarketing als zukunftsweisendes Aufgabenfeld erkannt und bilden seit dem Winter 2000 ein Marketing-Konsortium, um Forschung, Weiterbildung und Studium in Deutschland professionell zu präsentieren, die Deutsche Forschungsgemeinschaft bietet unter dem Titel »Das Wissen der Forschung – verständlich für Laien« ein Kommunikationstraining für junge Wissenschaftlerinnen und Wissenschaftler an. Diese Initiativen belegen den gestiegenen Bedarf der Hochschulen an professioneller öffentlicher Kommunikation, verweisen aber auch auf die wachsende Notwendigkeit von Hochschulkommunikation, um im sich entwickelnden Wettbewerb der Hochschulen um Finanzmittel, um die besten Köpfe, Studienangebote und Forschungsleistungen bestehen und den gesellschaftlichen Ansprüchen an die »Zukunftswerkstatt Hochschule« gerecht werden zu können.

Das Erwartungsspektrum an Hochschulkommunikation ist äußerst breit – es geht sowohl um die Transparenz von Aktivitäten der Hochschule nach innen wie nach außen, um sachgerechte Vermittlung von Studienangeboten, Forschungsergebnissen und die Information über wissenschaftliche Fortschritte, als auch um Selbstprofilierung im Hochschulwettbewerb: um fachwissenschaftliche Profilbildung, um mehr Medienpräsenz für Bildung und Wissenschaft und damit um den öffentlichen Nachweis der Leistungsfähigkeit der Hochschulen (➜ *Öffentlichkeitsarbeit*).

Als Element des Hochschulmarketing umfasst Kommunikationspolitik (*K. Stender-Monhemius* 1999) die gesamte Gestaltung der Kommunikation einer Hochschule zur Erreichung zuvor bestimmter Ziele. Sie umgreift also in ihrer strategischen Ausrichtung ein Konzept der Gesamtkommunikation, also die verbindliche mittel- bis langfristige Kommunikationsplanung (die Erarbeitung von Kommunikationszielen und -strategien) ebenso wie in ihrer operativen Ausrichtung die Kommunikationsorganisation, die Durchführung von Kommunikationsmaßnahmen mittels hochschulangemessener Kommunikationsinstrumente wie Werbung, Pressearbeit, Public Relations etc. sowie ➜ *Sponsoring* und ➜ *Fundraising*. »Dabei stellt die Vielfalt und Differenzierung von Kommunikationsinstrumenten, die vor allem durch die Entwicklung neuer Kommunikationstechnologien möglich wurde, die Kommunikationspraxis und die Wissenschaft vor neue und komplexere Problemstellungen« (*M. Bruhn* 1997).

Entscheidend ist, dass die einzelnen Hochschulen strategisch-planvoll, glaubwürdig, wahrhaftig, dialogorientiert und unter Beteiligung aller unmittelbar Betroffenen kommunizieren. Die Hochschulrektorenkonferenz formuliert als Erwartung an Hochschul-PR »sachliche Richtigkeit« und »Wahrhaftigkeit«. Sachlich richtige und wahrhaftige Kommunikation sei nicht auf »kurzfristige Publizität« angelegt, sondern bemühe sich darum, »langfristig Vertrauen gegenüber der Institution und ihren Aussagen aufzubauen. Dies setzt voraus, dass auch hochschulinterne Probleme beim Namen genannt werden.« (*HRK*, 1995, S. 7 f.). Dabei können Innen- und Außenkommunikation nicht isoliert voneinander geleistet bzw. optimiert werden, vielmehr besteht hier eine unauflösliche und folgenreiche Wechselwirkung (*M. Bruhn* 1995; ders. 1997). Gerade im komplexen Mehrebenensystem Hochschule mit seinen hohen Teilautonomien der mittleren und unteren Ebene ist die Berücksichtigung dieser Interdependenz bei allen Kommunikationsentscheidungen bedeutsam.

Angesichts des zunehmenden hohen Stellenwerts von Hochschulkommunikation muss diese als strategische Leitungsaufgabe von der Hochschulspitze wahrgenommen werden. Wird Kommunikation als strategische Leitungsaufgabe begriffen und konzeptionell gestaltet und umgesetzt, könnte beispielsweise ein Mitglied des Präsidiums als »Vorstand Kommunikation« fungieren (→ *Leitungsstrukturen*). Eine solche Verankerung auf der Leitungsebene markiert die Bedeutung und erhöht das Gewicht der Kommunikation, ermöglich eine angemessene Ressourcenerschließung sowie eine effektive Nutzung von Kommunikationseinrichtungen und Potentialen der Hochschule.

Um die Hochschulkommunikation im Binnen- wie im Außenverhältnis gezielt zu gestalten, sollten staatliche Hochschulen sich an **Kommunikationsleitlinien** orientieren. Diese formulieren die Selbstsicht der jeweiligen Hochschule, aber auch deren Zielsetzungen und Kommunikationsabsichten. Damit werden zum einen gestaltbare Perspektiven aufgezeigt, zum andern wird sichtbar, auf welche zentralen Werte sich die Hochschule selbst verpflichtet. Diese Verständigung ist wiederum selbst eine wertvolle Kommunikationsleistung – vor allem nach innen. Angesichts der Besorgnis, der Wettbewerbsdruck im Bildungsbereich führe womöglich zur Entwicklung der »vermarkteten Universität« (*W. Hoffacker* 2000), kann die Fixierung von Kommunikationsleitlinien auch latenten internen Ängsten begegnen. Zudem stiften Leitlinien Orientierung für alle Akteure im Kommunikationsbereich, um eine konsistente Hochschulprofilbildung zu erreichen – und sie bieten ein Merkmalsraster, um die Kontrolle der Kommunikationswirkung zu ermöglichen. Gerade angesichts der heterogenen Hochschulwirklichkeit ist ein gesamtuniversitäres Kommunikationsleitbild wünschenswert, das die Prinzipien und Ziele der Hochschulkommunikation ausweist.

Da Hochschulkommunikation unter erheblichen personellen und finanziellen Restriktionen stattfindet, sind plausible Priorisierungen zwingend. Kommunikationsleitlinien können einen Orientierungsrahmen für Schwerpunktsetzungen beim Einsatz von Budgets, Personal und Kommunikationsinstrumenten bilden.

Kommunikationspolitik setzt eine adäquate Analyse der ebenso komplexen wie heterogenen Leistungsgemeinschaft »Hochschule« voraus (→ *Corporate Identity*). Insofern bildet ein strategisch ausgerichtetes Kommunikationskonzept die Grundlage für erfolgreiche Kommunikationsarbeit und die Auswahl der geeigneten Kommunikationsformen. Bei der Erstellung dieses Konzepts sind Kommunikationsleitlinien hilfreich, da die Kommunikationspraxis von Hochschulen nicht selten durch Konzeptionslosigkeit, Ad-hoc-Maßnahmen und unkoordinierte Aktivitäten gekennzeichnet ist (*M. Bruhn* 1997). Die Ursachen sind vielfältig, sie liegen in fehlenden oder divergierenden Zielsetzungen oder in Zielkonflikten, in knappen personellen und/oder finanziellen Ressourcen, in der mangelnden Akzeptanz bzw. Integrationskraft einzelner Kommunikationsinstrumente, in Kommunikationsbarrieren, in unklaren Verantwortlichkeiten und mangelnder organisatorischer Verankerung sowie in den Schwierigkeiten einer angemessenen Erfolgskontrolle (*M. Bruhn/H. D. Dahlhoff* 1993). Außerdem spielen die Unterschiede in den Kommunikationskulturen der einzelnen Fächer, aber auch der verschienenen Hochschulbereiche eine wichtige Rolle.

Das Verhältnis von Hochschulen und Öffentlichkeit bleibt prekär – auch weil viele Wissenschaftlerinnen und Wissenschaftler skeptisch sind hinsichtlich der an sie gerichteten Kommunikationserwartungen und des Eigenwerts von Wissenschaftskommunikation – besonders angesichts der häufig auftretenden »Übersetzungsprobleme« bei der Vermittlung komplexer Forschungsergebnisse in den Medien. Die immense Bedeutung und Notwendigkeit der Kommunikationspolitik im Hochschulbereich steht im Widerspruch zu einer oft reaktiven bzw. unzureichend koordinierten und disparaten Kommunikationsarbeit im Hochschulalltag – noch dazu bei einer meist geringen personellen und finanziellen Ausstattung.

Doch Hochschulwettbewerb heißt auch Kommunikationswettbewerb. Es wird zukünftig also darum gehen müssen, strategisch fundiert, koordiniert und angemessen priorisiert und budgetiert zu kommunizieren. Das Wissenschaftsunternehmen Hochschule muss seine Forschungen erfolgreich nach innen und außen darstellen und gegenüber Wirtschaft, Politik und Öffentlichkeit deutlich machen, dass es gesellschaftlich relevante Arbeit leistet. Ohne Kommunikationspolitik als feste Größe der Hochschularbeit sind die Hochschulen der Zukunft nicht denkbar.

Literatur:

Börner, A.: Kommunikationsmanagement. Theoretische Bestandsaufnahme und Ansätze zur Weiterentwicklung, Bayreuth 1998.

Bruhn, M./Dahlhoff, H. D. (Hrsg.): Effizientes Kommunikationsmanagement. Konzepte, Beispiele und Erfahrungen aus der integrierten Unternehmenskommunikation, Stuttgart 1993.

Bruhn, M.: Integrierte Unternehmenskommunikation, 2., überarbeitete u. erw. Auflage, Stuttgart 1995.

Bruhn, M.: Kommunikationspolitik: Grundlagen der Unternehmenskommunikation, München 1997.

Hochschulrektorenkonferenz (HRK): »Zur Öffentlichkeitsarbeit der Hochschulen«, Dokumente zur Hochschulreform 102/1995, Bonn 1995.

Hoffacker, W.: »Die vermarktete Universität«, in: Blätter für deutsche und internationale Politik, November 2000.

Hoffacker, W.: Die Universität des 21. Jahrhunderts. Dienstleistungsunternehmen oder öffentliche Einrichtung?, Neuwied/Berlin 2000.

Stender-Monhemius, K.: Einführung in die Kommunikationspolitik, München 1999.

Wirtschaft & Wissenschaft, 8. Jahrgang, Heft 4/2000, S. 11: »Kommunikation gehört zur Wissenschaft«, Communicator-Preisträger *Albrecht Beutelspacher* über seine Popularisierung der Mathematik und über das Verhältnis von Wissenschaft und Öffentlichkeit.

Angaben zur Autorin:

Frauke Hamann
Referentin des Präsidenten und Pressesprecherin der Universität Hamburg und
freie Journalistin
Universität Hamburg
Edmund-Siemers-Allee 1
20146 Hamburg
Tel. +49-40 42 83 84 477
Fax: +49-40 42 83 86 799
E-Mail: hamann@uni-hamburg.de

Kontaktstudium

Peter Faulstich

Mit dem Stichwort »**Kontaktstudium**« wird ein Ausschnitt des Spektrums von
Weiterbildungsbeteiligungen der Hochschulen benannt. Im Hochschulrahmen-
gesetz und den Landeshochschulgesetzen werden die vielfältigen Formen der
Hochschulbeteiligung in drei Aufgabenfelder gruppiert:
- Beteiligung an der allgemeinen Weiterbildung,
- Weiterbildendes Studium,
- Weiterbildung des eigenen Personals.

Damit werden keine trennscharfen Abgrenzungen gegeben. Die Formen der
Weiterbildungsbeteiligung, welche die deutschen Hochschulen in ihrer langen
Geschichte entwickelt haben, sind sehr vielfältig: öffentliche Vorträge, Hoch-
schulwochen, Gasthörerschaft, Nichtabiturientenkurse, Öffnung von Lehrveranstaltungen, Seminarkurse, Modellseminare, usw. Die weitgehendste Form ist
das »weiterbildende Studium« bzw. das »Kontaktstudium«, als von der Hochschule organisiertes und curricular verantwortetes Angebot. Diesem kommt in
diesem Aktivitätenspektrum zwischen Hochschule und Weiterbildung besondere Relevanz zu, weil hier die traditionelle Beschränkung auf grundständiges Studium in Frage gestellt wird.

Unter »Weiterbildenden Studien« in einem umfassenden Sinn können jene Stu-
dienmöglichkeiten verstanden werden, die parallel mit oder nach vorhergehen-
der oder gleichzeitiger Berufstätigkeit oder dem grundständigen Studium wahrgenommen werden. In dieser Fassung werden alle Zusatz-, Erweiterungs-, Auf-
bau- und Ergänzungsstudien mit eingeschlossen, gleichgültig, ob sie in Vollzeit-
oder in Teilzeitform stattfinden. Im Hochschulkompass der HRK finden sich
(Stand 10/2000) insgesamt 1.538 weiterführende Studienangebote (unter:
www.Hochschulkompass.hrk.de). Von diesen Programmen sind aber viele Zu-

satzstudien, d. h., sie werden schon während eines grundständigen Studiums parallel absolviert, oder Aufbaustudien, d. h., sie werden Vollzeit direkt nach dem Abschluss eines ersten berufsqualifizierenden Studiums aufgenommen.

Charakteristik für »Weiterbildende Studien« im Sinne von »Kontaktstudien« ist, dass sie demgegenüber berufsbegleitend stattfinden. Sie sind eigenverantwortete Lehrveranstaltungen der Hochschulen, die auf Kontinuität gestellt sind und auf einem strukturierten Curriculum beruhen.

Mit der Ausweitung der Hochschulaktivitäten in diesem Bereich verschiebt sich die Angebotstruktur grundsätzlich. Das Verhältnis von Bildungs- und Beschäftigungssystem wird flexibilisiert. Statt langer vorgelagerter Studienzeiten wird ein wiederholter Wechsel zwischen Lern- und Erwerbszeiten möglich. Allerdings ist nach wie vor ein entsprechender, umfassender Begriff von Lehre, welche sowohl grundständige als auch weiterbildende Angebote umfasst, noch nicht durchgesetzt, obwohl das Konzept schon lange vorliegt. Die Debatte um »Kontaktstudien« ist so alt wie die Diskussion um Studienreform und einbezogen in Konzepte des »Life-Long-Learning«. Erste Anstöße stammen aus den Sechzigerjahren:

»Die Mehrzahl der Studenten wird nach dem vierjährigen Studium die Hochschule verlassen. Ihre wissenschaftliche Ausbildung sollte damit aber nicht ein für allemal abgeschlossen sein. Die rasche Entwicklung der Wissenschaften macht es auf vielen Gebieten notwendig, die Ausbildung weiterzuführen. Dies wäre auch dann unerlässlich, wenn es bei dem bisherigen Zustand eines zeitlich nicht begrenzten Studiums bliebe. Eine Erneuerung der wissenschaftlichen Ausbildung setzt voraus, dass die in ihrem Beruf Tätigen in die Hochschulen zurückkehren können und in das wissenschaftliche Leben einbezogen werden« (*Wissenschaftsrat* 1966, S. 33).

Schwierigkeiten mit der Verwirklichung von Kontaktstudien sind also Teil unerledigter Fragen von Studienreform. Immer noch gilt, dass eine umfassende Gesamtkonzeption einschließlich konkreter Bedarfsuntersuchungen und umfassender Umsetzungsstrategien fehlen. Immerhin ist nach den Empfehlungen des Wissenschaftsrats von 1966 die Palette der Angebote langsam und in der letzten Zeit zunehmend gewachsen. Das Bundesministerium für Bildung und Wissenschaft hat durch eine Reihe von Modellversuchen Weiterbildungsinitiativen als Instrument der Hochschulreform unterstützt. Dazu gehören u. a.: Die Entwicklung eines interdisziplinären Kontaktstudiums »Management« an der Universität Augsburg, das »arbeitswissenschaftliche Aufbau- und Weiterbildungsstudium« an der Universität Hannover, die Entwicklung neuartiger Modelle für Einrichtungen, Lehrinhalte und zielgruppengerechte Didaktik von Weiterbildungsstudien an der Ruhr-Universität Bochum, die Modellversuche »Energietechnik« und »Informationsorganisation« an der Gesamthochschule Kassel/Universität.

Diese Impulse haben dazu geführt, dass sich das Spektrum erheblich erweitert hat. Es umfasst sehr unterschiedliche Formen und mittlerweile fast alle wissenschaftlichen Bereiche. Einige – willkürliche – Belege dafür sind:

■ Das Ergänzungs-/weiterbildende Studium: Kunst im Kontext (Künstlerweiterbildung an der Hochschule der Künste in Berlin). Es verleiht ein eigenes Abschlusszertifikat, dauert drei Jahre, hat als Zukunftsvoraussetzung den Abschluss eines einschlägigen Studiums und richtet sich an freie bildende Künstlerinnen, Fotografinnen, Graphiker und Designer sowie Kunstpädagogen. Zielsetzung ist die Erweiterung beruflicher Einsatzmöglichkeiten.

■ Das weiterbildende Studium Bauwesen an der Ruhr-Universität Bochum vergibt Teilnahmebescheinigungen für einzelne Seminare. Es ist modular aufgebaut, umfasst konstruktiven Ingenieurbau, Bauinformatik, Verkehrswesen, Wasserwesen, Grundbau und Tiefbau, hat den einschlägigen Hochschulabschluss als Zugangsvoraussetzung und bietet Spezialisierungsmöglichkeiten für Ingenieure und Techniker im Bauwesen.

■ Das weiterbildende Studium »soziale Gerontologie« an der Universität Dortmund vergibt einen eigenen Abschluss »Diplom-Sozial-Gerontologe«. Es dauert zweieinhalb Jahre, setzt ein einschlägiges Studium voraus und wendet sich an Beschäftigte aus dem Berufsfeld Altenpflege.

■ Das Weiterbildungsstudium »Arbeitswissenschaft« an der Universität Hannover vergibt ein Zertifikat. Es umfasst sechs Studienschwerpunkte: Arbeit und Gesellschaft; Managementstrategien und Arbeitsorganisation; betriebliches Gesundheitsmanagement; Personal und Führung; Arbeit und Beratung; Wandlung und Entwicklung von Organisationen. Bewerber müssen ein abgeschlossenes Hochschulstudium nachweisen so wie zwei Jahre Berufserfahrung. Zielgruppen sind Fach- und Führungskräfte aus den Bereichen EDV, Personal- und Bildungswesen, Betriebliche Sozialberatung, Gesundheitswesen, Arbeitsorganisation und -gestaltung, Arbeitssicherheit und Gesundheitsschutz, Konstruktion und Fertigungsplanung, Arbeitswissenschaftliche Beratung, Betriebs- und Personalräte.

■ Das Weiterbildungsstudium »Informationsorganisation« an der Gesamthochschule Kassel/Universität dauert anderthalb Jahre. Es vermittelt Grundlagen des Investitionsmanagements, Anwendung von Informationstechnik im Büro, Datenschutz, Datenverarbeitungssysteme, Mathematik und Programmieren. Zulassungsvoraussetzungen sind ein abgeschlossenes Hochschulstudium oder eine nachgewiesene andere Eignung im Beruf. Es findet ein Zulassungsgespräch statt. Gegebenenfalls ist ein Vorkurs zu belegen. Adressaten sind Betriebswirte und Betriebsinhaber, Abteilungsleiter in Verwaltungen, Betriebs- und Personalräte, Vertrauensleute.

■ Das Weiterbildungsstudium »Postgraduierten-Studium Betriebswirtschaftslehre für Ärztinnen« dauert ein Jahr und es wird ein Zertifikat der Hochschule erworben. Inhalte sind Krankenhausbetriebslehre, Ökonomie des Gesundheitswesens, Kostenrechnung, Rechte im Krankenhaus, Qualitätsmanagement, Personalfragen im Krankenhaus, Controlling, Rhetorik und Präsentationstechniken und Spezialseminare. Zugelassen werden Ärzte und Ärztinnen mit Approbation. Es sollen spezielle Kompetenzen für die Wahrnehmung von Führungsaufgaben im Krankenhaus vermittelt werden.

Diese Auswahl zeigt, dass Kontaktstudien oft die Grenzen der Disziplinen überschreiten. Aus den Zielsetzungen von Praxisorientierung und Adressatenorientierung ergeben sich konsequenterweise Interdisziplinarität und Kooperationen mit Institutionen der beruflichen Tätigkeitsfelder. Die Zielgruppen von Kontaktstudien verfügen über vorhergehende oder gleichzeitige Berufserfahrung. Daraus ergibt sich die Notwendigkeit, Themen, Intentionen und Methoden auf die Praxis der Adressaten zu beziehen. Deren Tätigkeitsbereiche sind eben nicht nach wissenschaftlichen Disziplinen sortiert, sondern stehen immer in komplexen Problemzusammenhängen.

Deshalb müssen für die Organisation von Kontaktstudien neue Wege bei Zugang, Lernzeiten, Zertifikaten, Dozenten und Finanzen gefunden werden. Vorschläge und Modelle dafür gibt es seit längerem. Bei einer Auswertung ausländischer Beispiele wurden bereits 1977 Empfehlungen für ein »Studium neben dem Beruf« vorgeschlagen (*Edding u. a.* 1977):

- Zulassung bei Nachweis einer abgeschlossenen Schulbildung sowie einer mindestens vierjährigen Berufstätigkeit und einem Alter von 25 Jahren;
- Studienzeit in der Regel nur ein Jahr länger als die Vollzeitstudien, nicht mehr als 10 bis 15 Stunden wöchentlicher Studienbelastung;
- Studienberatung durch dezentrale Studienzentren und -experten des Tätigkeitsfeldes;
- Lernorganisation durch Kombination von Direktstudien, Intervall-Lernen, kontinuierlichem Lernen, Fernstudium und Selbststudium, Strukturierung an den Aufgaben der Praxis, Orientierung an den Wünschen der Studenten;
- Zertifikatsorganisation nach einem Punktesystem;
- Lehrkörper, der sich aus Praktikern und Universitätsdozenten zusammensetzt.

Diese Organisationskonzepte sind in sich schlüssig und haben in ihrer Umsetzung weitreichende Veränderungen in den Hochschulen selbst zur Folge. Es sind vielfältige Entscheidungsfragen zu klären und Anforderungen zu erfüllen:

- Legitimation: Wenn man das Konzept des lebenslangen Lernens ernstnimmt, muss Abschied genommen werden von der Idee einer Bildung, welche in der Erstausbildung einen festen Kanon erwirbt. Vielmehr ist ein umfassendes Konzept von Lehre in einer Kombination von profilorientierten Modulen zu sehen, welche zeitlich, organisatorisch und institutionell flexibel sind.
- Adressaten: Zugang zum Kontaktstudium ist nicht nur den eigenen Absolventen der Hochschule zu öffnen, sondern die Kompetenz zur Beteiligung an solchen Weiterbildungsangeboten kann auch durch entsprechende Aktivitäten im Beruf erworben werden.
- Curriculum: Intentionen, Themen und Methoden von Kontaktstudien gehen über die Spezialfragen einzelner Wissenschaftsdisziplinen hinaus und müssen an den Berufstätigkeiten der Adressaten orientiert werden.
- Zertifikat: An die Stelle grundständiger Diplome, welche die »Laufbahn« im Beruf festlegen, treten Zertifikate nach Absolvieren von Bausteinen. Diese

müssen aber bezogen auf Profile, welche eine Identität von Berufstätigkeit ermöglichen, orientiert und strukturiert werden.

■ Zeiten: Sowohl von der Dauer als auch von der Lage der Lehrangebote muss gesichert werden, dass eine gleichzeitige Erwerbstätigkeit möglich ist. Insofern sind Zeithorizonte über zwei Jahre selten durchhaltbar und entsprechende Angebote konzentrieren sich meist auf Abendveranstaltungen und Wochenenden.

■ Finanzen: Viele Angebote des Kontaktstudiums wecken eine zahlungskräftige Nachfrage, welche die Einnahmen von Gebühren rechtfertigt. Darüber hinaus gibt es aber auch »Bedarfe«, welche sich monetär nicht rechnen. Dafür muss eine Mindestausstattung als Infrastruktur sichergestellt werden, welche solche Bildungsmöglichkeiten im Rahmen einer letztlich aus dem Sozialstaatsprinzip abgeleiteten öffentlichen Verantwortung sicherstellen.

Wenn man das Aktivitätsspektrum der Kontaktstudien berücksichtigt, findet sich immer noch eine Diskrepanz zwischen Programm und Realität. Die Ursache dafür ist, dass eine Verwirklichung des Modells durchaus weitreichende Rückwirkungen sowohl auf das Bildungs- als auch auf das Beschäftigungssystem hat. Schwierigkeiten ergeben sich, da über das Hochschulsystem hinaus die Kopplung zum »Beschäftigungssystem« mitbedacht werden muss:

■ Es müssen Freistellungsregelungen und Lernzeitansprüche durchgesetzt werden, welche flexible Übergänge zwischen Beschäftigung und Studium ermöglichen.

■ Bei den Rekrutierungsstrategien der Beschäftiger müssen schrittweise an die Stelle der durch die Erstausbildung erworbenen Diplome Kombinationen von Zertifikaten treten.

Es ergeben sich also, wenn man die Idee von Kontaktstudien und einer konsequent »modularisierten« Hochschule (➜ *Modularisierung*) ernst nimmt, arbeitsmarkt-, tarif-, besoldungs- und finanzpolitische Konsequenzen. Wenn man Kontaktstudien als Form des Studiums neben dem Beruf als konsequente Strategie einer Hochschulreform unterstützt, müssen notwendige abstützende Strategien angezogen werden. Letztlich geht es um flexible Übergänge zwischen Hochschule und Erwerbstätigkeit. Auf die wachsende Dynamik der Arbeitswelt geben die Hochschulen immer noch die traditionellen Antworten mit langen Lernwegen und hochgehängten Diplomen. Unter dem Stichwort Kontaktstudium entstehen Grundzüge eines neuen, sich langsam herausbildenden Modells, das die zunehmende Dynamisierung im Beschäftigungssystem durch verstärkte Flexibilisierung und Modularisierung im Berufsschulsystem aufnimmt. Gefördert werden diese Ansätze durch ➜ *Credit-Point-Systeme*, die Bachelor/Master-Diskussion (➜ *Gestufte Studiengänge*), die Einführung eines Systems zur Zertifizierung in Anlehnung an das »Europäische System zur Anrechnung der Studienleistung«. Damit kann durch internationale Impulse eine weitreichende Reform der Studienstruktur insgesamt in Gang kommen. Der Hochschulzugang muss für Rückkehr- und Weiterbildungsmöglichkeiten offen gehalten werden. Insofern ist eine durchgängige Gliederung nach einem Baukastenmodell sinnvoll. Die hier vorgeschlagene »modularisierte Hochschule« ist eine aktuelle Variante dieses Konzepts.

Literatur:

Beming, E. u. a.: Die Empfehlungen der KAW zur wissenschaftlichen Weiterbildung und ihre Umsetzung in der Hochschule. Bonn 1997.
Edding, F. u.a.: Studium neben dem Beruf. Bonn 1977.
Faulstich, P.: Erwachsenenbildung und Hochschule. München 1982.
Hochschulrektorenkonferenz: Hochschulkompass (http://www.hochschulkompass.hrk. de).
Wissenschaftsrat: Empfehlungen zur Neuordnung des Studium an wissenschaftlichen Hochschulen. Köln 1966.

Angaben zum Autor:

Prof. Dr. Peter Faulstich
Universität Hamburg
Josef-Carlebachplatz 1
20146 Hamburg
Tel.: +49-40-42838-6767
Fax: +49-40-42838-6112
E-Mail: faulstich@erzwiss.uni-hamburg.de

Kostenrechnung

Steffen Heise

Die **Kosten-** und **Erlösrechnung** (auch: Kosten- und Leistungsrechnung) dient privatwirtschaftlich der internen Steuerung eines Unternehmens. Ihr Hauptziel ist die Ermittlung der Leistungsfähigkeit über die Konfrontation der Selbstkosten eigener Produkte mit den auf Märkten erzielten bzw. erzielbaren Erlösen (Kalkulation). Der Begriff »Kosten« grenzt sich dabei von »Ausgaben« bzw. »Aufwand« durch seine Referenz auf Perioden (daher Einbezug von Abschreibungen statt Investitionen) und Erfolge bzw. Produkte (daher z. B. Abgrenzung neutralen Aufwands) ab. Für das Gut »Öffentliche Bildung« liegen weder nennenswerte Märkte noch Preise im betriebswirtschaftlichen Sinne vor. Daher geht es in diesem Bildungssektor derzeit in der Regel um eine Kostenrechnung, die den bewerteten Ressourcenverzehr einer Bildungseinrichtung bezogen auf die von ihr »produzierten« Leistungen ausweist. Ohne die in der Privatwirtschaft konstitutive Vermittlung zwischen Kosten und Leistungen über Preise ist die Kostenrechnung dabei der Gefahr ausgesetzt, als Instrument der Kostensenkung missverstanden zu werden. Dies um so eher, als eine Messung bzw. Thematisierung von Ausbildungsleistungen in nichtmonetären Dimensionen parallel zur Kostendiskussion gewährleistet werden muss, sich aber gerade hier als besonders problematisch erweist. Hinzu kommt das Problem, dass Bildungs-»nachfrager« an der »Produktion« ihrer erfolgreichen Abschlüsse nicht nur als »Kunden«, sondern auch als »Produzenten« (Lernende) beteiligt sind. Obwohl aus der Perspektive vollständiger Kostenerfassung deren Ausgaben in die Berechnung der Kosten einer erfolgreichen Ausbildung (Absolvent) einfließen müssten, beschränkt sich aufgrund der nahe liegenden Abgrenzungsprobleme die Kostenerfassung auf die die Leistungen anbietende Institution. Die reflexive Beziehung zwischen Bildungs»kunde« und Bildungs»produzent« verschärft das Problem des Missing Link zwischen Kosten und Leistungen, da leistungsbezogene Zugangsselektionen sich unabhängig von entstehenden Kosten positiv auf das Leistungsniveau am Ende der Ausbildung auswirken.

Als primäre **Ziele der Kostenrechnung** im öffentlichen Bereich werden in der Regel »Kostentransparenz« und »Kostenverantwortung« genannt. Die Unterstützung steuerungsrelevanter Entscheidungen – nach den Klassikern der betriebswirtschaftlichen Kostentheorie das Hauptmotiv der Kosten- und Erlösrechnung – kann unter den genannten Bedingungen sowie den aktuellen Reglements des Öffentlichen Dienstes nicht als Kern der Bemühungen um die Verbreitung der Kostenrechnung angesehen werden. Entscheidungsrelevante Ansatzpunkte bietet Kostentransparenz nur dann, wenn Kosten für abgrenzbare »Service«-Leistungen, die auch auf dem freien Markt erhältlich oder organisationsübergreifend vergleichbar sind, ermittelt werden. Zur Diskussion stehen in der Regel die technischen und gebäudebezogenen Serviceeinheiten (Werkstätten, Druckereien, Handwerker, Fahrer); eher selten werden bisher vergleichbare Optionen in den zentralen Verwaltungseinheiten verortet.

Die Kostenrechnung unterscheidet drei Perspektiven auf den Ressourcenverzehr im Herstellungsprozess: Kostenarten-, Kostenstellen- und Kostenträgersicht.

Die **Kostenartenrechnung** stellt die Frage »Für welche Ressourcen sind welche Kosten entstanden?« Die Ausprägung einer angemessenen Systematik hängt von der jeweiligen Branche ab, wird jedoch meist unterschieden bezogen auf die Einsatzgüterart und den Verbrauchscharakter (Materialkosten, Personalkosten, Abschreibungen, Zinsen, Fremddienste, Informationskosten usw.), bezogen auf die Herkunft der Güter in primäre und sekundäre (= intern entstandene) Kosten, bezogen auf die Zurechenbarkeit in Einzel- und Gemeinkosten (letztere sind nicht einzelnen Leistungen zuordenbar) und bezogen auf die Veränderlichkeit in variable und fixe Kosten (vgl. z. B. *Schweitzer, M./Küpper, H.-U.* 1998). Den Personalkosten kommt im Bildungsbereich aufgrund ihrer quantitativen Dominanz eine herausragende Bedeutung zu.

Die **Kostenstellenrechnung** stellt die Frage »Von welchen organisatorischen Einheiten werden welche Kosten verantwortet?« Die angemessene Kostenstellendifferenzierung hängt vom anvisierten Transparenzgrad, dem zu erwartenden Rechnungsaufwand und den Informationsbedürfnissen sowie – bzgl. der Personalkosten – von den Ansprüchen des Datenschutzes ab. Die für die industrielle Fertigung entwickelten Unterscheidungen (vgl. z. B. *Schweitzer, M./Küpper, H.-U.* 1998) in Hilfs- und Hauptkostenstellen (Kriterium: mittelbarer oder unmittelbarer Beitrag zur Gütererstellung) sowie von Vor- und Endkostenstellen (Kriterium: Zuordenbarkeit zu anderen Kostenstellen oder zu Kostenträgern) lassen sich ebenso wie daraus abgeleitete Kostenverrechnungsverfahren nur eingeschränkt auf den öffentlichen Bildungsbereich übertragen.

Die **Kostenträgerrechnung** bezieht sich auf die Frage »Für welche Leistungen sind welche Kosten angefallen?« Sie orientiert sich in betriebswirtschaftlicher Terminologie an der »Strukturierung des Absatzprogramms« und ist in etwa differenziert nach Produktvarianten, Produkten, Produktgruppen und -sparten (*Weber, J.* 1997). Bildungs»produkte« lassen sich allerdings nicht ohne Weiteres in einer eindeutigen Hierarchie abbilden. Die Vernetzungsproblematik steigt mit dem Differenzierungsgrad der Bildungseinrichtung, da die Curricula in der Regel Synergieeffekte nutzen.

Aus den skizzierten Problemen der Übertragbarkeit der betriebswirtschaftlichen Kostenrechnungsperspektive auf den Bildungsbereich lassen sich verschiedene Handlungsoptionen ableiten, die von der vollständigen Ablehnung über eine grobe Vereinfachung der Methodik bis zu differenzierten Modellen »realitätsnaher« Kostenzuordnung reichen. Die aktuellen Rahmenbedingungen des Öffentlichen Dienstes lassen erwarten, dass der kostenbezogenen Reflexion der Wertschöpfungskette in der organisationsinternen und -externen Kommunikation eine höhere Bedeutung zukommt als einer entscheidungsorientierten »Realitätsabbildung« im betriebswirtschaftlichen Sinn. Kosten- und leistungsbezogenem → *Benchmarking* könnte dabei die Funktion zukommen, unter den Bedingungen fehlender Märkte konstruktive Anhaltspunkte durch organisationsübergreifende Vergleiche zu gewinnen.

In den Siebzigerjahren scheiterten im deutschsprachigen Raum mehrere modellhaft geförderte **Kostenrechnungsprojekte an Hochschulen**. Ab Mitte der Neunziger richtete sich mit der Pilotstudie des Wissenschaftsrates zur finanziellen Ausstattung der bundesdeutschen Hochschulen und dem ersten hochschulübergreifenden Ausstattungsvergleich der Hochschul-Informations-System-GmbH (HIS) der wissenschaftspolitische Fokus erneut auf die Quantifizierung des Ressourcenverbrauchs an deutschen Hochschulen (vgl. *Heise* 2001). Inzwischen ist die Kostenrechnung in mehreren Bundesländern als Aufgabe der Hochschulen rechtlich fixiert und einschlägige Softwaresysteme werden sukzessive entwickelt und implementiert.

Methodisch ergeben sich aus der Kostenrechnungsperspektive folgende Besonderheiten: Die notwendige Differenzierung der **Kostenarten** wird zum einen vom Informationsbedarf der Hochschule und zum anderen von der basalen Strukturierung des jeweiligen Buchhaltungssystems bestimmt. Unter reinen Kostengesichtspunkten erscheint eine relativ grobe Kostenartenhierarchie ausreichend. Mit der Abschaffung der Kameralistik als dem basalen Rechnungswesen und der Einführung eines kaufmännischen Rechnungswesens auf doppischer Basis (→ *Doppik und Kameralistik*) in mehreren Projekten wird jedoch die Ausarbeitung eines umfassenden Kontenplans notwendig, der externe Rechnungslegungsanforderungen erfüllt und zugleich interne Informationsbedürfnisse unterstützt. Insgesamt gehört die Ausarbeitung angemessener Kontenpläne jedoch zu den relativ unproblematischen Bestandteilen der Hochschulkostenrechnung.

Auch die primäre organisatorische Zuordnung anfallender Kosten auf **Kostenstellen** stellt die Hochschulen in der Regel nicht vor prinzipiell neue Anforderungen, da die kameralistische Logik der »Haushaltsstellen« spätestens mit der Einführung von → *Globalhaushalt*en um eine organisatorische Verortung der dezentralisierten Budgets bzw. Ausgabenströme erweitert wurde. Die nahe liegende Orientierung der Kostenstellenstruktur an diesen Vorgaben stößt jedoch an Grenzen, wenn die Dezentralisierung der Budgets aufgrund unterschiedlich gewachsener dezentraler Mittelverteilungsprozesse nicht mit der Differenzierung der anvisierten Kostentransparenz übereinstimmt. Die Abstufung der Kostenstellenstruktur in den Kernbereichen der Wissenschaft – Professur, Arbeitsgruppe, Institut, Fachbereich – hängt von den jeweiligen Informationsinteressen und der Effizienz der Finanzmanagementsoftware ab. Die »klassische« Unterscheidung der Kostenstellen nach Vor-, End-, Hilfs- und Hauptkostenstellen ist besonders auf die »Produktionsprozesse« im wissenschaftlichen Bereich nicht anwendbar, da akademische Selbstverwaltung und hochschulinterner (Lehr-) Service in der Regel nicht organisatorisch getrennt sind und auch die zentralen Dienstleistungseinheiten z. T. eigenständige wissenschaftliche Aufgaben (z. B. Bibliotheken und Rechenzentren) wahrnehmen oder aufgrund der rechtlichen Rahmenbedingungen nicht ohne weiteres als reiner »Service« fungieren können (z. B. die Zentralverwaltungen). Der klassischen Kostenstellenrechnung mit der Tendenz zur mehrstufigen Verrechnung aller Kosten auf End- bzw. Hauptkostenstellen sind daher an Hochschulen von vornherein Grenzen gesetzt.

Die **Kostenträgerrechnung** stellt die Kostenrechnung an Hochschulen vor mehrere gravierende Probleme: Zum einen werden die wesentlichen »Produkt«-gruppen in Lehre und Forschung in doppelter Hinsicht im Verbund erstellt: Die personalisierte und individualisierte Einheit von Forschung und Lehre in einer Professur belastet eine entsprechende Kostentrennung mit erheblichen Akzeptanzproblemen. Zweitens lässt sich die Differenzierung der Kostenträger nicht hierarchisch modellieren, weil – unter Ausnutzung von Synergieeffekten – zahlreiche Lehrveranstaltungen ein Angebot für verschiedene Studiengänge darstellen. Eine Verfeinerung der Kostenträgersicht auf die Ebene einzelner Lehrveranstaltungen – die z. B. hinsichtlich einer gebührenpflichtigen Wissenschaftlichen Weiterbildung relevant werden könnte – sperrt sich deshalb gegen die einfache Aggregation zu Studiengangskosten. Daraus resultiert drittens erhebliches argumentatives Widerstandsreservoir, da entweder aufwendige Verfahren konstruiert und implementiert werden müssen, die dem Selbstverständnis »freier« Wissenschaft widersprechen, oder solche, die von vornherein auf »Realitätsnähe« verzichten (vgl. unten).

Die Problematik leistungsbezogener Kostenrechnung lässt an Hochschulen folgende methodische Alternativen zu:
- differenzierte Kostenstellenrechnung unter Verzicht auf leistungsbezogene Kostentransparenz (Kostenstellenrechnung);
- normativ basierte, leistungsbezogene Kostenkennzahlen unter Verzicht auf realitätsnahe Kostenträgerbezüge (Ausstattungsvergleich);
- realitätsnahe und leistungsbezogene Prozesskostentransparenz unter Verzicht auf hochschulinterne Akzeptanz und Effektivität (Prozesskostenrechnung).

Das Modell einer internen **Kostenstellenrechnung** an Hochschulen auf kaufmännischer Basis wurde insbesondere vom Sprecherkreis der Universitätskanzler ausgearbeitet (vgl. *Kronthaler, L./Weichselbaumer, J.* 1999). Im Zentrum steht ein an den künftigen Erfordernissen der Hochschulen ausgerichtetes Rechnungswesen, das sich hinsichtlich externer Rechnungslegung am einschlägigen betriebswirtschaftlichen Instrumentarium orientiert, hochschulintern jedoch mit Referenz auf die Einheit von Lehre und Forschung als dem »Wesen der Universität« die Möglichkeit leistungsbezogener Kostentransparenz systematisch ausschließt. Es wird weiterhin vorgeschlagen, den bis auf die Ebene einzelner Professuren differenzierten organisationsbezogenen Kosten nichtmonetär quantifizierte Leistungsindikatoren gegenüberzustellen und daraus Steuerungshinweise abzuleiten. Dieses Modell bietet sich insbesondere für Hochschulen an, an denen die methodische und softwaretechnische Umstellung des Finanzmanagements auf ein kaufmännisches System im Zentrum der Aufmerksamkeit steht. Es ist die derzeit an deutschen Hochschulen am weitesten verbreitete Variante der Kostenrechnung.

Die externen **Ausstattungsvergleiche** der HIS (vgl. z. B. *Leszczensky, M. u. a.* 2000) sind in der Regel von den einschlägigen Länderministerien initiiert, die sich über Kennzahlenvergleiche Hinweise auf die Angemessenheit der Verteilung finanzieller Ressourcen erhoffen. Dieser Ansatz geht von kameralistischem Datenmaterial aus, das kostenrechnungsrelevant modifiziert wird, und schenkt der angemessenen hochschulspezifischen Zuordnung der Kosten zentraler Einheiten zu den Wissenschaftsbereichen hohe Aufmerksamkeit. Das Ziel leistungsorientierter Kostenvergleiche (z. B. über Kennzahlen wie Lehrkosten pro Absolvent im Fach X an den Hochschulen A bis N) ist angesichts der geschilderten Kostenträgerproblematik nur über normative Setzungen – also expliziten Verzicht auf Realitätsnähe – erreichbar: Nahezu sämtliche Verbundkosten in Lehre und Forschung werden im Verhältnis 50:50 zugeordnet und die Lehrentflechtung an der Berechnung fachbezogener Curricular-Anteile orientiert. Die so gewonnenen leistungsbezogenen Kostenkennzahlen werden ergänzt durch nichtmonetäre Leistungskennzahlen (z. B. Absolventen pro Professor im Fach X an den Hochschulen A bis N).

Das Modell der integrierten **Prozesskostenrechnung** an Hochschulen (vgl. *Heise* 2001) hebt die Kostenträgerproblematik insofern auf, als es von der Diversität der hochschulspezifischen internen Prozesse ausgeht, diesen Teilprozessen angemessene Kosten direkt zuordnet und sie in einem mehrstufigen Verfahren bis zu den Kosten der außenwirksamen »Produkte« (z. B. Studiengänge) aggregiert, wobei die Managementkosten verschiedener Ebenen (Fachgebiet, Fachbereich/Fakultät, Hochschule) den Leistungen ihres Einflussbereichs zugeordnet werden. Für die zentralen Service-Einheiten und die Zentralverwaltung ist die Prozesskostenrechnung in der Lage, interne (und externe) »Preise« für Dienstleistungen zu ermitteln. Der schwerwiegende Nachteil dieses Verfahrens besteht in der Notwendigkeit der dezentralen Zuordnung von Arbeits- bzw. Zeitressourcen auf das jeweilige Leistungsspektrum und der daher zu erwartenden Widerstände.

Vor dem Hintergrund der skizzierten Kostenträgerproblematik ist zwischen den zunehmend rechtlich fixierten Ansprüchen der Politik und der angemessenen Etablierung der Kostenrechnung aktuell ein Widerspruch zu konstatieren. Nicht in der Realitätsabbildung sondern in ihrer **kommunikativen Funktion** scheint die Kostenrechnung an Bedeutung zu gewinnen (vgl. *Heise* 2001): Sowohl der »Kulturbruch« zwischen Wissenschaft und Verwaltung als auch die Sprachlosigkeit zwischen verschiedenen Wissenschaftsdisziplinen können über Kostendiskussionen insofern vermittelt werden, als in ihrem Zusammenhang die heterogene Leistungskomplexität einer Hochschule in einem konsentiven Verfahren hinsichtlich der notwendigen finanziellen Ressourcen nach einheitlichen Prinzipien reflektiert werden muss.

Weiterhin sind künftig »**Kostenrechnungsspiele**« zwischen Hochschulen auf der einen und Wissenschafts- bzw. Finanzadministrationen auf der anderen Seite zu erwarten: Die Ermittlung leistungsorientierter fächerspezifischer Budgets ist an hochschulübergreifende Kosteninformationen gebunden, wenn weder etablierte Märkte vorliegen, noch »historisch« gewachsene Ausstattungsasymmetrien perpetuiert werden sollen. Damit werden kostenrechnende Hochschulen mittelbar an der Ermittlung der eigenen Budgets beteiligt und sind insofern in der Lage, die Problematik der Verbundproduktion von Lehre und Forschung und anderer Unschärfen individuell und möglicherweise auch kollektiv auszubeuten.

Literatur

Heise, S.: Hochschulkostenrechnung. Forschung durch Entwicklung orientiert am Projekt der Fachhochschule Bochum. Köln-Lohmar 2001.
Kronthaler, L./Weichselbaumer, J.: Schlußbericht des Arbeitskreises »Hochschulrechnungswesen« der deutschen Universitätskanzler. München 1999.
Leszczensky, M./Dölle, F./Kuhnert, I.; Wortmann, M.: Ausstattungs-, Kosten- und Leistungsvergleich norddeutscher Hochschulen. Abschlußbericht Universitäten. Projektbericht der HIS (Hochschul-Informations-System). Hannover 2000.
Schweitzer, M./Küpper, H.-U.: Systeme der Kosten- und Erlösrechnung. München 1998.
Weber, J.: Einführung in das Rechnungswesen. 2. Kostenrechnung. Stuttgart 1997.

Angaben zum Autor:

Dr. Steffen Heise
Geschäftsführung und wissenschaftliches Leitungsteam
Projekt Universitätsentwicklung
Universität Hamburg
Schlüterstraße 18
20146 Hamburg
Tel.: +49-40 42838-4018
E-Mail: heise@prouni.uni-hamburg.de
http://www.prouni.uni-hamburg.de

Lehrangebotsplanung

Peter Faulstich

Eine systematische Planung von Lehr-/Lernarrangements ist im Hochschulbereich keineswegs selbstverständlich. Weitgehend beschränken sich Planungsreichweiten auf das Abarbeiten der Routinen von Veranstaltungsabläufen, wie sie in Prüfungs- und Studienordnungen vorgegeben sind. Demgegenüber kann eine Reflexion des eigenen Handelns in der Lehre einen wichtigen Beitrag zur Verbesserung der Qualität bringen.

Es ist nicht unproblematisch, Planen, Lehren und Lernen gemeinsam zu betrachten. Wenn man von Planung redet, muss man sich nach den Diskussionen um Selbstorganisation verabschieden von lange gehegten Machbarkeitsillusionen. Angesichts der Komplexität des Lehr-/Lernfeldes erzeugen alle Interventionen unbeabsichtigte Konsequenzen und Nebenfolgen. Modelle einer hierarchischen, »synoptischen« Steuerung verlieren in nicht trivialen Systemen, wie es menschliche Lernende sind, ihre Plausibilität. Phantasien einer Herstellbarkeit oder Erzwingbarkeit von Lernergebnissen müssen aufgegeben werden.

Es geht in dieser Sichtweise nicht darum, ein scheinbar gesichertes, vorgegebenes Wissen von den Lehrenden auf die Lernenden zu übertragen. Ein reflektiertes Konzept von Lehre konzentriert sich auf »Lernvermitteln« zwischen Lernenden, Lehrenden und wissenschaftlichen Gegenständen. Ein solches Konzept bewahrt sowohl vor überzogenen Planungsabsichten, als auch vor resignativem Gestaltungsverzicht. Es kommt darauf an, die kontextuellen, individuellen und institutionellen Prämissen des Lernens zu reflektieren und eine permanente Revision vorzusehen. Formal lassen sich aus diesen Grundeinsichten einige Interventionsprinzipien formulieren:

255

- Um ein Lehr-/Lernsystem zu verändern, muss man seine Struktur verändern.
- Scheinbar minimale Eingriffe können die gesamte Komplexität des Systems provozieren.
- In komplexen Systemen liegen Ursachen und Wirkungen weit voneinander entfernt.
- Reflexive Systeme erzeugen Rückkopplungen, die prinzipiell unbeherrschbar werden können.
- Die Effekte von Interventionen sind nicht vorhersehbar, langfristig und manchmal gegenläufig.

In diesem Rahmen ist die Planung von Lehrangeboten kein linearer Prozess. Das Organisieren von Lernkontexten umfasst den gesamten Zyklus planenden Handelns von der Bedarfsermittlung über die Vorbereitung, Durchführung, Transfersicherung bis zur Erfolgskontrolle.

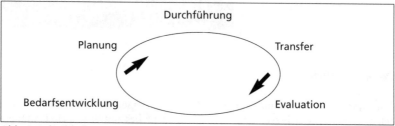

Abb. 1: Lehrzirkel

Angebotsplanung muss abstellen auf eine realistische Einschätzung ihrer Umsetzungsbedingungen und deshalb die Planungsvorgaben immer wieder überprüfen und ändern. Sie gliedert sich in logische Phasen, welche die Abläufe des Planungsprozesses bestimmen:

- Bedarfsentwicklung: Es ist im Hochschulbereich unüblich, nach den Verwendungszusammenhängen des Gelernten zu fragen. Nichtsdestoweniger ist es für eine Revision der Lehrangebote notwendig, pragmatische Konzepte der Bedarfsentwicklung von Anforderungsanalysen, Absolventenbefragungen, Experteninterviews zu berücksichtigen. Fruchtbar sind kommunikative Verfahren, durch strukturierte Kontakte mit Fachvertretern, Beschäftigten und anderen.
- Veranstaltungsvorbereitung und -planung: Eine »Vermittlungsplanung« erschöpft sich nicht im Übertragen vorgegebener Ergebnisse oder einzuübender Fertigkeiten, sondern ist gekennzeichnet durch Handlungsorientierung, Teilnehmerbezug, Methodenoffenheit. Sie ermöglicht Selbsttätigkeit im Lernen und einen Bezug auf die Lerngruppen.
- Durchführung: Angesichts immer neuer Modewellen von methodischen Konzepten besteht die Planungsleistung darin, jeweils angemessene Methoden auszuwählen und gegenstandsbezogen einzusetzen.
- Transfer: Wissenschaftliches Wissen ist keineswegs einlinig auf Tätigkeitsfel-

der zu übertragen. Es kommt deshalb darauf an, in Kontakten mit Absolventen und Beschäftigern Transferstrategien zu entwickeln, welche die Gefahr des »Praxisschocks« vermeiden.

■ Qualität und ➜ *Evaluation*: Die Diskussion um Qualitätssicherung der Lehre konzentriert sich bisher weitgehend auf Aspekte der Durchführungsqualität. Demgegenüber müssen auch Fragen der Erfolgs- und der Übertragungsqualität gestellt werden.

Angebotsplanung in der Hochschule kann sich auf fünf verschieden weite Horizonte beziehen:

■ Auswahl des Lernkontextes. Es ist zu entscheiden, welche Lernanteile innerhalb der Hochschule und welche in den jeweiligen Tätigkeitsfeldern stattfinden sollen.

■ Angebotsspektrum innerhalb der Fachbereiche und Disziplin. Die Gesamtheit des Lehrangebots der Institutionen ist auszuwählen. Dabei kommt es darauf an, Lehre langfristig als Kombination von grundständigen und weiterbildenden Studien zu begreifen und sich an einer Perspektive der »modularisierten Hochschule« zu orientieren (➜ *Modularisierung*).

■ Entwickeln von Programmen für die einzelnen Studiengänge. Die Themen von Lehrveranstaltung und ihre Formen müssen festgelegt werden. Entscheidbarkeit und Verbindlichkeit sind zu berücksichtigen.

■ Gestalten von Lernarrangements für die einzelne Lehrveranstaltung. Lernziele, Lerninhalte, Lernverfahren, Lernzeiten und Lernorte sind festzulegen.

■ Lenken von Lernprozessen. Für die einzelnen Termine der Veranstaltungen sind jeweils konkrete didaktische Konzepte zu entwickeln.

Diese Hinweise öffnen einen Reflexionshorizont für Entscheidungsbereiche. Konkrete Lehrangebote können eingeortet werden zwischen den Polen »Offenheit« und »Geschlossenheit«. Es geht dann um die Reichweite von Entscheidungs- und Handlungsspielräumen im Lehr-Lern-Feld. In der Diskussion um selbsttätiges, selbstinitiiertes, selbstkontrolliertes, selbstorganisiertes, selbstreguliertes und selbstgesteuertes oder sogar selbstbestimmtes Lernen wird pointiert, dass die Lernenden die wesentlichen Entscheidungen, ob, wozu, was, wann und wie gelernt werden soll, bestimmen können. Gleichzeitig gilt aber, dass die Entwicklung neuer Lernanforderungen immer über die jeweils von den Lernenden verfügbaren Voraussetzungen des Handelns hinausgehen. Wenn dem nicht so wäre, wäre Lehren überflüssig. Insofern ergibt sich ein Kontinuum in der Dimension zwischen selbstständigem Lernen und Anleiten. Bei der Angebotsplanung ist der jeweilige Grad bezogen auf den Spielraum zwischen selbstreguliertem und fremdgesteuertem Lernen auszufüllen. Planen für Lernen gerät dann in Paradoxien zwischen Fremdsteuerung und Selbststeuerung.

Lernziele:	autonom	vorgegeben
Lerninhalte:	auswählbar	festgelegt
Lernmethoden:	reflexiv	instrumentell
Lernorganisation:	variabel	determiniert
Lernzeiten:	offen	eingeschränkt
Lernorte:	variabel	fixiert

Abb. 2: Dimensionen der Selbst- vs. Fremdorganisation

Lehrende geraten in diesen Dimensionen häufig in eine Zwickmühle und treffen dann auf Lehrprobleme. Um mit den Entscheidungsfragen bei der Angebotsplanung umgehen zu können, muss ein angemessener Begriff von Lernen entwickelt werden, der von einer passiven Herstellungs- zu einer aktiven Aneignungsperspektive übergeht und gleichzeitig den Lehr-Lern-Kurzschluss vermeidet. Lernen ist demgemäß ein aktiver Prozess, bei dem eine Person einem Problem einen Sinn verleiht und es damit zum Thema des Lernens konstruiert. Lernen wird also nicht durch äußere Anstöße erzeugt, sondern ist erst durch die vom Individuum selbst hergestellten Bedeutungszusammenhänge zu verstehen.

Wenn es also richtig ist, dass sich Lernen niemals ohne Selbsttätigkeit vollzieht, ist zentral für Angebotsplanung das Problem, was die Funktion der Hochschule als einer Institution des Lehrens und der in ihnen tätigen Dozenten als lernvermittelndes »Personal« sein kann. Man muss sich klar machen,

- dass alles Lehren Intervention in Lernen darstellt;
- dass Lehrende eine andere Rolle übernehmen als Lernende;
- dass Organisationen einen lernhemmenden oder lernförderlichen Kontext herstellen können.

In diesem Kontext wird Angebotsplanung Ausgangspunkt für einen kommunikativen Prozess, den die verschiedenen Beteiligten, Studierende und Dozenten, fortlaufend revidieren. Es bestehen Spielräume unter den jeweiligen Rahmenbedingungen, die durch die Interessen und Aktionen der Beteiligten ausgebildet werden. Dabei ist es sinnvoll, sich die eigenen Intentionen jeweils klar zu machen.

Was ist die Aufgabe?

Was will ich?

Wo vermute ich Schwierigkeiten?

Welche Entscheidungsspielräume stehen offen?

Wie viel Zeit habe ich?

Welche Hilfsmittel und Unterstützungsmöglichkeiten stehen mir zur Verfügung?

In welchen Arbeitsschritten gehe ich vor?

Abb. 3: Leitfaden Arbeitsplanung

Literatur:

Faulstich, P. u. a.: Handbuch selbstbestimmten Lernens. Frankfurt am Main 2001.

Faulstich, P./Zeuner, C.: Erwachsenenbildung. Weinheim 1999.

Tookey, S.: Designing Courses for Higher Education. Open University Press. Buckingham 1999.

Angaben zum Autor:

Prof. Dr. Peter Faulstich
Universität Hamburg
Josef-Carlebachplatz 1
20146 Hamburg
Tel.: +49 40 42 83 86 767
Fax: +49 40 42 83 86 112
E-Mail: faulstich@erzwiss.uni-hamburg.de

Leistungsanreize

Uwe Wilkesmann

Leistungsanreize sollen Mitarbeiter zu einem bestimmten Verhalten bewegen. Um die Begriffe **Motivation** und **Anreiz** bestimmen zu können, müssen zuvor die Begriffe des **Motivs** und des **Motivierungspotenzials** eingeführt werden. Motive werden als überdauernde Dispositionen von Individuen definiert. Neben einem Anschluss-, Macht-, Neugier- und Aggressivitätsmotiv wird auch ein Leistungsmotiv unterstellt. Solche Inhaltsklassen von Motiven können sich natürlich zwischen Kulturen oder Epochen unterscheiden. Motive sind aber nicht in jeder Situation aktivierbar. Arbeitstätigkeiten lassen sich danach differenzieren, inwieweit sie Möglichkeiten zur Entfaltung bestimmter Motivziele bieten. Das Anschlussmotiv kann nur dann befriedigt werden, wenn ich in sozialen Zusammenhängen mit anderen Personen arbeite, nicht aber, wenn ich alleine im Urwald Pflanzen erforsche. Ein hohes leistungsthematisches Motivierungspotenzial besitzen nur solche Arbeitstätigkeiten, die den Akteuren einen großen Handlungsspielraum ermöglichen.

Ein in der Psychologie weit verbreitetes Modell zur Erklärung der Entwicklung von Handlungszielen benutzt die Grundbegriffe Erwartung und Wert. Aus Erwartung und Wert ergibt sich die Handlungsmotivation. Es handelt sich dabei um individuelle Erwartungen, welche Zielzustände herbeigeführt werden können. Die Zielzustände müssen jedoch für das jeweilige Individuum einen Wert haben, um zu dieser Handlung zu motivieren. Es muss sich für das Individuum lohnen, das Ziel zu erreichen. Diese »Bekräftigung« wird auch Anreiz genannt (*Heckhausen* 1989, S. 133). Anreize bezeichnen also einen Aufforderungscharakter für eine bestimmte Handlung. Ein Anreiz ist für einen Akteur nur dann interessant, wenn er mit einer gewissen Wahrscheinlichkeit auch als Folge des selbst beeinflussbaren Handlungsergebnisses zu erwarten ist. Ein junger Nachwuchswissenschaftler strengt sich nur dann an, wenn er es für wahrscheinlich hält, dass seine vielen Veröffentlichungen, die vielen Drittmittelprojekte und seine didaktisch durchkonzipierten Lehrveranstaltungen auch zu einem Ruf auf eine Professur führen werden.

Für die Arbeit in Bildungsorganisationen ist die Unterscheidung zwischen **intrinsischer** und **extrinsischer Motivation** wichtig. Traditionell wird in diesem Bereich besonders auf intrinsische Motivation gesetzt, da z. B. Forschungsarbeit schwer zu beobachten ist und deswegen nur schwer durch Indikatoren erfasst werden kann. Intrinsisch meint, dass ein Verhalten »von innen heraus«, extrinsisch, dass es »von außen« motiviert ist. Nach *Heckhausen* (*Heckhausen* 1989, S. 459) gilt eine Handlung dann als intrinsisch motiviert, »wenn Mittel (Handlung) und Zweck (Handlungsziel) thematisch übereinstimmen; mit anderen Worten, wenn das Ziel gleichthematisch mit dem Handeln ist, so daß dieses um seiner eigenen Thematik willen erfolgt. So ist z. B. Leistungshandeln intrinsisch, wenn es nur um des zu erzielenden Leistungsergebnisses willen unternommen wird, weil damit die Aufgabe gelöst ist oder die eigene Tüchtigkeit einer Selbstbewertung unterzogen werden kann«. Damit definiert *Heckhausen* den Begriff intrinsische Motivation über die Gleichsetzung von Weg und Ziel. Ein Akteur ist intrinsisch motiviert, wenn ihm etwas Spaß macht. Mit dieser Definition baut *Heckhausen* auf den attributionstheoretischen Konzepten der intrinsischen Motivation nach *Deci* auf. Danach ist für die intrinsische Motivation entscheidend, dass der Akteur sein Handeln als selbstbestimmt empfindet. Wird nämlich das Ergebnis externalen Ursachen zugeschrieben oder die Handlung weniger aus freien Stücken, sondern auf Grund externaler Handlungsfolgen wie Belohnung und Bestrafung begangen, so empfinden die Akteure die Handlung als extrinsisch motiviert. Im universitären Bereich ist durch den großen Handlungsspielraum der Professoren eine Attribution wahrscheinlich, die die Tätigkeit als intrinsisch klassifiziert, wenn bei den Personen ein Leistungsmotiv vorliegt, das aktiviert werden kann.

Die Attribuierung, die eine Handlung als selbstbestimmt charakterisiert, kann sich durch Einführung einer extrinsischen Belohnung ändern. Externe Anreize können Geld, Karriere, Lob, betriebliche Sonderleistungen etc. sein. Externe Anreize können die intrinsische Motivation verstärken, aber auch zerstören. Die Diskussion um diesen Verdrängungseffekt ist zu einem vorläufigen Abschluss gelangt und lässt sich in folgender Aussage zusammenfassen (vgl. *Frey* 1997): Externe Eingriffe verdrängen die intrinsische Motivation, wenn das Individuum sie als kontrollierend wahrnimmt. Die externen Anreize können jedoch auch die intrinsische Motivation verstärken, nämlich dann, wenn sie als unterstützend wahrgenommen werden. Ob Leistungsbestandteile im Lohn als

Kontrolle oder Belohnung wahrgenommen werden, ist wahrscheinlich auch eine Frage der Persönlichkeit (*Kaschube/Rosenstiel* 2000).

Der wohl wichtigste extrinsische Anreiz bei lohnabhängigen Beschäftigungen ist das Geld. Folgende **Grundlohnarten** existieren:

■ Der reine **Zeitlohn** ist eine feste Vergütung für eine festgelegte Zeiteinheit. Die Lohnhöhe ist unabhängig von der erbrachten Leistung. Der Zeitlohn mit Leistungsbewertung enthält auch einen leistungsabhängigen Lohnanteil, der entweder als fixe Leistungszulage gezahlt oder durch Leistungsbeurteilung ermittelt wird. In der Leistungsbewertung findet eine vermittelte, mittelfristige Bewertung des Outputs statt. Wird der Zeitlohn mit dem Senioritätsprinzip verbunden, kann dies als Belohnung für vorausgegangene Bildungsinvestitionen interpretiert werden. Der Zeitlohn bietet sich bei den Produktionsbedingungen an, in denen hohe Qualität gefordert wird, der Output nur sehr schwer zu bewerten ist, die Arbeit vielgestaltig ist, Gefahren bei zu hohem Arbeitstempo auftreten, und wenn der Output nicht direkt durch das Verhalten der Akteure beeinflussbar ist. Ein weiteres Argument für den Zeitlohn sind die geringen Kosten der Ermittlung der Lohnhöhe.

■ Der **Akkordlohn** setzt voraus, dass die Arbeit akkordfähig ist, d.h. der Arbeitsablauf muss bekannt und wiederholbar sein, er muss mengenmäßig genau erfasst werden können und ein hohes Arbeitstempo muss mit Produktqualität, Vermeidung von Unfällen und gesundheitlichen Schäden vereinbar sein. Akkordreif ist die Arbeit dann, wenn sie akkordfähig ist und das Produktionsverfahren lange Zeit gleich bleibt. Voraussetzungen, die in Bildungsorganisationen alle nicht gegeben sind.

■ Beim **Prämienlohn** wird für ein bestimmtes Verhalten eine Prämie zusätzlich zum Grundlohn bezahlt. Der Prämienlohn lässt sich sehr flexibel einsetzen, da er durch sehr unterschiedliche Bezugsgrößen fundiert werden kann. Viele Vorschläge zur Reform der Professorenbesoldung fordern verschiedene Arten von Prämien (➜ *Hochschuldienstrecht*).

Bisher existiert im deutschen Hochschulwesen ein Zeitlohn mit Senioritätszulage (sowie Orts- und Familienzulagen). Leistungszulagen kann ein Professor bisher nur über weitere Berufungen erzielen. In der Literatur werden folgende Probleme der deutschen Professorenbesoldung herausgestellt:

■ das Senioritätsprinzip (das Alter wird belohnt);
■ das Besserstellungsverbot (die Mitarbeiter des öffentlichen Dienstes müssen alle gleich behandelt werden);
■ keine Leistungsanreize (keine monetären Anreize für Forschung und Lehre);
■ Verhinderung der Übergänge zwischen Wirtschaft und Wissenschaft (insbesondere wegen der Altersversorgung).

Vorschläge zur Neugestaltung des Professorenentgeltes lehnen sich alle mehr oder weniger eng an den Vorschlag der Hochschulrektorenkonferenz an (*HRK* 1998, vgl. auch *Müller-Böling* 2000): Es soll einen festen Zeitlohn ohne Besoldungsgruppen und Alterszulagen mit leistungsabhängigen Prämien geben (➜ *Hochschuldienstrecht*).

Neben dem festen Grundgehalt sollen durch variable Prämien die Aktivitäten in der Forschung und Lehre honoriert werden. Außerdem sollen durch eine fixe Prämie Strukturfaktoren (z. B. Abwerbung aus der Wirtschaft) und Reputation der Einzelperson (z. B. Leibniz-Preisträger) berücksichtigt werden. Bei den variablen Prämien ist allerdings die Frage der Indikatoren wichtig, denn sie entscheiden letztendlich darüber, was für ein Verhalten genau belohnt wird: Sind es – einfach zu messende – quantitative Faktoren, wie Betrag der eingeworbenen Drittmittel pro Jahr, Anzahl der Studierenden im Grundstudium, der Absolventen, Promoventen und Habilitanten pro Jahr oder – aufwändig zu erfassende – qualitative Indikatoren, wie Qualität der Lehre (gemessen über Lehrevaluation) und Qualität der Forschung (gemessen über Forschungsevaluation). Auch Zulagen für die Übernahme von Ämtern in der Selbstverwaltung (Dekan, Rektor) sollen weiterhin mit einer Prämie belohnt werden, ebenso ist die Erfüllung von → *Zielvereinbarungen* als Prämiengrundlage denkbar.

Bei den Tätigkeiten eines Hochschullehrers handelt es sich um multi-task-Aufgaben. Es sind Tätigkeiten in der Lehre, Forschung und Selbstverwaltung zu erbringen. Die Aufgaben in Lehre und Selbstverwaltung sind zudem häufig in Gruppenarbeitsstrukturen zu erledigen. Wenn Hochschullehrer mit Leistungslohnanteilen honoriert werden sollen, dann können mehrere Probleme auftreten:

- Es wird immer nur eine bzw. wenige Handlungen aus dem Aufgabenspektrum belohnt. Es kann deshalb zu Dysfunktionalitäten kommen. Wird z. B. der quantitative Faktor »Anzahl der Absolventen« als Indikator für Leistungsmessung genommen, so wird die Handlung belohnt, möglichst viele Studierende durch das Examen zu schleusen – egal wie. Wird der Indikator »Anzahl der Studierenden im Grundstudium« genommen, dann wird durch Pflichtveranstaltungsregelungen jeder Hochschullehrer alle Studierenden an seine Veranstaltungen binden. Werden Zulagen für die Übernahme des Dekanatsdienstes gewährt, ist zu fragen, warum nicht auch Gutachtertätigkeiten sowie alle Kommissionsmitgliedschaften belohnt werden. Wenn für die Indikatorbildung alle Tätigkeiten des Hochschullehrers aufgelistet werden, dann ist keine Anreizwirkung für eine Handlung mehr gegeben: Egal was getan wird, eine Belohnung erfolgt immer.
- Die quantitativen Faktoren können natürlich durch qualitative Faktoren ergänzt werden. Bei Lehr- und Forschungsevaluationen treten jedoch sehr hohe Transaktionskosten auf. Je besser z. B. die Lehre evaluiert wird, desto teurer wird das Verfahren. Außerdem besteht die Gefahr des Aufbaus einer eigenen Bürokratie.
- In der Praxis haben die Hochschulen die Indikatoren bisher selbst festgelegt, d.h. die Bewerteten entwickeln die Regeln selbst, nach denen sie bewertet werden (vgl. *Wenig* 2000). Damit können die mikropolitischen Verteilungskämpfe in den Hochschulen zunehmen.

Es ist also genau zu überlegen, welche Handlung durch welchen Anreiz belohnt werden soll sowie welche alternative Handlung dadurch bestraft wird. Für

Nachwuchswissenschaftler wird eine leistungsorientierte Entlohnung auch nur dann attraktiv sein, wenn ein ähnliches Niveau erreicht wird wie auf außeruniversitären Karrierewegen.

Die Leistungsmotivation bei den multi-task-Aufgaben in Forschung und Lehre werden hauptsächlich über intrinsische Motivation und Karriereerwartung sichergestellt. Die Arbeit muss Spaß machen und erfolgt in Hinblick auf einen möglichen Ruf als Professor. Auch nach einem Ruf können weitere Karriereoptionen existieren. Der extrinsische Anreiz der Karriere spricht viele Handlungsbereiche aus dem Tätigkeitsfeld eines Hochschullehrers an und ist zu vergleichsweise geringen Transaktionskosten zu haben. Voraussetzung ist dabei, dass die Akteure eine hohe Zusammenhangswahrscheinlichkeit zwischen Handlungsfolge (hohe Leistung) und Anreizeintritt (Karriere) wahrnehmen. In diesem Falle ist auch keine Zerstörung der intrinsischen Motivation durch extrinsische Anreize zu erwarten.

Um die Karriere zu beschleunigen, wird in letzter Zeit die Frage der Verkürzung bis zur Erreichung einer Professur diskutiert, und zwar in der Alternative von Habilitation versus Assistenzprofessur (→ *Hochschuldienstrecht*). Letztere soll den Karriereweg beschleunigen und jungen Wissenschaftlern früher ein eigenständiges Forschen und Lehren ermöglichen. Ob sich dies durchsetzt, hängt vermutlich auch von Angebot (an habilitierten Bewerbern) und Nachfrage (nach unbefristeten Professuren) ab. Soll die Karriere als Anreiz eingesetzt werden, darf sie sich auch nicht ausschließlich auf einen einzigen Karriereschritt beziehen, nämlich den Ruf auf eine Professur.

Als zusätzlicher Anreiz können – wie es in Nordrhein-Westfalen geschieht – die Sachmittel nach Leistungskriterien vergeben werden: Das Ministerium weist den Hochschulen die Sachmittel nach den Parametern Stellen des wissenschaftlichen Personals, Anzahl der Studierenden im Grundstudium, Anzahl der Absolventen, Höhe der Drittmittel und Anzahl der Promotionen zu. Die einzelnen Hochschulen können aber andere Parameter bei der internen Weitergabe der Mittel anwenden. Ob dies von den Professoren allerdings als Anreiz wahrgenommen wird, ist bisher eine empirisch noch nicht beantwortete Frage.

Literatur:

Frey, B. S.: Markt und Motivation. München 1997.
Heckhausen, H.: Motivation und Handeln. Berlin u. a. 1989 (2. Aufl.).
HRK (Plenum der 168. Hochschulrektorenkonferenz 1998): Zum Dienst- und Tarif-, Besoldungs- und Vergütungsrecht sowie zur Personalstruktur in den Hochschulen. Beiträge zur Hochschulpolitik, Heft 8/1998, Bonn.
Kaschube, J./Rosenstiel, L. von: Motivation von Führungskräften durch leistungsorientierte Bezahlung. In: Zeitschrift Führung und Organisation, 69. Jg., 2000, S. 70-76.
Müller-Böling, D.: Die entfesselte Hochschule. Gütersloh 2000.
Wenig, A.: Die Besoldung der Professoren. In: List Forum für Wirtschafts- und Finanzpolitik, 26. Jg., Heft 1, 2000, S. 1-15.

WWW-Adressen:

www.forschung-und-lehre.de
www.che.de

Angaben zum Autor:

PD Dr. Uwe Wilkesmann
Hochschuldozent an der Fakultät für Sozialwissenschaft (Sektion für Sozialpsychologie) der Ruhr-Universität Bochum
GB 04/146
44780 Bochum
Tel.: +49 23 43 22 54 16
Email: Uwe.Wilkesmann@ruhr-uni-bochum.de
Homepage: www.Uwe-Wilkesmann.de

Leitbilder

Margret Bülow-Schramm

Ein wesentlicher Teil der Umbau-Maßnahmen von Bildungsinstitutionen ist die Arbeit an **Leitbildern**. Leitbilder sind auf konkrete einzelne Institutionen bezogen. Sie beschreiben ihre Besonderheit, ihre Entwicklungsmöglichkeiten und die Normen für die Handlungen ihrer Mitglieder. Ihre Identifikation mit der Institution wird durch die Einigung auf ein Leitbild erleichtert, was nach innen als Motivierung wirken, nach außen die Akzeptanz der Einrichtung in der Öffentlichkeit erhöhen soll. Seine Funktionen liegen in der Profilgebung, der Orientierung und der Angabe einer Entwicklungsrichtung für die Institution.

Die wesentlichen Ziele einer Institution sind im Leitbild artikuliert, die oft erst mit der Arbeit an ihm Kontur gewinnen und kommunizierbar werden. Dass dadurch die Institution **ein Profil** erhält, das andere Institutionen so nicht haben, ist unter Gesichtspunkten des Marktes und der Platzierung der Institution im Wettbewerb die wichtigste Funktion. Denn auch im Bildungssektor beginnt sich der Wettbewerbsgedanke durchzusetzen und damit hat sich die Informations- und Bildungslandschaft grundlegend gewandelt. Die Institutionen im gesamten Bildungsbereich müssen ihre neue Rolle überdenken, sich neu positionieren, Schwerpunkte und Leitziele definieren, aber sich auch rückbesinnen auf den eigenen gesellschaftlichen Auftrag.

Die Heraushebung der profilbildenden Merkmale bietet **Orientierung** für die einzelnen Arbeitsvollzüge und stellt darüber hinaus deren Gesamtzusammenhang in den Vordergrund. Die Leistungen, die arbeitsteilig in Untergliederungen erbracht werden, werden im Leitbild als Teile eines Ganzen für alle Beteiligten erkennbar. Damit wird betont, dass eine Institution nicht ersetzbar ist durch viele unverbundene bzw. arbeitsteilige Segmente, sondern dass die Institution als Ganze gesellschaftspolitische Relevanz besitzt. Zu Teilen kann die Orientierung der Mitarbeiter an konsensualen Leitsätzen die Führung durch Vorgesetzte oder Kontrollsysteme überflüssig machen.

Eingebunden in strategisches Management können Leitbilder die **Richtung der Entwicklung** einer Institution steuern. In Zielvereinbarungen und Controllingverfahren werden die Leitideen operationalisiert und in konkrete Entwicklungsvorhaben umdefiniert. Welchen Beitrag die Mitglieder der Institution zur Zielerreichung leisten können und sollen, wird transparent, nachvollziehbar und verbindlich durch Fixierung in Kontrakten, die z. B. zwischen der Leitung und den Mitgliedern ausgehandelt werden (*Hanft, A.* 2000).

Die Herkunft des Leitbild-Ansatzes aus **Management-Konzepten** für die Unternehmensplanung ist immer wieder Ausgangspunkt für Kritik, die aber weniger seine Ablehnung bewirkt, als einen reflektierten Umgang mit diesem Instrument. Zumal die Organisationstheorie selbst einen Paradigmenwechsel durchmacht von einer zunächst rein betriebswirtschaftlichen zu einer auch sozialwissenschaftlich-psychologischen Denkweise.

Folgende Fragen drängen sich bei der Implementierung von Leitbildern im Bildungsbereich auf:
- Ist es für Bildungsinstitutionen möglich und wünschenswert, übergreifende, auf die Gesamtinstitution bezogene Leitbilder zu formulieren?
- Sind Leitbilder Endprodukt einer Bemühung um Veränderung, insofern sie Selbstverständlichkeiten festschreiben auf denen sich gut ruhen lässt, oder Ausgangspunkt für Neuerungen?
- Schreiben in der derzeitigen Sparpolitik Leitbilder lediglich den Mangel fest und verringern so Optionen, statt sie zu eröffnen?

Die erste Frage verweist auf die **Unterschiede zwischen Wirtschaftsunternehmen und Bildungsinstitutionen.** Insbesondere die Hochschulen weisen Strukturen auf, die sich einer zentralen Lenkung entziehen. Die Entwicklung der Disziplinen folgt je fachspezifischen Paradigmata und von der Entwicklung der Disziplinen hängt wesentlich die Leistung der gesamten Hochschule in Lehre und Forschung ab. Eine Festlegung auf ein für alle Wissenschaftszweige verbindliches Leitbild hätte diese »lose Koppelung« zu berücksichtigen und müsste darüber liegende Gemeinsamkeiten betreffen (*Oehler, Chr.* 2000). Welches Entwicklungspotenzial liegt in einer solchen Abstraktionsstufe und wo gehen die Grundsätze von solcher Allgemeinheit über Selbstverständlichkeiten oder Banalitäten hinaus? Diese Gefahr wird mit der zweiten Frage thematisiert.

Leitbilder einzelner Organisationen im Bildungsbereich, insbesondere in den Hochschulen, sind dann ein **taugliches Mittel für die Entwicklung,** wenn sie über die Aufforderung zur expliziten Anerkennung eines Selbstverständnisses

Entwicklungslinien in die Zukunft eröffnen. Zu den Inhalten des Selbstverständnisses zählen nicht nur Bezüge zum öffentlichen Auftrag der Hochschulen, sondern die dezidierte Stellung der konkreten Hochschule zu den Grundsätzen von Forschung, Lehre, Bildung und Ausbildung. Hierzu müssen Entscheidungen getroffen werden, für die zwei Wege offen stehen: Neuerungen in Organisationen werden von oben nach unten verordnet (top down) oder wachsen von unten nach oben durch (bottom up). Jeder Weg zieht Für- und Wider-Argumente auf sich. In der Praxis werden deshalb Mischformen bevorzugt, um die Vorteile beider Vorgehensweisen zu sichern: top down ermöglicht eine klare Ansage der Intentionen und eine eindeutige Zeitvorgabe. Bottom up bezieht diejenigen in den Entwicklungsprozess ein, die Neuerungen umsetzen sollen und verringert Boykottmaßnahmen bzw. Unterlaufensstrategien. Von Gegenstromverfahren ist in diesem Kontext die Rede, in dem die eine Vorgehensweise durch die andere ergänzt wird.

Entscheidend ist, dass mit der Aufstellung des Leitbildes, nach den Auseinandersetzungen über die Inhalte und Beschlüsse über die Formulierungen nicht wieder der Status quo ante herrscht. Die Arbeit ist mit der Verabschiedung eines Leitbildes nicht getan, sondern fängt erst an! In den strategischen Entscheidungen der Hochschulen und ihren wissenschaftlichen Einrichtungen kommen idealiter in der Folge die Leitideen, auf die sich die Hochschule mit der Verabschiedung eines Leitbildes verpflichtet hat, zum Tragen. Doch welchen Handlungsspielraum hat die einzelne Hochschule um ihre Ziele zu erreichen?

Das mit der dritten Frage formulierte Problem führt in ein Dilemma: Der Weg in die Entwicklung entlang von Leitbildideen erfordert zuvörderst die **Freisetzung von Zwängen** – hier in erster Linie dem Sparzwang – die eigentlich auch Endpunkt der Entwicklung ist. Der Weg zur autonomen Hochschule setzt Autonomie, zumindest was den Entwurf von Zukunft anbelangt, bereits voraus. Deshalb wird es ohne Visionen nicht zu einem Leitbild kommen, das lebt und gelebt werden kann. Der produktive Umgang mit Sparauflagen ist also gefragt und der Begriff des intelligenten Sparens setzt sich durch, um zu kennzeichnen, dass Sparen zu notwendigen Umstrukturierungen genutzt werden kann, die ohne den Sparzwang aufgrund der Trägheit der Institution nicht oder schwerer zu realisieren wären. Leitbilder können dazu verhelfen, aus dem Jammertal der Unterausstattung herauszukommen und Orientierungspunkte zu bieten für eine strategische Entwicklungsplanung, die weit über das heute hinausreicht und auf eine Bündelung der Kräfte hinwirkt: die Hochschulen stellen Forderungen nicht nur für den Erhalt des Status quo, sondern für Investitionen zur Verbesserung des Zustandes, suchen nach Verbündeten für die Verfolgung der Entwicklungsziele – auch in der Bildungspolitik – und nutzen das strategische Instrument der (→ *Zielvereinbarungen*, um den visionär formulierten Leitbildern Verbindlichkeit zu verleihen.

Literatur:

Alewell, K.: Autonomie mit Augenmaß, Göttingen 1993.

Bülow-Schramm, M.: Von hehren Zielen und täglicher Kleinarbeit. Die Hamburger Strategie einer leitbildgesteuerten Universitäts- und Fachbereichsentwicklung. In: Das Hochschulwesen 2/99, 47. Jg. S. 45 ff.

Bülow-Schramm, M./Nickel, S./Nullmeier, F./Zechlin, L.: Wirkungsorientierte Arbeit mit Leitbildern. Zwei Praxisbeispiele. In: *Hanft, A.* (Hrsg.): Hochschulen managen? Zur Reformierbarkeit der Hochschulen nach Managementprinzipien. Neuwied/Kriftel/Berlin 2000.

Daxner, M.: Leitbild der Universität Hamburg – ein Fest des Anfangs. In: *Bülow-Schramm, M./Krüger, K.* (Hrsg.): Lebendiges Leitbild. Dokumentation der Auftaktveranstaltung am 12. 11. 1998, Hamburg.

Hanft, A.: Leitbilder an Hochschulen – Symbolisches oder strategisches Management? In: *Hanft, A.* (Hrsg.): Hochschulen managen? Zur Reformierbarkeit der Hochschulen nach Managementprinzipien. Neuwied/Kriftel/Berlin 2000.

Oehler, Chr.: Das Hochschulwesen 3/2000, S. 100.

Angaben zur Autorin

Prof. Dr. Margret Bülow-Schramm
Hochschullehrerin am Interdisziplinären Zentrum für Hochschuldidaktik (IZHD) und im wissenschaftlichen Leitungsteam des Projekts Universitätsentwicklung (Pro Uni) der Universität Hamburg
Universität Hamburg, ProUni
Schlüterstraße 18
20146 Hamburg
Tel.: +49-40/42838-3836
Fax: +49-40/42838-2011
E-Mail: buelow-schramm@prouni.uni-hamburg.de

Leitungsstrukturen

Jürgen Lüthje

Leitung ist die Steuerung der Tätigkeit von Menschen, die in geregeltem Zusammenwirken Ziele verfolgen, Zwecke verwirklichen oder Aufgaben wahrnehmen. Erfordern diese Ziele, Zwecke oder Aufgaben längerfristige oder dauerhafte Zusammenarbeit, wird die Tätigkeit der beteiligten Personen durch Institutionen oder andere Organisationsformen in der Regel arbeitsteilig gestaltet. Die Leitung solcher Einheiten beinhaltet deren Repräsentation und Vertretung, die Entwicklung von Zielen, die Planung des Vorgehens, die Entscheidung von Alternativen, die Durchsetzung von Entscheidungen, die Regelung von Krisen und Konflikten, die Organisation des Zusammenwirkens, die Kontrolle von Ergebnissen und die Nachsteuerung bei Zielverfehlung.

Die Leitungsfunktion kann von einer Person oder mehreren Personen wahrgenommen und ausgestaltet werden, daraus ergeben sich **unterschiedliche Leitungsstrukturen.** Idealtypisch sind monokratische, arbeitsteilige und kollegiale Leitungsstrukturen zu unterscheiden, wobei zwischen diesen Idealtypen Kombinationen und Mischformen denkbar sind. Die monokratische Leitungsstruktur bündelt die Leitungsfunktion in einer einzigen Person. Das kann ökonomisch und effektiv sein, zu schnellen Entscheidungen führen, die Integration vielfältiger Aspekte ermöglichen sowie die Kontinuität und Konsistenz von Entscheidungen sicherstellen. Risiken dieser Leitungsstruktur liegen in der Möglichkeit von Überforderung, der Gefahr von Entscheidungsengpässen, der starken Abhängigkeit vom Leistungsvermögen und dem Qualifikationsprofil einer einzelnen Person sowie übermäßiger Machtkonzentration. Die ressortmäßig-arbeitsteilige Leitungsstruktur ermöglicht die Kombination unterschiedlicher Erfahrungs- und Qualifikationsprofile, sie kann Entscheidungsengpässe sowie Überlastung vermeiden, erfordert allerdings zusätzlichen Koordinationsaufwand und setzt ein kooperierendes Leitungsteam und die Richtlinienkompetenz eines Leitungsmitglieds voraus. Die kollegiale Leitungsstruktur ist schwerfällig und aufwendig, weil Entscheidungen allein vom Kollegium getroffen werden. Hingegen kann das Kollegium vielfältige Qualifikationen und Sichtweisen integrieren sowie Kommunikation und Partizipation fördern.

Leitungsstrukturen im Hochschulbereich müssen den spezifischen Aufgaben in Lehre und Forschung sowie der Tradition akademischer → *Selbstverwaltung* Rechnung tragen. Die Abhängigkeit der meisten Hochschulen von staatlicher Finanzierung ist zu berücksichtigen, ebenso die hohe Bedeutung der Wissenschaft für die Gesellschaft sowie die Unverzichtbarkeit wissenschaftlicher Freiheit als Grundlage und Voraussetzung wissenschaftlicher Entwicklung. Diese widersprüchlichen Anforderungen schaffen komplexe Bedingungen für angemessene Leitungsstrukturen.

Ein **internationaler Vergleich der Leitungsstruktur von Hochschulen** ergibt ein disparates Bild. Die Hochschulen in den **USA, Kanada, England, Australien und Neuseeland** weisen starke Leitungsfunktionen auf der zentralen Ebene (President, Chancellor, Vice-Chancellor) wie auf der dezentralen Ebene (Dean, Chair) auf. Diese Ämter werden hauptberuflich wahrgenommen. Obwohl meist monokratisch angelegt, werden die Ämter faktisch im Rahmen arbeitsteiliger Vorstände ausgeübt. Die Wahl der Leitungsperson obliegt in der Regel einem »Board«, dessen Zusammensetzung erheblich variiert und in dem Hochschulmitglieder allenfalls einen Teil der Sitze innehaben. Die Hochschulleitung beteiligt dieses Aufsichtsorgan bei strategisch wichtigen Entscheidungen. Der staatliche Einfluss auf die Entwicklung der einzelnen Hochschulen wird in der Regel nicht durch ein Ministerium, sondern durch staatlich ernannte Mitglieder des »Board« ausgeübt. Entsprechend sind die Hochschulen nicht Teil der staatlichen Behördenorganisation, sondern eigenständige Rechtssubjekte. Der »Board« wird als Organ dieses Rechtssubjektes verstanden, nicht als staatliche Behörde. Die Mitglieder der zumeist ressortmäßig organisierten Hochschulleitung werden entweder vom Leiter der Hochschule berufen oder auf dessen Vorschlag vom »Board« bestellt, der Leiter vom »Board« gewählt. Die Leitung der dezentralen Organisationseinheiten (Dean, Chair) wird in der Regel in der Organisationseinheit gewählt und von der Hochschulleitung bestellt. In allen akademischen Angelegenheiten sind sowohl die Leitung der Hochschule als auch die Leitung der dezentralen Organisationseinheiten an die Mitwirkung von kollegialen Selbstverwaltungsorganen gebunden. Diese angelsächsische Leitungsstruktur ist von vielen Ländern beim Aufbau oder bei der Reform von Hochschulen übernommen und vielfältig modifiziert worden.

Romanisch geprägte Länder weisen vorwiegend eine monokratische Leitungsstruktur von Hochschulen auf, sie unterliegt zudem starkem staatlichen Einfluss. Dieser findet in der Ernennung der Hochschulleitung durch den Minister oder in der staatlichen Bestellung nach vorausgegangener Wahl in der Hochschule seinen Ausdruck. Das staatliche Ministerium kann auf die Tätigkeit der Hochschulleitung zumeist erheblichen Einfluss nehmen. Erst seit den nach 1970 durchgeführten Reformen verbürgen Hochschulgesetze akademische Selbstverwaltungsrechte und die Mitwirkung kollegialer Selbstverwaltungsgremien an der Regelung akademischer Angelegenheiten. Weitgehende Selbstverwaltungsrechte auf Grundlage einer Verfassungsgarantie räumt insbesondere das Hochschulgesetz Spaniens den Hochschulen ein. In Frankreich, Italien und Portugal herrscht trotz gesetzlicher Verbürgung von Selbstverwaltungsrechten in akademischen Angelegenheiten der starke staatliche Einfluss auf die Leitung der Hochschulen vor.

Die **skandinavischen Länder** regeln wesentliche Grundlagen der Lehre und des Studiums durch den Staat, in der Forschung und in der Hochschulleitung haben sie den Gestaltungsspielraum der Hochschulen aber erheblich erweitert. Die Leitung wird durch ein Hochschulgremium gewählt, ebenso die Leitung der dezentralen Organisationseinheiten. Den Selbstverwaltungsgremien auf zentraler und dezentraler Ebene gehören teilweise externe Mitglieder an. Im Vergleich zu den in den Siebzigerjahren beschlossenen Hochschulgesetzen stärken die neueren Gesetze die Leitungsfunktionen gegenüber den Selbstverwaltungsgremien und verlagern zugleich Aufgaben vom Staat auf die einzelnen Hochschulen.

Einen eigenständigen Weg hat die **Hochschulreform in den Niederlanden** eingeschlagen. Das Rektorat, dem bis zu drei Mitglieder angehören, wird vom Aufsichtsrat nach Anhörung des Universitätsrates gewählt. Der Vorsitzende des Rektorates wird vom Aufsichtsrat berufen, der Rektor entsprechend den jeweiligen Hochschulstatuten gewählt. Das Rektorat ist gegenüber dem Aufsichtsrat rechenschaftspflichtig und erstattet dem Universitätsrat jährlich einen Bericht über die Entwicklung der Hochschule. Die Mitglieder des Aufsichtsrates, mindestens drei und höchstens fünf Persönlichkeiten des öffentlichen Lebens, werden vom Wissenschaftsminister nach Anhörung des Universitätsrates auf vier Jahre berufen. Eines der Mitglieder muss das besondere Vertrauen des Universitätsrates besitzen. Der Aufsichtsrat ist dem Minister verantwortlich und informiert ihn regelmäßig. Die Fakultäten werden von einem Dekan geleitet, der nach Anhörung des Fakultätsrates von der Universitätsleitung benannt wird und dieser verantwortlich ist.

Der internationale Vergleich zeigt eine klare Tendenz zur Ausweitung der Zuständigkeit der Hochschulen zu Lasten bisher staatlicher, insbesondere ministerieller Zuständigkeiten. An deren Stelle tritt die Aufsicht durch einen Aufsichtsrat, dem allenfalls zu einem Teil Hochschulmitglieder angehören. Die Leitungsaufgaben werden durch monokratische oder arbeitsteilig organisierte Hochschulleitungen wahrgenommen, deren Befugnisse im Verhältnis zu kollegialen Selbstverwaltungsgremien gestärkt werden. Die gleiche Entwicklung zeigt sich auf der dezentralen Ebene. Erhebliche Unterschiede bestehen im Hinblick auf die Bestellung oder die Wahl der Leitung. Insoweit stehen sich einerseits die Bestellung durch einen »Board« oder Aufsichtsrat – zumeist nach Beteiligung eines Selbstverwaltungsgremiums – und die Wahl durch ein Selbstverwaltungsgremium gegenüber.

Die **Leitungsstruktur deutscher Hochschulen** war sehr lange durch den **Dualismus von Akademischer Selbstverwaltung und der Verwaltung staatlicher Angelegenheiten** geprägt. Den Prototyp dieser dualen Leitungsstruktur entwickelte die Preußische Hochschulpolitik. Sie überließ die Repräsentation der Universitäten als wissenschaftliche Korporationen und die Leitung der akademischen Selbstverwaltung dem aus der Universität heraus gewählten Rektor, auf dezentraler Ebene den Dekanen, und konzentrierte die Verwaltung der staatlichen Angelegenheiten beim staatlich ernannten Kurator. Er fungierte als Vertreter des Staates gegenüber der Hochschule, aber auch als Anwalt der Interessen der Universität in der staatlichen Behördenorganisation. Rektor und Kurator nahmen ihre Aufgaben jeweils eigenständig wahr. In Bayern wurden die staatlichen Verwaltungsangelegenheiten der Universitäten durch einen Verwaltungsausschuss unter Vorsitz des Rektors wahrgenommen, in den städtischen Universitätsgründungen Frankfurt und Köln sowie einigen Neugründungen nach 1945 durch kollegiale Kuratorien. An den südwestdeutschen Universitäten nahm demgegenüber der Rektor im Auftrage des Ministers auch die staatlichen Verwaltungsangelegenheiten der Universität wahr. Dieses Konzept einer vom Rektor geleiteten einheitlichen Verwaltung von staatlichen Auftragsangelegenheiten und Selbstverwaltungsaufgaben bestimmte nach 1945 zunehmend die Reformdiskussion – wie auch die Präsidialverfassung des amerikanischen Hochschulsystems.

Ende der Sechzigerjahre bildete sich ein breiter hochschulpolitischer Konsens heraus, der die Hochschulleitung gegenüber den bis dahin bedeutsameren Fakultäten stärken, den Hochschulen aber auch eine wirksamere Interessenvertretung gegenüber der staatlichen Ministerialverwaltung ermöglichen wollte.

Das **Hochschulrahmengesetz von 1976** regelte in § 62 erstmals **allgemeine Grundsätze zur Leitung von Hochschulen,** denen zufolge die Hochschulen entweder einen hauptberuflichen Leiter mit mindestens vierjähriger Amtszeit oder ein gewähltes Leitungsgremium mit einem hauptberuflichen Mitglied haben mussten. Im Falle eines Leitungsgremiums soll der Leitende Verwaltungsbeamte diesem Kraft Amtes angehören. Diese Regelung eröffnete den Ländern und den Hochschulen die Wahl zwischen einer Präsidial- und einer Rektoratsverfassung jeweils in monokratischer, arbeitsteiliger und kollegialer Form.

Als Legitimationsgrundlage forderte § 62 Abs. 3 die Wahl durch ein zentrales Kollegialorgan der Hochschule und die Bestellung durch die nach Landesrecht zuständige Stelle, in der Regel die Landesregierung.

Durch **Änderung des Hochschulrahmengesetzes wurde 1998** die Regelung zur Leitung von Hochschulen zusammen mit weiteren Bestimmungen über die Organisation von Hochschulen aufgehoben. Dadurch haben die Länder wieder die volle Gestaltungsfreiheit bei der Regelung der Hochschulleitung. Bereits vor dieser Gesetzesänderung konnten die Länder und Hochschulen im Rahmen einer Experimentierklausel andere Leitungs- und Organisationsstrukturen erproben.

Für große Hochschulen haben sich die monokratische Hochschulleitung durch einen Präsidenten oder Rektor mit einer mindestens vierjährigen Amtszeit sowie die kollegiale Leitung durch ein Rektorat unter dem Vorsitz eines Rektors mit mehrjähriger Amtszeit als vorherrschende Leitungsstrukturen herausgebildet. In jüngerer Zeit wird auch das Präsidium mit arbeitsteiliger Ressortzuständigkeit erprobt oder angestrebt, wobei dem Präsidenten eine Richtlinienkompetenz und das Vorschlagsrecht für die Wahl der Vizepräsidenten eingeräumt wird. Für kleine Hochschulen ist in der Regel eine monokratische Leitung vorgesehen. Soweit große Hochschulen eine monokratische Leitung haben, wird sie zumeist mit einer arbeitsteiligen Leitungspraxis kombiniert, z. B. nehmen Stellvertreter häufig die Aufgabenbereiche »Lehre, Studium und studentische Angelegenheiten«, »Forschung und Förderung des wissenschaftlichen Nachwuchses« sowie »Internationale Angelegenheiten« verantwortlich wahr. Die eigenverantwortliche Ressortleitung erfordert eine Klärung des Verhältnisses zu den entsprechenden Verwaltungseinheiten sowie der Funktion des Leitenden Verwaltungsbeamten. Ihre entlastende, spezialisierende und effizienzsteigernde Wirkung kann die arbeitsteilige Leitungsstruktur nur dann entfalten, wenn die fachliche Leitung gegenüber der für die Ressortaufgaben zuständigen Verwaltungseinheit unmittelbar wahrgenommen und nicht durch den Leitenden Verwaltungsbeamten mediatisiert wird. Als übergreifende Aufgaben des Leitenden Verwaltungsbeamten verbleiben insbesondere die Führung der laufenden Geschäfte der Verwaltung, die Koordination zwischen den verschiedenen Bereichen der Verwaltung, die Gewährleistung des Zusammenwirkens und die Ausübung der Dienstaufsicht.

Innerhalb eines arbeitsteiligen Präsidiums oder Rektorates ist eine Richtlinienkompetenz des Vorsitzenden erforderlich, außerdem sollte der Präsident nicht überstimmt werden können oder bei Stimmengleichheit den Ausschlag geben. Die Kooperationsbereitschaft und -fähigkeit der Leitungsmitglieder sowie eine passende, möglichst komplementäre Konstellation spezieller Qualifikationen und Erfahrungen können am besten gewährleistet werden, wenn dem leitenden Mitglied des Präsidiums oder Rektorates das Recht der Berufung zusteht oder aber das Recht, einem Wahlgremium die weiteren Mitglieder der Hochschulleitung vorzuschlagen.

Entscheidende Bedeutung für die Wirksamkeit der Hochschulleitung hat die klare Zuständigkeitsverteilung im Verhältnis zu kollegialen Selbstverwaltungsgremien. Je stärker Entscheidungszuständigkeiten geteilt werden, umso schwerfälliger wird der Entscheidungsprozess und umso unklarer wird die Verantwortung für die Ergebnisse von Entscheidungen.

Die Kontrolle der Amtsführung der Hochschulleitung durch ein kollegiales Selbstverwaltungsgremium erfordert die Pflicht der Hochschulleitung, dem Gremium Auskunft und Rechenschaft zu geben. Das Kontrollrecht wird durch empfehlende oder beanstandende Beschlüsse sowie durch Wahl- oder Abwahl der Hochschulleitung oder eines ihrer Mitglieder ausgeübt.

Staatliche Zuständigkeiten sind in akademischen Angelegenheiten auf die Rechtsaufsicht beschränkt, während die Personal-, Haushalts-, Wirtschafts-, Grundstücks- und Gebäudeangelegenheiten einer in der Regel uneingeschränkten Fachaufsicht der staatlichen Ministerien unterliegen. Insoweit ist die Hochschulleitung dem Weisungsrecht des Ministeriums auch bei der Entscheidung von Einzelfällen unterworfen. Faktisch wird von diesem Weisungsrecht allerdings zurückhaltender Gebrauch gemacht, zumeist nur in politisch relevanten Konfliktfällen. Dennoch bedeutet die Möglichkeit unmittelbarer operativer Einwirkung des Staates auf die Leitung der Hochschule eine erhebliche Einschränkung der Leitungsverantwortung. Rechtlich sind die Hochschulen im Bereich der ihnen übertragenen staatlichen Angelegenheiten immer noch nachgeordnete Teile der staatlichen Behördenorganisation, was eine klare Zuordnung von politischer Steuerung, strategischer Leitung und operativer Verwaltung erschwert.

In den letzten Jahren hat sich in Anlehnung an neue Steuerungsmodelle für die öffentliche Verwaltung faktisch eine Neuordnung des Verhältnisses von ministerieller Steuerung und Hochschulleitung entwickelt, die auf eine erhebliche Erweiterung der Verantwortung der Hochschulleitung zielt – vor allem durch globalisierte Haushaltsveranschlagung (→ *Globalhaushalt*) und die Übertragung dienstrechtlicher Zuständigkeiten auf die Hochschulleitung. Allerdings blieben die staatliche Fachaufsicht und das uneingeschränkte ministerielle Weisungsrecht unverändert bestehen. Wenn neue Steuerungskonzepte den Hochschulen und Hochschulleitungen mehr Entscheidungs- und Handlungsmöglichkeiten einräumen, gleichzeitig aber an der Möglichkeit staatlicher Detailsteuerung rechtlich unverändert festhalten, führen sie aufgrund unklarer Verantwortungsstruktur zu Steuerungsproblemen und behindern die angestrebte stärkere

Selbststeuerungsfähigkeit der Hochschulen (→ *Zielvereinbarungen zwischen Staat und Hochschulen*).

Eine ähnliche Gemengelage kann entstehen, wenn die Leitungsstruktur der Hochschulen durch → *Hochschulräte* oder Kuratorien ergänzt wird. Als überwiegend extern besetzte Aufsichtsorgane können Hochschulräte oder Kuratorien eine sinnvolle Alternative zur ministeriellen Steuerung bilden. Doch insoweit haben die Länder bisher ministerielle Befugnisse zugunsten der Hochschulräte oder Kuratorien keineswegs aufgegeben, insbesondere die Fachaufsicht in staatlichen Angelegenheiten blieb unverändert. An die Stelle des bisher bilateralen Verhältnisses von Staat und Hochschule ist eine Dreiecksbeziehung getreten, die nicht die Selbststeuerung der Hochschulen stärkt, sondern das Steuerungssystem komplizierter gestaltet.

Die **Zuständigkeitsverteilung zwischen zentraler Hochschulleitung und dezentraler Ebene** sollte sich am **Subsidiaritätsprinzip** orientieren, damit Angelegenheiten, die dezentral wirksam geregelt werden können, nicht in zentraler Zuständigkeit liegen. Nur soweit strategische Ziele der gesamten Hochschule betroffen sind oder ein über die dezentrale Einheit hinausgehender Koordinationsbedarf besteht, ist eine zentrale Aufgabenwahrnehmung zweckmäßig. Demnach sollten dezentrale Einheiten für alle Entscheidungen zuständig sein, deren Wirkung sich auf die Einheit beschränkt.

Bei Koordinationsbedarf zwischen mehreren dezentralen Einheiten kann die Regelung durch Vereinbarung gegenüber einer zentralen Entscheidung vorteilhaft sein, sofern nicht strategische Entwicklungsziele der gesamten Hochschule eine zentrale Regelung nahe legen.

Dezentrale Leitungsorgane sind in der Regel monokratisch verfasst. Vor allem für große Fakultäten oder Fachbereiche kann jedoch die Bildung eines Dekanates mit Ressortverantwortung der Mitglieder für einen bestimmten Aufgabenbereich zweckmäßig sein. Eine Richtlinienkompetenz des Vorsitzenden, das Vorschlagsrecht für die Wahl der weiteren Mitglieder und die ausschlaggebende Stimme des Vorsitzenden sollte die Kooperations- und Handlungsfähigkeit dieser Leitungsebene sicherstellen. Auch auf dezentraler Ebene kann es zweckmäßig sein, der Leitung einen extern besetzten Beirat zuzuordnen, dessen Zusammensetzung die Besonderheiten der Fächergruppe berücksichtigt. Solche fachnahen Beiräte fördern den Aufbau und die Pflege praxisbezogener Netzwerke und geben der Entwicklung der dezentralen Einheit Impulse.

Die **Aufgaben der Hochschulleitung** sind in ihrem Kern nicht abgeleitete oder delegierte Zuständigkeiten, sondern eine eigenständige Funktion. Sie beinhalten einen Zuständigkeitsbereich, den kein anderes Organ der Hochschule beanspruchen kann. Die rechtliche, politische und gesellschaftliche Vertretung der Hochschule nach außen obliegt der Hochschulleitung auch dann, wenn intern ein anderes Organ für die Entscheidung zuständig ist. Aufgabe der Hochschulleitung ist es, die Erfüllung der Aufgaben der Hochschule sicherzustellen. Sie hat das Zusammenwirken der Organe und Einheiten zu koordinieren, Entscheidungen anderer Organe vorzubereiten und herbeizuführen, Konflikte zu regeln, Notkompetenzen bei Handlungsunfähigkeit anderer Organe wahrzunehmen, die Rechtsaufsicht auszuüben, die Ordnung in der Hochschule zu wahren und das Hausrecht auszuüben.

Zur Art und Weise der Wahrnehmung der Leitungsaufgaben in Hochschulen stehen sich in der Diskussion vor allem partizipatorische und führungsorientierte, systemische und problemorientierte, transaktionale und transformationale Konzepte gegenüber. Sie bilden keine einander ausschließenden Alternativen, sondern beschreiben unterschiedliche Pole oder Schwerpunkte möglicher Leitungsstile, die in Abhängigkeit von den Stärken und Schwächen der Leitungspersönlichkeit, konkreten Entwicklungsphasen und Problemlagen der Hochschule, ihrer Tradition und Kultur mehr oder weniger zweckmäßig oder erfolgreich sein können. Die optimale Mischung dieser Leitungsstile zu finden, gehört zu den anspruchsvollsten Herausforderungen der Leitung von Hochschulen.

Angesichts des hohen Maßes personaler Autonomie, dezentraler Aufgabenerfüllung und Beteiligungserwartungen der Selbstverwaltungsgremien können sich Hochschulen ohne partizipative, systemische und transaktionale Leitung kaum erfolgreich entwickeln. Jedoch kann aber gerade ein derart lose gekoppeltes System nur durch Überzeugungsanstrengungen, strategische Zielsetzungen und die Vermittlung von Visionen zu notwendigen Veränderungen veranlasst werden.

Die partizipatorische Erarbeitung von → *Leitbildern*, die Erarbeitung strategischer Entwicklungsziele (→ *Zielvereinbarungssysteme*), ihre systemische Vermittlung und ihre operative Umsetzung können nur im Zusammenwirken von Hochschulleitung, dezentralen Leitungsebenen und Selbstverwaltungsgremien gelingen. Notwendig ist die Fähigkeit, mit Konflikten produktiv umzugehen, aber auch die Bereitschaft, Konsens zu erarbeiten und dadurch Kompromisse zu ermöglichen.

Literatur:

Berglund, S.: Consortium Governance. Experiences of the Swedish Ladok Consortium. In: *Higher Education Management*, Vol. 10, No. 1 (March 1998), S. 7-11.

Birnbaum, R.: How Academic Leadership works. Understanding Success and Failure in the College Presidency. San Francisco 1992.

Davis, G.: Orientation and Professional Development of Trustees. In: *Weisman I. M./ Vaughan, G. B.:* Presidents and Trustees in Partnership: New Roles and Leadership Challenges, S. 21-31.

de Boer, H./Denters, B./Goedegebuure, L.: On boards and councils; shaky balances considered. The governance of Dutch universities. In: *Higher Education Policy* 11 (1998), S. 153-164.

de Boer, H./Denters, B./Goedegebuure, L.: Dutch disease or Dutch model? An Evaluation of the Pre-1998 System of Democratic University Government in the Netherlands. In: *Policy Studies Review*, 15:4. (Winter 1998), S. 37-50.

Dearlove, J.: The deadly dull issue of university »administration«? good governance, manageralism and organising academic work. In: *Higher Education Policy* 11 (1998), S. 59-79.

Fanelli, S. A.: When a Crisis Occurs: A President's Perspective. In: *Weisman, I. M./Vaughan, G. B.*: Presidents and Trustees in Partnership: New Roles and Leadership Challenges, S. 63-72.

Fisher, J. L./Koch, J. V.: Presidential Leadership. Making a difference. Phoenix/Arizona 1996.

Pechar, H./ Pellert, A.: Managing change: organizational reform in Austrian Universities. In: *Higher Education Policy* 11 (1998), S. 141-151.

Pierce, D. R./Pedersen, R. P.: The Community College Presidency: Qualities for Success. In: *Weisman, I. M./Vaughan, G. B.*: Presidents and Trustees in Partnership: New Roles and Leadership Challenges, S. 13-20.

Rasmussen, J. G.: Management in Danish Universities. New Legislation and organisatorial Change. In: *Higher Education Management* Vol. 7, No. 3 (November 1995).

Richter, R.: Der niederländische Weg zur Modernisierung des Universitätsmanagements. In: Beiträge zur Hochschulforschung 2 (1997), S. 151-173.

Shattock, M.: Governance and management in universities: the way we live now. In: *J. Education Policy*, Vol. 14, No 3 (1999), S. 271-282.

Trow, M.: Governance in the University of California: the transformation of politics into administration. In: *Higher Education Policy* 11 (1998), S. 201-215.

Vaughan, G. B./Weisman, I. M.: Selected Characteristics of Community College Trustees and Presidents. In: dies.: Presidents and Trustees in Partnership: New Roles and Leadership Challenges. S. 5-13.

Angaben zum Autor:

Dr. Dr. h. c. Jürgen Lüthje
Präsident der Universität Hamburg
Universität Hamburg
Edmund-Siemers-Allee 1
20146 Hamburg
Tel. +49 40 42 83 84 475
Fax: +49 40 42 83 86 799
E-Mail: prbuero@uni-hamburg.de

Marketing-Management

Lars Tutt

Marketing-Management bezeichnet die Gestaltung, die Umsetzung und das Controlling von marktgerichteten Konzepten einer Bildungseinrichtung oder ihrer Teilbereiche mit dem Ziel bestimmte Reaktionen bei vorab definierten Zielgruppen auszulösen. Die Definition deutet den prozesshaften Charakter des Marketing-Managements bereits an. Abbildung 1 verdeutlicht diesen.

Idealtypischerweise werden ausgehend von einer umfassenden Analyse der internen und externen Rahmenbedingungen Ziele, Zielgruppen und Zielmärkte des Marketings festgelegt. Anschließend werden Strategien erarbeitet, die die Grundlage für handlungsorientierte Marketing-Maßnahmen bilden. Der Implementierung dieser Maßnahmen folgt ein Abgleich der in den Zielgruppen erreichten Wirkung mit den anfangs definierten Zielen. Diese Marketing-Erfolgskontrolle kann zur Ableitung neuer Maßnahmen, zur Setzung neuer oder zur Korrektur bisheriger Ziele führen. Im Folgenden werden die einzelnen Prozessschritte näher betrachtet:

Darstellung in Anlehnung an *Meffert/Bruhn* 1997, S. 116

Abb. 1: Marketing-Management-Prozess

Der erste Prozessschritt ist Analyse der Rahmenbedingungen des Bildungsmarketings. Hierbei sind im Rahmen einer Stärken- und Schwächen-Analyse interne Bedingungen zu berücksichtigen. Bildungseinrichtungen fällt dabei vielfach die Schwächenanalyse schwer, da Defizite häufig eng mit einzelnen Akteuren innerhalb der Institutionen verbunden sind. Allerdings kann auch die Analyse der Stärken Probleme aufwerfen, da es gilt, Stärken relativ zu Wettbewerbern zu identifizieren. Dabei zeigt sich häufig, dass vermeintlich gute Leistungen im Vergleich zu konkurrierenden Angeboten den Anschein der Stärke verlieren. Bei der Betrachtung externer Faktoren müssen mittels einer Markt- und Umweltanalyse die politischen, gesellschaftlichen und ökonomischen Bedingungen, denen die Bildungseinrichtung ausgesetzt ist, erfasst werden.

Hieran schließt sich die Zieldefinition an. Gerade in Hochschulen, bei denen das Marketing zum Teil noch auf Akzeptanzprobleme stößt, ist die Ausarbeitung operationaler Ziele von herausragender Bedeutung. Gelingt es nicht, Marketing-Ziele inhaltlich und zeitlich klar zu bestimmen, so wird eine Marketing-Erfolgskontrolle unmöglich. Hieraus resultiert die Gefahr, dass das Marketing insgesamt in Frage gestellt wird.

Die Zieldefinition geschieht auf verschiedenen Ebenen. An der Spitze einer Zielpyramide steht regelmäßig das relativ abstrakt gehaltene Leitbild oder Mission-

Statement (→ *Leitbilder*) einer Bildungsinstitution. Hiervon ausgehend wird im Basisbereich der Zielpyramide eine Vielzahl von konkreten, handlungsorientierten Einzelzielen für die Institution insgesamt oder für einzelne Teilbereiche abgeleitet. Bei der Ausarbeitung dieser Ziele ist auf deren Kompatibilität und Priorisierung zu achten. Insbesondere die Setzung von Prioritäten ist von herausgehobener Bedeutung, da zielgerichtetes Marketing auf bestimmte Aspekte fokussiert werden muss. Da das Marketing insgesamt eine kontinuierliche Abfolge der hier beschriebenen Managementprozesse ist, können nachrangige Ziele in spätere Prozessdurchläufe eingebettet werden.

Probleme bei der Zielfindung ergeben sich aus der Tatsache, dass Hochschulen aus einer Vielzahl autonomer Einheiten bestehen, die zum Teil ein ausgeprägtes Eigenleben führen und die ihre eigenen – zum Teil inkompatiblen – Zielsysteme entwickelt haben. Überwunden werden können solche Zielkonflikte nur, wenn es gelingt, Ziele konsequent aus Sicht der Märkte (z. B. für wissenschaftliche Leistungen, für Lehrangebote oder für Absolventen) zu bewerten.

Aus den Zielen werden in einem nächsten Prozessschritt Zielgruppen abgeleitet, die mit dem Marketing erreicht werden sollen. Auch hierbei hat eine Priorisierung zu erfolgen, da eine undifferenzierte Ansprache aller Zielgruppen nur in wenigen Ausnahmefällen sinnvoll ist. Die Priorisierung bedeutet, sich bewusst für die vorrangige Behandlung bestimmter Personengruppen und damit für die (zumindest vorläufige) Vernachlässigung anderer Zielgruppen zu entscheiden. Eng mit der Zielgruppenauswahl verbunden ist die Definition der Zielmärkte. Diese bezieht sich auf die räumliche und inhaltliche Abgrenzung des Aktionsbereichs für Marketing-Maßnahmen. In inhaltlicher Hinsicht stellt sich einer Universität beispielsweise die Frage, ob sie nur mit anderen Universitäten, mit allen Hochschulen oder mit allen Anbietern höherer Bildung konkurriert. In Bezug auf die räumliche Marktabgrenzung gilt es zu beantworten, ob Zielgruppen regional, national oder international angesprochen werden sollen.

Auf Basis von Analyse und Zieldefinition können nun Entscheidungen bezüglich der Positionierung der Bildungseinrichtung im Wettbewerbsumfeld getroffen werden. Diese beziehen sich auf die Grundausrichtung sowie auf Geschäftsfelder, Timing und mögliche Kooperationen. Viele dieser strategischen Entscheidungen sind von Bildungseinrichtungen implizit festgelegt. Im Rahmen des Marketing-Management muss nun eine Reflektion dieser Strategien und die bewusste Entscheidung für eine bestimmte Positionierung, die kongruent zu den festgelegten Organisationszielen ist, erfolgen.

Der nächste Schritt im Marketing-Management-Prozess ist die Ausarbeitung von Einzelmaßnahmen zur Erreichung der festgelegten Ziele und zur Umsetzung der strategischen Positionierung. Maßnahmen sind in vier Handlungsfeldern zu entwickeln und zu implementieren. Diese Handlungsfelder umfassen:

- ■ Produktpolitik;
- ■ Preispolitik;
- ■ Distributionspolitik;
- ■ Kommunikationspolitik.

Im Rahmen der **Produktpolitik** sind Überlegungen hinsichtlich der Einführung neuer sowie der Modifikation oder Eliminierung eingeführter Produkte und Leistungen anzustellen. Davon betroffen sind sowohl Kernprodukte wie Lehr- und Forschungsleistungen als auch Zusatzleistungen der Bildungsanbieter, die Beratungsdienste ebenso einschließen wie beispielsweise Merchandising-Produkte. Im Rahmen des zielgerichteten Marketings sollten alle geplanten oder eingeführten Produkte und Leistungen anhand der Kriterien a) Beitrag zur Zielerreichung, b) relativer Vorteil gegenüber konkurrierenden Angeboten, c) Nutzen für die Zielgruppen und d) Kompatibilität mit den übrigen Angeboten der eigenen Produktpalette geprüft werden. Für Hochschulen bestehen bei der Produktpolitik besondere Bedingungen, die sich aus Beschränkungen der Angebotsflexibilität ergeben. Es bietet sich daher an, Produktpolitik getrennt für solche Bereiche der Hochschulproduktpalette zu betreiben, die keinen Beschränkungen unterliegen (z. B. Weiterbildungsangebote), und solchen Angeboten, die beispielsweise durch die Notwendigkeit ministerieller Zustimmung weniger flexibel zu gestalten sind (z. B. Studiengänge).

Preispolitik umfasst alle Entscheidungen bezüglich der Ausgestaltung der für ein Produkt oder eine Leistung geforderten Gegenleistung. Hierbei spielen zum einen monetäre Gegenleistungen in Form von Gebühren oder anderen Geldpreisen eine Rolle, zum anderen sind allerdings auch nicht-monetäre Kosten wie beispielsweise Zeitopportunitätskosten zu berücksichtigen. Gerade im Bereich der vielfach meritorischen Bildungsgüter spielen Opportunitätskosten eine erhebliche Rolle. So können sich Hochschulen zum Beispiel durch kurze Studienzeiten und die damit verbundenen geringen Zeitopportunitätskosten des Studiums preislich von Wettbewerbern abgrenzen.

Distributionspolitik bezieht sich auf zwei Dimensionen. Dies sind der räumliche und der zeitliche Aspekt der Bereitstellung von Produkten und Leistungen. Räumliche Entscheidungen beziehen sich beispielsweise auf die Frage, ob eine bestimmte Lehrveranstaltung in eigenen Räumen, in Räumen der Kunden oder als virtuelles Produkt »raumlos« angeboten wird. Zeitliche Entscheidungen betreffen Tag und Uhrzeit der Produkt- oder Leistungsbereitstellung. Insbesondere bei solchen Leistungen, bei denen der Zeitpunkt der Leistungserstellung und der Zeitpunkt des Leistungskonsums zusammenfallen (beispielweise bei einer Vorlesung) ist es notwendig, das Angebot zeitlich an den Bedarf der Kunden anzupassen und nicht etwa an Präferenzen des Anbieters.

Häufig wird → *Kommunikationspolitik* als Kern des Marketings betrachtet. Dies hängt vor allem mit der relativ leichten Realisierbarkeit von Kommunikationsmaßnahmen zusammen. Die Kommunikationspolitik ist jedoch nur einer der vier Marketing-Instrumentalbereiche. Sie umfasst Werbung, Verkaufsförderung, Öffentlichkeitsarbeit und persönliche Kommunikation. Alle diese Handlungsfelder können im Rahmen des Bildungsmarketings eingesetzt werden, jedoch unterscheidet sich ihre Gewichtung von der des klassischen Marketings. So spielt Werbung aufgrund der finanziellen Restriktionen, unter denen Marketing für Bildungsanbieter vielfach betrieben werden muss, und aufgrund der vergleichsweise hohen Kosten für Werbung keine dominante Rolle. Demgegenüber kommt der Öffentlichkeitsarbeit besonders große Bedeutung zu. Dies ergibt sich daraus, dass Massenmedien eher bereit sind, Botschaften von unabhängigen öffentlichen Institutionen wie Hochschulen im redaktionellen Teil zu transportieren als Mitteilungen erkennbar kommerzieller Organisationen. Auch persönliche Kommunikation ist aufgrund der Zielgruppenstruktur vieler Bildungsanbieter hier wichtiger als im klassischen Marketing.

Nach der Implementierung der Marketing-Maßnahmen ist deren Erfolg zu evaluieren. Dies geschieht durch einen Abgleich der tatsächlich erreichten mit den gesetzten Zielen. Ergeben sich hierbei Differenzen, so sind die Zielsetzungen zu überprüfen oder Veränderungen an den eingesetzten Maßnahmen vorzusehen.

Marketing ist eine Managementkonzeption und von daher nicht als Projekt, sondern als dauerhafte Anstrengung einer Bildungseinrichtung zu betrachten. Dementsprechend gilt es, den beschriebenen Marketing-Management-Prozess permanent an sich wandelnde Marktbedingungen anzupassen und dementsprechend kontinuierlich Korrekturen an Zielen, Zielgruppen, Strategien und Maßnahmen vorzunehmen.

Ein solcher idealtypischer Marketing-Management-Prozesses lässt sich in Hochschulen nur mit erheblich höherem Aufwand durchführen als dies in einem Wirtschaftsunternehmen möglich ist. Die beschriebenen Probleme bei der Zielbestimmung und bei der Umsetzung operativer Maßnahmen lassen sich im Wesentlichen auf drei Faktoren zurückführen. An erster Stelle steht dabei die Tatsache, dass es sich bei Hochschulen um Expertenorganisationen handelt, in denen Personen tätig sind, deren Bindung an die Institution vergleichsweise gering ist (→ *Expertenmacht*). Ein zweiter Faktor ist die grundgesetzlich garantierte Freiheit von Forschung und Lehre (Art. 5 Abs. 3 GG), die dazu führt, dass die Hochschulmitglieder ein ausgeprägtes Selbstverständnis als autonome Akteure entwickeln. Schließlich ist als dritter Faktor die bislang weitgehend fehlende Marketingorientierung der Hochschulen zu nennen, die dazu führt, dass durch externe Faktoren Angebotsflexibilität und Kundenauswahl beschränkt werden, während intern weder das notwendige Wissen über Kunden noch die erforderlichen finanziellen Mittel für Hochschulmarketing zur Verfügung stehen. Der Ruf nach verstärktem Marketing der Hochschulen impliziert vor diesem Hintergrund folglich zwei Forderungen. Zum einen müssen Hochschulen erkennbare Marketing-Maßnahmen entfalten, zum anderen müssen parallel dazu die Grundlagen für systematisches Marketing erst gelegt werden.

Literatur:

Engelhardt, W. H. u. a. (Hrsg.): Wissenschaftsmarketing, Bochum 1993.
Heinisch, M./Lanthaler, W.: Im Brennpunkt Universität – Neue Wege der Öffentlichkeitsarbeit, Heidelberg 1993.
Kotler, P.: Grundlagen des Marketing, 2. überarb. Aufl. München u. a. 1999.
Kotler, P./Andreasen, A. R.: Strategic Marketing for Nonprofit Organizations, Upper Saddle River 1996.

Meffert, H./Bruhn, M.: Dienstleistungsmarketing: Grundlagen – Konzepte – Methoden; mit Fallbeispielen, 2. überarb. und erw. Aufl. Wiesbaden 1997.
Wangen-Goss, M.: Marketing für Universitäten, Spardorf 1983.

Angaben zum Autor:

Lars Tutt
Diplom Ökonom, M. B. A.
Carl-Bertelsmann-Straße 256
33311 Gütersloh
Tel.: +49 52 41 97 61 34
Fax: +49 52 41 97 61 40
E-Mail: lars.tutt@bertelsmann.de
http://www.che.de

Medienkompetenz

Heinz Mandl
Katharina Schnurer

Medienkompetenz ist in jüngster Zeit zu einem viel zitierten Begriff in Politik, Wirtschaft und Bildungswesen geworden. Eine wesentliche Ursache für dieses steigende Interesse an Medienkompetenz liegt hierbei in der rasanten Entwicklung der neuen Informations- und Kommunikationstechnologien der letzten Jahre, die weit reichende wirtschaftliche und gesellschaftliche Folgen nach sich gezogen hat (*Reinmann-Rothmeier, G./Mandl, H.* 1998). Ein durch räumliche und zeitliche Ungebundenheit beschleunigter Informationstransfer sowie bisher ungeahnte Zugriffsmöglichkeiten auf Informationen durch Institutionen und Privatpersonen schufen die Grundlage für die Entwicklung zur Informations- und Wissensgesellschaft, wie wir sie heute vorfinden (*Rein, A. von* 1996; *Hillebrand, A./Lange, B-P.* 1996). Mit dieser Entwicklung entstanden jedoch auch einige **Problemfelder**, die es heute zu lösen gilt:

- Der quasi uneingeschränkte Zugriff auf räumlich und zeitlich verteilte Informationen lässt es nicht mehr zu, alle verfügbaren Informationen auch aufzunehmen. Informationsselektion und Arbeitsteilung werden nötig, um trotz des explosionsartigen Informationszuwachses handlungsfähig zu bleiben.
- Die technischen Möglichkeiten, an diese Informationen zu gelangen, nehmen ebenfalls zu und werden gleichzeitig komplexer. Es stellt sich also zunehmend das Problem, die Technik in der Weise zu nutzen, in der sie optimal helfen kann, die tatsächlich relevanten Informationen zu erhalten.
- Diese Umstände fordern vom modernen Menschen immer häufiger und im-

mer rascher ein Um-, Weiter- und Neulernen – ein Leben lang. Ein solches lebenslanges Lernen (*Dohmen, G.* 1997) fordert vom Einzelnen die Fähigkeit, sich selbst gesteuert, je nach individuellem Bedarf, neue Kenntnisse anzueignen und Fertigkeiten zu entwickeln.

Vor dem Hintergrund der eben skizzierten Aufgaben leuchtet es ein, dass Medienkompetenz in diesem Zusammenhang keine isolierte Kompetenz sein kann (*Kübler, H.-D.* 1999; *Baacke, D.* 1999), sondern als ein ganzes **Bündel von Kompetenzen** verstanden werden muss, das weit über das Erlernen von computertechnischen Fähigkeiten hinausgeht (*Mikos, L.* 1999). Diese Kompetenzen beziehen sich daher nicht allein auf die Medien selbst, sondern vielmehr auch auf Aspekte des Umgangs mit diesen – also sowohl auf die Nutzung als auch auf die Bewertung von Technik und Inhalten. Genauer betrachtet handelt es sich dabei (*Mandl, H./Reinmann-Rothmeier, G.* 1997) um:

- technische Kompetenz
- Kompetenz zum → *Wissensmanagement*
- soziale Kompetenz
- Kompetenz zur persönlichen Entscheidungsfindung
- demokratische Kompetenz

Den Ausgangspunkt der Überlegungen bildet die grundlegende **technische Kompetenz**. Die Gegenwart der neuen Informations- und Kommunikationstechnologien in nahezu allen Lebensbereichen erfordert vom Einzelnen Fähigkeiten, die den problemlosen Umgang mit den neuen Technologien ermöglichen. Technische Kompetenz im Sinne von technischen Routinefertigkeiten und technischem Basiswissen wird damit zu einer Grundqualifikation. Während die jetzigen Berufstätigen und Berufsanfänger im Durchschnitt noch relativ wenig für diese Zukunftsanforderungen gerüstet sind, werden die zukünftigen Generationen voraussichtlich durch die Neuen Medien gar sozialisiert werden (*Ferchoff, W.* 1999).

Die Dynamik der technischen Entwicklung bringt, wie bereits angedeutet, das Problem mit sich, dass es für den Einzelnen immer schwieriger wird, Überblick und Orientierung zu bewahren. Informationen nach Inhalt, Bedeutung und Nutzen einzuordnen, zu bewerten und daraus Wissen zu konstruieren, erfordert die Fähigkeit zur Aufarbeitung von Inhalten und somit eine solide **Kompetenz zum → *Wissensmanagement*** (*Reinmann-Rothmeier, G./Mandl, H.* 1998). Hierbei ist es nötig, sowohl Wissen eigenständig entwickeln als auch dieses Wissen repräsentieren, kommunizieren und effektiv nutzen zu können.

Die Komplexität unseres Wissens sowie heutiger Probleme und Strukturen machen Zusammenarbeit auf allen Ebenen der Gesellschaft unabdingbar, was beim Einzelnen die Bereitschaft und Fähigkeit zu Teamarbeit und Kooperation voraussetzt. Gefordert ist somit auch **soziale Kompetenz**, die sich zum einen auf die direkte Kommunikation und Kooperation mit anderen bezieht (*Vollbrecht, R.* 1999), zum anderen aber auch den Bereich der Telekommunikation und Telekooperation umfasst.

Wenn die neuen Technologien soziale Situationen, kommunikative Gewohnheiten und damit auch das Privatleben beeinflussen, steht der Einzelne vor der Aufgabe, diese Veränderungen, seien sie technischer oder sozialer Natur, in sein persönliches Handeln zu integrieren. Um Entscheidungen treffen zu können, die sich an eigenen Wertmaßstäben orientieren sowie um in der Lage zu sein, äußeren Zwängen und sozialem Druck standzuhalten braucht man die **Kompetenz zur persönlichen Entscheidungsfindung** (*Mikos, L.* 1999).

Schließlich erfordert das Leben in einer demokratischen und technologisch weit entwickelten Wissensgesellschaft einen Konsens in ethischen Wertvorstellungen, Verantwortungsbewusstsein, Solidarität und Toleranz. Vom Einzelnen ist dabei gefordert, diesen Konsens nicht nur anzuerkennen, sondern auch zu leben und damit **demokratische Kompetenz** zu zeigen (*Hillebrand, A./Lange, B.-L.* 1996) – eine Kompetenz, die für den Umgang mit anderen Menschen, Wissen und Technik gleichermaßen gilt.

Aus einer pädagogisch-psychologischen Sicht stellt sich schließlich die Frage, wie die **Förderung von Medienkompetenz** instruktional verwirklicht werden kann. Mit Ausnahme der technischen Kompetenz ist es nur schwer möglich, den Komplex »Medienkompetenz« mit Hilfe traditioneller Unterrichtsformen zu schulen. Notwendig wird daher in allen Aus- und Weiterbildungsbereichen die Entwicklung einer neuen Lernkultur, die das Primat der passiven Rezeption durch einen aktiven Gestaltungsprozess der Lernenden ersetzt. Der bloße Einsatz neuer Informations- und Kommunikationstechnologien verändert jedoch die Lernkultur definitiv nicht. Nötig ist vielmehr die Orientierung an neuen didaktisch-methodischen Modellen für eine optimale Gestaltung von Lernumgebungen, die den Erwerb von handlungsfähigem Wissen fördern und die Entwicklung von trägem Wissen (*Renkl, A.* 1996) verhindern. Vor allem das Konzept des problemorientierten Lernens (*Gräsel, C.* 1997) kann diesen neuen Anforderungen gerecht werden.

Problemorientiertes Lehren und Lernen – dafür gibt es allerdings kein Patentrezept. Theoretische Modelle, die dem Konstruktivismus nahe stehen erste Studien zu problemorientierten Ansätzen (*Kohler, B.* 1998), sowie praktische Erfahrungen legen aber einige Lernprinzipien nahe, an denen man sich bei der Gestaltung von Lernumgebungen orientieren kann (*Reinmann-Rothmeier, G./ Mandl, H.* 2001):

■ **Aktiv und selbstständig lernen**
  Wenn Lernen als ein aktiver Prozess verstanden wird, bei dem jeder sein eigenes Wissen konstruiert, rückt der Lernende mit seinem Vorwissen, seinen Erfahrungen und seinen Bedürfnissen in den Mittelpunkt des Lehr-Lern-Geschehens. Anleitung und Kontrolle durch den Lehrenden sollten daher so oft es geht zurückgenommen werden. Stattdessen sind mehr Freiräume zu gewähren, in denen der Lernende selbstständig arbeiten und eigene Gedanken und Ideen entwickeln kann.

■ **Anhand authentischer Problemsituationen lernen**
  In dieser prägnanten Formulierung stecken mehrere wesentliche Punkte. Si-

tuationen oder Fragestellungen, die aus der realen Praxis stammen, große praktische Relevanz besitzen und damit authentisch sind, motivieren zum Erwerb neuer Kenntnisse und Fertigkeiten und tragen dazu bei, dass von Anfang an unter Anwendungsgesichtspunkten gelernt wird. Authentische Problemsituationen sollten daher möglichst oft den Ausgangspunkt des Lernens bilden.

Um aber zu verhindern, dass das Gelernte auf einen bestimmten Kontext fixiert bleibt, sollten dieselben Lerninhalte in verschiedene Anwendungssituationen eingebettet und/oder aus unterschiedlichen Blickwinkeln betrachtet werden. Denn wer eine Sache von mehreren Seiten her kennt, kann damit auch flexibler umgehen.

■ **In einem sozialen Kontext lernen**
Gemeinsames Lernen und Problemlösen in Gruppen ist nicht nur sehr motivierend, sondern auch effektiv. Erfahrungsaustausch, Meinungsvielfalt, der Kontakt mit Experten – all das trägt zu einem aktiv-konstruktiven und anwendungsbezogenen Lernen bei. Daneben werden Schlüsselqualifikationen wie Teamgeist und kommunikative Kompetenzen trainiert. Kooperative Lernphasen, in denen gemeinsam neue Kenntnisse erarbeitet und/oder Probleme gelöst werden, sollten daher einen festen Platz im Lehr-Lern-Geschehen haben.

Um die in diesem Artikel propagierten Dimensionen des Begriffs Medienkompetenz nun vermitteln zu wollen, bietet es sich an virtuelle Lernumgebungen zu schaffen, die den oben genannten problemorientierten Aspekten Rechnung tragen (*Mandl, H./Gruber, H./Renkl, A.* 1995). Im Folgenden sollen daher **drei Beispiele** – aus Schule, Hochschule und Industrie – dargestellt werden, die auf virtuellem Wege sowohl relevante Fachinhalte als auch eine weiterreichende Medienkompetenz für die jeweilige Zielgruppe vermitteln wollen.

Das CSILE-Projekt. Für den Bereich »Schule« ist das Projekt »Computer Supported Instructional Learning Environment« (*Scardamalia, M./Bereiter, C.* in press) einschlägig. Es handelt sich hierbei um ein asynchrones Kommunikationsmedium, das auf der Basis einer Gemeinschaftsdatenbank arbeitet. Ein CSILE-Klassenzimmer verfügt in der Regel über eine kleine Anzahl von Computern, die den Zugriff auf die Datenbank ermöglichen. Die Schüler und Schülerinnen sollen diese Datenbank gemeinsam mit den Lehrern mit Inhalten füllen. Hierzu wird innerhalb der regulären Schulzeit kooperativ an gemeinsamen Projekten gearbeitet. Dokumente (grafische, textbasierte oder auch multimediale) werden von den Schülern/Schülerinnen erstellt, kommentiert und diskutiert. Die Lehrer/-innen fungieren innerhalb dieser Lernumgebung in unterstützender Funktion. Sie gestalten selbst Beiträge, regen Diskussionen an, beantworten Expertenfragen und machen auf Informationsquellen aufmerksam. Das Lernen in dieser Form ermöglicht es den Schülern/Schülerinnen also, die technische Kompetenz zum Umgang mit dem Computer, dem Internet und anderen Wissensressourcen im Handlungskontext zu erlernen und somit Strategien für ihr individuelles Wissensmanagement zu entwickeln. Soziale Kompetenzen werden in

Diskussionen über authentische Problemstellungen erworben. Zudem ermöglicht CSILE den Kindern, in demokratischer Weise auf Wissensressourcen zuzugreifen, aktiv eigenes Wissen zu konstruieren und dieses vor allem auch allen anderen Nutzern zur Verfügung zu stellen. Hauptziel der Projektinitiatoren ist es also, die Schüler/-innen im Laufe des Lernprozesses zu legitimen Mitgliedern einer Wissensgesellschaft zu machen (*Scardamalia, M./Bereiter, C.* 1996).

Ein virtuelles Seminar zum Wissensmanagement. Im Rahmen der Entwicklung der Virtuellen Hochschule Bayern (VHB) wird seit dem Wintersemester 1999 an der LMU München ein Virtuelles Seminar zum Wissensmanagement angeboten. Zielgruppe sind hierbei Studenten und Studentinnen des Hauptstudiums aus Pädagogik, Psychologie und Betriebswirtschaftslehre der Universitäten München und Passau. Erklärtes Ziel dieser Veranstaltung ist es, zum einen in das komplexe Thema Wissensmanagement einzuführen, zum anderen das Lernen und kooperative Arbeiten in virtuellen Lernumgebungen zu trainieren. Methodisch konzentriert sich das Seminar somit auf eigenverantwortliche und kollaborative Lernprozesse im Rahmen einer eigens für das Seminar gestalteten Web-Umgebung. Die Lernenden erhalten zunächst vier kurze authentische Fälle aus der Praxis mit dazugehörigen Texten und Aufgaben, die in netzbasierten Kleingruppen gelöst werden müssen. Diskussionsforen und Chatrooms ermöglichen die Koordination zwischen den Gruppenmitgliedern. Teletutoren begleiten diesen Lernprozess der Studenten/Studentinnen und sind stets bereit, bei Kommunikationsproblemen im Netz unterstützend einzuwirken. Ein abschließender Präsenzworkshop ermöglicht intensive Reflexion über gruppendynamische Prozesse im Netz sowie aufgetretene Problemfälle (*Reinmann-Rothmeier, G./Nistor, N./Mandl, H.* 1999).

Das Weiterbildungsprogramm Knowledge Master ist ein modular aufgebautes Angebot für Führungskräfte, Mitarbeiter und Studenten/Studentinnen, das Siemens SQT zusammen mit der LMU München zum Thema Wissensmanagement anbietet (*Erlach, C./Hausmann, I./Mandl, H./Trillitzsch, U.* 2000). Das methodische Grundkonzept ist dem eben beschriebenen virtuellen Seminar sehr ähnlich: authentische Praxisfälle mit abgestimmten Informationsressourcen, eine eigens programmierte Web-Plattform mit Kommunikationsmöglichkeiten sowie eine ständige tutorielle Begleitung sollen optimale Lernbedingungen schaffen. Dennoch unterscheiden sich beide Veranstaltungen fundamental in drei Hauptpunkten: Das Curriculum des Knowledge Master ist über nahezu doppelte Zeitdauer angelegt (ca. sechs Monate). Dies gibt den Teilnehmern/ Teilnehmerinnen die Möglichkeit, ihr Wissen in einer stetigen Steigerung der Komplexität der Fälle zu verfeinern. Zudem arbeiten in diesem Programm Praktiker unterschiedlicher Hierarchiestufen mit Studierenden zusammen, was von allen Beteiligten sowohl eine hohe soziale Kompetenz als auch die Entwicklung einer gleichgestellten Lernkultur verlangt. Schließlich wird das Curriculum von insgesamt fünf Präsenzveranstaltungen eingerahmt bzw. unterbrochen. In diesen Präsenzveranstaltungen erhalten die Teilnehmer/Teilnehmerinnen die Möglichkeit, innergruppale Differenzen face to face zu beheben, ihre Kommunikationsweise im Netz zu optimieren sowie mit den anderen Gruppen über die einzelnen Falllösungen zu diskutieren.

Mit Hilfe dieser drei Beispiele sollte deutlich gemacht werden, dass die Förderung von Medienkompetenz in allen Bildungsbereichen seine Berechtigung hat und in Angriff genommen werden kann. Des Weiteren wurde für eine in konkrete Inhalte eingebettete Vermittlung von Medienkompetenz plädiert. Der Sinn eines solchen Vorgehens liegt darin, Medienkompetenz im Handlungskontext zu vermitteln, um das erworbene Wissen auch in der Praxis anwendbar machen zu können. Gerade bei einem Verständnis von Medienkompetenz als einem facettenreichen Bündel diverser Einzelkompetenzen, wie der Begriff hier vertreten wird, scheint diese Methode nach neueren lehr-lerntheoretischen Erkenntnissen der viel versprechendste Weg, eine optimale Lernleistung zu erzielen – die Kompetenz, sinnvoll mit den Möglichkeiten und Fallstricken der neuen Informations- und Kommunikationstechnologien umgehen zu können.

Literatur:

Baacke, D.: »Medienkompetenz«: theoretisch erschließend und praktisch folgenreich. In: Medien & Erziehung, 42, 1999, H. 1, S. 7-28.

Dohmen, G.: Lebenslanges Lernen. Erfahrungen und Anregungen aus Wissenschaft und Praxis. In: *Günther, W./Mandl, H.* (Hrsg.), Telelearning. Aufgabe und Chance für Bildung und Gesellschaft (S. 19-30). Bonn 1997.

Erlach, C./Hausmann, I./Mandl, H./Trillitzsch, U.: Knowledge Master – a collaborative learning program for Knowledge Management. In: *Davenport, T./Probst, G.* (Eds.), Knowledge Management Casebook. Best practices (S. 179-197). Erlangen und München 2000.

Ferchoff, W.: Aufwachsen heute: Veränderte Erziehungs- und Sozialisationsbedingungen in Familie, Schule, Beruf, Freizeit und Gleichaltrigengruppe. In: *Schell, F./Stolzenburg, E./Theunert, H.* (Hrsg.): Medienkompetenz. Grundlagen und pädagogisches Handeln (S. 200-220). München 1999.

Gräsel, C.: Problemorientiertes Lernen: Strategieanwendung und Gestaltungsmöglichkeit. Göttingen 1997.

Hillebrand, A./Lange, B-P.: Medienkompetenz als gesellschaftliche Aufgabe der Zukunft. Die neuen Herausforderungen der Informationsgesellschaft. In: *Rein, A. von* (Hrsg.), Medienkompetenz als Schlüsselbegriff (S. 24-41). Bad Heilbrunn 1996.

Kohler, B.: Problemorientierte Gestaltung von Lernumgebungen. Weinheim 1998.

Kübler, H.-D.: Medienkompetenz – Dimensionen eines Schlagwortes. In: *Schell, F./Stolzenburg, E./Theunert, H.* (Hrsg.): Medienkompetenz. Grundlagen und pädagogisches Handeln (S. 25-47). München 1999.

Mandl, H./Gruber, H./Renkl, A.: Situiertes Lernen in multimedialen Lernumgebungen. In: *Issing, L.J./Klimsa, P.* (Hrsg.): Information und Lernen mit Multimedia (S. 167-178). Weinheim 1995.

Mandl, H./Reinmann-Rothmeier, G.: Medienpädagogik und -kompetenz: Was bedeutet das in einer Wissensgesellschaft und welche Lernkultur brauchen wir dafür?. In: *Deutscher Bundestag (Enquete-Kommission)* (Hrsg.): Medienkompetenz im Informationszeitalter. Bonn 1997.

Mikos, L.: Ein kompetenter Umgang mit Medien erfordert mehr als Medienkompetenz. In: Medien & Erziehung, 42, 1999, H. 1, S. 19-23.

Rein, A. von: Medienkompetenz – Schlüsselbegriff für die Informationsgesellschaft. In

Rein, A. von (Hrsg.): Medienkompetenz als Schlüsselbegriff (S. 11-23). Bad Heilbrunn 1996.

Reinmann-Rothmeier, G./Mandl, H.: Unterrichten und Lernumgebungen gestalten. In: *Weidenmann, B./Krapp, A.* (Hrsg.): Pädagogische Psychologie (S. 601 – 646). Weinheim 2001.

Reinmann-Rothmeier, G./Mandl, H.: Multiple Wege zur Förderung des Wissensmanagements in Unternehmen (Forschungsbericht Nr. 99). München 1998.

Reinmann-Rothmeier, G./Nistor, N./Mandl, H.: Ein virtuelles Seminar zur Einführung von Wissensmanagement (Praxisbericht Nr. 21). München 1999.

Renkl, A.: Träges Wissen: Wenn Erlerntes nicht genutzt wird. In: Psychologische Rundschau, 47, 1996, S. 78-92.

Scardamalia, M./Bereiter, C.: Engaging students in a knowledge society. In: Educational Leadership, 54, 1996, H. 3, S. 6-10.

Scardamalia, M./Bereiter, C.: Schools as Knowledge-Building Organizations. In: *Keating, D./Hertzman, C.* (Eds.): Todays children, tomorrows society: The development health and wealth of nations. New York: in press.

Vollbrecht, R.: Medienkompetenz als kommunikative Kompetenz. Rückbesinnung und Neufassung des Konzepts. In: Medien & Erziehung, 42, 1999, H. 1, S. 13-18.

Angaben zu den Autoren:

Prof. Dr. Heinz Mandl
Inhaber des Lehrstuhls für Empirische Pädagogik und Pädagogische Psychologie der Ludwig-Maximilians-Universität München
Leopoldstraße 13
80802 München
Tel: +49 89 21 80-5146
Fax: +49 89 21 80-5002
E-Mail: mandl@edupsy.uni-muenchen.de

Katharina Schnurer, M. A.
Wissenschaftliche Mitarbeiterin am Lehrstuhl für Empirische Pädagogik und Pädagogische Psychologie der Ludwig-Maximilians-Universität München
Leopoldstraße 13
80802 München
Tel: +49 89 21 80-6255
Fax: +49 89 21 80-5002
E-Mail: schnurer@emp.paed.uni-muenchen.de

Mitarbeiterführung (im wissenschaftlichen Bereich)

Gertraude Krell
Richard Weiskopf

Dass Professoren und Professorinnen lehren und forschen sowie Beiträge zur Selbstverwaltung leisten (sollten), sind klassische Komponenten der mit dieser

Position verbundenen Selbst- und Fremdbilder. Dass sie jedoch auch Vorgesetzte einer Gruppe von Mitarbeiter/-innen und damit Führende sind, wird dagegen (z. B. bei Stellenbesetzungen oder Evaluationen) weitgehend vernachlässigt. Diese spezifische Führungslandschaft wollen wir hier etwas genauer betrachten und kritisch erörtern. Dabei folgen wir der Entwicklung der Führungsforschung und greifen ausgewählte Ansätze heraus.

Der **Eigenschaftsansatz** stellte die »großen Männer« in den Mittelpunkt. Er zielte darauf ab, jene Persönlichkeitsmerkmale heraus zu filtern, durch die sich erfolgreiche Führer von den übrigen Menschen unterscheiden lassen. Diese Eigenschaften (wie z. B. Durchsetzungs- oder Entscheidungsfähigkeit) galten als die entscheidende Variable zur Erklärung von Führungseignung und -erfolg. Aus heutiger Sicht erscheint die Entwicklung der Führungsforschung als sukzessive Dekonstruktion des Eigenschaftsansatzes, die zunehmend die kontextuelle Bedingtheit des Führungsgeschehens ins Blickfeld rückte. Dies ändert freilich nichts daran, dass aktuelle Konzepte (wie z. B. das der competencies) an diese Tradition nahtlos anschließen. Damit kommen sie auch einer weitverbreiteten Alltagstheorie von Führungskräften im Allgemeinen sowie Professoren und Professorinnen im Besonderen entgegen. Durch die gewährten Freiräume (s. u.) sowie durch individualisierte und individualisierende Belohnungs- und Karrierestrukturen fördert das Hochschulsystem vermutlich »great man«-Phantasien bzw. die Ausblendung der Kontextfaktoren erfolgreicher Arbeit aus dem Bewusstsein.

In der Führungsforschung verschob sich das Interesse zunächst auf das **Führungsverhalten** und den **Führungsstil**. Letzterer wird verstanden als relativ stabiles und situationsunabhängiges Grundmuster, eine Definition, welche die Nähe zum Eigenschaftsansatz verdeutlicht. Führungsstile wurden und werden typologisiert, um so den Beitrag des jeweiligen Typs zum Führungserfolg messbar zu machen.

■ *Lewins* klassische Führungsstiltypologie etwa unterscheidet zwischen autokratischer Führung, demokratischer Führung und Laissez-Faire. Ausgehend davon könnte man aufgrund von Alltagsbeobachtungen und -erfahrungen einer systematischen Untersuchung der bei Hochschullehrern/-lehrerinnen vorherrschenden Führungsstile die Hypothese zugrunde legen, dass dort vergleichsweise häufig Laissez-Faire (z. T. ideologisiert als Gewähren von Freiheit oder Förderung der Selbstständigkeit der Mitarbeiter/-innen) und autokratische Führung bzw. Führung nach Gutsherrenart (inklusive der Aneignung eines Teils der Arbeitsergebnisse der unterstellten Wissenschaftler/-innen) anzutreffen sind. Dem liegt die Vermutung zugrunde, dass diese beiden – nur scheinbar widersprüchlichen – Stile durch die für Hochschulen charakteristischen strukturellen Bedingungen begünstigt werden. Trifft das zu, dann wäre dieser Status quo sowohl aus einer demokratiepolitischen Perspektive als auch unter dem Gesichtspunkt der Entfaltung und Nutzung von Potenzialen zu problematisieren.

■ Ebenfalls zur Beschreibung des Führungsverhaltens verwendete Dimensionen sind Aufgaben- und Mitarbeiterorientierung. Diese werden unterschied-

287

lich modelliert. Die Michigan-Schule betrachtet sie als Pole eines Kontinuums. Die Ohio-Schule sieht sie als unabhängige Variablen; und im Managerial Grid von *Blake* und *Mouton* gilt der sog. 9.9 Führungsstil (d. h. sowohl hoch aufgaben- als auch hoch mitarbeiterorientiert) als der effizienteste. Geht man vom Typus des leidenschaftlichen Wissenschaftlers aus, wie ihn *Max Weber* (1967) beschreibt, dann legt dies die Vermutung nahe, dass sowohl für Mitarbeiterorientierung als auch für nicht zur eigenen Forschung gehörende Aufgabenorientierung wenig Raum bleibt. Eine darüber hinaus gehende Kategorie stammt von *Anne Statham* (1987), die behauptet (und in ihrer Studie belegt), männliche Führungskräfte seien weder aufgaben-, noch mitarbeiterorientiert, sondern orientiert an »image engrossment«. Derartige stereotype Verknüpfungen von Führungsstil und Geschlecht sind allerdings höchst diskussionsbedürftig (vgl. *Krell, G.* 1998). Es wäre ebenso unzulässig, Professoren und Professorinnen als Berufsgruppe quasi eigenschaftstheoretisch eine solche Orientierung zuzuschreiben. Anders akzentuiert ist jedoch die Frage, ob nicht Rahmenbedingungen wie etwa quantifizierende Evaluationen und damit verbundene Rankings (vgl. z. B. *Kieser, A.* 1998) eine Orientierung hervorbringen, bei der ein auf Punktemaximierung konzentriertes »image engrossment« sowohl Aufgaben- als auch Mitarbeiterorientierung substituiert.

Schon diese kurze Erörterung verdeutlicht, dass es nicht den einen besten Führungsstil geben kann. Dies ist auch die Grundaussage des **situativen Ansatzes,** der **Kontextfaktoren** (wie z. B. unterschiedliche Aufgaben oder auch Geführte) als Variablen erforscht, die zwischen Führungsverhalten und -erfolg intervenieren. In diesem Zusammenhang werden denn auch erstmals die Geführten (als Individuen und Gruppen) stärker berücksichtigt, allerdings nur als »Arbeitsgegenstände« bzw. Objekte des Führungshandelns. Bezogen auf Führung im wissenschaftlichen Bereich handelt es sich hier in der Regel um wissenschaftliche Mitarbeiter/-innen, Sekretärinnen und studentische Hilfskräfte, je nach Fach ergänzt z. B. um medizinisches Personal, Laborkräfte usw.

In einem weiteren Schritt richtet sich die Aufmerksamkeit der Führungsforschung auf die **Interaktion** zwischen Führenden und Geführten. Damit ist zugleich der Blick auf die Geführten als Subjekte und deren Einfluss auf den Führungsprozess gelenkt. Aus einer interpretativen Perspektive wird sichtbar, dass die Interaktion zwischen Führenden und Geführten unter anderem durch stereotypisierende Fremd- und Selbstbilder geprägt ist. Schließlich wird erkannt, dass in der Interaktion zwischen Führungskraft und Mitarbeitern und Mitarbeiterinnen nicht nur die Erstgenannten Einfluss nehmen, sondern auch »Führung durch Geführte« oder »upward influence« stattfindet. Dies gilt ganz allgemein, geht man jedoch davon aus, dass an Universitäten Laissez-Faire besonders verbreitet ist, dann lässt das den Schluss zu, dass dort die Bedeutung von Führung von unten besonders groß ist. Wir alle kennen Lehrstühle, die faktisch von den wissenschaftlichen Mitarbeitern und Mitarbeiterinnen gemanagt werden. Führungsprozess und -erfolg werden schließlich durch weitere Interaktionen sowohl seitens der Hochschullehrer/-innen als auch seitens der Mitarbeiterinnen beeinflusst. Beispielhaft seien hier die Interaktionen mit Gleichgestellten genannt: Hochschullehrer/-innen interagieren mit anderen Professoren und Professorinnen – innerhalb und außerhalb der eigenen Hochschule. Mitarbeiter/-innen interagieren mit Gleichgestellten sowohl innerhalb der jeweiligen Arbeitsgruppe als auch innerhalb der Statusgruppe. Bezogen auf die organisationsinternen Interaktionen spricht man auch von »lateraler Führung« oder »Führung durch Gleichgestellte«. Ein Blick auf dieses Geflecht von intra- und interorganisationalen Interaktionen verdeutlicht, dass Führung nicht als autarkes Einflusshandeln, sondern selbst als Netzwerk*effekt* zu verstehen ist.

Schließlich gerät der **organisationale und institutionelle Kontext**, in dem sich diese Interaktionen abspielen, ins Blickfeld der Führungsforschung. Für die hier betrachtete Führungskonstellation relevante strukturelle Bedingungen sind unter anderem:

- Im Vergleich zu vielen anderen Organisationen gewähren Hochschulen Professoren und Professorinnen als Führungskräften sehr große Handlungsspielräume. Weder gibt es (abgesehen von Frauenförderrichtlinien o. Ä.) Führungsgrundsätze, in denen Solls verbindlich festgeschrieben sind, noch Vorgesetzte, die das Führungsverhalten kontrollieren und ggf. korrigierend eingreifen. Bei Evaluationen und der daran geknüpften Mittelverteilung wird das Führungsverhalten kaum berücksichtigt. Eine ebenso marginale Rolle spielt es i. d. R. für den Aufstieg, in diesem Fall: für erfolgreiche Bewerbungen.
- Die wissenschaftlichen Mitarbeiter/-innen sind in Deutschland i. d. R. auf Zeit eingestellt, für fünf bis sechs Jahre auf Qualifikationsstellen zur Promotion oder Habilitation, für zwei Jahre oder kürzer für die Bearbeitung von Projekten. Damit werden als Führungsaufgabe zunächst Auswahl und Einführung neuer Mitarbeiter/-innen relevant, eine Aufgabe, für die Hochschullehrer/-innen allerdings in der Regel nicht qualifiziert worden sind. Weiterhin kommt der Personalentwicklung im Sinne des Erkennens und Entfaltens von Potenzialen eine besondere Bedeutung zu. Betrachtet man diese Potenziale als Ressourcen, dann hängt deren Realisierung und Aneignung auch von Machtverhältnissen ab. Dabei verschränken sich – wie in vielen anderen Handlungsfeldern – Leistungssicherung und Herrschaftssicherung. Letztere bezieht sich hier auf die einzelne Führungskraft bzw. deren Einflussbereich. Dass Professoren und Professorinnen die Ungewissheitszone der erfolgreichen Promotion und/oder Habilitation kontrollieren, erleichtert diesen die Aneignung von Arbeitsergebnissen der ihnen unterstellten Wissenschaftler/-innen und erschwert jenen sowohl »Widerspruch« als auch »Abwanderung«. Nicht selten verbergen sich daher unter dem Deckmantel von Kooperation und Förderung Ausbeutungsverhältnisse. Diese werden durch ein professionelles Ethos nur teilweise verhindert.
- Die Sekretärinnen (hier wird das Phänomen des Gendering besonders deutlich) sind zwar i. d. R. dauerhaft beschäftigt, haben aber als einziges nicht-akademisches Mitglied der Arbeitsgruppe einen Statusnachteil. Dadurch be-

steht strukturell die Gefahr der Demotivierung durch mangelhafte soziale Integration in die Arbeitsgruppe und geringe soziale Anerkennung. Hinzu kommt, dass in Deutschland Hochschulsekretäre/Hochschulsekretärinnen nach dem Bundesangestelltentarifvertrag (BAT) als Schreibkräfte vergütet werden, ein demotivierender Faktor, der jedoch außerhalb des Einflussbereichs der jeweiligen Vorgesetzten liegt.

■ Die studentischen Hilfskräfte haben eine »Zwitterstellung« als Mitarbeiter/-in und Studierende. Dies ist z. B. für die Einsatzplanung und Aufgabenverteilung relevant (z. B. Rücksichtnahme auf Prüfungsphasen).

Die Theorie der **Führungssubstitute** lenkt schließlich den Blick darauf, dass sich der organisationale und institutionelle Kontext und andere Faktoren nicht nur förderlich oder hinderlich auf den Führungsprozess auswirken. Vielmehr werden eine Reihe von Faktoren identifiziert, die personale Führung durch Vorgesetzte supplementieren: diese also ergänzen, zum Teil ersetzen und in manchen Fällen auch konterkarieren. Für Führung im wissenschaftlichen Bereich besonders bedeutsam ist der Faktor professionelle Orientierung, der für Nachwuchswissenschaftler/-innen maßgeblicher sein kann als Erwartungen und Standards ihrer jeweiligen Vorgesetzten. Strukturell ist damit ein Konflikt zwischen der Loyalität gegenüber diesen und der Loyalität gegenüber der Organisation und auch der Profession programmiert.

Noch ist die Mitarbeiterführung im wissenschaftlichen Bereich ein wenig beforschtes Terrain. Angesichts der grundlegenden Transformationen im Hochschulbereich (vgl. z. B. *Laske, St. et al.* 2000) ist allerdings anzunehmen, dass sich das Interesse für diese Thematik verstärken wird. Die besondere Herausforderung wird darin liegen, Führungsverständnisse und -konzepte etwa aus dem wirtschaftlichen Bereich nicht unreflektiert zu übertragen, sondern solche zu entwickeln, die den Besonderheiten des wissenschaftlichen Bereiches angemessen sind.

Literatur:

Zur Vertiefung und zum Auffinden der Standardquellen zur Führungsforschung:
Kieser, A./Reber, G./Wunderer, R. (Hrsg.): Handwörterbuch der Führung. 2. Aufl., Stuttgart 1995.
Neuberger, O.: Führen und geführt werden. 5. Aufl., Stuttgart 1995.

Für spezifische Aspekte:
Kieser, A.: Going Dutch – Was lehren niederländische Erfahrungen mit der Evaluation universitärer Forschung? In: Die Betriebswirtschaft, 58. Jg., 1998, Heft 2, S. 208.
Krell, G.: »Vorteile eines neuen, weiblichen Führungsstils« – zur Fragwürdigkeit einer vielstrapazierten Behauptung. In: Dies. (Hrsg.): Chancengleichheit durch Personalpolitik. 2. Aufl., Wiesbaden 1998.
Laske, St./Scheytt, T./Meister-Scheytt, C./Scharmer, C. O. (Hrsg.): Universität im 21. Jahrhundert. München und Mering 2000.
Statham, A.: The Gender Model Revisited: Differences in the Management Style of Men and Women. In: Sex Roles, 16. Jg., 1987, Heft 7/9, S. 409.
Weber, M.: Wissenschaft als Beruf. 6. Aufl., Berlin 1967.

Angaben zu den Autoren:

Prof. Dr. Gertraude Krell
Freie Universität Berlin
Institut für Management
– Personalpolitik –
Boltzmannstraße 20
14195 Berlin
Tel: +30 83 85 21 32
Fax: +30 83 85 68 10
E-Mail: Krellg@wiwiss.fu-berlin.de

Ass.-Prof. Dr. Richard Weiskopf
Leopold-Franzens-Universität Innsbruck
Institut für Organisation und Lernen
– Personal und Arbeit –
Universitätsstraße 15
A-6020 Innsbruck
Tel.: +43 51 25 07 74 54
Fax: +43 51 25 07 28 50
E-Mail: Richard.Weiskopf@uibk.ac.at

Modularisierung

Isabel Gehrlicher

Modularisierung ist einer der populärsten Begriffe der aktuellen Diskussion um die Reform der Studienangebote deutscher Hochschulen. Er steht in einem engen Zusammenhang zu der Diskussion um die Einführung → *gestufter Studiengänge* nach anglo-amerikanischem Modell (Bachelor und Master) an deutschen Hochschulen, da die Modularisierung des Studienangebots zusammen mit der Einführung eines Leistungspunktsystems eine Voraussetzung für die Akkreditierung derartiger Studienprogramme ist (vgl. Beschluss der HRK vom 03.05. 1999). Mit der Modularisierung sind daher erhebliche Erwartungen verknüpft. Sie soll Studien- und Prüfungsanforderungen transparenter machen, den Übergang von Studierenden zwischen den Hochschulen national und international erleichtern, die Zusammenarbeit verschiedener wissenschaftlicher Disziplinen fördern und eine schnelle Anpassung der Studieninhalte an geänderte Erfordernisse der Berufspraxis ermöglichen. Und auch Kostenüberlegungen spielen eine Rolle, wie dem Abschlussbericht der Kommission, die in Schleswig-Holstein Vorschläge zur Hochschulstrukturreform erarbeitet hat, zu entnehmen ist: »Die Modularisierung ermöglicht in einfachster Form die kostensparende Einführung neuer, vom Markt verlangter Studiengänge mit interdisziplinärem Qualifikationsprofil durch die neue Zusammenstellung von einzelnen Modulen.« (zitiert nach *Hans-Martin Barthold*, Gradwanderung, in: DUZ 9/1998).

Ungeklärt bleibt bei all diesen Erwartungen oft, welche konkreten Strukturen und inhaltlichen Schwerpunkte ein modulares Studienprogramm kennzeichnen, auf welcher Ebene die Modulbildung erfolgen soll und inwieweit auch eine inhaltliche Modernisierung des Studienablaufs im Rahmen einer solchen Neuordnung erforderlich ist. So heißt es auch in einem Positionspapier des *BLK-Verbundprojektes* »Modularisierung in den Geisteswissenschaften« (2000): »Auffällig ist bei dieser Diskussion, die sich mit Chancen (und teilweise auch Problemen) der Modularisierung befasst, dass überwiegend ungeklärt bleibt, wie die gewünschte Änderung durch eine – so wird häufig suggeriert – bloße Umstellung des Studienprogramms tatsächlich bewirkt werden soll und kann.«

Kloas (1997) identifizierte drei gebräuchliche Varianten der Modularisierung:

Modularisierung als Binnendifferenzierung: Der gesamte Lernprozess wird nach curricular-didaktischen Kriterien in Lernsequenzen, Lernformen, Lernorte und Lernprojekte zerlegt.

Modularisierung als Bildung in sich abgeschlossener, von einander unabhängiger Teilqualifikationen ohne Rahmen für eine bestimmte Gesamtqualifikation: Verschiedenste Module, die jeweils geprüft und zertifiziert werden, setzen sich am Ende akkumulativ zu einer eher informellen Gesamtqualifikation zusammen.

Modularisierung als Bildung in sich abgeschlossener, von einander weitgehend unabhängiger Teilqualifikationen mit Rahmen für eine bestimmte Gesamtqualifikation: Verschiedenste Module, die innerhalb eines vorgegebenen Berufskonzeptes angeordnet sind, werden jeweils geprüft und zertifiziert. Die Gesamtqualifikation ist erreicht, wenn alle Module in einer der dem Berufskonzept entsprechenden Kombination absolviert wurden.

Für die Modularisierung von Studienprogrammen an Hochschulen erscheint nur die dritte Variante ein angemessenes und praktikables Vorgehen zu beschreiben. Sie entspricht auch den Vorgaben des Beschlusses der *KMK* vom 15.09.2000. Darin heißt es: »Modularisierung ist die Zusammenfassung von Stoffgebieten zu thematisch und zeitlich abgerundeten, in sich abgeschlossenen und mit Leistungspunkten versehenen Einheiten.« (S. 3) und weiter »Die Beschreibung der Module soll den Studierenden eine zuverlässige Information über Studienverlauf, Inhalte, qualitative und quantitative Anforderungen und Einbindung in das Gesamtkonzept des Studiengangs ... bieten.« (a. a. O., Anlage S. 1).

Um den Vorgang der Modularisierung konkreter zu definieren, ist zunächst eine genauere Klärung des Modulbegriffs und seiner Bedeutung für den Bildungsbereich notwendig. Der Begriff »Modul« entstammt ursprünglich dem technischen Bereich und beschreibt dort einen notwendigen, in sich abgeschlossenen Teil einer Funktionseinheit. Auf den Hochschulbereich übertragen erlangt der

Modulbegriff unterschiedliche Bedeutungen wie »Teilqualifikation«, »Studienabschnitt«, »Lerneinheit« oder »Ausbildungsbaustein«. *Kloas* (1997) nennt u. a. folgende Kriterien zur näheren Bestimmung von Struktur, Merkmalen und Inhalten sowie des Nutzens und der Notwendigkeiten von Modulen in der beruflichen Bildung:

- Eine Gesamtqualifikation besteht aus einer Kombination von Modulen bzw. Teilqualifikationen, die zur Gesamtfunktion (berufliche Handlungskompetenz) unerlässlich sind. Modul ist ein Teil eines Ganzen. Die Gesamtfunktion ist mehr als die Summe der Einzelfunktionen.
- Berufliche Handlungsfähigkeit wird durch gesellschaftliche Standards bestimmt (deutsches Berufskonzept).
- Module sind das Ergebnis von Qualifizierungsprozessen (Kompetenz- bzw. Outputkategorie).
- Die Freiheit in der zeitlichen Abfolge des Erwerbs von Modulen unterliegt pädagogischen Einschränkungen.
- Berufsmodule (Module des Berufsbilds) können sinnvoll durch Zusatzmodule ergänzt werden.
- Modulsystem in der beruflichen Bildung sind effektiv/ökonomisch, wenn die Module für mehrere Berufsbilder passen.
- Module in der beruflichen Bildung sind einzeln veränderbar, erneuerbar bzw. anpassbar, ohne dass die Gesamtqualifikation neu geregelt werden müsste.

Für den Hochschulbereich sind folgende Kriterien zu ergänzen:

- Jedes Modul wird in durch ein Leistungspunktesystem erfasst und entsprechend der notwendigen Leistungen bewertet.
- Lernziele (insbesondere auch hinsichtlich der beruflichen Praxis) und die zu erbringenden Studien- und Prüfungsleistungen müssen für jedes Modul klar formuliert und publiziert werden.

Die individuelle Umsetzung des Organisationsprinzips Modularisierung ist Aufgabe der jeweiligen Hochschule. Die Modularisierung betrifft dabei verschiedene Ebenen der Ordnung von Studiengängen an Hochschulen. Um dies zu verdeutlichen wurden im *BLK-Projekt* »Modularisierung in den Geistes- und Sozialwissenschaften« folgende Begriffe zur Unterscheidung der einzelnen Ebenen eingeführt:

Makromodule: Dieser Begriff bezieht sich auf die Gliederungsebene der Studienprogramme. Module sind hier aufeinander aufbauende Bachelor- und Masterstudiengänge sowie ein Promotionsstudium.

Mesomodule: Dieser Begriff beschreibt Module, die innerhalb der Makromodule als Binnengliederung der einzelnen Studienprogramme zu bilden sind.

Mikromodule: Die Mikromodule stellen Verbünde aus Studienbausteinen innerhalb der Mesomodule dar, die sich zu einer thematischen Einheit zusammenfassen lassen. Die durch ihr jeweiliges Qualifikationsziel definierten Module, auf die die inhaltliche Koordination mehrerer einzelner Lehrveranstaltungen abgestimmt ist, bilden das thematische Grundgerüst des Studiums.

Auch wenn die Bildung der Module Aufgabe der jeweiligen Hochschule ist, besteht die Notwendigkeit, dass die Beteiligten sich auf allgemeingültige inhaltliche und formale Standards einigen, da sonst keine der mit der Modularisierung verbundenen Erwartungen erreicht werden kann. Insbesondere der Übergang von Studierenden zwischen den Hochschulen würde sich bei unterschiedlichen Standards wiederum sehr schwierig gestalten. So nennt auch *Kloas* (1997) in seiner Moduldefinition für die berufliche Bildung folgende Kriterien:

- Module sind ohne Standards, die Transparenz und Vergleichbarkeit ermöglichen, nicht denkbar.
- Module setzen betriebs- und trägerübergreifende (möglichst bundesweit geltende) Standards voraus.

Aber es gibt hinsichtlich der Standardisierung auch Befürchtungen. So äußert *Phil Acre* (1998): »We need to recognize . . . that the ease of transferring courses between schools – effectively assembling one's college education a la carte from among the offerings of a large number of potentially quite different programs – may come at a significant price in intellectual diversity. If the internal modularity of degree programs must be coordinated centrally, or at least negotiated among numerous independent universities, then the result will be less flexibility and greater uniformity. Power over fine details of the curriculum will inevitably shift in the direction of accrediting organizations, university administrators, and other professional coordinators. Faculty may effectively lose the ability to write their own syllabi.«

Literatur:

Acre, P.: Red Rock Eater News Service, June 25th, 1998.
Hochschulrektorenkonferenz (HRK): Beschluss vom 03.05.1999: Strukturvorgaben für die Einführung von Bachelor- und Masterstudiengängen.
Kloas, P.-W.: Modularisierung in der beruflichen Bildung, Berlin und Bonn 1997.
Kultusministerkonferenz (KMK): Beschluss vom 15.09.2000: Rahmenvorgaben für die Einführung von Leistungspunktsystemen und die Modularisierung von Studiengängen.
Heinrich, D./Maaß, P.: Positionspapier des BLK-Projektes Modularisierung in den Geistes- und Sozialwissenschaften der Universitäten Bochum, Frankfurt am Main, Greifswald, Mannheim und Regensburg, www.rz.uni-frankfurt.de/verbundprojekt/internationalisierung.htm, [Red.] (2000).

Angaben zur Autorin:

Dipl.-Psych. Isabel Gehrlicher
Carl von Ossietzky Universität Oldenburg
Fachbereich 1, Institut für Erziehungswissenschaften 1
Uhlhornsweg 49-55
26111 Oldenburg
Tel.: +49 441 798 42 75
Fax: +49 441 798 23 25
E-Mail: gehrlicher@gmx.de

Multimediale Infrastrukturen

Reinhard Keil-Slawik
Harald Selke

Da erfolgreiches Studieren in einer Universität nicht monokausal auf den Einsatz einer bestimmten Technik zurückgeführt werden kann, ist es auch wenig sinnvoll, einzelnen medientechnischen Konzepten oder Ansätzen die Fähigkeit zuzuschreiben, das Lernen zu verbessern. Dies hängt letztlich von der Art und Weise ab, wie sie in das soziale, organisatorische und curriculare Umfeld eingebettet werden. Andererseits wohnen den digitalen Medien bestimmte Potenziale inne, so dass sich die Frage stellt, wie denn eine digitale universitäre Infrastruktur beschaffen sein muss, um diese Potenziale nutzen zu können. Oder anders ausgedrückt: Was ist eine multimediale Infrastruktur? Die Antwort beginnt mit ein paar grundsätzlichen Anmerkungen zum Verhältnis von Technik und Lernen und behandelt dann zentrale Entscheidungsparameter auf drei verschiedenen Ebenen: Netze, Dienste und Einbettung.

Medienfunktionen. Multimediale Infrastrukturen sind komplexe technische Konfigurationen, für die zunächst gilt, was für alle Technik gilt: Mit Technik kann man nur technische Probleme lösen. Folglich soll zunächst kurz skizziert werden, worin denn das technische Problem beim Lernen im universitären Kontext besteht. Dabei gilt es zunächst den Medienbegriff zu erweitern, da traditionell technische oder sich auf Technik beziehende semiotische Artefakte wie mathematische Formeln, molekulare Strukturbilder oder technische Zeichnungen medientheoretisch nicht berücksichtigt werden. Um dabei nicht in komplexe technische, kognitionspsychologische und pädagogische Fragestellungen zu geraten, sei dieses Problem anhand dreier grundlegender Überlegungen illustriert. Die erste besagt, dass es ohne Bezug auf Medien nicht möglich ist, überprüfbares Wissen zu generieren. Rein mental ist es nicht möglich, über einen Gegenstand oder Sachverhalt, der nur in der Vorstellung existiert, neue Informationen zu gewinnen. Dazu ist eine sinnlich wahrnehmbare Umgebung erforderlich, die es gestattet, Vorstellungsbilder zu überprüfen. Einsichten entstehen zwar im Kopf, aber sie beziehen sich auf etwas, das einsehbar sein muss. Die zweite Überlegung verdeutlicht den Charakter von Medien als eine Bedingung für geistiges und kulturelles Wachstum, denn die Evolution des menschlichen Geistes ist im Wesentlichen die seiner Ausdrucksmittel. Die genetische Ausstattung des Menschen hat sich in den letzten zehntausend Jahren kaum verändert, wohl aber seine Fähigkeit, mit Hilfe von Werkzeugen, Instrumenten und semiotischen Produkten komplexe arbeitsteilige Prozesse der Konstruktion und Gestaltung, des Handels und der Verwaltung, des künstlerischen Ausdrucks und der Wissensgewinnung zu organisieren. Semiotische Produkte (Medien) wie Zeichen, Bilder, Grafiken, Formeln usw. sind Bedingungen für geistiges Wachstum im Kleinen (Lernen) wie im Großen (Kultur).

Das Herstellen (Visualisieren, Symbolisieren, Recherchieren, ...), Arrangieren (Anordnen, Sortieren, ...), Verknüpfen (Binden, Verweisen, Speichern, ...) und Übertragen (Transportieren, Verteilen, Senden, ...) sind primäre Medienfunktionen, die für heutige institutionalisierte Lernprozesse unerlässlich sind. Alle diese Prozesse erfordern Technik, die bislang je nach Medientyp (Text, Bild, Audio, Video etc.) unterschiedliche Geräte und Infrastrukturen sowie Organisationsformen umfassen. Digitale Medien bringen dabei zwei umfassende Neuerungen.

Zum einen können prinzipiell alle Medienarten und Formen mit einer einzigen Art von Gerät und einer einheitlichen Infrastruktur erschlossen werden. Das ist aber aufgrund technischer, organisatorischer und ökonomischer Randbedingungen nicht sinnvoll; vielmehr kommt es auf die möglichst elegante Verknüpfung unterschiedlicher Medien an, um die jeweiligen Vorteile zu nutzen und die Nachteile zu vermeiden. Zum anderen können mit digitalen Medien semiotische Produkte erstellt werden, deren aktuelle Erscheinungsform sich erst im Prozess der Nutzung ergibt (Interaktivität). Beispiele hierfür sind Datenbanken, Simulationen, Konstruktionsumgebungen, computerunterstütztes Lernen (CBT), und so genannte intelligente tutorielle Systeme.

In Bezug auf Herstellung und Nutzung lassen sich zwei grundsätzliche Herangehensweisen unterscheiden. Lernsoftware wird in der Regel von einem Autor oder einer Autorengruppe erstellt. Ihnen stehen technisch gesehen alle Möglichkeiten der Nutzung der primären Medienfunktionen zur Verfügung; sie gestalten das Produkt. Die Nutzung reduziert sich meist auf das Lesen, Auswählen, Aufrufen von Funktionen und Ausführen vorkonzipierter Handlungssequenzen (→ *Autorenumgebungen*). Der entscheidende Vorteil dabei ist, dass die Authentizität des jeweiligen Produktes (Skriptum, Beispielsammlung, Animationen etc.) gewahrt bleibt und damit eine begrenzte Kontrolle der Nutzung verbunden ist; der Nachteil ist: es sind mediale Einbahnstraßen des Lernens.

Lernen ist immer auch ein Akt der sozialen Konstruktion, bei der Lernende (und Lehrende) semiotische Produkte austauschen, wechselseitig bearbeiten und gemeinsam verwalten. Hier kommt es darauf an, das jeweilige Medienarrangement kooperativ zu gestalten, differenzierte Zugangsberechtigungen zu verwalten sowie Kommunikations- und Koordinationsfunktionen zu integrieren (→ *Internetgestützte Wissensorganisation*).

Multimediale Infrastrukturen müssen es gestatten, beide Nutzungsformen im Rahmen einer Universität zu verbinden und zugleich den Anschluss an vorhandene Infrastrukturen wie die Bibliothek, Audio-Visuelle Medienzentren oder auch die Verwaltung (Studentensekretariat, Prüfungsamt etc.) herzustellen. Entscheidend sind hier der Grad an Integration zwischen den verschiedenen Funktionsbereichen bzw. Einrichtungen und die Arbeits- und Kostenverteilung. Hilfreich ist es, wenn man die damit verbundenen Entscheidungen und Gestaltungskonflikte auf drei unterschiedlichen Ebenen – Netze, Dienste und Einbettung – behandelt (➜ *IT-gestützte Informationssysteme*).

Netze: Jederzeit an jedem Ort. Vorrangiges Ziel ist zunächst, die durchgängige Verfügbarkeit multimedialer Materialien und Kommunikationsdienste an allen Lernorten zu sichern. Dazu ist ein Ausbaustufenkonzept erforderlich, das den Ausbau der Vernetzung (leitungsgebunden oder per Funk) zukunftsoffen gestaltet. Das beinhaltet auch die Frage des Zugriffs von außen durch Lehrende und Studierende und die Frage einer breitbandigen Vernetzung mit anderen Universitäten und speziellen Forschungseinrichtungen. Eine wichtige strategische Option ist dabei, inwieweit die Universität multimediale Infrastrukturen zugleich nutzen will, um sich als wichtiger Partner in der Region zu verankern. Dies betrifft die Aus- und Weiterbildung, die Kooperation mit anderen öffentlichen Bildungseinrichtungen (z. B. Schulen) und die Erbringung von Dienstleistungen (z. B. Hochleistungsrechendienste). Neben der eigentlichen Netzinfrastruktur sind die jeweiligen Produktions- und Nutzungspunkte, die über das Netz miteinander verbunden werden, zu gestalten und zu planen. Dies betrifft die Konzeption interaktiver Seminar- und Vorlesungsräume, die Ausstattung der Hörsäle mit Präsentationseinrichtungen und Netzanschlüssen, die Einrichtung studentischer Arbeitsplätze sowie öffentlich zugänglicher Internet-Cafés und schließlich den Aufbau von Produktionsstätten wie Multimedialaboren und Medienzentren (vgl. *Sand* 1997 und *Sand/Dippel* 1998).

Beim Aufbau solcher Infrastrukturen ist ein grundsätzlicher Gestaltungskonflikt bezüglich der Verteilung von Verantwortlichkeiten zu lösen. Beim Konzept der **Datensteckdose** ist jeder für seine Anwendungen und die Verwaltung der Daten selbst verantwortlich. Die Universität stellt die Schnittstellen zum Netz und den installierten Geräten bereit; was darüber abgewickelt wird, ist die Angelegenheit der jeweiligen Nutzer. Vorteil: hohe Flexibilität. Nachteil: hohe Kompetenzanforderungen. Konsequenz: meist singuläre Nutzung auf hohem Niveau.

Das Konzept der **Standardanwendung** zielt auf die Bereitstellung einer leicht zu benutzenden Gesamtlösung. Für eine Nutzung wie die Präsentation in einem Hörsaal wird eine Gesamtkonfiguration vorgegeben, z. B. ein netzgestützter PC mit fest installierter Standardsoftware wie Power Point von Microsoft oder StarOffice von SUN. Vorteil: Entlastung durch Standards. Nachteil: geringe Flexibilität. Konsequenz: meist breitere Nutzung auf mittlerem bis niedrigem Niveau. Auch hier gilt es – wie bei jeder Multimedianutzung – keine »Alles oder Nichts«-Entscheidung zu treffen, sondern die Vor- und Nachteile situationsangemessen zu kombinieren. Dies gilt auch für die nächste Ebene.

Dienste: Kosten und Nutzen. Ein zentraler Begriff multimedialer Infrastrukturen ist der des Dienstes. Ein Dienst ist eine Leistung, die von einer Agentur oder einer Gruppe von Agenturen unter Ausnutzung eines Netzwerks erbracht wird. Ein Dienst stellt immer ein bestimmtes Nutzungsangebot dar, das sich nicht allein aus der Verfügbarkeit bestimmter technischer Ressourcen ergibt, sondern eine Zusatzleistung in Form von menschlicher Arbeit erfordert. Bei einem technischen Dienst ist für die Inanspruchnahme der jeweiligen Leistung keine direkte menschliche Intervention erforderlich. Allerdings ist zu beachten, dass grundsätzlich menschliche Zusatzleistungen erforderlich sind, um Zugriffs- und Ausfallsicherheit zu gewährleisten und die Technik an veränderliche Anforderungen anzupassen (Installation von Software, Kapazitätserweiterungen, Funktionsanpassungen etc.). Ist die menschliche Zusatzleistung ein unmittelbarer Bestandteil der Nutzung (höhere Dienste), lässt sich die erbrachte Dienstleistung enorm verbessern, was jedoch entsprechend hohe Kosten zur Folge hat.

Hier liegt ein grundsätzlicher Gestaltungskonflikt in Bezug auf die Kostenverteilung vor. Beispielsweise können die Lehrenden dadurch entlastet werden, dass sie ihre im WWW zu veröffentlichenden Materialien in einem ihnen vertrauten Format einer zentralen Medienstelle übergeben, die die Aufbereitung, Publikation und Verwaltung übernimmt. Der zentrale Dienst könnte sich aber auch auf die technische Bereitstellung von Zugriffsmöglichkeiten beschränken, so dass die Lehrenden die Kompetenz für die Formatierung, Veröffentlichung und Verwaltung ihrer Materialien selbst erbringen müssen. Derselbe Konflikt besteht auch in Bezug auf die Unterscheidung von so genannten Push- und Pull-Diensten. Push meint, dass den Nutzern jeweils aktuelle Informationen automatisch zugesandt werden, z. B. das aktuelle Inhaltsverzeichnis ausgewählter Zeitschriften bei Aufnahme in die Universitätsbibliothek. Pull bedeutet, dass die Nutzer jederzeit Informationen abfragen können, sie jedoch selbst entscheiden und nachsehen müssen, ob jeweils aktuelle Informationen vorhanden sind.

Die Grenzen zwischen technischen und höheren Diensten sind aufgrund der schnellen technischen Entwicklung sehr fließend; auch der damit verbundene Aufwand verändert sich laufend. Strategisch entscheidend bleibt jedoch die grundsätzliche Frage, wie stark eine Hochschule durch die Bereitstellung von höheren Diensten einen Anreiz für die schnelle und möglichst breite Nutzung digitaler Medien schaffen will. Dies ist, wie der letzte Abschnitt zeigt, auch ein entscheidender Aspekt für die zukünftige Profilierung von Hochschulen im internationalen Wettbewerb.

Einbettung: Betrieb und Organisation. Technische Dienste werden in der Regel durch ein Rechenzentrum erbracht, höhere Dienste dagegen meist durch andere spezielle Einrichtungen oder Abteilungen wie Bibliotheken, Medienzentren oder auch das Pressereferat einer Hochschule. Da die verschiedenen Dienste zunehmend miteinander verknüpft werden, stellt sich die Frage, wie sich ein integriertes Konzept mit aufeinander abgestimmten Maßnahmen mittel- und langfristig realisieren lässt. Dazu gehört auch die Verwaltung mit ihren Prüfungsämtern und Immatrikulationsbüros. Integriertes Konzept bedeutet nicht, ein einziges integriertes Softwaresystem zu entwickeln bzw. zu installieren oder alle beteiligten Einrichtungen zu einem zentralen Dienstleistungszentrum zusammenzufassen. Vielmehr kommt es darauf an, organisatorisch und technisch geeignete Schnittstellen festzulegen und entsprechende Verwaltungsabläufe zu definieren. Dabei ist es auch denkbar, bestimmte Dienste durch externe kommerzielle Dienstleister erbringen zu lassen.

Ein zentraler Gesichtspunkt beim Aufbau multimedialer Infrastrukturen ist die Einbettung der hochschulinternen Strukturen in einen regionalen, nationalen und internationalen Zusammenhang. Dieser ist nicht nur für die Einbindung externer Dienste entscheidend, sondern auch für den Aufbau ➜ *virtueller Studiengänge* oder eines ➜ *virtuellen Campus* sowie für die Entwicklung eigener netzgestützter Fernstudien- und Weiterbildungsangebote. Internetbasierte Standards und Protokolle wie zum Beispiel das World Wide Web werden in Zukunft weltweit die entscheidende Rolle spielen. Hochschulinterne Plattformen und Lehr-/Lernsysteme sind bis zu einem gewissen Grad austauschbar, solange sie die Anschlussfähigkeit sichern.

Lernen in der Hochschule der Zukunft. Lernen im Hochschulbereich ist ein komplexer disparater Prozess, der über viele Lernorte und unterschiedliche Zeitpunkte verteilt in differenzierten sozialen Formen stattfindet. Multimediale Infrastrukturen stellen durch die Umsetzung der primären Medienfunktionen des Herstellens, Arrangierens, Verknüpfens und Übertragens den Kitt zwischen diesen Orten und Zeitpunkten dar. Sie sind die zentrale Bedingung für geistiges Wachstum, indem sie nicht auf den individuellen Lernprozess orientieren, sondern die Vielfalt der sozialen Prozesse der Herstellung und Nutzung medialer Produkte unterstützen.

Lernförderlichkeit bezieht sich bei Infrastrukturen nicht auf die didaktischen Qualitäten einzelner Materialien, sondern auf die Eröffnung von Nutzungsmöglichkeiten zur aktiven Bearbeitung. In Bezug auf die aktive Bearbeitung von Medien besteht die vorrangige Leistung der Technik darin, den materiellen Aufwand zur Herstellung, Erschließung und Verbreitung von Medienprodukten zu reduzieren. Um dieses Rationalisierungspotenzial erschließen zu können, müssen jedoch verschiedene Gestaltungskonflikte bewältigt werden, da die dafür zur Verfügung stehenden Ressourcen begrenzt sind. Dabei geht es darum, bei sich zuwiderlaufenden aber gleichermaßen berechtigten Anforderungen zu entscheiden, in welchem Umfang welche Anforderungen auf Kosten welcher anderen umgesetzt werden können. Klassische Designkonflikte sind Standardisierung versus Flexibilität oder auch breiter Einsatz versus Spitzenqualität.

Die Konsequenz ist, dass in Bezug auf eine durchgängige und optimale Nutzung digitaler Medien einige hochschulstrategische Entscheidungen zu treffen sind, die sich auf die Zuschreibung von Verantwortlichkeiten und die Ausprägung von Kompetenzen und die Verteilung von Ressourcen beziehen. Das Angebot eines Standarddienstes erleichtert den Lehrenden zwar die Arbeit und verringert die Qualifikationsanforderungen, legt sie jedoch auf diesen Standard fest und nivelliert damit das Angebot. Die entscheidende Herausforderung besteht darin, eine Hochschulstrategie zu entwickeln, die solche Konflikte nicht als eine »Entweder-Oder«-Entscheidung behandelt, sondern danach trachtet, die Konflikte jeweils so aufzulösen, dass Prioritäten zwar gesetzt werden, in Bezug auf den Status quo jedoch auf beiden Seiten ein Zugewinn bzw. eine Verbesserung erreicht wird. Aufgrund des hohen Aufwandes, der mit einer breiten Nutzung digitaler Medien verbunden ist, und durch die sich schnell wandelnde informationstechnische Landschaft kann es sich dabei nicht um eine einmalige Entscheidung handeln. Vielmehr muss der Aufbau und die Weiterentwicklung lernförderlicher Infrastrukturen ein zentraler Punkt der Hochschulentwicklun werden. Um die angesprochenen Gestaltungskonflikte auflösen zu können, bedarf es klarer Zielvorgaben und entsprechender Entscheidungsstrukturen.

Digitale Medien werden andere Medien nicht vollständig ersetzen oder verdrängen. Lernförderliche Infrastrukturen sind jedoch nicht nur eine Erweiterung bestehender Strukturen und Medienangebote. Sie sind vielmehr das Nervensystem einer lernenden Organisation in einem gesellschaftlichen Umfeld, in dem die Erschließung und die Verbreitung von Wissen zur zentralen gesellschaftlichen Herausforderung geworden ist.

Literatur:

Keil-Slawik, R.: Multimedia in der Hochschullehre. In: *Simon, H.* (Hrsg.): Virtueller Campus: Forschung und Entwicklung für neues Lehren und Lernen. Münster 1997.

Keil-Slawik, R./Selke, H.: Forschungsstand und Forschungsperspektiven zum virtuellen Lernen von Erwachsenen. In: *Arbeitsgemeinschaft Qualifikations-Entwicklungs-Management Berlin* (Hrsg.): Kompetenzentwicklung '98 – Forschungsstand und Forschungsperspektiven. Münster 1998.

Sand, T.: Bauliche Anforderungen und Auswirkungen bei verstärktem Medieneinsatz an Hochschulen – Szenarien. HIS Hochschulplanung Band 124, Hannover 1997.

Sand, T./Dippel H.-W.: Bau- und nutzungsbezogene Auswirkungen bei verstärktem Medieneinsatz im Hochschulbereich – Berichte aus HIS-Projekten. HIS Kurzinformation Bau und Technik, Hannover August 1998.

Angaben zu den Autoren:

Prof. Dr.-Ing. Reinhard Keil-Slawik
Heinz Nixdorf Institut
Universität Paderborn
Fürstenallee 11
33102 Paderborn
Tel.: +49 52 51 60 64 11
Fax: +49 52 51 60 64 14
E-Mail: rks@uni-paderborn.de
http://iug.uni-paderborn.de/Keil-Slawik

Harald Selke
Heinz Nixdorf Institut
Universität Paderborn
Fürstenallee 11
33102 Paderborn
Tel.: +49 52 51 60 65 18
Fax: +49 52 51 60 64 14
E-Mail: hase@uni-paderborn.de
http://iug.uni-paderborn.de/hase

Helmut F. Friedrich
Friedrich W. Hesse

Multimedialität, Multimodalität, Multicodalität. Im Begriff Multimedia werden i.d.R. die folgenden Aspekte vermengt (*Weidenmann, B.* 1997): (a) der technologische Aspekt – Multimedia als Möglichkeit, von einem PC aus auf verschiedene Präsentations- und Speichertechnologien zuzugreifen (Multimedialität), (b) der Aspekt der Sinnesmodalität – die Möglichkeit, Auge und Ohr parallel anzusprechen (Multimodalität), (c) der Aspekt des Symbolsystems – die Möglichkeit, einen Sachverhalt in verschiedenen Symbolsystemen darzustellen, z. B. in geschriebener/gesprochener Sprache, als stehendes/bewegtes Bild (Multicodalität). Von einer multimedialen Lernumgebung (fortan: MMLU) kann man dann sprechen, wenn diese drei Aspekte genutzt werden, um ein inhaltlich und methodisch auf die jeweilige Zielgruppe abgestimmtes Lernangebot zu realisieren.

Potenzial multimedialer Lernumgebungen: MMLU sind aus folgenden Gründen für den Wissenserwerb von besonderem Interesse: (1) Sie bieten – wie andere Selbstlernmedien auch – die Möglichkeit zu zeit- und ortsflexiblem Lernen und unterstützen damit einen wesentlichen Aspekt selbstgesteuerten Lernens. (2) Die Kapazität des Computers zur Speicherung und Verarbeitung großer Datenmengen hat mehrere Vorteile: z. B. bei der Simulation/Modellierung von Prozessen, bei der Transformation von Daten von einem Symbolsystem in ein anderes, bei der realitätsnahen Präsentation von Sachverhalten und Situationen in Form von Bildern und Filmen sowie bei der adaptiven Steuerung des Lernprozesses auf der Basis von Lernerdaten wie z. B. Vorwissen, Lernfortschritt, Fehlerarten. (3) Die Möglichkeit, von einem Arbeitsplatz aus auf verschiedene Präsentations- und Speichermedien (z. B. PC plus CD-ROM) zuzugreifen, erlaubt integrative Medienverbundlösungen. Diese sind gegenüber additiven Medienverbünden (z. B. Funkkolleg, Telekolleg) in organisatorischer Hinsicht vorteilhaft. (4) Multimodalität erweitert das Spektrum an Zielfertigkeiten und Lerninhalten, die medial gelehrt und gelernt werden können (z. B. Sprachen lernen, Analyse von Musik). (5) Multicodalität ermöglicht Lerninhalte in verschiedenen und vor allem in dem ihnen angemessenen Symbolsystem darzustellen. Ferner bietet Multicodalität die Chance, individuellen Symbolsystempräferenzen (Visualisierer/Verbalisierer, s. u.) gerecht zu werden. (6) In MMLU können Werkzeuge integriert werden, die den Lernenden den aktiven Umgang – simulieren/modellieren, visualisieren, elaborieren, kommentieren, kommunizieren – mit den Lerninhalten erlauben. Damit können MMLU realisiert werden, die nicht nur Rezeption, sondern Konstruktion und Problemlösen erfordern. (7)

Multimediale Lernangebote können durch die nicht-lineare Verknüpfung der Informations- bzw. Wissenseinheiten auch als Hypermedien gestaltet werden. Diese räumen den Lernenden Freiheitsgrade bei der Auswahl und Sequenzierung von Lernschritten bzw. Lerninhalten ein (*Schulmeister, R.* 1996). Insgesamt ist festzustellen, dass viele MMLU das hier skizzierte Potenzial nicht realisieren und dass allein das Vorhandensein pädagogisch sinnvoller Medienattribute nicht garantiert, dass sie in der konkreten Lernsituation von den Lernenden auch genutzt werden.

Befunde zum Wissenserwerb mit Multimedia. (1) Selbststeuerung: Es gibt mehrere Studien, die zeigen, dass die Möglichkeit, in computerbasierten Lernprogrammen die Abfolge der Lernschritte selbst bestimmen zu können, sich positiv auf verschiedene Aspekte des Lernens (Lernleistung, Motivation) auswirkt. Es gibt jedoch auch Studien, die zeigen, dass Lernende ihre eigenen Bedürfnisse nicht einschätzen können, Information suchen, die sie nicht benötigen und Übungseinheiten vorzeitig abbrechen, generell: die in ein Programm integrierten Hilfen nicht angemessen nutzen (zusammenfassend: *Hannafin, M. J./Hannafin, K. M./Hooper, S. R./Rieber, L. P./Kini, A. S.* 1996). (2) Modalität: Die Vorstellung, dass sich bei multimodaler Informationsaufnahme, z. B. über Auge und Ohr, die Behaltensquoten für die einzelnen Sinneskanäle addieren, ist empirisch nicht bestätigt. Ob multimodale Informationsrezeption lernerleichternd ist, hängt von spezifischen Bedingungen ab. Sind Bild- und Audioinformation schlecht aufeinander abgestimmt, so muss die Aufmerksamkeit auf verschiedene kognitive Aktivitäten verteilt werden, was letztendlich das Lernen beeinträchtigen kann. Andererseits kann multimodale Informationspräsentation, z. B. wenn die Betrachtung und Auswertung einer komplexen Grafik durch einen gesprochenen Kommentar gesteuert wird, die kognitive Belastung des Lernenden reduzieren, wenn etwa dadurch das Hin- und Herspringen zwischen Bild und geschriebenem Text entfällt. Für die vielfach postulierten modalitätsspezifischen Lernertypen (auditiver, optisch-visueller Typ usw.) gibt es bisher keine empirische Bestätigung (*Jaspers, F.* 1994). (3) Symbolsystem: Wichtiger als der Sinneskanal ist die Art und Weise, wie das neue Wissen codiert ist, ob es beispielsweise bildlich oder sprachlich oder in beiden Symbolsystemen codiert ist. In mehreren Meta-Analysen hat sich dabei die Kombination von Text und Bild als besonders wirksam im Hinblick auf Behalten und Verstehen der durch das Bild illustrierten Textinformation erwiesen (z. B. *Levin, J. R./Anglin, G. J./Carney, R. N.* 1987). Der Vorteil von in Texten eingestreuten Visualisierungen gegenüber dem reinen Text wird u. a. damit erklärt, dass sie von den Lernenden eine tiefe Verarbeitung erfordern, um die sprachlich-propositionale und die visuelle Repräsentation von Sachverhalten zu integrieren (*Schnotz, W.* 1998). *Plass, J. L./Chun, D. M./Mayer, R. E./Leutner, D.* (1998) haben gezeigt, dass die individuelle Präferenz für das verbale oder das visuelle Symbolsystem eine fruchtbare Grundlage für die Identifikation von Lernertypen (Visualisierer/Verbalisierer) darstellt: Visualisierer reproduzierten in einer MMLU weniger Hauptgedanken als Verbalisierer, wenn ihnen während des Lernens visuelle Informationen vorenthalten wurden. (4) Lerneffektivität und -effizienz: Nach den Ergebnissen verschiedener Meta-Analysen ergibt sich durch computerbasierten Unterricht eine leichte Steigerung der Lernergebnisse um ca. 0.30 Standardabweichungen und eine Reduktion der Lernzeit um ca. 30%, jeweils im Vergleich zu Unterrichtsformen ohne Computereinsatz (*Kulik, J. A./Kulik, Ch.-L. C.* 1989). (5) Hypermedien/Hypertexte: Von Hypermedien wird u. a. angenommen, sie seien besonders lernwirksam, weil (a) ihre assoziative Netzwerkstruktur der des Gedächtnisses entspreche und weil sie (b) den Lernenden ein hohes Maß an Selbststeuerung bei der Auswahl der Lernschritte ermöglichen. Beide Annahmen konnten bisher nicht bestätigt werden (zusammenfassend: *Tergan, S.-O.* 1997). Unstrukturierte Hypermedien führen bei Lernenden leicht zu Desorientierung und zu Navigationsproblemen (*Conklin, J.* 1987).

Gestaltung multimedialer Lernumgebungen. Kritische Punkte, die bei der Entwicklung multimedialer Lernangebote auf die eine oder andere Weise gelöst werden müssen, sind nach *Hannafin et al.* (1996): (1) Einstellung/Orientierung der Lernenden auf die Lernaufgabe, z. B. durch die Vorgabe von Lernzielen, die Aktivierung von Vorwissen oder die curriculare Einbettung in den vorhergehenden/nachfolgenden Unterricht. (2) Präsentation der Lerninhalte (multimodale/multicodale Präsentation, hoher Realitätsgrad vs. didaktische Reduktion von Abbildungen, Situationen usw., kohärente Bildschirmgestaltung). (3) Unterstützung individueller Verarbeitungsprozesse, z. B. durch die Abstimmung von Beispielen auf den persönlichen Wissenshintergrund, durch Aufgaben, welche die mentale Auseinandersetzung mit dem Lehrstoff anregen. (4) Feedback und Behandlung von Fehlern etwa durch elaborative Formen der Ergebnisrückmeldung. (5) Sequenzierung der Lernschritte, z. B. Steuerung durch die Lernenden vs. Steuerung durch das Lernsystem, adaptive Steuerung aufgrund von Lernerdaten wie Vorwissen, Lernfortschritt usw., Integration optionaler Lernhilfen, z. B. guided tours in Hypermedien. (6) Aufrechterhaltung der Lernmotivation durch Maßnahmen, welche die Aufmerksamkeit anregen, Relevanz stiften (Verwirklichung persönlicher Ziele, Anknüpfen an das Vorwissen), Selbstvertrauen aufbauen und zu befriedigenden Lernergebnissen führen. (7) Integration von Wissensanwendung, z. B. in Form von Problemlöse-, Simulations- und Schreibaufgaben. (8) Berücksichtigung von Kontextfaktoren, z. B. des späteren Anwendungskontexts (etwa durch authentische Problemstellungen, durch Abbildungen hohen Realitäts- und Komplexitätsgehalts) sowie des späteren sozialen Kontexts durch kooperative Lernformen usw.

Ausblick. Im Zusammenhang mit Multimedia wird immer wieder die Frage diskutiert, ob es das Medium oder die Methode ist, die lernwirksam ist. Der Position von *Clark, R. E.* (1983), Medien seien allenfalls Transportmittel, das Entscheidende sei die Methode, setzt *Kozma, R. B.* (1991) das Konzept der »enabling technology« gegenüber. Demnach ermöglicht moderne Multimediatechnologie, dass bestimmte Methoden überhaupt erst wirkungsvoll realisiert werden können. In dieser Sicht ist eine MMLU nicht mehr nur ein Medium zur Informationsübermittlung, sondern ein Werkzeug, welches die Konstruktion von Wissen unterstützt, aber auch von den Lernenden ein hohes Maß an Eigenaktivität erfordert. Dabei sind der Lernende und die MMLU zwei Elemente eines Gesamtsystems, zwischen denen Know-how und Können verteilt sind (distributed cognition). Ein weiterer Schwerpunkt der Diskussion um Multimedia betrifft die Frage einer angemessenen Balance zwischen externen Vorgaben durch das Lernsystem (Inhalte, Lernziele, Sequenz der Lernschritte usw.) und den Freiheitsgraden für Selbststeuerung und Eigeninitiative der Lernenden. Viele Untersuchungen zeigen, dass es nicht ausreicht MMLU zur Verfügung zu stellen, die sich durch maximale Selbststeuerungsmöglichkeiten auszeichnen (*Friedrich, H. F./Mandl, H. 1997; Njoo, M./de Jong, T.* 1993), und sich dann darauf zu verlassen, dass die Lernenden diese Möglichkeiten nutzen. Insbesondere für Personen mit weniger günstigen Voraussetzungen (Vorwissen, Lernstrategien, Selbststeuerungskompetenz) scheint ein höheres Maß an Steuerung des Lernprozesses durch das System günstiger zu sein.

Literatur:

Clark, R. E.: Reconsidering research on learning from media. In: Review of Educational Research, 52, 1983, S. 445-450.

Conklin, J.: Hypertext – an introduction and survey. In: IEEE Computer, 20(9), 1987, S. 17-41.

Friedrich, H. F./Mandl, H.: Analyse und Förderung selbstgesteuerten Lernens. In: *Weinert, F. E. & Mandl, H.* (Hrsg.): Enzyklopädie der Psychologie: Themenbereich D Praxisgebiete, Serie I Pädagogische Psychologie, Band 4 Psychologie der Erwachsenenbildung (S. 237-293). Göttingen: Hogrefe 1997.

Hannafin, M. J./Hannafin, K. M./Hooper, S. R./Rieber, L. P./Kini, A. S.: Research on and research with emerging technologies. In: *Jonassen, D. H.* (Ed.): Handbook of research for educational communications and technology (pp. 378–402). New York: Macmillan 1996.

Jaspers, F.: Target group characteristics: Are perceptional modality preferences relevant for instructional materials design? In: Educational & Training Technology International, 31(1), 1994, S. 11-17.

Kozma, R. B.: Learning with media. In: Review of Educational Research, 61(2), 1991, S. 179-211.

Kulik, J. A./Kulik, Ch.-L. C.: Meta-analysis in education In: International Journal of Educational Research, 13, 1989 (special issue).

Levin, J. R./Anglin, G. J./Carney, R. N.: On empirically validating functions of pictures in prose. In: *Willows, D. M/Houghton, H. A.* (Eds.): The psychology of illustration, Vol.1: Basic research (pp. 51-85). New York: Springer 1987.

Njoo, M./de Jong, T.: Exploratory learning with a computer simulation for controltheory: Learning processes and instructional support. In: Journal of Research in Science Teaching, 30, 1993, S. 821-844.

Plass, J. L./Chun, D. M./Mayer, R. E./Leutner, D.: Supporting visual and verbal learning preferences in a second-language multimedia learning environment. In: Journal of Educational Psychology, 90(1), 1998, S. 25-36.

Schnotz, W.: Visuelles Lernen. In: Rost, D. H. (Hg.): Handwörterbuch Pädagogische Psychologie (S. 556–559). Weinheim: Psychologie Verlags Union 1998.

Schulmeister, R.: Grundlagen hypermedialer Lernsysteme. Bonn: Addison-Wesley 1996.

Tergan, S.-O.: Hypertext und Hypermedia: Konzeption, Lernmöglichkeiten, Lernproble-

me. In: *Issing, L. J./Klimsa, P.* (Hrsg.): Information und Lernen mit Multimedia (S. 122-137). 2. überarbeitete Auflage. Weinheim: Psychologie Verlags Union 1997.
Weidenmann, B.: Multicodierung und Multimodalität im Lernprozeß. In: *Issing L. J./Klimsa, P.* (Hrsg.): Information und Lernen mit Multimedia (S. 65-84). 2. überarbeitete Auflage. Weinheim: Psychologie Verlags Union 1997.

Angaben zu den Autoren:

Dr. Helmut Felix Friedrich
Wissenschaftlicher Angestellter am Institut für Wissensmedien (IWM) in Tübingen.
Institut für Wissensmedien (IWM)
Konrad-Adenauer-Straße 40
72072 Tübingen
Tel.: +49 70 71 97 92 04
Fax: +49 70 71 97 91 00
E-Mail : f.friedrich@iwm-kmrc.de

Prof. Dr. Dr. Friedrich W. Hesse
Lehrstuhl für Angewandte Kognitionspsychologie und Medienpsychologie an der Universität Tübingen
Direktor des Instituts für Wissensmedien (IWM) in Tübingen
Konrad-Adenauer-Straße 40
72072 Tübingen
Te.: +49 70 71 97 92 15
Fax: +49 70 71 97 91 00
E-Mail : friedrich.hesse@uni-tuebingen.de

Nachwuchsförderung

Jürgen Enders

Die Förderung des wissenschaftlichen Nachwuchses ist eine Kernaufgabe der Hochschulen, die sie neben Forschung und Lehre wahrnehmen. Sie erfüllen mit der Heranbildung der Nachwuchskräfte eine Aufgabe sowohl für die Reproduktion der Hochschullehrerschaft als auch eine wichtige gesamtgesellschaftliche Funktion der Ausbildung eines hochqualifizierten Potenzials von Nachwuchswissenschaftlern als Fach- und Führungskräfte für den Arbeitsmarkt außerhalb von Hochschule und Wissenschaft. Im Prinzip können zwei Phasen der Nachwuchsqualifizierung unterschieden werden:
■ die 1. Phase, in der sich Graduierte und Doktoranden befinden und die vom ersten Hochschulabschluss bis zur Promotion oder einer anderen postgradualen Weiterqualifizierung reicht;

■ die Phase 2, in der sich Nachwuchswissenschaftler nach der Promotion befinden, und die die Post-Doktoranden und den Hochschullehrernachwuchs umfasst.

Die **Struktur des wissenschaftlichen Nachwuchses** stellt sich angesichts der verschiedenen Qualifizierungsphasen und Fördermöglichkeiten sowie der Vielfalt der beruflichen Positionen für nicht-professorale Wissenschaftler an den Hochschulen de facto allerdings deutlich unübersichtlicher dar. Wie groß das Heer der Nachwuchskräfte an den Hochschulen ist, kann niemand genau sagen. Derzeit beschäftigen die Hochschulen im Bereich ihres hauptberuflichen Personals etwa 120.000 nicht-professorale Wissenschaftlerinnen und Wissenschaftler, von denen die überwiegende Mehrheit in befristeten Angestellten- oder Beamtenverhältnissen tätig und potenziell dem wissenschaftlichen Nachwuchs zuzurechnen ist. Hinzu kommen die nebenberuflich tätigen wissenschaftlichen Hilfskräfte; Nachwuchswissenschaftler, die durch Doktoranden-, Postdoc- oder Habilitandenstipendien gefördert werden; eine unbekannte Zahl von so genannten »externen« Doktoranden und Habilitanden, die sich ohne eine Hochschulstelle oder ein Stipendium weiterqualifizieren; und schließlich die habilitierten Privatdozenten »im Wartestand«.

Aufarbeitungen der Sozialgeschichte des Hochschullehrerberufs wie auch international vergleichende Analysen weisen darauf hin, dass vor allem zwei Charakteristika die **Situation des wissenschaftlichen Nachwuchses** an den deutschen Hochschulen prägen: die Ausrichtung einer pyramidal aufgebauten Lehrkörperstruktur auf die lehrstuhlbezogene Tradition der Professur und die Betonung einer deutlichen symbolischen Distanz zwischen Hochschullehrern und wissenschaftlichem Nachwuchs. Die Besonderheiten der wissenschaftlichen Laufbahn an den Hochschulen werden mit der Notwendigkeit einer langwierigen und mehrstufigen Ausbildung, Erprobung und Selektion ihrer zukünftigen Mitglieder begründet. Seinen gerechten Ausgleich soll der Risikocharakter dieser Laufbahn in den immateriellen und materiellen Belohnungen der professoralen Positionen als einzigem in der Universität anerkannten wissenschaftlichen Beruf finden. Die Funktionalität und Legitimität dieses Konzepts der »Wissenschaft als Beruf« und einer ihr gemäßen »Nachfolgeordnung« hat im Zuge der Hochschulexpansion zweifellos an Selbstverständlichkeit verloren. Jeder erneute Anlauf zur Hochschulreform war vielmehr von Diskussionen über die beruflichen Aufgaben und die Qualifizierung, den Status und die Karrieren, die Integration und Partizipation der nicht-professoralen Wissenschaftler begleitet.

In wechselnden Anläufen suchten »progressive Reformer« oder »konservative Bewahrer« die unverkennbaren Strukturprobleme der akademischen Laufbahn durch großangelegte staatliche Regelungswerke zu lösen. Insbesondere im Zusammenhang mit der Einführung und den Novellierungen des Hochschulrahmengesetzes (HRG) wurde der Versuch unternommen, die entstandenen Zielkonflikte und Spannungen in Nachwuchsförderung und Mittelbau durch Typenbildungen der Mitarbeiterbeschäftigung sowie die Gliederung von Karrierestadien und Aufgabenprofilen zu bewältigen.

Die empirische Analyse der Situation des wissenschaftlichen Nachwuchses, die in verschiedenen Studien dokumentiert ist, zeichnet ein wenig positives Bild von der Eignung der mehrfach veränderten Vorgaben. In der Praxis dominieren enge Stellenpläne, geringe Verfügbarkeit der einzelnen Stellentypen zur rechten Zeit im richtigen Fachgebiet, die Vermengung von Landesstellen, Drittmittelstellen, Stipendien und finanziellen Überbrückungen, nicht aber der Durchgang des Nachwuchses entlang der Ideallinie der Nachwuchskonzepte. Diese Modelle versagen angesichts der hohen internen Differenzierung, die aber gerade nicht durch die verordneten Typen des Nachwuchses aufgefangen werden, weil diese die Unterschiede zwischen Institutionen und zwischen Fachkulturen nicht zur Kenntnis nehmen. Besonders deutlich wird die unzureichende Erfüllung dieser Aufgabe an drei Sachverhalten:

■ an dem hohen Alter, mit dem im Durchschnitt der Qualifikationsprozess abgeschlossen wird, und zwar im Bereich von Promotionen und von Habilitationen,

■ an der mangelnden Förderung der selbstständigen Wahrnehmung von Forschungs- und Lehraufgaben durch den Nachwuchs in der postdoktoralen Phase und schließlich

■ an der dramatischen Ungleichheit der Geschlechter, also der weiterhin bestehenden Unfähigkeit der Hochschulen, Frauen entsprechend ihrem Anteil an den Absolventen eine Karriere in die Hochschulen zu öffnen.

So ist es kaum verwunderlich, dass wir derzeit ein revival mancher Ansätze zur **Verbesserung der Situation** des wissenschaftlichen Nachwuchses aus den Sechziger- und Siebzigerjahren erleben. Hier geht es um die Stärkung der Autonomie dieser Statusgruppe gegenüber den etablierten Hochschullehrern, um eine Beschleunigung der Qualifizierungswege und um eine größere Überschaubarkeit der Karriereperspektiven. Erste Schritte in diese Richtung wurden für die Doktorandenausbildung Ende der Achtzigerjahre durch die Einführung der **Graduiertenkollegs** unternommen, in denen mittlerweile etwa zehn Prozent der Doktoranden an deutschen Universitäten tätig sind. Die Einrichtung der Graduiertenkollegs ist mit sehr weit gesteckten Zielen zur Reform der Nachwuchsförderung und auch der Hochschullandschaft insgesamt verbunden. Einerseits sollen besonders geeignete und möglichst junge Doktoranden, in einem institutionalisierten Kontext angeleitet und betreut durch mehrere Hochschullehrer, in zum Teil interdisziplinären Gruppen zusammenarbeiten. Durch die zeitliche Befristung der Graduiertenkollegs und eine regelmäßige Evaluation sollen diese als centers of excellence etabliert werden. Zugleich geht es auch darum, Möglichkeiten für eine Stärkung der Kooperation und Interdisziplinarität der Forschung zu schaffen und eine grundlegende Reform der Struktur des Studiums in Richtung auf ein kürzeres berufsbezogenes Grundstudium und ein wissenschaftsbezogenes Doktorandenstudium zu setzen – nach dem Vorbild der angelsächsischen BA- und MA-Studiengänge. Ein Zwischenfazit der Erfahrungen mit den Graduiertenkollegs zeigt, dass sie mit Blick auf ihre nachwuchspolitischen Ziele durchaus erfolgreich funktionieren, spin-off-Effekte auf die allgemeine Situation des wissenschaftlichen Nachwuchses und die Hochschulreform aber wohl eher zurückhaltend zu beurteilen sind.

Im Zentrum der momentanen **Überlegungen zur Nachwuchsfrage** stehen aber die Postdoktorandenphase und Überlegungen, mit denen eine frühere Selbstständigkeit der Nachwuchswissenschaftler, Verbesserungen der Verfahren zur Feststellung der Eignung für den Hochschullehrerberuf, Verkürzungen der Qualifikationsphasen und frühere Erstberufungen sowie eine Steigerung der internationalen Mobilität von Nachwuchswissenschaftlern angestrebt wird. So sollen die Möglichkeiten zur Einwerbung von Drittmitteln und zur Leitung von Forschungsprojekten und -gruppen erweitert werden; auch steht die Habilitation als Selektionsinstrument für den Hochschullehrernachwuchs zur Diskussion. Vorgeschlagen wird insbesondere die Einführung von Assistenz- oder Juniorprofessuren (➜ *Hochschuldienstrecht*). Anders als der Hochschulassistent soll der Assistenz- oder Juniorprofessor nicht bei einem Lehrstuhl, sondern bei den Instituten und Fakultäten angesiedelt sein; er ist auf eine selbstständige wissenschaftliche Betätigung und nicht auf den Erwerb der formalen Qualifikation der Habilitation angelegt. Durch strikte Altersvorgaben soll zudem gewährleistet werden, dass keine schon viel zu alten Kandidaten chancenlos auf die Hochschullehrerlaufbahn geschickt werden. Eine Lockerung des Hausberufungsverbots scheint bislang allerdings wenig wahrscheinlich. Auch haben verschiedene Forschungsförderer, wie die Deutsche Forschungsgemeinschaft mit ihrem Emmy-Noether-Programm oder die Volkswagen-Stiftung durch die Förderung von Nachwuchsgruppen an Universitäten, Programme zur Unterstützung früher Selbstständigkeit des Nachwuchses in der postdoktoralen Phase aufgelegt.

In zweierlei Hinsicht unterscheidet sich die aktuelle Diskussion allerdings deutlich von früheren Debatten: Wenn sich die Leistungskontrolle und -bewertung nicht mehr nur auf die diversen Nachwuchsstadien erstreckte, sondern, wie es im Gespräch ist, auf alle Phasen einer wissenschaftlichen Tätigkeit an der Hochschule ausgedehnt würde, also bis ans Ende einer Professorenlaufbahn, wären weitreichendere Veränderungen im Verhältnis von Qualifizierung für den Hochschullehrerberuf und Ausübung dieses Berufs erwartbar.

Im Weiteren werden im Zuge der Diskussionen um die »neue Freiheit« der Hochschulen zunehmende Erwartungen auch an die Leistungsverbesserungen durch **institutionelle Selbststeuerungen im Bereich des Personalwesens** geknüpft. Mit der wachsenden Verpflichtung und Chance der Hochschulen, ihr Schicksal selbst in die Hand zu nehmen, wird auch die Frage akut, wie sie in Zukunft die Förderung des wissenschaftlichen Nachwuchses betreiben wollen. Fachhochschulen sind bei der Rekrutierung ihrer Hochschullehrer auf die Vorleistungen der Universität und der Praxis angewiesen und suchen diese auf ihre Bedürfnisse in der praxisnahen Ausbildung und Forschung umzumünzen. Die Universitäten als Institutionen wiederum sind trotz ihrer zentralen Funktion bei der Heranbildung des wissenschaftlichen Nachwuchses besonders schwache Akteure.

Die wenig überschaubare Segmentation des wissenschaftlichen Nachwuchses und die hohe Bedeutung des individuellen Forschungserfolgs in der Einzeldisziplin für die weitere Karriere drängen es den Hochschulen geradezu auf, sich für die Gestaltung der Nachwuchsförderung kaum zuständig zu fühlen. Zwar haben die Universitäten insgesamt ein vitales Interesse an der Förderung des wissenschaftlichen Nachwuchses. Doch ist dies nicht mit dem Interesse der einzelnen Institution am eigenen Nachwuchs zu verwechseln, denn durch das Hausberufungsverbot ist es den deutschen Universitäten verwehrt, den Ertrag gezielter Nachwuchsförderung auch im eigenen Haus zu vereinnahmen. So mag die einzelne Hochschule zwar die besten Nachwuchskräfte für weitere Qualifizierungsphasen anwerben. Gerade im Erfolgsfall muss sie diese Wissenschaftlerinnen und Wissenschaftler wieder an andere Hochschulen abgeben.

Da die Hochschulen den wissenschaftlichen Nachwuchs bislang vor allem verwalten, dabei in einen engen Rahmen von personal- und haushaltsrechtlichen Regelungen eingebunden sind und kaum über geeignete Kriterien, Mechanismen und Maßnahmen im Personalmanagement verfügen, sind in diesem Bereich zweifellos Verbesserungen notwendig und auch möglich. Ein entscheidender Perspektivenwechsel in der aktuellen Hochschulreformdebatte zielt dabei auf den Schwenk von den einzelnen Nachwuchswissenschaftlern und ihren Mentoren zu den Kontexten und Institutionen der Nachwuchsförderung. Für die Hochschulen stellt sich damit die Frage, ob sie bei unterschiedlichen Quellen zur Förderung des wissenschaftlichen Nachwuchses eine Beschäftigungspolitik betreiben können, die strukturbildend wirkt und nicht nur zum hilfreichen Löcherstopfen in Einzelfällen genutzt wird. Innerhalb der einzelnen Hochschule verlangt die Förderung des wissenschaftlichen Nachwuchses ein Zusammenwirken von Lehrstühlen und Instituten, Fakultäten und Universitätsleitung. Auf der überinstitutionellen Ebene sind abgestimmte Maßnahmen der öffentlichen Hand, der Forschungsförderer und Stiftungen und der Fachvereinigungen erforderlich.

Literatur

Deutsche Forschungsgemeinschaft: Nachwuchsförderung und Zukunft der Wissenschaft. Empfehlungen der Arbeitsgruppe »Wissenschaftlicher Nachwuchs« des Präsidiums der DFG. Bonn 19.06.2000.
Deutscher Hochschulverband: Handbuch für den wissenschaftlichen Nachwuchs. Bonn 1998.
Enders, J.: Die wissenschaftlichen Mitarbeiter. Ausbildung, Beschäftigung und Karriere der Nachwuchswissenschaftler und Mittelbauangehörigen an den Universitäten. Frankfurt a. M./New York 1996.
Enders, J./Teichler, U.: Der Hochschullehrerberuf im internationalen Vergleich. Ergebnisse einer Befragung über die wissenschaftliche Profession in 13 Ländern. Bundesministerium für Bildung und Wissenschaft, Forschung und Technologie. Bonn 1995.
Wissenschaftsrat: Empfehlungen zur Doktorandenausbildung und zur Förderung des Hochschullehrernachwuchses. Köln 1997.

Angaben zum Autor:

Dr. Jürgen Enders
Wissenschaftlicher Assistent am Wissenschaftlichen Zentrum für Berufs- und Hochschulforschung
Wissenschaftliches Zentrum für Berufs- und Hochschulforschung
Universität Gesamthochschule Kassel
Mönchebergstraße 17
34109 Kassel
Tel.: +49-561/804-2411
Fax: +49-561/804-7415
E-Mail: enders@hochschulforschung.uni-kassel.de

Netzwerkstrukturen

Uwe Wilkesmann

Viele berufliche Aktivitäten von Akteuren im Bildungssektor sind nicht durch formale Organisationsregeln vorgeschrieben, sondern werden mit Kollegen in losen Strukturen geregelt. Dabei arbeiten die relevanten Kollegen häufig in anderen Organisationen. Diese Kontakte sind für viele Akteure wichtiger als Kontakte innerhalb der eigenen Organisation. Fachgruppen oder Berufsverbände sind Beispiele für solche mehr oder weniger institutionalisierten Netzwerke.

Unter dem **Begriff Netzwerke** werden in der Literatur unterschiedliche Sachverhalte subsumiert. Vier unterschiedliche Bedeutungsinhalte des Begriffs lassen sich differenzieren:

- Netzwerke als Steuerungskategorie: Unter diese Kategorie lassen sich alle die Ansätze subsumieren, die Netzwerke als eine eigenständige Steuerungsform zwischen Markt und Hierarchie beschreiben. Netzwerke enthalten sowohl Elemente des Marktes als auch der Hierarchie. In Netzwerken treffen sich autonome Akteure (wie auf dem Markt) und koordinieren ihr Handeln zu gemeinsamen Zielen (so können sie wie Organisationen handeln). In der Literatur werden darunter hauptsächlich feste Kooperationsbeziehungen zwischen Unternehmen gefasst.
- Netzwerke als Verhandlungssystem: Diese Form ist aus den politischen Konfliktmanagement-Techniken bekannt (z. B. bei Umweltmediation). Hier treffen sich Agenten verschiedener Korporationen, um in face-to-face-Interaktionssituationen Kompromisse bei schwierigen Problemlösungsfällen mit der Hilfe eines Moderators zu erzielen.

■ Netzwerke als methodische Kategorie: Die Netzwerkanalyse stellt mittlerweile ein ausgefeiltes methodisches Instrumentarium für sozialwissenschaftliche Beziehungsanalysen dar. Mit deren Hilfe lassen sich die wechselseitigen Austauschbeziehungen zwischen Akteuren analysieren. Machtdifferenz, Dichte und Richtung der Austauschbeziehungen sowie die Position eines Akteurs im Netzwerk sind Beispiele für Untersuchungskategorien.

■ Netzwerke als Interaktionsstrukturen in Organisationen: Netzwerke lassen sich auch als Interaktionsstrukturen in (sowie zwischen) Organisationen definieren. Damit lassen sich Organisationsstrukturen unabhängig von den klassischen Kategorien Linie, Stab und Matrix beschreiben. Außerdem lösen sich die Organisationsgrenzen immer weiter auf, so dass relevante Interaktionsbeziehungen gerade auch über die Organisationsgrenzen hinaus reichen (*Wilkesmann* 2000). Dies war z. B. in Hochschulen immer schon gegeben: Nicht die Fakultätskollegen sind die fachlichen Ansprechpartner eines Hochschullehrers, sondern die Kollegen an anderen Universitäten, die zu gleichen oder ähnlichen Themen arbeiten.

Der Kernpunkt aller Netzwerkansätze ist die Hypothese eines Zusammenhangs zwischen der Struktur des Netzwerkes und des Ergebnisses der Interaktion bzw. des Austausches (vgl. *Knoke/Kuklinski* 1982, S. 13). Es wird damit eine Beziehung zwischen der Netzwerkstruktur und dem »Inhalt« des Netzwerkes hergestellt.

Grundsätzlich lassen sich in der Netzwerkanalyse zwei Ebenen unterscheiden: **Die Struktur des Netzwerkes** und der Inhalt der Beziehungen. Nach *Knoke* und *Kuklinski* (1982) kann der Inhalt der Relation in physischen und symbolischen Medien, in verbaler Kommunikation oder in emotionaler Interaktion bestehen.

Als die wichtigsten Strukturmerkmale eines Netzwerkes lassen sich Folgende nennen:
1. Die Homogenität bzw. Heterogenität eines Netzwerkes und dessen soziale Schließung, operationalisiert als die Anzahl der Cliquen (Zonen mit dichter Interaktion) in einem Netzwerk;
2. die Anzahl der Akteure;
3. die Intensität der Interaktionsrelation;
4. die Machtrelation zwischen den Akteuren;
5. die Dauer bzw. Institutionalisierung des Netzwerkes.

Eines der zentralen Strukturmerkmale von Netzwerken ist die Macht, die exemplarisch für die Strukturmerkmale im Folgenden etwas genauer dargestellt werden soll. Die Macht eines Akteurs ist nach *Coleman* definiert als die Kontrolle über Ressourcen und Ereignisse, an denen andere Netzwerkmitglieder Interesse haben. (*Coleman* 1990, S. 381 ff). Nach *Coleman* ist die Macht (P) eines Akteurs$_e$ als das Interesse von Alter (Akteur$_j$) an einem Ereignis$_i$ definiert (x_{ji}), über dessen Ressource (oder das dadurch bestimmte Ereignis)$_i$ Ego (Akteur$_e$) die Kontrolle besitzt:

$$P_{ej} = \sum_{i=1}^{m} x_{ji} \, c_{ei}$$

In *Colemans* Modell wird die Angebotsstruktur nicht reflektiert. *Karen Cook* (vgl. u. a. *Yamagishi/Gillmore/Cook* 1988) geht über *Colemans* Ansatz hinaus, in dem sie die Angebotsstruktur (Monopol – Oligopol – Polypol) und die Entfernung zur Quelle der Ressource für Alter einbezieht. Die Macht Egos wird damit von seiner Stellung im Netzwerk abhängig. Die Stellung entscheidet über die Entfernung zur Quelle der Ressource und über die Möglichkeit alternativer Bezugsquellen.

Nach *Cook* lassen sich positive und negative Netzwerke unterscheiden. Eine positive Verknüpfung der zwei Relationen A-B und B-C der Akteure A, B und C existiert dann, wenn C in Austausch mit A über B treten kann. Diese beiden Relationen sind dann negativ verknüpft, wenn der Austausch zwischen A und B in Konkurrenz zu einem Austausch zwischen B und C tritt. In der Realität umfassen Netzwerke sowohl positive als auch negative Relationen.

In rein **positiven** Netzwerken kann jeder Akteur einen bestimmten Ressourcentyp nur von einem anderen Akteur beziehen. Die Knappheit einer Ressource hängt somit auch von der Stellung innerhalb des Netzwerkes ab, und wer wiederum die knappste Ressource an einem Punkt im Netzwerk kontrolliert, hat die meiste Macht an diesem Punkt. Die Knappheit einer Ressource an einem bestimmten Punkt im Netzwerk ist von der Distanz zur Quelle der Ressource bestimmt. Die Distanz wird in der Pfaddistanz, d. h. in der Anzahl der Akteure bis zur Quelle gemessen, die als »Zwischenhändler« auftreten.

In rein **negativ** verknüpften Netzwerken bestimmt die Verfügbarkeit von Ressourcen durch alternative Austauschrelationen die Verteilung der Macht. Alternative Bezugsquellen brechen hier die Monopolsituation der Ressourcenanbieter auf. In negativ verbundenen Netzwerken kann bei Konkurrenz die eigene Verhandlungsmacht jedoch durch Spezialisierung, Erweiterung des Tauschnetzwerkes oder durch eine Koalition der Schwachen gegen die Starken erhöht werden (*Kappelhoff* 1993, S. 85).

Je mächtiger ein Akteur durch seine Position im Netzwerk ist, d. h. je näher er an der Quelle der relevanten Ressource im Netzwerk sitzt und je weniger die anderen Mitglieder die Möglichkeit einer alternativen Bezugsquelle besitzen, desto eher kann er seine Verhandlungsvorstellungen durchsetzen. Dadurch ist in jeder (hierarchisch gegliederten) Organisation ein starkes Machtungleichgewicht gegeben. In deutschen Universitäten ist z. B. diese Machtposition aus der Sicht eines jungen Wissenschaftlers durch den eigenen Professor gegeben. Er verwaltet die wichtigen Ressourcen Vertragsverlängerung (zumindest in dem gesetzlichen Rahmen von fünf Beschäftigungsjahren innerhalb einer Qualifikationsstufe) und Qualifikation (zumindest bei der Promotion). Die Annahme einer Dissertation ist, auf Grund des spezialisierten Themas, in der Regel nur bei einem Professor an einer Universität möglich. Diese Abhängigkeit bleibt meistens bis zur Habilitation bestehen. Nach der Habilitation öffnet sich das relevante Netzwerk: Nicht mehr die bilaterale Beziehung zwischen Professor und Mitarbeiter, sondern die Beziehungen zu anderen Peers der eigenen Fachdisziplin werden wichtig, weil eine Weiterbeschäftigung an der bisherigen Hochschule nicht möglich ist. Für die Berufung an eine andere Universität ist aber das Urteil anderer Peers aus dem Fach von Bedeutung. Aber auch unter Peers einer Fachdisziplin gibt es primi inter pares: Das Urteil gewisser »Stars« bedeutet mehr als das Urteil anderer Fachkollegen. Der Einfluss dieser Stars ist jedoch unterschiedlich bei einzelnen Fachkulturen, je nachdem wie eng einzelne Netzwerke innerhalb eines Faches geknüpft sind.

Netzwerke – als feste Interaktionsrelationen verstanden – können sich relativ flexibel an Umweltänderungen anpassen. Sie werfen jedoch auch einige **Probleme** auf (vgl. *Messner* 1994, S. 214 ff):

1. Netzwerke mit Vetomöglichkeiten aller Akteure – in denen alle Akteure also die gleiche Macht besitzen – sind strukturkonservativ, wenn strukturelle Krisen zu bewältigen sind, d. h. wenn Interessen- und Verteilungsprobleme zu lösen sind. Kein Akteur will unter sein bisheriges Nutzenniveau fallen und wird schnell von seinem Vetorecht Gebrauch machen.
2. Bei Machtasymmetrie findet eine Adaption an den mächtigsten Akteur statt: Machtasymmetrien werden dadurch reproduziert, innovative Außenseiterpositionen ausgegrenzt.
3. Netzwerke reduzieren nicht nur Transaktionskosten, sondern sie können sie auch erhöhen. Bei gering institutionalisierten Netzwerken existiert ein hoher Koordinationsbedarf. Wenn z. B. neue Fachgruppen gegründet werden sollen, hängt dies sehr stark vom Engagement einzelner Akteure ab, die sich dabei mit Akteuren anderer Fachgruppen absprechen müssen.
4. Das Problem der großen Zahl: Mit der Zahl der Akteure steigt die Zahl der Aushandlungen.
5. Die Zeitdimension der Entscheidung: Es besteht die Gefahr der kurzfristigen zulasten der langfristigen Nutzenmaximierung.
6. Die Externalisierung von Kosten auf die Umwelt des Netzwerkes: In einem Netzwerk kann schnell ein Konsens erzielt werden, wenn die Kosten auf Dritte abgewälzt werden können.

Mit Hilfe dieser Begrifflichkeit können Hypothesen zu Möglichkeiten und Grenzen von fachlichen Netzwerken in der Aus- und Weiterbildung vorgenommen werden. So wird eher in einem egalitären Netzwerk kollektives Lernen → *organisationales Lernen* stattfinden können als in Netzwerken mit starker Machtasymmetrie. Bei Machtdifferenzen diktieren die mächtigen Akteure die Inhalte.

Literatur:

Coleman, J. S.: Foundations of Social Theory. Cambridge, 1990.
Knoke, D./Kuklinski, J. H.: Network Analysis. Beverly Hill, 1982.

Messner, D.: Fallstricke und Grenzen der Netzwerksteuerung. In: *Prokla*, 24. Jg., 1994, S. 563-596.

Wilkesmann, U.: Lernen in interorganisationalen Netzwerken. In: *Widmaier, U.* (Hrsg.): Der deutsche Maschinenbau in den neunziger Jahren. Frankfurt/Main, 2000, S. 479-494.

Yamagishi, T./Gillmore, M. R./Cook, K. S.: Network Connections and the Distribution of Power in Exchange Networks. In: American Journal of Sociology, 93. Jg., 1988, S. 833-851.

Einen Überblick über verschiedene Netzwerkansätze geben:
Jansen, D.: Einführung in die Netzwerkanalyse. Opladen, 1999.
Kappelhoff, P.: Soziale Tauschsysteme. München, 1993.
Kenis, P./Schneider, V. (Hrsg.): Organisation und Netzwerk. Frankfurt/Main, 1996.

Angaben zum Autor:

PD Dr. Uwe Wilkesmann
Hochschuldozent an der Fakultät für Sozialwissenschaft (Sektion für Sozialpsychologie) der Ruhr-Universität Bochum
GB 04/146
44780 Bochum
Tel.: +49 23 43 22 54 16
Email: Uwe.Wilkesmann@ruhr-uni-bochum.de
Homepage: www.Uwe-Wilkesmann.de

Öffentlichkeitsarbeit

Henning Escher

Die Hochschulrektorenkonferenz (HRK) sprach 1995 »Empfehlungen zur Öffentlichkeitsarbeit der Hochschulen« aus. Darin verwies sie die Hochschulen auf den Weg einer stärkeren »strategischen« Selbstprofilierung ihrer Aufgaben und Leistungen (HRK 1995, S. V.). Als Begründung führten die Rektoren an, dass sich nicht nur die Hochschulen und der Umfang und Zuschnitt ihrer Aufgaben, sondern auch ihr Umfeld grundlegend verändert habe. Der Wettbewerb mit anderen Politikbereichen um die Verteilung der staatlichen Haushaltsmittel sei wesentlich härter geworden und habe dazu geführt, dass die früher zu Gunsten der Hochschulen bestehende Leistungsvermutung heute nicht mehr oder kaum noch gelte. Der gewachsene Rechtfertigungsdruck verlange von den Hochschulen, stärker als bisher öffentlich Rechenschaft über den sinnvollen Umgang mit den ihnen zugewiesenen Mitteln abzulegen.

Mit dieser Neupositionierung im Lichte des heraufziehenden Hochschulwettbewerbs vollzog die HRK einen Paradigmenwechsel gegenüber den früheren Empfehlungen der Westdeutschen Rektorenkonferenz (WRK) zur Öffentlichkeitsarbeit der Hochschulen von 1971. Damals hielt Öffentlichkeitsarbeit als neue Aufgabe Einzug in die Hochschulen, jedoch i. S. v. defensiver Pressearbeit, primär um der gesetzlichen Auskunftspflicht der Hochschulen als »unteren Landesbehörden« nach Landespressegesetzen nachzukommen. Die WRK empfahl die Einrichtung einer Pressestelle, gegliedert in drei Referate: 1.) Informationsstelle der Hochschule, 2.) Redaktion der Hochschulzeitung und 3.) Presserefat des Rektors. Als Ausstattungssockel ging die WRK von vier festen Mitarbeiterstellen aus.

In ihren Empfehlungen von 1995 erweiterte die HRK diesen administrativen Minimalbegriff von Öffentlichkeitsarbeit und bezog nunmehr eine »unternehmerische« Perspektive. Moderne Öffentlichkeitsarbeit ist demzufolge als offensiv meinungsgestaltende Wettbewerbskommunikation zu verstehen. **Sechs Leitsätze** liegen dem implizit zu Grunde:
1.) **Öffentlichkeitsarbeit ist Bringschuld von Informationen an die Öffentlichkeit.** Die Hochschule sieht es als ihre Pflicht an, relevante Zielgruppen und Öffentlichkeiten aktiv mit Informationen zu versorgen. Sie präsentiert sich und ihre Leistungen überdies ständig der allgemeinen (Medien-)Öffentlichkeit und sucht dazu den regen Austausch mit Meinungsmultiplikatoren, vor allem mit Medienvertretern.
2.) **Öffentlichkeitsarbeit ist Dialog mit der Öffentlichkeit.** Öffentlichkeitsarbeit interessiert sich für Meinungen, Anregungen und Kritiken der Öffentlichkeit und holt diese gezielt ein. Sie folgt dabei eigennützigen wie gemeinnützigen Motiven: Ihr Interesse ist es, durch aktive Meinungsforschung, die eigene Weiterentwicklung selbstkritisch zu betreiben und gleichzeitig Chancen zur Selbstprofilierung im öffentlichen Meinungsraum auszuloten. Dem gemeinnützigen Interesse dient sie, indem sie externe Kritik, Anregungen und Belange in ihre Entscheidungsprozesse einbezieht.
3.) **Öffentlichkeitsarbeit dient der Selbstprofilierung der Hochschulen im Wettbewerb auf öffentlichen Meinungs-»Märkten«.** Unbeschadet geforderter und berechtigter »Sachinformationen« und »Aufklärung« der Öffentlichkeit, ist es Kernanliegen der Öffentlichkeitsarbeit, das Image → *Image-Analysen* der Hochschule in der Öffentlichkeit zu verbessern. Professionelle Öffentlichkeitsarbeit kehrt Probleme und Defizite der Hochschule nicht unter den Tisch, sondern bemüht sich – soweit sie ohnehin publik werden – diese selbstkritisch und offen konstruktiv aufzuarbeiten. Sie folgt dem Anspruch der Wahrhaftigkeit und Aufrichtigkeit. Dabei ist es jedoch ihr erstes und legitimes Ziel, tatsächlich vorweisbare Leistungen der Hochschule zu betonen, wo also immer möglich, die Hochschule zuerst mit ihren »Schokoladenseiten« der Öffentlichkeit zu präsentieren.
4.) **Öffentlichkeitsarbeit ist eine vielerlei Stellen, Einrichtungen und Akteure der Hochschule einbeziehende Querschnittsaufgabe,** die zentral strategisch koordiniert werden muss. Sie ist dabei nicht auf eine inselhaft arbeitende Pressestelle beschränkt, sondern folgt vielmehr der Einsicht, dass eine Viel-

zahl von Organen, Einrichtungen, Abteilungen und Einzelpersonen mit unterschiedlichem Status jeweils eigene Kontakte zu verschiedenen Teilen der Öffentlichkeit unterhalten (»natürliche« Umweltkommunikationen).

5.) **Öffentlichkeitsarbeit ist eine strategische Managementaufgabe der Hochschulleitung.** Sie bedarf der strategischen Orientierung an den übergeordneten Zielen der Hochschule und ihrer ➜ *Kommunikationspolitik.* Das setzt voraus, dass strategisches Managementdenken und Managementkompetenz in der Universitätsleitung personell und strukturell verankert sind. Für strategische Öffentlichkeitsarbeit müssen zwei Managementebenen zielgerichtet ineinander greifen: das strategische Kommunikationsmanagement seitens der Hochschulleitung und das operative Kommunikationsmanagement seitens der zentralen Kommunikationsstabsstelle. Strategische Öffentlichkeitsarbeit erfordert beständige Reflexion und Gesamtorientierung auf die interne Hochschulkommunikation und auf die »natürlichen« Austauschprozesse der Hochschule mit ihrem Beziehungsumfeld.

6.) **Öffentlichkeitsarbeit ist ein Instrument zur Ressourcensicherung der Hochschule.** Sie steht heute vor allem in der Pflicht, die Grundalimentierung der Hochschule durch die öffentliche Hand nachhaltig zu sichern, die nicht zuletzt durch die Meinungsbildung in der (haushalts-)politisch relevanten Öffentlichkeit »verdient« ist. Denn letztere (v)erlangt als »Gegenleistung« für die Alimentierung der Hochschulen Informationen über oder zumindest die implizite Gewähr für qualifizierte Forschungs- und (Aus-)Bildungsleistungen. Diese Gewähr bestand lange in dem Grundvertrauen, das die Bevölkerung/Politik in die Leistungen der Hochschulen hatte, ohne explizit zu wissen, was diese wirklich leisteten. In dem Maße, in dem universitäre Leistungsdifferenzen und -defizite publik wurden – verstärkt u. a durch die populären Hochschul-Rankings in der Publikumspresse seit Anfang der Neunzigerjahre –, begann sich die »Beweislast« zwischen Hochschulen und Öffentlichkeit umzukehren: Um ihren Anspruch auf staatliche Alimentierung und öffentliche Förderung für die Zukunft zu behaupten, genügt es heute nicht mehr, dass aus den Hochschulen keine Negativmeldungen an die Öffentlichkeit dringen. Vielmehr obliegt den Hochschulen die Pflicht zur Rechenschaft und zur positiven Selbstdarstellung, um so finanzpolitische Prioritäten des Staates zu Gunsten von Wissenschaft und Bildung zu beeinflussen. Dort wo Finanzierungslücken des Staates politisch nicht korrigierbar sind, ist professionelle Fundraising-PR gefordert, Hochschulfördermittel einzuwerben bzw. deren Einwerbung kommunikativ zu unterstützen (*Escher* 2000, S. 245 ff.).

Die **Aufgabenfelder für strategische Öffentlichkeitsarbeit** ergeben sich aus den (ressourcen-)relevanten Umweltbeziehungen. Für die Hochschulen sind vier Hauptaufgabenfelder ihrer strategischen Beziehungsgestaltung abzugrenzen, die auch den Grundriss für eine moderne Kommunikationsstabsstelle bei der Hochschulleitung markieren. Sie sollte die (Fach)Bereiche in ihrer eigenen PR-Arbeit unterstützen und alle dezentralen PR-Aktivitäten auf die Gesamtprofilbildung der Hochschule hin koordinieren. Hilfreich hierfür ist die Einrichtung und Pflege eines interaktiven Kooperationsnetzwerks Kommunikation zwischen allen PR-Akteuren und öffentlichkeitsrelevanten Schnittstellen der Hochschule.

Die Öffentlichkeitsarbeit der Hochschulen speist sich aus zwei großen Themenfeldern: der Hochschule als organisatorisch-politischer Veranstaltungsrahmen für die Wissenschaft und der Wissenschaft selbst in der Triade Studium, Weiterbildung und Forschung. Während Hochschulthemen Pflichtübung für alle PR-Redakteure sind, begegnen die Hochschulen heute gestiegenen Erwartungen zur Popularisierung der Wissenschaft (»PUSH«) mit eigenen PR-Stellen für Wissenschaftsredakteure. Ihre Aufgabe ist es, fachliche Errungenschaften aus der Expertenwelt der Hochschule zeitnah und laienverständlich für alle betroffenen PR-Aufgabenfelder (sprich: Publika) und -Medien zu vermitteln.

Das zentrale Aufgabenfeld für die strategische Hochschulkommunikation ist die **Allgemeine Öffentlichkeitsarbeit**. Sie steht in Diensten eines positiven Meinungsklimas über die Hochschule in der Öffentlichkeit, womit sie mittelbar auch den Wettbewerb um Fördermittel und auf Absatzmärkten für Hochschulleistungen unterstützt. Primär jedoch ist sie der nur langfristig ressourcenwirksamen öffentlichen Imagebildung der Hochschule verpflichtet mit dem Ziel der nachhaltigen Wertschätzungs- und damit Alimentierungssicherung bei allen wichtigen öffentlichen Einflusssystemen, vor allem in der → *Hochschulpolitik*, bei Staat und Steuerzahlern. Imagebildung ist in der Mediengesellschaft primär ein Produkt der Massenmedien, die darum im Fokus auch der allgemeinen Öffentlichkeitsarbeit der Hochschulen stehen (»Medien-« bzw. »Pressearbeit«). In zweiter Instanz gilt es, bestimmte relevante Teilöffentlichkeiten der Hochschule mittels **Zielgruppen-PR** zu bewerben: z. B. hochschulpolitische Institutionen (Ministerien, Parteien, Fraktionen etc.), Wirtschaftszweige, die der Hochschule fachlich nahe stehen, oder Schüler/Studienaspiranten, speziell bei Hochschulen und Disziplinen, die an Bewerbermangel leiden. Als besondere Zielgruppe »entdecken« die Hochschulen neuerdings ihre Absolventen *Absolventennetzwerke*, die darum als Querschnittszielgruppe besonders interessant sind, weil sie in alle Felder der Öffentlichkeit ausschwärmen und dort ihrer Hochschule als (Image-)Förderer und Fürsprecher nachhaltig dienen können. Aus dem Ranking der Zielgruppen ergibt sich, welche hochschulinternen Stellen wie stark in die Zielgruppen-PR einzubinden sind. Im PR-Mix der Hochschulen können alle Print-, audiovisuellen oder digitalen Medien zum Einsatz kommen; sie sind jeweils nach den spezifischen Kommunikationsbedürfnissen und -gewohnheiten der Zielgruppen auszuwählen und zu kombinieren.

Nicht nur die Alumni, sondern viele weitere öffentliche Bezugsgruppen sind (zugleich) für das → *Fundraising* der Hochschulen von Interesse. Der Trend zur Hochschulergänzungsfinanzierung durch private Förderer, Stiftungen und öffentliche Förderinstitutionen verweist die Hochschulen darauf, eigene Stellen für **Fundraising-PR** zu schaffen, deren Aufgabe es ist, die (Fach-)Bereiche über

Drittmittelquellen und Fördergelegenheiten auf dem Laufenden zu halten sowie die Fördermitteleinwerbung PR-technisch zu unterstützen und – ggf. unter Zuarbeit externer Fundraising-Agenturen – eigene Spendenkampagnen zu lancieren. Im Schnittfeld steht hier das Hochschulsponsoring. Anders aber als bei Spenden/Förderung basiert ➜ *Sponsoring* auf einem kommerziellen – i. d. R. vertraglich fixierten – Geschäft zwischen Hochschule und Sponsor, was eigene haushalts- und steuerrechtliche Fragen aufwirft. Es ist darum sinnvoller, es dem vierten Aufgabenfeld, dem **Marketing** (➜ *Marketing-Management*) zuzuordnen. Hier können alle kommerziellen Einnahmeaktivitäten der Hochschule versammelt werden. Ergänzend zum Wissens- und Technologietransfer, für den es an den meisten Universitäten eigene Transferstellen gibt, können von hier aus alle sonstigen gewerblichen Aktivitäten der Hochschule koordiniert werden: z. B. Vermittlung von Expertendienstleistungen, Vermietung von Räumen oder Werbeflächen (z. B. Campus-Werbung, Banner-Werbung im Internet etc.), Akquisition von Sponsoren oder Verpachtung bzw. Eigenbetrieb von Campus-Läden.

Grundsätzlich empfiehlt es sich, die strategische Kommunikationsarbeit für staatliche Hochschulen an **Leitlinien** zu orientieren (*Escher* 2000, S. 213 ff.). Damit kann zum einen (latenten) internen Ängsten einer allzu weit reichenden, unreflektierten Marktüberlassung begegnet und die Wettbewerbskommunikation auf die zentralen Werte und Ziele, sprich: die institutionelle Identität und Integrität der Hochschule verpflichtet werden. Leitlinien stiften zudem Orientierung für alle PR-Akteure im Sinne einer konsistenten ➜ *Profilbildung* der Hochschule ➜ *Kommunikationspolitik*.

Seit die politischen Zeichen im deutschen Hochschulwesen auf echten Wettbewerb gestellt sind und der Hochschulöffentlichkeitsarbeit – auch von offizieller Seite – eine zentrale »strategische« Rolle zuerkannt wird, ist der Katalog der Leistungsanforderungen an die **Hochschulpressestellen** stetig gewachsen. In der *Arbeitsgemeinschaft Deutscher Hochschulpressestellen* haben sie sich ein Forum geschaffen, um Ideen und Erfahrungen, aber auch Probleme und Nöte auszutauschen. 1993 ging der *Verein Pro Hochschul-PR* daraus hervor, mittlerweile in *Verein PRO Wissenschaft e.V.* (http://www.prowissenschaft.de) umbenannt. Er organisiert u.a. Weiterbildungsveranstaltungen zu Themen wie Sponsoring, Wissenschafts-PR oder Internet-PR, vermittelt Kontakte zwischen Wissenschaft und Wirtschaft und organisiert Veranstaltungen zur Popularisierung der Wissenschaften an Hochschulen. Den Blick über den deutschen Tellerrand hinaus eröffnet die *EUPRIO (European University Public Relations Officers)* (http://www.rug.nl/cis/euprio), ein Netzwerk europäischer Hochschulpressesprecher, die sich einmal im Jahr treffen und ein Newsletter herausgeben (»Network Bulletin«), das u. a. professionelle PR-Beispiele an europäischen Hochschulen vorstellt, auf die nicht zuletzt die Rektoren hierzulande ihre Pressestellen gerne verweisen. Demgegenüber klagen die Pressesprecher über einen nach wie vor nur geringen Stellenwert ihrer Arbeit in der Praxis der Hochschulen – verbunden mit einer chronischen Unterausstattung ihres Bereichs. Vielfach hätten die Hochschulleitungen den Bewusstseinswandel von der Behörde zur Wettbewerbsorganisation noch nicht vollzogen. »Wenn Uni-Leitungen erzählen, wie wichtig ihnen dieser Sektor ist, dann ist das mit Vorsicht zu genießen", so die Kritik bei der Jahrestagung der Pressesprecher 2000 in Konstanz. Häufig erreiche die Ausstattung nicht einmal den Mindeststand der WRK-Empfehlungen von 1971.

Literatur:

Escher, H.: »Public Relations für wissenschaftliche Hochschulen«, interdisziplinare Dissertation an den Fachbereichen Wirtschaftswissenschaften und Sozialwissenschaft der Universität Hamburg, erschienen im Hampp-Verlag, Mehring 2001.

Grunig, J. E.: »Excellence in Public Relations and Communication Management«, Hillsdale u. a. 1992.

Hochschulrektorenkonferenz (HRK): »Westdeutsche Rektorenkonferenz. Stellungnahmen, Empfehlungen, Beschlüsse 1960-1989«, Band I, Bonn 1993.

Hochschulrektorenkonferenz (HRK): »Zur Öffentlichkeitsarbeit der Hochschulen«, Dokumente zur Hochschulreform 102/1995, Bonn 1995.

Angaben zum Autor:

Dr. Henning Escher
Universität Hamburg
Projekt Universitätsentwicklung
Hallerstraße 66
20146 Hamburg
Tel.: +49 40 45 38 14
Fax: +49 40 41 46 94 94
E-Mail: escher@prouni.uni-hamburg.de

Online-Klausuren

Wolfgang Müskens

Mit der ständig wachsenden Verbreitung des Internets gewinnt auch der Einsatz von webbasierten Testsystemen zur Durchführung von Online-Klausuren in der Hochschulausbildung zunehmend an Bedeutung. Dabei können Online-Tests sowohl als Element der Distance-Education im Rahmen von Online-Seminaren als auch als multimediale Ergänzung herkömmlicher Präsenzveranstaltungen Verwendung finden. Insbesondere bei Online-Studiengängen, werden Präsenzklausuren und -prüfungen von den Studierenden mittlerweile als unangemessen empfunden.

319

Der Einsatz von Online-Klausuren bei Präsenzveranstaltungen dient nur in Ausnahmefällen zur abschließenden Leistungsüberprüfung. *Mittrach* (1999) empfiehlt Online-Testverfahren als Vorabklausuren vor den eigentlich gewerteten Prüfungen. Der Nutzen solcher unbewerteten Testverfahren ist insbesondere in der Leistungsrückmeldung für den Studierenden zu sehen. Harrison betont diesen Feedback-Aspekt, den er als integralen Bestandteil der eigentlichen Lernaktivität sieht. Online-Tests sollen dem Lernenden die Möglichkeit geben, sein eigenes Sachverständnis beurteilen zu können, bevor er seinen Wissenserwerb fortsetzt (*Harrison, N.* 1999).

Testgestaltung: Online-Tests werden üblicherweise als eine geordnete Abfolge von Aufgaben (Items) konzipiert. Nach *Driscoll* (1998) lassen sich für das itembasierte Testen drei allgemeine Aufgabentypen unterscheiden: Items mit dichotomer Antwortalternative (Ja/Nein-Items), Multiple-Choice-Aufgaben sowie Items mit freien Eingabemöglichkeiten.

Die Hauptproblematik von Items mit dichotomen Antwortalternativen (alternative response questions) besteht nach *Harrison* (1999) darin, dass diese nur Träger einer sehr begrenzten Informationsmenge sein können. Darüber hinaus kann der Studierende durch Raten eine relativ hohe Trefferquote erzielen.

Eine Absenkung der zufälligen Ratewahrscheinlichkeit lässt sich durch die Einführung zusätzlicher falscher Antwortalternativen (Distraktoren) erreichen. Aber gerade die Entwicklung plausibler Antworten gestaltet sich zumeist schwierig. Man spricht daher von einem Distraktorenproblem. Schlecht konstruierte Distraktoren können von Studierenden, die mit diesem Itemtyp vertraut sind, oft bereits durch logische Überlegungen erraten werden.

Eine Sonderform des Multiple-Choice-Antwortformates stellen Zuordnungsaufgaben (matching questions) dar. Hierbei hat der Studierende z. B. die Aufgabe, Begriffe aus einer vorgegebenen Liste in einen Lückentext einzufügen. Bei Online-Klausuren wird dieser Aufgabentyp üblicherweise durch Drag-and-drop umgesetzt, d. h. der Benutzer klickt auf einen der Begriffe, hält die linke Maustaste gedrückt und »zieht« den Begriff über die entsprechende Lückenstelle im Text. Zuordnungsaufgaben stellen nach *Harrison* (1999) einerseits eine effektive Abfragemöglichkeit für große Informationsmengen dar, sind andererseits aber sehr schwer zu konstruieren. Zuordnungsaufgaben – insbesondere in Verbindung mit Lückentexten – finden vorwiegend bei Tests zum Fremdsprachenerwerb Verwendung.

Im Gegensatz zu Items mit fixen Antwortalternativen können Itemtypen mit freien Eingabemöglichkeiten nur in Ausnahmefällen maschinell ausgewertet werden. Freie Eingaben werden daher vor allem dann verwendet, wenn die Eingaben von Korrektoren bzw. Tutoren bewertet bzw. begutachtet werden (*Mittrach, S.* 1999). Freie Eingaben können hinsichtlich des vorgesehenen Umfanges erheblich divergieren. Bei sehr großen Eingabefeldern (Aufsätze) können freie Bearbeitungsformen (Papier- und Bleistiftbearbeitung, Textverarbeitung) in der gewohnten Schreibumgebung des Studierenden einer Online-Bearbeitung überlegen sein.

Gegenwärtige Online-Technologien bieten dem Online-Test-Gestalter vielfältige multimediale Gestaltungsmöglichkeiten: Texte und Bilder können in beliebiger Strukturierung unmittelbar über HTML dargestellt werden; Audio- und Video-Dateien können über entsprechende Browser-Plug-Ins in die Pages integriert werden; für die Interaktionsdefinition stehen mittlerweile eine Vielzahl von Web-Programmiersprachen zur Verfügung. *Driscoll* (1998) warnt jedoch zu Recht vor einem übermäßigen Einsatz solcher Gestaltungsoptionen. Unangemessen wäre beispielsweise ein bestrafender Buzzer-Ton bei einer fehlerhaften Antwort des Studierenden. Generell sollten multimediale Darstellungen nicht von den Inhalten der Tests ablenken, sondern helfen, komplexe Sachverhalte (z. B. der Aufgabenstellung) zu veranschaulichen.

Während die Itempräsentation üblicherweise in einer zuvor definierten fixen Reihenfolge stattfindet, bietet onlinebasiertes Testen die technische Möglichkeit, abhängig vom bisherigen Antwortverhaltens des Studierenden über die Selektion des nächsten zu präsentierenden Items zu entscheiden. Eine solche an das Leistungsniveau des Studierenden angepasste Itemauswahl bezeichnet man als »adaptives Testen«. Adaptives Testen erfordert bei der technischen Testgestaltung einen gewissen Mehraufwand, da die Auswertung und Strukturierung des Tests simultan während der Durchführung erfolgen muss. Das Hauptproblem dieses Vorgehens liegt jedoch in der außerordentlich schwierigen inhaltlichen Itemkonstruktion. Es müssen hierbei für jedes Schwierigkeitsniveau eine Vielzahl von Items vorliegen. In der Praxis findet adaptives Testen daher kaum Anwendung.

Online-Klausuren werden bislang nahezu ausschließlich als itembasierte Tests umgesetzt. Die Möglichkeiten des Mediums Internet sind damit aber längst nicht ausgeschöpft. *Driscoll* (1998) nennt beispielsweise Arbeitsaufträge im Internet (z. B. Recherchen) als Möglichkeit der Testung. Auch komplexe Simulationsszenarien wären technisch webbasiert realisierbar. In der Praxis dürften der hohe Entwicklungsaufwand und Schwierigkeiten der Auswertung gegen derartige innovative Formen der Testgestaltung sprechen.

Korrektur und Auswertung: Einer der Hauptvorteile der webbasierten Testung besteht in der Möglichkeit, dem Studierenden unmittelbare Rückmeldung über seine Leistung zu geben. *Driscoll* (1998) weist darauf hin, dass ein solches unmittelbares Feedback als positive Verstärkung die Motivation des Lernenden steigern kann. In gleicher Weise kann eine kontingente negative Rückmeldung allerdings entsprechend als Bestrafung wirksam werden. Daher empfiehlt *Driscoll* (1998), bei Fehlern die richtige Lösung der Aufgabe innerhalb der Rückmeldung zu erklären – und nicht etwa nur global die Anzahl richtiger Antworten anzugeben. Das Feedback sollte neutral formuliert werden, sarkastische Formulierungen sollten unbedingt vermieden werden. Alternativ bzw. ergänzend zu einer voll-automatisierten Klausurauswertung sind natürlich auch manuelle Korrekturvorgänge denkbar (*Mittrach*, S. 1999).

Authentifizierung: Auch bei Anwendung modernster technischer Hilfsmittel wie Iris-Scans (*O'Reilly, M./Morgan, C.* 1999) ist letztlich niemals auszuschließen, dass der Studierende sich während der Online-Klausur nicht alleine vor dem Rechner befindet. Allenfalls kann sichergestellt werden, dass der Zugriff auf die Testung in Anwesenheit und unter Zustimmung des entsprechenden Studierenden stattfindet. Eine wirkungsvolle Zugriffsbeschränkung hierzu bilden Passwörter. Hingegen machen Zugriffsbeschränkungen für bestimmte Rechner durch die Abfrage der IP-Adresse zumeist wenig Sinn, da den Studierenden von ihrem Internet-Provider in der Regel wechselnde IP-Adressen dynamisch zugewiesen werden. Hardwareschlüssel zur Zugriffsbeschränkung z. B. über Chipkarten sind kostenaufwendig und bieten gegenüber einer Passwortlösung keine substantiellen Vorteile.

Unsere Erfahrungen zum Einsatz von Online-Tests als Ergänzung zu Präsenzseminaren an der Universität Koblenz-Landau, Abteilung Landau zeigten, dass die Studierenden sich relativ schnell dahingehend organisierten, sich gegenseitig (unerlaubt) bei der Aufgabenbearbeitung zu helfen. Mögliche Maßnahmen gegen eine derartige unerwünschte Kooperation der Studierenden könnten z. B. so aussehen, dass die Testung lediglich zu einem bestimmten Termin möglich ist. Möglicherweise ist es jedoch sinnvoller, anstelle einer solchen restriktiven Einschränkung der Testbearbeitung ganz im Gegenteil eine Kooperation der Studierenden bei der Testbearbeitung explizit zu erlauben und zu fördern. Die Online-Testung wird dadurch zu einer Gruppenaufgabe, die z. B. sinnvoll in Dyaden oder Kleingruppen von bis zu 4 Studierenden zu bearbeiten ist. Die Aufgaben sollten einen hohen Schwierigkeitsgrad besitzen und Transferleistungen erfordern.

Möchte man sicherstellen, dass die Klausur vom Studierenden alleine bearbeitet wird, so bleibt letztlich nur die Möglichkeit der Bearbeitung unter Aufsicht. Hierbei entfallen jedoch einige der Hauptvorteile onlinebasierten Testens: die Unabhängigkeit von räumlichen und zeitlichen Beschränkungen sowie die Einsparung der Klausuraufsicht. Darüber hinaus müssen entsprechende Räumlichkeiten (Rechnerräume) vorhanden sein. Lediglich die weitreichenden Gestaltungsmöglichkeiten des Web-Designs können für eine solche Form des Online-Testens sprechen.

Technische Testentwicklung: Angesichts der derzeit (Stand: Januar 2001) noch hohen Verbindungskosten für einen Internetzugang in der Bundesrepublik Deutschland sollten Online-Klausuren, wenn ihre zu erwartende Bearbeitungsdauer ca. 30 Minuten überschreitet, unbedingt offline, d. h. bei gleichzeitig unterbrochener Internet-Verbindung, durchführbar sein. Eine solche »Offline-Online«-Testung hat darüber hinaus den Vorteil, dass ihr Ablauf nicht durch eine kurzzeitige Unterbrechung der Verbindung zum Server gestört werden kann. Bei sehr langen Testungen (mehreren Stunden) sollte des Weiteren die Möglichkeit geschaffen werden, zwischenzeitlich eine Serververbindung herzustellen, um den bisherigen Bearbeitungsstand abzuschicken und damit zu sichern.

Die Möglichkeit der Unterbrechung der Serververbindung bedingt eine vorwiegend clientseitige Programmierung des Online-Testsystems. Zumindest die unmittelbare Test-Testling-Interaktion muss ausschließlich clientseitig realisiert werden. Lediglich die Auswertung der Klausur und die Generierung der Ergebnisrückmeldung kann serverseitig umgesetzt werden. Soll das Testergebnis ausschließlich an den Studierenden zurückgemeldet werden, ist sogar eine vollständig client-basierte Gestaltung des Testsystems denkbar.

Das statische Itemdesign dürfte hierbei in der Regel mittels HTML realisiert werden. Für die clientseitige dynamische Interaktion bildet die Programmiersprache Javascript inzwischen einen Quasi-Standard, da sie in allen gängigen Browsern implementiert ist. Bedauerlicherweise unterscheiden sich die Implementierungen z. T. ganz erheblich, so dass der Test-Entwickler gezwungen ist, den Test für unterschiedliche Browserversionen und -typen separat zu entwickeln. In diesem Zusammenhang versprechen die Standardisierungsbemühungen des W3C-Kommitees bezüglich Web-Skriptsprachen (ECMA-Skript) für die Zukunft eine erhebliche Vereinfachung der Onlinetest-Entwicklung. Wesentlich flexibler und leistungsfähiger als Javascript ist die von Sun entwickelte plattformübergreifende Programmiersprache Java. In der Praxis weisen Java-Applets jedoch derzeit noch häufig Stabilitätsprobleme auf, so dass eine java-basierte Onlinetest-Entwicklung gegenwärtig insbesondere bei längeren Durchführungszeiten nicht empfohlen werden kann.

Multimediale Online-Elemente setzen in der Regel für den Rezipienten die Installation kommerzieller Browser-Plug-Ins voraus. Derartige Plug-Ins sind zwar meist kostenlos direkt über das Internet erhältlich, werden jedoch von manchen Anwendern aufgrund langwieriger Download-Prozeduren und häufiger Werbe-Einblendungen grundsätzlich abgelehnt. Sind Mutimedia-Plug-Ins für die Testgestaltung unerlässlich, so sollten diese den Studierenden daher nach Möglichkeit rechtzeitig vor der Testung z. B. auf CD zur Verfügung gestellt werden. Auf werbeeinnahmen-finanzierte Plug-Ins sollte grundsätzlich verzichtet werden.

Für serverseitige Testprogrammierung stehen eine Vielzahl geeigneter Programmiersprachen zur Verfügung: Während bei Linux/Unix-Servern häufig Skriptsprachen wie Perl oder PHP oder Python-basierte Web-Applikationsserver bevorzugt werden, finden bei Windows-NT-Servern Compiler-Sprachen wie Java (serverseitig) oder Microsofts Visual Basic Verwendung. Als Alternative zur aufwendigen Eigenentwicklung stehen dem Anwender fertige Online-Testsysteme verschiedener Anbieter zur Auswahl. In der Regel befinden sich diese Systeme allerdings in einem noch sehr frühen Entwicklungsstadium. Ihre Anpassung an unterschiedliche Testanforderungen ist nicht ausreichend und eine Modifikation der Systeme durch den Anwender nicht möglich. Ein integriertes Online-Testentwicklungssystem, das auch von Testautoren ohne Programmierkenntnisse bedient werden kann, ist bislang nicht erhältlich.

Anwendung: Wir haben Online-Klausuren in zwei unterschiedlichen Präsenzseminaren an der Universität Koblenz-Landau verwendet. Die Klausuren wurden im Verlauf des Seminars als Hausaufgabe eingesetzt, um den Wissensstand der Studierenden zu überprüfen. Die Studierenden hatten die Möglichkeit, die

Klausuren erneut zu bearbeiten, wenn die erforderliche Punktzahl nicht erreicht wurde. Ihnen standen Texte zur Verfügung, aus denen die richtigen Lösungen der Testaufgaben erschlossen werden konnten. Die Testergebnisse der Studierenden wurden an den Seminarleiter weitergeleitet. Eine erfolgreiche Bearbeitung des Tests wurde von den Teilnehmern verlangt. Entsprechend einer Empfehlung von *Harrison* (1999) wurden die Klausuren jedoch als »Quiz« bzw. »Selbsttest« bezeichnet, um evtl. Prüfungsängste der Studierenden zu reduzieren. Die Rückmeldungen der Studierenden zu den Tests waren ähnlich wie bei vergleichbaren Pilotprojekten (*Salmon, G.* 2000) außerordentlich positiv. Die Bearbeitung wurde als anregend, lehrreich aber auch anstrengend empfunden. Das Niveau der Diskussionen in den Seminaren wurde durch die Bearbeitung der Online-Klausuren erheblich gesteigert.

Es ist zu erwarten, dass der technische Fortschritt bei den Entwicklungssystemen für Online-Tests deren technische Gestaltung in absehbarer Zeit erheblich vereinfachen wird. Das prinzipielle Problem der Authentifizierung verhindert allerdings auch in Zukunft die Bearbeitung echter Prüfungen von zu Hause aus. Das Hauptanwendungsfeld für Online-Klausuren in Hochschulen wird daher nach wie vor in der Strukturierung des Lernprozesses für den Lernenden selbst liegen.

Literatur:

O'Reilly, M./Morgan, C.: Online assessment: Creating communities and opportunities. In: *Brown, S./Race, P./Bull, J.* (Hrsg), Computer-Assisted Assessment in Higher Education. London 1999.
Driscoll, M.: Web-based training: Tactics and techniques for designing adult learning. San Franzisco 1998.
Harrison, N.: How to design self-directed and distance learning: A guide for creators of web-based training, computer-based training, and self-study materials. New York 1999.
Mittrach, S.: Lehren und Lernen in der Virtuellen Universität: Konzepte, Erfahrungen, Evaluation. Aachen 1999.
Salmon, G.: E-moderating: The key to teaching and learning online. London 2000.

Angaben zum Autor:

Wolfgang Müskens
Wiss. Mitarbeiter im FB Psychologie der Universität Koblenz-Landau, Abteilung Landau
August-Becker-Straße 28
76889 Klingenmünster
Tel.: +49 63 41 28 04 97
E-Mail: mueskens@uni-landau.de

Online-Lehr-Lern-Plattformen

Isabel Gehrlicher

Mit einer zunehmenden Nutzung des Internets und seiner Dienste sehen sich auch die deutschen Hochschulen mit der Herausforderung konfrontiert, ihre Bildungsangebote nicht länger als standortgebunden zu betrachten. Die Anbindung an weltweite technologiegestützte Kommunikationsnetzwerke führt dazu, dass Hochschuleinrichtungen nicht nur regional in Anspruch genommen werden, sondern Lehr- und Lernformen wie »Teleteching« bzw. »Telelearning«, »eLearning« und »Technology Based Distributed Learning« sich schnell verbreiten und räumliche Distanzen damit fast keine Rolle mehr spielen. Kaum eine Hochschule in Deutschland, die nicht für die nahe Zukunft »virtuelle Seminare« (➜ *virtueller Studiengang*) oder gar einen vollständigen »➜ *virtuellen Campus*« plant oder diese bereits anbietet. Als erfolgreiche Vorreiter in diesem Bereich können z. B. die Projekte »Virtuelle Universität« der *Fernuniversität Hagen* (Start 1996/97) und »Virtus« der *Universität Köln* (Start 1997) sowie die »*Open University*« in *Großbritannien* (Start 1994) genannt werden. Zudem stellen Online-Studienangebote auch eine wichtige Ergänzung des Präsenzangebots einer Hochschule dar. Verbreitet sind hier momentan vor allem interaktive Übungsprogramme und Simulationen in den technischen Studienrichtungen. Ein Beispiel hierfür ist das Projekt »*InSEL – Java lernen im Intra- und Internet*« (java.rrzn.uni-hannover.de/insel/).

Grundlage all dieser »virtuellen« Angebote sind mehr oder wenig aufwendig gestaltete Online-Lehr-Lern-Plattformen, die primär die gebräuchlichen Internettechnologien und -dienste wie WWW, FTP-Server, E-Mail, Mailing Lists, Foren und Chat einsetzen, um Inhalte und Instruktionen an die Benutzer zu übermitteln. Diese Plattformen erfordern auf Seite der Distributoren leistungsfähige Serversysteme, die die Plattformsoftware beherbergen, Online-Lernangebote damit generieren und auch als Webserver fungieren. Auf Seite der Klienten ist ein Internetzugang erforderlich sowie ein regulärer Internetbrowser bzw. spezielle Clientsoftware zum Empfang der vom Server des Distributors generierten Daten und Inhalte. Die aktuell gebräuchlichen Plattformsysteme unterscheiden sich dabei zum Teil erheblich in ihren Anforderungen und Möglichkeiten. So genannte proprietäre Systeme (wie z. B. Lotus LearningSpace) werden von den Herstellern häufig als Komplettpakete (z. B. inkl. Datenbanken) angeboten, die relativ einfach zu installieren sind und sich schnell, aber nur innerhalb eines vorgegebenen Rahmens an die individuellen Bedürfnisse anpassen lassen. Sie erfordern zudem oft eine spezielle Clientsoftware und sind für die Zusammenarbeit mit anderen Produkten des gleichen Herstellers optimiert. Ein großer Vorteil solch proprietärer Plattformsoftware liegt darin, dass Hersteller oder deren Lizenznehmer hierfür professionellen Support und teilweise sogar Schulungen anbieten und das Produkt, sofern es sich am Markt behauptet, regelmäßig weiterentwickelt wird. Das Gegenstück dazu stellen offene Systeme dar, hierzu zählen z. B. Eigenentwicklungen vieler Hochschulen, die oft ohne Lizenzgebühren an andere Hochschulen weitergegeben werden. Diese werden mit frei zugänglichem Programmquellcode ausgeliefert und erlauben daher eine unbeschränkte Anpassung der Plattformfunktionen und des Plattformdesigns an die eigenen Vorstellungen und Bedürfnisse. Allerdings sind sie gewöhnlich auch aufwendiger bzw. unkomfortabler in der Installation und erfordern ein gewisses Verständnis in Programmierung und Softwarearchitektur. Professioneller Support oder Schulungsangebote sind hier eher eine Ausnahme und zur Weiterentwicklung des Produkts tragen im besten Fall alle Nutzer im Verbund bei. Welchem System der Vorzug zu geben ist, hängt somit vor allem von den technischen Ressourcen und Kompetenzen, über die der Distributor eines Online-Angebots verfügen kann sowie dem gewünschten Funktionsumfang der Plattform ab. Zur Zeit konkurrieren etwa 50 ernstzunehmende Plattformsoftwareprodukte um die Gunst der Distributoren und monatlich werden es mehr. Es wird sich wohl erst in den nächsten fünf Jahren zeigen, welche Produkte sich in der Praxis durchsetzen können.

Alle auf dem Markt befindlichen Online-Lehr-Lernplattformen bieten ein breites Spektrum an Möglichkeiten für das Design von Kursablauf und Lernarchitektur, d.h. Lernmaterialien und Arbeitsaufgaben können auf vielerlei Arten und Weisen vermittelt werden, wobei jeweils unterschiedliche Szenarien bei und zwischen den Kursbeteiligten entstehen. Je nach Bedarf und zur Verfügung stehender Bandbreite für die Datenübermittlung sind beispielsweise folgende Konstellationen für Online-Lehr-Lern-Plattformen denkbar:

Plattform geringer Komplexität
Die Plattform besteht hier lediglich aus einem FTP-Server und einem E-Mail-System. Die Lernenden laden sich Übungsmaterial und Aufgaben vom Server als Dateien herunter, bearbeiten diese mittels geeigneter Programme auf ihrem Rechner und laden die Ergebnisse wieder auf den Server hoch. Die Lehrenden oder Tutoren laden sich diese Dateien dann wiederum vom Server herunter und begutachten sie. Die Kommunikation zwischen den Beteiligten läuft allein über E-Mail ab.

Ein solches System ist z. B. geeignet, wenn als Ergänzung zu einem Präsenzseminar Übungsaufgaben von den Teilnehmern in Einzelarbeit bearbeitet werden sollen oder ein Online-Seminar mit Teilnehmern durchgeführt wird, die zum Teil nur über geringe Übertragungsbandbreiten verfügen, wie das in vielen Ländern Afrikas und den Staaten der GUS der Fall ist.

Plattform mittlerer Komplexität
Die Plattform bietet die Möglichkeit zur Publikation von über Browser abrufbaren Lernmaterialien (in HTML), die bestenfalls sogar als Hypertexte gestaltet sind. Eine Lernübersicht zeigt dem Lernenden an, welche Materialien er bereits bearbeitet hat. Für die Distributoren bietet die Plattform Hilfen zur übersicht-

lichen Verwaltung der publizierten Dokumente an (z. B. Content Management Systeme), so dass Dokumente leicht getauscht oder verändert werden können. Für die Kommunikation der Beteiligten stehen neben E-Mail auch allgemeine und kursspezifische Diskussionsforen sowie Chaträume zur Verfügung, was z. B. eine Zusammenarbeit der Lernenden in Gruppen ermöglicht. Es besteht zudem Zugang zu Online-Bibliotheken und Onlinetests können zur Selbstüberprüfung oder als Leistungsnachweis in die Plattform integriert werden.

Diese Beschreibung trifft auf die meisten aktuell gebräuchlichen Systeme für die Distribution reiner Online-Kurse zu (z. B. WebCT). Optimale Leistung ist auf Seite des Empfängers schon bei mittleren Übertragungsbandbreiten gegeben.

Plattform hoher Komplexität

Zu den oben erwähnten Funktionen bieten hochkomplexe Systeme neben Texten und Graphiken auch multimedial aufbereitete Lernmaterialien oder aufwendige Simulationen an. Zum Leistungsumfang können hier auch Voice-Mail-Funktionen oder Videokonferenzmodule gehören. Eine erweiterte Lernübersicht vermittelt dem Lernenden nicht nur eine Übersicht über das bereits bearbeitete Material, sondern unterbreitet Vorschläge für die nächsten Schritte und entsprechende Übungsaufgaben.

Name	Hersteller/Entwickler	Typ
Ilias Open Source	Universität Köln www.virtus.uni-koeln.de	offenes System
INL	TU Darmstadt ideals.zgdv.de	offenes System
e Learning Suite	Hyperware www.hyperware.de	z.T. offenes System
Clix	IMC www.im-c.de	proprietäres System
IBT-Server	time4you www.time4you.de	proprietäres System
WebCT	WebCT Inc. www.webct.com	proprietäres System
Lotus LearningSpace	Lotus www.lotus.de	proprietäres System
ILF	trilog www.trilog-net.de	proprietäres System
Click2Learn	Asymetix www.asymetix.com	proprietäres System

Tab. 1: Kleine Marktübersicht

Solche komplexen Systeme stellen die nahe Zukunft des Online-Lernens dar. Die Technologien dafür sind bereits entwickelt und finden in Bereichen, wo die notwendigen Übertragungsbandbreiten gesichert werden können (z. B. leistungsfähige Firmennetzwerke), bereits ihren Einsatz. Da mit Hochdruck neue Datenübertragungsmöglichkeiten für das Internet entwickelt werden (z.b. ADSL, TDSL) ist die weitere Verbreitung nur eine Frage weniger Jahre.

Probleme im Zusammenhang mit dem Einsatz von Online-Lehr-Lernplattformen sind aktuell hauptsächlich in folgenden Bereichen zu erwarten:

- Die Übertragungsbandbreiten sind momentan für Systeme mittlerer Komplexität nicht immer ausreichend, so dass der Nutzer unnötige Wartezeiten in Kauf nehmen muss und nicht immer alle Funktionen einer Online-Lehr-Lernplattform zur Verfügung stehen. Technische Probleme drängen sich gegenüber dem Lernprozess in den Vordergrund. Zudem kosten Online-Zeiten in Deutschland noch immer erhebliche Gebühren.

- Die Benutzerfreundlichkeit im Bereich der Online-Lehr-Lernplattformen ist noch nicht sehr ausgeprägt, da jede Plattform mit eigenen Standards arbeitet. Teilnehmer an Kursen verschiedener Anbieter müssen sich u.U. jeweils in neue Systeme einarbeiten.

- Nicht alle Formen der Datenübertragung im Internet sind missbrauchssicher, der Schutz persönlicher Daten ist so nicht immer gewährleistet. Beim Herunterladen von Dateien aus dem Internet besteht zudem die Gefahr der Mitübertragung von Computerviren auf den eigenen PC.

- Copyright-Bestimmungen erschweren den Aufbau nützlicher Funktionen wie »virtueller Bibliotheken«.

- Der Aufbau einer Online-Lehr-Lernplattform und die Erstellung erster Kursmaterialien ist sehr kostenintensiv. Diese Kosten können nur über erhebliche Kursgebühren und bei erfolgreicher Behauptung eines Bildungsproduktes am Markt wieder hereingeholt werden.

- Menschen, die keinen Zugang zum Internet haben, werden in den nächsten Jahren zunehmend einer Art »technologischen« Diskriminierung ausgesetzt sein.

Zu den (erhofften) Vorteilen des Einsatzes von Online-Lehr-Lernplattformen zählen neben der eingangs erwähnten Ortsunabhängigkeit:

- Im Idealfall hat jeder Lernwillige (auch alte und behinderte Menschen) freien Zugang zu Bildungsangeboten weltweit. Dies dient auch gesellschaftlich erwünschten Konzepten wie lebenslangem Lernen oder ständiger Anpassung der Berufsqualifikation.

- Online-Angebote können jederzeit genutzt werden. Der Teilnehmer kann selbst bestimmen, wann und mit welchen Tools er am besten lernt und hat daher ein größeres Mitbestimmungsrecht als in herkömmlichen Lernumgebungen.

- Distributoren von Online-Kursen setzen auch aus ökonomischen Gründen auf die Wiederverwendbarkeit von Lernmaterialien in anderen Kursen, auf leichte Veränderbarkeit der angebotenen Lernmodule und auf eine ständig steigende Nutzung der einmal geschaffenen Infrastruktur. Dies führt zudem dazu, dass Kurse unproblematisch auf dem neuesten Stand gehalten werden können.

Wichtigster Vorteil des Einsatzes von Online-Lehr-Lernplattformen, auch gegenüber herkömmlichen Fernstudienprogrammen und computergestützten Trainings ohne Internetanbindung (z. B. von CD), ist sicherlich die Möglichkeit einer breiten kommunikativen Vernetzung der Beteiligten (Instruktoren, Tutoren, Studierende, Servicepersonal), so dass kollaboratives Lernen und vielfältige Interaktionen möglich werden. Als asynchrone Kommunikationsmittel stehen u. a. E-Mail, »virtuelle Notizzettel« und Foren zur Verfügung. Synchrone Kommunikation ist z. B. mittels Chat möglich.

E-Mail

E-Mail ist eines der universellsten Kommunikationsmittel im Bereich des Onlinelernens. Nahezu jeder Computernutzer hat eine E-Mail-Adresse und ist mit der Prozedur des Sendens und Empfangens bestens vertraut. Per E-Mail können z. B. Materialien und Arbeitsaufträge versandt, Arbeitsergebnisse innerhalb einer Gruppe weitergegeben oder Fragen mit Tutoren erörtert werden. Die Qualität und Effektivität einer Kommunikation per E-Mail ist allerdings stark davon abhängig, wie regelmäßig die Beteiligten ihre elektronische Post abrufen und beantworten.

Foren

Foren sind das wichtigste Gruppenkommunikationsmittel im Onlinebereich, denn sie ermöglichen, dass sich mehrere Personen mit einem Thema auseinandersetzen z. B. in Form einer Diskussion oder Gruppenarbeit. Foren basieren auf einer ähnlichen Technologie wie E-Mail, allerdings werden die übermittelten Informationen anders bearbeitet. Kommentare, Anmerkungen oder Meinungen, die zu einem Forenthema von einem Beteiligten abgegeben werden, im Fachjargon spricht man vom »posten« eines Beitrages, werden dem Thema direkt zugeordnet und können dann von allen Beteiligten eingesehen werden, die dann wiederum darauf reagieren können. Von den Diskussionsbeteiligten, aber auch von Neuankömmlingen in einem Forum kann stets der gesamte Verlauf einer Diskussion eingesehen werden.

»Virtuelle Notizzettel«

Diese relativ neue Funktion erlaubt es den Lernenden, die vom Distributor publizierten Lernmaterialien direkt innerhalb einer Textstelle mit eigenen Notizen zu versehen. Gute Systeme erlauben eine Kennzeichnung dieser Notizen als »privat« (nur für den Ersteller zu sehen) oder als »öffentlich« (für alle Beteiligten sichtbar) sowie eine Unterteilung in Kommentare und Fragen. Auf diese Notizen können dann ggf. Tutoren oder Mitlernende reagieren.

Chat

Chaträume erlauben vielen Nutzern gleichzeitig die synchrone Kommunikation, indem die Beiträge der einzelnen Nutzer in einem gemeinsamen Fenster gezeigt werden. Zur Wahrung der Übersichtlichkeit werden die Beiträge eines Nutzers jeweils in einer anderen Farbe dargestellt. Trotzdem können Chaträume, die von mehr als fünf Nutzern gleichzeitig besucht werden, für Chatungewohnte schnell unübersichtlich werden. Im Bereich des Online-Lernens werden Chats vor allem für Gespräche unter den Lernenden, z. B. wenn schnelle gegenseitige Hilfe zur Lösung eines Problems notwendig ist, oder zur Veranstaltung »virtueller Sprechstunden« von Tutoren und Lehrenden eingesetzt. Die Teilnahme an Chats verlangt von den Beteiligten relativ gute Fertigkeiten im Tippen und die Möglichkeit, sich auf feste Zeiten verabreden zu können.

Zusammenfassend kann gesagt werden, dass Online-Lehr-Lernplattformen sich für die Distribution von lernerzentrierten Qualifizierungsangeboten eignen, da sie ein selbstkontrolliertes Lernen in einem strukturierten Umfeld ermöglichen. Am erfolgreichsten verlaufen Kurse mit Lernern, die aus eigener Motivation am Kurs teilnehmen. Unterstützt wird ein erfolgreicher Verlauf des Kurses durch ein Kursdesign, dass viele kommunikative Situationen für alle Beteiligten erzeugt. Die Gefahr beim Einsatz von Lehr-Lern-Plattformen liegt darin, dass eine Vielzahl von Funktionen und Tools zur Verfügung steht, so dass der Fokus sich leicht von den Lernenden hin zu einer immer ausgefeilteren Darbietung der Kursmaterialien verschieben kann.

Literatur:

Belanger, F./Jordan, D.: Evaluation and Implementation of Distance Learning: Technologies, Tools and Techniques, Hershey und London 2000.
Informationsweek: IT-Management – Pauken im Netz (24, 2000), www.informationsweek.de/channels/channel 46/002436b.htm.
Krey, A.: Gemeinsames Leben und Arbeiten – Entwicklung und Einsatz von CSCL-Umgebungen, www.die-forum.de/zeitschrift/499/lernenarbeiten.htm, 2001.
Steed, C.: Web-Based Training, Aldershot 1999.

Angaben zur Autorin:

Dipl.-Psych. Isabel Gehrlicher
Carl von Ossietzky Universität Oldenburg
Fachbereich 1, Institut für Erziehungswissenschaften 1
Uhlhornsweg 49-55
26111 Oldenburg
Tel.: +49 441 798 42 75
Fax: +49 441 798 23 25
E-Mail: gehrlicher@gmx.de

Organisationales Lernen

Uwe Wilkesmann

Viele Institutionen der Weiterbildung wie z. B. Universitäten sind Organisationen, in denen die dort tätigen Menschen lernen. Sind es deshalb auch lernende Organisationen? In einer Universität wird täglich neues Wissen erzeugt. Wenn Studierende und Forscher abends die Universität verlassen, haben sie sich persönlich neues Wissen angeeignet. Hat aber die Organisation Universität deshalb gelernt? Um diese Frage zu beantworten, soll zuerst ein klassischer Ansatz des organisationalen Lernens kurz dargestellt, die begriffliche Differenzierung zwischen individuellem, kollektivem und organisationalem Lernen erläutert und der Begriff des Wissensmanagement definiert werden.

Gegenstand der Debatte über das organisationale Lernen ist, wie neues Wissen in einer Organisation erzeugt, durchgesetzt und in personenunabhängigen Strukturen materialisiert wird. Den unter den klassischen Texten populärsten Ansatz des organisationalen Lernens stellt sicherlich die Arbeit von *Argyris* und *Schön* (1978) dar. Sie differenzieren drei verschiedene Ebenen des Lernens:

- Die **ideosynkratische Adaption** (single-loop learning): Hier findet eine Reaktion auf eine Abweichung von einem vorgegebenen Standard oder einer Norm (definiert als Zielkorridor) statt. Wie kann z. B. noch das vorgegebene Ziel erreicht werden, dass x Personen einen Bildungsabschluss erzielen können.
- Die **Umweltadaption** (double-loop learning): In diesem Fall findet eine Modifikation der Handlung durch Umweltbeobachtung statt. Sie besteht aus der Konfrontation von organisationalen Hypothesen, Normen und Handlungsanweisungen mit der Beobachtung der Umwelt und einer Rückkopplung dieser Beobachtung an das Wissenssystem der Organisation. Das Lernen ist hier durch die Umweltänderung begründet. Wenn z. B. die festgelegten Inhalts- und Mengen-Ziel-Korridore den Marktanforderungen nicht mehr entsprechen, müssen sie neu definiert werden, ansonsten steuern sie die Organisation in eine falsche Richtung. Es werden deshalb neue Ziele gesetzt. Ein Weiterbildungsangebot muss z. B. von Steno-Kursen auf Programmierkurse umgestellt werden.
- Das **organisationale Problemlösungslernen** (deutero-learning): Dieser Begriff beschreibt die emphatische Form des Lernens. Die Verbesserung der Lernfähigkeit der Organisation selbst wird auf dieser Ebene thematisiert. Mit diesem Lernbegriff ist die dynamische Lernebene erreicht, die auch die anderen organisationalen Lernbegriffe kritisch reflektiert. Beim organisationalen Problemlösungslernen wird die Frage gestellt: »Warum machen wir XY?« Es geht um das Lernen des Lernens.

Zwei grundsätzliche Probleme charakterisieren aber diese klassischen Ansätze: Zum einen lässt sich die dritte Lernform, das deutero-learning, sicherlich nicht auf die gesamte Organisation anwenden. Sie kann nur – unter bestimmten Voraussetzungen – in Kleingruppen innerhalb der Organisation beobachtet werden (*Wilkesmann* 1999). Zum anderen lässt sich mit diesem systemtheoretischen Blickwinkel nicht erklären, wie neues Wissen innerhalb der Organisation generiert, kommuniziert und gespeichert wird. Die Transformationsregeln zwischen **individuellem, kollektivem** und **organisationalem Lernen** müssen bestimmt werden. Auch die Auswirkungen auf das Handeln der Mitarbeiter kommen nicht in den Blick.

Der **klassische Lernbegriff** in der Psychologie ist an das **Individuum** geknüpft. Frau Meier lernt. Es werden dabei drei Formen unterschieden:

■ Das klassische Konditionieren: Die Arbeiten der frühen Behavioristen, in denen ein unkonditionierter Stimulus durch einen konditionierten Stimulus ersetzt wird, der dieselbe Reaktion hervorruft, sind kaum auf Lernen in Bildungsorganisationen zu übertragen. Bedeutsam für die Organisationsforschung sind jedoch die beiden anderen Lernmodelle:
■ das operante Konditionieren und
■ das Lernen am Modell.

Das Lernen nach Belohnung und Bestrafung (operantes Konditionieren) sowie das Nachahmen erfolgreichen Verhaltens von Vorbildern (Lernen am Modell) stellen auch heute noch in vielen Organisationen sicherlich die wichtigsten und meist einzigen Formen des Lernens dar. Die jeweiligen Anreize entscheiden darüber, was gelernt wird. In der hierarchischen Organisation muss der Chef mit der Arbeit zufrieden sein – niemand sonst. Beim Akkordlohn achtet der Werker auf den Mengenoutput und nicht auf vorbeugende Instandhaltung, Qualität oder Umweltschutz. So entstehen in der Organisation Lernroutinen, d. h. erfolgreiche Muster, die reproduziert werden. Die Struktur der Arbeitsorganisation prägt eine Arbeitskultur, in der Vorstellungen über Handlungen tradiert werden, die zu einer »gelungenen« Karriere führen sollen. Wenn sich die Karriere eines Wissenschaftlers ausschließlich an Veröffentlichungen und Forschungsprojekten orientiert, dann wird die Lehre nicht so wichtig genommen. Auch die »Produktion« – also die Routine – in Bildungsorganisationen wird so gesteuert: Gelernt wird hauptsächlich nur der Stoff, der in der Prüfung abgefragt wird.

Kollektives Lernen meint gemeinsames Lernen in Gruppen. Kollektives Lernen wird immer dann wichtig, wenn komplexe Probleme gelöst werden müssen. Dies sind solche Probleme, die nicht mit der Information eines Individuums alleine gelöst werden können. Außerdem existieren bei komplexen Problemen keine Entscheidungskriterien für eine »richtige« Lösung, es gibt keinen bekannten Lösungsweg. Auch die Anzahl der notwendigen Bearbeitungsschritte ist unbekannt. Kollektive Lernsituationen benötigen somit neben der Input- auch die Prozessvariable. Inputvariablen sind definiert als Fähigkeiten, die einzelne

Gruppenmitglieder in die Gruppe einbringen, wie individuelles Wissen und Sachverstand. Die Prozessvariable ist definiert als die Intragruppenleistung, d. h. die Kommunikation innerhalb einer Gruppe. Wenn Machtdifferenzen keine Rolle spielen, wenn also keine fundamentalen Interessengegensätze existieren, dann ist eine gemeinsame Lösung möglich. Die kollektive Argumentation führt zu einem Ergebnis, zu dem isolierte Einzelmitglieder nicht gelangen würden – auch nicht der »Beste« in der Gruppe. Für kollektives Lernen muss jedoch ein institutionalisierter Freiraum geschaffen werden, der den Austausch unterschiedlicher Perspektiven zulässt und gleichzeitig die Mitarbeiter motiviert, ein gemeinsames Ergebnis zu erzielen.

Organisationales Lernen unterscheidet sich vom individuellen und vom kollektiven Lernen. Zwar lernt nicht »die« Organisation, sondern Frau Meier und Herr Müller lernen. Das Lernen von Organisationen erschöpft sich jedoch andererseits auch nicht in dem individuellen Lernen der Mitarbeiter, ebenso nicht in dem kollektiven Lernen von Gruppen. Erst wenn neue Routinen über neue Strukturen, Anreize etc. in der Organisation implementiert worden sind, die das Verhalten aller Mitarbeiter verändern, kann von organisationalem Lernen gesprochen werden. Organisationales Lernen ist hier als Prozess der Durchsetzung neuen Wissens innerhalb der Organisation definiert, das in neuen Routinen und Strukturen – also unabhängig von Individuen – gespeichert wird.

Die Hauptaufgabe einer Organisation besteht aber nicht in ihrer Selbstveränderung. Zuerst »produzieren« Bildungsorganisationen das Gut Bildung. Diese Dienstleistung wird in bestimmten Formen organisiert. Aber erst die Veränderung dieser Strukturen stellt organisationales Lernen dar. Damit ist organisationales Lernen ein Prozess, der neben der Produktion des eigentlichen Gutes stattfindet.

Die Veränderung von Routinen in Organisationen ist aber nicht nur eine Frage von neuen Ideen, wie neue Routinen aussehen könnten, d. h. wie die Struktur der angebotenen Dienstleistungsproduktion verändert werden könnte, sondern auch von Interessen und Verteilungskämpfen. Es nützen die besten Ideen nichts, wenn sie auf Grund des Widerstands einiger Organisationsmitglieder nicht umgesetzt werden können. Neue Ideen für neue Strukturen müssen auch durchsetzbar sein. Aus diesem Grunde gehört zum organisationalen Lernen nicht nur die Generierung neuer Lösungen für organisationale Probleme, sondern auch die Lösung von Interessen- und Verteilungsproblemen. In Organisationen sind Routinen auch deshalb so stabil, weil sie die herrschende Machtverteilung angemessen repräsentieren (vgl. *Hanft* 1996). Die Änderung dieser Routinen löst auch interessengeleitete Widerstände aus, die mehr oder weniger mächtig sein können. Die Aushandlung von neuem Wissen ist auch von der Macht der beteiligten Akteure abhängig. So kann z. B. ein Dekan in einem Hochschullehrerkollegium – auf Grund der konsensualen Strukturen – nur schwer Änderungen durchsetzen, bei denen einige Professoren einen Nutzenverlust für sich befürchten. Anderseits gibt es auch keinen Druck für die Hochschullehrer, sich konsensual zu einigen. Bei einem Dissens muss kein Hochschullehrer eine Abweichung vom status quo befürchten, d. h. der status quo ist sehr stabil. Wenn jedoch ein gewisser Druck existiert, dass ein Konsens erzielt werden muss, dann ist kollektives Lernen besonders gut in kleinen Gruppen möglich, in denen keine große Machtdifferenz, langfristige Interaktion sowie Metakommunikation für die Steuerung der Prozessvariable vorherrschen. Sind jedoch in solchen Gruppen die Akteure nicht gleich mächtig oder müssen einige Akteure Nutzenverluste hinnehmen, dann ist eine kooperative Lösung von Interessen- und Verteilungsproblemen nicht möglich. In diesem Falle kann nur ein dritter Akteur mit mehr Macht eine Einigung erzwingen, indem er ein situatives Machtgleichgewicht herstellt oder die Durchsetzung einer eigenen Lösung androht.

Kollektives Lernen kann also in Gruppen stattfinden. Wie können aber die so gewonnenen Lernerfolge in die gesamte Organisation übertragen werden? Die Organisation hat nichts von dem kollektiven Lernerfolg, wenn die Gruppe einen gemeinsamen Bericht verfasst, der aber ungelesen in Ordnern abgeheftet wird. In der Organisationsgestaltung bieten sich dafür zwei idealtypische Formen an, um dies zu vermeiden: das Prinzip der überlappenden Gruppen und das Prinzip der Durchsetzung per Machtdifferenz.

Beim **Prinzip der überlappenden Gruppen** wird der Lösungsprozess in Subprobleme differenziert. Eine Haupt(projekt)gruppe verteilt dabei Arbeitsaufgaben an Sub(projekt)gruppen, die vor Ort eine Lösung erarbeiten. Ein Mitglied der Haupt(projekt)gruppe leitet diese Subeinheit und ist als Brückenglied für den Informationsfluss nach beiden Seiten verantwortlich. In dieser idealtypischen Form wird an der Integration von neuer Lösungsfindung und kooperativer Einigung bei Interessen- und Verteilungsproblemen festgehalten. Die Betroffenen vor Ort sind an der Lösung beteiligt. Mögliche Verteilungsprobleme können so z. T. schon in den Gruppen kooperativ gelöst werden und werden nicht erst bei der Durchsetzung virulent. Allerdings existiert zwischen den Gruppen eine Hierarchie: Die Haupt(projekt)gruppe steht über den anderen, sie gibt in der Regel Ziele, Zeitpunkte und Problemdefinitionen vor, die die anderen nur abarbeiten. Außerdem ist für die Mitglieder der Subgruppen die Interaktion in der Haupt(projekt)gruppe nicht direkt beeinflussbar.

Bei der **Durchsetzung per Machtdifferenz** sind die Lösungen zu den organisationalen Problemen schon gefunden: entweder durch einen Manager, einen externen Berater oder durch eine Stabsabteilung. Die Ergebnisse, d. h. die neuen Routinen werden nun per Machtdifferenz von oben nach unten durchgesetzt. Akteure, die mit mehr hierarchischer Macht ausgestattet sind, geben das Ergebnis allen andern Akteuren vor. Dabei ist zu erwarten, dass die ungelösten Verteilungsprobleme in den Vordergrund treten. Mikropolitische Verteilungskämpfe sind die Folge.

In der Literatur wird neben dem Begriff des organisationalen Lernens auch der des → *Wissensmanagements* verwendet. Wissen lässt sich als das Produkt des jeweiligen Lernprozesses definieren. Individuelles Wissen liegt dann vor, wenn der individuelle Lernvorgang erfolgreich abgeschlossen wurde, d. h. sich individuelle Verhaltens- und/oder Einstellungsänderungen ergeben. Kollektives Wissen lässt sich entsprechend als die Summe des Wissens aller Gruppenmitglieder definieren, das auch das Wissen um die Formen der Interaktionsbeziehungen untereinander umfasst. Organisationales Wissen ist entsprechend geronnenes organisationales Lernen, das sich in Routinen materialisiert.

Der Wissensbegriff ist von den Begriffen Daten und Informationen zu differenzieren. Daten sind der Rohstoff, aus dem Information wird, wenn diese in einen Kontext von Relevanzen eingebunden werden. Information wird wiederum zu Wissen, wenn sie in einen gemeinsamen Erfahrungskontext eingebunden wird, d. h. wenn eine gemeinsame Praxis existiert, in der sich die beteiligten Akteure bewegen. Das Abspeichern von Daten in Dokumenten oder Datenbanken ist demnach noch keine Information und erst recht noch kein Wissen (vgl. Willke 1998).

Die Differenz zwischen organisationalem Lernen und Wissensmanagement ist in der Literatur nicht einheitlich definiert. Häufig wird Wissensmanagement umfassender als organisationales Lernen bestimmt und ihm werden (mindestens) zwei zentrale Funktionen zugeschrieben:
1. Generierung und Durchsetzung von neuem Wissen sowie
2. Speicherung und Nutzung von neuem Wissen.

Die erste Funktion beschreibt also das organisationale Lernen, die zweite Funktion die personenunabhängige Nutzung des Wissens.

Jetzt kann auch die eingangs gestellte Frage beantwortet werden, unter welchen strukturellen Bedingungen die Universität nicht nur eine Organisation ist, in der viele Individuen lernen, sondern in der auch organisationales Lernen stattfindet. Organisationales Lernen findet immer dann statt, wenn sich Strukturen oder Produktionsbedingungen ändern. Damit in diesen Prozess möglichst viele verschiedene Sichtweisen einfließen können, ist eine Gruppenstruktur notwendig, möglichst nach dem Prinzip der überlappenden Gruppen organisiert, die einen Zwang zum Konsens erzeugt bzw. in der ein mächtiger Akteur im Zweifelsfalle eine eigenständige Lösung von Verteilungsproblemen androhen kann.

Literatur:

Argyris, C./Schön, D. A.: Organizational learning: A theory of action perspective. Reading (Mass.) 1978.
Hanft, A.: Organisationales Lernen und Macht. In: *Schreyögg, G./Conrad, P.* (Hrsg.): Wissensmanagement – Managementforschung 6. Berlin 1996, S. 83-132.
Wilkesmann, U.: Lernen in Organisationen – Die Inszenierung von kollektiven Lernprozessen. Frankfurt/Main 1999.
Willke, H.: Systemisches Wissensmanagement. Stuttgart 1998.

Zur Einführung:

Probst, G. J. P./Büchel, B. S. T.: Organisationales Lernen. Opladen, 1997 (2. Auflage).

WWW-Adressen:

www.lern-org.de
www.people-value.de
www.wissenskapital.de
www.knowhouse.org
www.winie.uni-linz.ac.at/lo-site/lo-lo.htm

Angaben zum Autor:

PD Dr. Uwe Wilkesmann
Hochschuldozent an der Fakultät für Sozialwissenschaft (Sektion für Sozialpsychologie) der Ruhr-Universität Bochum
GB 04/146
44780 Bochum
Tel.: +49 23 43 22 54 16
E-Mail: Uwe.Wilkesmann@ruhr-uni-bochum.de
Homepage: www.Uwe-Wilkesmann.de

Organisations- und Fachbereichsstrukturen

Siegfried Grubitzsch

Nach *Schimank* (1999) weisen Hochschulen unter organisationssoziologischen Gesichtspunkten sowohl eine hohe vertikale wie eine hohe horizontale Autonomie auf. *Cohen/March* (1974) bezeichnen den beschriebenen Typus von Organisation treffend als »organizational anarchy« und *Weick* im Jahre 1976 erstmals als »loosely coupled system«. Beide Organisationstheorien bringen die »beschränkte (und immer wieder bemängelte, S. G.) organisatorische Selbststeuerungsfähigkeit der Hochschulen« (a. a. O., S. 12; vgl. auch *Reponen, T.* 1999) zum Ausdruck. Übrigens eine Einsicht, deretwegen der Wissenschaftsrat 1968 dringlich dafür plädierte, statt der großen Fakultäten eine veränderte zweite Steuerungsebene in die Organisationsstruktur der Hochschulen einzuziehen, die der Fachbereiche. In ihnen sollten solche Bereiche organisatorisch zusammengefasst werden, »die in sich überschaubar sind, d. h. in deren Rahmen die Gleichartigkeit der Aufgabe und die Verwandtschaft der Fachgebiete die Grundlage für das gemeinsame Wirken der in diesem Bereich tätigen Wissenschaftler schaffen« (*Wissenschaftsrat* 1968, S. 21). Sie werden nach nunmehr dreißigjähriger Erfahrung radikal in Frage gestellt. »Die normative Vorgabe, der Fachbereich sei die Grundeinheit von Lehre und Forschung, geht offenbar an der Realität der arbeitenden Universität vorbei« (*Brinckmann, H.* 1996, S. 12). Tatsächlich sei die Arbeitsebene nicht gestärkt, sondern in Einzelfällen zu stark bevormundet worden. Es hat sich kein kooperatives Gesamtinteresse herausgebildet und nur vereinzelt trans- oder interdisziplinäre Forschung. Allesamt Ausdruck auch mangelnder Kommunikation, brüchiger Entscheidungsprozesse, mangelnder Verwaltungskompetenz und unzureichender Übernahme von Verantwortung für die gemeinsamen Interessen der Förderung von Lehre und Forschung. Diese Beobachtungen korrespondieren mit weiteren Organisationsmängeln, die deutsche Hochschulen bis heute prägen. Die (➜ *Leitungsstrukturen* sind wenig professionell, die zahlreichen Gremien in ihren oft breiten und kompliziert vernetzten Zuständigkeiten schwerfällig in ihren Entscheidungen, die zudem noch unter zeitlichen Engpässen leiden. Häufige Wechsel in den Mitgliedschaften (respektive den Ämtern der Dekane), dadurch wenig Kontinuität in der Verantwortungsübernahme, oft verbunden mit mangelndem Sachverstand, bewirken übriges. *Morkel* (1999) sieht sich deshalb dazu veranlasst, von der »institutionalisierten Verantwortungslosigkeit« (S. 416) in der Gremienuniversität zu sprechen.

Wollen Hochschulen ihren Ertrag in Lehre, Studium, Forschung und Weiterbildung quantitativ und qualitativ verbessern und zugleich Motivation und Verantwortung der Mitarbeiter steigern, müssen sie danach trachten, eine höhere Leistungsfähigkeit dort zu ermöglichen, wo diese Aufgaben erbracht werden: auf der wissenschaftlichen Arbeitsebene (Institut/Arbeitseinheiten). Im Zusammenspiel mit optimierten Organisations-, Verwaltungs- und (➜ *Entscheidungsstrukturen* und den in diesen handelnden Personen muss sichergestellt werden, was der gesamten Hochschule ihren Platz im Wettbewerb mit anderen garantiert. Nun wäre es freilich eine Illusion anzunehmen, durch eine Veränderung der Organisationsstruktur einer Hochschule würden die vorgenannten Ziele Selbstläufer sein. Aber es ist aus der Kenntnis anderer Unternehmensformen sehr wohl davon auszugehen, dass geänderte Organisationsstrukturen solche Zielsetzungen befördern helfen. Das neue *Hochschulrahmengesetz* (1997) hat bewusst auf die normative Vorgabe hochschulinterner Strukturbildung verzichtet und den Ländern offen gelassen, wie sie diesen Gestaltungsspielraum in ihren Hochschulgesetzen nutzen oder an die Universitäten weitergeben wollen. An beiden Orten wird deshalb nach geeigneten Strukturmodellen letztlich in Abwägung mit den jeweiligen Besonderheiten der eigenen Hochschule(n) und den vorliegenden Erfahrungen Ausschau gehalten.

Nun irritiert manchen zweifellos die Haltung des *Wissenschaftsrates*, der 1968 zur Abschaffung der »selbstherrlich agierenden Großordinarien« anstelle der wenig strukturierten großen Fakultäten die kleineren, zahlenmäßig aber vermehrten Fachbereiche zu setzen vorschlug, aber mittlerweile wieder zur Bildung größerer Organisationseinheiten rät. Inzwischen stellt man nämlich fest, dass mit dieser zweiten Ebene die Selbststeuerung der Hochschule nicht tatsächlich verbessert worden ist und zudem zu enge Grenzen zwischen den Fachdisziplinen gezogen worden sind, die der inter-/transdisziplinären Zusammenarbeit wenig Vorschub geleistet haben. Gerade aus diesem Zusammenspiel über die Grenzen der Einzeldisziplinen hinweg erhofft man sich inzwischen aber die vielversprechenden Innovationen in der wissenschaftlichen Erkenntnisbildung und zeigen die internationalen Entwicklungen sowohl in der grundlagen- wie anwendungsorientierten Forschung, dass in den »fächerübergreifenden Zwischenräumen« die größten Potenzialitäten liegen (Lebenswissenschaft statt Biologie; Nanotechnologie; Physiker erhält Nobelpreis für Chemie usw.). Diese Sichtweise führt zu organisationalen Überlegungen, der Arbeitsebene möglichst viel Handlungsspielräume zu gewähren, ohne sie jedoch dem freien Spiel der Kräfte und ihren individuellen Vorlieben ganz zu überlassen. *Alewell* (1993) sieht tatsächlich nicht auf der Arbeitsebene die eigentlichen Probleme: »Soweit erkennbar, funktionieren die Entscheidungsprozesse auf der Arbeitsebene zufriedenstellend« (S. 116). Probleme ergeben sich erst durch die normative Festsetzung von Grundeinheiten wie den Fachbereichen und/oder den Fakultäten, wenn sie flächendeckend eingeführt werden, ohne die jeweiligen Fachkulturen einerseits, andererseits die jeweiligen Besonderheiten der Kernaufgaben von Lehre, Forschung sowie Dienstleistungen und ihre Folgen für die Struktur der Organisation gebührend zu beachten.

In Abwägung dieser Probleme und ihrer Analyse schlägt *Brinckmann* (1996) deshalb vor, unterschiedliche Formen von **Grundeinheiten getrennt nach Lehre und Forschung** zu ermöglichen. Und er schlägt zum Zwecke der Stärkung der Arbeitseinheiten/Institute vor, ihnen mehr operative Freiräume zur Selbststeuerung zu geben. »Dieses Ziel könnte allenfalls zweckmäßig sein, wenn man es verbindet mit der Konzentration der Fachbereichskompetenz auf die strategischen und ressourciellen Steuerungsentscheidungen; es ist unzweckmäßig, wenn dieser Fachbereich und damit der Dekan Leitungsaufgaben im Bereich der eigentlichen Aufgabenerfüllung im universitären Alltag wahrnehmen soll. Für die Forschung ist dies offensichtlich unzweckmäßig; für die Lehre gilt dies immer dann, wenn Fachbereich und der für einen Studiengang erforderliche Lehrkörper nicht kongruent sind« (*Brinckmann, H.* 1996, S. 17).

Aus solchen und weiteren Überlegungen ist nachvollziehbar, warum sich aktuelle Lösungsmodelle zur Umgestaltung der Organisationsstruktur der Universitäten wesentlich auf die **Gratwanderung zwischen Autonomie und Steuerung der Arbeitsebene**, auf die Frage also von Freiheit und Notwendigkeit konzentrieren.

Beispielsweise die **Organisationsstruktur der Technischen Universität Hamburg-Harburg.** Angesichts ihrer ausschließlich technischen Orientierung ist diese Hochschule von einer weitgehenden Homogenität der Fachkulturen und -disziplinen geprägt. Die Forschung wird gegenüber der Lehre besonders herausgehoben, weshalb erstere zum zentralen Strukturierungskriterium avanciert ist. Im Bild einer Matrix-Struktur beschrieben, sind es die Forschungs«zellen«, denen Module für die Lehre in den verschiedenen Studiengängen abverlangt werden. Aus diesen werden die Lehrangebote »geschneidert«. Die Forschung ist das strukturprägende Element. Sie drückt der Universität ihre Organisationsstrukturen auf, weshalb hier auf eine die Lehre betonende Untergliederung in Fachbereiche verzichtet wurde.

Die **Universität Konstanz** hatte zur Vorbereitung einer Organisationsreform eine internationale Expertenkommission beauftragt. Ihr wurde die Aufgabe gestellt, mit der Fiktion einer Neugründung an die Arbeit zu gehen und ein völlig neues Organisationsmodell ohne Rücksicht auf die bestehende Struktur zu entwerfen. Zielgebend sollte dabei die Schaffung klarer Entscheidungsstrukturen sein, weiterhin die Professionalisierung des Managements, die Internationalisierung auf hohem Niveau, die institutionelle Innovation sowie die Inter/Transdisziplinarität in Forschung und Lehre. Der erarbeitete Vorschlag beinhaltet die Einrichtung von drei Sektionen als mittlere Ebene, mehrere außerhalb der sonstigen Organisationsstrukturen liegende Forschungszentren, ein ebenfalls externes Center for Advanced Studies, die Einrichtung eines Hochschulrates mit externen Experten sowie eine Stärkung der Leitungs- und der mittleren Entscheidungsebene (andernorts Fakultät oder Fachbereich). Auch hier unverkennbar, werden offensichtlich verstärkt positive Impulse für die Spitzenforschung angestrebt. So viel Zustimmung diese Tendenz fand, wurde die Veränderung der Entscheidungsstrukturen in Richtung einer stärkeren Zentralisierung sowie die Einrichtung einer stärkeren mittleren Ebene ausgesprochen kontrovers diskutiert.

Die zur Zeit noch laufende **Organisationsveränderung an der Gesamthochschule/Universität Kassel** zeichnet sich durch eine prozesshafte Dezentralisierung der Aufgabenbereiche und Entscheidungskompetenzen aus. Konsequent zu Ende gedacht beinhaltet dies eine weitestgehende Selbstorganisation der dezentralen Einheiten, Marktorientierung innerhalb der Hochschule sowie eine radikale Dezentralisierung der Aufgaben und der Entscheidungen. Die mittlere Ebene (Fachbereiche) fällt fast gänzlich weg und wird ersetzt durch »Spielregeln«, worunter prozessuale Prinzipien zwischen der Leitung und den unteren Organisationsebenen sowie eine eher symbolische Leitung der Hochschule verstanden werden. Tendenziell beinhaltet auch dieses Modell eine organisatorische Trennung von Forschung und Lehre. Die fachliche Exzellenz in der Forschung mag dadurch angehoben werden können. Zweifel drängen sich hinsichtlich der künftigen Innovationsfähigkeit auf wie auch bezüglich einer verbesserten Außendarstellung. Weniger sind positive Effekte hinsichtlich der Qualitätssteigerung von Management und Verwaltung zu erwarten. Dies deshalb, weil die beträchtliche »Verselbstständigung« der unteren Organisationsebenen in der Konsequenz eine Handlungsunfähigkeit der Hochschulleitung nach außen bedeuten könnte.

Ein **Modell des Präsidiums der Universität Oldenburg** zielt auf die flächendeckende Einrichtung von (Lehr-)Instituten pro Fachdisziplin. Diese sollen unter dem Dach von wenigen Fakultäten wesentlich nach inhaltlicher Nähe plaziert werden. Die Forschung wird gestärkt durch flexible Institutionalisierung von Forschungskooperationen außerhalb der Institute in Form von Forschungszentren mindestens auf DFG-Niveau und mit regelmäßiger Qualitätskontrolle. Das Modell strebt eine strategische Stärkung der mittleren Ebene an, durch die zugleich eine Verbesserung von Verwaltung und Management bezweckt wird. Gelegentlich erkennbare Skepsis betrifft die Frage nach den erwartbaren innovativen Zuwachsraten aufgrund von verbesserter Interdisziplinarität in Forschung und Lehre. Als Folge der Stärkung der mittleren Ebene wird die Gefahr zu starker Eingriffsmöglichkeiten der Fakultät benannt, wodurch die Motivation und das Engagement der Wissenschaftler und des nichtwissenschaftlichen Personals negativ beeinflusst werden könnten.

Dem zuvor genannten ist ein so genanntes »Cluster-Modell« (*Damm*, Universität Oldenburg, mündl. Mitteilung 2000) gegenüber zu stellen, welches aus »Partnern« und »Clustern« besteht. »Partner« bilden die unterste Organisationsebene, die Wissenschaftlerinnen und Wissenschaftlern mit starken inhaltlichen Querbezügen umfasst. Sie definieren und verantworten Lehrmodule und Forschungsschwerpunkte allein in Verantwortung gegenüber der Hochschulspitze. Sie besitzen eine eigene Leitung und einen eigenen Haushalt. »Partner« können sich auf Zeit zu »Clustern« zusammenschließen und gemeinsam in Lehre und Forschung interdisziplinäre Fragestellungen bearbeiten. Sie sind neben den »Partnern« die einzigen eigenständigen Organisationseinheiten, zeichnen sich aus durch extern begutachtete besondere Qualitäten und erhalten auf Grund dieser Qualitätsprüfung ihre Ressourcen. Die ausgesparte mittlere Ebene wird durch Regelungsmechanismen wie z. B. Zielvereinbarungen zwischen dem Präsidium und den »Partnern« ersetzt. Einer besseren Steuerung wegen sollte dann allerdings die Hochschulleitung wesentlich gestärkt werden. Diesem Modell wird eine erheblich größere wissenschaftliche Innovationswirkung zugeschrieben gegenüber dem vorigen, aber nur geringe (Selbst-)Steuerungseffizienz. Zweifel bleiben, ob auf eine mittlere Ebene gänzlich verzichtet werden kann, was sicherlich auch von der Größe der Hochschule abhängig ist. Skepsis besteht bezüglich eines professionellen und von hoher Verantwortung geprägten Managements im Verwaltungsbereich.

Die **Universität Roskilde** mit ihren ca. 7000 Studierenden beispielsweise verzichtet in ihrer Organisationsstruktur konsequent auf eine dritte Ebene. Sie unterscheidet nur noch zwischen zwei Ebenen, nämlich der Zentralen (Konsortium, Rektorat) und einer dezentralen, bestehend aus 8-10 Instituten, die für die Forschung zuständig sind und 21 Studienkommissionen, denen die Verantwortung für die Lehre in den einzelnen Studiengängen obliegt.

Alle bekannten Versuche der Veränderung von Organisationsstrukturen zielen wesentlich darauf ab, dort wo die Kernaufgaben der Universität erbracht und folglich ihre eigentliche Leistungsfähigkeit abgefragt wird, ein **Höchstmaß an organisatorischer Unterstützung und Selbststeuerung zu sichern, ohne die Gesamtinteressen der Hochschule** aus dem Auge zu verlieren. Partizipation auf der einen Seite, auf der anderen strategische Steuerung. Entsprechend wird angestrebt, operative Aufgaben verstärkt zu dezentralisieren, nicht jedoch die strategischen. Management und Verwaltung sollen durch mehr Kompetenz aller Entscheidungsträger professionalisiert und die Eigenverantwortlichkeit aller Organisationseinheiten erhöht werden (→ *Professionalisierung*). Im Zusammenhang mit der Budgetierung wirkt sich deren Größe auch auf eine größere innere Haushaltsflexibilität aus. Die Innovationsfähigkeit im Wissenschaftsbereich soll erhöht und die Profilbildung geschärft werden. Das wird die Berufungsfähigkeit einer Hochschule entscheidend nach vorne bringen. Lehre und Studium sollen qualitativ verbessert und für die Studierenden attraktiver werden.

Das ist aufgrund der finanziellen Nullsummenspiele nicht immer einfach. Hinzu kommen Unsicherheiten und Ängste von Betroffenen in allen Bereichen und auf allen Ebenen der Hochschule gepaart mit den schwerfälligen institutionellen Entscheidungsstrukturen. Beide zusammen münden ein in zeit- und energieaufwendige Umstrukturierungsprozesse, die nicht selten ihres Kompromisscharakters wegen wirkliche Modernisierungsabsichten verunmöglichen. Erstaunlicherweise sind es gerade auch die Professorinnen und Professoren, die den Strukturveränderungen mit großer Skepsis begegnen, obwohl doch gerade sie es sind, die davon profitieren sollen. Zweifellos ist ihre Zurückhaltung sehr unterschiedlichen Vorbehalten zuzuschreiben. Ältere Kollegen sehen nach turbulenten Reformjahren in den Siebzigerjahren ihre Energie erschöpft und möchten sich auf die letzten Jahre ihrer wissenschaftlichen Arbeit konzentrieren. Andere verweisen auf die Funktionsfähigkeit der bestehenden Strukturen und zweifeln am Nutzen der beabsichtigten Veränderungen. Sie sehen ihre Vorteile nicht und ignorieren den Blick nach vorn. Aber es werden auch personenunabhängige Argumente vorgetragen wie jene zu den Unterschieden zwischen den Fachkulturen, die nicht alle durch ein einheitliches Strukturmodell abgedeckt würden, zum Verhältnis von Forschung und Lehre, zum Ausmaß der Mitbestimmung in künftigen Strukturen etc.

Literatur:

Alewell, K.: Autonomie mit Augenmaß. Vorschläge zur Stärkung der Eigenverantwortung der Universitäten. Göttingen 1993.

Brinckmann, H.: Der Fachbereich als überforderte Grundeinheit für Lehre und Forschung. In: Wissenschaftsmanagement, 1. Jg., 1996, S. 11-18.

Cohen, M. D./March, J. G.: Leadership and ambiguity: The American College President. (2. Edition) New York 1974.

Morkel, A.: An mehreren Fronten kämpfen. In: Forschung und Lehre, 8. Jg., 1999, S. 414-417.

Reponen, T.: Is leadership possible at loosely coupled organizations such as universities? In: Higher Education Policy, 12. Jg., 1999, S. 237-244.

Schimank, U.: Professorenautonomie und Selbststeuerung der deutschen Hochschulen. In: HSW 1/99.

Weick, K. E.: Education organizations as loosely coupled systems. In: Administrative Science Quarterly, 21, 1976, S. 1-19.

Angaben zum Autor:

Prof. Dr. Siegfried Grubitzsch
Präsident der Carl von Ossietzky Universität Oldenburg
Ammerländer Heerstraße 114-118
Postfach 2503
26111 Oldenburg
Tel.: +49 44 17 98 54 50
Fax: +49 44 17 98 23 99
E-Mail: siegfried.grubitzsch@uni-oldenburg.de

Organisationsentwicklung

Ada Pellert

Organisationen sind soziale Gebilde, die aus Individuen und Gruppen zusammengesetzt und auf Dauer angelegt sind. Sie streben die Erreichung eines bestimmten Zwecks an und stützen sich dabei auf Arbeitsteilung und indirekte Kommunikation. Es kann nicht mehr alles durch direkte Kommunikation erledigt werden. Es bedarf daher für die Informations- und Entscheidungsfindung dauerhafter Formen, Rituale, Regeln und Strukturen, die die Arbeitsteilung und -koordination steuern. Während Gruppen stark von ihren einzelnen Gruppenmitgliedern abhängen, besteht die Effizienz der Organisation darin, dass sie Funktionen betont und dadurch die Personen austauschbar macht.

Während Individuen der primäre Ansatzpunkt von → *Personalentwicklung* sind, ist Organisationsentwicklung (OE) ein geplanter, systematischer Prozess, mit dem eine bestehende Organisation als soziales System verbessert werden soll. Instrumente und Methoden der angewandten Sozialwissenschaften (insb. der Aktionsforschung) werden verwendet, um Prozesse des geplanten sozialen Wandels auszulösen. Organisationsentwicklung ist eine längerfristige Bemühung, mit Hilfe von Organisationsentwicklungsberatern soll die Problemlösungs- und Erneuerungsfähigkeit einer Organisation verbessert werden. Als systematischer Ansatz ist Organisationsentwicklung in den Fünfzigerjahren in den Vereinigten Staaten entstanden. Wichtige Quellen waren dabei Intergruppenstudien, erfahrungsorientiertes Lernen, Organisationsstudien, Laboratoriumstrainings und Aktionsforschung.

Philosophie und Ziele: Organisationsentwicklung geht davon aus, dass man ein soziales System nur dann verstehen kann, wenn man es verändert. Handlung und Erfahrung werden als eng miteinander verknüpft gesehen. Organisationsentwicklung will sowohl die Effektivität der Organisation erhöhen als auch zur Humanisierung der Arbeitswelt beitragen, indem Betroffene zu Beteiligten gemacht werden. Organisationsentwicklung ist eine Interventionsform, die unmittelbar und vor Ort krisenhafte Entwicklung in Organisationen besser regulieren oder sogar präventiv vermeiden helfen will. Arbeitsplatznähe und Feldorientierung zählen zu ihren Charakteristika. OE-Interventionen konzentrieren sich auf die Lösung realer organisatorischer Probleme. Der OE-Prozess ermöglicht die Verbesserung der Organisation auch dadurch, dass er die Bedeutung von Zielen und Plänen betont und Lernmöglichkeiten vorsieht, durch die Planungs- und Zielsetzungsfähigkeiten entwickelt werden können. Es soll gelernt werden, Ziele zu setzen, Ziele in Handlungen umzusetzen und das Erreichen der Ziele durch Planen und Entscheiden zu ermöglichen.

Eigenschaften und Schwerpunkte: OE will eine Entwicklung hin zur größerer Leistungsfähigkeit auslösen, die Annäherung an einen Endzustand ohne ihn je zu erreichen. Die Veränderung der Kultur einer Organisation ist dabei zumeist ein mehrjähriger Prozess. Praktiken und Fähigkeiten der angewandten Sozialwissenschaften werden auf das soziale System Organisation unter Mitwirkung der Systemmitglieder angewandt. Der OE-Praktiker stellt eine Diagnose der Situation, aufgrund dieser wählt und benutzt er die entsprechenden Behandlungsmethoden und beurteilt schließlich die Wirkung der Behandlung.

OE ist eine Veränderungsstrategie, die auf der Annahme basiert, dass das Verhalten stark durch Normen beeinflusst wird und Veränderungen durch einen »Umerziehungsprozess« erreicht werden, bei dem alte Normen durch neue ersetzt werden. Eine andere Veränderungsstrategie wäre etwa eine Macht- und Zwangsstrategie, die Veränderungen als durch den Einfluss von Mächtigen erzwungen sieht oder empirisch-rationale Strategien, die davon ausgehen, dass Menschen Änderungen begrüßen, wenn sie deren Vorteilhaftigkeit einsehen.

Das Schwergewicht wird auf **Gruppen- und Organisationsprozesse** gelegt. Der Arbeitsgruppe wird eine Schlüsselrolle für das Erlernen erfolgreicheren Verhaltens in Organisationen zugeschrieben. Die Kultur der Arbeitsgruppe wird als Ergebnis gemeinsamer Bemühungen ihrer Mitglieder verstanden. Es wird davon ausgegangen, dass durch die Veränderungen der Beziehungen und der Arbeitsweise innerhalb von Arbeitsgruppen eine dauerhafte Verbesserung der Organisation herbeigeführt werden kann. Auch individuelle Verhaltensweisen sind in den Normen und Werten von Arbeitsgruppen verwurzelt, viele zentrale Bezugspersonen aus der Arbeitswelt des Einzelnen gehören der Arbeitsgruppe an. Viele OE-Programme basieren auf Interventionen, die Teambeziehungen, Prozesse und Leistungen von Arbeitsgruppen verbessern.

Die Partner in einem Prozess der Organisationsentwicklung sind das Klientensystem – die Organisation – und der Change-agent, der auf Organisationsentwicklung spezialisierte Berater. Zumindest in den ersten Phasen eines OE-Prozesses ist die Hinzuziehung von Beratern als neutrale Dritte und als Katalysatoren, die nicht der jeweiligen Organisationskultur angehören, erforderlich. Der Berater macht keine Vorschläge im traditionellen Sinn, sondern er greift in die laufenden Vorgänge der Organisation ein. Er liefert gewöhnlich keine direkten Lösungen für Probleme, er hilft der Organisation bei der Lösung ihrer Probleme. Die Rolle des Beraters liegt zumeist in der **Prozessberatung.** Dieses Beratungsmodell basiert auf der Annahme, dass die Probleme in Organisationen so komplex und die zu ihrer Diagnose nötigen Informationen so verdeckt sind, dass eine sinnvolle Diagnose nur bei voller Teilnahme der »Klienten« möglich ist. Außerdem unterstellt das Modell, dass Diagnose nicht wirklich von Intervention getrennt werden kann und dass der Diagnoseprozess selbst schon eine Form der Intervention ist.

Der erste Teil des geplanten Lernprozesses besteht darin, Daten für die Lösung von organisatorischen Problemen zu sammeln und anzuwenden. Einen besonderen Stellenwert haben dabei Daten über die menschlichen und sozialen Vorgänge einer Organisation. Eine typische Form der Datensammlung ist die Durchführung von Einstellungsumfragen und das Feedback der Ergebnisse in Workshops. Die Verfügung über die Daten und deren Verwendung liegt gewöhnlich bei den Personen, von denen diese Daten erhoben wurden. Eine Einstellungsumfrage soll in erster Line den Befragten selbst ein genaueres Bild ihrer Situation vermitteln, um so die Aktionsprogramme zu planen, positive Aspekte zu vergrößern und Schwächen zu verringern. Widersprüche, die sich aus Daten ergeben, werden eher als Anreiz denn als Ärgernis gesehen. Tatsachen werden weniger als »gut« oder »schlecht«, sondern als funktional oder dysfunktional hinsichtlich ihrer Folgen bewertet. Eines der Ziele ist es jedenfalls, Daten nicht zur Bestrafung, sondern zur Problemlösung zu verwenden.

OE geht davon aus, dass Menschen über organisationsinterne Zusammenhänge lernen, indem sie ihre diesbezüglichen Erfahrungen machen und diese Erfahrungen reflektieren. Wesentlich dabei ist es, dass die Menschen zu allen ihren Erfahrungen eine sehr experimentelle Haltung einnehmen, dass sie ihre eigenen Erfahrungen untersuchen, um aus ihnen zu lernen und zu lernen, wie man lernt zu lernen. Auf Erfahrung basierende Lernmethoden scheinen insbesondere beim Lernen über menschliche und soziale Beziehungen wirksam zu sein.

Prinzipien und Methoden: Organisationsentwicklung ist ein Veränderungsprozess, der sich an bestimmten Prinzipien und Werten orientiert:

Aus Betroffenen sollen Beteiligte werden – Ausgangspunkt ist die Ansicht, dass Veränderungen Theorie bleiben, wenn es nicht gelingt, bei den betroffenen Mitarbeitern und Führungskräften aktives Engagement zu wecken. Organisationsentwicklung ist ein fortlaufend interaktiver Prozess. Auch sind Organisationen viel zu komplex, um bis ins Detail gesteuert zu werden. Dementsprechend bedeutend sind Prozesse der Selbstorganisation. Ein Metaziel von OE-Prozessen ist es, Rahmenbedingungen und Haltungen zu entwickeln, die dem Phänomen der Selbstorganisation dienlich sind.

Der Entwicklungsprozess orientiert sich sowohl an den Zielen und den Erfordernissen der Organisation als auch an den Zielen, Interessen und Möglichkeiten der Mitglieder. Organisationale und persönliche Ziele werden als grundsätzlich miteinander vereinbar gesehen.

Die Gestaltung des Prozesses an sich soll für die Beteiligten Lernmöglichkeiten fördern und die zukünftige Problemlösungsfähigkeit erhöhen. Das Entscheidende an Organisationsentwicklungsprozessen sollte die dabei praktizierte Haltung sein. Organisationen sind als lebendige soziale Systeme ihrem Wesen nach komplex und erfordern entsprechende Komplexität in den Steuerungs- und Veränderungsstrategien.

Die Strukturen der Organisation sind bestimmend dafür, welche Anregungen aus der Umwelt überhaupt als solche wahrgenommen werden und zu welchen Veränderungen es gegebenenfalls kommt. Zu den Strukturen zählen nicht nur die Aufbau- und Ablauforganisation, sondern auch die praktizierten Kommunikations-, Informations- und Entscheidungsformen, aber auch Normen, Regeln und Vorschriften. Die Struktur des OE-Prozesses beeinflusst die Möglichkeiten, Veränderungen auszulösen, maßgeblich. Die Berater müssen ein Verständnis der gegenwärtig bestehenden Strukturen entwickeln sowie die Betroffenen zur Reflexion dieser Strukturen anregen.

Das grundlegende Interventionsmodell der OE ist das der Aktionsforschung. Es besteht aus folgenden Schritten: Diagnose, Datensammlung, Feedback an das Klientensystem, Auswertung. OE ist ein fortlaufender Prozess des Zielsetzens, des Sammelns von Daten über den Ist-Zustand, des Planens, des Durchführens von Maßnahmen aufgrund von Hypothese und Daten und der Beurteilung der Wirkung dieser Maßnahmen durch Sammeln zusätzlicher Daten.

Die Entwicklung einer Strategie verlangt die Prüfung des Ist-Zustandes, eine Diagnose der verschiedenen Subsysteme der Organisation und der ablaufenden Organisations- und Entscheidungsprozesse, Kommunikationsstile, Konfliktlösungen. Zunächst werden daher Daten im Hinblick auf das soziale System und seine Teile gesammelt.

Das Planen und Ausführen von Aktionen und die Beurteilung der Wirkung dieser Aktionen sind ein integraler und wesentlicher Bestandteil der meisten OE-Interventionen. Für viele Interventionen gibt es dabei zwei Ziele: ein Lernziel und ein Ziel, das sich auf die unmittelbare Arbeitsbewältigung bezieht.

Dann sind Tätigkeiten erforderlich, deren Zweck es ist, den OE-Prozess selbst zu steuern und in Gang zu halten: Der OE-Prozess und der/die Berater geben selbst ein praktisches Beispiel für die Techniken, die für die Organisation vorgeschlagen werden, der Prozess und die Berater praktizieren selbst, was sie verkünden. OE-Berater müssen ihre eigenen Prinzipien in ihrer Beratungstätigkeit glaubwürdig und erkennbar vertreten. Selbstanalyse und Selbstreflexion sollen als Mittel der Selbstverbesserung vorgeführt werden. Die Wirksamkeit der Interventionen ist durch das Feedback vom System zu überprüfen ebenso wie die zeitliche Angemessenheit der Interventionen und die Relevanz des Programms für die Bedürfnisse der Organisation. Es ist darauf zu achten, dass die beabsichtigten und unbeabsichtigten Konsequenzen nicht den Zielen der Organisation entgegenstehen.

Eine Analyse bestehender Strukturen und Gewohnheiten kann mit Hilfe eines von außen kommenden Beraters gut erfolgen, wenn die Arbeit des Beraters die Basis schafft, auf deren Grundlage dann die eigentliche Problemlösung durch die Organisationsmitglieder erfolgt. Es darf nicht indirekt das Management des Veränderungsprozesses Externen übertragen werden. Es muss viel mehr das Selbstentwicklungspotenzial stimuliert werden. Wichtige Instrumente des Beraters sind dabei eine ungewohnte Art der Vernetzung von Rollenträgern und Organisationseinheiten, Klausurtagungen, Workshops, interdisziplinäre Arbeitsgruppen und der Aufbau einer Projektorganisation.

Für jeden größeren Veränderungsprozess empfiehlt sich die Einrichtung einer Projektorganisation. Es muss eine Gruppe verantwortlich dafür sein, den Lernprozess auf die ganze Organisation zu übertragen. Damit ist die Rolle des Management als »Change Agent« angesprochen. Leitungskräfte müssen zunächst sich selbst zumuten und ausprobieren, was dann auf die Organisation angewendet werden soll. Dazu sollten sie eine »Change-Management-Gruppe« gründen und in dieser zunächst alle Phasen und Aspekte des neuen Lernens durchspielen. Sie werden dann auch prototypisch mit jenen Problemen konfrontiert, mit denen sie in Berührung kommen, wenn die Veränderung in größerem Maßstab versucht wird. Es ist auch die Aufgabe dieser Gruppe, den Lernprozess der Organisation zu entwerfen. Jede Organisation benötigt jeweils eine spezifische Strategie der Organisationsentwicklung.

Hochschulentwicklung als Organisationsentwicklung: Die Hochschulen des deutschsprachigen Raumes sind erst jetzt im Begriff, sich von nachgeordneten Dienststellen zu eigenständigen Organisationen zu entwickeln. Im Unterschied zum skizzierten klassischen Begriff der OE ist Organisationsentwicklung in diesem Kontext damit zunächst im Sinne der »Entwicklung zur Organisation« zu verstehen. Wenn den Hochschulen mehr Autonomie gewährt wird, dann wird auch von staatlicher Seite mehr Rechenschaft über die Leistungen gefordert. Durch diese »Organisationswerdung« ist die Universität jedenfalls gezwungen, sich vermehrt mit Fragen der Qualität der eigenen Organisation auseinander zu setzen.

Die »Organisationswerdung« im Sinne einer Zunahme der institutionellen Autonomie kann auch eine Verringerung der individuellen Autonomie bedeuten – eine schmerzhafte Erfahrung, die viele Hochschullehrende in den laufenden Hochschulreformprozessen machen.

Zwei Themen sind dabei von großer Bedeutung: das Verhältnis zwischen dem Staat als Eigentümer und Träger dieser öffentlichen Organisation zur zunehmend autonomen Einrichtung Hochschule sowie das Verhältnis zwischen dem administrativen und dem akademischen Bereich im Inneren der Hochschulen.

Die nächsten Jahre werden zeigen, welche Rolle ➜ *Zielvereinbarungen*, Leistungsverträge und ➜ *indikatorgestützte Mittelvergabe* im Verhältnis zwischen Staat und Hochschulen spielen werden. Die Form der Organisation, des Personalrechts (➜ *Hochschuldienstrecht*) und der Finanzierung werden jedenfalls darüber entscheiden, wie autonom die Hochschulen als Organisation agieren können. Im Inneren muss vor allem das zunehmend virulenter werdende Spannungsfeld zwischen geeigneten Formen eines verstärkten Hochschulmanagements, der traditionellen Verwaltung und den neuen, querliegenden Dienstleistungseinrichtungen bewältigt werden.

Für die Bearbeitung dieses zweiten, internen Spannungsfeldes erscheinen klassische Organisationsentwicklungsansätze äußerst geeignet. Von einer OE-mäßigen Begleitung profitieren insbesondere zwei Bereiche: die Entwicklung übergreifender Leitungsteams sowie die dezentrale Arbeit in den Basiseinheiten der

Universitäten, vor allem den Instituten, Abteilungen und Fachbereichen (die den Arbeitsgruppen der klassischen OE-Ansätze am ehesten entsprechen). Das Institut als zentrale Basiseinheit bietet sich in vielen Planungs- und Entwicklungsfragen als geeigneter Ausgangspunkt von OE an. Der Erfolg der Gesamtorganisation hängt von einer möglichst optimalen Arbeit der Basiseinheiten ab. Auf der Ebene der Institute liegen wesentliche Kapazitäten und Energien. Für die Beurteilung der Leistungsfähigkeit der Basiseinheiten gelten dabei vielfältige Qualitätskriterien: fachliche Reputation, die Attraktivität für Studierende, die Nachfrage nach Beratungen und sonstigen Dienstleistungen.

Gerade in intensiven Phasen der Hochschulreform sollten Situationen und Anlässe für Dialog und Kommunikation gefunden und auch genützt werden. Die Verständigung über die Richtung der Änderungsnotwendigkeiten ist die zeitintensivste, aber auch die wichtigste Phase jedes Änderungsprozesses. Vor allem sind Orte notwendig, an denen neue Ideen ausgetauscht und gemeinsam bewertet werden können ebenso wie Orte für die Auseinandersetzung mit systeminternen Widersprüchen, um eine Erstarrung der Organisation zu verhindern und ihrer Anpassungsfähigkeit zu gewährleisten. Dieses Einlegen von »Reflexionsschleifen« kann von dem ganz persönlichen Unterbrechen von Routinen über kollektive Reflexionszeiten bis hin zu stabileren organisatorischen Orten für die Reflexion reichen. Das sind klassische Einsatzgebiete von OE-Projekten. Ein organisationsentwicklerischer Ansatz betont auch, wie wichtig es auch ist, sich jeweils kleine Entwicklungsschritte vorzunehmen und nicht schnelle Lösungen zu suchen, wenn das Problem nicht ganz klar ist. Nur die Schaffung einer gemeinsamen Sicht eines Problems, eines von den Betroffenen geteilten Problemverständnisses, setzt die erforderlichen Energien für Veränderungsprozesse frei. Um Veränderungen gut vorzubereiten, muss genügend Zeit für die Entwicklung von Führungssystemen, arbeitsfähigen Teams und adäquaten Kommunikationsstrukturen vorhanden sein.

Noch sind Hochschulen in ihrer Binnenkultur bürokratisch dominiert und Teile des öffentlichen Dienstes. Vielen Hochschulangehörigen ist auch die Vorstellung, sich extern beraten zu lassen, noch fremd. Wenn aber die Steuerung der Hochschulen vermehrt auf Studentenzahlen, Forschungsoutput und Evaluationsergebnissen basiert, werden auch Hochschulen verstärkt auf externe Hilfe zurückgreifen. Organisationsentwicklung als ein an der Eigenlogik von Systemen orientiertes und auf Partizipation gegründetes, prozessual angelegtes Entwicklungsmodell kann hierbei hilfreich sein.

Literatur:

French, W. L/Bell, Jr. C. H.: Organisationsentwicklung. Sozialwissenschaftliche Strategien zur Organisationsentwicklung. 4. Auflage, Bern 1994.
Häfele, W.: Systemische Organisationsentwicklung. Frankfurt 1996.
Baumgartner, I./Schwarz, M./Sohm, K.: OE-Prozesse – die Prinzipien systematischer Organisationsentwicklung: ein Handbuch für Beratende, Gestaltende, Betroffene, Neugierige und OE-Entdeckende. 5. unveränderte Auflage. Bern 1998.

Fatzer, G. (Hrsg.): Organisationsentwicklung für die Zukunft: ein Handbuch. Köln 1993.
Fatzer, G. (Hrsg.): Organisationsentwicklung und Supervision: Erfolgsfaktoren bei Veränderungsprozessen. Köln 1996.
Pühl, H. (Hrsg.): Supervision und Organisationsentwicklung. Opladen 1999.

Angaben zur Autorin

Ao. Univ.-Prof. Dr. Ada Pellert
Vizerektorin für Lehre, Personalentwicklung und Frauenförderung
Karl-Franzens-Universität Graz
Universitätsplatz 3/I
8010 Graz
Tel: +43 31 63 80-1006, -2203
Fax:+43 31 63 80-9001
Mobil: 0676/5273938
E-Mail: ada.pellert@kfunigraz.ac.at

Personalentwicklung

Ada Pellert

Personalentwicklung (PE) im weitesten Sinn umfasst alle Aktivitäten, Aktionen und Prozesse, die eine Organisation entwickelt oder benutzt, um die Leistung zu verbessern und das Potenzial ihrer Mitglieder (human resources) zu fördern. Es ist damit die geplante Entwicklung des Personals angesprochen. Die geplante Fort- und Weiterbildung bildet den Kern der Personalentwicklung, aber letztlich sind alle Maßnahmen zur Laufbahn- bzw. Karriereentwicklung genauso dazu zu zählen wie Maßnahmen zur Förderung der Teamarbeit, Maßnahmen der Arbeitsstrukturierung und der → *Organisationsentwicklung*. Personalentwicklung zielt auf die personelle Komponente, die es zu befähigen und zu aktivieren gilt, um die Entwicklung der Organisation in Gang zu halten. Mitarbeiter sollen für ihre künftigen Aufgaben qualifiziert werden, um einen entsprechenden Beitrag zur Realisierung der Organisationsziele leisten zu können. Wichtige »Subsysteme« der PE sind das Sozialsystem zwischen Vorgesetzten und Mitarbeitern, das Belohnungssystem, das Selektionssystem und das (Weiter-)Bildungssystem. Personalentwicklung ist das Kernstück des Personalmanagements, das zusätzlich noch die Personalpolitik, -planung, -beschaffung und -verwaltung umfasst. Für ein umfassendes PE-Verständnis ist eine Verbindung von personalen (die Person als Persönlichkeit), interpersonalen (soziale Beziehungen) und apersonalen (allgemeiner, personenunabhängiger Ordnungen, Muster, Regeln) Dimensionen erforderlich.

Personalverwaltung an Universitäten: An den Hochschulen des deutschsprachigen Raumes wird das Personal überwiegend verwaltet. Das Beamtendienstrecht sowie das Bild von der Hochschule als einer nachgeordneten Dienststelle des Ministeriums und Personalabteilungen, die lediglich zur Durchführung von Gesetzen und Verordnungen aktiv werden, tragen das ihre zu dieser Situation bei. Dazu gehört auch die Tatsache, dass die Hochschulangehörigen zumeist Angestellte des Staates sind und nicht – wie in vielen anderen Ländern – Angestellte der Universität. Dadurch gibt es für die Organisation auch wenig Anreize, sich mit Personalentwicklung zu befassen. Dieser Zustand wird durch Vorstellungen verstärkt, die die bildungsmäßige Erstausstattung, »learning by doing« und die fast ausschließlich fachbezogene Weiterbildung der Hochschullehrer als ausreichend sehen. Im anglo-amerikanischen Bereich hingegen wird die Betreuung des Personals zunehmend professionalisiert. An sehr vielen Universitäten wurden Staff-Development-Units eingerichtet, die die Weiterbildung des akademischen und des administrativen Personals betreuen und organisieren sowie ihm als berufsbegleitende Berater zu Seite stehen. Der erste Schritt zur Personalentwicklung in Form der Finanzierung der Aktivitäten sowie einer zuständigen Stabsstelle mit entsprechendem Personal ist an den meisten Universitäten getan.

Veränderungsprozesse in Organisationen müssen auf jeden Fall Veränderungen auf drei verschiedenen Ebenen – Individuen, Gruppen und Organisation – umfassen. Daher sind **Organisations- und Personalentwicklung** eng miteinander verflochten. Universitäten sind sehr personenzentrierte Systeme. Probleme haben aber oft nicht nur mit Personen zu tun, sondern mit wenig durchdachten Abläufen und Strukturen. Jedenfalls müssen sie in einem strukturellen Kontext betrachtet werden. Auch lässt sich eine »exzellente« Organisation dadurch kennzeichnen, dass sich die Individuen für organisatorische Prozesse und Ziele engagieren. Organisationsentwicklungsmaßnahmen wiederum müssen vereinbar sein mit Auswahl, Beförderungs-, Entlohnungs- und Beurteilungssystemen.

Personalentwicklung ist zunächst eine nicht delegierbare **Managementaufgabe jeder Führungskraft.** Das gilt umso mehr, als im (europäischen) Hochschulsystem relativ viel Macht bei einzelnen Professoren liegt, daher gibt es auch auf dieser Ebene eine besondere Verantwortung. Personen mit Führungsverantwortung haben nicht nur wichtige Vorbildfunktionen, sie müssen sich auch Zeit für die Planung, Diskussion und Integration der Entwicklungsaktivitäten für ihr Personal nehmen. Insbesondere folgende Funktionen sind auf dieser Ebene zu erbringen: Rekrutierung, Vorbildfunktion, Einführung in die Hauptaufgaben der Tätigkeit, Kommunikation über Ziele, Artikulation von Erwartungen aneinander, Rückmeldung zu den laufenden Tätigkeiten, Entwicklungs- und Fördergespräche.

In vielen europäischen Hochschulsystemen ist nach wie vor relativ viel Autorität auf der obersten Ebene der Ministerialbürokratie angesiedelt. Daher ist Personalentwicklung ohne aktive **Unterstützung durch das Ministerium** nicht verwirklichbar. Es ist eine neue Rollenverteilung zwischen Ministerium und

Universitäten auszuhandeln. Dabei werden folgende Fragen zu behandeln sein: Wie viele Stellen werden benötigt und auf welchen Ebenen? Wie erfolgt die Personalauswahl, die Anstellung, wie erfolgen Motivation, Weiterbildung und Evaluierung? Welche Personalpolitik wird von wem entwickelt, von wem und wie sollte sie umgesetzt werden?

Die Mitgliedschaft im akademischen System scheint dabei vor allem disziplinenorientiert, die professionelle Identität ist stark mit der Disziplin verbunden. Solange es wissenschaftliche Reputation im Wesentlichen für disziplinenorientierte Forschung gibt und diese zudem individuell zugeordnet ist, wird auch hier eine Prioritätensetzung erfolgen und **Personalentwicklung in erster Linie fachliche Weiterbildung** bedeuten. Durch die neuen Tendenzen in der *Hochschulpolitik* wird von den individuellen Mitgliedern der Universität aber erwartet, dass sie ihre professionelle Identität, ihre Identifikation mit ihrer Disziplin durch eine Identifikation mit den Aufgaben und dem Profil ihres Fachbereiches und der Universität als Ganzes ergänzen. Zur Ausbildung der dafür erforderlichen – teilweise neuen – Kompetenzen kann es nur kommen, wenn sich alle als wichtig erachteten Tätigkeiten in den Karrierekriterien abbilden. Bislang vernachlässigte Tätigkeitsfelder werden ernster genommen werden müssen. Dazu zählt die intensivere Auseinandersetzung mit der universitären Lehre.

Die Universitäten werden sich aber auch die Tendenz zur Geringschätzung von Organisations- und Managementaufgaben nicht mehr lange leisten können. Die für die Universitäten oft typische Kombination von hohem Fachwissen und geringer sozialer Kompetenz bringt darüber hinaus viel »Sand ins Getriebe«, wirkt demotivierend und begünstigt daher auch die bei vielen Hochschullehrenden feststellbare »Flucht« aus der Organisation.

Alle Organisationsmitglieder müssen in die Personalentwicklung involviert sein. Idealerweise beginnt der Prozess bei den Führungskräften – das ist wichtig für die Entstehung einer gut verankerten Weiterbildungskultur. Ein Schwerpunkt muss in der Einführung und beratenden Begleitung von neuen Mitgliedern der Organisation Universität liegen. Gerade am Anfang einer universitären Karriere wird man nachhaltig sozialisiert, hier werden Weichen gestellt. Ein besonderes Spannungsfeld der Organisation Universität stellen die unterschiedlichen Kulturen im akademischen Bereich einerseits und dem Verwaltungsbereich andererseits dar. Beide Bereiche sind durch wechselseitige Vorurteilsbildung gekennzeichnet, die auch durch die unterschiedlichen Strukturen bedingt sind. Personalentwicklung muss konstruktive Antworten für das Management dieser Spannung finden, um eine Paralyse der Organisation zu verhindern.

Aus der Sicht der Personalentwicklung ist auch die Diskrepanz zwischen sehr abgesichertem, da unkündbaren Personal einerseits und einem zunehmend größeren Anteil des wissenschaftlichen Nachwuchses in sehr ungesicherten Beschäftigungsverhältnissen auffallend. Beide Gruppen sind nicht die optimalen Ansprechpartner für Personalentwicklung. In diesem Zusammenhang wäre es auch eine wichtige Aufgabe der Personalentwicklung, Szenarien für unterschiedliche Rollen und Wege universitärer Karrieren zu entwickeln. Wichtig ist, darauf zu achten, dass das Belohnungssystem möglichst komplex ist und wirklich alle jene Bereiche auszeichnet, die der Institution wichtig sind. Ein Wechsel in der professionellen Orientierung sollte genauso möglich sein wie vielfältige und unterschiedliche Karrierepfade. Das Zulassen unterschiedlich intensiver Zugehörigkeiten, das Zugestehen von Lern- und Qualifizierungsräumen und eine stärkere Durchlässigkeit zwischen universitärer Karriere und externen Berufsfeldern erhöhen zwar die Komplexität für die Personalentwicklung, aber auch die Flexibilität der Organisation Universität.

Zu den Ansatzpunkten der Personalentwicklung gehören die **Strukturen** – wie etwa das (Hochschullehrer-)Dienstrecht und das damit verbundene Belohnungssystem (→ *Hochschuldienstrecht*). Aber auch demografische Veränderungen sind wichtige strukturelle Bedingungen der Personalentwicklung. Ein Übergang von der Personalverwaltung zur Personalentwicklung an Universitäten wird ohne strukturelle Veränderungen nicht möglich sein. Die klassische Domäne der Personalentwicklung ist allerdings der **Ansatz an den Prozessen** – damit sind Veränderungen in den Kommunikationsbeziehungen, in der Entscheidungsfindung und im Managementstil gemeint. Diese Art von Personalentwicklungsmaßnahmen setzt am Aufbau neuer Fähigkeiten (»skill-building«) an. Will man Wandel initiieren, muss man herausfinden, in welche Richtung die bestehende Organisationskultur ihre Mitglieder prägt. Realer Wandel setzt zumindest graduelle Veränderungen auch der **Einstellungen** voraus. Erfolgreiche Personalentwicklung verbindet diese drei unterschiedlichen »Interventionsbereiche«.

Ein generelles Spannungsfeld der Personalentwicklung liegt in der Ausrichtung an den Zielen der Organisation einerseits und den Zielen der Person andererseits. Eine allzu starke Verschiebung in Richtung eines Pols beraubt die Personalentwicklung ihres Gesamtpotenzials. Diese Grundspannung wird im Falle der Universität noch dadurch verschärft, dass die Universität einen besonderen Organisationstypus verkörpert, der durch hohe persönliche Autonomie und wenig Interesse an der gemeinsamen Organisation gekennzeichnet ist. Die Mitglieder der Organisation Universität sind Experten mit viel Know-how und hoher Individualität, die selten »entwickelt« werden wollen. Allein die Verwendung des Begriffs »Personalentwicklung« könnte für viele Hochschullehrer schon ein Indiz einer zunehmenden, aber abzulehnenden Betriebsförmigkeit der Universität sein. Viele Hochschullehrer werden sich auch nicht als »das Personal« der Universität verstehen. Auf der anderen Seite muss die Universität – will sie nicht als Relikt aus früheren Zeiten ihre Bedeutung zunehmend verlieren, sondern ihre Stellung in der modernen Organisationsgesellschaft behaupten – stärker als gemeinsam zu gestaltende Einrichtung verstanden werden. Personalentwicklung im Sinne der Unterstützung der Universitätsleitung in Fragen des Personalmanagements, als Erarbeitung eines Bildungskonzeptes und als Beratung von Führungskräften kann dabei einen wertvollen Beitrag liefern.

Literatur:

Küpper, H.-U./Sinz, E. (Hrsg.): Gestaltungskonzepte für Hochschulen. Effizienz, Effektivität, Evolution. Stuttgart 1998.
Laske, S./Gorbach, S. (Hrsg.): Spannungsfeld Personalentwicklung. Konzeptionen – Analysen – Perspektiven. Wien 1993.
Maier, W.: Systemisches Personalmanagement. Möglichkeiten und Grenzen. München, Mering 1998.
Neuberger, O.: Personalentwicklung. 2. durchges. Auflage. Stuttgart 1994.
Sattelberger, T. (Hrsg.): Innovative Personalentwicklung. Grundlagen, Konzepte, Erfahrungen. 3. Auflage. Wiesbaden 1995.

Angaben zur Autorin

Ao. Univ.-Prof. Dr. Ada Pellert
Vizerektorin für Lehre, Personalentwicklung und Frauenförderung
Karl-Franzens-Universität Graz
Universitätsplatz 3/I
8010 Graz
Tel: +43 31 63 80-1006, -2203
Fax:+43 31 63 80-9001
Mobil: 0676/5273938
E-Mail: ada.pellert@kfunigraz.ac.at

Personalvertretung

Peer Pasternack

Zahlreiche der neuen Hochschulreform-Ideen berühren die Interessen der nichtprofessoralen Mitarbeiter/-innen elementar. Das betrifft sowohl die Erhaltung wie die Gestaltung der Arbeitsplätze. Ganz allgemein ergeben sich die wesentlichen Veränderungen daraus, dass die wichtigsten Hochschulreform-Ideen mehr Wettbewerblichkeit erzeugen wollen, um die (teils vermeintliche, teils tatsächliche) öffentlich-rechtliche Gemütlichkeit zu untergraben.

Hinsichtlich der **Erhaltung von Arbeitsplätzen** müssen sich Personalvertretungen nicht nur auf eine generelle Effizienzorientierung einstellen, sondern auch auf die personalrelevanten Folgen der Haushaltsbudgetierung – insbesondere wenn es in dessen Folge einmal zu einem richtigen Hochschulpersonalmanagement kommt –, auf geplante Rechtsformänderungen (insbesondere für Hochschulkliniken) sowie Outsourcing.

Mit der Flexibilisierung der Haushalte erhalten die Hochschulen auch Freiräume in der Gestaltung ihrer Stellenpläne. Denkbar wird – bei konsequenter Anwendung der Haushaltsbudgetierungslogik – etwa, dass die Hochschule beschließt, einen Teil der Stellen zu streichen, um die dadurch frei werdenden Mittel zur Aufstockung der Vergütung bei anderen Stellen zu verwenden. Damit erhalten Richtlinien für die personelle Auswahl bei Einstellungen, bei Versetzungen, bei Höhergruppierungen und bei Kündigungen eine besondere Bedeutung – in der Privatwirtschaft Gegenstände des Personalmanagements.

Ebenso ist mit einer Intensivierung der Verteilungskämpfe zu rechnen: Denn wo staatliche Stellenpläne relative Sicherheit geben, da sie ausfinanziert sind – d. h. die Vergütung der Beschäftigten unabhängig von Dienstalter, Familienstand oder Kinderanzahl gesichert ist –, dort muss die Hochschule im budgetierten Haushalt mit dem jeweiligen Zuschussvolumen auskommen. Im Anschluss daran kann die Forderung nach mehr Flexibilität unter anderem dazu führen, dass die Anzahl der ungesicherten Arbeitsverhältnisse, etwa wissenschaftliche Hilfskraftstellen, steigt – zumal diese weitgehend ohne Berücksichtigung des vielfach als hinderlich geltenden Personalvertretungsrechts bewirtschaftet werden können. (Vgl. *Kuhne* 2001).

Noch aktueller für den Personalrat sind Rechtsformänderungen. Insbesondere für Hochschulkliniken werden sie diskutiert und bereits umgesetzt, doch bezieht sich die Debatte zunehmend auch auf ganze Hochschulen – etwa unter dem Stichwort Stiftungshochschulen. Hier muss die Personalvertretung am Anfang jeweils eine Bewertung der in Rede stehenden Rechtsform(en) vornehmen. Bei der Überführung in einen Landesbetrieb z. B. besteht kein besonderer Handlungsbedarf, denn dort sind die für den öffentlichen Dienst geltenden beschäftigungsrelevanten Rechtsvorschriften, Tarifverträge, Vereinbarungen usw. ebenso verbindlich. Anders bei der Überführung in eine Anstalt des öffentlichen Rechts oder private Trägerschaft: Dort übernimmt eine neue juristische Person die Position des Arbeitgebers. Daraus ergeben sich neue gesetzliche Verpflichtungen, auf deren Einhaltung die Personalvertretung achten muss.

Vergleichbare Erwägungen müssen Personalvertretungen auch dann anstellen, wenn es um das Outsourcing bestimmter Leistungsbereiche – etwa Fuhrparks, Werkstätten oder Sprachausbildungsinstitute – geht.

Neben dem Bemühen, Arbeitsplätze zu erhalten, muss sich der Personalrat im Zuge der Hochschulorganisationsreformen auch verstärkt darum kümmern, **wie die (verbleibenden) Arbeitsplätze an der Hochschule gestaltet werden**. Der den Reformen zu Grunde liegende Wettbewerbsansatz folgt zunächst aus politisch gesetzten Anforderungen. Diese lassen sich darin zusammenfassen, dass in einer Situation der Mittelverknappung von den Hochschulen Leistungserweiterungen erwartet werden. Es soll also mit weniger Mitteln als zuvor mehr geleistet werden. Damit wird, anders gesagt, Leistungsverdichtung erwartet – womit ein klassisches Thema betrieblicher Auseinandersetzungen den öffentlich-rechtlichen Sektor erreicht.

Die praktische Organisation von **Leistungsverdichtungen** erfolgt auf vielfältigen Wegen, zu denen die Personalräte sämtlichst Kompetenz erwerben müssen. Zudem ist nach Schnittmengen der Interessen von Hochschulleitungen und Beschäftigten zu suchen. Solche bestehen bspw. in den erfolgversprechendsten Anreizwirkungen. Für wissenschaftliche Mitarbeiter/-innen etwa bestehen diese nicht vorrangig in monetären *incentives*, sondern bei der Ausgestaltung ihrer eigenen Arbeit: Die höchste Anreizwirkung wird selbstständigem Arbeiten, Eigenverantwortung und der Freistellung für Forschung zugeschrieben (*Krieger* 2001).

Hier können z. B. Bemühungen um die Einführung von → *Qualitätsmanagement* durchaus erfolgversprechend anknüpfen. Soweit es sich um Total Quality Management handelt, wird dieses – bei konsequenter Umsetzung – von Enthierarchisierung und Verantwortungsdelegierung nach unten begleitet sein. Damit können korrespondierende positive Effekte der Leistungsverdichtung erzeugt werden, welche die Leistungsverdichtung selbst aus der Sicht der Mitarbeiter/-innen tragbar werden lassen. Ein solcher Effekt dürfte vor allem erhöhte Arbeitszufriedenheit sein. Diese wiederum könnte sich daraus ergeben, dass als Folge eines hochschuladäquat adaptierten Qualitätsmanagements nicht mehr permanent die Folgen mangelnder Prozessqualität – wie Havarien, Mehrarbeit, angespannte Arbeitsatmosphäre und dgl. – bewältigt werden müssen.

Zwingende Folge der angezielten Outputorientierung im Hochschulbereich werden regelmäßige **Leistungsbewertungen** sein. In Lehre und Forschung wird dafür zunehmend versucht, in Gestalt von Evaluationen Akzeptanz zu erzeugen. Doch auch im Bereich der Verwaltung werden systematische Leistungsbewertungen einziehen, nicht zuletzt in der Form eines permanenten Vergleichs der Hochschulverwaltung mit der → *Effizienz und Effektivität* privater Leistungserbringer. Darauf sollten die Beteiligten sich einstellen, um von vornherein sachkundig an der Lösung des zentralen Problems jeglicher → *Evaluation* mitwirken zu können: der Beantwortung der Frage, an Hand welcher Kennzahlen und Indikatoren die Leistungen bewertet werden sollen.

Evaluation heißt auch Mitarbeiterkontrolle – und damit ist ein klassisches Konfliktfeld zwischen Arbeitgebern und Personalvertretung erreicht. Die Hochschule ist an Daten interessiert, die vermeintliche oder tatsächliche Schwachstellen und Einsparpotentiale aufdecken. Dem Personalrat muss einerseits ebenfalls an einer effizienten Arbeitsorganisation gelegen sein, da auch ihm der Erfolg der Hochschule im Interesse der Beschäftigten nicht gleichgültig sein kann. Andererseits muss er aber zugleich die Interessen der Beschäftigten im Auge behalten. Das heißt nicht zuletzt, der ungehemmten Kontrolle von Arbeitsverhalten und Leistung entgegenzutreten. Wohl kann der Personalrat auch Kontrollen zustimmen, die dem Fehlverhalten Einzelner zu Lasten ihrer Kollegen und Kolleginnen entgegenwirken sollen. Vor allem aber muss er immer daran interessiert sein, dass sämtliche Auswertungen und Kontrollen möglichst transparent und nachvollziehbar sind (vgl. *Broetz* 2001).

Dafür wird zunehmend entscheidend sein, wie die **EDV-Systeme an den Hochschulen gestaltet werden**. Jedes System kann prinzipiell unterschiedlichste Wirkungen haben. Es kann Arbeitsplätze verbessern (nicht zuletzt unter ergonomischen Aspekten), die Arbeit verdichten, Arbeitsabläufe optimieren, Arbeitszusammenhänge zerlegen oder zusammenführen, die Arbeit innerhalb oder außerhalb der Hochschule verlagern oder den Arbeitsplatz schlicht vernichten. Welche Wirkungen konkret zu erwarten sind, wird meist sichtbar, wenn zwei Fragen gestellt und beantwortet werden: Wer wird das neue EDV-System bedienen, und wessen Einsatz als tatsächliche Anwender ist geplant? (*Broetz* 2001).

Daneben sind vor allem die Fragen der **Datensicherheit und des Datenschutzes** – und hier vor allem die der personenbezogenen Daten – wichtig und daher zwischen Hochschulleitung und Personalrat regelungsbedürftig. Dies betrifft sowohl inhaltliche Daten (so ist etwa bei einem elektronisch verwalteten Personalsystem sehr brisant, wer welche Daten ansehen, verändern oder auswerten kann) wie auch Daten, die beim Arbeitsablauf anfallen (wer hat wann welche Daten eingegeben oder sich angesehen?).

Mittelfristig ist damit zu rechnen, dass alle diese bisher genannten Aspekte der Gestaltung von Arbeitsplätzen – Qualitätsmanagement, Leistungsbewertungen usw. – über **Zielvereinbarungen** geregelt werden. Das Problem bei der Aushandlung von ➜ *Zielvereinbarungen* besteht insbesondere auf den unteren Hierarchieebenen darin, dass sie nicht unter Bedingungen gleichberechtigter Kommunikation stattfinden. Abhängigkeitsverhältnisse unterschiedlicher Art (z. B. über die professorale Weisungsbefugnis, Zusagen oder Versagungen von Vertragsbefristungen bzw. Qualifikationen) prägen das Arbeitsverhältnis der wissenschaftlich Beschäftigten. Daher sollten Zielvereinbarungen nicht nur eine Sache der individuellen Aushandlung sein, sondern unter Beteiligung des Personalrats stattfinden. Schon bei den Vereinbarungen zwischen Hochschule und Professor/in werden die schutzwürdigen Interessen der Beschäftigten unmittelbar berührt: Gelingt die Aufgabenerfüllung, bleibt der Ressourcenbestand gewahrt oder wird sogar noch aufgestockt; gelingt sie nicht, besteht die Gefahr, dass die Mittel für das jeweilige Fachgebiet gekürzt werden – und zwar zu Lasten der wissenschaftlich Beschäftigten, deren Verträge dann nicht mehr verlängert werden oder die mit Um- bzw. mit Versetzung zu rechnen haben. Bevor es dazu kommt, sollten jedoch gezielte Maßnahmen der strukturellen und individuellen Personalentwicklung eingefordert werden (vgl. *Kuhne* 2001a).

Eine besondere Herausforderung stellt für die Personalvertretungen schließlich die **Behindertenförderung** dar. Wenn nämlich die Hochschulen sich unternehmensförmiger organisieren und verhalten, besteht grundsätzlich die Gefahr, dass sie sich auch beim Thema der Behindertenförderung privatwirtschaftlichen Unternehmen angleichen. Deren diesbezügliche Anstrengungen aber sind vielfach ausgesprochen defizitär. Neben der ethischen Verpflichtung besteht hier auch eine gesetzliche: Nach § 23 Schwerbehindertengesetz hat auch der Personalrat die Pflicht, die Eingliederung Schwerbehinderter zu fördern. Das betrifft insbesondere die Aufmerksamkeit für die Erfüllung der Beschäftigungspflicht seitens des Arbeitgebers (auf wenigstens 6 % aller Arbeitsplätze sind Schwerbehinderte zu beschäftigen, §§ 5 und 6 SchwbG) und für dessen Pflichten zur Schaffung angemessener Arbeitsbedingungen für Behinderte (§ 14 SchwbG). Bei der Erfüllung dieser Pflicht kommt dem öffentlichen Dienst eine Vorbildfunktion zu. Diese darf nicht unter Kostengesichtspunkten relativiert werden, etwa bei Entscheidungen über behindertengerechte Ausführung von Baumaßnahmen (vgl. *Classen* 2001).

Einige der **neuen Formen der Personalvertretungsarbeit** sind alte. Gleichwohl sind sie auf neue Inhalte der Personalvertretungsarbeit anzuwenden, was Anpassungen erfordert. *Dunker* (1995, S. 235) hebt hervor, dass bei der »dargelegten Vielzahl denkbarer Veränderungen ... beinahe alle gesetzlichen Bestimmungen des Personalvertretungsgesetzes berührt« werden. Zugleich weist er darauf hin, dass das geltende Personalvertretungsrecht auf die Besonderheiten des Neuen Steuerungsmodells nur unzulänglich eingerichtet ist. Insbesondere wird es dem Prozesscharakter vieler Reformvorgänge nicht hinreichend gerecht: Die bestehenden gesetzlichen Vorgaben sehen nur die Beteiligung an Einzelmaßnahmen vor. Dadurch wird zum einen erschwert, dass der Reformprozess in seiner Gesamtheit betrachtet und fortentwickelt wird. Zum anderen muss die Dienststellenleitung erst zu ihrer eigenen Entscheidung gekommen sein, ehe sie eine Maßnahme zur Mitbestimmung oder Mitwirkung vorlegt (*Kuhne* 2001a).

Dennoch hält das geltende Personalvertretungsrecht auch für Mitwirkung an new-public-management-orientierten (→ *Public Management*) Hochschulorganisationsreformen relevante Instrumente bereit: das Recht auf rechtzeitige und umfassende Unterrichtung; die Verpflichtung zu gemeinschaftlichen Besprechungen; die Anhörung bei der Vorbereitung von Entwürfen zu Organisations- und anderen Plänen; die Mitwirkung bei betrieblichen bzw. behördlichen Grundsätzen der Personalplanung, bei der Auflösung, Einschränkung, Ver- oder Zusammenlegung von Dienststellen oder wesentlichen Teilen von ihnen, bei Aufträgen zur Überprüfung der Organisation oder Wirtschaftlichkeit durch Dritte; die Mitbestimmung bei der Einführung, Anwendung automatisierter Verarbeitung personenbezogener Daten, Einführung, Anwendung betrieblicher Informations- und Kommunikationsnetze u.a., ohne die ein komplexes Planungskonzept nicht realisierbar ist.

Unklarheiten über die **Mitwirkungsrechte der Personalvertretung** tauchen immer wieder bei der Gestaltung von flexibilisierten bzw. globalisierten Hochschulhaushalten auf. Dabei ist indessen darauf zu verweisen, dass die Personalhaushalte an den Hochschulen durchschnittlich ca. 70 bis 80 % des Gesamtbudgets ausmachen, so dass sich entsprechende Beteilungen des Personalrats der Sache nach von selbst verstehen. Bisher sind zwar Haushaltsangelegenheiten in den Personalvertretungsgesetzen nicht mit starken Beteiligungsrechten der Personalvertretungen ausgestattet; denn für sie sind traditionellerweise das Parlament bzw. der ihm unmittelbar verantwortliche Minister zuständig, und diese dulden keine Einschränkung ihrer Kompetenzen durch Mitbestimmung. Deshalb sind hier i. d. R. nur Anhörungsrechte bei der Aufstellung des Stellenplans durch die oberste Dienstbehörde vorgesehen. Mit der Umstellung auf Globalhaushalte gehen aber entscheidende Haushaltsgestaltungsrechte auf die Hochschulen über. Die Haushaltsentscheidungen der Hochschulen sind damit nicht mehr hoheitliche Entscheidungen des Souveräns, sondern pragmatische Optimierungsentscheidungen der Dienststellen. Sie sind daher – nach der Logik des Personalvertretungsrechts – nicht mehr so stark verfassungsrechtlich vor einer Mitbestimmung geschützt (*Otto* 2001).

Das naheliegendste Instrument, um die Interessen von Beschäftigten und Hochschulleitung abzugleichen, dürfte die **Dienstvereinbarung** sein. Diese könnte auch zum Komplementärinstrument zur Zielvereinbarung ausgebaut werden. Dienstvereinbarungen erlauben einerseits die allgemeine Regelung einer Vielzahl von zu definierenden Maßnahmen; sie gestatten andererseits auch die Festlegung auf eine frühzeitige Beteiligung der Personalvertretung, die dann eine stärkere Mitgestaltung der Maßnahmen ermöglicht. Als bislang eher selten genutzte Form der Personalratsbeteiligung haben Dienstvereinbarungen einige Vorteile gegenüber herkömmlichen Verfahren. Sie können die Beteiligungssachverhalte freier festlegen, die Beteiligungsverfahren offener gestalten und darüber hinaus die Verfahrensbeteiligten sowohl auf der Dienststellenseite wie auf der Personalvertretungsseite eigenständig bestimmen. Insbesondere erlauben sie, aktiven Einfluss auf die Gestaltung von Prozessen zu nehmen, anstatt lediglich unerwünschte Maßnahmen zu verhindern (vgl. *Otto* 2001).

Faktisch ist die Durchsetzbarkeit von Dienstvereinbarungen gegenüber der Hochschulleitung um so größer, je mehr ein Personalrat die Realisierung einseitiger Dienststellenentscheidungen durch seine Beteiligungsrechte behindern kann (diese Chancen sind in Haushalts- und Organisationsangelegenheiten i. d. R. gering). Das Interesse der Hochschule an Dienstvereinbarungen dürfte um so größer sein, je mehr sie an einer aktiven Mitgestaltung der Hochschulentwicklung durch das Personal insgesamt und die einzelnen Kollegen und Kolleginnen am Arbeitsplatz interessiert ist.

Dienstvereinbarungen auf Landesebene – also zwischen dem Hauptpersonalrat und dem Ministerium – erlauben allerdings, grundsätzliche Regelungen zu treffen, die dann an jedem Hochschulstandort Geltung haben. Insbesondere in der Einführungsphase von Globalhaushalten kann versucht werden, den Prozess durch Dienstvereinbarungen auf Landesebene zu gestalten: etwa die Verpflichtung zum Abschluss von örtlichen Dienstvereinbarungen bei der Einführung von Personalentwicklungskonzepten oder bei der sozialverträglichen Umsetzung von Organisationsänderungen.

Hinsichtlich der Gestaltung von Dienstvereinbarungen regt *Otto* (2001) an, dass sie »knapp, präzise und verständlich sein (sollten). Sie sollen Kooperation ohne institutionalisiertes Misstrauen möglich machen, andererseits auch klare Konfliktregelungsmechanismen vorsehen. Jedenfalls sollten der Geltungsbereich der Dienstvereinbarung (also die Sachverhalte, die geregelt werden sollen), das Beteiligungsverfahren (also wie und wann der Personalrat bei der Vorbereitung und der Durchführung von Maßnahmen von der Dienststelle beteiligt wird bzw. selbst initiativ werden kann) und die Konfliktregelung (also wie man verfährt, wenn man sich nicht einigen kann) unmissverständlich geregelt sein.«

Falls das jeweilige Landespersonalvertretungsgesetz gemeinsam von Personalrat und Dienststelle gewünschte Dienstvereinbarungen zum Globalhaushalt nicht zulässt, so bliebe schließlich eine Ausweichmöglichkeit: Die Hochschule verfügt im formellen Sinne einseitige Verfahrensrichtlinien, über die aber vorher inhaltlicher Konsens mit der Personalvertretung hergestellt worden ist.

Literatur:

Broetz, A.: Die Einführung neuer EDV-Systeme aus der Sicht des Personalrats. In: *Pasternack, P.* a. a. O. 2001.

Burkhardt, A.: Rechtsformänderung von Hochschulklinika. Balanceakt zwischen wirtschaftlichen Erfordernissen und universitärem Anspruch. In: *Pasternack, P.* a. a. O. 2001.

Classen, G.: Integration der Behindertenförderung. In: *Pasternack, P.* a. a. O. 2001.

Dunker, K.: Mitbestimmung des Personalrates bei der Modernisierung der Verwaltungen. In: Der Personalrat 6/1995, S. 233-241.

Färber, C.: Zur Umstrukturierung der Betriebs- und Rechtsform der Hochschulmedizin im Freistaat Sachsen. Gutachten im Auftrag des Sächsischen Staatsministeriums für Wissenschaft und Kunst, Saarbrücken 1997.

Greifenstein, R./Kißler, L.: Blockieren oder mitgestalten? In: Die Mitbestimmung 11/1998, S. 15-17.

Krieger, W.: Budgetierung, leistungsbezogene Kennzahlen und Controlling. In: *Pasternack, P.* a. a. O. 2001.

Kuhne, D.: Personalmanagement bei budgetierten Haushalten in Hochschulen. In: *Pasternack, P.* a. a. O. 2001.

Kuhne, D.: Neues Steuerungsmodell und Mitbestimmung. In: *Pasternack, P.* a. a. O. 2001a.

Otto, H.: Dienstvereinbarungen zum Globalhaushalt. In: *Pasternack, P.* a. a. O. 2001.

Pasternack, P.: Besoldete Qualität? Qualitätsbewertung und leistungsgerechte Besoldung. In: Wissenschaftsmanagement 4/2000, S. 8-13.

Pasternack, P. (vgl. Hrsg.): Flexibilisierung der Hochschulhaushalte. Handbuch für Personalräte und Gremienmitglieder, Marburg 2001.

Angaben zum Autor:

Dr. Peer Pasternack
HoF Wittenberg – Institut für Hochschulforschung an der Martin-Luther-Universität Halle-Wittenberg
Collegienstraße 62
06886 Wittenberg
Tel.: +49 34 91 46 61 42
Fax: +49 34 91 46 62 55
E-Mail: pasternack@hof.uni-halle.de
www.hof.uni-halle.de

Privatuniversitäten

Hans Pechar

Der Reformstau an öffentlichen Massenhochschulen führt vielfach zur Suche nach privaten Alternativen. **Privatuniversitäten** werden nicht nur als Ausweg aus staatlicher Überregulierung betrachtet, man hält sie auch für leistungsstärker und konnotiert sie mit »Elite«. Diese Sichtweise orientiert sich an den USA und nimmt die privaten Hochschulsektoren vieler anderer Länder nicht zur Kenntnis (vgl. *Geiger, R.* 1986). Der folgende Beitrag gibt einen vergleichenden Überblick jener Systeme, in denen Privatuniversitäten mehr als eine marginale Rolle spielen und skizziert abschließend die aktuelle Entwicklung im deutschsprachigen Raum.

Öffentliche und private Universitäten mit gleichem Status: Dieses Muster ist selten und tritt in Ländern auf, in denen es aus historischen Gründen ein kleines, zumeist kirchlich getragenes Segment an Privatuniversitäten gibt, das in Bezug auf staatliche Anerkennung und Finanzierung mit den öffentlichen Universitäten vollständig gleichgestellt ist. Das ist z. B. in Belgien und den Niederlanden der Fall. Auf Grund der weltanschaulichen »Versäulung« dieser Gesellschaften im 19. Jahrhundert haben die Mitglieder einiger Religionsgemeinschaften auf eigenen Universitäten bestanden und diese zunächst auch selbst finanziert. Sie haben aber im Laufe der Zeit eine vollständig staatliche Finanzierung durchgesetzt, was auch zu einer Annäherung der beiden Sektoren geführt hat. Für den Laien ist der private Status dieser Universitäten kaum erkennbar. Sie unterscheiden sich weder in Profil, Prestige oder anderen wesentlichen Aspekten systematisch von den öffentlichen Universitäten.

Öffentliche Elite- und private Massensektoren: Das ist das häufigste Muster, es dominiert in Japan (vgl. *Kitamura, K.* 1991) und einigen anderen asiatischen Staaten sowie in weiten Teilen Südamerikas (vgl. *Levy, D.* 1986). In Europa gibt es nur in Portugal Tendenzen in diese Richtung. In all diesen Ländern hat es vor der Hochschulexpansion ein kleines Segment öffentlicher Eliteuniversitäten gegeben. Als in den Sechziger- und Siebzigerjahren die Nachfrage nach Studienplätzen stieg, haben sich diese Eliteeinrichtungen nicht geöffnet. Vielmehr hat sich neben ihnen ein privater Hochschulsektor entwickelt, der den Massenandrang aufgefangen und die öffentlichen Universitäten abgeschirmt hat. Diese Privatuniversitäten erhalten keine (oder nur eine geringe) öffentliche Basissubvention, sind also fast ausschließlich auf Einnahmen aus Gebühren und Auftragsforschung angewiesen. Grundlagenforschung ist unter diesen Voraussetzungen nur eingeschränkt möglich. Dementsprechend gering ist der akademische Status dieser Privatuniversitäten. Das öffentliche Elitesegment ist mehrfach privilegiert: auf Grund der öffentlichen Basissubvention ist es vom Marktdruck entlastet und kann akademisches Prestige akkumulieren. Die Nachfrage nach Studienplätzen ist daher sehr groß. Diese Universitäten können streng selektieren und nur die besten Bewerber aufnehmen. Im Gegensatz dazu ist der private Sektor »zweite Wahl«; dorthin geht, wer im öffentlichen Sektor keine Aufnahme gefunden hat. Die Rekrutierungsbasis ist von vorneherein eine ungünstigere, und da sie auf Gebühreneinnahmen angewiesen sind, können die Privatuniversitäten bei der Aufnahme nicht sehr wählerisch sein.

Private Eliteuniversitäten: Dieses Muster bildet die Ausnahme, die in größerem Umfang nur in den USA auftritt. Dieses Hochschulsystem zeichnet sich durch ein sehr steiles Reputationsgefälle aus und verfügt daher über ein breites Repertoire an Mechanismen, um die ungleiche Verteilung von akademischer Reputation sichtbar zu machen (Rankings). Hier dominieren im Elitesegment die privaten Einrichtungen, und zwar sowohl bei den auf den undergraduate Bereich spezialisierten Einrichtungen (Liberal Arts Colleges), als auch bei den Forschungsuniversitäten. Freilich ist auch in den USA nicht alles Private »gut« und alles Öffentliche »schlecht«:

- Erstens gibt es eine große Zahl öffentlicher Eliteuniversitäten, die »public ivys«, (vgl. *Moll, R.* 1985). Zwar gibt es deutlich weniger öffentliche als private Eliteeinrichtungen, aber da erstere viel größer sind, ist die Gesamtzahl der in beiden Sektoren eingeschriebenen Studenten annähernd gleich.

- Zweitens gibt es eine große Zahl privater Hochschulen am unteren Ende des Qualitäts- und Prestigespektrums. Etwas vereinfachend könnte man sagen, dass die privaten Institutionen an den extremen Enden des Qualitätsspektrums angesiedelt sind, während die öffentlichen Institutionen im Mittelbereich dominieren.

Dennoch: Das Besondere am amerikanischen System ist die starke akademische Position eines Teils seiner Privatuniversitäten. Möglich wird das durch den hohen Stellenwert privater Philanthropie in den USA, die als funktionales Äquivalent für öffentliche Finanzierung gelten kann. Einnahmen aus Spenden und Stiftungen sind privates Geld, aber sie sind nicht »am Markt verdient«, sondern sie dienen zur Finanzierung von Gütern, die eben nicht über den Markt bereit gestellt werden können (sei das nun Grundlagenforschung oder soziale Chancengleichheit im Hochschulzugang, die in den USA sehr stark über private Stipendien ermöglicht wird).

Diese Einnahmen aus Spenden, Stiftungen, Schenkungen sind sehr ungleich verteilt. Die öffentlichen Universitäten bekommen relativ wenig (denn für die ist der Staat verantwortlich). Aber auch die privaten Universitäten mit geringer Reputation bekommen wenig oder gar nichts; ihnen geht es wie den privaten Massensektoren in Japan oder Südamerika. Reich beschenkt werden nur die guten, prestigereichen Privatuniversitäten; wie immer im sozialen Leben waltet eine zirkuläre Logik: Sie bekommen so viel, weil sie so gut sind, und sie sind so gut, weil sie so viel bekommen. Ohne dieses einzigartige Muster privater Spenden (das eng an die politischen Traditionen dieses Landes geknüpft ist und anderswo nicht willkürlich kopiert werden kann) wäre der private Elitesektor nicht lebensfähig.

Bei aller Vielfalt der Erscheinungsformen kann man für Privatuniversitäten einen **allgemeinen ökonomischen Zusammenhang** postulieren: wenn sie sich auf hohem akademischen Niveau positionieren, dann sind die über Gebühren entrichteten Einnahmen für die Ausbildung nie kostendeckend. Auch die extrem hohen Studiengebühren an amerikanischen privaten Eliteuniversitäten sind nicht kostendeckend; gerade dort ist die Differenz zwischen Gebühreneinnahmen und Ausgaben pro Student besonders hoch (vgl. *Winston, G. C.* 1997). Für gute Universitäten ist eine starke Kopplung von Forschung und Lehre konstitutiv, und bei der Forschung ist es vor allem die Grundlagenforschung, die hohes akademisches Prestige verleiht. Grundlagenforschung ist aber kein marktfähiges, sondern ein öffentliches Gut; private Einrichtungen, die eine sehr starke Marktabhängigkeit aufweisen, können hier nicht reüssieren. Daher ist auch akademische Bildung – wenn sie hohen Ansprüchen genügt und im Verbund mit Forschung auftritt – auf Förderungen angewiesen. In der Regel sind das staatliche Subventionen, aber in Ländern mit stark ausgeprägter Zivilgesellschaft kommen auch von privater Seite hohe Spenden. Die Gesellschaft fördert Hochschulen, weil sie gemeinnützige Aufgaben erfüllen, die über den Markt nicht bereitgestellt werden können. In den meisten Ländern erhalten Privatuniversitäten weder von staatlicher noch von privater Seite ausreichende Förderungen; sie sind dann in hohem Ausmaß von Einnahmen am Markt abhängig, haben nur geringes akademisches Prestige und sind ihren öffentlichen Gegenspielern unterlegen.

In engen berufsbildenden Nischen gibt es auch gewinnorientierte Bildungseinrichtungen; in Hochschulsystemen, die keine klaren Grenzen zwischen unterschiedlichen Funktionen ziehen (z. B. USA), bezeichnen sich solche Institute manchmal als Universitäten (»proprietary higher education«). In jüngerer Zeit eröffnet sich ihnen im boomenden Weiterbildungssektor ein breites Entwicklungsfeld; im akademischen Kernbereich stellen sie keine ernsthafte Konkurrenz für die klassische Forschungsuniversität dar (vgl. *Winston, G. C.* 1999).

Privatuniversitäten in Deutschland und Österreich: Der deutschsprachige Raum zeichnet sich durch ein sehr enges Verhältnis von Staat und Hochschulen aus. Seit den frühen 80er Jahren gibt es in Deutschland trotz der starken Dominanz des öffentlichen Sektors eine Reihe privater Hochschulgründungen. Im Wintersemester 1999/2000 waren von insgesamt 346 Hochschulen 38 in privater (weitere 40 in kirchlicher) Trägerschaft. Freilich sind alle privaten Einrichtungen sehr klein, so dass in Summe nur 1 Prozent der Studierenden auf sie entfällt. Eine Pionierrolle spielte die Universität Witten/Herdecke, die mittlerweile mehr als 1.000 Studierende zählt und auch über eine gute akademische Reputation verfügt. Wie bei Witten/Herdecke ist auch in den meisten anderen Fällen das Motiv der Gründung der Wunsch nach einem eigenständigen Ausbildungsprofil, das sich an öffentlichen Hochschulen nicht realisieren lässt. Gelegentlich werden private Projekte auch von der staatlichen Hochschulpolitik gefördert, weil manche

Reformziele hier leichter umgesetzt werden können als im öffentlichen Bereich. Für die Finanzierung der Privatuniversitäten spielen in der Regel Stiftungen eine wichtige Rolle; dazu kommen Studiengebühren, Sponsoring, aber auch öffentliche Zuschüsse der Länder. In vielen Fällen sind die öffentlichen Förderungen nur als Anschubfinanzierung definiert (vgl. *Krüger, C.* 2000).

In Österreich waren Universitäten bis 1999 bundesstaatliches Monopol. Die seit 1993 entstehenden Fachhochschulen sind in privater Rechtsform organisiert, mit wenigen Ausnahmen handelt es sich de facto um öffentliche Einrichtungen, da in den privaten Trägervereinen die Vertreter öffentlicher Körperschaften (Länder, Gemeinden, Kammern) die Mehrheit haben. Im Übrigen sind die Fachhochschulen zu 95 Prozent öffentlich finanziert. 1999 wurde die rechtliche Basis für private Hochschulen gelegt; Anlass war die verstärkte Präsenz ausländischer Niederlassungen in Österreich, aber auch private Anbieter aus dem Inland können sich nun etablieren. Voraussetzung ist die Zulassung durch einen Akkreditierungsrat, der die Qualität des Studiums prüft. Ein gesetzlich verankertes Finanzierungsverbot des Bundes schränkt die Möglichkeit öffentlicher Förderung stark ein. Erschwerend für die ökonomische Basis von Privatuniversitäten ist weiter das österreichische Stiftungsrecht, das die steuerschonende Behandlung großer Privatvermögen auch dann erlaubt, wenn die Stiftung keinem gemeinnützigen Zweck dient. Potenzielle Stiftungsgelder werden so von vornherein anderen Zwecken zugeführt.

Literatur:

Geiger, R.: Private Sectors in Higher Education. Structure, Function, and Change in Eight Countries. Ann Arbor 1986.

Levy, D.: Education and the State in Latin America: Private Challenges to Public Dominance. Chicago 1986.

Kitamura, K.: Japan. In: *Altbach, P. G.* (ed.): International Higher Education. Chicago/London 1991, S. 489-498.

Krüger, C.: Klein, aber fein. In: Deutsche Universitätszeitung 7/2000, S. 12.

Moll, R.: The Public Ivys. A Guide to America's Best Public Undergraduate Colleges and Universities. New York 1986.

Winston, C. G.: Why Can't a College Be More Like a Firm? In: Change, September/October 1997, p. 33-38.

Winston, C. G.: For-Profit Higher Education. Godzilla or Chicken Little? In: Change, January/February 1999, p. 13-19.

Angaben zum Autor:

Dr. Hans Pechar
IFF
Programmbereich Hochschulforschung
1070 Wien
Schottenfeldgasse 29
Tel.: +43 15 22 40 00-126
Fax: +43 15 22 40 00-178
E-Mail: hans.pechar@univie.ac.at

Professionalisierung

Frank Nullmeier

Das weithin geteilte Unbehagen an der akademischen Selbstverwaltung in der Gruppenuniversität, ihre fehlende Effektivität, Effizienz und Strategiefähigkeit, hat in den Neunzigerjahren die Forderung nach einer stärkeren **Professionalisierung** der Leitungsfunktionen aufgebracht. Die meist von Professoren und Professorinnen als Verwaltungs- und Managementamateuren ausgeübte Funktion insbesondere der Fachbereichs-/Fakultäts- und Hochschulleitung soll einer professionelleren Führung dieser Positionen weichen. Als Leitbild fungiert dabei die Verberuflichung der Leitungspersonen (President, Dean) an US-amerikanischen Hochschulen.

Der Begriff »Professionalisierung« umfasst in der neueren hochschulpolitischen Debatte ein Spektrum von Veränderungen, das von der verstärkten Schulung, Qualifizierung und Weiterbildung von Dekanen und Rektoren über die hauptberufliche Ausübung der Leitungsämter bis zur Ausbildung einer eigenen Berufsgruppe der Hochschulmanager/-managerinnen reicht. Damit wird gegenüber dem soziologischen Professionalisierungsbegriff ein erweitertes Begriffsverständnis wirksam. Profession bezieht sich in der Berufssoziologie auf Expertenberufe im Dienstleistungssektor, die auf wissenschaftlichem Wissen fußen und über eine besondere Autonomie sowie Selbststeuerungskompetenz verfügen. Professionalisierung als Prozess des Erwerbs eines gegenüber anderen Berufsgruppen hervorgehobenen und privilegierten Status der **Profession** schließt

- Verwissenschaftlichung,
- Fixierung von Berufsbezeichnung und Ausbildung,
- Akademisierung,
- Aufbau einer exklusiven Berufsorganisation,
- Bindung an ein Berufsethos,
- eine staatlich sanktionierte Selbststeuerung der Berufsgruppe durch ihre Berufsorganisation(en) sowie
- Monopolisierung der Ausübung einer bestimmten Tätigkeit durch die Professionsangehörigen

ein. In der Soziologie verbanden sich zunächst mit dieser speziellen Form der Verberuflichung als einer dritten sozialen Größe neben Unternehmern und Lohnarbeitern hohe Erwartungen an deren gesellschaftliche Integrationskraft (*Durkheim, Parsons*). Heute interpretiert die Berufssoziologie Professionalisierung dagegen nüchterner als Strategie der Berufsschneidung, der Privilegienschaffung und Status- bzw. Einkommenssicherung.

In der hochschulpolitischen Debatte dominiert dagegen meist ein Verständnis von Professionalisierung als bloßer **Verberuflichung** der Tätigkeit der Hochschul- bzw. Fachbereichs-/Fakultätsleitung. Je nach dem Grad der Entfernung vom bisherigen Status der akademischen Selbstverwaltungspositionen als »Honoratiorenverwaltung« (*Max Weber*) und der Annäherung an das Professionsmodell der Soziologie lassen sich fünf Grundrichtungen der Professionalisierungsdebatte im Hochschulsektor unterscheiden:

1. Bestrebungen, die lediglich darauf gerichtet sind, die Kenntnisse und Fähigkeiten der Fakultäts- und Hochschulleitungen zu verbessern, ohne die Position in eine vollberuflich ausgeübte Stellung zu verwandeln, können als **Qualifizierungsansatz** bezeichnet werden. In seinem Zentrum steht die Weiterbildung von Dekanen, Vizepräsidenten/-rektoren sowie Präsidenten/Rektoren entweder als hochschulinterne Maßnahme durch Führungsworkshops oder durch bundesweite oder regionale Weiterbildungsveranstaltungen wie sie etwa die FU Berlin (seit dem Jahre 2000 in größerem Umfange und in Zusammenarbeit mit dem Centrum für Hochschulentwicklung) in der Bundesrepublik anbietet. Als weitere Formen kommen die Begleitung der Amtsübernahme oder der Amtsführung in Betracht. Dabei kann entweder die Vermittlung der Sachkenntnisse (durch Altdekane, ehemalige Rektoren, den Kanzler oder Verwaltungsmitarbeiter) oder der Führungsstil, die Teambildungsfähigkeit und sozialkommunikative Kompetenz (Coaching durch Organisationspsychologen) im Vordergrund stehen.

2. Als **Spezialisierungsansatz** lassen sich die Bestrebungen auffassen, durch kollegiale Leitung in meist drei- bis maximal fünfköpfigen Rektoraten, Präsidien oder Fachbereichsvorständen die Führungsaufgaben auf mehrere Personen zu verteilen. Der Druck auf eine Verberuflichung und damit einen Verzicht auf Forschungstätigkeit soll durch erhöhte Arbeitsteilung und Zuständigkeit für einen speziellen Aufgabenbereich (Ressortprinzip) innerhalb der Leitung verringert werden. Wie Erfahrungen aus kollegialen Hochschul- wie Fachbereichsleitungen zeigen, bleibt für alle Beteiligten in Leitungsfunktionen eine hohe Arbeitsbelastung erhalten, es lässt sich jedoch eine stringentere, stärker an Arbeitsplänen und strategischen Überlegungen sowie innovativen Projekten ausgerichtete Leitungsweise realisieren. Mehrköpfige Fachbereichsvorstände bei zweijährigen Amtszeiten lassen sich zudem als funktionsfähige Steuerungsform nur in großen Fachbereichen/Fakultäten mit einer entsprechenden Personalstärke realisieren. Die erreichten Effektivitäts- und Effizienzsteigerungen bei kollegialer Leitung (auch ohne Kompetenzverzicht auf Seiten der Selbstverwaltungsgremien) lassen eine weitere Verberuflichung als Strategie der Qualitätsverbesserung der Hochschulleitung als sinnvoll erscheinen, ohne dass sich jedoch individuell attraktive Modelle der Karriereentwicklung ergeben würden.

3. Der in den letzten Jahren dominierende Ansatz der Professionalisierung basierte auf dem Versuch, die **Attraktivität der Leitungspositionen** insbesondere durch verlängerte Amtszeiten und erhöhte Entscheidungskompetenzen **zu steigern.** In den Konzepten der »starken Hochschulleitung« und des »starken Dekans« wird ein Zusammenhang von Professionalisierung und Zurückdrängung der Macht der Professorenschaft bzw. der akademischen

Selbstverwaltungsgremien hergestellt. Der akademische Individualismus der Professoren und die Selbstblockadetendenzen der Gruppen- und Gremienuniversität führen danach zu einer prekären und wenig entscheidungs- bzw. innovationsfähigen Stellung der Leitungen, so dass aufgrund fehlender Kompetenzen und Amtsautorität die Übernahme der Leitungsämter als wenig attraktiv erscheint. Mit der Möglichkeit, über einen längeren Zeitraum die Entwicklung der Fakultät oder Hochschule bei gestärkter Entscheidungskompetenz bestimmen zu können, soll eine schleichende Verberuflichung durch vermehrtes Interesse an der Übernahme dieser Leitungspositionen erreicht werden. Vor allem auf der Ebene der Dekane gilt die Strategie der Attraktivitätssteigerung, insbesondere der Ansatz verlängerter Amtszeiten, als gescheitert. Die Anreize zum Ausstieg aus der forschungs- und lehrorientierten und zum Wechsel in eine managementorientierte Professorentätigkeit müssen als deutlich zu gering eingeschätzt werden. So sind die verlängerten Amtszeiten in den Fachbereichen durch Rotations- und Rücktrittsmodelle unterlaufen worden. Eine Fortsetzung der Attraktivitätsstrategie verlangt eine Steigerung der Anreize, wobei insbesondere finanzielle Anreize oder kompensatorische Leistungen der Hochschule zur Unterstützung der Forschungstätigkeit des Dekans in Betracht kommen.

4. Bisher kaum eingeschlagen wurde der Weg, die Leitungsämter in der akademischen Selbstverwaltung zugunsten von Geschäftsführungs- oder Managementpositionen in der Bedeutung zu mindern oder abzuschaffen und diese mit Betriebswirten, Managern und Wirtschaftsfachleuten aus dem Nicht-Hochschulsektor zu besetzen, ein Weg, der als **Managerialismus-Ansatz** zu bezeichnen wäre. Angesichts der erhöhten Anforderungen an die Leitungsfunktionen in Hochschulen, die in der Regel eine Rezeption betriebswirtschaftlichen und managerialen Wissens verlangen, wäre ein Import des Fachwissens in die Universitäten durch Öffnung der Führungspositionen für Manager aus der Privatwirtschaft oder Sektoren eines bereits modernisierten öffentlichen Dienstes eine Strategie, die bei Präsidialverfassung auf Hochschulebene bereits rechtlich möglich ist. Würde in den Hochschulgesetzen auch die Schaffung einer Fachbereichsgeschäftsführung bzw. die Einrichtung des Amtes des Fachbereichsmanagers eröffnet, könnten Verwaltungs-/Managementlaufbahnen einschließlich des Wechsels zwischen Hochschule, öffentlichen Einrichtungen und der Privatwirtschaft entstehen, die einen dauernden Transfer von Managementverfahren und -techniken zuließen. Allerdings werden bei dieser Strategie die Kosten der Einarbeitung und Einübung in die Hochschulstrukturen, die Verhaltensweisen des akademischen Betriebs und die Anforderungen der jeweiligen Fachdisziplin meist unterschätzt. Zudem wird – insbesondere angesichts einer Verknüpfung der Strategie des Managerialismus mit einer Entmachtung der Gremien der akademischen Selbstverwaltung eine Dominanz eines betriebswirtschaftlich-managerialen Denkens befürchtet, die den speziellen Funktionen der Hochschule: Lehre und Forschung nicht gerecht wird. Erst eine spezifische, auf Wissenschaft und Hochschule ausgerichtete Managementlehre, eine speziell

auf die Belange der Hochschulen ausgerichtete Verwissenschaftlichung und Akademisierung der Leitungsaufgaben in Hochschulen scheint daher in der Lage zu sein, einen dauerhaften Professionalisierungsweg einzuleiten.

5. Ein konsequenter **Ansatz der Vollprofessionalisierung** umfasst die Verwissenschaftlichung der Tätigkeit von Hochschul- und Fachbereichsleitung, die Akademisierung in Form der Ausbildung einer (Sub-)Disziplin z. B. namens Hochschulmanagement, der Einrichtung von Universitätsausbildungsgängen mit der Möglichkeit des Erwerbs eines Abschlusses in Hochschul- bzw. Wissenschaftsmanagement, die Entfaltung einer von der Übernahme von Assistenzfunktionen über die Institutsleitung und Fakultätsleitung hin zu den Ämtern des Vizepräsidenten bzw. des Präsidenten/Rektors reichenden eigenen Laufbahn des akademischen Hochschulmanagers.

Nimmt man die Bedenken gegen die Übernahme von Hochschulleitungspositionen durch Nicht-Professoren ernst, wie sie sich in der Diskussion um die Präsidialverfassung immer wieder in der Bundesrepublik artikulieren, aber auch in den USA existieren, verbleibt als angemessene Vollprofessionalisierungsstrategie nur die Schaffung einer Berufsgruppe, die sowohl über hohe fachwissenschaftliche Qualifikation als auch einen akademischen Grad in Hochschulmanagement verfügt: entweder Fachprofessoren, die zugleich über eine akademische Zusatzqualifikation im Hochschulmanagement verfügen, oder Professoren für Hochschulmanagement, die über eine gehobene Qualifikation in einer Fachdisziplin verfügen. Erste Schritte in dieser Richtung könnten in der Schaffung einer Zusatzausbildung in Hochschulmanagement liegen, die sich an den Mittelbau richtet als Qualifikation, die auch die Laufbahn des Hochschulmanagers eröffnet. Voraussetzung für eine weitere Akademisierung ist aber die Verwissenschaftlichung des Hochschul- und Wissenschaftsmanagements. Während in den USA und Großbritannien, in Ansätzen auch in einigen kontinentaleuropäischen Ländern, eine breite wissenschaftliche Diskussion und Publizistik über Fragen der → *Hochschulpolitik*, der Hochschulorganisation und des Hochschulmanagements vorhanden ist, fehlt es in der bundesdeutschen Hochschulforschung bisher an einer hinreichenden Zuwendung zu Organisations- und Managementfragen. Die Ausformung einer eigenen Subdisziplin und deren Absicherung an den Hochschulen scheint daher Voraussetzung für die weitere Professionalisierung auf Seiten der Ausbildung zu sein. Von der Seite der Berufstätigkeit sind ebenfalls eine Reihe von Voraussetzungen zu erfüllen und einige Folgewirkungen zu beachten:

Öffnung der Rekrutierung: Während auf der Ebene der Hochschulleitung durch die Einführung von Präsidialverfassungen die Möglichkeit der externen Rekrutierung und Besetzung von Leitungspositionen mit Nicht-Professoren geschaffen worden war, blieb auf der Ebene der Fakultäten die Wahl und Rekrutierung aus der Professorenschaft der eigenen Fakultät und die Ehrenamtlichkeit der Positionsausfüllung beibehalten. Auch für Vizepräsidenten wird, wie im Modell der Humboldt-Universität zu Berlin, die externe Rekrutierung als Professionalisierungsweg beschritten. Für die Ebene der Fakultäten ergeben sich Probleme vor allem daraus, dass für die Position eines hauptberuflichen und extern rekrutierten Dekans eine Stelle geschaffen werden müsste, wobei auch die Möglichkeit der Verbindung mit einem Berufungsverfahren bestände.

Zugangsvoraussetzungen: Eine Vollprofessionalisierung beinhaltete zudem die ausschließliche Vergabe der Leitungspositionen an Personen mit einer entsprechenden Vorbildung, d. h. einem akademischen Abschluss in der Disziplin Hochschul- und Wissenschaftsmanagement. Eine derartige Verengung des Zugangs und Monopolisierung der Leitungspositionen ließe sich angesichts des heutigen Fehlens jedweder spezialisierter Expertenschaft erst nach einer langen Übergangszeit realisieren.

Auswahlprozess: Bei einer Öffnung des Kreises der Bewerber/Bewerberinnen über den Fachbereich, die Hochschule hinaus wie bei einer Forderung nach fachlichen Kenntnissen verändert und formalisiert sich der Auswahlprozess insbesondere gegenüber dem (zumindest bei der Bestellung von Dekanen und Institutsleitungen) bisher weithin gültigen Rotationsprinzip.

Bestellung: Die Möglichkeit der Professionalisierung ist nicht gebunden an die Form der Bestellung. Sowohl Ernennung durch die nächsthöhere Organisationsebene als auch Wahl durch ein Selbstverwaltungsgremium auf der gleichen Organisationsebene als auch der Weg der »doppelten Legitimation« sind mit einer Veruflichung und der Vollprofessionalisierung der Leitungspositionen vereinbar.

Mobilität/Amtsdauer: Auf dem Weg der Vollprofessionalisierung muss die Möglichkeit zunehmen, Leitungspositionen in verschiedenen Hochschulen oder in verschiedenen Fakultäten wahrzunehmen. Während dies auf der Ebene der Hochschulleitungen als Entwicklungsmöglichkeit gegeben scheint, läuft einer Durchlässigkeit zwischen den Fakultäten die Forderung nach einer gewissen Verbundenheit mit der Fachkultur zuwider. Fehlende Mobilitätsmöglichkeiten können durch eine Verlängerung der Amtszeiten oder durch wiederholte Wahl/Ernennung in ein Amt kompensiert werden.

Die besonders problembehaftete Suche nach Professionalisierungsformen auf Fakultätsebene ist stark motiviert vom **amerikanischen Modell des Dean.** Die Position des Dean beinhaltet in den USA die vollberufliche Übernahme von Verwaltungs- und Managementaufgaben bei einer regulären Amtszeit von 5 bis 7 Jahren und Bestellung durch den Präsidenten verbunden mit unterschiedlich ausgestalteten Mitwirkungsrechten der Fakultät. Trotz der Offenheit des Zugangs zur Position des Deans werden die Amtsinhaber fast ausschließlich aus der Gruppe der Professoren (intern wie extern) rekrutiert. Ein managerialer Entwicklungsweg hat sich in den USA nicht durchsetzen können, am ehesten kann von einer Position zwischen der Attraktivitätssteigerung und der Vollprofessionalisierung bei allerdings stark fortgeschrittener Verwissenschaftlichung und Reflexion der Leitungstätigkeit gesprochen werden. Gefährdungen werden aktuell in der Einschränkung der Selbstverwaltung, des shared governance, ge sehen, wobei sich Präsidenten und Board-Mitglieder einerseits, die Professorenschaft andererseits gegenüberstehen. Die Verbindung von Professionalisierung mit der Entmachtung der Selbstverwaltungsgremien wird in den USA als problematische Strategie der »transformation of politics into administration« (*Trow, M.* 1998) interpretiert. Zunehmende Bedeutung erhält angesichts des Wachstums der Management-Aufgaben zudem die Ebene der Departments. In den USA wird inzwischen die Professionalisierung der Leitung von Departments als unterster Ebene der Hochschulorganisation verstärkt diskutiert. Noch ist auf dieser durchaus arbeitsintensiven Leitungsebene eine weitgehende Amateurisierung gegeben: Die weitaus größte Zahl der **Department Chairs** verfügt bei Amtsantritt über keine administrative Erfahrung, oft wird das ungeliebte Amt im Rotationsprinzip vergeben. Neben Fragen der institutionellen Verfassung der Hochschulorganisation und der Verbesserung des Qualifikationsstandes der Leitungspersonen sind Fragen der **Führungsfähigkeit** ein zentrales Thema der amerikanischen Debatte über Hochschulorganisation und Academic Leadership. Dabei wird zwischen dem Konzept der transactional leadership und der transformational leadership unterschieden. Der transactional leadership approach betont die Unterstützung, die ein guter Präsident aus den Fakultäten, dem Board und der Administration erhält und erzeugt (führender Vertreter dieses Ansatzes: R. *Birnbaum*). Das *transformalistische* Führungskonzept betont dagegen die Wirkmächtigkeit der Hochschulleitung und den Einsatz von Führungsressourcen, vor allem von Charisma (führender Vertreter dieses Ansatzes: *J. L. Fisher*).

Welche Richtung die Professionalisierung in der Bundesrepublik Deutschland einschlagen wird, hängt von den Auseinandersetzungen an den drei Konfliktlinien Staat – Hochschule, Hochschulverwaltung – akademische Selbstverwaltung, Leitungspositionen – Gremien der akademischen Selbstverwaltung ab. Die aktuell dominierende Linie einer Verbindung von Professionalisierung mit einer Einschränkung der Gremienmacht könnte sich durchaus als ein Zwischenschritt herausstellen, der Tendenzen in Richtung Vollprofessionalisierung und Stärkung von ausgewählten Selbstverwaltungsgremien weicht.

Literatur:

Grubitzsch, S.: »...dass die Hochschule durch ein Präsidium geleitet wird«. In: *Hanft, A.* (Hrsg.): Hochschulen managen? Zur Reformierbarkeit der Hochschulen nach Managementprinzipien. Neuwied, Kriftel 2000, S. 70-98.
Hausmaninger, H.: Universitätsführung in den USA: Ein Vorbild für Österreich? In: *Funk, B.-C.* (Hrsg.): Fragen der Organisation und Steuerung von Universitäten. Wien 2000.
Hecht, I. W. D. et. al.: The Department Chair As Academic Leader. Phoenix 1999.
Trow, M.: Governance in the University of California: the transformation of politics into administration. In: Higher Education Policy 11 (1998), S. 201-215.

Angaben zum Autor:

Prof. Dr. Frank Nullmeier
Professor für Politikwissenschaft an der Universität Essen
Universität Essen
Fachbereich 1 – Politikwissenschaft
Universitätsstraße 12
45141 Essen
Tel.: +49 20 11 83 45 00
Fax: +49 20 11 83 35 08
E-mail: Frank.Nullmeier@uni-essen.de

Profilbildung

Ulrich Teichler

Die Suche nach einem Profil, die seit einigen Jahren immer häufiger den deutschen Hochschulen angeraten wird, fällt nicht leicht. Es gibt Ausgangsbedingungen in Deutschland, die es für die Hochschulen schwer und riskant machen, sich um eine stärkere Ausprägung ihrer Besonderheiten zu bemühen.

Von großer Bedeutung ist zweifellos die **deutsche Tradition einer relativ großen Einheitlichkeit in der Qualität der Universitäten.** Gewöhnlich haben die Universitäten eine mehr oder weniger gleiche Finanzbasis. Staatlicherseits wurde in der Vergangenheit eine ungefähr gleiche Qualität nicht nur durch finanzielle Ressourcen, sondern auch durch verschiedene andere Maßnahmen zur inputgesteuerten Qualitätssicherung unterstützt, so unter anderem durch die Förderung von Mobilität des wissenschaftlichen Personals. Studienangebote werden für das gesamte Land so weit abgestimmt, dass die Studierenden ohne allzu große Schwierigkeiten mobil sein können. Ein regional relativ gleichmäßiges Angebot von Studienplätzen und ein relativ offener Zugang für entsprechend qualifizierte Sekundarschulabsolventen sind integraler Bestandteil des Systems.

Das heißt nicht, dass sich im deutschen Hochschulsystem keinerlei institutionelle Differenzierung entwickelt hat. Bevor sich die Diskussion über den Wert von Differenzierung des Hochschulsystems in den Achtzigerjahren ausbreitete, gab es bereits im Rahmen der vorherrschenden Präferenz für ein einheitliches System bemerkenswerte Differenzierungen:
- Es gab und gibt heute weiterhin einige Hochschulen, die **auf einzelne Fächer und Fachrichtungsgruppen spezialisiert** sind: so auf Ingenieurwissenschaften, Medizin, Kunst und Theologie. Dies ist jedoch für die öffentliche Wahrnehmung der Struktur des Hochschulsystems nur eine Marginalie.

■ Die wichtigste institutionelle Differenzierung besteht seit Beginn der siebziger Jahre in der Gegenüberstellung von zwei **Hochschularten:** den Universitäten und den Fachhochschulen. Diese Dualität unterstreicht jedoch ihrerseits, dass die Differenzen innerhalb eines Hochschultyps vergleichsweise gering sein sollten, während mit dem Hochschultyp jeweils ein spezifisches Profil verbunden ist.

Dass die einzelnen Fakultäten sich in wissenschaftlicher Qualität und oft auch durch bestimmte Profile unterschieden, hat in Deutschland lange Tradition. Dies waren jedoch in der Regel gewachsene »Insel-Lösungen«. Weder waren sie gewöhnlich für den spezifischen Bereich strategisch geplant bzw. unterstützt, noch waren Versuche üblich, damit über die einzelne Fakultät hinaus ein Profil der Hochschule insgesamt zu fördern.

Darüber hinaus hat es in Deutschland immer wieder einzelne Ansätze gegeben, ein besonderes Profil der Universität insgesamt in dem Sinne zu fördern, wie in neuerer Zeit von Profilbildung die Rede ist. Die Ende der vierziger Jahre gegründete »Freie Universität« Berlin trägt die Akzentsetzung der Profilbildung sogar in ihrem Namen. Die Gründung der Universitäten Bochum, Konstanz, Bielefeld und Bremen war von profilierenden Konzeptionen getragen. Festzustellen ist jedoch, dass bis in die achtziger Jahre hinein diese Universitäten immer stärker unter Druck gerieten, ihre Besonderheiten zugunsten der Erfolgskriterien bei allen und Leistungserwartungen an alle Universitäten zurückzustellen.

In den achtziger- und neunziger Jahren wurde jedoch in Deutschland zunehmend mit Blick auf andere Länder die Frage aufgeworfen, ob eine stärkere Diversifizierung des Hochschulsystems wünschenswert sei. Im Einzelnen erreichten folgende Argumente die größte Popularität:

■ **Homogenität des Lernmilieus:** Verbreitet ist die Einschätzung, dass die Studierenden am stärksten zur Entfaltung ihrer Potenziale angeregt werden, wenn die Mit-Studierenden sich in ihrer Leistungsfähigkeit nicht allzu sehr unterscheiden. Deshalb sollten einzelne Hochschulen sich auf bestimmte Teilgruppen von Studierenden konzentrieren.

■ **Centres of excellence:** Ähnlich gelagert ist die Vorstellung, dass einmal entstandene Kerne ausgezeichneter wissenschaftlicher Leistungen günstige Milieus für Lehre und Forschung schaffen, d. h. eine Austrahlungskraft vor Ort entwickeln und somit andere Bereiche »mitreißen«.

■ Eng damit verbunden ist auch die Vorstellung, dass mit der Zunahme der Studienanfängerquoten sich die Heterogenität der Studierenden im Hinblick auf ihre Motive, Leistungspotenziale und Berufsperspektiven vergrößere. Differenzierung ermögliche, dass die einzelne Hochschule sich jeweils nur **bestimmten Bandbreiten in den Befähigungen der Studierenden** zuwende.

■ **Wachsende Spezialisierung der Forschung:** Fachvertreter an den einzelnen Universitäten können nur noch immer kleiner werdende Ausschnitte des

Wissensstandes der einzelnen Disziplin repräsentieren. Auch die wachsenden Kosten der Forschung legten es nahe, dass die Universitäten untereinander eine graduelle Arbeitsteilung vornehmen.

■ **Wettbewerb:** Wenn die Hochschulen sich stärker als Wettbewerber in der Sicherung von Ressourcen verstünden, werde dies zu einer Differenzierung ihrer Leistungen führen.

■ Die zunehmende **Internationalisierung** der Hochschulen schließlich wird als Auslöser einer fortschreitenden Differenzierung gesehen.

Von einem Profil der Hochschule kann man jedoch nur sprechen, so zeigt der vorherrschende Sprachgebrauch, wenn sie Charakteristika auch in der Substanz hat, die für große Teile der Institution oder für die Institution insgesamt zutreffen und die auch »sichtbar« und relevant sind. Die drei konstitutiven Merkmale seien kurz erläutert.

Zu einem Profil gehört erstens ein gewisses Maß **horizontaler Besonderheit,** z. B. besonders enge disziplinübergreifende Kooperation, fachliche Schwerpunktsetzungen nach besonderen regionalen Bedarfen, eine ungewöhnlich intensive Betreuung der Studierenden u. a. m. Eine ausschließliche Besonderheit der Hochschule darin, dass sie auf der vertikalen Ebene – in Reputation, Qualität der Forschung u. a. m. – relativ hoch oder relativ niedrig bewertet wird, gilt nicht als »Profil«; in der Regel gehen jedoch horizontale Charakteristika – positiv oder negativ – in vertikale Bewertungen ein.

Von einem Profil der Hochschule sprechen wir zweitens, wenn die profilierenden Merkmale **für die Hochschule insgesamt oder zumindest für große Teile der Institution** gelten. Die Bezeichnung »Profil« ist drittens nur angemessen, wenn die Charakteristika wichtig für die **Leistungen der Hochschule** sind. Dabei ist unabdingbar, dass dies nicht nur in den öffentlichen Beschwörungen seitens der Protagonisten der Institution zum Ausdruck kommt, sondern auch in der relevanten Öffentlichkeit weithin so gesehen wird. Ein Image basiert nicht allein auf Werbung, selbst wenn die Hochschulen zu ihrer Imagebildung aktiv beitragen können.

In der öffentlichen Diskussion über Fragen der Differenzierung des Hochschulwesens genießt die vertikale Dimension gewöhnlich eine größere Aufmerksamkeit als horizontale Vielfalt. Es ist aufregender und brisanter zu beschreiben, welche Hochschule »besser« und welche »schlechter« ist, als besonderen Profilen der Hochschulen nachzugehen.

»Vertikale« Unterschiede zwischen den Hochschulen werden oft beschrieben in einem »mehr« oder »weniger« der Ressourcen, in einem »höher« oder »niedriger« der Qualität und Reputation und möglicherweise auch in einem »mehr« oder »weniger« von wünschenswerten Wirkungen, etwa im Karriereerfolg der Absolventen. Nicht selten werden jedoch Merkmale »horizontaler« Differenzierung vertikal interpretiert: Theorieorientierung wird oft als reputationsträchtiger angesehen als Praxisorientierung oder Internationalität wertvoller als Regionalität.

Versuche, das deutsche Hochschulsystem vertikal zu vermessen, setzten in Deutschland Ende der siebziger Jahre ein (*Teichler* 1986). Dabei konzentrierte sich die Diskussion zunächst auf die vertikale Dimension. Vorherrschend war der Gedanke, dass alle Universitäten mehr danach streben sollten, die besten zu sein, und dass dies zu einer Qualitätsverbesserung an der Spitze führen werde. Für die übrigen blieb ein besonderes Profil übrig, wenn sie es nicht erreicht haben, an der Spitze zu stehen (siehe *Wissenschaftsrat* 1985).

Seit Ende der achtziger Jahre sind in Deutschland jedoch zunehmend Bemühungen erkennbar, die Herausbildung von Profilen der Hochschulen zu ermuntern (siehe dazu *Olbertz, J.-H./Pasternack, P.* 1999):

■ Die Hochschulrektorenkonferenz etablierte 1991 ein mehrjähriges Projekt, bei dem Hochschulen an einer messbaren Bestimmung ihres Profils arbeiteten (*Hödl, E.* 1995).

■ In der Diskussion über eine Stärkung des Hochschulmanagements fand die Idee Anklang, dass die einzelnen Hochschulen ➜ *Leitbilder* entwickeln, an denen sie ihre Aktivitäten orientieren (siehe z. B. *Brinckmann*, 1988, S. 185 ff.).

■ Die Europäische Kommission verlangt seit 1997 von den Hochschulen, im Rahmen ihres Antrages auf Förderung europäischer Austausch- und Kooperationsaktivitäten im Rahmen des SOKRATES-Programms eine »European Policy Statement« zu formulieren (siehe *Barblan, A. u. a.* 1998)

■ Großen Anklang fand innerhalb der neunziger Jahre die Idee, dass Verträge zwischen dem Staat und den einzelnen Hochschulen geschlossen werden, in denen die Aufgaben der letzteren bestimmt und die Finanzierung aufgaben- und leistungsorientiert (➜ *Zielvereinbarungen zwischen Staat und Hochschulen*) erfolgen soll. Dieses Verfahren hat im Gegensatz zu einer indikatorengesteuerten Finanzierung (➜ *indikatorengestützte Mittelvergabe*) aller Hochschulen eines Landes bessere Möglichkeiten, besondere Profile einzelner Hochschulen zu unterstützen (*Fedrowitz, J./Krasny, E./Ziegele, F.* 1999).

■ Selbst populäre Publikationen, die den Gedanken des ➜ *Ranking*s in den Mittelpunkt stellen, machen zunehmend darauf aufmerksam, dass sich durch die Menge und die Komposition vertikal messbarer Unterschiede besondere Profile der Universitäten herausbilden können (vgl. *Doerry, M./Mohr, J.* 1999).

So bleibt abzuwarten, ob die deutschen Hochschulen nach den Erfahrungen einer homogenitätsorientierten Politik und nach einer Phase der Betonung von Wettbewerb ohne ausgeprägte Profilfantasie willens und in der Lage sein werden, Profile zu akzentuieren. Dies verlangt, aus dem Schatten des bisher dominanten Selbstverständnisses vertikaler und typologischer Differenzierung herauszutreten (siehe *Teichler, U.* 1999).

Literatur:

Barblan, A./Kehm, B. M./Reichert, S./Teichler, U. (Hrsg.): Emerging European Policy Profiles of Higher Education Institutions. Kassel 1998.

Brinckmann, H.: Die neue Freiheit der Universität. Berlin 1998.

Doerry, M./Mohr, J. (Hrsg.): Das aktuelle SPIEGEL-Ranking: Die besten Hochschulen in Deutschland. Regensburg 1999.

Fedrowitz, J./Krasny, E./Ziegele, F. (Hrsg.): Hochschule und Zielvereinbarungen – neue Perspektiven der Autonomie. Gütersloh 1999.

Hödl, E.: Hochschulberichtssystem und Profilbildung. In: Forschung & Lehre, 2 Jg., 1995, H. 6, S. 322 ff.

Olbertz, J.-H./Pasternack, P. (Hrsg.): Profilbildung – Standards – Selbststeuerung. Weinheim 1999.

Teichler, U.: Profilierungspfade der Hochschulen im internationalen Vergleich. In: *Olbertz, J.-H./Pasternack, P.* (Hrsg.), Profilbildung – Standards – Selbststeuerung. Weinheim 1999, S. 27-38.

Teichler, U.: Strukturentwicklung des Hochschulwesens. In: *Neusel, A./Teichler, U.* (Hrsg.), Hochschulentwicklung seit den sechziger Jahren. Weinheim und Basel 1986, S. 93-143.

Wissenschaftsrat: Empfehlungen zum Wettbewerb im deutschen Hochschulsystem. Köln 1985.

Angaben zum Autor:

Univ.-Prof. Dr. Ulrich Teichler
Geschäftsführender Direktor des Wissenschaftlichen Zentrums für Berufs- und Hochschulforschung der Universität Gesamthochschule Kassel
Universität Gesamthochschule Kassel
Mönchebergstraße 17
34109 Kassel
Tel.: +49 56 18 0424 15
Fax: +49 56 18 04 33 01
E-Mail: teichler@hochschulforschung.uni-kassel.de

Psychologisch-therapeutische Studierendenberatung

Waltraud Freese

Fachkompetenten Schätzungen nach nimmt jede/jeder Zehnte der gegenwärtig ca. 1,8 Millionen Studierenden Deutschlands im Verlaufe des Studiums mindestens einmal psychologische Hilfe in Anspruch. 16 Prozent schätzen sich selbst als gravierend psychisch beeinträchtigt ein. In der Sonderauswertung zur 15. Sozialerhebung des Deutschen Studentenwerks (*Hahne, R. et al.* 1999) wird dargelegt, dass bundesweit ein großer Teil der Studierenden in psychische Konfliktlagen gerät, die einerseits als typisch für die Lebensphase des Studiums angesehen werden können, sich andererseits negativ auf die Studienleistungen auswirken. Somit sind qualifizierte psychologische Beratungsangebote eine wichtige Voraussetzung für ein erfolgreiches Studium.

Die Gründung psychologisch-therapeutischer (bzw. psychosozialer, auch ärztlich-psychotherapeutischer) Beratungsstellen im Hochschulbereich ist eng verbunden mit der Bildungs- und Hochschulreform der zweiten Hälfte der Sechzigerjahre und als Antwort auf den wachsenden Modernisierungsdruck und die studentische Protestbewegung zu verstehen. Kritik an der Anonymität der Hochschulen, eine Häufung von Suiziden, ein geschärftes Bewusstsein für die Psychohygiene der Bevölkerung und speziell von Studierenden sind weitere Faktoren, die dazu beitrugen, dass in Westdeutschland mit Beginn der Siebzigerjahre ein »Gründungsboom« zu verzeichnen war, der in den neuen Bundesländern erst nach der »Wende« ab 1990 einsetzte.

Die **institutionelle** Anbindung und **organisatorische** Einbettung der Beratungsstellen an deutschen Hochschulorten ist uneinheitlich. Eine Minderheit ist an Universitätskliniken, Psychologische Fachbereiche und Institute angegliedert, rund ein Viertel fällt unter die Trägerschaft der Studentenwerke, an einigen Hochschulorten stellen kirchliche Träger den organisatorischen Rahmen, ein weiterer Teil fungiert entweder als selbstständige zentrale universitäre Einrichtung oder ist in die Organisationsstruktur der Hochschulen eingebunden, oftmals verzahnt mit der allgemeinen → *Studienberatung*, deren Entstehung in (West-) Deutschland rund ein Jahrzehnt später datiert. Vernetzung innerhalb der Hochschulen und Kooperation außerhalb des Hochschulkontextes (mit niedergelassenen Ärzten und Ärztinnen, Psychotherapeuten und -therapeutinnen, gemeinde-psychiatrischen Arbeitskreisen, Beratungsstellen, Gesundheits- und Selbsthilfeinitiativen, stationären Einrichtungen und Kliniken etc.) gehört zum Selbstverständnis psychologisch-therapeutischer Studierendenberatung.

Themenschwerpunkte der Beratung bilden die gesamte Breite psychosozialer Konflikte, Störungen und Krisen, mit denen Studierende im Verlaufe ihres Studiums konfrontiert sein können. Eine Trennung zwischen streng studienbezogenen und persönlichen Problemlagen ist bei der Klientel der Studierenden, die sich in einer bestimmten Statuspassage, der Postadoleszenz, befindet, künstlich. In engem Zusammenhang mit dem Studium stehen Konzentrations-, Lern- und Leistungsstörungen, Motivations- und Antriebsmangel, Defizite in Arbeitsorganisation, Zeitstruktur und Studientechniken, hohes Anspruchsniveau und Prüfungsängste. Problembereiche, die weiter gefasst die Lebenswelten der Studierenden beeinträchtigen, sich aber ebenso subjektiv belastend erweisen und auf das Studium auswirken, sind interpersonelle Störungsbilder und familiäre Belastungen, depressive Verstimmungen (z. B. Isolation, Einsamkeit bis hin zu akuter Selbstmordgefährdung), Selbstwert- und sexuelle Probleme, sexuelle Grenzüberschreitungen und Gewalterfahrungen, Sinnfragen und Zukunftsängste. Selten steht nur ein eng begrenztes Problem im Fokus der Beratung. Die

Postadoleszenz als biografische Statuspassage markiert vor allem eine Zeit des Übergangs zwischen Schulzeit-, Zivil- oder Wehrdienst bzw. sozialem Jahr und späterem Berufsleben. »Normal« und »pathologisch« als Kategorien besitzen keine Trennschärfe. Orientierungssuche, Identitätsverunsicherungen, Rollendiffusionen, ökonomische Abhängigkeiten zählen zu einer »normalen« Entwicklung, die zeitweise in subjektivem Leiden und akuten Krisenverläufen Ausdruck finden kann. In der konkreten Beratungssituation geht es um die Bearbeitung objektiv und subjektiv wahrgenommener Defizite, vor allem jedoch darum, Potentiale und Ressourcen aufzuspüren und zu stärken.

Die vorab genannten Themenschwerpunkte werden in Einzelgesprächen, in offener Sprechstunde und/oder in themen- und übungsorientierten Gruppenangeboten bearbeitet. Wert gelegt wird auf die Förderung des Selbsthilfepotentials der Studierenden. Im Vordergrund steht die Bereitstellung eines Angebotes, das speziell in Krisenkonstellationen bzw. extremen Belastungssituationen einfühlsame und unbürokratische Hilfe gewährleistet und präventiv und prophylaktisch ausgerichtet ist. **Hauptberatungsziel** ist somit Krisenbewältigung, (Wieder-) Gewinnung von Handlungsfähigkeit, Befähigung zu eigenverantwortlicher Gestaltung der basalen Lebens- und Studienanforderungen. Da die Berater/Beraterinnen über gründliche Kenntnis des Hochschulkontextes verfügen, können sie der speziellen Situation der Studierenden gezielter Rechnung tragen, als dies im ambulanten oder stationären Gesundheitssystem der Fall wäre.

Überlegungen, die sich auf qualitätssichernde Rahmenbedingungen im Sinne von → *Qualitätsmanagement* sowie evaluative Maßnahmen beziehen, machen vor den psychologisch-therapeutischen Beratungsstellen im Hochschulbereich nicht halt (vgl. *Messer, J.* 1999). Diskussion, Umsetzung und Weiterentwicklung erfolgen lokal in den jeweiligen Beratungseinrichtungen, überregional auf den Fachtagungen des Deutschen Studentenwerks und der ARGE (Arbeitsgemeinschaft der Studien-, Studentinnen- und Studentenberatung der Bundesrepublik Deutschland) sowie in länderübergreifenden Zusammenschlüssen. Die Qualitätskriterien beziehen sich vorrangig auf die Bereiche Struktur-, Prozess-, Ergebnis- und Personalqualität.

Werden Qualitätsstandards in den Blick genommen, stellt sich sowohl die Frage nach den in den Beratungseinrichtungen tätigen Berufsgruppen als auch nach den therapeutischen Verfahren. Neben ärztlichen und Psychologischen Psychotherapeuten/-therapeutinnen arbeiten je nach Ausstattung und Schwerpunkt Diplompsychologen/Diplompsychologinnen, Sozialwissenschaftler/Sozialwissenschaftlerinnen, Pädagogen/Pädagoginnen und Sozialpädagogen/Sozialpädagoginnen sowie Verwaltungsangestellte in einem Teamzusammenhang. Vertreten wird ein breites Spektrum psychotherapeutischer Verfahren, das zumeist über die im Zuge des Psychotherapeutengesetzes relevanten Richtlinienverfahren hinausgeht und so – integrativ eingesetzt und verbunden – der ratsuchenden studentischen Klientel zu Gute kommt. Im Vordergrund steht gewöhnlich eine zeitlich begrenzte, fokal ausgerichtete, ressourcen- und lösungsorientierte Vorgehensweise.

Prognostisch ist davon auszugehen, dass die gegenwärtig vorgenommenen hochschulpolitischen Veränderungen mit straffer organisierten Studiengängen und Prüfungsbedingungen, mit der Einschränkung von Wiederholungsmöglichkeiten, einer stärkeren Relevanz des Teilzeitstudiums, einer Verschärfung der Bafög-Praxis und/oder miteinander konkurrierenden Finanzierungsmodellen eine erhöhte Belastungsfähigkeit und entsprechende Coping-Strategien bei den Studierenden voraussetzen und hohe Anforderungen an die psychischen, physischen und sozialen Ressourcen der bzw. des Einzelnen stellen.

Zukünftig wird noch mehr als bisher Augenmerk auf eine Vertiefung der Beratung von Minderheiten zu legen sein, z. B. auf multi- bzw. interkulturelle Beratungsarbeit, um für ausländische Studierende an deutschen Hochschulen Chancengleichheit zu gewährleisten (*Nestmann, F.* 1997/2000). Bezogen auf die Geschlechtervariable machen nicht nur Beratungsstellen im Hochschulkontext die Erfahrung, dass Frauen in ihrer Sozialisation eher sensibilisiert sind, präventiv orientierte Beratungsangebote wahrzunehmen. In Einklang mit Prognosen aus dem US-amerikanischen Raum (*Nestmann, F.* 1997/2000) ist ein weiterer Fokus zukünftiger Beratungsarbeit darauf zu richten, auch männliche Studierende frühzeitig und gezielt auf die Beratungsangebote aufmerksam zu machen, wenn der präventive Gedanke und Schwerpunkt, in Krisensituationen schnelle und unbürokratische Hilfe zur Verfügung zu halten, ernst genommen wird.

Somit wird auch in einem kostenbewussten Hochschulsystem – wie Entwicklungen in den Niederlanden zeigen (*Boekhorst, T.* 2000) – psychologisch-therapeutische Beratung im Hochschulkontext, die sich den Basiskriterien Freiwilligkeit und absolute Vertraulichkeit verpflichtet fühlt, zu den unverzichtbaren Aufgaben und Serviceleistungen für Studierende gehören müssen, wollen die bundesrepublikanischen Hochschulen international konkurrenzfähig bleiben.

Literatur:

Boekhorst, T.: Ein Blick über die Grenzen: Was bedeutet der Umbau der Hochschulen in den Niederlanden für die Arbeit ihrer psychotherapeutischen Beratungsstellen? Vortrag gehalten auf dem Forum für Psychotherapeutische Beratung und Therapie für Studierende des Deutschen Studentenwerks vom 14. bis 16. Juni 2000 in Tübingen.

Figge, P./Kaiphas, W./Knigge-Illner, H./Rott, G.: Psychologische Studienberatung an deutschen Hochschulen. Eine empirische Studie zu Kontext, institutionellen Bedingungen und Aufgaben. München 1995.

Freese, W.: Psychologie in einer psychologisch-therapeutischen Beratungsstelle für Studierende. In: *Grubitzsch, S. /Muckel, P.*: Orientierung Psychologie. Was sie kann, was sie will. Reinbek 1999, S. 134-138.

Hahne, R./unter Mitarbeit von Lohmann, R./Krzyszycha, K./Österreich, S. und App, A.: Studium und psychische Probleme. Sonderauswertung zur 15. Sozialerhebung des Deutschen Studentenwerks. Bonn 1999.

Messer, J.: Qualitätsmanagement in der Psychotherapeutischen Beratungsstelle. In: Dokumentation der Fachtagung des Deutschen Studentenwerks vom 22. bis 24. März 1999 in Oldenburg.

Nestmann, F. (Hrsg.): Beratung. Bausteine für eine interdisziplinäre Wissenschaft und Praxis. Tübingen 1997 sowie *Nestmann, F.*:»Netzwerke in der Beratung«. Vortrag gehalten auf der Fachtagung der »Arbeitsgemeinschaft Studien-, Studentinnen und Studentenberatung in der Bundesrepublik Deutschland (ARGE)« vom 13.-16. September 2000 in Dresden.

Angaben zur Autorin:

Dr. Waltraud Freese,
Universität Hannover
Postfach 6009
30060 Hannover
Tel.: +49 51 17 62 37 99
Fax: +49 51 17 62 58 84
E-Mail: freese@mbox.ptb.uni-hannover.de

Public Management

Martin Brüggemeier

Public Management (PuMa) kann als eine verwaltungswissenschaftlich aufgeklärte, interdisziplinär aufgeschlossene und empirisch reflektierte betriebswirtschaftliche Lehre von der effizienz- und effektivitätsorientierten (→ *Effizienz und Effektivität*) Gestaltung und Steuerung der Wahrnehmung öffentlicher Aufgaben verstanden werden. Das Erkenntnis- und Erfahrungsobjekt von Public Management ist somit primär funktional abgegrenzt. Was als öffentliche Aufgabe gelten soll, muss ebenso wie das Ausmaß der staatlichen/kommunalen Verantwortung für die Erfüllung dieser Aufgaben politisch entschieden und verantwortet werden.

Als »New Public Management« (NPM) markiert der Begriff zugleich eine weltweite Reformbewegung, die mit unterschiedlichen nationalen Ausprägungen stark in der Praxis verankert ist. So wird die deutsche Diskussion und Praxis der Verwaltungsmodernisierung seit Anfang der Neunzigerjahre vom sog. Neuen Steuerungsmodell (NSM) der Kommunalen Gemeinschaftsstelle (KGSt) geprägt, während man z. B. in der Schweiz und in Österreich von Wirkungsorientierter Verwaltungsführung (WoV) spricht (*Schedler/Proeller* 2000). Der Erneuerungsdruck kann dabei vor allem auf eine Lücke zwischen dem wachsenden Volumen öffentlicher Aufgaben und einem als defizitär betrachteten Leistungsvolumen des öffentlichen Sektors zurückgeführt werden – eine Lücke, die ganz offensichtlich nicht länger durch eine Aufstockung finanzieller Ressourcen geschlossen werden kann (*Budäus* 1994). Den z. T. recht unterschiedlichen Ansätzen in der internationalen NPM-Diskussion ist ohne Zweifel gemein, dass sie sich an Managementmodellen, -instrumenten und -leitbildern orientieren, mit denen privatwirtschaftliche Unternehmen versuchen, den dynamischen Umwelt- und Marktanforderungen gerecht zu werden. In einer der für das Public Management in Deutschland stilbildenden Schriften von *Budäus* (1994) wird allerdings kein Zweifel daran gelassen, dass es hier primär um innovative Lösungen und reflektierte Adaptionen gehen muss und eine bloße Imitation der »freien Wirtschaft« (oder was man im öffentlichen Dienst dafür hält) meist nicht sinnvoll ist. Die vordergründige und generalisierende Gleichsetzung von privatem und öffentlichem Management führt letztlich ebenso wenig weiter wie die traditionelle dichotome Gegenüberstellung. »Es kommt darauf an!« – Dem Public Management obliegt die keineswegs triviale Aufgabe, differenzierte Hinweise darauf zu geben, *worauf* es ankommt (*Jann* 1998; *Reichard* 1998).

Public Management basiert auf einer Reihe von **Grundannahmen:**

■ **Staat und Verwaltung sind notwendig** – PuMa setzt nicht auf eine »Abschaffung« oder Vollprivatisierung öffentlicher Institutionen, sondern darauf, Staat und Verwaltung durch schlankere Strukturen und die Rückgewinnung von Handlungsspielräumen in ihren unverzichtbaren Funktionen für die Gesellschaft zu stärken.

■ **Hauptproblem öffentlicher Institutionen ist mangelnde Effizienz und Effektivität** – PuMa geht davon aus, dass der Staat in Bezug auf Rechtsstaatlichkeit und Demokratie bereits auf einer soliden Basis funktioniert und der Modernisierungsbedarf daher vorrangig im Bereich der Wirtschaftlichkeit und Wirksamkeit zu sehen ist.

■ **Rationales Management ist möglich** – PuMa unterstellt, dass im privatwirtschaftlichen Bereich bewährte betriebswirtschaftliche Verfahren und Instrumente grundsätzlich auch in öffentlichen Institutionen Nutzen stiften können.

■ **Präferenz für Wettbewerb** – PuMa geht davon aus, dass Wettbewerb (u. a.) zu mehr Effizienz führt als administrative Planung und Steuerung; PuMa setzt daher auf eine intensive Nutzung von Marktmechanismen im öffentlichen Sektor.

■ **Politik und Verwaltung sind lernfähig** – PuMa geht davon aus, dass nicht nur die Verwaltung, sondern auch die Politik als »lernendes System« betrachtet und Abläufe und Strukturen verändert werden können (*Schedler/Proeller* 2000).

In Bezug auf die in der internationalen Praxis beobachtbaren Reformansätze und -strategien im Sinne des (New) Public Management lassen sich drei interdependente Ebenen unterscheiden (*Budäus/Finger* 1999). Die Bezüge zu aktuellen Reformbestrebungen auf dem Gebiet des Hochschulmanagements sind dabei nicht zu übersehen.

Die erste Ebene zielt auf ein neues Rollenverständnis von Staat und Verwaltung. Der Staat soll nicht mehr alles selber machen. Das Spektrum von Ansatzpunkten zum Abbau staatlicher Eigenproduktion reicht vom Aufgabenwegfall über eine Verlagerung auf den Markt (Privatisierung), die Mobilisierung gesellschaftlicher Kräfte (»aktivierender Staat«, »Zivilgesellschaft«), die Nutzung neuartiger Kooperationsformen (→ *Public-Private-Partnerships*; → *Netzwerkstrukturen*) und eine Besinnung auf die Verantwortung des Staates, dass als öffentlich angesehene Aufgaben in der gewünschten Form – aber nicht notwendigerweise von ihm selbst – erfüllt werden (»Gewährleistungsstaat«).

Die zweite Ebene kann als externe Strukturreform bezeichnet werden. Dabei geht es um die Gestaltung der Rahmenbedingungen, unter denen Träger öffentlicher Aufgaben ihre Leistungen erbringen. Hierbei steht die Schaffung von Wettbewerbsbedingungen im öffentlichen Sektor im Vordergrund (zu Funktionen und Restriktionen: *Röber* 2000). Wo kein materieller (Markt-) Wettbewerb möglich ist, können auf → *Benchmarking*-Basis Wettbewerbssurrogate etabliert und zur Verbesserung der Bedarfs- und Kundenorientierung mit Kundenbefragungen verknüpft werden. Ein weiteres Element der externen Strukturreform zielt auf die Reduzierung von Dysfunktionen kollektiver Finanzierungssysteme, indem die Nutzer durch Gebühren und Preise stärker individuell zur Finanzierung der von ihnen in Anspruch genommenen Leistungen herangezogen werden (→ *Studiengebühren*). Ein anderer Weg, die Nutzer mit konkreter »Kundenmacht« auszustatten und das öffentliche Leistungsangebot direkt und flexibel auf Nachfragerpräferenzen zu verpflichten, bieten Gutschein-Systeme. In enger Verbindung mit den bereits genannten Elementen der externen Strukturreform steht generell die Schaffung von Wahlmöglichkeiten für die Bürger. Deren Möglichkeit, nach individuellen Präferenzen zwischen unterschiedlichen Leistungsangeboten wählen zu können, dürfte u. a. dazu beitragen, die bisher im öffentlichen Sektor vorherrschende Angebotsorientierung in eine stärkere Nachfrageorientierung umzustrukturieren.

Bei der dritten Reformebene geht es um ein breites Spektrum von Elementen der Binnenmodernisierung. Die konkrete Reformpraxis in Deutschland konzentriert sich bislang im Wesentlichen auf Elemente dieser Ebene. Hierzu zählen – ohne Anspruch auf Vollständigkeit – insbesondere eine neue Aufgabenverteilung zwischen Politik und Verwaltung (→ *Zielvereinbarungen zwischen Staat und Hochschule*), dezentrale Organisationsstrukturen mit integrierter Fach- und Ressourcenverantwortung (→ *Organisations- und Fachbereichsstrukturen*) auf der Basis von → *Zielvereinbarungssystemen (interne)*, kontinuierliche → *Organisationsentwicklung* unter Beteiligung der Mitarbeiter, Wechsel von der Input- zur Outputorientierung durch Produktentwicklung bzw. -bildung, flexible Handlungsspielräume und leistungsorientierte Ressourcenzuweisung durch → *Budgetierung* (→ *Globalhaushalte*) und → *indikatorengestützte Mittelvergabe*, Etablierung eines neuen öffentlichen Rechnungswesens, mit dem nicht nur Zahlungsvorgänge erfasst werden (→ *Doppik und Kameralistik*), sondern auch Kosten und Leistungen (→ *Kostenrechnung*) sowie Vermögen und Schulden, die Etablierung von → *Controlling* und → *Personalentwicklung*, die Schaffung von leistungsorientierten Anreizsystemen, die Entwicklung eines strategischen Managements (→ *Strategische Managementtheorien*, → *strategische Orientierung*), der Aufbau eines ➜ *Qualitätsmanagements* (➜ *EFQM*) und diverse Maßnahmen zur Bürger- und Kundenorientierung .

Von der »klassischen« öffentlichen Betriebswirtschaftslehre hebt sich PuMa vor allem durch seine konsequente Orientierung an einer prozessorientierten Managementlehre (statt an Faktor- bzw. Produktions- und Kostentheorie), der Überwindung einer instrumentell verengten Perspektive und einem integrativen Ansatz ab, der weniger auf disziplinäre Abgrenzung angelegt ist und die Erkenntnisse der Dienstleistungsökonomie und des modernen Dienstleistungsmarketing ebenso aufgreift wie die der politikwissenschaftlichen Policy-Forschung und der neueren Organisationstheorie institutionenökonomischer oder sozialwissenschaftlicher Provenienz. Von der politikwissenschaftlich dominierten Verwaltungswissenschaft hebt sich PuMa vor allem durch eine Abkehr von der institutionellen Fixierung auf öffentliche Verwaltungen als Träger öffentlicher Aufgaben ab sowie durch einen deutlichen mikroökonomischen Fokus bei der Analyse und Gestaltung der Steuerung öffentlicher Aufgabenwahrnehmung. Der wichtigste Unterschied sowohl zur öffentlichen Betriebswirtschaftslehre als auch zur Verwaltungswissenschaft ist wohl darin zu sehen, dass aus der Perspektive des Public Management historisch kontingente und bislang als Restriktion betrachtete Merkmale, Rahmenbedingungen und »Tabuzonen« des öffentlichen Sektors in Frage gestellt werden, wenn – in den Bahnen des Rechtsstaats – auch jenseits des traditionellen Bürokratiemodells (*Reinermann* 1993) nach neuen Wegen für eine wirtschaftlichere und wirksamere Aufgabenerfüllung gesucht wird.

Es versteht sich von selbst, dass dies in Wissenschaft und Praxis nicht nur konkret begründete Besorgnis, sondern auch ganz unterschiedlich motivierte Widerstände provoziert. »Dabei ist eine Tendenz der generalisierenden Ablehnung von Marktmechanismen und Wettbewerb erkennbar. Obwohl immer wieder die Reformnotwendigkeit betont und auch die Ausdifferenzierung öffentlicher Strukturen, Verfahren und personaler Qualifikationen unbestritten erscheint, wird gleichwohl eher eine pauschale Kritik gegen ökonomische Ansätze... formuliert« (*Budäus/Finger* 1999). Ein berechtigter Anlass zur Sorge liegt beispielsweise vor, wenn unter Berufung auf NPM an die Stelle der Entwicklungsaufgaben- und situationsspezifischer Organisationsformen und Steuerungsinstrumente die Propagierung von standardisierten Einheitsmodellen tritt. Denn NPM ist ja gerade »auch Ausdruck der Kritik an der Vorstellung einer einheitlichen und weitgehend homogenen öffentlichen Verwaltung« (*Budäus*). Bei »Bewegungen« sind aber bekanntlich oft Bekenntnisse gefragt, während die differenzierende Analyse und das Einfordern überzeugender Argumente rasch in den Verdacht akademischer Bedenkenträgerei gerät und man zugleich Gefahr läuft, unfreiwillig das Lager der Reformgegner zu munitionieren. Die mikropolitische »Notwendigkeit des Abdunkelns bestimmter Aspekte« (*Luhmann*) in konkreten Reformprozessen steht freilich auf einem anderen Blatt als die wissenschaftliche Fortentwicklung eines Faches. In den letzten Jahren hat sich jedoch eine vielversprechende konstruktiv-kritische Diskussion zum (New) Public Management entwickelt.

Die Betonung der (traditionell vernachlässigten) Kundenrolle von Bürgern im Rahmen des Public Management sollte keineswegs darüber hinweg täuschen, dass öffentliche Aufgabenwahrnehmung auch künftig in der Regel nicht primär der Versorgung mit individuellen Dienstleistungen dient. Sie zielt darauf ab, die Gesellschaft zu gestalten, sie zusammenzuhalten und zu verändern. So sollen beispielsweise mit öffentlich finanzierten Hochschulen Präferenzen für das Individualgut »Bildung« im Allgemeininteresse korrigiert werden (»meritorische Güter«). Bei der Wahrnehmung öffentlicher Aufgaben tauchen im Spannungsfeld unterschiedlicher und z. T. widersprüchlicher Rationalitäten in wachsendem Maße Effizienz-, Effektivitäts-, Qualitäts- und politische Legitimationsprobleme auf, deren adäquate Bearbeitung und Bewältigung einer spezifischen Managementkompetenz bedürfen. Die Hochschulen müssen als Teil des Ausbildungssystems im Rahmen ihrer »Produktpolitik« den veränderten Qualifikationsanforderungen an Fach- und Führungskräfte im öffentlichen und gemeinnützigen Bereich Rechnung tragen und mit entsprechenden PuMa-Aus- und Weiterbildungsangeboten einen innovativen Beitrag zur Modernisierung von Staat und Verwaltung leisten (→ *Lehrangebotsplanung*). Diesbezüglich ist in den vergangenen Jahren viel geschehen (*Schedler/Reichard* 1998; *Bischoff* 2000). Dabei ist freilich nicht zu vergessen, dass Public Management als »Lehre« zur Erklärung und Gestaltung von Praxis einer soliden wissenschaftlichen Einbettung und Fundierung bedarf. Im Hinblick auf Theoriebildung und empirische Forschung ist auf dem Gebiet des Public Management noch einiges zu leisten. Allerdings wird in Deutschland meist unterschätzt, welchen Stellenwert vor allem neuere (institutionen-)ökonomische *Ansätze* international bei der theoretischen Unterfütterung des NPM spielen (*Budäus/Finger* 1999). Hierzulande gilt PuMa als ein theoretisch primär in der Managementlehre verwurzeltes Fach.

Die normative Schlagseite der Managementlehre mit ihrer idealtypischen Modellperspektive, ihrer synoptischen Rationalität und den Funktionsschubladen bedarf einer kritischen Reflexion und Konfrontation mit empirischen Analysen bzw. empirisch relevanten Beschreibungen und Erklärungen öffentlicher Steuerungs- und Gestaltungsprozesse – gerade wenn das Faktische nicht zum Maßstab aller Dinge gemacht und verändert werden soll. Das Fach PuMa muss verknüpfungsfähige Wissensbestände zu drei steuerungsrelevanten Ebenen öffentlicher Aufgabenwahrnehmung erarbeiten und vermitteln. Zu diesem Bereich des »Steuerungswissens« zählen neben dem Kern »Managementwissen« auch »Politik-« und »Produktionswissen«. Ohne flexible Verknüpfung mit Politik- und Produktionswissen kann Managementwissen nur unzureichend fruchtbar gemacht werden. Und gleichsam »quer« zu den drei Ebenen des Steuerungswissens liegt das unverzichtbare »Gestaltungs- und Veränderungswissen«. Reform und Wandel sind künftig nicht mehr als einmaliger Kraftakt, sondern (beinahe) als Dauerzustand zu begreifen. In immer kürzeren Abständen müssen alte Lösungen »verlernt«, und unter intensiver Nutzung von Informationstechnik als Organisationstechnik (»E-Government«) neue Lösungen gefunden, implementiert, inkorporiert, laufend verbessert und erneut verändert werden (→ *Organi-*

sationales Lernen). Es wird meist unterschätzt, dass an der Bewältigung dieser Herausforderung alles scheitern kann.

Die Bandbreite PuMa-relevanter institutioneller Arrangements ist groß. Sie reicht von – mehr oder weniger öffentlich regulierten – kommerziellen Privatunternehmen als Träger öffentlicher Aufgaben über (quasi-)private Nonprofit-Organisationen unterschiedlichster Art (»Dritter Sektor« zwischen Markt und Staat) über die Verwaltungsperipherie von in unterschiedlichen privat- und öffentlich-rechtlichen Rechtsformen mehr oder weniger verselbstständigten dezentralen Trägern öffentlicher Aufgaben bis hin zur Kernverwaltung auf staatlicher und kommunaler Ebene mit dienstleistenden, ministeriellen oder hoheitlichen Aufgaben. Besondere Beachtung erfordert künftig die Gestaltung und Steuerung neuartiger kooperativer Arrangements (→ *Public-Private-Partnerships* mit oder ohne Einbeziehung von gemeinnützigen Institutionen des Dritten Sektors). Die Grundlagen und Anforderungen an die Steuerung bzw. zielorientierte Koordination solcher komplexen Netzwerke aus (teil-) autonomen institutionellen Arrangements werden im Übrigen auch unter dem Begriff »Public Governance« diskutiert. Dieser Bandbreite mit z. T. höchst unterschiedlichen Kontextbedingungen kann PuMa nur mit einem generalistischen Ansatz Rechnung tragen. Es gilt Wissensbestände zu erarbeiten und zu vermitteln, die es erlauben, für unterschiedlichste institutionelle Arrangements »maßgeschneiderte« Lösungsansätze zu entwickeln. Damit wird keinesfalls ausgeschlossen, dass die institutionellen Arrangements selbst auf den Prüfstand kommen. Dies gilt natürlich auch, wenn die Elemente und Instrumente des Public Management im Rahmen aktueller Reformbestrebungen auf den Hochschulbereich übertragen (*Brinckmann* 1998) und dabei ein »naiver Konzepttransfer« vermieden werden soll (*Reichard* 1998; *Frese/Engels* 1999).

Literatur

v. Bandemer, St. u. a. (Hrsg.): Handbuch zur Verwaltungsreform. 2. Aufl. Opladen 2001.
Bischoff, D. (Hrsg.): Modernisierung durch Ausbildung. Innovationen in Studiengängen für den öffentlichen Sektor. Berlin 2000.
Brinckmann, H.: Die neue Freiheit der Universität. Operative Autonomie für Lehre und Forschung an Hochschulen. Berlin 1998.
Budäus, D.: Public Management. Konzepte und Verfahren zur Modernisierung öffentlicher Verwaltungen. Berlin 1994.
Budäus, D./Conrad, P./Schreyögg, G. (Hrsg.): New Public Management (= Managementforschung 8). Berlin, New York 1998.
Budäus, D./Finger, St.: Stand und Perspektiven der Verwaltungsreform in Deutschland. In: Die Verwaltung, H.3 (1999), S. 313-343.
Damkowski, W./Precht, C. (Hrsg.): Moderne Verwaltung in Deutschland – Public Management in der Praxis. Stuttgart 1998.
Frese, E./Engels, M.: Anmerkungen zum Änderungsmanagement in Universitäten. Zur Eignung der Unternehmung als Referenzmodell. In: Die Betriebswirtschaft, H. 4 (1999), S. 496-510.
Hood, C.: A Public Management for All Seasons? In: Public Administration, H.1 (1991), S. 3-19.

Jann, W.: Lernen vom privaten Sektor – Bedrohung oder Chance? Oder: Wer hat Angst vor Public Management? In: *Edeling, T./Jann, W./Wagner, D.* (Hrsg.): Öffentliches und privates Management. Fundamentally Alike in All Unimportant Respects? Opladen 1998, S. 11-51.

Pollitt, C./Bouckaert, G.: Public Management Reform. A Comparative Analysis. Oxford 2000.

Reinermann, H.: Ein neues Paradigma für die öffentliche Verwaltung? Was Max Weber heute empfehlen dürfte (= Speyerer Arbeitshefte 97). Speyer 1993.

Reichard, C.: Zur Naivität aktueller Konzepttransfers im deutschen Public Management. In: *Edeling, T./Jann, W./Wagner, D.* (Hrsg.): Öffentliches und privates Management. Fundamentally Alike in All Unimportant Respects? Opladen 1998, S. 53-70.

Röber, M.: Competition. How far can you go? In: Public Management, H.3 (2000), S. 311-335.

Schedler, K./Reichard, C. (Hrsg.): Die Ausbildung zum Public Manager. Bern, Stuttgart, Wien 1998.

Schedler, K./Proeller, I.: New Public Management. Bern, Stuttgart, Wien 2000.

Angaben zum Autor:

Prof. Dr. Martin Brüggemeier
Professur für Betriebswirtschaftslehre und Public Management
Fachhochschule für Technik und Wirtschaft Berlin
Fachbereich 3 – Wirtschaftswissenschaften I
Treskowallee 8
10318 Berlin
Tel.: +49-30/5019-2309
Fax: +49-30/5019-2314
E-Mail: bruegge@fhtw-berlin.de

Public Private Partnership

Anke Hanft

Public Private Partnership (PPP) wird vielfach als Sammelbezeichnung für alle möglichen Arten von neuen oder bereits bekannten Formen der Kooperation zwischen öffentlichen und privaten Akteuren genutzt. Um die konzeptionellen Elemente von PPP genauer zu bestimmen, haben *Budäus/Grüning* (1997) eine Definition vorgelegt, die wesentliche Dimensionen erfasst und sie von anderen Kooperationsformen abgrenzt. PPP beinhaltet demnach:

- Interaktion zwischen öffentlicher Hand und Akteuren aus dem privaten Sektor,
- die Verfolgung komplementärer Ziele,

- Synergiepotenziale bei der Zusammenarbeit,
- Prozessorientierung,
- Erhaltung der Identität und Verantwortung der Partner
- und die Zusammenarbeit auf (gesellschafts-)vertraglich formalisierte Weise.

Der Grad der Formalisierung bestimmt, ob es sich um eine erweiterte (wenig formalisierte) oder um eine engere (vertraglich fixierte) Form von PPP handelt. Wesentliches Kennzeichen für beide Formen ist die Komplementarität der Ziele der beteiligten Kooperationspartner.

Ausgehend von den USA haben sich Public Private Partnership-Projekte seit den Achtzigerjahren vor allem in der Stadtentwicklung verbreitet. Bei Kommunalpolitikern gilt PPP als »Geheimformel« (*Heinz* 1993) für die Durchführung komplexer Vorhaben der Stadtentwicklung und -erneuerung. Die Ursachen für die Popularität des Ansatzes sieht *Heinz* (1993, S. 33 f.) in vielfältigen infrastrukturellen Erneuerungsnotwendigkeiten infolge wirtschaftlicher Umstrukturierungen, Wettbewerbsdruck, Finanzknappheit öffentlicher Haushalte, Kompetenz- und Kapazitätsproblemen bei kommunalen Verwaltungen sowie einer (staatlich) gewollten Deregulierungspolitik, in deren Fokus seit Anfang der Neunzigerjahre »mehr Markt und weniger Staat« steht. Mit Blick auf die gegenwärtigen Rahmenbedingungen der Hochschulen sind hier durchaus Parallelen erkennbar.

Im Hochschulbereich wurde die Diskussion zur Public Private Partnership durch den Stifterverband angestoßen, der die *Hochschul-Informations-System GmbH (HIS)* mit einer empirischen Untersuchung zu **Formen der Forschungskooperation** zwischen Wirtschaft und Wissenschaft beauftragte. Die inzwischen vorliegende Studie beschreibt anhand 16 ausgewählter Fallbeispiele die unterschiedlichen Möglichkeiten der Realisierung von PPP im Forschungsbereich und entwickelt Vorschläge für die Gestaltung der Kooperationen auf der Basis von sechs idealtypischen Modellen, die sich in Formalisierungsgrad und Kooperationstiefe unterscheiden. Der Formalisierungsgrad reicht von informellen Kooperationen (Modell: Informelles Netzwerk) über kontraktbasierte Kooperationen, die entweder nur dem Informationsaustausch dienen (Modell: Rahmenvertrag) oder bereits handlungsorientiert sind (Modell: Projektkoordination). Den höchsten Formalisierungsgrad weisen gemischtwirtschaftliche Einrichtungen auf, die wiederum in der Kooperationstiefe vom Modell »Verein« (vorrangig Informationsaustausch) über »unselbstständige Forschungseinrichtungen« (Handlungsorientierung) bis hin zu selbstständigen Forschungseinrichtungen reichen. Letztere sind auf eine langfristige Ressourcenpooling orientiert und weisen alle Merkmale einer PPP im engeren Sinne auf (vgl. *Vogel/Stratmann* 2000).

Für den **Bereich Studium, Lehre und Weiterbildung** wurde ebenfalls vom *Stifterverband* eine Studie beim *Institut der deutschen Wirtschaft* in Auftrag gegeben, die vor allem auf die Zielebenen Reformen, Innovationen und Wettbewerbsfähigkeit fokussiert. Die Untersuchung identifiziert anhand von 20 Praxisbeispielen die neue Qualität von PPP gegenüber herkömmlichen Kooperationsformen anhand der Merkmale »schriftlich fixierte Verbindlichkeit«, »Vielfalt der Organisationsformen« und »Komplexität der Vernetzungen von öffentlichen und privaten Partnern«. Als Organisationsformen werden vor allem folgende Wege aufgezeigt:

- gemeinnützige oder auch nicht gemeinnützige GmbHs oder Stiftungen außerhalb der kooperierenden Hochschule,
- An-Institute angebunden an Hochschulen, aber privatwirtschaftlich in Form von GmbHs betrieben,
- gemeinsame Fach- oder Curriculum-Kommissionen, Beiräte, Kuratorien oder
- virtuelle Kommunikationsnetzwerke (vgl. *Wissenschaftsmanagement Spezial* 2000).

Kooperationshemmnisse treten weniger *zwischen* den Partnern auf als *in* den Institutionen selbst. Bemängelt wird vor allem die fehlende hochschulpolitische Gesamtstrategie für Kooperationen zwischen Hochschulen und Wirtschaft mit der Folge, dass die Umsetzung von PPP-Vorhaben vor allem im operativen Bereich mit einer Reihe von Problemen behaftet ist (vgl. *Konegen-Grenier* 2000). Eine zentrales Hindernis stellen bislang die **rechtlichen Einschränkungen** dar, denen Hochschulen bei der Durchführung derartiger Projekte unterworfen sind. Vor allem ihre fehlende Vermögensfähigkeit und die eingeschränkte Organisationsfreiheit begrenzen ihren Handlungsrahmen als gleichberechtigte Kooperationspartner. Eine Beteiligung an Kapitalgesellschaften ist bislang nur vereinzelt möglich und Einnahmen aus Patenten fielen bislang ausschließlich den Hochschullehrenden zu. So fassen denn auch *Vogel & Stratmann* (2000, S. 126) die Forderungen zur Verbesserung der Voraussetzungen für PPP in drei Punkten zusammen:

- Verbesserung von Beteiligungsmöglichkeiten von Hochschulen an Unternehmen bzw. Kapitalgesellschaften,
- Abschaffung des Hochschullehrer-Privilegs bei der Patentanmeldung,
- Flexibilisierung des Dienst- und Tarifrechts.

Mit der Neuformulierung verschiedener Landeshochschulgesetze sollen die Bedingungen für Unternehmensbeteiligungen verbessert werden. So sieht §3 (9) des Hamburger Hochschulgesetzentwurfs vor, dass Hochschulen »zur Unterstützung bei der Wahrnehmung ihrer Aufgaben Vereinbarungen mit Unternehmen treffen sowie mit Genehmigung der zuständigen Behörden Unternehmen gründen oder sich an Unternehmen beteiligen« können. Auch in Niedersachsen ist Hochschulen im Vorgriff auf die Neufassung des NHG die Einrichtung eines Körperschaftshaushaltes genehmigt worden. Die für die Abschaffung des Hochschullehrer-Prinzips erforderliche Novellierung des §42 des Arbeitnehmer-Erfinder-Gesetzes ist derzeit ebenso in Vorbereitung wie die Flexibilisierung des Dienst- und Tarifrechts. Es zeichnet sich also ab, dass die Voraussetzungen für die Umsetzung von Public Private Partnerships in absehbarer Zeit verbessert werden.

Trotz der bislang vorhandenen Hemmnisse liegen eine Reihe von **Praxisbeispielen** vor, die erfolgreiche Public Private Partnerships belegen. Stellvertretend sollen hier zwei Projekte vorgestellt werden:

Um die Unterfinanzierung im Bereich der Lehre zu reduzieren, aber auch um dem Boom bei der Gründung privater Hochschulen entgegen zu wirken, hat das Rektorat der Universität Potsdam das Ziel definiert, jährlich mindestens 10 Millionen DM von privaten Geldgebern für **Drittmittel-Förderungen im Bereich der Lehre** einzuwerben. Inzwischen sind zwei Projekte verwirklicht, ein weiteres befindet sich in der Planung. Im grundständigen Bereich gelang die Einrichtung des bundesweit bislang einmaligen Studiengangs »Softwaresystemanalyse« als Kooperationsvorhaben mit dem Gründer von SAP. Die Finanzierung des Studiengangs erfolgt auf Grundlage einer privatrechtlichen Stiftung, aus der acht ausgestattete Professuren eingerichtet werden. Das Land Brandenburg bringt als Mitstifter das Grundstück ein, auf dem das geplante Hasso Plattner Institut (HPI) gebaut wird. Studien- und Prüfungsordnungen für die BA- und MA-Ausbildung sind von der Hochschule unter Beteiligung des HPI entwickelt worden und durchlaufen die üblichen Genehmigungsverfahren. Die Beziehungen zwischen dem HPI und der Universität, insbesondere die Verzahnung zwischen dem HPI und dem Institut für Informatik, sind auf der Basis eines Kooperationsvertrages geregelt (vgl. *Klein, A.* 2000).

Als besonderes Beispiel für die Komplementarität von Zielen bei PPP kann die Gründung des *Universum Science Centers* in Bremen gelten (vgl. *Mehrtens/Bresemann/Abraham* 2000). Im Science Center sollen Forschungsleistungen und technologische Innovationen der Öffentlichkeit auf anschauliche und leicht verständliche Weise zugänglich gemacht werden. Das Projekt wurde aus der Universität heraus entwickelt, die Vernetzungen mit der Region in den Bereichen Wissenschaft, Tourismus und Wirtschaft wurden über Machbarkeitsstudien ausgelotet und in die Planungen einbezogen. Für das Universum (bestehend aus Science Center, Conference Center und Hotel) wurden in Public Private Partnership 68 Millionen DM aufgebracht, die zu 51 Prozent privat finanziert sind und zu 49 Prozent aus öffentlichen Fördermitteln stammen. Es wurde ein Betreibermodell entwickelt, das die wirtschaftlichen Risiken des Betriebs privatisiert. Projektentwicklung, Projektmanagement und Marketing wurden von einer Besitzgesellschaft vorgenommen, die Interessen der Universität werden durch Vertreter in den Lenkungsgremien eingebracht. Das bundesweit einmalige Projekt Science Center stößt in der Öffentlichkeit auf großes Interesse, schon wenige Monate nach der Eröffnung wurden die ursprünglich erwarteten Besucherzahlen bei weitem übertroffen. Die Stadt Bremen ist um eine touristische Attraktion reicher und die Universität Bremen leistet einen herausragenden Beitrag zum »public understanding of science« mit positiven Folgewirkungen auf die hochschuleigene → *Öffentlichkeitsarbeit*.

Die **Chancen von Public Private Partnership** bestehen vor allem darin, dass Projekte realisiert werden können, die bei einer (ausschließlichen) Finanzierung aus öffentlichen Mitteln nicht oder nur erschwert zustande kämen. Nach der Untersuchung des *Instituts der deutschen Wirtschaft* (*Konegen-Grenier* 2000) stammen 72 Prozent der Mittel aus Unternehmen und Stiftungen der Wirtschaft, 27 Prozent aus öffentlichen Mitteln und lediglich 1 Prozent aus den Hochschulen selbst. Insbesondere innovative Vorhaben lassen sich leichter und vor allem schneller realisieren. Für den Bereich Lehre, Studium und Weiterbildung bestehen Chancen vor allem darin, die auf dem Markt vorhandene Nachfrage nach zukunftsorientierten Studienangeboten zügig befriedigen zu können, um so einer privatwirtschaftlichen Konkurrenz zuvor zu kommen. Unternehmen können über Forschungskooperationen mit wissenschaftlichen Einrichtungen ihre eigene Leistungsfähigkeit stärken und – im Bereich der Lehre – hoch qualifizierte Nachwuchskräfte aus zukunftsorientierten Studiengängen rekrutieren. Mit der Einführung konsekutiver Abschlüsse werden die Bedingungen für die Einrichtung arbeitsmarktbezogener Aus- und Weiterbildungsangebote an Hochschulen zudem erheblich verbessert.

Potenzielle Probleme von PPP können bestehen (vgl. auch *Heinz* 1993, S. 13):

- im Rückgang demokratischer Kontrolle und Steuerung infolge der häufig gegebenen Sonderstellung von Partnerschaftsprojekten. Bei weitgehend verselbstständigten Organisationsformen von PPP sinken die hochschulpolitischen Einflussmöglichkeiten.

- im Verzicht auf langfristige strategische Perspektiven zugunsten kurzfristiger betriebswirtschaftlicher Kalkulationen durch die gewinnorientierten Vorstellungen privater Akteure.

- in einer zunehmenden Unschärfe der spezifischen Rollen und Zuständigkeiten öffentlicher Akteure, was Konflikte zwischen den Gemeinwohlinteressen der öffentlichen Hand und den kommerziellen Interessen der privatwirtschaftlichen Kooperationspartner hervorrufen kann.

Vor diesem Hintergrund ist die Ausgewogenheit der Kooperationsbeziehungen bei Public Privat Partnerships besonders in den Blick zu nehmen und ihre Ausgestaltungsformen sind genau zu definieren. Sie sollten auf die Entwicklungsplanung der Hochschulen abgestimmt sein und sich in das Profil der Hochschule einfügen. Das Rektorat der Universität Potsdam hat diesbezüglich zentrale Grundvoraussetzungen für die Durchführung von Public Private Partnerships definiert, die im Wesentlichen bestehen in der Sicherung der Einflussmöglichkeiten bei wichtigen Entscheidungen (insb. Berufungsverfahren, Studien- und Prüfungsordnungen, Auswahl von Studierenden) und der Abwendung des finanziellen Risikos von der Hochschule (insb. Finanzierung des Drittmittelpersonals, Kosten der Sicherung des Studienbetriebs) (vgl. *Klein* 2000). Ein konstruktiver und verantwortungsvoller Umgang mit dem Konzept Public Private Partnership kann durchaus zu einer neuen Definition dessen führen, was unter »Gemeinwesen« zu verstehen ist und der bislang überwiegend polarisierend geführten Diskussion zwischen »Verstaatlichung« auf der einen und »Vermarktlichung« auf der anderen Seite neue Impulse geben.

Literatur:

Budäus, D./Eichorn, P. (Hrsg.): Public Private Partnership. Neue Formen öffentlicher Aufgabenerfüllung. Schriftenreihe der Gesellschaft für öffentliche Wirtschaft. Heft 41. Baden-Baden 1997.

Heinz, W. (Hrsg.): Public Private Partnership – Ein neuer Weg zur Stadtentwicklung? Stuttgart 1993.

Heinze, R. G./Strünck, Chr.: Public Private Partnership. In: *Bandemer, St. von/Blanke, B./Nullmeier, F./Wewer, G.:* Handbuch der Verwaltungsreform. Opladen 1998.

Klein, A.: Private Public Partnership im Bereich der Lehre an der Universität Potsdam. In: Hochschulwesen 1/2000.

Konegen-Grenier, Ch.: Gesamtstrategie mit Partnern aus der Wirtschaft entwickeln. In: Wissenschaftsmanagement 3/2000.

Mehrtens, M./Bresemann, B./Abraham, W.: Science Center. Internes Arbeitspapier. www.universum.bremen.de.

Wissenschaftsmanagement spezial: Public Private Partnership in Studium, Lehre und Weiterbildung. 2. Jg. 3/2000.

Vogel, B./Stratmann, B.: Public Private Partnership in der Forschung – Neue Formen der Kooperation zwischen Wissenschaft und Wirtschaft. HIS-Hochschulplanung Nr. 146/2000.

Angaben zur Autorin:

Prof. Dr. Anke Hanft
Carl von Ossietzky Universität Oldenburg
FB 1/Arbeitsbereich Weiterbildung
Wiss. Leiterin des Schulenberg-Instituts für Bildungsforschung
Ammerländer Heerstraße 114-118
26129 Oldenburg
Tel. +49 44 17 98 27 43
E-Mail: Anke.Hanft@uni-oldenburg.de
http://web.web.uni-oldenburg.de

Qualitätsmanagement

Detlef Müller-Böling

Qualität ist – nicht nur bezogen auf Hochschulen – ein mehrdimensionaler Begriff, und in sofern nicht durch eine einzelne Definition einzufangen. Die verschiedenen **Dimensionen** implizieren jeweils verschiedene Anforderungen an das **Qualitätsmanagement**.

Prozesshaftigkeit. Grundsätzlich gesprochen ist Qualität im Hochschulbereich wie die Wissenschaft selbst als »etwas noch nicht ganz gefundenes und nie ganz aufzufindendes zu betrachten und unablässig als solche zu suchen« (*Wilhelm von Humboldt*). Im Kern ist Qualität im Hochschulbereich also immer prozesshaft. Sie erfordert sowohl bestimmte institutionelle Maßnahmen und Regeln, die ihre Sicherung ermöglichen, als auch kontinuierliche Bemühungen der Akteure, die diesen Rahmen ausfüllen und damit Qualität immer wieder neu hervorbringen und verbessern.

Ziel- und Interessenabhängigkeit. Qualität im Hochschulbereich ist kein absoluter Begriff, sondern misst sich an den gesteckten Qualitätszielen. Die Mehrdimensionalität des Qualitätsbegriffs ergibt sich dabei schon aus den vielfältigen Anforderungen, die von verschiedenen Akteuren an die Hochschulen gestellt werden. Wirtschaft, Politik, staatliche Verwaltung, Steuerzahler, Auftraggeber für Forschungsprojekte, regionales Umfeld, Studenten, Eltern usw. haben jeweils eigene Vorstellungen davon, was die Hochschulen leisten sollen. Qualität kann also im Hinblick auf diese Stakeholderinteressen ganz unterschiedlich definiert werden. Darüber hinaus bemisst sich Qualität im Hochschulbereich an den inhärenten Normen der Wissenschaftsgemeinschaft selbst. Qualitätsmanagement als Aufgabe der Hochschul-, Fakultäts- oder Institutsleitung setzt daher voraus, dass diese in dem durch die gesellschaftlichen Anforderungen gesteckten Rahmen eigene Ziele definiert und ein auf diese Ziele abgestimmtes Set von qualitätssichernden Instrumenten einsetzt. Qualitätsmanagement ist damit eine institutionelle und strategische Aufgabe der Hochschule.

Außen- und Innenperspektive. Die wachsende Bedeutung der Rechenschaftspflichtigkeit gegenüber der Gesellschaft als Ausdruck eines gewandelten Verhältnisses zwischen Hochschule und Staat war der Auslöser dafür, dass sich die Hochschulen seit Anfang der Neunzigerjahre zunehmend der Frage nach neuen Verfahren der Qualitätssicherung stellen mussten. Dies geht – dem internationalen Trend folgend – einher mit einem Paradigmenwechsel, bei dem der Staat sich aus der Detailsteuerung zurückzieht und den Hochschulen mehr Autonomie überträgt. Die traditionelle Ex-ante-Form der Qualitätssicherung, die vorrangig über Berufungsverfahren erfolgte, wird ergänzt durch Formen der Ex-post-Steuerung. Zugleich wächst das Interesse der Hochschulen als »Wahrer« von Qualität, ein institutionelles Selbstverständnis von Qualität zu entwickeln und zu verwirklichen. Qualitätsmanagement dient damit sowohl der
- Qualitätsentwicklung und -sicherung innerhalb der Hochschule als auch der
- Rechenschaft gegenüber Staat und Gesellschaft.

Diese Doppelfunktion schlägt sich in verschiedenen Instrumenten der Qualitätssicherung nieder, die vorrangig für den einen oder anderen Zweck eingesetzt werden.

Methodisches Verständnis. Qualität kann sowohl quantitativ als auch qualitativ interpretiert werden, entsprechend gibt es unterschiedliche Verfahren. Die quantitative Methode der performance indicators versucht über intersubjektiv überprüfbare Leistungskennzahlen Aspekte des Inputs (Studierendenzahlen), des Throughputs (Zwischenprüfungen, Dropout-Quote) und des Outputs (Absolventenzahlen, Studiensemester, Promotionen, Publikationen) statistisch zu erfassen. Dabei müssen die gewählten Indikatoren den Kriterien sowohl der Validität und Reliabilität genügen als auch relevant sein in Bezug auf das verfolgte Erkenntnisinteresse. Dagegen werden bei den qualitativen Peer Reviews die von der akademischen Gemeinschaft entwickelten und akzeptierten Leistungsstandards in einem letztlich subjektiven Bewertungsprozess zur Beurteilung der Ausbildungssituation, der Qualität der Lehr- und Lernprozesse oder der Forschungsergebnisse herangezogen. Allerdings kommen auch die Peers ohne gesicherte quantitative Datengrundlage nicht aus. Umgekehrt ergeben die Leistungskennzahlen ohne eine qualitative Interpretation ebenso wenig (höheren) Sinn. Grundsätzlich sind beide Verfahren daher aufeinander abgestimmt einzusetzen.

Anwendungsgebiete. Innerhalb der Hochschule selbst kann sich Qualität sowohl auf die Kernaufgaben der Forschung und Lehre, als auch auf die Verwaltung und die Serviceeinrichtungen (Bibliothek, Medienzentrum, Labore etc.) beziehen. Es liegt auf der Hand, dass sich hierfür jeweils verschiedene Instrumente anbieten.

Schlussfolgerung. Qualitätsmanagement an Hochschulen bedeutet, einen dieser Mehrdimensionalität gerecht werdenden integrativen Ansatz umzusetzen, der den verschiedenen Dimensionen entsprechend unterschiedliche Instrumente in sinnvoller Weise verknüpft. Ein allgemein anerkanntes Managementmodell gibt es hierfür jedoch nicht. Dieses im Hinblick auf die jeweiligen Umstände einer spezifischen Hochschule »maßzuschneidern« ist die eigentliche Managementleistung der Hochschulleitung.

Diese Managementleistung umfasst die folgenden Schritte:

- Qualität muss geplant werden, indem auf Fachbereichs- und/oder Hochschulebene gemeinsame Ziele und Standards definiert werden;
- Qualität muss organisiert werden, indem Regeln für qualitätssicherndes Handeln formuliert werden;
- Qualität muss gesteuert werden, indem Maßnahmen zur Prüfung der Zielerreichung und, wenn erforderlich, zur Gegensteuerung entwickelt werden;
- und schließlich erfordert Qualität auch, dass Mitarbeiter zu qualitätsbewusstem und -förderndem Verhalten motiviert werden.

Im Folgenden werden die wesentlichen **Instrumente des Qualitätsmanagements** im Hochschulbereich in Deutschland umrissen und ihre jeweilige Funktion im Rahmen des Qualitätsmanagements verdeutlicht. Da Qualitätssicherung an Hochschulen in Deutschland weitgehend gleichgesetzt wird mit → *Evaluation*, sind die Mehrzahl dieser Instrumente Evaluationsverfahren. Dies geht einher mit einer Konzentration der Qualitätssicherung auf die Bereiche Forschung und Lehre. Die Evaluation im engeren Sinne, also die Bewertung in der Vergangenheit erbrachter Leistungen, kann hierbei immer nur die Grundlage für ein Qualitätsmanagement sein, das die gewonnenen Informationen auf verschiedenen Ebenen bündelt und in Maßnahmen überführt.

Neben den Evaluationsverfahren sind Akkreditierung und Ansätze aus der Wirtschaft nach DIN EN ISO und → *EFQM* zu nennen.

Evaluation nach dem Niederländischen Modell. Das Grundmodell der Evaluation, an dem sich die Mehrzahl der in Deutschland praktizierten Verfahren orientiert, ist das so genannte »Niederländische Modell«. Sowohl der Wissenschaftsrat als auch die Hochschulrektorenkonferenz empfehlen ein Vorgehen nach diesem zweistufigen Evaluationsverfahren. Das Verfahren kombiniert eine interne Komponente (die Selbstbewertung von Fachbereichen anhand eines im voraus konzipierten Leitfadens bzw. Fragenkatalogs) mit einer externen Komponente (der Bewertung durch Fachkollegen, den so genannten Peers). Die Selbstberichte dienen den externen Gutachtern als Grundlage für Fragen bei ihren Besuchen, aus denen dann ein Fremdbericht erstellt wird. Als externe Gutachter können Vertreter der Berufspraxis, ausländische Wissenschaftler und Studierende hinzutreten. Die Erstellung des Selbstberichtes im Fachbereich leistet oft schon einen wesentlichen Beitrag zur Qualitätsentwicklung, da sie die fachbereichsinterne Verständigung über Ziele und Inhalte anregt. Auch die Datenbeschaffung und -aufbereitung kann Anstöße zur Ausbildung eines Qualitätsbewusstseins geben. Für die Umsetzung der Empfehlungen des Fremdberichtes sind oft erhebliche interne Widerstände zu überwinden. Verschiedene Ausprägungen des zweistufigen Modells in Deutschland haben hier Verfahren entwickelt, um die Umsetzung der Ergebnisse zu gewährleisten. Solche Beispiele gibt es auf Hochschulebene (Universität Dortmund), im länderübergreifenden Hochschulverbund (Nordverbund (http://www.uni-hamburg.de/PSV/PR/EVA/index.html), Evaluationsverbund der Technischen Universitäten Darmstadt, Karlsruhe und Kaiserslautern), und im landesweiten Verbund (ZEvA Niedersachsen (www.zeva.uni-hannover.de), Stiftung Evaluationsagentur Baden-Württemberg (www.mwk-bw.de/Hochschule/index.html)). Dabei stehen insbesondere die Universität Dortmund und der Nordverbund für eine aktive hochschulspezifische Nutzung der zweistufigen Evaluation als Instrument des Qualitätsmanagements.

Lehrberichte könnten im Sinne eines Qualitätsmanagements als Form der Selbstevaluation und Selbstkontrolle von Fachbereichen genutzt werden. So, wie sie in Deutschland gegenwärtig praktiziert werden, sind sie jedoch eher ein Versuch des Staates, von außen die Effizienz und Effektivität des Hochschulsystems mit einem von Innen kommenden Kontrollinstrument zu sichern. Aufgrund der gemeinsamen Empfehlung von Kultusministerkonferenz und Hochschulrektorenkonferenz zur Umsetzung der Studienreformen aus dem Jahr 1993 sowie der 10 Thesen des Wissenschaftsrates sind Lehrberichte in verschiedenen Länderprogrammen zur Qualitätssicherung der Lehre und in den meisten Hochschulgesetzen der Länder inzwischen verbindlich vorgeschrieben. Ihre qualitätsfördernde Wirkung wird allerdings begrenzt durch die Unklarheit von Zielsetzung und Adressatenkreis und die Vermischung der Funktionen Rechenschaftslegung und Qualitätsentwicklung.

Forschungsevaluation. Die bekannteste und international gebräuchlichste Form der Forschungsevaluation ist die externe Begutachtung von Forschungsanträgen durch gewählte oder von der fördernden Institution bestellte Fachkollegen und ggf. auch sachverständige Experten aus anderen Funktionsbereichen (Evaluation ex ante). Die Forschungsevaluation der Deutschen Forschungsgemeinschaft (DFG) verfährt im Wesentlichen nach diesem Modell. Forschungsevaluationen mit Hilfe quantitativer Indikatoren (z. B. Drittmittel, Patente, Promotionen, Publikationen) dienen den hochschulintern Verantwortlichen zur Positionsbestimmung und als Ansatzpunkt für qualitätssichernde Maßnahmen.

Befragungen. Sowohl Studierendenbefragungen als auch Absolventenbefragungen stellen wichtige Elemente eines Qualitätssicherungssystems dar. Dazu müssen ihre Ergebnisse gezielt für Maßnahmen zur Veränderung und Verbesserung genutzt werden. Studierendenbefragungen lassen sich so konzipieren, dass verschiedene Teile der Befragung verschiedenen Ebenen der Hochschule Feedback liefern, so z. B. der Ebene der Hochschulleitung, des Fachbereichs, der einzelnen Lehrenden und ihrer Veranstaltungen sowie spezifischer studentischer Anliegen. Auf jeder Ebene sollte es Verantwortliche geben, die Schlüsse aus den Ergebnissen ziehen und diese in Maßnahmen umsetzen, wie es vorbildlich beispielsweise an der ETH Zürich geschieht. Absolventenbefragungen (→ *Alumniorganisation*) können Informationen sowohl über die rückblickende Bewertung des Studiums durch die Studierenden als auch über ihren Verbleib im Arbeitsmarkt liefern und sind daher wesentlich für eine verbesserte Konzeption von Studiengängen und deren berufsbezogene Relevanz.

→ *Ranking*s, sofern sie methodisch sauber durchgeführt werden und damit differenzierte und sachlich korrekte Informationen enthalten, leisten als Informationsgrundlage einen wesentlichen Beitrag zum Qualitätsmanagement. Da Rankings die Daten verschiedener Hochschulen in Beziehung zueinander setzen, bieten sie der Hochschulleitung und einzelnen Fachbereichen eine relative Stärken- und Schwächenanalyse. Diese kann als Ausgangspunkt für strategisches Qualitätsmanagement im Sinne einer bewussten Positionierung der Hochschule auf bestimmten Qualitätsfeldern dienen. Nicht zuletzt wegen der Vielzahl von Indikatoren pro Studiengang und der überwiegenden Herkunft der Daten aus den Hochschulen wird in Deutschland zunehmend das Ranking des Centrums für Hochschulentwicklung und Stern (www.derstudienfuehrer.de) von Hochschulleitungen in diesem Sinne genutzt.

→ *Benchmarking* ist eine Managementtechnik, die dazu genutzt werden kann, die Selbststeuerungsfähigkeit der Hochschulen zu verbessern. Als Form der freiwilligen Selbstkontrolle eröffnet sie in besonderer Weise den Weg von der bloßen Qualitätssicherung zur Qualitätsentwicklung. Dabei tauschen vergleichbare Einrichtungen in offener oder anonymisierter Form Daten und Informationen über Leistungskennziffern oder Verfahrensabläufe aus und optimieren dann die eigene Organisation anhand der im direkten Vergleich herausgefundenen *best practice*. Benchmarking dient damit vorrangig der Qualitätsentwicklung innerhalb der Hochschule. Ein Beispiel für Benchmarking im deutschen Hochschulwesen ist der Benchmarking Club Technischer Universitäten (BMC). Zunehmend wird für ambitionierte Hochschulen auch die Teilnahme an internationalen Benchmarking Clubs attraktiv, da diese einen Leistungsvergleich auf dem globalen Bildungsmarkt erlaubt.

→ *Akkreditierung* kann sich auf einzelne Studiengänge und Programme, auf Fachbereiche und Hochschulen und auf Akkreditierungsagenturen selbst beziehen. Dieses Element des Qualitätsmanagements dient vorrangig der Darstellung und Garantie der erreichten Qualität nach außen (gegenüber Studenten, Geldgebern, Arbeitgebern). Zugleich kann Akkreditierung eine entscheidende Wirkung auf die hochschulinterne Qualitätsentwicklung entfalten, wenn Programme oder Strukturen schon im Hinblick auf die der Akkreditierung zugrunde liegenden Kriterien entwickelt werden. Akkreditierung kann darüber hinaus von der Hochschulleitung als strategisches Instrument genutzt werden, indem die Wahl der Akkreditierungsagentur (national, international, staatlich, arbeitgebernah, hochschulnah) aufgrund der Gesamtausrichtung der Hochschule erfolgt. In Deutschland erlangte Akkreditierung im Hochschulbereich Bedeutung im Zusammenhang mit der Einführung von Bachelor- und Master-Studiengängen infolge der Novellierung des Hochschulrahmengesetzes im Jahre 1998, da die Qualität dieser Studiengänge nicht wie bisher über Rahmenprüfungsordnungen, sondern durch Akkreditierung gesichert wird. Hierzu wurde ein Akkreditierungsrat geschaffen (www.akkreditierungsrat.de).

Seit Mitte der neunziger Jahre haben einige Hochschulen begonnen, umfassendere Ansätze des Qualitätsmanagements aus der Wirtschaft auf den Hochschulbereich zu übertragen. Umfassender sind diese Ansätze in dem Sinne, dass sie neben Forschung und Lehre auch Verwaltung und Serviceprozesse einbeziehen bzw. sich vorrangig auf letztere beziehen.

Qualitätssicherung nach DIN EN ISO 9000-9004 (→ *ISO-Normierung*). Die Normen und Handlungsrichtlinien DIN EN ISO 9000-9004 decken verschiedene Aspekte der Qualitätssicherung bzw. der Darlegung eines Qualitätsmanagementsystems ab. Sie sind für Wirtschaftsunternehmen und Dienstleistungseinrichtungen konzipiert und erlauben die Erfassung, Bewertung und Zertifizierung von Organisationsabläufen und -strukturen anhand eines Handbuchs. Erfahrungen mit der Übertragung der DIN-Normen auf den Hochschulbereich liegen in Deutschland bisher an einigen Fachhochschulen, dort vorwiegend auf der Fachbereichsebene, sowie an Lehrstühlen einiger Universitäten vor. Die Herausforderung im Umgang mit den DIN-Normen besteht darin, das System über die Zertifizierung hinaus mit Leben zu füllen und am Leben zu erhalten. Die Erfahrung zeigt, dass nur konkrete, hochschulspezifische Inhalte und Ziele die Kraft besitzen, echte Bemühungen zur Qualitätsverbesserung hervorzurufen. Das Erfassen von Strukturen und Prozessen in einem Handbuch birgt die Gefahr, als starres und bürokratisches Korsett verstanden zu werden. In Verbindung mit einem konkreten Projekt, wie dem Aufbau eines neuen, innovativen

Studiengangs, kann sich eine Zertifizierung nach ISO durchaus als unterstützendes Element bewähren.

Qualitätssicherung nach der **European Foundation for Quality Management (EFQM)**. Das Modell der → *EFQM* hat deutliche Bezüge zum Total Quality Management. Es wird in Unternehmen aller Wirtschaftbereiche vom produzierenden Gewerbe bis hin zu Dienstleistungsunternehmen angewendet. Im Fokus des Ansatzes stehen die handelnden Personen, die Prozesse und die Umweltbeziehungen einer Organisation. Diese wird als »lernende Organisation« begriffen mit dem Ziel der kontinuierlichen Verbesserung. Mittlerweile liegen an einzelnen Lehrstühlen und Hochschulen erste Erfahrungen mit der Implementierung dieses Instrumentariums vor. Die wesentliche Aufgabe besteht darin, ein sehr komplexes System für die Belange einer Hochschule so zu modifizieren, dass der damit verbundene Aufwand in einem angemessenen Verhältnis zum Ertrag steht.

Die Hochschulen stehen in Bezug auf das Qualitätsmanagement vor einer zweifachen Herausforderung. Einerseits geht es um die Behauptung der Qualitätssicherung als institutionelle Aufgabe der Hochschule und Instrument der strategischen Führung jenseits staatlicher Kontrollansprüche. Zugleich geht es darum, neben den aus der Wirtschaft übernommenen Qualitätssicherungssystemen jeweils individuelle, den Besonderheiten der einzelnen Hochschule angepasste Formen des Qualitätsmanagements zu entwickeln, die die genannten Instrumente in angemessener Weise kombinieren und diese darüber hinaus sinnvoll mit den anderen Managementaufgaben der Hochschulleitung verknüpfen.

Literatur:

Barz, A./Küchler, T.: Evaluation im deutschen Hochschulsystem: Ziele, Instrumente, Erfahrungen. In: dvs-Informationen, 13, (1998) 3, S. 11-16.

Hochschulrektorenkonferenz (Hrsg.): Qualität an Hochschulen. Beiträge zur Hochschulpolitik 1/1999. Bonn 1999.

Laske, S./Habersam, M./Kappler, E. (Hrsg.): Qualitätsentwicklung in Universitäten. Konzepte, Prozesse, Wirkungen. München 2000.

Müller-Böling, D.: Evaluationen zur Rechenschaftslegung oder Qualitätsverbesserung? Eine Bestandsaufnahme der Evaluation an deutschen Hochschulen. In: *Altrichter, H./Schratz, M./Pechar, H.* (Hrsg.): Hochschulen auf dem Prüfstand: Was bringt Evaluation für die Entwicklung von Universitäten und Fachhochschulen? Innsbruck – Wien 1997, S. 88-107.

Müller-Böling, D.: Evaluation betriebswirtschaftlicher Studiengänge. Instrument zur Rechenschaftslegung, Mittelverteilung oder Qualitätssicherung. In: *Egger, A./Grün, O./Moser, R.* (Hrsg.): Managementinstrumente und -konzepte. Entstehung, Verbreitung und Bedeutung für die Betriebswirtschaftslehre. Stuttgart 1999, S. 353-380.

Angaben zum Autor:

Prof. Dr. Detlef Müller-Böling
Leiter des Centrums für Hochschulentwicklung (CHE)
Carl-Bertelsmann-Straße 256
33311 Gütersloh
Telefon: +49 52 41 97 61 21
Fax: +49 52 41 97 61 40
E-Mail: detlef.mueller-boeling@che.de
http://www.che.de

Ranking

Petra Giebisch

In dem Maße, in dem die deutschen Hochschulen einem zunehmenden Wettbewerbs- und Legitimationsdruck ausgesetzt sind, haben Verfahren an Bedeutung gewonnen, mit denen Unterschiede in den Lehr- und Forschungsleistungen transparent gemacht werden können. In diesem Zusammenhang sind in Deutschland seit Ende der Achtzigerjahre eine Reihe von Rankings veröffentlicht worden. Hierbei handelt es sich um vergleichende Untersuchungen von Hochschulen oder Fachbereichen, deren Ergebnisse in Form von Ranglisten vorgelegt werden. Zu erwähnen sind insbesondere die Rankings von Spiegel (1989, 1993, 1999), Westerwelle und Partner in Kooperation mit manager magazin bzw. Computerwoche (1995 ff.), Focus (1997), Stern (1993), CHE in Zusammenarbeit mit Stiftung Warentest (1998) bzw. mit Stern/Start (1999, 2000).

Rankings haben das **Ziel**, Hochschulleistungen in Lehre und Forschung transparent und vergleichbar zu machen und damit einen Beitrag zur Qualitätsentwicklung zu leisten. Sie sollen dazu beitragen, den Wettbewerb an Hochschulen anzuregen und ihre Profilbildung zu stärken. Weiterhin stellen sie eine Orientierungshilfe für die Studienwahl dar. Damit wenden sie sich sowohl an Studienanfänger und -wechsler, an Arbeitgeber, Personal- und Berufberater als auch an die Hochschulen selbst.

Die Untersuchungen unterscheiden sich zum Teil erheblich im Hinblick auf Erhebungsmethoden, Indikatoren sowie Darstellung der Ergebnisse und letztendlich auch in ihrer Reichweite und Qualität. Einige Rankings beruhen allein auf subjektiven Einschätzungen z. B. von Studierenden, Professoren oder Arbeitgebern. In anderen Studien werden über die Urteile hinaus auch Fakten dargestellt. Zur Erhebung von subjektiven Einschätzungen und Urteilen werden schriftliche oder auch mündliche Befragungen durchgeführt. Die Größe der

Stichproben schwankt dabei zwischen den einzelnen Rankings, auch sind die Auswahlkriterien nicht einheitlich. Die Fakten werden ebenfalls in unterschiedlicher Weise erhoben. Über die Auswertung vorhandener statistischer Daten hinaus werden beispielsweise im Studienführer des CHE Fachbereiche und Hochschulverwaltungen schriftlich befragt. Darüber hinaus werden Publikationsaktivitäten über so genannte bibliometrische Messungen erfasst. Hierbei wird ermittelt, wie häufig Professoren über einen bestimmten Zeitraum in einem festgelegten Zeitschriftenset publiziert haben. Erstmals durch Patentanalysen wurde vom CHE im Studienführer 2000 die anwendungsorientierte Forschungsintensität abgebildet.

Ein weiterer Unterschied zwischen Rankings besteht darin, in welchem Umfang und Detaillierungsgrad Indikatoren dargestellt werden. Als Beispiel für ein umfassendes Ranking, in dem sowohl Fakten als auch Urteile von Studierenden sowie von Professoren präsentiert werden, kann das Indikatorenmodell des CHE gelten. Es besteht aus neun Bausteinen mit verschiedenen Einzelindikatoren, die fächerspezifisch variieren können:

Studienort und Hochschule, Indikatoren u. a.: Studierendenanteil am Studienort, Zahl der Wohnheimplätze, Semesterbeitrag.

Studierende, Indikatoren u. a.: Zahl der Studierenden, Studienanfänger im Fachbereich.

Studienergebnis, Indikatoren u. a.: mittlere Studiendauer, Durchschnittsnote der einzelnen Studiengänge.

Internationale Ausrichtung, Indikatoren u. a.: Teilnahme des Fachbereichs am European Credit Transfer System, Fremdsprachenangebot.

Studium und Lehre, Indikatoren u. a.: Betreuungsrelation, durchgeführte Evaluationen, Professoren- und Studierendenurteile zu Lehrangebot, Studienorganisation, Betreuung.

Ausstattung, Indikatoren u. a.: Zahl der PC-Arbeitsplätze, Professoren- und Studierendenurteile zur Ausstattung von Bibliothek, Laboren und Räumen.

Forschung, Indikatoren u.a.: Drittmitteleinwerbungen, Publikationen, Zitationen, Promotionen, Patente sowie die Beurteilung der Forschungssituation durch Professoren.

Gesamturteil Studierende, Indikator: das Urteil der Studierenden über ihre Studiensituation insgesamt.

Gesamturteil Professoren, Indikatoren: das Gesamturteil der Professoren über die Lehrbedingungen sowie die Empfehlungen einer Hochschule für ihr Fach (sog. »Professorentipp«).

In den meisten Untersuchungen werden die Einzelindikatoren zu einem Gesamtwert je Fach oder sogar je Hochschule verdichtet. Da jedoch in den Entscheidungsprozess für die Studienwahl individuelle Päferenzen einfließen, kann es den besten Fachbereich oder die beste Hochschule nicht geben. Ein multidimensionales Ranking wie das des CHE (www.derstudienfuehrer.de) berücksichtigt die unterschiedlichen Interessen und Neigungen der Studieninteressenten, indem die Einzelleistungen der Hochschulen in verschiedenen Dimensionen nebeneinander stehen und nicht zu einem Gesamtwert verdichtet werden.

Aufgrund der unterschiedlichen Anlagen und Methoden sind die Ergebnisse der verschiedenen Studien nur bedingt miteinander zu vergleichen. Insofern überrascht es auch nicht, dass einzelne Hochschulen in unterschiedlichen Rankings unterschiedliche Rangplätze einnehmen. Nicht zuletzt aus diesem Grund sind die Rankings teilweise auf scharfe Kritik gestoßen, die sich in drei Richtungen äußert:

Grundsatzkritik: Sie richtet sich gegen Vergleiche von Hochschulen generell; die Wirksamkeit von Rankings wird in Frage gestellt, da die meisten Studienanfänger nach wie vor ihre Hochschule nicht nach Qualitätskriterien auswählen, sondern die nächstgelegene Hochschule wählen. Zwischenzeitlich belegen Studien der Universität Gesamthochschule Kassel allerdings, dass im Semester nach Veröffentlichung der Ranglisten die Bewerberzahlen an den Hochschulen mit guten Ranking-Positionen steigen (*Daniel* 2000).

Kritik an den Indikatoren: Die Relevanz der verwendeten Indikatoren für die Studienentscheidung wird kritisiert; das Fehlen wichtiger Kennzahlen sowie die Eindeutigkeit der Interpretation einzelner Kennzahlen bemängelt. Eine ständige Weiterentwicklung des Indikatorensets ist daher unbedingt erforderlich (*Hornbostel* 1999).

Kritik an der Methode: Die Zuverlässigkeit der Erhebungsinstrumente und eine ausreichende Stichprobengröße werden angezweifelt (*Bayer* 1999). So wird insbesondere immer wieder die Validität der Urteile von Studierenden in Frage gestellt, da diese in der Regel nur eine Hochschule kennen würden und die Bewertungsmaßstäbe je nach Kontext unterschiedlich seien. Verschiedene Untersuchungen haben jedoch gezeigt, dass Studierende durchaus als Experten anzusehen sind und der Einfluss von sog. »Bias-Variablen« wie Geschlecht, Alter, Fachsemesterzahl relativ gering ist (*Hornbostel* 2000).

Auch renommierte Rankings in den USA, z. B. das von U. S. News: America's Best Colleges (www.usnews.com/usnews/edu/college/corank.htm) oder von Business Week: Best B-Schools Rankings (www.businessweek.com/bschools/99/index.htm) wie auch in Großbritannien, z. B. das Ranking der Times: Good University Guide (www.times-archive.co.uk/gug/) sind nicht unumstritten. Kritisiert werden vor allen zwei Aspekte: zum einen die Bewertungen ganzer Hochschulen, die eine Transparenz der einzelnen Fachbereiche nicht zulassen. Zum anderen lässt die Bildung einzelner Rangplätze anstelle einer Einteilung in Spitzen-, Mittel- und Schlussgruppen zu, dass teilweise lediglich geringfügige Unterschiede im Zahlenwert als Rang- und Qualitätsunterschiede interpretiert werden.

Abschließend können folgende **vier Anforderungen** an ein aussagefähiges Ranking benannt werden: Zunächst versteht sich von selbst, dass methodische Standards (z. B. bezogen auf Stichprobenziehung und -größe) einzuhalten sind. Zweitens muss die Untersuchung mindestens fächerbezogen sein. Untersuchungen für Hochschulen als ganze sind nicht aussagekräftig. Drittens muss ein Ranking ein breites Indikatorenset einbeziehen, das Einschätzungen und Fakten umfasst. Die verwendeten Indikatoren sind laufend weiterzuentwickeln und an fächerspezifische Besonderheiten anzupassen. Viertens schließlich muss ein Ranking der Mehrdimensionalität von Hochschulleistungen Rechnung tragen. Die verschiedenen Dimensionen dürfen nicht zu einem Gesamtwert verrechnet werden. Denn die Lehrleistungen können durchaus unterschiedlich sein von den Forschungsleistungen, diese von den Beratungsleistungen. Nur durch ein mehrdimensionales Ranking lässt sich das Stärken- und Schwächenprofil einer Hochschule abbilden.

Literatur:

Bayer, C. R.: Hochschul-Ranking: Übersicht und Methodenkritik. In: Beiträge zur Hochschulforschung, Sonderheft 1999. Bayerisches Staatsinstitut für Hochschulforschung und Hochschulplanung, München 1999.
Daniel, H.-D.: Folgenschwere Urteile. In: *UniSpiegel,* 2/2000, Hamburg 2000.
Hornbostel, S.: Welche Indikatoren zu welchem Zweck: Input, Throughput, Output. In: *Röbbecke, M./Simon, D.:* Qualitätsförderung durch Evaluation? Ziele, Aufgaben und Verfahren im Wandel, Wissenschaftszentrum, Berlin 1999.
Hornbostel, S.: Der Studienführer des CHE – ein multidimensionales Ranking. In: *Engel, U./Kirsch, B.* (Hrsg.): Qualitätsbeurteilung von Lehre und Studium, Campus Verlag, 2000.

Angaben zur Autorin:

Dipl.-Kff. Petra Giebisch
CHE Centrum für Hochschulentwicklung
Carl-Bertelsmann-Straße 256
33311 Gütersloh
Tel.: +49 52 41 97 61 38
Fax: +49 52 41 97 61 40
E-Mail: petra.giebisch@che.de

Rationales Entscheiden

Kai Helge Becker

Wenngleich die Frage nach der prinzipiell möglichen, faktisch realisierbaren und normativ anzustrebenden Vernünftigkeit menschlichen Handelns seit der Antike einen zentralen philosophischen Topos darstellte, schälte sich erst in der liberalen klassischen Nationalökonomie des 19. Jahrhunderts im Gefolge *Adam Smiths* das moderne Verständnis von Rationalität als **Zweck-Mittel-Rationalität** heraus. Nach diesem bis heute vorherrschenden Konzept handelt rational, wer ein gegebenes Ziel mit der kleinsten Menge an Mitteleinsatz verfolgt bzw. mit einer fixen Menge an Mitteln den größten Grad an Zielerreichung bewerkstelligt (für weitere in den Sozialwissenschaften gängige Rationalitätskonzepte siehe *Brentel, H.* 1999).

Ausgehend von dieser Zweck-Mittel-rationalen Perspektive des sog. »ökonomischen Prinzips«, das sich als Fiktion menschlichen Handelns als äußerst fruchtbar bei der Analyse wirtschaftlicher Phänomene erwies, entwickelten die Wirtschaftswissenschaften in der zweiten Hälfte des 20. Jahrhunderts u. a. die **präskriptive Entscheidungslogik**, eine in weiten Teilen mathematisch formulierte Theorie, die einen Entscheider in die Lage versetzen soll, in einer gegebenen Situation eine Entscheidung zu treffen, die seinen Nutzen maximiert. Dabei muss der Entscheider in einer Problemanalyse zunächst klären, welches Ziel zu erreichen ist und welche verschiedenen Handlungsalternativen bei der Erreichung dieses Zieles für ihn in Betracht kommen. Sodann gilt es zu eruieren, welche (nur schwer oder gar nicht von ihm beeinflussbaren) Umweltereignisse – etwa die Organisationsstruktur oder das Umfeld der Organisation – Auswirkungen auf die Konsequenzen der zu treffenden Entscheidung haben und welcher Art diese Auswirkungen je nach Wahl einer der betrachteten Handlungsalternativen konkret sein können. Neben Vorschlägen zur Strukturierung des Entscheidungsproblems leistet die Theorie dann Hilfestellung dabei, diejenige Alternative zu wählen, die im Hinblick auf ihre Konsequenzen den größten Beitrag zur Zielerreichung verspricht (*Eisenführ, F./Weber, M.* 1994). An diesem Konzept rationalen Entscheidens orientiert sich auch ein Großteil der betriebswirtschaftlichen **Managementlehre** (*Staehle, W.* 1999, vgl. auch → *strategische Managementtheorien*).

In der **Organisationsforschung** ging man zu Beginn des 20. Jahrhunderts zunächst davon aus, dass Organisationen im Großen und Ganzen nach dem Prinzip der oben geschilderten Zweck-Mittel-Rationalität funktionieren (paradigmatisch in *M. Webers* Bürokratiemodell 1922): Als arbeitsteiliges, soziales Gebilde verfügen sie jeweils über einen obersten Organisationszweck (festgelegt durch die oberste Hierarchieebene), zu dessen rationaler Erfüllung dieser

Zweck in kleinere Teilaufgaben (Mittel) zerlegt werden muss. Auf der zweiten Hierarchieebene werden diese Teilaufgaben als abgeleitete Zwecke ihrerseits in noch kleinere Teilaufgaben (Mittel) zerlegt. Dieser Prozess der Aufgabenzerlegung, bei der das von der höheren Hierarchieebene vorgegebene Mittel als abgeleiteter Zweck durch die untergeordnete Hierarchieebene anhand rationaler Mittelwahl verwirklicht werden soll, setzt sich bis auf die unterste Ebene der Organisation fort. Eine Organisation funktioniert demnach wie eine Maschine, bei der entlang der Hierarchieebenen und Zweck-Mittel-Ketten ein Zahnrädchen in das andere greift – eine seinerzeit häufig verwendete Metapher. Vor diesem Hintergrund gibt es bis heute in der praxisorientierten Organisations- und Managementliteratur eine Fülle von – mehr oder weniger präzisen, z. T. widersprüchlichen – Vorschlägen, wie die Formalstruktur der Hierarchieebenen einer Organisation zum rationalen Verfolgen des obersten Organisationszweckes gestaltet werden sollte (*Kieser, A.* 1999, S. 39-100).

Die an Max Weber anschließende Geschichte der Organisationsforschung stellt sich als eine Geschichte der Kritik und Revisionen des Zweck-Mittel-rationalen Modells dar (*Becker, A./Küpper, W./Ortmann, G.* 1992, bezugnehmend auf Schwierigkeiten von Hochschulreformen *Hanft, A.* 2000).

Aufbauend auf den Arbeiten *Ch. I. Barnards* kritisierte *H. A. Simon* ab 1945 das Modell der rationalen Mittelwahl, indem er darauf hinwies, dass Menschen zwar beabsichtigen, rational zu handeln, aber nur begrenzt dazu in der Lage sind. Nach seinem Konzept der **begrenzten Rationalität** (»bounded rationality«) können Menschen keine vollkommen rationalen Entscheidungen treffen, da sie lediglich über ein unvollständiges Wissen über die möglicherweise zukünftig eintretenden Umweltereignisse sowie die zu erwartenden Konsequenzen einer Handlungsalternative verfügen und niemals alle denkbaren Handlungsalternativen für ihre Entscheidungen in Betracht ziehen können. Anstelle der Maximierung des Nutzens der Konsequenzen einer Entscheidung suchen Menschen nur nach einer befriedigenden Lösung ihres Entscheidungsproblems – nach einer Handlungsalternative, die gerade ausreicht, um ihren Zweck zu erfüllen (»satisficing« statt »maximizing«). Die Aufgabe einer Organisation besteht deshalb nach *Simon* darin, durch Ausbildung, Beratung, Information, → *Entscheidungsstrukturen*, den Einsatz von autoritativen Vorgaben sowie durch das Einfordern von Loyalität und Leistungsbewusstsein die einzelnen Organisationsmitglieder derart zu beeinflussen, dass sie auf ihrer jeweiligen Hierarchieebene trotz ihrer begrenzten Rationalität so entscheiden, dass das organisationale Gesamtziel rational erreicht wird (*March, J. G.* 1999, S. 1-56; zu der an *Simon* anschließenden psychologischen Forschung auch *Eisenführ, F./Weber, M.* 1994, S. 325-352).

Eine schärfere Kritik am Modell rationalen Handelns in Organisationen übte 1959 *Ch. E. Lindblom*, der die in der Praxis meist anzutreffende **Methode des Durchwurstelns** (»muddling through«) aufgreift und als vorteilhaft beschreibt. Danach ignorieren Entscheidungsträger wichtige mögliche Alternativen und

Konsequenzen von Entscheidungen, suchen nach Zwecken und Mitteln, die für sie naheliegen, nehmen nur geringfügige Änderungen an der bestehenden Situation vor und verfahren in kleinen Schritten nach dem Try-and-error-Prinzip. Insbesondere da Entscheidungsprozesse in Organisationen auch Verhandlungsprozesse darstellen, können sich ohnehin nur kleine Veränderungen durchsetzen (*Staehle, W.* 1999, S. 522 ff.).

Vor dem Hintergrund ihrer Erfahrungen an Universitäten formulierten *M. D. Cohen, J. G. March* und *J. P. Olsen* 1972 ihr **Mülleimer-Modell** (»garbage can model«) organisationalen Entscheidens als deutliche Abgrenzung von Modellen intentionaler, folgerichtiger und optimierender Entscheidungsprozesse. In der Situation einer »organisierten Anarchie«, d. h. unter den Bedingungen inkonsistenter Zielsetzungen, fehlender Einschätzungen der organisationalen Abläufe, fluktuierender Teilnehmer und wechselnder Aufmerksamkeit, treffen bei einer Entscheidung private sowie organisationale Probleme der Entscheidungsträger, verschiedene Lösungsansätze unabhängig von konkreten Problemen, wechselnde Teilnehmer mit jeweils individuellen Zeit- und Energiereservoirs und diverse Anlässe, zu denen eine Entscheidung erwartet wird, zusammen. Eine Entscheidung findet dann durch Zusammenfügen dieser Komponenten statt, entweder durch eine rationale Problemlösung im oben beschriebenen Sinne, durch das Übersehen von Problemen, weil Zeit, Aufmerksamkeit oder Probleme gerade anderweitig absorbiert werden, oder durch »Flucht«, indem Probleme nach längerer, erfolgloser Beschäftigung mit einer Handlungsalternative an anderen Alternativen »haften« bleiben, so dass die ursprüngliche Handlungsalternative zur Entscheidung freigegeben wird (*March, J. G.* 1994, S. 198-206).

Mit den sog. institutionalistischen Ansätzen der Organisationstheorie formiert sich im Anschluss an *J. W. Meyer* und *B. Rowan* (1977) eine weitere Linie der Kritik an einem Zweck-Mittel-rationalen Organisationsverständnis. Danach sehen sich Organisationen mit kulturell bedingten Regeln in ihrer Umwelt konfrontiert, die vorgeben, welche Mittel zum Erreichen welcher Zwecke als rational anzusehen und damit für eine Organisation angemessen sind. Derartige - **Rationalitätsmythen,** die je nach Umwelt der Organisation (etwa Branche, politische Parteien oder Verbände) divergieren und als z. T. widersprüchliche Erwartungen an die Organisation herangetragen werden können, beziehen ihre Wirksamkeit durch den gemeinsam geteilten Glauben an ihre Wirksamkeit. Die interne Gestaltung von Organisationstrukturen vollzieht sich vielfach als eine (größtenteils unhinterfragte) Adaption an solche Regeln und Erwartungen. Auf diese Weise – und durch den Versuch einer Einflussnahme auf geltende Mythen – können Organisationen ihre Legitimität und Überlebensfähigkeit erhöhen (*March, J. G.* 1994, S. 57-102 und S. 175-220).

Ausgangspunkt der von *N. Brunsson* ab 1982 angestellten Überlegungen ist die Beobachtung, dass das Hauptproblem von Organisationen nicht in dem kognitiven Prozess der rationalen Mittelwahl für Zwecke besteht, sondern darin, gemeinsames Handeln zu initiieren. Dazu müssen die beteiligten Akteure über

Motivation und die Erwartung verfügen, dass als Ergebnis eines Entscheidungsprozesses überhaupt etwas passiert und die Diskussion nicht im Sande verläuft, sowie das nötige Commitment für die Umsetzung einer Entscheidung aufbringen. Hinsichtlich dieser Faktoren kann sich das Durchführen eines langwierigen, ausgeklügelten Zweck-Mittel-rationalen Entscheidungsprozesses aufgrund der dabei entstehenden Unsicherheit für die Beteiligten als äußerst kontraproduktiv erweisen. Stattdessen ist oftmals ein **handlungsrationales** Vorgehen funktionaler, bei dem nur wenige – möglichst zwei – Alternativen in Betracht gezogen, bei einer Alternative vor allem deren positive Aspekte hervorgehoben und nach der Alternativenevaluation die Ziele angepasst werden. Überzeugungskräftige und konsistente Organisationskulturen oder ➜ *Leitbilder* (bei *Brunsson*: »ideologies«) können hierbei hilfreich sein. Organisationen vefügen auch über die Möglichkeit, die Ebene ihrer Kommunikation und Diskussion (»talk«), wie sie in Zweck-Mittel-rationalen Entscheidungsprozessen zum Ausdruck kommen kann, von der Ebene des in handlungsrationalen Prozessen generierten organisationalen Handelns (»action«) trennen. Mit einer durch derartig lose gekoppelte Systeme erreichten Organisation der **Scheinheiligkeit** (»hypocrisy«) kann nicht nur Handeln initiiert, sondern auch widersprüchlichen Erwartungen der Organisationsumwelt (s. o.) entsprochen werden (*Hanft, A.* 2000).

Ein weiterer Grund für das Abweichen organisationalen Handelns vom Konzept der rationalen Verfolgung der Organisationziele findet sich mit den politischen Aspekten von Organisationen in den Arbeiten *M. Croziers* und *E. Friedbergs* ab 1977 und den daran anknüpfenden Konzepten der mikropolitischen Organisationsanalyse. Das Verhalten in Organisationen verläuft danach zwar weitgehend rational, allerdings orientiert an den individuellen Strategien der einzelnen Mitglieder, die nur partiell den offiziellen Organisationszielen entsprechen. Wie in einer Organisation letztlich gehandelt (oder blockiert) wird, ergibt sich aufgrund der **Machtspiele** der einzelnen Akteure, in denen sie versuchen, ihre Einflusszonen (etwa durch ➜ *Expertenmacht*) zu sichern und auszubauen. Diese Überlegungen weiterführend, haben *W. Küpper* und *A. Felsch* auf die Bedeutung von machtbasierten Handlungsspielräumen für die persönliche Identität der Organisationsmitglieder und damit verbunden für kreatives und innovatives, nicht in Zweck-Mittel-Rationalität aufgehendes Handeln in Organisationen hingewiesen (*Küpper, W./Felsch, A.* 2000).

Die organisationstheoretischen Forschungen *N. Luhmanns* schließlich setzen bei der Feststellung ein, dass Handeln aufgrund der Unmöglichkeit einer objektiven Betrachtung der Wirklichkeit immer eine zutiefst irrationale Komponente aufweist. Da die wesentlichen Dinge in Organisationen über Entscheidungen laufen, d. h. über Vorgänge, bei denen eine gewählte Handlung im Lichte abgelehnter Alternativen erscheint, wird die letztliche Willkür (bei *Luhmann*: **Paradoxie**) jeden Handelns auf dem Präsentierteller anderer auch möglicher Handlungen dargeboten. Für Organisationen ergibt sich daraus ein Problem: Einerseits muss in Organisationen entschieden werden, damit überhaupt etwas passiert, andererseits ist es gerade das Charakteristikum von Entscheidungen, auf die ihnen inhärente Willkür zu verweisen und damit das Entscheiden äußerst schwierig zu machen. Daher werden in Organisationen eine Reihe von Methoden verwendet, um das irrationale Moment jeder Entscheidung zu kaschieren. Ob dies etwa mit Rückgriff auf eine Zweck-Mittel-rationale Argumentation, Kennzahlen, → *Controlling* oder Diagramme, auf Expertenwissen, Intuition oder sicheres Auftreten, auf Routineverhalten, (in)formale Entscheidungsstrukturen oder Macht oder etwa auf Leitbilder, die Organisationskultur oder ein handlungsrationales Vorgehen erfolgt, ist eine Frage des jeweiligen empirischen Einzelfalles – hinsichtlich ihrer Funktion der Ablenkung von der Willkür organisationalen Handelns sind diese Methoden äquivalent (*Luhmann* 2000).

Literatur:

Becker, A./Küpper, W./Ortmann, G.: Revisionen der Rationalität. In: *Küpper, W./Ortmann, G.*: Mikropolitik: Rationalität, Macht und Spiele in Organisationen. Opladen, 2. Auflage 1992, S. 89-115.

Brentel, H.: Soziale Rationalität: Entwicklungen, Gehalte und Perspektiven von Rationalitätskonzepten in den Sozialwissenschaften. Opladen und Wiesbaden 1999.

Eisenführ, F./Weber, M.: Rationales Entscheiden. Berlin u. a., 2. Auflage 1994.

Hanft, A.: Sind Hochschulen reform(un)fähig? Eine organisationstheoretische Analyse. In: *Hanft, A.* (Hrsg.): Hochschulen managen? Zur Reformierbarkeit nach Managementprinzipien. Neuwied 2000.

Kieser, A. (Hrsg.): Organisationstheorien. Stuttgart u. a., 3. Auflage 1999.

Küpper, W./Felsch, A.: Organisation, Macht und Ökonomie: Mikropolitik und die Konstitution organisationaler Handlungssysteme. Opladen und Wiesbaden 2000.

Luhmann, N.: Organisation und Entscheidung. Wiesbaden 2000.

March, J. G.: A primer on decision making: how decisions happen. New York 1994.

Staehle, W. H.: Management: eine verhaltenswissenschaftliche Perspektive. München, 8. Auflage 1999.

Angaben zum Autor:

Kai Helge Becker
Dipl.-Wirtschafts-Mathematiker
Wissenschaftl. Mitarbeiter am Arbeitsbereich Personalwirtschaftslehre
Fachbereich Wirtschaftswissenschaften
Universität Hamburg
Von-Melle-Park 5
20246 Hamburg
Tel.: +49 40 42 83 83 315
Fax: +49 40 42 83 86 358
E-Mail: becker@hermes1.econ.uni-hamburg.de

Selbstorganisiertes Lernen

Jörg Knoll

Lernen setzt eigenes Tätigsein voraus. Ohne aktive Beteiligung entstehen weder Kenntnisse noch Fähigkeiten. Dementsprechend haben Selbstständigkeit und Selbstverantwortung in allen Konzepten über Bildung und Lernen eine ausgeprägte Orientierungsfunktion. Wie diese reflektiert, in Modellen erfasst und praktisch umgesetzt wird, unterscheidet sich in den einzelnen Bildungsbereichen und im geschichtlichen Ablauf. Während im Schulsystem – vor dem Hintergrund reformpädagogischer Vorläufer – schon seit längerem durch Schulversuche und umfassende Konzepte wie Projekt- oder Freiarbeit die selbstständige Gestaltung des Lernens gefördert wird, hat sich in der Erwachsenen- bzw. Weiterbildung erst in neuester Zeit eine breite Diskussion hierzu entwickelt, wobei allerdings kaum auf Vorläufer und Vorarbeiten zurückgegriffen wird (vgl. *Dietrich, S./Fuchs-Brüninghoff, E. u. a.* 1999). Im Blick auf die Hochschule fällt auf, dass einerseits die Fähigkeit zur selbstständigen Aneignung von Wissen nachgerade als Voraussetzung für Studium und akademische Qualifizierung gilt, eine Diskussion hierüber und über eine entsprechende Förderung allerdings kaum geführt wird.

Zur Begrifflichkeit: In der Diskussion über Beweggründe, Formen und Unterstützungsmöglichkeiten bei Vorgängen, in denen Menschen ihr Lernen selber gestalten, finden sich zahlreiche Bezeichnungen.»Selbstorganisiertes« und »Selbstgesteuertes Lernen« stehen hierbei an vorderster Stelle. Hierbei gibt es jedoch mannigfache Unterschiede nicht nur zwischen Autoren, sondern auch bei ein- und demselben Autor, sowie unklare Begriffsverwendungen (*Nounla, C.* 2001). Im Blick auf diese Situation wird hier eine Begriffsbestimmung und Modellkonstruktion gewählt, die sowohl das je Eigene als auch die gegenseitigen Bezüge von »selbstorganisiertem« und »selbstgesteuertem Lernen« deutlich macht.

Ausgangspunkt ist die Annahme unterschiedlicher Bedeutungsgehalte. »Organisieren« meint, einen Vorgang zu konstituieren (bezogen auf das Was, Wie und Wozu). »Steuern« meint, einen konstituierten Vorgang zu gestalten. »Selbstorganisiert« ist das Lernen, wenn es im Blick auf relevante Aspekte in eigener Zuständigkeit in Gang gesetzt und gestaltet wird; »fremdorganisiert«, wenn dies »anderen« zukommt oder von diesen geleistet wird (eine andere Person, eine andere Gruppe, eine Institution außerhalb des eigenen Zuständigkeits- und Verfügungsbereiches). »Selbstgesteuert« ist das Lernen, wenn es in einem gegebenen Rahmen oder auf einer vorhandenen Grundlage einzelne, bereits konstituierte Aspekte ausgestaltet; »fremdgesteuert«, wenn nicht nur die Konstituierung, sondern auch die Gestaltung des Lernarrangements einschließlich der Ziele einem »anderen« zukommt oder von diesem geleistet wird. Von daher wird hier »organisieren« und »steuern« als je eine Dimension mit polaren Ausprägungen verstanden: von selbstorganisiert bis fremdorganisiert, von selbstgesteuert bis fremdgesteuert.

Zur Typenbildung: Um die vielfältigen Ausprägungen des Lernens erfassen und angemessene Unterstützungsformen zu entwickeln, werden beide Dimension in einer Portfolio-Matrix verbunden (Abb. 1).

Matrix »Selbstorganisiertes Lernen« und »Selbstgesteuertes Lernen«			Dimension »organisieren«	
			Ausprägung:	
			Selbst (selbstorganisiert)	fremd (fremdorganisiert)
Dimension »steuern«	Ausprägung:	selbst (selbstorganisiert)	(1)	(3)
		fremd (fremdorganisiert)	(2)	(4)

Abb. 1: »Selbstorganisiertes« und »selbstgesteuertes« Lernen

Die Matrix gibt die Möglichkeit, unterschiedliche Typen von Lernformen zu beschreiben:

(1) Selbstorganisiertes und selbstgesteuertes Lernen, z. B.: Studierende tun sich zu einer Gruppe zusammen, um gemeinsam ein Buch durchzuarbeiten, das sie als grundlegend, aber auch als schwierig einschätzen. Sie vereinbaren bestimmte Lektüreabschnitte, nach denen sie sich treffen, um den Text zu diskutieren und ihr Verständnis gegenseitig zu prüfen. Oder: Examenskandidaten/-kandidatinnen bilden eine Gruppe, in der sie Themen arbeitsteilig vorbereiten.

(2) Selbstorganisiertes und fremdgesteuertes Lernen, z. B.: Die Angehörigen einer studentischen Arbeitsgruppe, die sich mit Lernhilfen für Behinderte beschäftigt, erörtern in einer privaten Fallbesprechung aus eigener Initiative und selbst moderiert die Organisationsprobleme in ihrer Arbeit. Sie laden zu einem nächsten Termin ein Mitglied des Lehrkörpers ein, das mit ihnen

ein Seminar zu Arbeitsorganisation und Projektmanagement gestalten soll (die Fachkraft als »Referent/-in« oder »Trainer/-in«, um das Lernen der Gruppe zu steuern, dies im Rahmen eines insgesamt selbst organisierten Lernprozesses).

(3) Fremdorganisiertes und selbstgesteuertes Lernen, z. B.: Es wird ein Seminar mit einem Rahmenthema ausgeschrieben, dessen inhaltliche Schwerpunkte von einzelnen Gruppen gefunden und ausgearbeitet werden. Gesamtziel, genereller Inhalt und Endtermin der Verwirklichung sind konstituiert. In diesem Rahmen steuern die Gruppen selbst die Auswahl einzelner Inhalte, deren Umsetzung und die Arbeitszeit. Der Dozent reflektiert in vereinbarten Zwischenschritten mit den Gruppen den Stand und Ablauf der Arbeit.

(4) Fremdorganisiertes und fremdgesteuertes Lernen, z. B.: Studierende absolvieren im Grundstudium eine Pflichtvorlesung mit Leistungsnachweis durch abschließendem Wissenstest, dessen Bestehen Voraussetzung für die Zulassung zur Zwischenprüfung ist.

Solche Typenbildung hat eine doppelte Funktion. Sie kann die Wahrnehmung und Einschätzung aktueller Lern-Lehr-Vorgänge strukturieren (analytischer Aspekt: Was wird von wem konstituiert und gestaltet?); und sie kann die Konzipierung und Formierung von künftigem Lerngeschehen anleiten (strategischer Aspekt: Was soll oder muss von wem konstituiert und gestaltet werden?). In beidem ermöglicht sie Zuordnungen. Jene Einzelelemente, die sich in den »reinen« Typ nicht einfügen, können auf Ansatzpunkte und Möglichkeiten für Selbststeuerung verweisen – etwa, wenn in dem Beispiel zu Typ (4) »Fremdorganisiertes und fremdgesteuertes Lernen« Studierende zwischen verschiedenen Formen wählen können, um den Leistungsnachweis zu erwerben (Test, Kolloquium, schriftlicher Bericht über ein Praxisprojekt), oder wenn ein begleitendes Tutorium angeboten wird, in dem die Studierenden aufgrund eigener Interessen und Erfahrungen den Inhalt der Vorlesung vertiefen.

Zur Bedeutung der Gruppe: Im Zusammenhang mit Studium liegt es nahe, bei selbstorganisiertem Lernen an das Individuelle zu denken, an das, was persönlich beim Lernen geschieht und worauf sich die jeweilige Zuständigkeit richtet. Wenn eine Gruppe mit im Spiel ist, steht das Lernen in einem größeren Zusammenhang. Es entfalten sich Wechselwirkungen. Sie betreffen sowohl das Individuum in alledem, was an Kenntnissen und Fähigkeiten gewonnen, als Arbeitsklima empfunden, als Lernerfahrung aufgebaut wird, als auch die Gesamtgruppe, die vorankommt oder stagniert, einen Stil ausprägt und ein Gefüge entwickelt.

Die Wechselwirkungen haben Folgen. Sie werden als angenehm und wertvoll, aber auch als mühsam erlebt. Für beides gibt es in der Alltagserfahrung und in Untersuchungen Belege. Neben dem Gewinn an aktiver Mitgestaltung wird vor allem der hohe Zeitverbrauch erwähnt, aber auch die gelegentlich auftretende Strukturlosigkeit. Diese Verbindung aus Gewinn und Schwierigkeiten lässt sich damit erklären, dass das Lernen in einer Gruppe Systemcharakter hat. Wenn die

Person selber zuständig für die Sache ist (den Inhalt, das Thema), wird diese ja nicht einfach vermittelt oder schlicht aufgenommen, sondern erschlossen, womöglich überhaupt erst konstituiert. Die Komplexität dieses Vorgangs steigt, wenn er von mehreren Personen getragen wird, die sich in Lebenssituationen, Vorerfahrungen, Kenntnissen, Fähigkeiten, Biographien, Verhaltensweisen und Kommunikationsstilen unterscheiden.

Hier kommen nun jene Aspekte ans Licht, die für alle Gruppen bedeutsam sind, aber in Formen wie z. B. der Vorlesung, in denen das Selbst wenig zu gestalten, geschweige denn zu konstituieren hat, eher verdeckt bleiben und sich allenfalls als »Störung« oder im »Wegbleiben« auswirken. Das betrifft Rollenfunktionen, Kommunikation und Kooperation, Umgang mit Konflikten, Problemlösung und Entscheidung, Zugehörigkeit und Integration, Regeln und Normen, Wahrnehmung für sich selbst und andere sowie die Frage nach der Gruppenentwicklung mit möglichen Phasen oder Brennpunkten.

Im Zusammenhang von Selbstorganisation bzw. Selbststeuerung und Gruppe wird das Lernen also mehrdimensional. Es bezieht sich zum einen auf den Gegenstand des Lernens und zum anderen auf das Lerngeschehen selber (z. B. Gesprächsform, Ergebnissicherung, Einschätzung von Zeitbedarf usw.). Je mehr diese Mehrdimensionalität wahrgenommen und berücksichtigt wird, desto stärker wird das gemeinsame Lernen zu einem selbstgesteuerten und gar selbstorganisierten.

Das Selbst beim Lernen in der Gruppe braucht somit soziale Reflexivität. Gemeint ist damit die Fähigkeit oder zumindest die Orientierung, das gemeinsame Erleben und Handeln samt hinderlichen und förderlichen Bedingungen gemeinsam wahrzunehmen und sich darüber zu verständigen. Diese Vielschichtigkeit fordert heraus und ist anstrengend. Das erklärt die Kurzlebigkeit von Gruppen mit selbstorganisierten Lernvorhaben unter Studierenden, aber auch unter Lehrenden. Andererseits spricht diese Vielschichtigkeit den Menschen auf mehreren Ebenen an, im Denken ebenso wie im Empfinden, in der sozialen Orientierung ebenso wie im konkreten Tun. Sie ist deshalb geeignet, besonders nachhaltige Lernerfahrungen zu ermöglichen. Das wiederum erklärt, weshalb Eindrücke und Ergebnisse aus derartigen Aktivitäten so lange in Erinnerung bleiben.

Hierbei ist für »Selbst«-Erleben und »Selbst«-Entwicklung der Studierenden das Selbst der Lehrenden eine wichtige Stütze, wenn es sich in einem Verhalten und Handeln ausprägt, das auf die Förderung des Lernsystems statt vorrangig auf Vermitteln von Kenntnissen, Fähigkeiten und Fertigkeiten ausgerichtet ist, auf Dabeisein und Begleiten statt auf Vorgeben und Definieren. Vertrauen in die Fähigkeiten anderer; Gewissheit, dass in der Gruppe Ressourcen zur Bewältigung von Schwierigkeiten vorhanden sind; Einsicht, dass die Verantwortung für das je eigene Lernen letzten Endes immer beim Selbst liegt – all dies entsteht nur durch eigene Erfahrung mit entsprechenden Prozessen. Deshalb brauchen Lehrende, denen an einer Förderung des Selbst beim Lernen liegt, ihrerseits Räume, um solche Lernerfahrungen machen zu können. Dies bedeutet für die Fortbildungspraxis im Rahmen von → *Hochschuldidaktik* den konsequenten Einsatz von Elementen zumindest des selbstgesteuerten Lernens und darüber hinaus die Einbeziehung von Gelegenheiten und Phasen der Selbstorganisation, indem z. B. kontinuierliche Praxisreflexion (»Kollegiale Praxisberatung«) oder Projekte gemeinsam geplant, verwirklicht und evaluiert werden.

Literatur:

Dietrich, S./Fuchs-Brüninghoff, E. u. a.: Selbstgesteuertes Lernen – auf dem Weg zu einer neuen Lernkultur. Frankfurt 1999.
Knoll, J.: »Wie selbstbestimmtes Lernen organisieren?« In: *Hoffmann, N./Rein, A. von* (Hrsg.): Selbstorganisiertes Lernen in berufsbiographischer Reflexion. Bad Heilbrunn 1998, S. 127-138.
Knoll, J.: »Möglichkeitsräume« – Selbstorganisiertes Lernen in Gruppen. In: *Bergold, R./Knoll, J./Mörchen, A.* (Hrsg.): In der Gruppe liegt das Potential – Wege zum selbstorganisierten Lernen. Würzburg 1999, S. 17-27.
Nounla, C.: Lernberatung in Selbstlernzentren. Leipzig 2001 (Mskr.).
Hollenstein, E. u. a.: Lernen Erwachsener zwischen Anleitung und Selbstorganisation. Forschung, Begleitung, Entwicklung (FBE) o. Nr. Bonn-Frankfurt 1990.

WWW-Adresse:

www.uni-leipzig.de/~erwbild/index.htm

Angaben zum Autor:

Prof. Dr. Jörg Knoll, Dipl.-Päd.
Inhaber des Lehrstuhls für Erwachsenenpädagogik der Universität Leipzig
Karl-Heine-Straße 22 b
04229 Leipzig
Tel.: +49 34 19 73 14 70
Fax: +49 34 19 73 14 79
E-Mail: knoll@rz.uni-leipzig.de

Selbstverwaltung

Jürgen Lüthje

Selbstverwaltung ist die Wahrnehmung öffentlicher Aufgaben durch Körperschaften, Anstalten oder Stiftungen des öffentlichen Rechts. Sie können Träger mittelbarer Staatsverwaltung sein, aber auch gesellschaftliche Aufgaben im öffentlichen Interesse wahrnehmen. Als Träger der Selbstverwaltung haben sie dem Staat gegenüber eigene Rechte. Sie nehmen am allgemeinen Rechtsverkehr mit eigenen Rechten teil und haben das Recht, in Formen des öffentlichen Rechts zu handeln, insbesondere Rechtsnormen zu schaffen, Verwaltungsakte zu erlassen und öffentlich-rechtliche Vereinbarungen zu treffen. Die Einrichtung eines Selbstverwaltungsträgers erfordert ein Gesetz, das dessen Aufgaben, Zuständigkeiten, Rechte und Pflichten regelt.

Gesetzliche Regelungen des Hochschulrechts bestätigen die Rechtsstellung der Universitäten als Körperschaften des öffentlichen Rechts und die Befugnis, die akademischen Angelegenheiten durch Satzung zu regeln. Zugleich werden die Hochschulen als staatliche Einrichtungen bezeichnet, was die doppelte Rechtsnatur als Selbstverwaltungskörperschaft und staatliche Anstalt ausdrückt.

Das Bundesverfassungsgericht hat offen gelassen, ob Artikel 5 Abs. 3 GG eine Garantie der Selbstverwaltung enthält, weil sie im akademischen, auf Forschung und Lehre unmittelbar bezogenen Bereich unangefochten bestehe, in den Hochschulgesetzen anerkannt und in den meisten Länderverfassungen ausdrücklich garantiert sei. Es stehe dem Gesetzgeber frei, andere Modelle der Selbstverwaltung zu entwickeln, er habe nicht nur das Recht, sondern auch die Pflicht, den Wissenschaftsbetrieb an den Hochschulen zeitgemäß zu gestalten. Art. 5 Abs. 3 GG enthalte zwar eine Grundsatznorm, die den Staat verpflichte, im Bereich des mit öffentlichen Mitteln eingerichteten und ausgeübten Wissenschaftsbetriebes durch geeignete organisatorische Maßnahmen dafür zu sorgen, dass das Grundrecht der freien wissenschaftlichen Betätigung unangetastet bleibt. Die Garantie der Wissenschaftsfreiheit habe jedoch weder das überlieferte Strukturmodell der deutschen Universität zur Grundlage noch schreibe sie überhaupt eine bestimmte Organisationsform vor.

Die vom Bundesverfassungsgericht entwickelten Grundsätze einer grundrechtsschützenden und -entfaltenden Wissenschaftsorganisation lassen sich ohne Selbstverwaltungsrechte der Hochschulen gegenüber dem Staat und ohne mitgliedschaftliche Verfassung der Hochschulen nicht verwirklichen. Eine Fachaufsicht des Staates über den Wissenschaftsbetrieb würde gegen Artikel 5 Abs. 3 GG verstoßen. Somit steht nicht die körperschaftliche Selbstverwaltung, sondern allein deren Ausgestaltung im Einzelnen zur Disposition des Gesetzgebers.

§ 58 Abs. 1 Satz 3 des Hochschulrahmengesetzes (HRG) gewährleistet allen Hochschulen das Recht der Selbstverwaltung. Als Träger dieses Rechtes sind die Hochschulen nach § 58 Abs. 1 Satz 1 Körperschaften des öffentlichen Rechts. Die Regelung legt aber zugleich ihre Rechtsstellung als staatliche Einrichtungen fest, die sich auf ihren staatlichen Aufgabenbereich bezieht. Seit 1998 lässt § 58 Satz 2 andere Rechtsformen zu, stellt aber nicht die in Satz 3 garantierte Selbstverwaltung zur Disposition. Damit kommen als andere Rechtsformen nur solche in Betracht, die mit einem Selbstverwaltungsrecht verbunden werden können, z. B. die vollrechtsfähige Körperschaft, die rechtsfähige Anstalt oder die Stiftung des öffentlichen Rechts. Privatrechtliche Rechtsformen sind zulässig, soweit sie mitgliedschaftliche Rechte ermöglichen. In diesem Fall muss das

Selbstverwaltungsrecht durch Gesetz übertragen und in seinen Grundzügen gestaltet werden.

Die Selbstverwaltungsrechte der Hochschulen werden durch deren Organe ausgeübt. Inhalt des Selbstverwaltungsrechtes ist positiv die Befugnis, die eigenen Angelegenheiten nach eigenem Ermessen regeln zu können, negativ die Freiheit von Weisungsbefugnissen und Fachaufsicht. In Selbstverwaltungsangelegenheiten ist der Staat auf die Rechtsaufsicht beschränkt. Nur soweit die Hochschulen staatliche Angelegenheiten wahrnehmen, ist nach § 59 Satz 3 HRG durch Gesetz eine weitergehende Aufsicht vorzusehen, die jedoch keine unbeschränkte Fachaufsicht sein muss. Werden einer Hochschule alle Aufgaben als Selbstverwaltungsaufgaben übertragen, etwa im Zusammenhang mit einer anderen Rechtsform, ist eine über die Rechtsaufsicht hinausgehende Aufsicht nicht vorzusehen.

Das HRG legt die **Selbstverwaltungsangelegenheiten** nicht abschließend fest, erklärt jedoch die Selbstverwaltung zum Regelfall der Aufgabenerfüllung. Daraus folgt eine gesetzliche Vermutung zugunsten der Selbstverwaltung. Soweit Aufgaben als staatliche Angelegenheiten oder nur im Zusammenwirken mit dem Staat wahrgenommen werden sollen, bedarf es einer ausdrücklichen gesetzlichen Regelung. Als staatliche Angelegenheiten regeln die Landeshochschulgesetze insbesondere die Personalverwaltung, die Wirtschafts-, die Haushalts- und Finanzverwaltung, die Krankenversorgung, die Ermittlung der Ausbildungskapazität und die Festsetzung von Zulassungszahlen. Für diese Aufgaben sehen die Landesgesetze zumeist eine unbeschränkte Fachaufsicht und ein Weisungsrecht in Einzelfällen vor.

Lehre und Studium gehören zum Kernbereich der akademischen Freiheit und Selbstverwaltung. Soweit ihre Gestaltung überindividueller Koordination bedarf, fällt die Regelung in den Bereich der Selbstverwaltung. Beschlüsse der Selbstverwaltungsorgane zur Lehre sind zulässig, soweit sie sich auf die Organisation des Lehrbetriebes sowie die Studien- und Prüfungsordnungen beziehen. Insbesondere die Gestaltung von Studiengängen, Studien- und Prüfungsordnungen und Studienplänen, die Regelung des Lehrbetriebs und des Lehrangebotes, die Studienberatung, die Hochschulprüfungen, die Studienreform sowie die Regelung und Verleihung von Graden sind Gegenstand der Selbstverwaltung, ebenso die → *Evaluation* von Lehrveranstaltungen und Studiengängen. Für die Einrichtung von Studiengängen ist ein Zusammenwirken von Staat und Hochschulen üblich, bei dem der Staat sich die Genehmigung vorbehalten oder ein Akkreditierungsverfahren vorsehen kann. Die dienstrechtlichen Verpflichtungen in Lehre und Prüfungen können durch staatliche Regelungen festgelegt werden, ebenso der Zugang zum Studium und das Zulassungsverfahren.

Die **Heranbildung und Förderung des wissenschaftlichen Nachwuchses** geschieht insbesondere durch die Betreuung und Durchführung von Promotions- und Habilitationsverfahren, durch Aufbaustudiengänge und promotionsbegleitende Studienangebote, durch Einrichtung von Graduiertenkollegs und Graduate Schools sowie durch Beteiligung an Forschungsprojekten und Förderprogrammen. In diesem Bereich haben vor allem die Universitäten einen besonders weiten Gestaltungsspielraum, staatliche Befugnisse sind auf die Gestaltung dienstrechtlicher und finanzieller Rahmenbedingungen beschränkt. Allerdings ist gesetzlich festgelegt, welchen Hochschulen die Heranbildung und Förderung des wissenschaftlichen Nachwuchses als Aufgabe obliegt.

Forschung ist in besonderer Weise individuell geprägt und persönlich motiviert. Sie steht unter dem grundrechtlichen Schutz der Forschungsfreiheit. Nach der Rechtsprechung des BVerfG und § 4 Abs. 2 HRG umfasst diese insbesondere die Fragestellung, die Grundsätze der Methodik sowie die Bewertung des Forschungsergebnisses und seine Verbreitung, Entscheidungen von Selbstverwaltungsorganen sind nur im Hinblick auf die Organisation des Forschungsbetriebes, die Förderung und Abstimmung von Forschungsvorhaben und auf die Bildung von Forschungsschwerpunkten zulässig. Damit ist der Rahmen des Selbstverwaltungsrechts der Hochschulen im Verhältnis zu den in der Forschung eigenverantwortlich tätigen Hochschulmitgliedern abgesteckt. Andererseits ist die Universität nicht nur der Raum freier individueller Forschung, sondern der Ort auch arbeitsteilig organisierter und öffentlich finanzierter Forschungsprozesse. Insoweit bedürfen die Rechte und Interessen der in der Forschung Tätigen der Koordination, des Interessenausgleichs und der Organisation. Diese Entscheidungen sind Gegenstand der Selbstverwaltung, insbesondere die Entwicklung und Vereinbarung kooperativer Forschungsprojekte, die Beantragung von Drittmitteln, die Bewertung von Forschungsvorhaben und -leistungen unter wissenschaftlichen Gesichtspunkten sowie die Sicherung der Regeln guter wissenschaftlicher Praxis.

Auch die **wissenschaftliche Fort- und Weiterbildung** ist Selbstverwaltungsaufgabe der Hochschulen. Neben dem Forschung, Lehre, Studium sowie wissenschaftliche Fort- und Weiterbildung unmittelbar betreffenden **Kernbereich der Selbstverwaltung** nehmen die Hochschulen **weitere Selbstverwaltungsaufgaben** wahr, die ihnen durch die Hochschulgesetze zugewiesen sind. Dazu gehören alle Aufgaben, die nicht durch Gesetz als staatliche Aufgaben bezeichnet sind. Bei vielen Aufgaben sehen das HRG und die Gesetze der Länder ein Zusammenwirken der Hochschulen und des Staates vor. Dabei liegt die Gestaltungsinitiative in der Regel bei den Hochschulen, während dem Staat die Genehmigung vorbehalten ist. Sofern die Genehmigungsmaßstäbe über die Rechtsaufsicht hinausgehen, sind sie gesetzlich zu konkretisieren. Der im Rahmen des Zusammenwirkens den Hochschulen obliegende Aufgabenbereich gehört zur Selbstverwaltung, so zum Beispiel die **Bedarfsanmeldung** gegenüber dem Staat, die Aufstellung von Berufungsvorschlägen und die Auswahl des wissenschaftlichen Personals, die Wahl von Hochschulorganen, die Regelung der Organisation der Hochschule, die Entwicklung und Beantragung neuer Studiengänge und die Bildung von Fakultäten, Fachbereichen, Instituten oder sonstigen Einrichtungen. Soweit diese Entscheidungen einer staatlichen Genehmigung bedürfen, liegt die Gestaltungspriorität bei der Hochschule.

Für die staatliche Genehmigung sind ausschließlich die gesetzlich geregelten Maßstäbe anzuwenden, wobei der Grundsatz des hochschulfreundlichen Verhaltens zu beachten ist. Im Rahmen ihrer Selbstverwaltungsaufgaben haben die Hochschulen das Satzungsrecht. Sie können allgemein verbindliche Regelungen treffen und durch eine Grundordnung ihre innere Ordnung regeln. Grundordnung und Satzungen bedürfen einer rechtsaufsichtlichen Genehmigung.

Der hochschulpolitische Paradigmenwechsel von einem staatlich geplanten, weitgehend einheitlich gestalteten zu einem durch → *Profilbildung* und Wettbewerb geprägten Hochschulsystem verschiebt die Abgrenzung von Selbstverwaltung und staatlichen Angelegenheiten zugunsten der Selbstverwaltung. Wettbewerb und Profilbildung setzen ein hohes Maß an Eigenständigkeit der einzelnen Hochschulen in der Gestaltung und Wahrnehmung ihrer Aufgaben voraus. Als staatliche Aufgaben verbleiben die Gestaltung der rechtlichen, finanziellen und strukturellen Rahmenbedingungen sowie die Rechtsaufsicht. Diese Entwicklung erfordert eine Rechtsform, die den Hochschulen weitergehende Eigenständigkeit als bisher verbürgt und damit deren Stellung als gleichberechtigte Partner beim Abschluss von → *Zielvereinbarungen* stärkt.

Literatur:

Brinkmann, H.: Die neue Freiheit der Universität. Berlin 1998.

Dallinger, P.: Kommentierung zu §58 in: *Hochschulrahmengesetz*, Kommentar. Tübingen 1978.

Deppeler, R.: Staat und Universität. Bern 1968.

Hailbronner, K.: Kommentierung zu §59 in: *Hailbronner-Geis*, Kommentar zum Hochschulrahmengesetz. Heidelberg 2000.

Hoffacker, W.: Die Universität des 21. Jahrhunderts. Neuwied 2000.

Kuemeyer, F.-L.: Hochschulautonomie, Hochschulselbstverwaltung. In: *Flämig, Chr.*: Handbuch des Wissenschaftsrechts. Bd. 1, 2. Auflage, Berlin-Heidelberg-New York 1996.

Kluge, A.: Die Universitäts-Selbstverwaltung. New York 1977.

von Lübtow, U.: Autonomie oder Heteronomie der Universitäten. Frankfurt 1966.

Lüthje, J.: Kommentierung zu §58 in: *Denninger, E.* (Hrsg.): Hochschulrahmengesetz, Kommentar. München 1984.

Müller-Böhling, D.: Die entfesselte Hochschule. Gütersloh 2000.

Oppermann, Th.: Kulturverwaltungsrecht. Tübingen 1969, S. 291 ff.

Peisert, H.: Hochschule und Staat. Villingen-Schwenningen 1980.

Reich, A.: Kommentierung zu §58 in: *Hochschulrahmengesetz*, Kommentar. 5. Auflage, Bad Honnef 1996.

Sauer, G.: Verfassungsrechtliche Grundlagen des Selbstverwaltungsrechts und der Autonomie der Hochschulen. Diss. Frankfurt 1973.

Thieme, W.: Deutsches Hochschulrecht. 2. Auflage, Köln-Berlin-Bonn-München 1986.

Winkler, G.: Die Rechtspersönlichkeit der Universitäten. Wien-New York 1988.

Angaben zum Autor:

Dr. Dr. h. c. Jürgen Lüthje
Präsident der Universität Hamburg
Universität Hamburg
Edmund-Siemers-Allee 1
20146 Hamburg
Tel.: +49 40 42 83 84 475
Fax: +49 40 42 83 86 799
E-Mail: prbuero@uni-hamburg.de

Software-Einsatz in der Hochschulverwaltung

Olaf Keitzel

Im Rahmen der Neuorientierung der Hochschulpolitik und der Diskussion um Reformen haben die Hochschulen eine Vielzahl von Herausforderungen zu bewältigen. Der Wechsel von der Input- zur Outputorientierung ist für den administrativen Bereich in der Regel mit der Einführung der Kosten- und Leistungsrechnung und in vielen Fällen mit der Umstellung auf ein kaufmännisches Rechnungswesen und der Implementierung einer integrierten Standardsoftware verbunden. Voraussetzung für einen effektiven und effizienten Einsatz neuer IT-Systeme ist eine konsequent an den Geschäftsprozessen orientierte Ausrichtung des Verwaltungshandelns. Kaufmännische integrierte Standardsoftware sollte daher nicht nur der doppischen Buchung (→ *Doppik und Kameralistik*) von Geschäftsvorfällen dienen, sondern zugleich einen wesentlichen Beitrag zur Optimierung der Verwaltungs- und Serviceprozesse leisten.

Im Mittelpunkt eines **Neuen Steuerungsmodells** → *Public Management* steht die Ablösung der inputorientierten »Prozesssteuerung« durch eine outputorientierte »Ergebnissteuerung«. Ein wesentliches Instrument dieser Reform ist eine Mittelverteilung, die sich an Leistungskriterien orientiert, die wiederum als Parameter Eingang in Formelmodelle finden oder Gegenstand von Zielvereinbarungen sein können (→ *Indikatorengestützte Mittelvergabe*, → *Zielvereinbarungssysteme*). Parallel dazu wird die detaillierte, in Titel gegliederte kameralistische Rechenschaftslegung durch → *Globalhaushalt*e abgelöst. Hochschulintern bedeutet diese Ergebnissteuerung eine mehr oder weniger differenzierte → *Budgetierung* der Fakultäten und Zentralen Einheiten. Eine Konsequenz in externer Hinsicht ist die Veränderung der Kontroll- und Steuerungsmöglichkeiten durch die Landesparlamente. Die Einführung einer Kosten- und Leistungsrechnung wird dabei als probates Mittel angesehen, um einerseits die erforderlichen Grundlagen für

413

interne Entscheidungsprozesse zu liefern (KLR als entscheidungsorientiertes Informationsinstrument), und um andererseits die durch die Globalisierung verloren gegangene detaillierte Rechenschaft über die Verausgabung der Mittel zu kompensieren (KLR als Instrument der externen Rechnungslegung). Über die richtige Basis für eine Kosten- und Leistungsrechnung in Hochschulen herrscht weitgehend Uneinigkeit. Es gibt sowohl Befürworter für die Beibehaltung der Kameralistik, als auch Befürworter für einen Umstieg auf ein kaufmännisches Rechnungswesen. Auch die vom Arbeitskreis Rechnungswesen der Hochschulkanzler verabschiedeten »Greifswalder Grundsätze« liefern in dieser Frage keine eindeutige Empfehlung. In einigen Bundesländern wird die Einführung von Globalhaushalten mit einer Änderung der Haushaltsführung verbunden, indem die Hochschulen künftig wie Landesbetriebe geführt werden. Dadurch ist der Wechsel von der Kameralistik zur Doppik zwingend vorgegeben. Die Bundesländer treiben die Reform aber nicht alle mit der gleichen Geschwindigkeit voran. So gibt es zur Zeit Länder, die ihre Hochschulen mit den althergebrachten Instrumenten steuern (z. B. Bayern, Sachsen), andere Länder führen unter Beibehaltung der Kameralistik Globalhaushalte ein (z. B. Berlin, Nordrhein-Westfalen) und andere Länder setzen in Modellversuchen auf eine leistungsorientierte Mittelverteilung auf der Grundlage eines kaufmännischen Rechnungswesens (z. B. Niedersachsen, Hessen). Die IT-Unterstützung der Auftragsverwaltung in den Hochschulen wird damit von den genannten Rahmenbedingungen in den Bundesländern bestimmt. So sind im Wesentlichen zwei Szenarien zu unterscheiden:

■ Einsatz der operativen HIS-Systeme und Einführung von HIS-COB für die Kosten- und Leistungsrechnung bzw. Verwendung von Eigenentwicklungen, wie z. B. TUM CoSy an der Technischen Universität München;

■ Einsatz kaufmännischer integrierter Standardsoftware, wie SAP R/3 oder BaaN.

Hochschulen, die nicht zu einer Einführung kaufmännischer Standardsoftware gezwungen sind, präferieren in der Regel die Beibehaltung des Status Quo, also die Verwendung der HIS-Software. Wesentliche Motive hierfür sind die mit einem Wechsel verbundenen hohen Investitionen und die veränderten Anforderungen an das Personal in den Verwaltungs- und DV-Abteilungen. Allerdings sind diese Systeme häufig als zentrale Insellösungen auf einzelne Verwaltungsbereiche zugeschnitten und verhindern eine integrierte Datenverarbeitung bzw. einen effizienten Zugriff auf Informationen. Hochschulen, denen der Umstieg auf ein kaufmännisches Rechnungswesen seitens der Länder vorgegeben wird, nutzen die entsprechende Software oftmals »nur« zur doppischen Buchung von Geschäftsvorfällen, so dass die in der Regel beträchtlichen Investitionen ebenfalls keinen wesentlichen Beitrag zur Optimierung der Verwaltungs- oder Serviceprozesse leisten.

Daneben gibt es aber eine Reihe von Einzelinitiativen, die den Übergang zu einer modernen, integrierten Informationstechnologie vollziehen und dabei ein besonderes Augenmerk auf die Strukturentwicklung legen, ohne auf die Veränderung der Rahmenbedingungen durch die jeweiligen Länder zu warten. Bezogen auf das Rechnungswesen verfolgen diese Hochschulen einen dualen Ansatz, indem sie die Kameralistik und die doppelte Buchführung geeignet koppeln. Als Beispiele sind die Universitäten in Heidelberg, Stuttgart, Würzburg und Saarbrücken zu nennen, aber auch die FH Bochum.

Die wesentlichen **ablauforganisatorischen Veränderungen** in den Prozessen und damit das eigentliche Verbesserungspotenzial ergeben sich weniger aus der Einführung des kaufmännischen Rechnungswesens im Sinne eines betriebswirtschaftlichen Konzepts, sondern aus der Kombination organisatorischer und dv-technischer Gestaltungselemente der Implementierung einer kaufmännischen integrierten Standardsoftware. Bewirkt die Einführung des Konzepts direkt nur die Ablösung des Teilprozesses Mittelbewirtschaftung (meistens ist die Stellenbewirtschaftung von den Veränderungen ausgenommen), so berührt die neue Software potenziell alle Teilprozesse der Ressourcenbewirtschaftung.

Zwar lassen sich auch einzelne Module zur verbesserten Unterstützung traditioneller Funktionsbereiche einführen, aber die viel weitergehenden Nutzungspotenziale des integrierten Gesamtsystems bleiben dabei ungenutzt. Am Beispiel SAP R/3 bedeutet das, dass die Einführung der Module FI und CO in Hochschulen zwar die Anforderungen des Landes an eine Ablösung der Kameralistik und Einführung der Kostenrechnung erfüllen kann, aber ohne die Implementierung z. B. des Moduls MM lassen sich nur geringe Verbesserungen der Ablauforganisation erzielen, da eine mögliche Integration mit dem Teilprozess Sachmittelbeschaffung nicht erfolgt.

Als Konsequenz aus einer Ablaufanalyse sind eine Reihe von Entscheidungen zu fällen, die vor allem die organisatorische Zuordnung von Aufgaben des kaufmännischen Rechnungswesens und die Zuordnung von Teilprozessen betreffen: Aufgaben des Rechnungswesens können eigens dafür eingerichteten Organisationseinheiten zugeordnet werden (Spezialisierung) oder in die operativen Prozesse eingebunden werden (Aufgabenintegration). Neben der Zuordnung der Aufgaben des Rechnungswesens ist eine Entscheidung über die Zuordnung von Teilprozessen zu treffen. So können operative und buchhalterische Teilprozesse der Zentralen Verwaltung (Zentralisierung) oder aber den Fachbereichen zugeordnet werden (Dezentralisierung). Insbesondere die Nebenbuchführungen, d. h. deren Erfassungsfunktionen, bieten sich für eine Integration in die operativen Prozesse an. Dabei wird die Eigenschaft der Datenintegration der einzuführenden Standardsoftware genutzt. In Verbindung mit den buchhalterischen können die operativen Teilprozesse in Richtung der Fachbereiche dezentralisiert werden. Fragen, die unmittelbar mit der Implementierung einer Standardsoftware zusammenhängen, lauten: Mit welchen Funktionen/Modulen einer integrierten Standardsoftware können die Teilprozesse unterstützt werden? Welche ablauforganisatorischen Verbesserungen lassen sich unter Berücksichtigung der Softwarefunktionalität erzielen?

Vergleichbare gesetzliche Vorschriften, einheitliche theoretische Konzepte und die weite Verbreitung der HIS-Softwaresysteme, die in fast allen Hochschulen eingesetzt werden (wurden), haben dazu geführt, dass die Verwaltungsabläufe in nahezu allen Hochschulen in ähnlicher Weise gestaltet sind. Daraus ergeben sich konsequenterweise vergleichbare Verbesserungspotenziale, die sich durch prozessorientierte Verwaltungsreorganisationen realisieren lassen. Der geringe Nutzen einer individuellen Problembehandlung ermöglicht eine Standardisierung von Geschäftsprozessen, die sich in Form von Referenzmodellen dokumentieren lässt; typische Prozesse sowie typische Daten-, Funktions- und Organisationsstrukturen in Hochschulverwaltungen können in solchen Modellen abgebildet werden. Durch die Verwendung eines Referenzmodells bei der Prozessoptimierung kann einmal gewonnenes Wissen wiederverwendet werden, so dass sich Kosten und Risiken eines entsprechenden Projektes gering halten lassen.

Literatur:

Fangmann, H./Keitzel, O.: Modellvorhaben Innovatives Verwaltungsmanagement an den Hochschulen des Freistaates Thüringen; Abschlußbericht über die Untersuchung zentraler Verwaltungsabläufe, 1997.

Fangmann, H./Keitzel, O.: Alte Strukturen gegen den Strich bürsten – Optimierung in der Hochschulverwaltung: von einer verrichtungsorientierten zu einer prozeßorientierten Organisation. In: Wissenschaftsmanagement 4 (1998) 2, S. 37-41.

Keitzel, O./Heckmann, M.: Prozessoptimierung in der Hochschulverwaltung – dargestellt am Beispiel der Abwicklung von Dienstreisen, Teil 1 und 2. In: io-management, 67 (1998) 7/8, S. 82-85 und 67 (1998) 9, S. 82-87.

Wenzel, P. (Hrsg.): Business Computing mit SAP R/3 – Modellierung, Customizing und Anwendung betriebswirtschaftlich-integrierter Geschäftsprozesse. 1. Aufl., Braunschweig, Wiesbaden: Vieweg 1999. S. 679-694.

Scheer, A.-W.: Wirtschaftsinformatik – Referenzmodelle für industrielle Geschäftsprozesse, 7. Aufl., Berlin et al. 1997.

Angaben zum Autor:

Olaf Keitzel
Diplom-Kaufmann, Seniorberater
SerCon Service-Konzepte für Informations-Systeme GmbH
Bad Meinberger Straße 1
32760 Detmold
Tel.: +49 16 05 30 35 40
E-Mail: olaf.keitzel@sercon.de

Software-Ergonomie

Ulrike Daldrup

Ziel der **Software-Ergonomie** ist die menschengerechte Gestaltung interaktiver Programmsysteme im Rahmen computergestützter Arbeit. Sie hat sich zur Aufgabe gemacht, für ein ganzheitlich arbeitendes, lernendes und in soziale Strukturen eingebundenes Individuum ein Programmsystem so gestalten, dass es seine Benutzer effektiv, effizient und zufrieden stellend bei der Erledigung ihrer Aufgaben unterstützt.

Damit ist das grundsätzliche Ziel der Software-Ergonomie die Anpassung der Eigenschaften eines Programmsystems an den arbeitenden Menschen und damit die Verbesserung der **Gebrauchstauglichkeit (usability)** von Software. In der europäischen Software-Ergonomie-Norm Teil 11 der ISO 9241 (identisch mit DIN 29241-11) wird Gebrauchstauglichkeit jeweils in Bezug auf bestimmte Aufgaben und bestimmte Benutzercharakteristika in einer bestimmten Organisationsumgebung als Zusammenspiel der folgenden drei Faktoren definiert:

- Effektivität, d. h. die Genauigkeit und Vollständigkeit, mit der die Aufgabenziele unter Einsatz der fraglichen Software erreicht werden können.
- Effizienz, d. h. der Aufwand, mit dem diese Ziele erreicht werden.
- Zufriedenheit bei der Software-Benutzung.

Die allgemeine Forderung nach Gebrauchstauglichkeit ist in einer weiteren europäischen Norm in die folgenden sieben Prinzipien gegliedert worden:

Prinzipien der Gebrauchstauglichkeit
Europäische Norm ISO 9241 – Teil 10 (identisch mit DIN 29241-10)

Aufgabenangemessenheit: Ein Dialog ist aufgabenangemessen, wenn er den Benutzer unterstützt, seine Arbeitsaufgabe effektiv und effizient zu erledigen.

Selbstbeschreibungsfähigkeit: Ein Dialog ist selbstbeschreibungsfähig, wenn jeder einzelne Dialogschritt durch Rückmeldung des Dialogsystems unmittelbar verständlich ist oder dem Benutzer auf Anfrage erklärt wird.

Steuerbarkeit: Ein Dialog ist steuerbar, wenn der Benutzer in der Lage ist, den Dialogablauf zu starten sowie seine Richtung und Geschwindigkeit zu beeinflussen, bis das Ziel erreicht ist.

Erwartungskonformität: Ein Dialog ist erwartungskonform, wenn er konsistent ist und den Merkmalen des Benutzers entspricht, z. B. seinen Kenntnissen aus dem Arbeitsgebiet, seiner Ausbildung und seiner Erfahrung sowie den allgemein anerkannten Konventionen.

Fehlertoleranz: Ein Dialog ist fehlertolerant, wenn das beabsichtigte Arbeitsergebnis trotz erkennbar fehlerhafter Eingaben entweder mit keinem oder mit minimalem Korrekturaufwand seitens des Benutzers erreicht werden kann.

Individualisierbarkeit: Ein Dialog ist individualisierbar, wenn das Dialogsystem

Anpassungen an die Erfordernisse der Arbeitsaufgabe sowie an die individuellen Fähigkeiten und Vorlieben des Benutzers zulässt.

Lernförderlichkeit: Ein Dialog ist lernförderlich, wenn er den Benutzer beim Erlernen des Dialogsystems unterstützt und anleitet.

Programme sind gebrauchstauglich, wenn sie diese Prinzipien der internationalen Software-Ergonomie-Norm ISO 9241 erfüllen. Allerdings liefert die Norm keine konkreten Kriterien für die Gestaltung oder Methoden zur Prüfung von Programmsystemen auf den Erfüllungsgrad der Gebrauchstauglichkeit hin.

Laut Hans-Günther Siebert vom TÜV Informationstechnik in Essen schlägt sich Software-Ergonomie längst in **Kosten** nieder: »Wenn jeder Mitarbeiter eines 50 Mann starken Unternehmens pro Tag nur eine Viertelstunde überflüssigerweise mit dem Anwenderprogramm ringt oder Treiber für streikende Drucker neu installiert, verliert die Firma bei einem Stundensatz von 100 Mark jedes Jahr 250.000 Mark« (*Reppesgaard, L.* 2000, S. 24).

Das Stuttgarter Frauenhofer-Institut für Arbeitswirtschaft und Organisation stellte fest, dass 60 bis 80 Prozent der Software, die in zahlreichen Anwenderprojekten bei großen Finanzdienstleistern untersucht wurde, nicht den ergonomischen Anforderungen entspricht (*Reppesgaard, L.* 2000, S. 24).

Mitarbeiter in Verwaltungen und Unternehmen haben inzwischen **Anspruch auf gebrauchstaugliche Programmsysteme.** Seit 1. Januar 2000 müssen die Unternehmen laut Bildschirmarbeitsverordnung (von 1996) ihren Beschäftigten ergonomische Rechner-Arbeitsplätze zur Verfügung stellen. Neben Bildschirm, Mobiliar und Beleuchtung betrifft dies auch die eingesetzte Software beispielsweise hinsichtlich Gebrauchstauglichkeit.

Auszug aus der Bildschirmarbeitsverordnung

Bei Entwicklung, Auswahl, Erwerb und Änderung von Software sowie bei der Gestaltung der Tätigkeit an Bildschirmgeräten hat der Arbeitgeber den folgenden Grundsätzen insbesondere im Hinblick auf die Benutzerfreundlichkeit Rechnung zu tragen:

21.1 Die Software muss an die auszuführende Aufgabe angepasst sein.

21.2 Die Systeme müssen den Benutzern Angaben über die jeweiligen Dialogabläufe unmittelbar oder auf Verlangen machen.

21.3 Die Systeme müssen den Benutzern die Beeinflussung der jeweiligen Dialogabläufe ermöglichen sowie eventuelle Fehler bei der Handhabung beschreiben und deren Beseitigung mit begrenztem Arbeitsaufwand erlauben.

21.4 Die Software muss entsprechend den Kenntnissen und Erfahrungen der Benutzer im Hinblick auf die auszuführende Aufgabe angepasst werden können.

22. Ohne Wissen der Benutzer darf keine Vorrichtung zur qualitativen oder quantitativen Kontrolle verwendet werden.

Quelle: http://www.sozialnetz-hessen.de/ergo-online/ergo_frame1.htm

Der Arbeitgeber ist verpflichtet, die Gestaltungsanforderungen an die Bildschirmarbeitsplätze einzuhalten und kann gegebenenfalls von einem Mitarbeiter, vom Betriebs- oder Personalrat, von den Berufsgenossenschaften oder den Krankenversicherungen gerichtlich zur Abhilfe und Schadenersatz gezwungen werden. Wird z. B. keine Augenvorsorgeuntersuchung angeboten, um sicher zu stellen, dass keine Augenschäden durch schlechte Bildschirme entstehen, so stellt das eine Ordnungswidrigkeit dar, die mit einem Bußgeld bis zu 10.000 DM geahndet werden kann. Entstehende Gesundheitsschäden werden dem Arbeitgeber angelastet. Entsprechend kann auch gebrauchstaugliche Software eingeklagt werden; allerdings sind die Softwareeigenschaften schwerer nachweisbar als die physikalischen Eigenschaften von Geräten.

Die Software-Ergonomie arbeitet als Ingenieurwissenschaft **produktorientiert**. Produkte sind z. B. Prototypen einer Benutzungsoberfläche eines Anwendungsprogramms für den Einsatz am Arbeitsplatz. Hier sind alle die Produkte gemeint, deren Gebrauchstauglichkeit zum Arbeiten und in der Alltagswelt von Bedeutung sind. Ein weiteres Produkt kann das Ergebnis eines Tests sein, in dem die Gebrauchstauglichkeit eines Prototypen oder eines fertigen Programmsystems mit Benutzern und ihren konkreten Aufgaben im Labor geprüft wurde. Auch die Benutzerschnittstelle (engl. user interface) ist ein Produkt: das zur Erzeugung der Benutzungsoberfläche entwickelte Stück Software innerhalb des gesamten Programmsystems.

Der **Nutzungskontext** steht für den Software-Ergonomen bei der Gestaltung gebrauchstauglicher Software im Mittelpunkt seiner Betrachtung: Nicht der Benutzer hat sich dem Programmsystem anzupassen, sondern das Programmsystem ist so zu gestalten, dass es den Bedürfnissen seines Benutzers entspricht. Der Nutzungskontext eines Programmsystems umfasst den Benutzer, seine Arbeitsaufgaben in einer Organisation, sein Kommunikationsbedürfnis, sein Sozialverhalten, sein Lernen etc.

Dazu liefern die Software-Ergonomie und benachbarte Fachwissenschaften wie die Arbeitswissenschaften mit ihrem Verständnis und ihren Herangehensweisen an arbeitenden Menschen in einer Organisation, die Wahrnehmungspsychologie und die Pädagogik wichtige Aspekte für die gebrauchstaugliche Gestaltung.

Eine der zahlreichen **Gestaltungsmethoden** der Software-Ergonomie, MUSE, (*Daldrup, U.* 1996) nimmt drei verschiedene Sichten auf die zu gestaltenden Benutzungsoberfläche in ihrem Nutzungskontext ein. Durch die jeweiligen Sichten wird zum einen die Komplexität der Gestaltungsentscheidungen reduziert und zum anderen können systematisch software-ergonomische Anforderungen, wie durch die ISO-Prinzipien beschrieben, in den Gestaltungsprozess einbezogen werden.
1. In der zweckgebundenen Sicht wird geklärt, welche Arbeitsschritte des Benutzers in seinem Nutzungskontext durch das Programmsystem unterstützt oder vom Programm übernommen werden sollen. Ergebnis dieser Sicht sind

die im Programmsystem zu bearbeitenden Daten und die dafür zur Verfügung stehenden Funktionen.

2. In der interaktionsbezogenen Sicht wird das Interaktionsverhalten für den bestimmten Nutzungskontext, Daten und Funktionen in einem gewissen Ablauf entwickelt.

3. In der präsentationsbezogenen Sicht werden diese Interaktionskomponenten in einer ästhetischen Form an einem bestimmten Ort auf der Benutzungsoberfläche realisiert. Dies ist Aufgabe eines Grafikdesigners.

Grenzen und Probleme:

■ Fälschlicherweise wird von Software-Entwicklern gern davon ausgegangen, dass bereits die Verwendung von so genannten Styleguides zu gebrauchstauglicher Software führt. Das stimmt nicht, da Styleguides unabhängig vom Nutzungskontext, also von den Aufgaben und Bedürfnisse eines individuellen Benutzers entwickelt worden sind und lediglich das Aussehen einiger wichtiger Gestaltungselemente auf der Benutzungsoberfläche festlegen.

■ Die Software-Ergonomie kann keine festen Regeln liefern, wie gebrauchstaugliche Programmsysteme zu gestalten oder zu prüfen sind. Anders als bei der klassischen Ergonomie (etwa für Geräte und Möbel) ist hier nichts exakt (nach)messbar. Deshalb sind z. B. Zertifikate »Ergonomie geprüft« auf Software-Produkten ohne Wert.

■ Erfolgreiche Gestaltung ist eine komplexe Aufgabe mit vielen Beteiligten und nie eine Einzelleistung. Sie findet im Team statt, das die verschiedenen Fachkompetenzen vereinigt. Das setzt allerdings voraus, dass sich Software-Entwickler ihrer eigenen begrenzten Fähigkeit bewusst werden müssen und, rechtzeitig bevor ein Programmsystem auf den Markt kommt, fachkundigen Rat akzeptieren und umsetzen sollten. Aber leider gilt gerade bei Software-Entwicklern der Spruch »Software-developers have the most perfect common sense!«, denn sie glauben immer die Bedürfnisse der Softwarebenutzer zu kennen.

Literatur:

Daldrup, U.: (Un)Ordnung im Gestaltungsprozess menschengerechter Software. Frankfurt am Main: Peter Lang 1996.
Reppesgaard, L.: Stressfaktor Software. In: Computerzeitung Nr. 34/24. August 2000.
DIN EN ISO 9241-10, Ausgabe: 1996-07: Ergonomische Anforderungen für Bürotätigkeiten mit Bildschirmgeräten – Teil 10: Grundsätze Dialoggestaltung (ISO 9241-10:1996); Deutsche Fassung EN ISO 9241-10. Berlin: Beuth-Verlag 1996.
DIN EN ISO 9241-11, Ausgabe: 1999-01: Ergonomische Anforderungen für Bürotätigkeiten mit Bildschirmgeräten – Teil 11: Anforderungen an die Gebrauchstauglichkeit; Leitsätze (ISO 9241-11:1998); Deutsche Fassung EN ISO 9241-11. Berlin: Beuth-Verlag 1998.

Weitere Literatur zum Stichwort »Software-Ergonomie«
Maaß, S.: Software-Ergonomie. Benutzer- und aufgabenorientierte Systemgestaltung. In: Informatik Spektrum, Band 16, Heft 4, August 1993. 191-205.
Schneider, H.-J. (Hrsg): Lexikon Informatik und Datenverarbeitung. München: R. Oldenbourg Verlag 1997.

Berichte des German Chapter of the ACM Thema Software-Ergonomie, insbesondere Bände 32 (1989), 39 (1993), 40 (1993), 45 (1995), 46 (1996), 49 (1997) 53 (1999). Stuttgart: B.G. Teubner Verlag.
Informationsdienst Arbeit und Gesundheit, Schwerpunkt Bildschirmarbeit: http://www. sozialnetz-hessen.de/ergo-online
Broschüren des Bundesministeriums für Arbeit und Sozialordnung zum Thema: http:// www.bma.de/publikationen

Angaben zur Autorin:

Dr. Ulrike Daldrup
Leiterin der Lernwerkstatt für multimediales Lehren
Fachbereich Informatik
Carl von Ossietzky Universität Oldenburg
Postfach 2503
26111 Oldenburg
Büro: A2 2-236
Tel.: +49 44 17 98 29 83
Fax: +49 44 17 98 29 21 96
E-Mail: Ulrike.Daldrup@Informatik.Uni-Oldenburg.de
http://www.lernwerkstatt-ml.uni-oldenburg.de

Sponsoring

Arnold Hermanns

Hochschulsponsoring stellt ein Instrument des → *Fundraising* von Hochschulen dar. Es wird darunter

- die Zuwendung von Finanz-, Sach- und oder Dienstleistungen von einem Unternehmen (Sponsor),
- an eine Hochschule, eine organisatorische Einheit der Hochschule oder an ein Mitglied der Hochschule (Gesponserter),
- gegen die Gewährung von Rechten zur kommunikativen Nutzung von Institution bzw. Person und/oder Aktivitäten des Gesponserten,
- auf der Basis einer vertraglichen Vereinbarung

verstanden (siehe Abbildung 1).

Hervorzuheben ist, dass es sich beim Sponsoring immer um ein Geschäft auf Gegenseitigkeit handelt. Ein Unternehmen wird also nicht aus altruistischen Motiven zum Sponsor, sondern es verbindet mit seinem Engagement die Absicht, eine entsprechende kommunikative Leistung zu erhalten. Allerdings kann damit auch eine Förderabsicht verbunden sein.

421

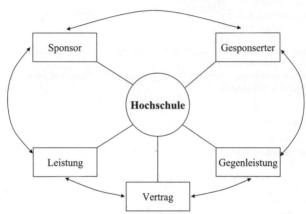

Abb. 1: Die konstitutiven Elemente des Sponsoring

Quelle: *Hermanns, A./Glogger, A.* 1998, S. 13.

Während Sponsoring aus Sicht der Gesponserten in erster Linie ein Instrument der Mittelbeschaffung darstellt, handelt es sich aus Sicht der Sponsoren um ein Kommunikationsinstrument, welches zur Verfolgung verschiedener kommunikativer Ziele eingesetzt wird (➜ *Kommunikationspolitik*). Meistens sind dies die Veränderung von Images, die Erhöhung des Bekanntheitsgrades von Unternehmen oder Marken, die Motivation der Mitarbeiter sowie die Kontaktpflege mit wichtigen Leistungspartnern. In letzter Konsequenz werden über die gewünschten kommunikativen Wirkungen des Sponsoring aber auch wirtschaftliche Ziele, wie z. B. Umsatz- und Gewinnsteigerung, verfolgt.

Die **Leistungen**, die ein Unternehmen dem Partner aus dem Hochschulbereich erbringen kann, bestehen in der Bereitstellung von Finanz- und Sachmitteln, Dienstleistungen und Kommunikationsleistungen. Dienstleistungen umfassen ein sehr breites Spektrum und leben von der Kreativität der Beteiligten. Beispiele für Dienstleistungen sind die Bereitstellung von Praktikumsplätzen für Studierende, die Abstellung von Unternehmensmitgliedern für Gastvorträge oder die Bereitstellung von Personal und Know-how in besonderen Einsatzgebieten (z. B. für die Wartung der EDV-Anlagen des Rechenzentrums). Letztere Variante wird auch als Secondment bezeichnet. Als Kommunikationsleistungen werden dagegen die Maßnahmen bezeichnet, die der Sponsor ergreift, um das Sponsorship und damit auch den Partner aus dem Hochschulbereich an die Öffentlichkeit zu tragen.

Bei den **Gegenleistungen**, die der Gesponserte im Rahmen eines Sponsorships erbringen kann, handelt es sich gemäß der Sponsoring-Definition ganz allgemein um Rechte zur kommunikativen Nutzung des Partners bzw. dessen Aktivitäten. Diese Rechte können von einem Unternehmen auf vielfältige Art und Weise in Anspruch genommen werden. Sie beziehen sich auf

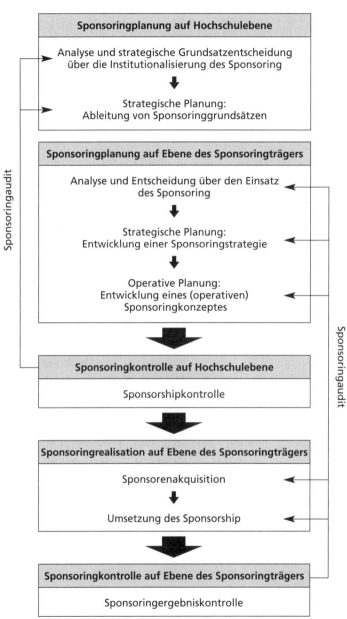

Abb. 2: Der Managementprozess des Hochschulsponsoring

Quelle: *Hermanns, A./Glogger, A.* 1998, S. 115.

- die Benennung des Sponsoring-Objektes nach dem Sponsor (z. B. die Benennung eines Lehrstuhls nach dem Sponsor);
- die Markierung von Ausrüstungsgegenständen und Einrichtungen (z. B. der Aufdruck von Namen und Logo des Sponsors auf Lernmaterialien);
- den kommunikativen Auftritt im Umfeld von Veranstaltungen einer Hochschule (z. B. die Präsentation von Unternehmen/Produkten im Rahmen einer Veranstaltung);
- die Nutzung von Prädikaten (z. B. »Offizieller Sponsor der Universität xy«) sowie
- das Herausstellen des Sponsors im Rahmen der Presse- bzw. Öffentlichkeitsarbeit des Gesponserten.

Abgesehen von den dargestellten Rechten zur kommunikativen Nutzung werden in der Praxis häufig noch andere Gegenleistungen vom Gesponserten erbracht. Es handelt sich dabei z. B. um die Bevorrechtigung zur Nutzung von Auftragsforschungskapazitäten oder um die Einräumung besonderer Möglichkeiten der Personalrekrutierung.

Dem Hochschulsponsoring liegen somit charakteristische Austauschbeziehungen zwischen einer Hochschule und ihren (potentiellen) Sponsoren zugrunde. Die Gestaltung dieser spezifischen Austauschbeziehungen bedarf eines konzeptionsgeleiteten Vorgehens im Sinne eines **Sponsoringmanagements**. Es hat die Aufgabe, zu einer systematischen Vorgehensweise bei der Akquisition von Sponsoren beizutragen und damit letztendlich deren Erfolgschancen zu erhöhen (siehe Abbildung 2).

Vor dem Hintergrund der gegenwärtigen und der zu erwartenden zukünftigen Rahmenbedingungen wird für die Hochschulen in den nächsten Jahren die Bedeutung des Sponsoring als neue Möglichkeit der Mittelbeschaffung zunehmen.

Literatur:

Hermanns, A.: Sponsoring, Grundlagen-Wirkungen-Management-Perspektiven. München 1997.

Hermanns, A./Glogger, A.: Management des Hochschulsponsoring. Neuwied, Kriftel, Berlin 1998.

Westtebe, A./Winter, E./Prost, O.: Hochschul-Sponsoring. Ein Leitfaden für die Sponsoring-Praxis an Hochschulen. Stuttgart u. a. 1997.

Angaben zum Autor:

Prof. Dr. Arnold Hermanns
Universität der Bundeswehr München
Fakultät für Wirtschafts- und Organisationswissenschaften
Institut für Marketing
85577 Neubiberg
Tel.: +49 89 60 04 42 11
Fax: +49 89 60 04 39 08
E-Mail: Arnold.Hermanns@unibw-muenchen.de
http://www.marketing-munich.de

Strategische Managementtheorien

Marco Zimmer

Strategisches Management verfolgt das Ziel, die grundlegende Positionierung einer Unternehmung so vorzunehmen, dass – in der Regel wirtschaftliche – Erfolgspotentiale gesichert bzw. aus- und aufgebaut werden können (*Schreyögg, G.* 1992). Strategisches Management hat damit eine längerfristige Perspektive, umfasst sowohl reaktive als auch proaktive Handlungselemente und berücksichtigt die (antizipierten) Erwartungen und Handlungen der relevanten Anspruchsgruppen in der Umwelt der Unternehmung.

Die Theoriebildung zu Fragen des strategischen Managements kann in der Betriebswirtschaftslehre und vor allem in der amerikanischen Managementlehre auf eine fast 40 Jahre umfassende Tradition zurückblicken. Im Zuge dieser Diskussion wurde eine Vielzahl von Modellen zur Bestimmung strategischer Erfolgsfaktoren und zur Erklärung des Erfolges von Unternehmungen entwickelt. Diese Modelle zeichnen sich häufig durch unterschiedliche Erklärungsinteressen und eine (scheinbare) Unvereinbarkeit aus: Teilweise sollen die Faktoren, die reale strategische Prozesse und Entscheidungen beeinflussen, bestimmt werden, andere Ansätze treten an, präskriptiv Empfehlungen für erfolgreiche Methoden der Implementierung strategischer Prozesse zu geben (*Schreyögg, G.* 1984); einige Modelle propagieren Normstrategien als Schlüssel zum strategischen Erfolg, während andere die Notwendigkeit einer kasuistischen Betrachtung betonen; entweder richtet sich die Organisationsstruktur nach den strategischen Entscheidungen oder die Entscheidungen richten sich nach der Struktur der Unternehmung; entweder wird eine Strategie bewusst geplant oder sie emergiert, d. h. sie ergibt sich als unintendiertes Resultat einer Folge von Handlungen; entweder ist eine idiosynkratische Ressourcenausstattung verantwortlich für den Erfolg der Unternehmung oder die schlagende Wettbewerbsposition auf dem Absatzmarkt.

Die zuletzt genannte Schneidung soll im Folgenden aufgegriffen werden, kennzeichnet sie doch eine Diskussion, die in den Achtzigerjahren des vergangenen Jahrhunderts begann und bis heute anhält. Nachdem die Theorieentwicklung bis dahin vornehmlich durch die Untersuchung von Fallstudien geprägt war, aus denen versucht wurde allgemeine Schlüsse zu ziehen, setzte zu diesem Zeitpunkt mit der Arbeit von Porter (*Porter, M. E.* 1983) eine Renaissance der ökonomischen Theorie im strategischen Management ein (zu *Knyphausen-Aufsess, D.* 1994).

Maßgeblich an dieser verstärkten Beachtung ökonomischer Aspekte im Nachdenken über strategisches Management beteiligt waren zwei Ansätze, die bis heute die Diskussion dominieren:
- der von *Porter* geprägte marktbasierte Ansatz und

- der auf *Penrose* (*Penrose, E.* 1959) zurückgehende Resource-based-view und Kernkompetenzenansatz.

Porter führt in seiner einzelwirtschaftlichen Wendung der Ergebnisse industrie-ökonomischer Forschung den wirtschaftlichen Erfolg von Unternehmungen vornehmlich auf deren Stellung auf den unterschiedlichen Märkten zurück, auf denen sie agieren. Die bestimmenden Faktoren, die die Wettbewerbsposition von Unternehmungen beeinflussen können, sind für den **Market-based-view**:

- die Position der betrachteten Unternehmung im Verhältnis zu ihren etablierten Konkurrenten auf dem Absatzmarkt;
- die potenzielle Bedrohung dieser Position, die durch neu auf den Markt drängende Anbieter verursacht werden kann;
- das Ausmaß an Käufermacht, dem die Unternehmung gegenübersteht;
- das Risiko, Wettbewerbspositionen auf dem Absatzmarkt durch die Einführung von Substituten zu verlieren, und
- das Kräfteverhältnis, das zwischen der fokalen Unternehmung und ihren Zulieferern besteht.

Gelingt es einer Unternehmung in den gerade angeführten Bereichen dominierende Positionen aufzubauen und zu verteidigen, so wird sie ihre Wettbewerbsposition halten oder verbessern können. Dies kann beispielsweise dadurch geschehen, dass sie sich durch Produktdifferenzierung von ihren direkten Konkurrenten absetzt. Dabei wird sie gleichzeitig die Bedrohung durch Substitute verringern und das Kräfteverhältnis zu den Käufern zu ihren Gunsten verändern. Ganz im Einklang mit der industrieökonomischen Tradition wird dabei von den Unterschiedlichkeiten der einzelnen Unternehmungen weitgehend abstrahiert: Wettbewerbsvorteile werden auf dem Markt erzielt, die einzelne Unternehmung kann wie eine Black-Box behandelt werden.

Dieser Sichtweise setzen **Resource-based-view** und Kernkompetenzenansatz eine Erklärung des Erfolges von Unternehmungen entgegen, die auf die (Nutzung der) in einer Unternehmung verfügbaren Ressourcen und Fertigkeiten abhebt. Damit Ressourcen und Kompetenzen zur Quelle strategischer Erfolge werden, müssen sie folgende Bedingungen erfüllen (*Barney, J. B.* 1991):

- Sie müssen strategisch wertvoll sein, das heißt, sie müssen es der Unternehmung erlauben, Erfolgsmöglichkeiten zu nutzen oder Bedrohungen aus der Umwelt zu neutralisieren.
- Sie müssen einzigartig oder zumindest knapp sein, damit nicht Konkurrenten, indem sie auf identische Ressourcen und Fertigkeiten zurückgreifen, den Vorteil der fokalen Unternehmung wieder neutralisieren können.
- Sie müssen immobil und nicht über einen Markt handelbar sein, da sonst die Gefahr besteht, dass Konkurrenten durch Erwerb der relevanten Ressourcen und Fertigkeiten den Wettbewerbsvorteil zunichte machen.
- Sie dürfen nicht imitierbar sein, damit sie nicht von anderen nachgebildet werden können. Als besonders vor Imitation geschützt werden solche Ressourcen und Fertigkeiten betrachtet, die sich durch hohe soziale Komple-

xität auszeichnen und/oder einer gewissen Entwicklungszeit bedürfen, bevor sie ihren strategischen Wert erlangen.

■ Schließlich dürfen die Ressourcen und Fertigkeiten auch nicht substituierbar sein, da bei der Existenz von Substituten ebenfalls der Wettbewerbsvorteil der fokalen Unternehmung bedroht wäre.

Im Gegensatz zu *Porter* betonen Resource-based-view und Kernkompetenzenansatz damit die Bedeutung der Unterschiedlichkeit von Unternehmungen für die Erlangung und Verteidigung von strategischen Vorteilspositionen und sehen die Basis von Wettbewerbsvorteilen im Inneren der Organisation, in ihrer jeweiligen Ausstattung mit Ressourcen und Kompetenzen.

Unter anderem aufgrund dieser unterschiedlichen Sicht- und Erklärungsweisen werden die marktorientierte und die ressourcenbasierte Perspektive häufig als konkurrierende oder sogar widersprüchliche Erklärungen des strategischen Erfolges von Unternehmungen angesehen. Eine solche Betrachtung fällt, trotz des angewendeten verfeinerten theoretischen Instrumentariums, hinter die Fallstudienanalyse der amerikanischen Business Schools zurück. Dort waren es vier Faktorenbündel, die als relevant für die inhaltliche Bestimmung der Unternehmensstrategie betrachtet wurden: die Stärken und Schwächen der Unternehmung selber, die Chancen und Risiken, die der Markt bietet, das Wertesystem der (leitenden) Unternehmensmitglieder und die Erwartungen, die die Umwelt an die Unternehmung stellt respektive die Verantwortung, die die Unternehmung gegenüber der Gesellschaft hat. Dabei konzentrierten sich schon die Business Schools vornehmlich auf die ökonomischen Aspekte dieses Modells (Stärken und Schwächen der Unternehmung, Chancen und Risiken des Marktes) und ließen die mehr soziologischen und ethischen Einflussgrößen meist außen vor. Daraus resultierten die bekannten SWOT-Modelle (Strengths Weaknesses Opportunities Threats).

Die beiden gerade angesprochenen Ansätze können relativ eindeutig jeweils einer Hälfte des SWOT-Schemas zugeordnet werden: die resourcen- und kompetenzbasierten Ansätze den Stärken und Schwächen (Strengths und Weaknesses) einer Unternehmung, die marktorientierte Perspektive den Chancen und Bedrohungen (Opportunities und Threats) des Marktes. Anders formuliert: Der marktbasierte Ansatz ist extern orientiert und läuft Gefahr, das Innere der Unternehmung zu vernachlässigen, während ressourcenorientierte Ansätze in ihrer Fokussierung auf die Binnenverhältnisse einer Unternehmung Gefahr laufen, die externen (marktlichen) Bedingungen, denen die Unternehmung sich ausgesetzt sieht, aus dem Blick zu verlieren.

Dass eine solch einseitige Betonung jeweils einer Perspektive problematisch ist, lässt sich anhand einfacher Überlegungen zeigen (*Zimmer, M./Ortmann, G.* 1996): Auf der einen Seite erscheint es unplausibel, davon auszugehen, dass eine Unternehmung eine marktbeherrschende Position einnehmen und halten kann, wenn sie ihren Kunden nicht aufgrund der ihr (exklusiv) zur Verfügung stehenden Kompetenzen und Ressourcen mit ihren Produkten einen Nutzen bieten kann, der über dem der Konkurrenzprodukte liegt. Auf der anderen Seite wird es einer Unternehmung kaum gelingen, aus der Verfügung über strategisch wertvolle Fertigkeiten und Ressourcen Wettbewerbsvorteile zu generieren, wenn sie ihre Kompetenzen und Ressourcen nicht in einer stabilen Marktposition einsetzen und ausnutzen kann oder ggf. bereits an von anderen errichteten Marktbarrieren scheitert. Sinnvoller scheint eine ➜ *strategische Orientierung* zu sein, die die Verwendung der Ressourcen und Fertigkeiten auf die jeweilige Position der Unternehmung auf dem Markt bezieht, das heißt sowohl die Stärken und Schwächen der Unternehmung als auch die Chancen und Risiken des Marktes beachtet. Dies bedeutet häufig nicht nur eine Gleichzeitigkeit der Beachtung beider Perspektiven, sondern auch eine Wahrnehmung der wechselseitigen Bedingtheit des strategischen Werts einer Ressource oder Kompetenz und der Marktpositionierung. Schließlich ergibt sich der Wert einer Ressource vornehmlich aus dem Nutzen, den sie bei entsprechender Verwendung für die Kunden stiften kann. Dieser Nutzen wird aber nicht nur durch die Eigenschaften der jeweiligen Produkte und Dienstleistungen bestimmt. Die Antwort auf Fragen wie: Was ist gut? Was ist wichtig?, also auf Fragen nach der Effektivität (➜ *Effizienz und Effektivität*) bestimmter Produkte und Dienstleistungen, bestimmt sich immer auch nach den Wertvorstellungen und Handlungsstrukturen der relevanten Kundengruppen und Anspruchsgruppen einer Unternehmung. Dabei haben Anbieter, die bereits über eine gefestigte Marktposition verfügen, in der Regel größere Chancen etwa über Marketingmaßnahmen diese Strukturen zu beeinflussen. Akteure mit einer weniger gefestigten Position werden sich in der Verwendung ihrer Fertigkeiten und Ressourcen stärker an etablierten Vorstellungen orientieren müssen, um auf dem Markt bestehen zu können.

Für Bildungsinstitutionen haben (mit Ausnahme privatwirtschaftlicher Einrichtungen) Fragen strategischen Managements zumeist erst in den letzten Jahren Relevanz bekommen. Gründe hierfür können gesehen werden in der konstatierten Krise des deutschen Bildungs- und vor allem Hochschulsystems und der durch Entwicklungen im Bereich des ➜ *Public Management* angestoßenen Übertragung von privatwirtschaftlichen Prinzipien auf Bildungseinrichtungen. Damit einher geht zum einen die Übertragung von ökonomischen organisationsinternen Steuerungsinstrumenten und Managementprinzipien wie etwa: ➜ *Budgetierung*, ➜ *Controlling* und ➜ *Kostenrechnung*, ➜ *Qualitätsmanagement* und Nutzung ➜ *interner Zielvereinbarungen*. Zum anderen umfasst diese Entwicklung auch Überlegungen und Ansätze zur Nutzung wettbewerblicher Prinzipien im Bildungsbereich: Bildungseinrichtungen werden nicht mehr nur im Forschungswettbewerb stehend betrachtet, sondern konkurrieren um Drittmittel, Lehrende und Lernende (*Hödl, E./Zegelin, W.* 1999). Dabei sind die Positionierungen auf den einzelnen »Märkten« vielfach interdependent und stehen im engen Zusammenhang mit den Fertigkeiten und Ressourcen der Einrichtungen. Die Etablierung eines Forschungsschwerpunktes, die häufig genug an bestimmte Lehrende geknüpft ist, kann die Akquisition von Drittmitteln erleichtern und die Attraktivität der Hochschule für weitere Lehrende steigern. Eine effiziente Organisation der Bildungseinrichtung und eine anerkannte Ausrichtung der Lehre, die den Lernenden sowohl den für den Arbeitsmarkt passenden »Stallgeruch« mitgibt als auch eine rasche Erreichung des Abschlusses ermöglicht, wird nicht nur die Attraktivität der Einrichtung für Lernende steigern, sondern auch die Akzeptanz der Einrichtung erhöhen und damit die Chancen vergrößern, in Form eines → *Public-Private-Partnership* weitere Mittel für Forschung und Lehre zu erlangen.

Relevant werden mit der zunehmenden Ökonomisierung und »Vermarktlichung« des Bildungssektors Fragen der → *Evaluation* und → *Profilbildung* von Bildungseinrichtungen. Diese sind nicht nur als Grundlage für → *Leistungsanreize* oder in der Form von → *Leitbildern* (*Hanft, A.* 2000) auf die Steuerung der innerorganisationalen Verhältnisse gerichtet, sondern wirken auch nach außen, geben den einzelnen Einrichtungen im Wettbewerbsprozess ein Gesicht (*Hödl, E./Zegelin, W.* 1999). Welche Kriterien mit welchem Gewicht in einem Evaluationsprozess von wem beachtet werden, hängt dabei wie die Frage nach der »Nützlichkeit« bestimmter Produkte und Dienstleistungen von Wertvorstellungen und Praktiken der »Kunden«-Gruppen der Organisation ab. Lernende werden hier vermutlich teilweise andere Kriterien anlegen als privatwirtschaftliche oder staatliche Akteure. Für die Profilbildung einer Einrichtung bedeutet dies, dass sie nicht nur ihre spezifischen Fertigkeiten und Ressourcen im Hinblick auf die Ansprüche ihrer Umwelt bewerten und entwickeln muss, sondern sich auch mit der Frage auseinander zu setzen hat, welche der Anspruchsgruppen in ihrer Umwelt sie wie ansprechen will. Bei dem Umgang mit diesen unterschiedlichen – und zum Teil widersprüchlichen – Ansprüchen kann sich eine Eigenart von Bildungseinrichtungen als Vorteil erweisen, die ansonsten für die stringente Umsetzung von Managementkonzepten problematisch ist (*Hanft, A.* 2000): Dass sie als lose gekoppelte Systeme gewisse Ausmaße an interner Widersprüchlichkeit aushalten und Teile von ihnen in unterschiedlicher Form mit unterschiedlichen Umweltsegmenten interagieren können. Dabei wird die Bildungseinrichtung je nach ihrer Positionierung auf dem jeweiligen »Markt« in unterschiedlichem Maße in der Lage sein, die als relevant betrachteten Bewertungskriterien zu beeinflussen.

Literatur:

Barney, J. B.: Firms resources and sustained competitive advantage. In: Journal of Management, 17. Jg., 1991, H. 1, S. 99-120.

Hanft, A.: Leitbilder an Hochschulen – Symbolisches oder strategisches Management? In: *Hanft, A.* (Hrsg.): Hochschulen managen? Zur Reformierbarkeit der Hochschulen nach Managementprinzipien. Neuwied 2000.

Hödl, E./Zegelin, W.: Hochschulreform und Hochschulmanagement. Eine kritische Bestandsaufnahme der aktuellen Diskussion. Marburg 1999.

z. Knyphausen-Aufseß, D.: Theorie der strategischen Unternehmensführung. State of the art und neue Perspektiven. Wiesbaden 1995.

Penrose, E. G.: The theory of the growth of the firm. New York 1959.

Porter, M. E.: Wettbewerbsstrategie. Methoden zur Analyse von Branchen und Konkurrenten. Frankfurt/Main 1983.

Schreyögg, G.: Unternehmensstrategie. Grundfragen einer Theorie strategischer Unternehmensführung. Berlin und New York 1984.

Schreyögg, G.: Zur Logik der Strategischen Unternehmensführung. In: Management Revue, 3. Jg., 1992, H. 3, S. 199-212.

Zimmer, M./Ortmann, G.: Strategisches Management, strukturationstheoretisch betrachtet. In *Hinterhuber, H. H./Al-Ani, A./Handlbauer, G.* (Hrsg.): Das neue strategische Management. Wiesbaden 1996.

Angaben zum Autor:

Dr. Marco Zimmer
Wissenschaftlicher Assistent am Lehrstuhl für Personalwirtschaftslehre der Universität Hamburg
Von-Melle-Park 5
20146 Hamburg
Tel.: +49 40 42 83 82 953
Fax: +49 40 42 83 86 358
E-Mail: zimmer@hermes1.econ.uni-hamburg.de

Strategische Orientierung

Christian Berthold

Strategie ist ein Modewort. Man findet es heutzutage in Kombination mit fast allen Handlungsfeldern. Von Gesprächs- oder Verhandlungsstrategien kann man allerorten lesen, ein Handbuch will dabei helfen, »Informationen strategisch schnell auszuwerten«, und ein neuer Ratgeber hilft einem sogar, strategisch beten zu lernen. In den meisten Verwendungen, in denen man den Begriff heute antrifft, scheint er kaum noch mehr zu bedeuten als etwa zielgerichtet oder konsequent zu handeln. Damit geriete die Aufforderung zu einer strategischen Orientierung allerdings in die Nähe eines Paradoxons im Sinne *Luhmanns*, etwa zu übersetzen mit: Wenn ihr zielgerichtet handelt, habt ihr mehr Erfolg, oder dann gleich: Wenn ihr euch alle mehr Mühe gebt, wird alles besser (siehe *Luhmann*, S. 115). Der Begriff stammt ursprünglich aus der Kriegstheorie und kennzeichnet dort das Bedürfnis nach zwei wesentlichen Veränderungen: einer stärkeren Berücksichtigung der langfristigen Ziele und Interessen der Gegner und eine größere Handlungsfreiheit und -kompetenz auch der untergeordneten Einheiten bei gleichzeitiger Ausrichtung aller Aktivitäten auf die übergeordneten Ziele.

Vor allem die Betriebswirtschaftslehre war es, die dem Begriff solchen Auftrieb gab. Die gravierenden Beschleunigungen in der Wirtschaft der letzten Jahrzehnte führte zu vergleichbaren Reaktionen in der Managementtheorie. Hierarchien sollten verflacht, Verantwortung delegiert werden, gleichzeitig legte man Wert auf – nun strategisch genannte – Zielbestimmungen, damit die größere Entscheidungsfreiheit auf untergeordneten Ebenen dennoch nicht ins Chaos mündet, sondern auf letztlich gemeinsame Handlungsziele ausgerichtet bleibt. Gleichzeitig begann der Siegeszug des → *Controlling*, weil man hoffte, aus der Beobachtung von Daten ermitteln zu können, ob ein hinreichender Integrationsgrad der dezentralen Handlungskompetenzen erreicht wird. Hier allerdings traten auch die Schwierigkeiten auf. Wenn der Begriff der strategischen Planung in der Wirtschaft teilweise in Misskredit geraten ist, so vor allem deshalb, weil die Planer von den Abteilungen so viel Planungsdaten und Planungsaufwand abforderten, dass die größere Entscheidungsfreiheit gleich wieder konterkariert wurde (siehe *Mintzberg*). In der Praxis des Unternehmensmanagements wird vielfach kaum noch geplant, wodurch sich dann neuerlich die Theorie aufs Feld gerufen fühlt (siehe *Jahn*).

Neuerdings erwartet man nun auch von den Hochschulen eine strategische Orientierung, und dies geht auf Beobachtungen im Handlungsumfeld der Hochschulen zurück, die die angedeuteten Tendenzen aufweisen. Es lässt sich eine starke Dynamisierung der gesamten Hochschullandschaft beobachten. Gleichzeitig gestattet die Forcierung von Wettbewerbsbedingungen weniger Zeit bei den Korrekturen von Maßnahmen und Programmen. Strategische Orientierung bedeutet für die Hochschulen vielfach einen grundlegenden Bewusstseinswandel: von einer ordnungsgemäßen Aufgabenerfüllung hin zur autonomen Verfolgung selbstgesetzter Ziele. Dabei muss die Zielbestimmung sowohl das Wettbewerbsumfeld als auch die eigenen Möglichkeiten berücksichtigen.

Allerdings gibt es auch einige Schwierigkeiten in der Übertragung dieser Management-Ansätze auf die Hochschulen. Erstens sehen sich die Hochschulen noch kaum in einem marktähnlichen Wettbewerb, weil in einem System ohne Studiengebühren die Entscheidungen der Studierenden über ihren Studienort allenfalls indirekten Einfluss auf die Einnahmen haben. Zudem treffen die Studieninteressenten diese Wahl bisher überwiegend nach Faktoren, auf die die Hochschulen kaum Einfluss nehmen können (Nähe zum Heimatort, Lebensqualität der Stadt etc.). Zweitens macht der Kundenbegriff einige Probleme, wie wir sie auch in anderen öffentlichen oder halböffentlichen Bereichen kennen: sind die Studierenden Kunden oder der Staat, der für die Leistung zahlt, oder die Öffentlichkeit, die sich die Grundlagenforschung an den Universitäten leistet, oder die Wirtschaft, die die Absolventen abnimmt? Drittens wird die Konkurrenzsituation zwischen den Hochschulen vielfach deshalb noch nicht sehr dezidiert wahrgenommen, weil trotz aller Unterfinanzierung weder gegenwärtig die Existenz einzelner Hochschulen gefährdet scheint, noch bisher die Hochschulen den Eindruck gewinnen, mit Hilfe gezielten strategischen Managements ihre Situation gravierend verbessern zu können. Statt dessen vertrauen sie noch immer mehr dem Handwerkszeug der politischen Beeinflussung, das man weitgehend noch nicht als ein Element der strategischen Orientierung wahrnimmt.

Die meisten dieser hier angedeuteten Aspekte dürfen inzwischen nicht mehr als ernst zu nehmende Einwände gegen die Forderung nach einer stärkeren Ausrichtung an betriebswirtschaftlichem Management gelten. Denn all diese Fragen sind mittlerweile hinlänglich im Bereich der öffentlichen Verwaltungen durchgespielt worden, für den das so genannte neue Steuerungsmodell entwickelt wurde (→ *Public Management*). Der Anstoß, das für die öffentlichen Verwaltungen vielfach schon sehr erfolgreich umgesetzte neue Steuerungsmodell auf die Hochschulen zu übertragen, stößt allerdings in einer Hinsicht auf sachlich-strukturelle Schwierigkeiten. Die hochschul-typische Mischkonstruktion zwischen klassischer Verwaltung und gremiengestützter → *Selbstverwaltung* erweist sich insgesamt kaum den Prinzipien → *Effizienz und Effektivität* verpflichtet.

Ein spannendes Beispiel für eine wettbewerbliche Dynamik stellt die Entwicklung auf dem Gebiet der web-basierten kostenpflichtigen Studienangebote dar. Hier zeigt sich schon jetzt, noch bevor die deutschen Hochschulen sich so recht entscheiden, ob und wie sie sich engagieren wollen, wie Marktmechanismen arbeiten: Eine neue technische Entwicklung, die den Standort relativiert, stellt deutsche Hochschulen mit einem Schlage in einen globalen Wettbewerb. Das Beispiel beleuchtet auch schlaglichtartig den hier betonten Zusammenhang. Wer in diesem Geschäft mit online-Studienangeboten Geld verdienen will, der muss sich des Handwerkszeugs des strategischen Managements bedienen: die eigenen Stärken und Schwächen genau analysieren, den Blick auf die Konkurrenten, deren Angebote und ihre Ziele richten, also Chancen und Risiken einkalkulieren (→ *Strategische Managementtheorien*). Denn solche Vorhaben verursachen einen solchen Aufwand, dass sich kein Akteur Produkt-Entwicklungen leisten kann, die auf dem Markt keine Durchsetzungschancen besitzen. Es ist daher auch nicht verwunderlich, dass in diesem Markt die überseeischen Konkurrenten, die sich schon länger einer strategisch orientierten Steuerung unterwerfen, bereits jetzt große Vorsprünge besitzen.

Um keine Missverständnisse aufkommen zu lassen: Natürlich ist der Wettbewerb zwischen den Hochschulen vielfach noch eingeschränkt. Das liegt zum Teil an den tradierten Strukturen der Hochschul-Finanzierung, an einzelnen wettbewerbsverzerrenden Steuerungsinstrumenten (z. B. Kapazitätsverordnung), an sachlichen Schwierigkeiten wie der Übertragung der vollen Personalverantwortung für die Beamtenstellen oder der Liegenschaften an die Hochschulen. Und obendrein haben die Länder in der Vergangenheit → *Hochschulpolitik* nicht selten als Strukturpolitik betrieben und Hochschulen gegründet, die sich unter stärker wettbewerblichen Bedingungen nur schwer behaupten können.

Doch so wie die online-Studienangebote exemplarisch illustrieren, dass man Deutschland nicht als Insel der Seligen bewahren kann, so weist die hochschulpolitische Debatte insgesamt zur Zeit eindeutig in Richtung einer Freigabe dieser Wettbewerbsmechanismen (siehe die aktuellen Vorschläge zur Dienstrechtsreform, zur Überführung von Hochschulen in Stiftungen etc.). Zusammenfassend kann man daher feststellen: Der – zunehmend auch internationale – Wettbewerb zwischen den Hochschulen verstärkt sich zur Zeit gravierend, so dass immer mehr Handlungsfelder der Hochschulen sich recht nützlich mit Hilfe des Marktbegriffs analysieren lassen. Wettbewerber auf einem Markt allerdings bedürfen für die eigene Zukunftssicherung einer strategischen Orientierung.

Gleichwohl haben die Hochschulen zum Teil noch erhebliche Probleme damit, diese Schlussfolgerungen aus den Befunden zu ziehen. In Reaktion auf derartige Zurückhaltung in den Hochschulen gegenüber der Anforderung nach strategischer Orientierung fühlen sich Ministerien oder Parlamente dann nicht selten herausgefordert, die Hochschulen mit mehr oder weniger sanftem Druck zu ihrem Glück zu zwingen. So werden in den Landesgesetzen die Hochschulen neuerdings vielfach verpflichtet, **Hochschulentwicklungspläne** vorzulegen. Die Umsetzungsergebnisse dieser Forderungen sind vielfach noch recht dürftig. Das liegt an konzeptionellen Widersprüchen. Nach der Grundidee dieser Entwicklung darf man gerade nicht unterstellen, dass Ministerien oder Parlamente die strategischen Pläne einzelner Hochschulen angemessen zu bewerten vermöchten. Vor allem aber wissen (zumindest) die Hochschulen in der Regel nicht, wer was mit diesen Plänen schließlich anfangen will. Folglich sind die Hochschulen gut beraten, hier eher taktierende Papiere abzuliefern. Strategische Planung muss als eine Notwendigkeit von derjenigen Einheit verstanden werden, die plant. Wer liefert seinen Schlachtplan schon gern demjenigen aus, den er im Zweifel für seinen Gegner hält?

Eine parallele Entwicklung kann man gegenwärtig innerhalb der Hochschulen wahrnehmen, in denen oft ebenfalls ein skeptisches Verhältnis zwischen Zentrale und Fachbereichen besteht. Werden die Fachbereiche von der Hochschulleitung aufgefordert, Strategiepläne (oder Fachbereichs-Entwicklungspläne oder wie sie auch genannt werden mögen) vorzulegen, so stellt sich ein verantwortungsbewusster Dekan natürlich auch die Frage, was die Hochschulleitung später mit den Plänen machen wird, welche Schlüsse sie daraus zieht und ob der Fachbereich sich mit sorgfältig vorbereiteten Plänen nicht in erster Linie schadet. Wenn es der Hochschulleitung nicht gelingt, hierzu Vertrauen aufzubauen, und sie keine rationale Behandlung aller Fachbereiche anhand nachvollziehbarer Kriterien glaubhaft zusichern kann, dann wird man kaum brauchbare Pläne erhalten.

Gleichwohl muss die **strategische Planung** einer Hochschule sich auch und gerade auf der Fachbereichsebene vollziehen. Hier arbeitet das kreative Potenzial und hier ist die Fachkompetenz vorhanden. Allerdings ist zusätzlich eine Abstimmung mit den hochschulweiten Zielen unverzichtbar, denn die Fachbereiche stehen in natürlicher Konkurrenz um Stellen und andere Ressourcen miteinander. Einstweilen kann man hier das freie Spiel der Kräfte nur in begrenztem Umfang installieren – solange es noch keine wirksamen Modelle für → *interne Märkte* gibt. Da die Zeiten, in denen vor allem auf dem Wege des Ausbaus der Hochschulen neue Projekte realisiert werden konnten, zunächst vorbei sind, müssen Hochschulen ihre Kräfte vielfach bündeln. Und bei dieser Aufgabe sind bisher noch die Hochschulleitungen gefordert, die in der Konkurrenz zwischen möglicherweise wenig nachgefragten älteren Studiengängen und neuen Gründungsideen, der Einrichtung und personellen Unterstützung von fachübergreifenden Forschungsmöglichkeiten etc. vermitteln müssen.

Damit in solchen Entscheidungsfragen wiederum nicht individuelle Interessen- oder Redekünste den Ausschlag geben, benötigt die Hochschule eine normative Orientierung – in Form eines Leitbilds (→ *Leitbilder*), eines mission statements o. ä. Aufbauend auf einem Fachbereichs-Entwicklungsplan kann dann, orientiert und gemessen am Leitbild, ein Hochschulentwicklungsplan erstellt werden, in dem die wichtigen Vorhaben der Hochschule festgehalten werden. Das gibt den Fachbereichen Planungssicherheit, was angesichts der Zeiträume, in denen an Hochschulen Personalmaßnahmen oft nur realisiert werden können, von zentraler Bedeutung ist. Solche hochschulweiten Entwicklungskonzepte sind aber auch deshalb unverzichtbar, weil Herausforderungen wie etwa der Umgang mit den so genannten neuen Medien oder die virtuelle Hochschule nicht im Zusammenspiel vieler engagierter Einzelkämpfer bewältigt werden können. Auf diesem Feld bedarf es einer koordinierten und systematischen Anstrengung der gesamten Hochschule, die zunächst die Frage beantworten muss, wie sie sich in dieser Entwicklung positionieren will. Der technische und personelle Aufwand für anspruchsvolle Angebote ist hier so immens, dass keine Hochschule mehr alles gleichzeitig verfolgen kann: eigene web-basierte Studienangebote, die forcierte Ausnutzung der didaktischen Optionen der neuen Medien für die Verbesserung der eigenen Lehre und Betreuung, kommerzielle Weiterbildungsangebote etc.

Die strategische Orientierung einer Hochschule muss also auf **drei Ebenen** umgesetzt werden. Auf der Ebene der allgemeinen Orientierung müssen Visionen, Werte und übergreifende Inhalte formuliert werden. Es bedarf dann eines Umsetzungsprogramms für die hochschulweiten Ziele (Hochschulentwicklungsplan), in dem die inhaltlichen Schwerpunkte definiert sind. Aber auch jeder Fachbereich, jede Fakultät, u. U. auch andere Einrichtungen, benötigt einen Entwicklungsplan. Fachbereichs-Entwicklungspläne müssen allerdings inhaltlich am Ende in den hochschulweiten Plan integriert werden. Das macht schon deutlich, dass ihre Funktion vor allem darin besteht, innerhalb des Fachbereichs eine Planungs-, und das heißt in erster Linie, eine Zielfindungskultur zu entwickeln. Es widerspricht nämlich nicht nur der Selbstverwaltungskultur der deutschen Hochschulen, sondern es ist gerade im Bereich der Wissenschaft ganz undenkbar, dass Strategiepläne von der Hochschulleitung vorgegeben werden.

Die Glaubwürdigkeit von strategischen Planungsbemühungen innerhalb der Hochschulen hängt ganz wesentlich davon ab, ob es schließlich auch gelingt, die einmal mühsam verabschiedeten Pläne auch mit Leben zu erfüllen, also umzusetzen. Da es den Hochschulen insbesondere an Managementkompetenzen fehlt und da sie in vielerlei Hinsicht unter unzulänglichen und behindernden Rahmenbedingungen arbeiten müssen, verfügen altgediente Hochschulmitglieder meist über viele leidvolle Erfahrungen auf diesem Gebiet – dass hoffungsvolle Projekte mit großem Schwung begonnen wurden und irgendwann im alltäglichen Gerangel zum Erliegen kamen.

Deshalb sind Instrumente einer strategisch orientierten Steuerung von zentraler Bedeutung. Als ein solches Steuerungsinstrument erweisen sich mehr und mehr **Zielvereinbarungen.** Mit ihnen kann mehr Verbindlichkeit, mehr Transparenz und vor allem eine stärkere Ergebnisorientierung in die internen Handlungsabläufe gebracht werden. Zielvereinbarungen sind ein komplexes Instrument, sie bieten aber auch die Chance, die interne Steuerung einer Hochschule auf ein ganz neues Niveau zu stellen. In dem hier angedeuteten Kontext drängen sich Zielvereinbarungen als ein Element der hochschulinternen Steuerung aber auch deshalb auf, weil ihr Grundgedanke ebenfalls der von der Stärkung der Handlungsautonomie dezentraler Einheiten ist. Die Hochschulleitung mischt sich in die Detailsteuerung des Fachbereichs nicht mehr ein, sondern beobachtet lediglich, ob die vereinbarten Ziele erreicht wurden, während im Fachbereich das Bewusstsein für die Gestaltungsfreiheit bei der Bewältigung der eigenen Aufgaben, aber auch das Bewusstsein der Verantwortung für die Qualität der Aufgabenerfüllung gestärkt wird (➜ *Zielvereinbarungssysteme, interne*).

Strategische Orientierung im Hochschulmanagement bedeutet heute an erster Stelle, dass Hochschulen nicht darum herumkommen, jeweils für sich die Frage zu beantworten, wohin die Reise gehen soll. Darüber hinaus kommt es aber darauf an, die verschiedenen Steuerungsinstrumente zu einem Gesamtsystem zu integrieren. Ob es nun Marketingprojekte oder ➜ *Evaluationen,* ➜ *indikatorengestützte Mittelverteilung*sschlüssel oder Qualitätssicherungs-Anstrengungen sind. Die strategische Orientierung muss in die Steuerung überführt werden – und drückt sich dann gerade darin aus, dass all diese Verbesserungsansätze aufeinander abgestimmt werden und mit den übergeordneten Zielen der einzelnen Hochschule im Einklang stehen. Denn nur in der kompetenten Verfolgung definierter eigener Ziele dürften die deutschen Hochschulen den Herausforderungen der Zukunft gewachsen sein und ihren eigenen Autonomieansprüchen gerecht werden.

Literatur:

Jahns, C.: Integriertes strategisches Management. Neue Perspektiven zu Theorie und Praxis des strategischen Managements. Sternenfels 1999.
Luhmann, N.: Organisation und Entscheidung. Opladen/Wiesbaden 2000.
Mintzberg, H.: Die Strategische Planung. Aufstieg, Niedergang und Neubestimmung. München, Wien, London 1995.
Müller-Böling, D. et. al. (Hrsg.): Strategieentwicklung an Hochschulen. Konzepte, Prozesse, Akteure. Gütersloh 1998.

Angaben zum Autor:

Dr. Christian Berthold
Referent/Projektleiter
CHE Centrum für Hochschulentwicklung
Postfach 105
33311 Gütersloh
Tel.: +49 52 41 97 61 51
Fax: +49 52 41 97 61 40
E-Mail: christian.berthold@che.de

Studentische Lebenswelt

Gerrit Krull
Gerd Lotze
Thorsten Schulz

In der aktuellen Diskussion um Hochschulreform und Qualitätsentwicklung von Studium und Lehre gewinnen Fragen zur studentischen Lebenswelt an Bedeutung. Dahinter verbirgt sich das Interesse, genauer zu erfahren, mit welchen Erwartungen die Studierenden heute ihr Studium beginnen, welchen Stellenwert sie der Hochschule beimessen und wie sie die institutionellen Zielsetzungen und Vorgaben der Hochschulausbildung wahrnehmen, bewerten und diese in ihrem Studienalltag umsetzen.

Die Ergebnisse einer solchen Analyse studentischer Lebenswelten sind für die zukünftige Qualitätsentwicklung der Hochschulen in dreifacher Hinsicht von zentraler Bedeutung:

1. Zunehmender Wettbewerbsdruck der Hochschulen untereinander um Studierende zwingt diese, ihr Studien- und Lehrangebot stärker an den Bedürfnissen und Vorstellungen der Studierenden auszurichten, damit sie auch angenommen werden. Will man neue Zielgruppen von Studierenden gewinnen, muss das Studienangebot um neue attraktive Fächer und Schwerpunkte erweitert werden und eine stärkere Profilbildung in Lehre und Forschung erfolgen, die auch den Interessen der Studierenden stärker Rechnung tragen.

2. Will man sich in der Hochschulentwicklungsplanung zukünftig stärker an den Wünschen und Bedürfnissen der Studierenden orientieren, so setzt das einen gewissen Kenntnisstand über deren Aspirationen voraus, über den die Hochschulen angesichts der wenigen empirischen Untersuchungen in diesem Bereich nicht verfügen. Detailliertere Aussagen zum Studierverhalten und

zur Studienzufriedenheit der Studierenden könnten aber konkrete Anhaltspunkte für neuralgische Felder im Studium bieten, zudem zeigen sie auf, an welchen Punkten sich die Qualität von Studium und Lehre nachhaltig verbessern ließe, um beispielsweise Strukturen nutzerfreundlicher zu gestalten, Reibungsverluste zu vermeiden und die bestehenden Ressourcen und Kapazitäten optimal einzusetzen. Solche Verbesserungsmaßnahmen würden auch diejenigen Erfolgsindikatoren positiv beeinflussen (z. B. Reduzierung der Studiendauer, Verringerung der Drop-out-Quoten), die zukünftig bei einer aufgaben- und leistungsorientierten Finanzmittelverteilung eine maßgebliche Rolle spielen werden.

3. In den hochschulpolitischen Reformdebatten wird kontrovers diskutiert, in welchem Umfang sich Marktmechanismen und -kategorien aus der Wirtschaft auf den Hochschulbereich übertragen lassen; ob beispielsweise Studierende als Kunden, Nutzer oder Partner fungieren, korporative Mitglieder einer akademischen Gemeinschaft sind oder Co-Manager ihrer Ausbildung sein sollten. Hinter diesen Begriffen verbergen sich unterschiedliche Annahmen über die Möglichkeiten, Studierende im Sinne einer Bottom-up-Strategie aktiv in die Qualitätssicherung und -entwicklung von Studium und Lehre einzubeziehen und ihnen stärkere Mitwirkungschancen einzuräumen.

Eine zentrale Stellung gewann der **Lebensweltbegriff** zuerst bei der phänomenologisch orientierten Philosophie von E. *Husserl* durch dessen Auseinandersetzung mit einem von der Naturwissenschaft dominierten, übermäßigen Streben nach Objektivität in der Wissenschaft, was zwangsläufig eine Vernachlässigung oder gar Ausblendung der Realität menschlicher Lebenserfahrung mit sich brachte. In derselben Tradition beziehen A. *Schütz* und *Th. Luckmann* ihren Lebensweltbegriff auf die Invarianten der individuellen Erfahrung und machen ihn damit für die Sozialwissenschaften fruchtbar. Die Lebenswelt ist hier »der fraglose Rahmen, in dem sich mir die Probleme stellen, die ich bewältigen muß« (*Schütz, A./Luckmann, T.* 1975). Der Alltag ist ihr vornehmlicher, weil zugänglichster Teilbereich, jedoch sind auch die Welt der Träume oder der Wissenschaft eigene lebensweltliche Bereiche.

Habermas entwickelt den Lebensweltbegriff von *Schütz* und *Luckmann* zunächst fort, will aber die »kulturalistische Verkürzung« der Phänomenologie teilweise überwinden. Dazu stellt er den von ihm entwickelten Typus des mit kommunikativen Handeln identifizierten Lebensweltbegriff dem Typus des mit strategischen Handeln verbundenen Systembegriff gegenüber. Jenseits seiner engeren phänomenologischen Bedeutung hat der Lebensweltbegriff im Zuge der Übernahme durch die Soziologie in seinem Bedeutungsinhalt immer vielfältigere und uneinheitlichere Züge angenommen. Zum einen bezieht sich der Begriff der Lebenswelt auf den jenseits abstrakter wissenschaftlicher Theorien liegenden, subjektiv und gruppenspezifisch ausgeprägten Bereich des alltäglichen, weitgehend selbstverständlichen, traditionellen Wissens (Alltagswissen), Handelns und Erlebens konstruktiv-aktiver Menschen (synchrone Alltagszeit, *Hill-*

mann 1994). Zum anderen schließt der Lebensweltbegriff auch die übergreifenden biografischen und gesellschaftlichen Kontexte ein, die die Prozessstrukturen des Lebensverlaufs und die jeweils individuellen biografischen Konstruktionen konstituieren (diachrone Lebenszeitperspektive).

Die Vorteile des phänomenologischen Lebensweltkonzeptes liegen in:
- einer Zentrierung auf das Subjekt, dem individuellen Handeln und Erleben;
- seinem ganzheitlichen Ansatz, da sowohl alle Lebensbereiche des Alltags und die daraus resultierenden Alltagskonstruktionen des Individuums wie auch die Lebensgeschichte und biografischen Muster individueller Akteure einbezogen und beide Zeitachsen miteinander verknüpft werden. So können differenzierte Biografielandschaften ermittelt werden;
- der Thematisierung des Passungsverhältnisses zwischen den Institutionen (z. B. der Institution Hochschule) einerseits und den lebensweltlichen Konstruktionen der Subjekte (z. B. der Studierenden) andererseits.

Vor dem Hintergrund des hier skizzierten Lebensweltkonzepts sind nachfolgend aufgeführte **Resultate der Hochschulforschung über Sozialisation, Studienverlauf, Fachkulturen und Pluralisierungstendenzen im Hochschulbereich** von besonderer Bedeutung (vgl. insbes. *Huber*, 1991):
- Zur Untersuchung der Unterschiede zwischen den Fachkulturen wurde zumeist auf das Habituskonzept des französischen Kultursoziologen *P. Bourdieu* zurückgegriffen. Der Habitus beschreibt dabei das System der Wahrnehmungs-, Denk-, Bewertungs- und Handlungsmuster der Angehörigen einer Gruppe; der Fachhabitus kann dabei als Produkt aus Fachkultur, Herkunftskultur und antizipierter Berufskultur gelten. Fachkultur meint dementsprechend einen Zusammenhang von Praktiken und mit diesen verbundenen Formen des Wissens, Denkens und Wertens, sowie der Einrichtungen, der symbolischen Kommunikationsformen und der geteilten Bedeutungen.
- Das Konstanzer Projekt »Hochschulsozialisation« war Ausgangspunkt der empirischen Erforschung der Differenzen von Fachkulturen. Geistes- und Sozialwissenschaftler auf der einen und Juristen, Ökonomen und Ingenieure auf der anderen Seite bildeten dabei die beiden Pole. Es wurde auch festgestellt, dass die Fachkulturdifferenzen u. a. auf die unterschiedliche Repräsentation von Frauen in den Fächern zurückzuführen waren, wobei spätere Untersuchungen zu dem Ergebnis kamen, dass stärker als das Geschlecht das Fach Unterschiede in den Orientierungen der Studierenden bestimmt.
- Neuerdings wird häufig die Auffassung vertreten, dass sich die Fachkulturen in Auflösung befänden (*Huber* 1998). Als Argumente werden dabei das Verschwinden der Unterschiede zwischen den Fächern in der schichtspezifischen Rekrutierung der Studierenden, der rasche Wandel der Umwelten fachspezifischer Sozialisation durch die Verwischung der Grenzen der Disziplinen, der vermehrten Tendenz zur Kombination mehrerer unterschiedlicher Studienfächer sowie ferner der stark angestiegene Fachwechsel (rund ein Drittel der Studierenden wechseln während des Studiums das Fach) genannt.

■ Fachspezifische Unterschiede lassen sich jedoch nach wie vor in der sozialen Rekrutierung, den Haltungen zum Studium, in Motiven, Zeitbudgets, Interaktionsformen und Handlungsmustern nachweisen. Beispielhaft sei genannt, dass der Anteil des klassischen Vollzeit-Studierenden mit geringer Erwerbsbelastung in geisteswissenschaftlichen Fächern unter 60 Prozent liegt, während in den Naturwissenschaften diese Teilzeitstudierende noch selten sind.

■ Studienverlauf und Studienerfolg sind abhängig von der akademischen und sozialen »Integration« in Hochschule und Studienfach im Sinne einer gelingenden Sozialisation. Die manifestiert sich im Interesse am Ziel, Identifikation mit den Normen, Bewährung an den Anforderungen des Studiums, Kontakt mit anderen und Zufriedenheit mit der Situation. Fehlen eine oder mehrere dieser Voraussetzungen, steigt des Risiko des Studienabbruchs stark an.

■ Wissenschaft erscheint somit als lediglich spezialisierte Ausprägung »gesellschaftlicher Konstruktion von Wirklichkeit«. Die Funktionen und Leistungen der Wissenschaft können demgemäß nicht begriffen werden ohne die Einbettung in die »Lebenswelt«, verstanden als alltägliches Reden und soziales Handeln.

Bei aller Pluralisierung von Lebensformen und -optionen, die auch gerade innerhalb der Studierendenschaft zu beobachten ist, könnten aktuelle empirische Untersuchungsergebnisse im Hinblick auf die Studienorientierung und die Studienstile auf **generelle Entwicklungstendenzen** im Hochschulbereich hinweisen, die aber noch einer gesonderten Analyse bedürfen:

■ Studium wird von der Mehrzahl der Studierenden nicht als ein relativ eigenständiges Bildungsmoratorium, sondern als eine transitorische Lebensphase interpretiert, die in erster Linie der Qualifizierung für einen akademischen Beruf dient.

■ Für immer mehr Studierende ist das Studium nicht mehr Mittelpunkt ihrer Lebensgestaltung, sondern ein Lebensbereich unter anderen. Nur für etwa ein Drittel der Studierenden bildet das Studium nach wie vor das Lebenszentrum, dem alle anderen Interessen untergeordnet werden.

■ Die Lebensziele und Studienorientierungen der Studierenden sind vielgestaltig und markieren häufig ein Spannungsfeld der individuellen Studienausrichtung zwischen antizipierten Berufsaussichten und persönlichen Entwicklungsvorstellungen. Relativ wenig Studierende richten ihr Leben im Wesentlichen nur auf eine Wertdimension aus. Im Studienverlauf kommt es häufig zwischen diesen eher extrinsisch-materiellen und intrinsisch-bildungsbezogenen Motiven zu Entscheidungskonflikten, und es müssen individuelle Kompromiss- und »Spagatlösungen« gefunden werden, die sowohl subjektiv tragfähig wie perspektivträchtig und zukunftsfähig sind. Lebensweltlich gesprochen geht es dabei um ein Austarieren von eher final definierten »Um-zu-Motiven« (zum Beispiel antizipierte Arbeitsmarktchancen und -risiken) und eher kausal strukturierten »Weil-Motiven«, nach persönlicher Entwicklung und Selbstrealisierung, die den lebensgeschichtlich angesammelten Erfahrungen und Interessen entstammen (*Bargel, T.* 1995).

■ Diese »Mischung« von unterschiedlich strukturierten Lebenszielen spiegelt sich auch in den zentralen Lebensorientierungen der heutigen Studierendengeneration wider. Im Vordergrund steht bei der Mehrzahl der Studierenden das Streben nach einer selbstständigen aktiven Lebensführung (*Giddens*) mit einem hohen Maß an Autonomie und Selbststeuerung und einer vertrauensvollen lebenslangen Partnerschaft (*Heublin, U./Sommer, D.* 2000). Die meisten Studierenden haben hohe Selbstgestaltungsansprüche an ihr Leben, möchten sich vom Beruf nicht vereinnahmen lassen, schöpferisch tätig sein und beruflichen Erfolg haben.

■ Hedonistische Orientierungen wie Lebensgenuss und Lebensfreude, soziales Engagement oder hohe materielle und statusbezogene Ziele besitzen dagegen einen geringeren Stellenwert, wobei jedoch sowohl nach Geschlecht wie nach Fächergruppen deutliche Unterschiede bei diesen Wertmustern bestehen.

■ Studienwahlmotive sind mit den generellen Lebensorientierungen eng verknüpft und bilden ein komplexes Muster. Hauptentscheidungskriterien für die Studienfachwahl sind dabei das fachliche Interesse, die persönliche Neigung und Begabung und die Orientierung auf eine künftige berufliche Tätigkeit, die Selbstständigkeit, berufliche Flexibilität, eine sichere Berufsposition und gute Verdienstmöglichkeiten bietet.

■ Hinsichtlich der Strukturierung und zeitlichen Weite existieren bei den Lebensplänen und Zeitstrategien der Studierenden beträchtliche Unterschiede. Studierende, die ein ausgesprochenes Interesse am Fach besitzen, stark erfolgs- und leistungsorientiert sind und bei denen die fachliche und wissenschaftliche Anerkennung ihrer Leistung einen hohen Stellenwert besitzt, haben sich schon relativ frühzeitig in der Schulzeit auf eine bestimmte Berufs- und Studienrichtung festgelegt (*Schreiber, J./Sommer, D.* 2000). Im Gegensatz dazu verfügen viele Studierende, die eher hedonistische Zielsetzungen verfolgen und eher unsicher hinsichtlich ihrer Leistungsfähigkeit sind, über keine klar strukturierten Lebenspläne oder beruflichen Fixpunkte.

Hinsichtlich **Studienstile, sowie Arbeits- und Bewältigungsverhalten im Studium** lassen sich folgende Aussagen treffen:

■ Die Lebensorientierungen, Studienwahlmotive und die Zeitbudgets der Studierenden haben einen wesentlichen Einfluss auf das Arbeits- und Bewältigungsverhalten im Studium.

■ Die Mehrzahl der Studierenden ist leistungsorientiert, zielorientiert und daran interessiert, das Studium so schnell wie möglich zu absolvieren.

■ Die überwiegend große Mehrheit der Studierenden hat sich fest vorgenommen, das Studium entsprechend den Vorgaben ordnungsgemäß zu absolvieren und die Lehrveranstaltungen regelmäßig zu besuchen, möchte sich aber durch das Studium nicht voll vereinnahmen lassen, sondern neben dem Studium ausreichend Zeit für andere Aktivitäten haben.

■ Fast zwei Drittel der Studierenden übt sowohl in den Semesterferien als auch während der Veranstaltungszeiten neben dem Studium eine Erwerbstätigkeit aus (Deutsches Studentenwerk 1998), wobei für etwa ein Drittel der Studierenden (Hochschulinformations-System 2000) der Zwang dahinter steht, das Studium selbst zu finanzieren. Berücksichtigt man zusätzlich, dass 7 % der Studierenden Kinder haben (DSW 1998), so wird deutlich, dass andere Tätigkeiten und Verpflichtungen wesentlich die heutige Studierendenrealität prägen und faktisch ein Vollzeitstudium häufig eher die Ausnahme als die Regel darstellt.

■ Die Mehrheit aller Studienanfänger will überdurchschnittlich gute Prüfungs- und Klausurergebnisse erzielen. Fast die Hälfte aller Studienanfänger versucht über die Erweiterung ihrer Fremdsprachenkenntnisse oder die Durchführung eines Auslandsstudiums ihr Studium stärker zu internationalisieren und über fachnahe Erwerbstätigkeiten neben dem Studium Praxiserfahrungen zu sammeln, um damit auch die späteren Berufschancen zu verbessern. Aus diesem Grund ist auch das Interesse, neben dem Studium überfachliche Schlüsselqualifikationen (z. B. Präsentations- und Kommunikationstechniken) zu erwerben, gestiegen.

■ Dagegen ist das Interesse, Lehrveranstaltungen anderer Fächer zu besuchen und sich interdisziplinär weiterzubilden, eher rückläufig. Dazu passt auch der Befund, dass nur ein geringer Anteil der Studierenden ein aktives Interesse an allgemeiner Hochschulpolitik und noch weniger an organisierter studentischer Interessensvertretung hat. Dahinter könnte sich eine stärkere Nutzerorientierung des Studiums verbergen. Angesichts knapper Zeitressourcen und stärker konkurrierender Zielsetzungen werden die Strategien und Aktivitäten bevorzugt, die einen möglichst unmittelbaren Nutzen für den Studienerfolg und eine Verbesserung der späteren Berufsaussichten besitzen. Damit könnte eine Umformung des Idealtyps traditioneller studentischer Arbeitshaltung verbunden sein, wonach die in der Gegenwart auf sich genommenen Anstrengungen und Bemühungen ihren subjektiven Sinn und Wert erst im Hinblick auf zukünftig erwartete Gratifikationen erhalten (»deferred gratification pattern«).

Angesichts der zunehmenden Abnahme der Integrationskraft der Hochschule vergrößert sich die Kluft zwischen den formalen Vorgaben der Institution Hochschule und den realen studentischen Erwartungen und Interessen. Die Mehrzahl der Studierenden interpretiert das Studium nicht als ein relativ eigenständiges Bildungsmoratorium, sondern als Qualifikationsprozess für einen akademischen Beruf. Über eine genauere Analyse der lebensweltlichen Konstruktionen der Studierenden lassen sich sowohl die zunehmenden Differenzierungsprozesse innerhalb der Studentenschaft erfassen als auch die Figurationsformen ermitteln, wie die Studierenden ihre unterschiedlichen Lebensbereiche miteinander integrieren und welche lebensgeschichtliche Relevanz sie heute dem Studium beimessen.

Literatur:

Bargel, T./Ramm, M.: Studium, Beruf und Arbeitsmarkt, Orientierung von Studierenden in West- und Ostdeutschland. In: Institut für Arbeitsmarkt- und Berufsforschung der

441

Bundesanstalt für Arbeit (Hrsg.), Beiträge zur Arbeitsmarkt- und Berufsforschung Nr. 193, 1995.

Heublin, U./Sommer, D.: Lebensorientierungen und Studienmotivation von Studienanfängern (HIS), 2000.

Huber, L.: Sozialisation in der Hochschule. In: *Hurrelmann, K./Ulich, D.* (Hrsg.), Neues Handbuch der Sozialisationsforschung, 1991, S. 417-441.

Keupp, H. u. a.: Identitätskonstruktionen. Das Patchwork der Identitäten in der Spätmoderne, 1999.

Schreiber, J./Sommer, D.: Studentische Erfahrungen und Absichten zu Beginn des Hochschulstudiums (Hochschulinformations-System, HIS), 2000.

Teichler, U.: Brennpunkt Hochschule: neuere Analysen zu Hochschule, Beruf und Gesellschaft, 1998.

www-Adressen:

http://www.his.de (Hochschul-Informations.System, Hannover)
http://www.hrk.de (Hochschulrektorenkonferenz, Projekt Qualitätssicherung)
http://www.studentenwerke.de (Deutsches Studentenwerk, DSW)

Angaben zu den Autoren:

Gerrit Krull
Carl von Ossietzky Universität Oldenburg
Fachbereich 3, Institut für Soziologie
26111 Oldenburg
Tel.: +49 44 17 77 53 24
E-Mail: gerrit@mail.uni-oldenburg.de

Gerd Lotze
Leiter der Zentralen Beratungsstelle der Carl von Ossietzky Universität Oldenburg
Carl von Ossietzky Universität Oldenburg
Zentrale Beratungsstelle
26111 Oldenburg
Tel.: +49 44 17 98 44 03
Fax: +49 44 17 98 37 22
E-Mail: gerhard.lotze@uni-oldenburg.de

Thorsten Schulz
persönlicher Referent des Präsidenten der Carl von Ossietzky Universität Oldenburg
Carl von Ossietzky Universität Oldenburg
Präsidialbüro
26111 Oldenburg
Tel.: +49-441-798-2842
Fax: +49-441-798-2
E-Mail: t.schulz@uni-oldenburg.de

Studienberatung

Gerhart Rott

Modernisierung und ➔ *Qualitätsmanagement* in den Hochschulen haben als ein Erfolgskriterium die Ausbildungserfolge. Wenn das Lehrangebot zu Ausbildungszielen entsprechenden, individuellen Bildungswegen führt, kann es als letztlich wirksam angesehen werden. Im günstigen Fall verknüpfen Studierende wissenschaftliches Grundlagenwissen und methodenorientiertes Anwendungswissen mit persönlichen Bildungsprozessen. Voraussetzung sind sich immer erweiternde Entscheidungs- und Handlungskompetenzen, die das Ausbildungsangebot zielorientiert und für die persönliche Entwicklung sinnvoll erschließen. Hierbei leistet Studienberatung wichtige Hilfestellungen und trägt somit zu einer Optimierung der Studienbedingungen und zu ➔ *Selbstorganisiertem Lernen* bei.

Mit Blick auf die **historische Entwicklung** ist Studienberatung eine junge Einrichtung in deutschen Hochschulen, entstanden in deren Erweiterung und Umwandlung während der Siebzigerjahre des vergangenen Jahrhunderts. Es gab jedoch einige Vorläufer. Schon 1904 wurde das erste Akademische Auskunftsamt in der Berliner Universität eingerichtet. In den Dreißigerjahren bestanden 15 solcher Einrichtungen, die Informationen über Studiengänge und Fächer erteilten und die Berufsorientierungen zur Verfügung stellten. In den Fünfziger- und Sechzigerjahren beschränkte sich Beratung mit wenigen Ausnahmen auf Gespräche mit Professoren und ihren Mitarbeitern. Allein die Berufsberatung der Arbeitsämter bot eine begrenzte berufskundliche Beratung an (*Beyer* 1981).

Mit dem Wandel der Hochschulen im Wechselspiel mit den studentischen Protestbewegungen und den neuen bildungsökonomischen Anforderungen machte sich der wachsende Orientierungsverlust der Studierenden bemerkbar. Die Aufmerksamkeit der Studienreform richtete sich u. a. auch auf die Orientierungsleistung der Hochschulen. Die Zielsetzungen der *Kultusministerkonferenz* (KMK 1973) spiegeln diese Situation wider.

Bildungs- und Ausbildungsmöglichkeiten könnten im Hochschulbereich richtig genutzt werden, wenn sie »durch leistungsfähige Beratungseinrichtungen ergänzt werden« (ebd. S. 9). Die Absichten bilden die Grundlage für spätere Hochschulgesetze im Bund und in den Ländern und für die zehn Modellversuche zur Studienberatung der Bund-Länder-Kommission für Bildungsplanung und Forschungsförderung. Diese Modellversuche fördern die Organisationsform der Zentralen Studienberatungsstelle (ZSB). Die Studienfachberatung sei durch Lehrende in den Fakultäten bzw. Fachbereichen, die allgemeine Studienberatung hingegen sei durch hauptamtliche Studienberaterinnen und -berater in solchen Zentralen Beratungsstellen anzubieten. Psychologische und psychotherapeutische Beratung sollte Teil dieser Zentralen Beratungsstelle sein bzw. sollte entsprechende Angebote vermitteln (BLK 1981). Zwei Drittel der westdeutschen Zentralen Studienberatungsstellen werden in dem Zeitraum zwischen 1970 und 1980 gegründet (*Figge et al.* 1995).

Die zu dieser Zeit bestehende Präsidialarbeitsgruppe Studienberatung der damaligen Westdeutschen Rektorenkonferenz verband die Arbeit vor Ort mit übergeordneten bildungspolitischen Ansätzen. Die Rektorenkonferenz verabschiedete grundlegende Empfehlungen zur Studienberatung und führte Fortbildungsveranstaltungen bzw. Fachtagungen durch. Ein bundesweiter professioneller Erfahrungsaustausch entfaltete sich im Rahmen halbjährlicher kollegialer Fachtagungen. Aus diesem Arbeitszusammenhang ging die Arbeitsgemeinschaft der Studien-, Studentinnen und Studentenberatung (ARGE) hervor. Daneben entwickelten sich zusätzliche kollegiale Kooperationsformen in einzelnen Bundesländern.

Nach der Wiedervereinigung übernahmen die Hochschulen und Gesetzgeber der neuen Länder weitgehend Organisationsformen und Konzepte der vorhandenen Zentralen Studienberatungen, allerdings wurde die Integration der psychologischen Beratung kaum realisiert.

Die Zentralen Studienberatungsstellen **sind eigenständige, zentrale Einrichtungen** der Hochschule mit Verwaltungs- und Benutzungsordnung **oder Teil der Hochschulverwaltung**. Die erste Form unterstreicht die enge Verbindung zu Lehre und Studium. Als integrierte Beratungsstellen (*Figge et al.* 1995) umfassen sie auch die → *Psychologisch-therapeutische Studierendenberatung*. Diese Organisationsform führt zu kurzen Wegen und unterstützt die methodisch-fachliche Fundierung der Studienberatung (*Figge et al.* 1995, *Rott* 1996 b).

Enge Verbindungen zu den Fakultäten bzw. Fachbereichen herzustellen ist ein Ziel, wobei eine konzeptionelle Klärung der Rolle der Studienfachberatung oder der Einrichtung von Studienbüros sowie der Ernennung von Studiendekanen die Kooperation stärken können. Darüber hinaus ist der kontinuierliche Kontakt zu Studierendensekretariaten, Prüfungsämtern, Fachschaften, Studierendenvertretungen und -organisationen, Studierendengemeinden oder Stiftungsvertretern eine Daueraufgabe. Das Gleiche gilt auch für die Zusammenarbeit mit Schulen sowie für die Berufsberatung des Arbeitsamts. Career Services der Hochschulen sollten in die Zentralen Studienberatungsstellen integriert sein (HRK 1998, Universität Rostock 1999, → *Career Center*). Die Zentralen Studienberatungsstellen erfüllen so die Funktion eines Kompetenzzentrums für Beratung, Studiengestaltung und Orientierung.

Zielgruppen, Themenbereiche und Maßnahmen der Studienberatung können Studienabschnitten zugeordnet werden (BLK 1981): Der studienvorbereitenden Beratung, der Studieneingangsberatung, der Studienverlaufsberatung und der Studienausgangsberatung.

Die persönliche Sprechstunde sowie die Infothek beziehen sich auf alle Abschnitte. Maßnahmen wie zum Beispiel Studienführer und telefonische Beratung sind überwiegend und andere wie zum Beispiel Schülerinformationstage und Absolventenbörsen ausschließlich für bestimmte Abschnitte von Bedeutung. Innerhalb solcher Abschnitte kommen unterschiedliche Zielgruppen in das Blickfeld mit speziellen Angeboten wie Entscheidungstraining für Schülerinnen und Schüler oder Fachgespräche mit Schulleitern und Beratungslehrerinnen und -lehrern zum Übergang Schule – Hochschule. Die Studienberatung prägt ihren Bezug zum universitären Kontext, zu Bildungsentscheidungen und zur Hilfe bei der Lösung von Studienproblemen. Sie ist prozessorientiert. Die Veröffentlichung entsprechender Informationsschriften ist ein weiteres Tätigkeitsfeld.

Die Gestaltung der Sprechstunde ist unterschiedlich. Termine können fest vereinbart werden, und/oder eine Offene Sprechstunde wird angeboten. Studentische Hilfskräfte können als »peer counselling« Teilfunktionen der Sprechstunde oder auch im Bereich der telefonischen Auskunft übernehmen. Beratungsgespräche dauern meist zwischen 30 bis 45 Minuten, Einzelgespräche überwiegen deutlich vor Gruppengesprächen. Eine fest vereinbarte Sequenz von Gesprächen ist eher selten.

Informative und personenorientierte Beratung (*Figge et al.* 1995) sind eng miteinander verschränkt. Als Interaktionsprozess zwischen Ratsuchenden und Beratern zielt die Beratung auf die personenbezogene Bewertung von Informationen über Studienumwelten und erweitert so die selbstständige Problemlösungskompetenz der Ratsuchenden im Kontext mit den angebotenen Fachinhalten, der Lehre, den Leistungsanforderungen und den darin eingebetteten sozialen Beziehungen der → *studentischen Lebenswelt*. Die Beratung dient dem klärenden Verstehen des eigenen Erlebens und Verhaltens und der Bewältigung von Problemen in diesem Kontext. (*Rott* 1996a). Sie fördert das konstruktive Zusammenspiel von innerer und äußerer Welt im Studium.

Studienberaterinnen und -berater greifen daher neben der allgemeinen Beratungsmethodik auf eine fächervergleichende, disziplinenübergreifende Sicht der Studienprozesse zurück. Mit einer solchen mehr wissenschaftspädagogischen und psychologischen Sichtweise entstehen Ansatzpunkte für Gruppenangebote (*Knigge-Illner* 1994) zu Studium und Lernverhalten, zu wissenschaftlichem Schreiben, für die Fortbildung von Tutoren und Studienfachberaterinnen und -beratern und für die → *Organisationsentwicklung* der Hochschule. Studienberatung wirkt so auch auf die Studienbedingungen ein. Wesentlicher Ansatzpunkt ist hierbei die Vermittlung von Schlüsselqualifikationen (*Wildt* 1997, *Landesinstitut für Erziehung und Unterricht Stuttgart*, 2000). Projekte können das methodische Handlungswissen des Beratungspersonals erweitern.

Studienfachberatung wird von Lehrenden durchgeführt, die hierzu einen speziellen Auftrag ihres Fachbereichs bzw. ihrer Fakultät erhalten haben. Sie ist nicht zu verwechseln mit der Sprechstunde, die jeder Lehrende zu seinen Veranstaltungen und zur Prüfungsvorbereitung abhält. Mit ihrem fachwissenschaftlichen Hintergrund beraten Studienfachberater Studieninteressierte und Studierende vom Übergang Schule-Hochschule bis zum Übergang Hochschule-Beruf bei Fragen zum gesamten Studiengang. In der gegenwärtigen Praxis führten zeitliche Überforderung und noch geringe professionalisierte Beratungskompetenz der Studienfachberaterinnen und -berater häufig zur unzureichenden Wahrnehmung und somit dann zur Zurückweisung von beratungswerten Anliegen von Ratsuchenden. Daher ist die klare Rollenzuschreibung und die methodische Fundierung der Studienfachberatung von Bedeutung (*Rott* 1991, *Chur* 1996).

Die **Qualitätsstandards von Zentralen Studienberatungsstellen** beziehen sich auf ihre institutionellen Beziehungen innerhalb der Universitäten, auf die eingesetzten Methoden, auf die Qualifikation des Personals, auf fachliche und ethische Standards (zum Beispiel die Vertraulichkeit und Freiwilligkeit von Beratung), auf die Bandbreite des Aufgabenfelds, auf Management, räumliche und sächliche Ausstattung sowie auf Rechenschaftslegung und Evaluation. Für einzelne Handlungsfelder können Qualitätsvereinbarungen erarbeitet werden. Für Studienberaterinnen und -berater sollte eine Beraterausbildung, die auch Gruppenmoderation beinhaltet, Mindeststandard sein, für die psychologische Beratung sollte eine anerkannte psychotherapeutische Ausbildung eine der Basisbedingungen sein. Darüber hinaus gehören zum Qualifikationsprofil interdisziplinäre Wissenschaftpädagogik, Informationsmanagement und interkulturelle Kompetenzen sowie die Bereitschaft zur Fort- und Weiterbildung. Das Leitungspersonal sollte über Beratungsausbildungen und -erfahrungen sowie über ausgewiesene wissenschaftliche Kompetenz im Beratungsbereich verfügen. Die mit diesen Aufgaben betrauten Personen sollten als Führungskräfte ausgebildet sein. Die konzeptionelle Weiterentwicklung der Beratung sollte zu ihren Aufgabenbereichen gehören.

Interne und externe Überprüfungen der Beratung greifen wechselseitig ineinander. Offenheit und Transparenz sind Elemente einer guten Praxis. Neben der Rechenschaftslegung gegenüber der Hochschulhierarchie und der Hochschulöffentlichkeit können besonders externe kollegiale Evaluation wie sie auch bei der Überprüfung von Studiengängen eingesetzt werden, zukunftsweisend sein. Externe Qualitätsicherung wird so mit fachlichem Niveau verbunden.

Vorbilder gibt es bei der Akkreditierung des Beratungspersonals durch die Berufsverbände in Großbritannien (*Bell et al.* 1994). Hinzukommen kann besonders bei Konfliktfällen die gutachterliche Bewertung durch anerkannte Fachkräfte aus der Studienberatung. Noch umfassender ist das Akkreditierungswesen in Nordamerika. Neben der Lizenzierung des Beratungspersonals bemühen sich alle Beratungsdienste um Qualitätsstandards. Die Akkreditierung durch die International Association of Counselling Services Inc. erfolgt auf der Basis der *Accreditation Standards for University and College Counselling Centers* (1994).

Für ein zukünftiges umfassendes Qualitätsmanagement eröffnen sich Möglichkeiten, Standards für die zentrale Studienberatung und die Studienfachberatung mit übergeordneten Leistungsbeschreibungen auszubalancieren.

Neue Informationstechnologien haben das Informationsmanagement verändert und werden eine immer weiter wachsende Rolle im Beratungsalltag spielen. Das Internet ist ein wirkungsvolles Medium in der Orientierenden Beratung, die Internetsites zum Studienangebot einer Hochschule und links nach außen werden zum Standard. Verknüpfungen in Entscheidungsprozessen zu tiefgestaffelten Informationsräumen lassen sich so herstellen. Programme über die reine Informationsvermittlung hinaus versuchen, das Internet mit Beratung zu verbinden (www.lehramt-hilfe.uni-wuppertal.de, www.uni-dortmund.de/ZIB).

Der Studienberatung stellen sich dabei zwei Hauptaufgaben:

Erstens sind die Informationsmedien auf den neuen technologischen und gestalterischen Stand zu bringen. Informationen sind im Internet zu präsentieren, alle Informationsschriften sollen zum »Herunterladen« zur Verfügung stehen. Zweitens sind beratungsdidaktische Methoden zu entwickeln, um die neuen Medien in Beratung einzubeziehen.

Erforderliche Ressourcen sind auch Internetarbeitsplätze in der Infothek. Hier muss dann angemessene Rechercheunterstützung angeboten werden. Während noch Anfang der neunziger Jahre die Informationsbeschaffung ein Problem in der Studienberatung war, besteht heute die Aufgabe, mit der Informationsfülle angemessen umzugehen. Dabei wird der personale Kontakt wegen der Bewertung von Qualität und Relevanz der Informationen wichtiger.

Mobilitätsprogramme für Studierende und Kooperationen im europäischen Hochschulwesen müssen sich in einer Zusammenarbeit der Beratungsdienste spiegeln, wenn sie die von Hochschulen und Studierenden gestellten Erwartungen erfüllen wollen.

Diese Kooperation wird durch das Forum Européen de l'Orientation Académique (FEDORA) erleichtert. Arbeitsgruppen, Kongresse (u. a. in Zusammenarbeit mit der Hochschulrektorenkonferenz in Berlin 1991 und in Rostock 1997) und Sommeruniversitäten fördern den Erfahrungsaustausch und die Fortbildung auf europäischem Niveau. Eine Studie im Rahmen des Leonardo-Programms mit Kooperationspartnern in allen Ländern der Europäischen Union erschloss einen Überblick über Beratung an europäischen Hochschulen. Der zusammenfassende Bericht verweist auf erforderliche Aus- und Fortbildungsmöglichkeiten (*Watts/Van Esbroeck* 1998).

Neben Forschung und Lehre im engeren Sinne wird Beratung zu einem Kernelement der Hochschulausbildung. Mit Blick auf Information und Orientierung, Berufswelt und Persönlichkeitsentwicklung sowie mit ihren interdisziplinären Perspektiven stellen Zentrale Studienberatungsstellen professionelles Wissen bereit, um den Wirkungsgrad von Studium und Lehre und die Selbstwirksamkeit der Studierenden zu erhöhen. Differenzierung der Beratungsansätze und Konzeptionen in der Studienberatung bereichern dieses Handlungsfeld. Diese konzeptionelle Vielfalt ist, wie auch der wissenschaftliche Diskurs über die Studienberatung, bei der Vertiefung ihrer Praxis und Organisationsentwicklung in Studium und Lehre wichtig. Der europäische Dialog leistet dabei Hilfestellungen. Da allgemeine Studienberatung wie Studienfachberatung ihre Potenziale nicht allein aus sich selbst heraus entfalten kann, bedarf sie der kontinuierlichen Förderung und Zusammenarbeit aller Hochschulangehörigen und insbesondere des Hochschulmanagements.

Literatur:

Beyer, H. J.: Studienberatung – Geschichte, Recht und Alltag. In: *Bundesminister für Bildung und Wissenschaft (BMBW)*: Stichwort Studienberatung, Bestandsaufnahme und Beispiele. Bonn 1981.

Bell, E./Henry, H./Heyno, A./McDevitt, C.: United Kingdom. In: *Bell, E./McDevitt, C./Rott, G./Valerio, P.* (Eds.), Psychological counselling in higher education, S. 121-160. Neapel 1994.

Bund-Länder-Kommission für Bildungsplanung und Forschungsförderung: Modellversuche zur Studienberatung. Bericht über eine Auswertung. Köln 1981.

Chur, D.: Beratung als Kompetenzförderung – Prinzipien und Beispiel der Studienberatung. In: Familie, Forschung und Therapie, 1993, S. 103-110.

Figge, P./Kaiphas, W./Knigge-Illner, H./Rott, G.: Psychologische Studienberatung an deutschen Hochschulen: Eine empirische Studie zu Kontext, institutionellen Bedingungen und Aufgaben. München 1995.

Hochschulrektorenkonferenz (HRK): Ein Jahr davor: Studieren in Europa. 4. Europäisches Colloquium für Studienberater. Tagung vom 3. bis 5. Juli 1991 in Berlin. Dokumente zur Hochschulreform 72/1991. Bonn 1991.

Hochschulrektorenkonferenz (HRK): Perspektiven der Studienberatung. Fachtagung der Hochschulrektorenkonferenz vom 22.-24. August in Konstanz. Dokumente zur Hochschulreform 70/1991.

Hochschulrektorenkonferenz (HRK): Hochschulabsolventen für den Europäischen Arbeitsmarkt – eine Herausforderung für die Universitäten. Tagung vom 5. bis 8. Mai 1996 in der Universität Rostock. Beiträge der Hochschulpolitik 4/1997. Bonn 1997.

Hochschulrektorenkonferenz (HRK): Vernetzung der Beratungs- und Informationsdienste. Workshop der Hochschulrektorenkonferenz in Zusammenarbeit mit der Bundesanstalt für Arbeit und der Kultusministerkonferenz. Hofgeismar, 7. bis 9. Januar 1998. Bonn 1998.

Kiracofe, N. M. u. a.: Accreditation standards for university and college counselling centres. In: Journal of Counselling & Development, 1994, Vol. 73, S. 38-43.

Knigge-Illner, H./Kruse, O. (Hrsg.): Studieren mit Lust und Methode. Weinheim 1994.

Landesinstitut für Erziehung und Unterricht Stuttgart (Hrsg.): Studienberatung auf dem Weg zu einem neuen Profil. Ergebnisse der Projekte im Rahmen des Hochschulsonderprogramms III. Band sechs der Schriftreihe »Beratung und Kompetenzentwicklung an der Hochschule«, *Chur, D.* (Hrsg.). Heidelberg 2000.

Rott, G.: Die Rolle der Studienberatung in der Hochschulausbildung: Grundlagen von Konzepten und Methoden. In: *Hochschulkonferenz (HRK)*: Perspektiven der Studienberatung. Fachtagung der Hochschulrektorenkonferenz in Konstanz, 22.-24. August 1990. Dokumente zur Hochschulreform 70/1991, S. 57-79. Bonn 1991.

Rott, G.: Interaction between Emotion, Cognition, and Behaviour as a Focus for Higher Education and in Student Counselling. In: *Georgas, J./Manthouli, M./Besevegis,*

E./Kokkevi, A. (Hrsg.): Contemporary Psychology in Europe: Theory, Research, and Application, pp. 273-287. Göttingen 1996[a].

Rott, G.: Psychologische Studierendenberatung im Europäischen Vergleich; Schnittflächen zur allgemeinen Studienberatung. In: Studentenberatung in Österreich – und – Students' counselling in Europe, S. 59-71. Wien 1996[b].

Ständige Konferenz der Kultusminister der Länder in der Bundesrepublik Deutschland (KMK): Beschluss der Kultusministerkonferenz vom 14.09.1973. Veröffentlicht durch das Sekretariat der ständigen Konferenz der Kultusminister der Länder in der Bundesrepublik Deutschland.

Universität Rostock: Studienberatung im Umbruch? Funktion und Organisation von Studienberatung in der Körperschaft Hochschule. Rostock 1999.

Watts, A. G./Van Esbroeck, R.: New skills for new futures. Higher education guidance and counselling services in the European Union. Brussels 1998.

Wildt, J.: Fachübergreifende Schlüsselqualifikationen – Leitmotiv der Studienreform? In: *Welbers, U.* (Hrsg.): Das integrierte Handlungskonzept Studienreform: Aktionsformen für die Verbesserung der Lehre an Hochschulen. Berlin 1997.

WWW-Adressen:

Arbeitsgemeinschaft der Studien-, Studentinnen und Studentenberatung:
www.uni-giessen.de/studium/ARGE/

Forum Européen de l'orientation académique
http://www.uni-karlsruhe.de/~fedora/

Hochschulrektorenkonferenz
www.hochschulkompass.de

International Association of Counselling Services Inc. (IACS:)
www.iacsinc.org

Studien- und Berufswahl:
www.studienwahl.de
www.berufswahl.de

Besondere Beratungsangebote:
www.lehramt-hilfe.uni-wuppertal.de
www.uni-dortmund.de/ZIB/

Angaben zum Autor:

Dr. Gerhart Rott
Leiter der Zentralen Studienberatungsstelle der Bergischen Universität – Gesamthochschule Wuppertal
Bergische Universität – Gesamthochschule Wuppertal
Zentrale Studienberatung
Gaußstraße 20
42097 Wuppertal
Tel.: +49 20 24 39-3890/3281
Fax: +49 20 24 39-2597
E-Mail : rott@uni-wuppertal.de
http://zsb.uni-wuppertal.de

Studienfinanzierung

Stefanie Schwarz

In der Bundesrepublik Deutschland hat sich zwischen Ende der Fünfziger- und Beginn der Siebzigerjahre ein System der **Studienfinanzierung** herausgebildet, das sich durch folgende Grundzüge charakterisieren lässt:

- Der Staat übernimmt sämtliche Kosten für das Studienangebot. → *Studiengebühren*, die in der Vergangenheit nur einen begrenzten Anteil der Hochschulausgaben abgedeckt, aber nach Ansicht von Experten einen Teil befähigter junger Erwachsener vom Studium abgeschreckt hatten, wurden vollständig abgeschafft.
- Der Staat stellt für einen Teil der Studierenden Beihilfen zu den Lebenshaltungskosten bereit. Diese sind mit wenigen Ausnahmen nach dem Prinzip der sozialen Bedürftigkeit der Studierenden und der Herkunftsfamilien geregelt. Der Förderhöchstsatz soll im Prinzip die vollen Lebenshaltungskosten decken.

Im Laufe der Jahre wurde das System der Ausbildungsförderung vielfach modifiziert. Geändert wurden die finanziellen Voraussetzungen für den Anspruch auf Förderung, die Höhe der Beiträge zu den tatsächlichen Lebenshaltungskosten, die Vergabe der Beihilfen als Stipendium oder Darlehen und schließlich die Bedingungen der Darlehensrückzahlung (*Deutsches Studentenwerk* 1997).

Das Thema Studienfinanzierung gehört zu den Bereichen, bei denen sich – mehr noch als in den meisten anderen Themengebieten der Hochschulforschung – die hohe Heterogenität der Hochschulsysteme im westlichen Europa zeigt (*Clark, B. R./Neave, G.* 1992; *Dohmen, D./Ullrich, R.* 1996; *Eicher, J.-C./Chevaillier, T.* 1992). In Westeuropa herrscht zur Zeit eine Vielfalt der unterschiedlichsten Finanzierungsmodelle, die den finanziellen Bedarf der Studierenden zu ganz unterschiedlichen Anteilen abdecken. Es stellt sich somit die zentrale Frage, was wir von den unterschiedlichen Studienfördermodellen in Europa für die deutsche Situation lernen können. Der internationale Vergleich kann sich als hilfreich für das Überdenken des Status Quo und die Erarbeitung neuer Lösungsansätze erweisen (*Teichler, U.* 1996). Am Zentrum für Berufs- und Hochschulforschung, Universität GH Kassel wurde 1995 bis 1998 eine vom Ministerium für Schule und Weiterbildung, Wissenschaft und Forschung des Landes Nordrhein-Westfalen geförderte Studie durchgeführt, welche sich u. a. zum Ziel gesetzt hatte, die unterschiedlichen Studienfinanzierungsmodelle in ausgewählten Ländern in Europa systematisch zu vergleichen (*Daniel, H.-D./Schwarz, S./Teichler, U.* 1999). Im Folgenden werden ausgewählte Ergebnisse der Studie dargestellt.

In allen untersuchten europäischen Ländern gibt es eine **öffentliche bedürfnisbezogene Studienförderung**. Sie variiert sowohl in der durchschnittlichen als auch in der maximalen Höhe erheblich: Die durchschnittlichen Zuschüsse und Darlehen betragen zusammen monatlich zwischen DM 45 in Griechenland und DM 891 in Dänemark. Die maximalen Zuschüsse und Darlehen betragen zusammen zwischen DM 238 in Griechenland und bis zu DM 1.540 in Schweden.

In einer Modellrechnung (siehe Tabelle) wird die Höhe der durchschnittlichen direkten staatlichen Studienförderung in Relation zu den monatlichen Gesamtausgaben pro geförderten Studierenden dargestellt. Die Berechnung bezieht alle Studierenden ein, die direkte staatliche Studienförderung erhalten. Es wird somit der Frage nachgegangen, inwieweit die durchschnittliche staatliche Studienförderung die Kosten pro geförderten Studierenden abdeckt.

Europäische Länder lassen sich in Bezug auf die Höhe der durchschnittlichen staatlichen Studienförderung in Relation zu den durchschnittlichen Ausgaben für die Lebenshaltungskosten pro Studierenden in drei Kategorien einteilen:

Die erste Kategorie stellen Länder dar, die eine Förderungsrate von mindestens 70 Prozent aufweisen und in denen die direkte durchschnittliche Studienförderung mehr als 50 Prozent der durchschnittlichen Lebenshaltungskosten abdeckt. Dies sind die skandinavischen Länder. In Dänemark erhalten beispielsweise 77 Prozent der Studierenden staatliche Zuschussförderung, und der Anteil der Darlehensempfänger liegt bei 58 Prozent. Im Durchschnitt werden 64 Prozent der Lebenshaltungskosten eines dänischen Studierenden, der Ausbildungsförderung erhält, durch die staatliche Studienförderung abgedeckt. In Schweden erhalten 79 Prozent der Studierenden Ausbildungsförderung. Dieser Teil der Studierenden kann 73 Prozent der Lebenshaltungskosten durch staatliche Fördermaßnahmen abdecken. Für Finnland liegt die Förderquote für direkte staatliche Studienförderung (59 % Zuschussförderung, 30 % Darlehensförderung) etwas niedriger. Die Abdeckung der durchschnittlichen Lebenshaltungskosten für Studienförderungsempfänger liegt bei 63 Prozent.

Die zweite Kategorie bilden die Länder, bei denen die Förderungsquote und die Höhe der durchschnittlichen direkten staatlichen Studienförderung stark voneinander abweichen. Während in Österreich ein geringer Anteil der Studentenschaft (12 %) Zuschussförderung erhält, deckt diese Zuschussförderung 81 Prozent der durchschnittlichen Lebenshaltungskosten der Geförderten ab. Damit liegt Österreich hinsichtlich der Kostendeckung des Studiums durch staatliche Transferleistungen an der Spitze der europäischen Länder. Es befindet sich jedoch weit unter dem europäischen Durchschnitt, wenn man die allgemeine Förderungsquote betrachtet. In den Niederlanden werden 84 Prozent der Studierenden gefördert, die durchschnittliche Kostendeckung durch die direkte Studienförderung beträgt 46 Prozent. Auch Großbritannien gewährt der Mehrzahl der Studierenden Studienförderung (70 %). Diese deckt aber weniger als die Hälfte (44 %) der Lebenshaltungskosten der Geförderten ab. In Irland werden 56 Prozent der Studierenden gefördert; ein Studierender, der Studienförderung erhält, kann aber nur 33 Prozent seiner Ausgaben damit bestreiten. In

Deutschland werden 19 Prozent der Studierenden gefördert; die Kostendeckung durch staatliche Fördermaßnahmen beträgt etwa die Hälfte (51 %) der durchschnittlichen Lebenshaltungskosten.

Höhe der durchschnittlichen direkten staatlichen Studienförderung in Relation zu den monatlichen durchschnittlichen Gesamtausgaben pro geförderten Studierenden in DM

	I Anteil geförderter Studierender (in %)	II Durchschnittliche staatliche Studienförderung pro Student/Studentin pro Monat	III Durchschnittliche Ausgaben pro Student/Studentin pro Monat	IV Durchschnittliche Kostendeckung II in % von III
Dänemark	(91 Zuschuss) (41 Darlehen)	891	1.395	64
Schweden	(79)	859	1.174	73
Finnland	(59 Zuschuss) (30 Darlehen)	651	1.040	63
Niederlande	(84)	664	1.439	46
Frankreich	(20)	341	1.540	22
Belgien	(20)	495	1.274	39
Deutschland	(19)[1]	594	1.170	51
Österreich	(12)	762	936	81
Schweiz	**	**	**	**
Irland	(56)	266	813	33
Großbritannien	(70)	361	820	44
Spanien	(17,6)	197	847	23
Portugal	(15)	172	691	25
Italien	(6)	280	950	29
Griechenland	(3,6 Zuschuss) (4 Darlehen)	45	1.144	4

1 Anteil der Geförderten (%) bezieht sich auf alte und neue Bundesländer
** Keine Angaben

Zur dritten Kategorie gehören diejenigen Länder, bei denen im europäischen Vergleich sowohl die Förderungsquote als auch die durchschnittliche Höhe der direkten staatlichen Studienförderung pro Studierenden niedrig sind.

■ Mitteleuropäische Länder, die eine vergleichsweise niedrige Förderquote und eine niedrige durchschnittliche staatliche Studienförderung aufweisen, sind Belgien und Frankreich. In Belgien beträgt die Förderquote 20 Prozent und deckt durchschnittlich 39 Prozent der Lebenshaltungskosten. In Frankreich beträgt die Förderquote ebenfalls 20 Prozent, die Deckung der Lebenshaltungskosten durch die staatliche Studienförderung jedoch nur 22 Prozent.

452

■ Südeuropäische Länder weisen sowohl eine geringe Förderquote (unter 20 %) als auch eine vergleichsweise geringe Abdeckung der Lebenshaltungskosten durch die direkte staatliche Studienförderung auf. Während die durchschnittliche staatliche Förderung in Spanien (23 %), Italien (29 %) und Portugal (25 %) rund ein Viertel der Lebenshaltungskosten abdeckt, wird in Griechenland auch für Studienförderungsempfänger lediglich ein Zwanzigstel (4 %) der Lebenshaltungskosten durch die direkte Studienförderung finanziert.

Zu bedenken ist, dass in den Berechnungen die Darlehen bei der Kostendeckung mitgerechnet sind. Würden sie ganz herausgerechnet oder nur die Förderung gegenüber banküblichen Darlehen berücksichtigt, so würde sich zeigen, dass der tatsächliche Anteil der Kostendeckung durch die Studienförderung deutlich geringer ist.

In Europa bestehen sehr **verschiedenartige ordnungspolitische Konzeptionen** über die Rolle der Studierenden und ihre Förderungserwartungen und -ansprüche:

■ Nach dem ersten Konzept werden die Studierenden als »**Heranwachsende im Bund der Familie**« betrachtet, deren Studierchance in der Regel durch die Eltern zu sichern ist. Der Staat bietet nur in sehr seltenen Fällen besondere Hilfe für bedürftige Familien an; in einigen Ländern wird zudem erwartet, dass die Studierenden Gebühren bezahlen. Dieses Konzept wird weitgehend in Frankreich, Belgien, Österreich, Italien, Spanien, Portugal und Griechenland verfolgt; allerdings gibt es für manche dieser Länder andere direkte und indirekte Leistungen, die bemerkenswert zur Reduzierung der Studienkosten beitragen.

■ Nach dem zweiten Konzept tritt ein **deutliches sozialstaatliches Korrektiv** der Versorgung durch die Familie an die Seite der staatlichen Studienförderung. Dies gilt für Irland und bisher auch für Großbritannien. Die deutsche Studienförderung konnte lange Zeit etwa in der Mitte zwischen diesen beiden Konzepten eingeordnet werden. In den letzten Jahren näherte sie sich jedoch dem ersten Konzept etwas an.

■ Nach dem dritten Konzept werden **Studierende als eigenverantwortliche Bürger** betrachtet, für die der Staat die finanziellen Mittel zur Realisierung des Studiums weitgehend zur Verfügung stellt. Und da fast alle Studierenden gefördert werden, wird es ohnehin für unangebracht gehalten, Studiengebühren zu erheben. Dies gilt vor allem für Dänemark und Finnland.

■ Während in den drei bisher genannten Konzepten die akute finanzielle Situation der Studierenden (bzw. ihrer Angehörigen) im Mittelpunkt steht, werden in dem vierten Konzept die Studierenden zudem sehr stark als **Investoren in ihren zukünftigen Beruf** betrachtet. Schweden ist das einzige Land in der europäischen Union, in dem das öffentliche Angebot eines risikobegrenzten Darlehens für Studierende die größte öffentlich unterstützte Finanzierungsquelle darstellt. Ergänzend kommt in Schweden die Förderung der Studierenden als herkunftsfamilienunabhängig Lernende und Bürger hinzu. In einigen anderen Ländern wird dieses Investor-Konzept nur ergänzend zu den Konzepten der Familienfinanzierung, der familienbezogenen Sozialleistung oder der öffentlichen Förderung von lernenden Bürgern aufgenommen. In allen Ländern nimmt die öffentliche Unterstützung des Hochschulstudiums mehr als eins der vier genannten Konzepte auf. In vielen Fällen lässt sich jedoch die Dominanz eines der Konzepte aufweisen. Im Gegensatz dazu sind die Niederlande als ein Beispiel dafür zu nennen, dass alle **Förderungskonzepte gemischt werden** und keine Dominanz eines Konzepts erkennbar ist. In den Niederlanden gibt es elternabhängige und elternunabhängige Förderung, es gibt Förderung nach dem Investorprinzip neben Förderung nach dem Prinzip des akuten Finanzbedarfs, und es gibt Studiengebühren neben einer öffentlichen Förderung für viele Studierende.

Die Ergebnisse der Studie (*Daniel u. a.* 1999) machen deutlich, dass weitaus mehr Vorsicht in der Behauptung gemeinsamer Trends und gemeinsamer aktueller Politiken in den europäischen Ländern geboten ist als wir das in den verbreiteten Diskussionen über das Für und Wider von Studiengebühren, Absolventensteuern u. a. m. beobachten:

■ Es ist nicht richtig, dass um 1970, als der Stellenwert der Hochschulexpansion für wirtschaftliches Wachstum besonders hoch eingeschätzt und der Frage der Chancengleichheit besondere Aufmerksamkeit geschenkt worden war, in fast allen heutigen EU-Ländern eine substantielle Studienförderung für einen großen Teil der Studierenden eingeführt worden wäre. In einer nicht unbeträchtlichen Zahl von Ländern blieb das Förderungssystem äußerst begrenzt.

■ Es lässt sich auch kein eindeutiger Trend zum relativen Abbau der Studienförderung und zur Einführung von Studiengebühren erkennen.

■ Schließlich hat die Betrachtung von Studierenden als jungen Investoren in Europa kaum Verbreitung gefunden.

Bemerkenswert ist vielmehr, dass wir in Europa ein Nebeneinander von verschiedenen ordnungspolitischen Vorstellungen beobachten: In den nordeuropäischen Ländern werden Studierende als verantwortliche junge Erwachsene in einem Lernprozess betrachtet, denen die Gesellschaft gewöhnlich die Lebenshaltung sichert – ähnlich wie in Deutschland den Auszubildenden die Lebenshaltung durch die Unternehmen gesichert wird. In den südeuropäischen Ländern dominiert das Verständnis, dass die Familie für die Versorgung zuständig ist und der Staat nur einer kleinen Minderheit deutlich hilft. Mittel- und westeuropäische Länder ordnen sich dazwischen ein. Allerdings gibt es einige Mischmodelle, bei denen offenkundig verschiedene ordnungspolitische Prinzipien partiell zum Tragen kommen. Es dürfte nicht überraschen, wenn Mischlösungen in Zukunft noch stärker zunehmen würden, denn in der Vielfalt der gesellschaftlichen Interessen und in der gewachsenen Unsicherheit über zielgerechte Wirkung staatlicher Aktionen werden Mischmodelle oft als probates Mittel verstanden.

In der deutschen Diskussion wird immer wieder der Versuch unternommen, den Modelltypen des Heranwachsenden im Bund der Familie abzulösen von Modellvorstellungen, die Studierende als junge, eigenständige Erwachsene betrachten. Im Hinblick auf die zunehmende Heterogenität der Studierenden, insbesondere, was die Altersverteilung betrifft, erscheint es durchaus sinnvoll, diese Diskussion verstärkt zu führen. Die skandinavischen Länder und die Niederlande bieten interessante und vielversprechende Modelle, welche direkte staatliche Studienförderung mit der Idee des jungen, in seiner Ausbildungsphase befindlichen Erwachsenen verknüpfen.

Literatur:

Clark, B. R./Neave, G. (Hrsg.): The Encyclopedia of Higher Education. 4 Bände. Oxford: Pergamon 1992.

Daniel, H.-D./Teichler, U./Schwarz, S.: Student Costs and Financing. Special Issue, European Journal of Education, Vol. 34 No 1, 1999.

Deutsches Studentenwerk: Aktuelle Entwicklung der Systeme der Studienfinanzierung in Westeuropa in Zusammenhang mit dem Familienlastenausgleich. Bonn 1997.

Dohmen, D./Ullrich, R.: Ausbildungsförderung und Studiengebühren in Westeuropa. FIBS-Forschungsbericht Nr. 1, Köln 1996.

Eicher, J.-C./Chevaillier, T.: Rethinking the Finance of Post-Compulsory Education. Higher Education in Europe (Themenheft: The Financing of Higher Education), 17 (1), S. 6-32, 1992.

Schwarz, S.: Studienkosten und Studienfinanzierung. Was können wir von unseren europäischen Nachbarn lernen? Prisma. Zeitschrift der Universität Gesamthochschule Kassel Nr. 61, S. 23-29, 2000.

Teichler, U.: Comparative Higher Education: Potentials and Limits. Higher Education 32 (4), S. 431-465, 1996.

Angaben zur Autorin:

Dr. Stefanie Schwarz
Geschäftsführerin des Wissenschaftlichen Zentrums für Berufs- und Hochschulforschung,
Universität Gesamthochschule Kassel
Mönchebergstraße 17
34109 Kassel
Tel.: +49 56 18 04 24 23
Fax: +49 56 18 04 74 15
E-Mail: schwarz@hochschulforschung.uni-kassel.de

Studiengebühren

Hans Pechar

Noch vor wenigen Jahren schienen **Studiengebühren** ein Relikt einer Zeit zu sein, in welcher der Besuch einer Universität das Privileg einer begüterten Minderheit war. In den Sechziger- und Siebzigerjahren wurden Studiengebühren in vielen Ländern abgeschafft (z. B. BRD 1970, Österreich 1972), anderswo (z. B. Niederlande) wurden sie nominell eingefroren, sodass ihr realer Wert mehr und mehr symbolischen Charakter annahm. Eine Ausnahme waren die USA, aber selbst dort war die Gebührenentwicklung in dieser Zeit – gemessen an heutigen Standards – moderat.

In jenen Jahren hatten die Ökonomen gerade den Beitrag der Bildung zum Wirtschaftswachstum entdeckt, was der staatlichen Bildungspolitik gänzlich neue Perspektiven eröffnete. Es war nun geradezu eine wirtschaftspolitische Notwendigkeit, die Partizipation bislang bildungsferner Schichten an höherer Bildung zu fördern. Die Abschaffung von Studiengebühren war ein Schritt in diese Richtung. Neben den ökonomischen Motiven hatten die Bildungsreformen jener Jahre auch einen gesellschaftsverändernden Impetus. Von einer Angleichung der Bildungschancen erhoffte man sich, dass sich auch die Ungleichheiten in den beruflichen Positionen und im sozialen Status verringern würden.

Die Trendwende kam in den Achtzigerjahren und war durch mehrere Faktoren begründet. Die Hochschulexpansion war rascher verlaufen, als die Bildungsplaner der Sechzigerjahre gehofft hatten. Aber diese Entwicklung wurde nun zunehmend nicht als Erfolg, sondern als Belastung empfunden. Viele Erwartungen, die man in die Bildungsexpansion gesetzt hatte, haben sich nicht erfüllt. In den meisten Ländern hat sie zu keiner Angleichung sozialer Positionen geführt (vgl. *Shavit, Y./Blossfeld, H. P.* 1993). Anstelle eines Mangels wurde nun vielfach ein Überschuss an Hochschulabsolventen diagnostiziert. Obwohl die Akademikerarbeitslosigkeit relativ gering war, wurde ihr von Politik und Medien große Beachtung geschenkt (vgl. z. B. *Harenberg, W.* 1985). Vor allem aber rückten die steigenden staatlichen Hochschulausgaben ins Zentrum des politischen Interesses. In den meisten Ländern reduzierten die Regierungen die durch die Hochschulexpansion verursachte Budgetbelastung, indem sie die realen Ausgaben pro Studierenden kontinuierlich senkten.

Ein Weg, die dadurch entstehenden Engpässe auszugleichen sind Studiengebühren. Als die OECD Ende der Achtzigerjahre eine vergleichende Studie zur Hochschulfinanzierung durchführte (*OECD* 1991), war die neuerliche Einführung oder Erhöhung von bzw. die Diskussion über Studiengebühren einer der wichtigsten beobachteten Trends. In den Neunzigerjahren hat sich dieser Trend weiter verstärkt. Heute gibt es nur noch wenige Länder, in denen die Ausbildung an Hochschulen generell kostenfrei ist. Im Folgenden werden **ökonomische, sozialpolitische und kulturelle Argumente** für und gegen Studiengebühren diskutiert.

Ökonomische Argumente: ist akademische Qualifikation ein öffentliches Gut?

Aus ökonomischer Sicht geht es bei Studiengebühren primär um die Frage, ob Hochschulbildung ein privates oder öffentliches Gut ist. Die Theorie öffentlicher Güter (z. B. *Musgrave, R. A./Musgrave, P. B.* 1980) geht davon aus, dass es grundsätzlich der Markt ist, der die verfügbaren knappen Ressourcen ihrer bestmöglichen Verwendung zuführt. Nur in besonderen Fällen, in denen der Markt versagt, muss der Staat intervenieren und das betreffende Gut bereitstellen (weil die Produktion auf dem Markt nicht gewährleistet ist) und/oder finanzieren (weil es keine ausreichende private Nachfrage gibt). Es gibt einen breiten Konsens darüber, dass Hochschulbildung kein privates Gut im engeren Sinn ist. Deutlich wird aber auch, dass die meisten Kriterien für öffentliche Güter nur teilweise zutreffen. Das klassische Kriterium von Nichtrivalität und Nichtausschließbarkeit ist nicht anwendbar. Die Diskussion konzentriert sich auf zwei Aspekte von Marktversagen.

Die öffentliche Vollfinanzierung von Hochschulstudien stützt sich primär auf das Argument **positiver externer Effekte** (vgl. z. B. *Bowen, H. R.* 1977): Nicht nur der Einzelne zieht Nutzen aus seiner akademischen Qualifikation, auch die Gesellschaft als ganze profitiert. Daher ist das gesellschaftliche Gesamtinteresse an Hochschulbildung größer als die Summe der Einzelinteressen. Wäre das Studienverhalten ausschließlich von den privaten Nutzenkalkülen der Nachfrageseite bestimmt, käme es zu einer suboptimalen Versorgung der Gesellschaft mit akademischen Qualifikationen.

Von Ökonomen werden die externen Effekte im Bildungswesen unterschiedlich eingeschätzt. In den Sechzigerjahren waren die meisten Bildungsökonomen geneigt, den externen Effekten einen sehr hohen Stellenwert zuzumessen. Diese Annahmen wurden aber seit den Siebzigerjahren relativiert und es findet sich in der einschlägigen Literatur seither kaum noch das Argument, dass die externen Effekte eine staatliche Vollfinanzierung begründen könnten. Zunächst gilt es, zwischen den einzelnen Bildungs- und Schulstufen zu unterscheiden. Die meisten Autoren gehen davon aus, dass die externen Effekte im Schulbereich sehr groß sind. Ausschlaggebend ist die sozialintegrative Funktion dieser Bildungsgänge, der hohe Wert eines gemeinsamen Sockels an Fähigkeiten und Einstellungen für den Zusammenhalt einer Gesellschaft. Mit zunehmender Höhe und Differenzierung der Bildungsgänge gewinnt hingegen der private Nutzen der darin erworbenen Qualifikationen an Bedeutung.

Auf postsekundärer Ebene könnte man zwischen Qualifikationen im engeren und Bildung im weiteren Sinn unterscheiden. Die arbeitsmarktrelevanten Aspekte der Hochschulbildung werden über ein höheres Einkommen abgegolten. Darüber hinaus erwirbt man an Hochschulen eine Reihe von Fähigkeiten und

Einstellungen (»atmosphärische Effekte«), die vom Arbeitsmarkt nicht honoriert werden, von denen aber die Gesellschaft profitiert (z. B. geringere Kriminalitätsrate, höheres Umweltbewusstsein). Es handelt sich dabei um Sozialisationseffekte des Studiums. Bei der Einschätzung solcher Sozialisationseffekte muss man sich der Gefahr eines zirkulären Arguments bewusst sein: dass nämlich die Bildungsschicht auf Grund ihrer Definitionsmacht die eigenen Werte und Einstellungen für höherwertig erklärt und daraus ein Anrecht auf staatliche Subventionierung begründet.

Ein weiteres Argument unterstellt schließlich Marktversagen auf Grund eingeschränkter Nachfragesouveränität. Die Entscheidungskompetenz der Bürger kann auf Grund »verzerrter Präferenzen« in Abrede gestellt werden; man spricht dann von »**meritorischen Gütern**« (*Andrae, C. A./Rinderer, C.* 1988), die höhere Werte und Bedürfnisse der Gesellschaft repräsentieren, weshalb man sie nicht der Entscheidung gewöhnlicher Bürger überlassen darf. Menschen mit einer schwach ausgeprägten Zukunftsorientierung würden vermutlich keine Eigenleistungen für das Studium ihrer Kinder erbringen. Es ist daher die Aufgabe des Staates, das meritorische Gut zu subventionieren oder ganz zu finanzieren, andernfalls würde es nicht oder in zu geringem Ausmaß nachgefragt werden. Ähnlich wie bei den externen Effekten besteht bei einem leichtfertigen Gebrauch dieses Arguments die Gefahr eines Begründungszirkels:»Staatliche Vollfinanzierung der Hochschulproduktionskosten und staatliche Entscheidungsgewalt werden mit dem Mangel an Entscheidungskompetenzen der Individuen begründet. Die damit begründete Ausübung staatlicher Entscheidungsgewalt lässt dann aber gar nicht mehr zu, dass sich die Entscheidungs- und Wahlfähigkeit der Individuen als Lernprozess entwickeln kann. Folglich reproduziert der Staat immer wieder selbst den Grund für seine Finanzintervention.« (*Timmermann, D.* 1985, S. 180).

Aus keinem der hier diskutierten Aspekte des Marktversagens lässt sich eine staatliche Vollfinanzierung der Hochschulen begründen. Je nach Auslegung der positiven externen Effekte und des meritorischen Charakters der akademischen Qualifikation lassen sich mehr oder minder massive öffentliche Subventionierungen der Hochschulausbildung rechtfertigen. Die meisten Ökonomen sprechen von einem gemischten Gut, das dem Einzelnen und der Gesellschaft gleichermaßen Vorteile bringt, was auch eine gemischte Finanzierung nahe legt.

Sozialpolitische Argumente: Bildung als Privileg der Reichen?

Im Zentrum aller Diskussion über Studiengebühren steht die Frage der sozialen Gerechtigkeit. Führen Studiengebühren zurück in eine Zeit, in der ständische Privilegien und Klassenschranken breite Teile der Bevölkerung an einer Entfaltung ihrer Begabungspotentiale hindern? Ein genauerer Blick auf die Wirkungen des Nulltarifs an Hochschulen ergibt, dass man mit Zielkonflikten konfrontiert ist.

■ In den Sechziger- und Siebzigerjahren war die Abschaffung von Studiengebühren von der Hoffnung auf eine Gesellschaft getragen, in der alle sozialen

Schichten gleichen Zugang zu höherer Bildung haben. Davon sind wir heute nahezu ebenso weit entfernt wie vor 30 Jahren. Die Bildungsbarrieren haben sich als viel hartnäckiger erwiesen als angenommen. Sie sind primär in familiären Sozialisationsmechanismen begründet, die durch staatliche Bildungspolitik nur schwer zu verändern sind. Der Nulltarif an Hochschulen hat sich nicht als zielgenaue Maßnahme zur Erweiterung von Chancengleichheit erwiesen.

■ In einer Zeit, in der die Krise der öffentlichen Haushalte zu schärferen Verteilungskonflikten führt, ist Treffsicherheit bei den staatlichen Ausgaben besonders wichtig. Welche Gruppen profitieren am meisten von staatlichen Bildungsausgaben? Für Österreich zeigt eine empirische Untersuchung (*Guger, A.* 1994), dass die Ausgaben für Schulen sozial egalitär verteilt werden; eine Umverteilung findet in vertikaler Hinsicht (von kinderlosen Haushalten zu solchen mit Kindern) statt. Die Hochschulausgaben hingegen kommen überwiegend den einkommensstarken Haushalten zugute: ca. 60 Prozent fließen ins oberste Einkommensviertel, 25 Prozent ins oberste Dezil.

Mit einem großen Teil der öffentlichen Mittel, die zur Erhöhung der Chancengleichheit gedacht sind, werden also einkommensstarke Haushalte subventioniert, die sowohl fähig als auch bereit wären, einen spürbaren Beitrag zu den Kosten eines Hochschulstudiums zu leisten. Ein Motiv zur Einführung von Studiengebühren ist es, im Sinne größerer Treffsicherheit solche »Mitnahmeeffekte« zu vermeiden. Um dieses Ziel zu erreichen, sind generelle Gebühren, die unterschiedslos von allen zu entrichten sind, kein taugliches Mittel. Eine solche Maßnahme würde den ohnehin geringen Anteil von Studierenden aus einkommensschwachen Familien weiter reduzieren. Um die Chancengleichheit im Hochschulzugang nicht hinter das erreichte Niveau zurückzuschrauben, müssen Studiengebühren sozialverträglich gestaltet sein, sie dürfen den verborgenen Sozialisationsbarrieren keine zusätzlichen Hindernisse, keine offenen finanziellen Schranken hinzufügen.

Es gibt unterschiedliche Philosophien der Sozialverträglichkeit (vgl. *Pechar, H./ Keber, C.* 1996):
■ Man kann Studiengebühren nach dem Einkommen des Elternhaushalts staffeln und die Studierenden unterhalb einer bestimmten Einkommensgrenze von der Gebühr gänzlich befreien. Ein solches Modell geht implizit davon aus, dass es in der Verantwortung des Elternhaushalts fällt, für die privaten Kosten eines Hochschulstudiums aufzukommen.
■ Sowohl die Studiengebühren als auch die Lebenshaltungskosten von Studierenden aus einkommensschwachen Familien können über öffentlich subventionierte Darlehen gedeckt werden. Ein solches Modell geht davon aus, dass es dem künftigen Akademiker auf Grund seines höheren Einkommens zumutbar ist, einen Teil der Kosten seines Studiums zurückzuzahlen. Wenn man die Rückzahlungsbedingungen einkommensabhängig gestaltet, reduziert man das Risiko der Darlehensaufnahme auf ein sozial vertretbares Maß.

Kulturelle und ordnungspolitische Argumente: wird Bildung zum »Fast Food«?
In den Bildungsschichten ist eine Aversion gegen die Berücksichtigung der ökonomischen Dimension von Bildungsprozessen weit verbreitet. Akademische Bildung dürfe nicht nach utilitaristischen Gesichtspunkten bewertet werden, entscheidend sei ihr Eigenwert. Studiengebühren, so die Befürchtung, fördern eine verstärkte instrumentelle Orientierung der Studiereden; sie schaffen ein soziales Klima, das die Motivationsstruktur der Studierenden verändere: gesellschaftlich und kulturell wertvolle Motive werden in den Hintergrund gedrängt, das Interesse an den privaten Erträgen der Investition in ihr Humankapital trete in den Vordergrund. Das intrinsische Interesse an den Bildungsinhalten werde durch die Tendenz zu einem angepassten, stromlinienförmigen Studierverhalten zerstört. Es gehe nur noch darum, das Studium rasch hinter sich zu bringen und einen am Arbeitsmarkt gut verwertbaren Abschluss zu erreichen. Studiengebühren werden auch aus ordnungspolitischen Überlegungen ablehnt, weil sie ein Einfallstor privater Interessen darstellen und die Orientierung am Gemeinwohl untergraben.

Wenn man Gebührenvarianten ausschließt, die für Studierenden aus einkommensschwachen Familien tatsächlich eine nur schwer zu überwindende materielle Barriere darstellen, haben diese Einwände wenig Plausibilität. Auch bei Gebührenfreiheit studiert die große Mehrheit der Studierenden nicht aus reiner Liebe zur Wissenschaft, sondern um eine berufliche Qualifikation zu erwerben. Vermutlich tragen Studiengebühren dazu bei, dass Studierenden ihre Prioritäten klarer durchdenken und bewusste Entscheidungen treffen. Gerade das Fehlen einer aktiven studentischen Auseinandersetzung mit unterschiedlichen Optionen ist aber eine Schwäche vieler europäischer Hochschulsysteme. Keinesfalls kann die drastische Überschreitung von Regelstudienzeiten als Hinweis auf ein besonders gründliches Studium gewertet werden.

Dem kulturellen Einwand gegen Studiengebühren liegt ein verengtes Verständnis von den Anforderungen einer professionellen Ausbildung zugrunde. Diese ist durch ein ausschließlich instrumentelles Lernverhalten nicht zu bewältigen. Für Angehörige von Professionen ist ein inhaltliches Interesse in der Regel eine Bedingung für beruflichen Erfolg. Ein ökonomisches Interesse an der Verwertung der akademischen Qualifikation schließt ein sachliches Interesse an den Inhalten der Ausbildung keinesfalls aus.

Studiengebühren im internationalen Vergleich
Dieser Abschnitt bietet einen sehr allgemeinen Überblick, der die unterschiedliche Systemarchitektur einiger Länder deutlich machen, nicht hingegen auf Details eingehen will. Es geht v. a. um den Anteil der Studiengebühren am Gesamthaushalt der Hochschulen, um das spezifische Verhältnis öffentlicher und privater Hochschulen sowie um die unterschiedlichen Methoden, Sozialverträglichkeit sicher zu stellen.
■ **Europäische Union.** Innerhalb der EU gibt es überwiegend öffentliche Hochschulsysteme, nur in Belgien, den Niederlanden und Portugal spielen private

Einrichtungen eine größere Rolle. Von 14 Staaten (Luxemburg verfügt über keine Universität) haben 6 (Dänemark, Deutschland, Finnland, Griechenland, Österreich, Schweden) keinerlei Gebühren. Die übrigen Mitgliedstaaten verlangen Gebühren, davon Frankreich nur relativ geringe Verwaltungs- und Versicherungsbeiträge. In Österreich werden Studiengebühren ab 2001/02 eingeführt; in Deutschland gibt es in einigen Ländern Einschreibegebühren; in Irland werden die Gebühren für ein undergraduate Studium von der Regierung bezahlt. In den meisten Ländern sind die Studiengebühren niedrig, nur in Irland, den Niederlanden und dem Vereinigten Königreich überschreiten sie 1000 Euro/Jahr (vgl. *Europäische Kommission* 1999). Dementsprechend gering ist der Anteil der Studiengebühren am gesamten Einkommen der Hochschulen. Da die Hochschulen in vielen europäischen Ländern staatliche Anstalten sind, fließen die Gebühren dort in den Staatshaushalt. Bei erweiterter Finanzautonomie sind die Studiengebühren Einnahmen der Hochschulen. Sozialverträglichkeit versucht man generell über die Systeme der Studienförderung zu gewährleisten: Studierenden, die Anspruch auf ein Stipendium haben, zahlen keine oder eine reduzierte Gebühr. In Irland, den Niederlanden und dem Vereinigten Königreich sind das über 70 % aller Studenten.

■ **Australien.** Dieses Land hat 1989 ein sehr kreatives Gebührenschema eingeführt, das auch im Ausland viel Beachtung gefunden hat. Auch in Australien haben die Hochschulen mit wenigen Ausnahmen öffentlichen Charakter, aber es sind öffentliche Unternehmen, die die Gebühren selbst einnehmen. Im undergraduate Bereich (für Graduiertenstudien gelten eigene, nach Fachbereich unterschiedliche Bedingungen) können Studiengebühren über zinsenfreie (aber wertgesicherte) Darlehen zwischenfinanziert werden, die nach Abschluss des Studiums in Abhängigkeit vom dann erzielten Einkommen getilgt werden. 2000/01 variieren die Gebühren je nach Fach zwischen 3.500 und 5.800 $; je nach Höhe des Einkommens müssen die Absolventen zwischen 3 Prozent und 6 Prozent ihres Einkommens zurückzahlen. Obwohl die Studiengebühren einen deutlich höheren Anteil am Gesamteinkommen der Hochschulen ausmachen als in den meisten europäischen Ländern, ist es auf Grund der sozialverträglichen Darlehenslösung zu keiner Abnahme in der Partizipation einkommensschwacher Gruppen gekommen (vgl. *Andrews, L.* 1999).

■ **USA.** Hier sticht die gewaltige Variationsbreite innerhalb des Hochschulsystems ins Auge, die generelle Aussagen sehr schwer macht. Private Hochschulen spielen eine große Rolle, sie dominieren im Elitesegment, aber auch am unteren Rand des Qualitätsspektrums. Auch an öffentlichen Hochschulen werden nach europäischen Maßstäben sehr hohe Gebühren verlangt (Bandbreite 2.000 – 5.000 $). Schwindelerregend (20.000 $ plus) sind aber die Gebühren an privaten Eliteuniversitäten. Dementsprechend hoch ist der Anteil der Studiengebühren an den Gesamteinkünften, er liegt im öffentlichen Sektor bei 18 %, im privaten hingegen bei 41 % (vgl. *Weiler, H.* 1996). Unter diesen Umständen scheint Sozialverträglichkeit unmöglich zu sein. Anders

als in Europa ist aber Chancengleichheit nicht nur über gesetzlich garantierte Ansprüche und staatliche Stipendien vermittelt, sondern in vielen Fällen
das Ergebnis privaten Aushandelns. Die genannten Gebühren sind der »sti-
cker price«, der in begründeten Fällen reduziert oder ganz erlassen wird.
Man spricht auch vom »Robin Hood principle«: die privaten Eliteuniversitäten verlangen von den Wohlhabenden hohe Gebühren und verteilen einen
Teil dieses Geldes zu den Ärmeren um. Tatsache ist aber, dass Studierenden
auch aus den Mittelschichten einen weit höheren Eigenbeitrag für ihr Studium leisten müssen als in Europa.

■ **Japan.** Auch hier gibt es einen sehr großen privaten Hochschulsektor, aber
anders als in den USA dominieren im Elitesegment die alten staatlichen Universitäten (vgl. auch ➜ *Privatuniversitäten*). Die Gebühren an den staatlichen
Eliteuniversitäten sind aber niedriger als an den meisten privaten Hochschulen, denn diese erhalten keine oder nur geringe öffentliche Subventionen und
müssen sich aus privaten Einkünften finanzieren. Der Anteil der Studiengebühren im gesamten öffentlichen Hochschulsektor beträgt 9 Prozent, im privaten Sektor hingegen 53 Prozent (vgl. *Nishihara, H.* 1996). Dieses Muster
hat paradoxe Effekte: zum einen bietet der öffentliche Elitesektor für geringere Beiträge eine höherwertige Ausbildung als sie der private Sektor für höhere Gebühren leisten kann. Dementsprechend streng ist die Selektion. Da
die gehobenen Schichten dabei besser abschneiden, zahlen sie im Schnitt geringere Gebühren als Studenten aus mittleren und einkommensschwachen
Familien, die in den privaten Hochschulsektor abgedrängt werden. Diese
Schichten können die relativ hohen Studiengebühren nur bezahlen, weil auf
Grund des hohen Stellenwerts der Bildung in Japan bereits von früh an Rücklagen für die späteren Studienkosten der Kinder gebildet werden.

Literatur:

Andrae, C. A./Rinderer, C.: Staatsaufgaben im tertiären Bildungssektor. In: Wirtschaftspolitische Blätter 4/1988.
Andrews, L.: Does HECS Deter? Factors affecting university participation by low SES
groups. Canberra 1999.
Bowen, H. R.: Investment in Learning. The Individual and Social Value of American Hig-
her Education. San Francisco 1977.
Europäische Kommission (Hrsg.): Schlüsselthemen im Bildungsbereich. Bd. 1: Ausbil-
dungsförderung für Studierende an Hochschulen in Europa. Luxemburg 1999.
Guger, A.: Verteilungswirkungen der gebührenfreien Hochschulbildung in Österreich.
Wien 1994.
Harenberg, W. (Hrsg.): Wozu noch studieren? Die Berufschancen der Akademiker. Rein-
beck 1985.
Musgrave, R. A./Musgrave, P. B.: Public Finance in Theory and Practice. New York 1980.
Nishihara, H.: Studiengebühren in Japan. In: CHEck up, Sonderausgabe 1/1996, S. 5-8.
OECD: Financing Higher Education. Current Patterns. Paris 1991.
Pechar, H./Keber, C.: Abschied vom Nulltarif. Argumente für sozialverträgliche Studien-
gebühren. Wien 1996.
Shavit, Y./Blossfeld, H. P.: Persistent Inequality. Changing Educational Attainment in
Thirteen Countries. Boulder 1993.

Timmermann, D.: Gebührenfinanzierung der Hochschulausbildung: allokative und distributive Aspekte. In: *Brinkmann* (Hrsg.): Probleme der Bildungsfinanzierung. Berlin 1985.

Weiler, H.: Finanzielle und strukturelle Rolle von Studiengebühren in den USA. In: CHEck up, Sonderausgabe 1/1996, S. 24-29.

Angaben zum Autor:

Dr. Hans Pechar
IFF – Hochschulforschung
A-1070 Wien
Schottenfeldgasse 29
Tel.: +43 15 22 40 00-126
Fax: +43 15 22 40 00-178
E-Mail: hans.pechar@univie.ac.at
http://www.iff.ac.at/hofo

Telemediale Lernumgebungen – Lerntheoretische Aspekte des Wissenserwerbs

Helmut F. Friedrich
Friedrich W. Hesse

Telemediale Lernumgebungen. Als telemedial werden hier solche Lernumgebungen (fortan: TMLU) bezeichnet, bei denen die Lernenden einen wesentlichen Anteil ihrer Lernressourcen (Texte, Lernsoftware) über das Internet beziehen und/oder mit anderen am Lernen Beteiligten kommunizieren. Diese Form des Lernens kommt häufig in Kombination mit anderen medienbasierten (Print, CBT, Multimedia) und sozialen Lernformen (Präsenzveranstaltungen) vor (hybride Lernumgebungen: *Kerres, M./Jechle, Th.* 1999).

Potenzial telemedialer Lernumgebungen. TMLU ermöglichen den Zugang zu den vielfältigen Lernressourcen des Internet, z. B. zu Datenbanken, Expertenwissen, herabladbarer Lernsoftware, curricular relevanten Orten (politischen, wissenschaftlichen und kulturellen Einrichtungen) sowie zu den von verschiedenen Bildungsinstitutionen systematisch organisierten ➜ *»virtuellen« Studiengängen*. Sie eröffnen aber auch die Möglichkeit zur orts- und zeitflexiblen Interaktion zwischen den am Lernen Beteiligten. Damit kann medienbasiertes Selbststudium durch diskursive Lernformen (Diskussion, kooperatives Lernen, Projektmethode) erweitert werden. Diese Vorteile werden zunehmend von öffentlichen und privaten Bildungsträgern genutzt, worauf die wachsende Zahl von virtuellen Seminaren und Bildungsangeboten hinweist.

Technologien für Tele-Lernen. Tabelle 1 führt einige asynchrone und synchrone Technologien auf, die für die Realisierung verschiedener Kommunikationsarrangements (Zweipunkt-, Mehrpunkt-Kommunikation) und damit als Grundlage für die Gestaltung von TMLU in Frage kommen.

		Zweipunkt-Kommunikation	Mehrpunkt-Kommunikation
zeitversetzt (asynchron)	schriftlich	• E-Mail	• Usenet-Foren (Newsgroups) • Computerkonferenzen • Mailing-Listen
	Audio	• Voice-Mail	–
zeitgleich (synchron)	schriftlich	• Screen-Sharing	• Chat • MUD / MOO • Habitat • Whiteboard
	nur Audio	• Telefon	• Telefonkonferenz
	audiovisuell	• Desktop-Video	• Videokonferenz • Audiographics

Tab. 1: Asynchrone und synchrone Technologien für Zweipunkt- und Mehrpunkt-Kommunikation als Grundlage telemedialer Lernumgebungen

Besonderheiten des Lernens in telemedialen Lernumgebungen. Schon die Arbeit mit »stand alone«-Multimedia (➔ *Multimediale Lernumgebungen*) erfordert von den Lernenden zusätzlich zur mentalen Auseinandersetzung mit dem Lerninhalt die Handhabung einer komplexen Technologie. Beim Tele-Lernen kommt eine weitere Besonderheit hinzu – die computervermittelte Kommunikation (fortan: cvK) mit anderen Personen. Da die asynchronen und damit zumeist textbasierten Varianten der cvK aufgrund von Kosten- und Infrastrukturüberlegungen derzeit am häufigsten zur Gestaltung virtueller Lehr-/Lernformen eingesetzt werden, werden im Folgenden einige Besonderheiten dieser Form der Kommunikation in Anlehnung an *Hesse, F. W., Garsoffky, B.* und *Hron, A.* (1995) sowie *Schwan, S.* (1997) dargestellt:
1. **Soziale Situation:** Diese ist bei der textbasierten cvK gekennzeichnet durch die räumliche Trennung der Interaktionspartner sowie das Fehlen bestimmter Informationsarten und Symbolsysteme (Mimik, Stimme, Motorik u.a.). Auch sind bestimmte Mechanismen der sozialen Interaktion (es »sendet« bzw. »spricht« zu einem Zeitpunkt nur eine Person, es wird zu einem Zeitpunkt nur ein Thema behandelt) bei der asynchronen cvK tendenziell aufgehoben. Dies kann im Ergebnis zu einem komplexen und thematisch wenig kohärenten Nachrichtenkorpus führen, der hohe Anforderungen an die individuelle Informationsorganisation und -reduktion stellt. Die virtuelle Kommunikationssituation scheint sich auch durch eine geringere Verbindlichkeit, eine weniger stark ausgeprägte Norm des Kommunizieren Sollens auszuzeichnen als die ftf-Situation (*Heidbrink, H.* 1997): Schweigen im Netz stört niemand!

2. **Zeitliche Situation:** Die Diskussionsteilnehmer können sich zu unterschiedlichen Zeiten in die Diskussion einloggen. Dies erlaubt einerseits eine flexible individuelle Zeitnutzung, kann aber auch dazu führen, dass sich die Diskussion in die Länge zieht und dass man u. U. längere Zeit auf Antwort warten muss.

3. **Schriftlicher Nachrichtenaustausch:** Schreiben erfordert von den Diskutierenden tiefere Verarbeitungsprozesse als Sprechen. Dies kann als Vorteil gewertet werden, es kann aber auch als Barriere gesehen werden, die Spontaneität und unmittelbares Feedback einschränkt (*Dennis, A. R./Valacich, J. S.* 1999).

4. **Kumulation und Permanenz der ausgetauschten Nachrichten:** Bei der asynchronen textbasierten cvK sind alle ausgetauschten Nachrichten im System gespeichert. Dies kann als Vorteil gesehen werden, da die Rezipienten so die Möglichkeit haben, schwierige Sachverhalte wiederholt zu be- und verarbeiten (re-processability: *Dennis, A. R./Valacich, J. S.* 1999). Andererseits führt dies im Endergebnis zu einer großen und häufig ungeordneten Anzahl von Nachrichten, die wiederum hohe Anforderungen an die individuelle Informationsorganisation stellt.

5. **Individuelle »Kosten«:** Telemediales Lernen erfordert von den Lernenden – neben dem finanziellen Aufwand – einen gegenüber herkömmlichen Seminarveranstaltungen zusätzlichen Aufwand (*Hesse, F. W./Giovis, C.* 1996) für die Bedienung der Kommunikationstechnologie, die Verschriftlichung des Nachrichtenaustausches, die Rekonstruktion der Kohärenz asynchroner Textmitteilungen bzw. von Kommunikationsepisoden, wobei soziale Anreize und unmittelbares Feedback häufig nicht gegeben sind.

Befunde zum telemedialen Lernen.

1. Ein großer Teil der bisherigen Forschung zur cvK adressiert vorrangig sozialpsychologische Fragen (z. B. *Döring, N.* 1999) und weniger Fragen des Wissenserwerbs. Demnach ist bei netzbasierter Kommunikation aufgrund der eingeschränkten Bandbreite der Informationsübertragung mit folgenden Effekte zu rechnen (z. B. *Kiesler, S./Sproull, L.* 1992): (a) ausgeglichenere Partizipation aufgrund fehlender Hinweise auf Statusunterschiede. (b) Fokussierung der Kommunikation auf aufgabenbezogene Inhalte zuungunsten sozialer Inhalte. (c) Schwinden des Einflusses von Verhaltensnormen, was zu unkontrollierter Kommunikation (flaming) führen kann. (d) Schwierigkeiten bei der Konsensbildung in Gruppen wegen fehlender Möglichkeit zu unmittelbarem Feedback. Allerdings zeigte *Walther, J. B.* (zusammenfassend: 1996), dass diese Effekte weitgehend verschwinden, wenn man die Experimente mit länger eingespielten Gruppen durchführt, deren Mitglieder sich gegenseitig kennen.

2. Soweit empirische Untersuchungen zum netzbasierten Lernen vorliegen, handelt es sich zu einem großen Teil um Implementations- und Evaluationsberichte, in denen die Erfahrungen bei der Planung und Durchführung telemedialer Lernangebote berichtet werden. Fasst man die Ergebnisse dieser Studien mit aller Vorsicht zusammen, so lässt sich Folgendes festhalten: (a)

Es gibt mittlerweile verschiedene virtuelle Bildungsangebote, die im Sinne einer »best practice« zeigen, dass diese Form des Lehrens und Lernens erfolgreich sein kann und auch von den Lernenden positiv beurteilt wird (z. B. *Herberger, M./Scheuermann, F./Kaufmann, I.* 1998; *Hiltz, S. R.* 1994; *Jechle, Th.* 2000; *Scardamalia, M./Bereiter, C./Lamon, M.* 1994). (b) Der Aufwand für die Bereitstellung netzbasierter Bildungsangebote (Technologie, Inhalte, Methode, Organisation/Management) sollte nicht unterschätzt werden. (*Scheuermann, F.* 1998). (c) Die aktive Partizipation der Lernenden stellt sich in aller Regel nicht von selbst ein, sondern muss durch verschiedene Maßnahmen gesichert werden (s. u. Gestaltung). (d) Es gibt bislang nur wenig Studien, in denen netzbasierte und herkömmliche Bildungsangebote hinsichtlich des erzielten Lernerfolgs und der Akzeptanz verglichen werden, diese sind zudem sehr uneinheitlich (zusammenfassend: *Schwan, S.* 1997). In Analogie zu Erfahrungen aus der Multimedia-Forschung lässt sich vermuten, dass sich netzbasierte Lehr-/Lernformen weniger auf das Lernergebnis, sondern eher auf den Lernprozess auswirken werden.

3. (Feld-)experimentelle Studien, in denen verschiedene Varianten telemedialer Lernarrangements oder einzelne Komponenten daraus im Sinne eines Interventionsansatzes verglichen oder damit verbundene theoriebezogene Hypothesen geprüft werden, sind bislang relativ selten und thematisch weit gestreut (Visualisierung von Kooperationsprozessen: *Mandl, H./Fischer, F.* 2000; Training kohärenter Kommunikationsstrategien: *Cornelius, C./Boos, M.* 1999; Wirkung von Moderationsstrategien und Moderatoren: *Friedrich, H. F./Hesse, F. W./Ferber, S./Heins, J.* 2000; *Paechter, M./Schweizer, K./Weidenmann, B.* 2000; Strukturierung virtueller Kooperation: *Friedrich, H. F./Hron, A./Tergan, S. O./Jechle, Th.* in Druck; *Hron, A./Hesse, F. W./Reinhard, P./Picard, E.* 1996; *Hron, A./Hesse, F. W./Creß, U./Giovis, C.* 2000; Verhältnis zwischen inhalts- und technikbezogener Kommunikation bei Dektopvideo: *Gräsel, C./Fischer, F./Bruhn, J./Mandl, H.* 1997). Die geringe Anzahl empirischer Studien zu den einzelnen thematischen Strängen erlaubt derzeit noch keine generalisierenden Schlussfolgerungen.

Gestaltung telemedialer Lernumgebungen. Bei der Planung/Gestaltung telemedialer Lernangebote müssen die folgenden Probleme gelöst werden.
1. **Gesamtszenario:** Hier muss man sich darüber klar werden, welchen Stellenwert telemediales Lernen in einem Bildungsangebot haben soll (Distributions- und/oder Kommunikationsfunktion, Kombinationen mit anderen medialen und ftf-Lernformen, Frage des Leitmediums usw., vgl. z. B. *Döring, N.* 1997; *Kerres, M.* 1998; *Mason, R.* 1994).
2. **Curriculare Einbettung:** In einem weiteren Schritt sollte man sich Gedanken darüber machen, welche Anreize für die aktive Partizipation gesetzt werden können und sollen, z.B. Behandlung zentraler curricularer Inhalte (ggf. auch mit Schein- bzw. Prüfungsrelevanz), verbindliche Teilnahmeformen (Festlegung von Mindeststandards wie z. B. Anzahl wöchentlicher »log ins« u. a).
3. **Methode:** Wenn Telemedien zur Kommunikation zwischen den am Lernen

Beteiligten genutzt werden sollen, so erfordert dies Lernaufgaben, die curricular relevant sind, die Interaktion zwischen den Beteiligten erfordern und mit der zur Verfügung stehenden Technologie gelöst werden können (*Mason, R.* 1994, p. 34: »... it is not the technology but the way it is used, which ultimately affects learners.«). Solche Aufgaben sind häufig komplex, projektartig und problemorientiert (*Reinmann-Rothmeier, G./Mandl, H.* 1999), haben einen starken Anwendungsbezug und erfordern von den Beteiligten unterschiedliche Perspektiven einzunehmen (vgl. auch *Roblyer, M. D./Edwards, J./Havriluk, M. A.* 1997). Wichtig für die Anregung und Aufrechterhaltung von Interaktion und Partizipation ist auch die Moderation (vgl. z. B. *Friedrich, H. F./Hesse, F. W./Ferber, S./Heins, J.* 2000; *Salmon, G.* 2000).

4. **Wahl einer geeigneten Kommunikationstechnologie:** Diese soll die jeweilige Lehrstrategie unterstützen, insbesondere die diskursive Auseinandersetzung mit dem Lehrstoff, die Kommunikation der Lernenden untereinander und mit Tutoren sowie die gezielte Betreuung von Einzelnen und Gruppen zulassen. Außerdem sollte sie – je nach Aufgabenstellung – Werkzeuge enthalten, die für die Zusammenarbeit wichtige Funktionen unterstützen: z. B. White Board für gemeinsame Problemrepräsentation, Versionskontrolle von Dokumenten beim kooperativen/kollaborativen Schreiben, eine Liste der aktuell kommunizierenden Personen (»Buddy List«) zur Unterstützung sozialer Präsenz. Die Überlegungen zur Medienwahl führen häufig zur Kombination netzgestützter mit herkömmlichen ftf-Kommunikationsformen, z. B. vorauslaufenden, begleitenden und abschließenden ftf-Arbeitssitzungen.

5. **Unterstützung der Lernenden:** Man kann i. d. R. nicht damit rechnen, dass alle Lernenden die für Tele-Lernen erforderliche Medienkompetenz mitbringen. Zum Teil muss diese durch individuelle oder kollektive Unterstützungs-/Trainingsmaßnahmen vor Beginn oder begleitend ausgebildet werden (Empfehlungen hierzu z. B. bei *Cornelius, C./Boos, M.* 1999; *Harasim, L./Hiltz, S. R./Teles, L./Turoff, M.* 1997; *Heidbrink, H.* 1977). Falls im Rahmen virtueller Lernangebote komplexe, projektähnliche Kollaborationen stattfinden, kommen als Unterstützungsmaßnahmen in Frage: prozedurale Vorschläge für die Organisation der Gruppenarbeit, beispielhafte Modelle des Endprodukts als Orientierungshilfen, tutorielle Hilfen bei Gruppen-Krisen u. a.

Ausblick. TMLU unterscheiden sich hinsichtlich vieler Merkmale von Lernformen, die auf der persönlichen Präsenz von Lehrenden und Lernenden basieren. Viele dieser Merkmale (z. B. Schriftlichkeit, Asynchronizität, Permanenz des Informationsangebots usw.) können *zugleich* als Vor- und als Nachteil gesehen werden. Man würde jedoch zu kurz greifen, wenn man TMLU ausschließlich unter dem Gesichtspunkt bewertet, wie gut durch sie traditioneller Unterricht reproduziert wird. Vielmehr sollte die Chance ergriffen werden, das TMLU innewohnende Potenzial zu erproben und weiter zu entwickeln. Dabei wird man sehr schnell merken, dass allein der Einsatz innovativer Technologien für Lernende kein Anreiz für die dauerhafte Nutzung solcher Lernformen sein wird.

Vielmehr wird es darauf ankommen unter Nutzung von Kommunikationstechnologien inhaltlich und methodisch attraktive Lernangebote zu entwickeln und zu implementieren.

Literatur:

Cornelius, C./Boos, M.: Es lohnt sich, kohärent zu sein. In: *Reips, U.-D./Batinic, B./Bandilla, W./Bosnjak, M./Gräf, L./Moser, K./Werner, A.* (Eds.): Current Internet science trends, techniques, results. Aktuelle Online Forschung – Trends, Techniken, Ergebnisse. Zürich: Online Press 1999. [WWW document]. AvailableURL: http://dgof.de/tband99/ (2000, 09, 07).

Dennis, A. R./Valacich, J. S.: Rethinking media richness: Towards a theory of media synchronicity. In: Proceedings of the 32nd Hawaii International Conference on System Sciences, January 5-8, 1999, Maui, HI.

Döring, N.: Lernen und Lehren im Internet. In *Batinic, B.* (Hrsg.): Das Internet für Psychologen (pp. 359-393). Göttingen 1997.

Döring, N.: Sozialpsychologie des Internet. Göttingen 1999.

Friedrich, H. F./Hesse, F. W./Ferber, S./Heins, J.: Evaluation einer Strategie zur Moderation virtueller Seminare. In: *Krahn, H./Wedekind, J.* (Hrsg.): Virtueller Campus 99. Heute Experimente – morgen Alltag? (S. 127-137). Münster 2000.

Friedrich, H. F./Hron, A./Tergan, S.-O./Jechle, Th.: Unterstützung kooperativen Schreibens in virtuellen Lernumgebungen. In: *Handler, P.* (Hrsg.): Textproduzieren in elektronischen Medien. Strategien und Kompetenzen (Tagungsband zum 4. PROWITEC-Kolloquium, Wien 2000). Frankfurt/M. in Druck.

Gräsel, C./Fischer, F./Bruhn, J./Mandl, H.: »Ich sag Dir was, was Du schon weißt.« Eine Pilotstudie zum Diskurs beim kooperativen Lernen in Computernetzen. München: Ludwig-Maximilians-Universität, Lehrstuhl für empirische Pädagogik und Pädagogische Psychologie, Forschungsbericht Nr. 82, 1997.

Harasim, L./Hiltz, S. R./Teles, L./Turoff, M.: Learning networks: A field guide to teaching and learning online (3rd edition). Cambridge, Mass.: The MIT Press 1997.

Heidbrink, H.: Ein virtuelles Methodenseminar an der FernUniversität. In: *Batinic, B.* (Hrsg.): Das Internet für Psychologen (S. 397-420). Göttingen 1997.

Herberger, M./Scheuermann, F./Kaufmann, I.: Collaborative Learning via WWW in Legal Education. In: The Journal of Information, Law and Technology (JILT), 1998 http://elj.warwick.ac.uk/jilt/cal/98_2kauf/.

Hesse, F. W./Giovis, Chr.: Struktur und Verlauf aktiver und passiver Partizipation beim netzbasierten Lernen in virtuellen Seminaren. In: Unterrichtswissenschaft, 1996, 25 (1), S. 34-55.

Hesse, F. W./Garsoffky, B./Hron, A.: Interfacedesign für computerunterstütztes kooperatives Lernen. In: *Issing, L. J./Klimsa, P.* (Hrsg.): Information und Lernen mit Multimedia (S. 253-267). 2. überarbeitete Auflage. Weinheim 1995.

Hiltz, S. R.: The virtual classroom. Learning without limits via computer networks. Norwood, NJ: Ablex Publishing Company, 1994.

Hron, A./Hesse, F. W./Reinhard, P./Picard, E.: Strukturierte Kooperation beim computerunterstützten kollaborativen Lernen. In: Unterrichtswissenschaft, 1996, 25 (1), S. 56-69.

Hron, A./Hesse, F. W./Creß, U./Giovis, C.: Implicit and explicit dialogue structuring in virtual learning groups. In: British Journal of Educational Psychology, 2000, 70, S. 53-64.

Jechle, T.: Neue Bildungsmedien: Erfahrungen mit internetbasierter Weiterbildung. In: *Krahn, H./Wedekind, J.* (Hrsg.): Virtueller Campus '99. Heute Experimente – morgen Alltag? (S. 161-184). Münster 2000.

Kerres, M./Jechle, Th.: Hybride Lernarrangements: Personale Dienstleistungen in multimedialen und telemedialen Lernumgebungen. In: Jahrbuch »Arbeit – Bildung – Kultur 1999«, hrsg. vom Forschungsinstitut für Arbeiterbildung an der Ruhr-Universität Bochum 1999.

Kerres, M.: Multimediale und telemediale Lernumgebungen. München, Wien 1998.

Kiesler, S./Sproull, L.: Group decision making and communication technology. In: Organizational Behavior and Human Decision Processes, 1992, 52, S. 96-123.

Mandl, H./Fischer, F.: Wissen sichtbar machen. Wissensmanagement mit Mapping-Techniken. Göttingen 2000.

Mason, R.: Using communications media in open and flexible learning. London 1994.

Paechter, M./Schweizer, K./Weidenmann, B.: Parasoziale Beziehung zu einer Dozentin im Netz. In: Medienpsychologie, 2000, 12 (4), S. 242-259.

Reinmann-Rothmeier, G./Mandl, H.: Teamlüge oder Individualisierungsfalle? Eine Analyse kollaborativen Lernens und deren Bedeutung für die Förderung von Lernprozessen in Gruppen. München: Ludwig-Maximilians-Universität, Lehrstuhl für Empirische Pädagogik und Pädagogische Psychologie, Forschungsbericht Nr. 115, 1999.

Roblyer, M. D./Edwards, J./Havriluk, M. A.: Integrating educational technology into teaching. Upper Saddle River, New Jersey 1997.

Salmon, G.: E-moderating. London (UK), Sterling (USA) 2000.

Scardamalia, M./Bereiter, C./Lamon, M.: The CSILE project: Trying to bring the classroom into the world. In: *McGilly, K.* (Ed.): Classroom lessons. Integrating cognitive theory and classroom practice (pp. 201-228). Cambridge, MA 1994.

Scheuermann, F.: Taking on-line teaching seriously. In: *Marquet, P./SMathey, S./Jaillet, A./ Nissen, E.* (Eds.): Internet-based teaching and learning (IN-TELE) 98 (p. 141-146). Frankfurt 1998.

Schwan, S.: Media characteristics and knowledge acquisition in computer conferencing. In: European Psychologist, 1997, 2 (3), S. 277-286.

Walther, J. B.: Computer-mediated communication: Impersonal, interpersonal and hyperpersonal interaction. In: Communication Research, 1996, 23 (1), S. 3-43.

Angaben zu den Autoren:

Dr. Helmut Felix Friedrich
Wissenschaftlicher Angestellter am Institut für Wissensmedien (IWM) in Tübingen
Institut für Wissensmedien (IWM)
Konrad-Adenauer-Straße 40
72072 Tübingen
Tel.: +49 70 71 97 92 04
Fax: +49 70 71 97 91 00
E-Mail : f.friedrich@iwm-kmrc.de

Prof. Dr. Dr. Friedrich W. Hesse
Lehrstuhl für Angewandte Kognitionspsychologie und Medienpsychologie an der Universität Tübingen
Direktor des Instituts für Wissensmedien (IWM) in Tübingen
Konrad-Adenauer-Straße 40
72072 Tübingen
Tel.: +49 70 71 97 92 15
Fax: +49 70 71 97 91 00
E-Mail : friedrich.hesse@uni-tuebingen.de

Virtueller Campus

Marcel Herbst
Gerhard Schmitt

Im Hochschulwesen verweist der Begriff Campus auf die Ländereien und Anlagen einer Bildungsinstitution: Akademie, Hochschule, Collège, Universität. Der Begriff ist seit dem 18. Jahrhundert gebräuchlich, obwohl natürlich der angesprochene Konnex von Lehren, Lernen und Gemeinschaft älteren Ursprungs ist (*Rüegg* 1996). Während sich in Kontinentaleuropa der Campus als generelle Form der Hochschule nicht durchsetzte, bildet dieser in den Vereinigten Staaten von Amerika bis heute die Regel. Ausgehend von normativen Vorstellungen, die sich an Universitäten und Erziehungskonzepten wie jenen von Oxford und Cambridge orientierten, wurden im Zuge des Aufbaus der Neuen Welt colleges und Universitäten gegründet, die Erziehung und Bildung mit dem Zusammenleben von Lehrenden und Lernenden verbanden. Exemplarisch für diese Form der Bildungsinstitution ist z. B. die von Thomas Jefferson – dem dritten Präsidenten der USA – 1819 etablierte University of Virginia, deren Anlage und Gebäude Jefferson entwarf.

Mit dem **Begriff virtueller Campus** wird auf die Vision verwiesen, Lehre und Forschung unabhängig vom Lokus dieser Tätigkeiten, unabhängig vom »Campus«, zu sehen. Die Grundlage dieser Vision bilden die modernen Informationstechnologien, obwohl Fernuniversitäten, open universities, Fernseh-Kurse und off-line-CD-ROM-Kurse, die Lehre ortsunabhängig anbieten und die sich in ihren verschiedenen nationalen Ausprägungen auf konventionelle oder modernere Technologien stützen, schon auf eine Geschichte zurückblicken können. Mit den neuen Informationstechnologien – und insbesondere mit dem Ausbau des Internets – ergeben sich nun Möglichkeiten der Kommunikation, auf deren Basis die Vision sukzessive ausgebaut und umgesetzt werden kann. Die Informationstechnologien fungieren als Motor dieser Entwicklung, wenngleich nicht als der einzige. Ähnlich bedeutsam sind Veränderungen im Hochschulwesen während der letzten 40 Jahre, die dafür verantwortlich sind, dass sich eine echte Nachfrage für Leistungen ergibt, die unabhängig von Ort und Zeit angeboten und genutzt werden können.

Im **geschichtlichen Rückblick** wird transparent, warum der virtuelle Campus Bedeutung erlangt und vielleicht das Hochschulwesen grundlegend verändern wird. Zunächst einmal ist die Entwicklung der Hochschule im 19. Jahrhundert bis zum Zweiten Weltkrieg nachzuzeichnen. Hier gilt es, vor allem zwei idealtypische Formen der Hochschule zu verfolgen: den Campus, wie er sich in den USA als die primäre Form der Institutionen des tertiären Bildungswesens herausbildete, mit seinem Fokus auf Erziehung und Bildung; sowie die humboldtsche Universität, die großes Gewicht auf Forschung legte und auf einem gut entwickelten gymnasialen Erziehungssystem aufbauen konnte (*von Humboldt* 1964; *Flexner* 1994; *Ben-David* 1991). Im Wettbewerb dieser beiden Idealtypen erlangte die deutsche Universität im 19. Jahrhundert Weltruhm. Sie stützte sich auf Lehrstühle, die über weitgehende Freiheiten in Lehre und Forschung verfügten und denen ihrerseits Forschungsinstitute angegliedert wurden. Auch Bergakademien und polytechnische Schulen orientierten sich zunehmend am humboldtschen Modell.

Die amerikanische research university, die sich in der zweiten Hälfte des 19. Jahrhunderts zu etablieren begann, hat ihre Wurzeln in Deutschland, wurden doch viele ihrer Professoren dort ausgebildet (*Flexner* 1994). Das humboldtsche Modell wurde jedoch nicht einfach in der ursprünglichen Form übernommen, sondern an die lokalen Verhältnisse und an die angelsächsischen Präferenzen angepasst. Wohl wurde der Forschung zunehmend Bedeutung beigemessen und das Doktorat eingeführt, aber der Fokus auf die Lehre – und die enge Beziehung von Lehrenden und Lernenden – wurde nie aufgegeben. In der Folge entwickelte sich kein System von Lehrstühlen mit assoziierten Instituten, wie es schließlich in Ländern wie Deutschland, Österreich, den Niederlanden, Dänemark und der Schweiz Verbreitung fand, sondern breiter verankerte departementale Strukturen (*Clark* 1995). Die wesentlichen Unterschiede zwischen diesen Idealtypen zeigten sich erst in der Nachkriegsperiode der letzten Jahrzehnte (*Teichler* 1992).

Nach dem Zweiten Weltkrieg, um 1950, besuchte in Deutschland und angrenzenden Ländern ein relativ geringer Anteil der entsprechenden Altergruppen eine Universität: rund 5 bis 6 Prozent. Ähnliche Anteile galten in den Vierzigerjahren in den USA bis zur Einführung der GI-Bill 1944, welche die Hochschulen einer breiteren Population zugänglich machten (*Geiger* 1993). In der Folge verstärkte sich die Wechselwirkung zwischen Tertiärausbildung und wirtschaftlichem Wachstum, so dass zunehmend größere Anteile junger Erwachsener an die Hochschulen strebten. Ein stark verankerter Fortschrittsglaube, der sich anbahnende kalte Krieg und insbesondere der Sputnik-Schock von 1957 führten in der westlichen Welt zunächst zu einer Ausweitung des Hochschulwesens und zu einer eigentlichen Blüte, insbesondere in den Vereinigten Staaten (*Freeland* 1992). Das zunächst auf die Lehre ausgerichtete Campus-System mutierte sich in der Form der research university zu einem Forschungssystem, das sich nun als leistungsfähiger erwies als die in Kontinentaleuropa vorherrschende Ordinarienuniversität.

Eine Reihe von Faktoren sind verantwortlich für den Erfolg der amerikanischen research uniiversity im ausgehenden 20. Jahrhundert. Viele lassen sich zurückführen auf Strukturen, die ihren Ursprung im 19. Jahrhundert haben und die in dieser Form in Kontinentaleuropa nicht übernommen wurden: kollegiale, departementale Strukturen; dem Fokus auf die Lehre entsprechende gute Betreuungsverhältnisse (faculty-student-ratios); flache Hierarchien innerhalb der Dozentenschaft; Implantierung des Autonomiegedankens auf der Ebene der Institution, nicht der Professur. Diese strukturellen Voraussetzungen bildeten vorerst die Basis für eine frühe Professionalisierung von Verwaltung und Führung der amerikanischen Hochschulen, die sich dadurch leichter und dynamischer den sich verändernden Gegebenheiten anpassen konnten (*Kerr* 1963; *Geiger* 1993); sie bildeten aber auch die Basis für eine außerordentliche Entwicklung der Forschung, indem Talente früh rekrutiert und schließlich auch gefördert werden konnten.

Mit dem Ausbau der Hochschulen wurden, den gesellschaftlichen Zielsetzungen insbesondere der Sechzigerjahre entsprechend, breitere Kreise Studierender angesprochen: Studenten aus Arbeiterfamilien und solche, die über den zweiten Bildungsweg an die Hochschulen gelangten, Frauen, Angehörige ethnischer Minoritäten. Die Hochschulsysteme der westlichen Welt weiteten sich in der Folge stark aus (*Trow* 1970), so dass sie in der bisherigen Form nicht mehr finanziert werden konnten: 20 bis 40 Prozent der entsprechenden Altersgruppen in Kontinentaleuropa und den USA besuchen heute Institutionen des tertiären Bildungswesens, und in einigen Ländern wie Frankreich oder Spanien sind es sogar noch mehr. In Deutschland hat sich die Population der Studierenden seit den Siebzigerjahren verdreifacht, während die Mittel, die in die Universitäten flossen, nicht entsprechend angehoben werden konnten. Alle Hochschulsysteme haben in der Folge mit Finanzengpässen – und z. T. auch mit Qualitätsverlusten – zu kämpfen.

Der in anderen Industrien so erfolgreiche Ansatz, arbeitsintensive Prozesse durch kapitalintensive zu ersetzen, um so die Einheitskosten zu senken und die Effektivität zu steigern, ließ sich in der Vergangenheit kaum auf die Hochschule übertragen (*Massy* 1996). Je nach universitärer Kultur wurden andere Lösungsansätze zur Anwendung gebracht, um die Qualität der Hochschulbildung in einem Umfeld eingeschränkter Ressourcen halten oder gar ausweiten zu können. Das amerikanische Hochschulsystem reagierte früher und flexibler als die europäischen Systeme auf diese Herausforderung (*Clark* 1983), insbesondere durch eine gezielte Diversifizierung (*Trow* 1979; *Trow* 1997), wenngleich auch in Europa neue Orientierungen auszumachen sind (*Clark* 1998; *Gellert* 1999; *Kogon* 2000).

Mit dem virtuellen Campus ist nun die Vision gegeben, diesen Finanzengpässen entfliehen zu können, indem die Bildungsindustrie sich grundlegend transformiert und verstärkt kapitalintensiv ausrichtet: Lehre und Forschung sind angesprochen; Rolle und Selbstverständnis von Studierenden und Dozierenden; und schließlich Organisation, Betrieb, Autonomie und Kooperationen der einzelnen Institutionen (siehe einschlägige Web-Adressen im Anhang). Der virtuelle Campus, der sich auf neue – und z. T. noch embryonale – Technologien stützt, entwickelt eine starke Eigendynamik, die besonders im Umfeld von Wettbewerb und Deregulierung, das zunehmend auch für das Bildungswesen Gültigkeit hat, zur Geltung kommt und deren längerfristige Auswirkungen die Bildungsland-

schaft stark tangieren wird (*Duderstadt* 1997-98, siehe auch www.educause.
edu/ir/library/html/cem9745.html).

Virtuelle Lehre, also Lehren und Lernen, das nicht an einen Ort – und allenfalls
auch nicht an einen fixen Zeitrahmen – gebunden ist, steht in der Diskussion
zum virtuellen Campus im Vordergrund (*Schmitt* 1993, 1999): Frontalvorle-
sungen und überfüllte Auditorien sind zu ersetzen durch studentenzentriertes
Lernen, entsprechend unterstützt durch die elektronischen Medien; neue bzw.
erweiterte und zunehmend heterogene Populationen Studierender werden anzusprechen sein; Grundstudien wären zu ergänzen durch Lernmöglichkeiten, die
einer just-in-time-Logik folgen: sie werden dann genutzt, wenn Arbeits- oder
Lebensumstände entsprechende Ausbildungen verlangen; neue, spezialisierte
Institutionen drängen auf den Bildungsmarkt; administrative und betriebliche
Dienste werden durch Firmen außerhalb der Hochschule wahrgenommen;
Lernprogramme werden aus dem Angebot verschiedenster Anbieter individuell
zusammengestellt.

Die Motive, die sich heute abzeichnenden Möglichkeiten der Informationstechnologie für eine virtuelle Lehre zu nutzen, sind recht unterschiedlich und geprägt vom jeweiligen Hochschulsystem, das die virtuelle Lehre einzubeziehen
sucht. Die unterschiedliche Ausgangposition der Hochschulsysteme spiegelt
sich in diesen Motiven. In Nord-Amerika und Australien standen zunächst primär Zielsetzungen im Vordergrund wie: die Ausweitung des tertiären Bildungssystems in dünn besiedelten Regionen des Kontinentes zur Erfassung jener Personen, die von ihrem Wohn- und Arbeitsort aus keinen Zugang zu Hochschulen
haben; die Verbesserung der Möglichkeiten der Weiterbildung bzw. des berufs-
begleitenden Studiums; die Schaffung eines echt internationalen Lehr-Angebots,
welches ausländischen Studierenden die Option eröffnet, von ihrem jeweiligen
Standort aus ein Studium – oder Teile eines Studiums – an einer amerikanischen
oder australischen Hochschule zu absolvieren; die Modernisierung des traditionellen Grundstudiums; sowie der Export entsprechender Technologien. Im
Rahmen dieser Möglichkeiten gewinnen auch profitorientierte Institutionen an
Profil (siehe Web-Adressen von Online-Universitäten und -anbietern im Anhang).

In Europa werden z. T. ähnliche Zielsetzungen verfolgt, wenngleich die Gewichtung etwas anders gesetzt wird. Im Vordergrund stehen nicht die Bemühungen, neue Märkte zu erschließen, sondern bestehende Märkte besser zu versorgen und Ressourcen einzusparen, die dann gezielt für entsprechende Förde-
rungsprojekte eingesetzt werden können. Unbeachtet dieser Differenzen ist die
Tatsache zu sehen, dass sich während der letzten Jahre Angebote im Bereich der
virtuellen Lehre stark ausgebreitet haben. Heute werden Tausende von Kursen
online angeboten, und es ist nicht leicht, das vielfältige Angebot zu überblicken
und in seiner Bedeutung und Qualität einzuordnen. Eine gewisse Qualitätsga-
rantie bieten natürlich die etablierten Fernuniversitäten, wie z. B. die Fernuniversität Hagen (www.fernuni-hagen.de) oder die Open University (www.open.

ac.uk) und Institutionen, welche online-Kurse innerhalb ihres normalen Kursangebotes – sei es im Rahmen der beruflichen Weiterbildung (extension programs) wie auch innerhalb der normalen Diplomstudien und Lizentiate – anbieten bzw. Gruppierungen solcher Institutionen, die sich zu eigentlichen Anbietern der virtuellen Lehre zusammengeschlossen haben. Schließlich übernehmen in diesem Zusammenhang Akkreditierungs-Instanzen eine wichtige Funktion (siehe z. B.: www.geteducated.com/articles/dlfaq.htm).

Der Fokus auf die virtuelle Lehre lässt vergessen, dass das Internet seinen Ursprung in der **Forschung** hat; gleiches gilt für das World-Wide-Web (WWW). Das Internet wurde in den frühen Achtzigerjahren geschaffen, um die Datenkommunikation zwischen Rechnern, Forschern und Forschungslaboratorien zu unterstützen. Darauf aufbauend entwickelte sich um 1990 das WWW.

Die Technologie, die ursprünglich geschaffen wurde um große Forschungsvorhaben der Nuklear- und Teilchenphysik zu unterstützen, erwies sich in der Folge als Kommunikations-Infrastruktur von Wissenschaft und Forschung generell als außerordentlich erfolgreich. Nachfrageseitig entwickelten sich die Wissenschaften zunehmend so, dass die empirischen Experimente und Erhebungen in den Natur- und Ingenieurwissenschaften, die eines Laboratoriums bedurften, an relativer Bedeutung verloren und die nachgeschalteten Berechnungen, Modellierungen und Simulationen, die nicht mehr an einen Standort gebunden sind, an Bedeutung gewannen. Damit waren die Voraussetzungen gegeben, die inter-institutionellen und internationalen Kooperationen unter Forschenden zu aktivieren und die Kommunikation auszubauen.

Die relativ kurze Geschichte des WWW und das rasante Wachstum dieses Mediums macht deutlich, dass wir am Beginn einer Entwicklung stehen, die in ihrem Ausmaß und ihrer Bedeutung nicht unterschätzt werden darf. Es erscheint klar, dass ein weiterentwickeltes WWW die Forschung – und die Art und Weise, wie Forschung erarbeitet und administriert wird – stark tangieren wird.

Neben der virtuellen Lehre und der zunehmend minder standortgebundenen Forschung bedarf der virtuelle Campus – in Analogie zum physischen Vorbild – eines dritten Elements: dem der **Administration** (Führung und Verwaltung). Erst durch die Integration und Vernetzung der entsprechenden Leistungen wird der virtuelle Campus seinem Begriff gerecht. Nicht nur die eigentlichen Lehr-, Lern- und Forschungsumgebungen stehen im Vordergrund, sondern darüber hinaus auch alle administrativen (und führungsspezifischen) Leistungen, die zum Funktionieren einer Hochschule gehören.

Während existierende – nicht-virtuelle – Institutionen durchaus mit mangelhaften administrativen Infrastrukturen überleben können, zumindest heute noch, gilt dies für einen virtuellen Campus kaum. Der virtuelle Campus ist ein komplexeres Gebilde als der überkommene Campus, weil er einer wesentlich breiter gefächerten Nachfrage nach Bildungsdiensten gerecht werden und weil er verstärkt inter-institutionelle, internationale und interdisziplinäre Forschung unterstützen will. Der virtuelle Campus muss transparent sein, nicht nur was den Zugang zu Information betrifft, sondern auch bezüglich der Allokation der Ressourcen und der Verrechnung von Diensten (*Matkin* 1997). Der virtuelle Campus darf keine starren Strukturen haben: er muss flexibel auf Neuerungen reagieren und Initiativen leicht aufnehmen können. Schließlich muss der virtuelle Campus auch in seiner administrativen Infrastruktur virtuell sein: er bündelt Leistungen, die an verschiedenen Orten und durch die verschiedenen Organisationen, Institutionen und Firmen angeboten werden.

Der virtuelle Campus hat **weitreichende ökonomische Implikationen**: er soll das heute noch arbeitsintensive Bildungswesen zunehmend kapitalintensiv ausrichten. Mit der Kapitalintensivierung des Bildungswesens ist die Hoffnung verbunden, *scale economies* zu realisieren, welche geringere Einheitskosten zulassen, zumindest im akademischen Grundstudium bzw. in einzelnen Bereichen der beruflichen Bildung. Die geringeren Einheitskosten würden Ressourcenverlagerungen möglich machen, so dass arbeitsintensivere Fach- oder Doktoratsstudien besser alimentiert werden können.

Im Bereich der Lehre knüpfen die neuen Lernumgebungen an Erfahrungen und Erkenntnisse an, die in der Vergangenheit mit dem didaktisch orientierten Lehrbuch gewonnen wurden. Beim modernen Lehrbuch steht nicht in erster Linie der Wissenstransfer im Vordergrund, sondern die Anleitung zum eigenverantwortlichen Erkunden der Materie durch die Studierenden. Lehrende, die moderne Lehrbücher verwenden, übernehmen weniger die Rolle eines Dozenten als vielmehr die eines facilitators: sie vermitteln zwischen Lehrmedium und Studierenden. In fast allen Disziplinen haben sich mittlerweile einzelne Lehrbücher durchgesetzt, mit welchen ein Grossteil des Markts im jeweiligen Fach abgedeckt wird. Diese Lehrbücher, die in Großauflagen verlegt werden können, erlangten zunehmend ökonomische Bedeutung, zumindest im englischen Sprachraum.

Die virtuelle Lehre übernimmt nun auf organische Weise die Zielsetzungen des modernen Lehrbuchs, erweitert diese jedoch mit Möglichkeiten der Informationstechnologien (*Navarro* 2000). Dadurch entstehen nicht nur neue Lehrmedien und Lernumgebungen, es ergeben sich potenziell auch weitreichende Umstrukturierungen – bzw. eigentliche Umwälzungen – innerhalb der Bildungsindustrie (*Levine* 2000): der Lehrmittelmarkt weitet sich aus und gewinnt an Bedeutung; Autoren etablieren sich als autonome Agenten; bestehende Universitäten finden sich in Konkurrenz zu neugeschaffenen Bildungsinstituten; vielfältige institutionelle Allianzen werden möglich; Studierende können aus einem wesentlich breiteren Lehrangebot unterschiedlichster Institutionen auswählen; Studiengänge werden ergänzt – oder auch ersetzt – durch gezielte Zertifizierungen.

Parallel zu den Veränderungen im Bereich der Lehre ergeben sich neue Möglichkeiten in der Forschung. Laboratorien lassen sich so einrichten, dass sie von mehreren Forschergruppen gemeinsam genutzt werden können. Insbesondere können die in Laboratorien gewonnenen empirischen Daten virtuell zugänglich gemacht werden, mit entsprechenden Implikationen für die inter-institutionelle und internationale Zusammenarbeit. Diese Refokussierung der Forscherarbeit hat schließlich auch Auswirkungen auf die Forschungs-Infrastruktur, indem Substitutionen möglich werden und Gelder, die ehedem in die bauliche Infrastruktur flossen, nun für den Aufbau der neuen Informations-Technologien genutzt werden können (Siehe z. B.: www.eth-world.ch).

Der Bereich, der sich schließlich für die Virtualität am leichtesten anbietet, ist jener der Administration einer Institution. Die allermeisten der administrativen Prozesse einer Hochschule sind weitgehend standortunabhängig und ließen sich leicht ausgliedern. Damit eröffnen sich Betätigungsfelder für Firmen, die sich auf einzelne solcher Dienste spezialisieren. Bedeutender mag aber die Aussicht sein, Allianzen zwischen herkömmlichen wie neuen Institutionen zu unterstützen, die im Zeitalter des virtuellen Campus wohl an Gewicht gewinnen werden. Die administrative – und virtuelle – Verbindung einzelner Institutionen eröffnet Möglichkeiten, auf deren Basis das Wirkungsfeld der Institutionen überdacht und neu ausgerichtet werden kann: im Kontext dieser Allianzen kann sich jede Institution auf ihre *mission* und Stärken besinnen, im Sinne der Diversifizierung und zum Wohle der Bildungslandschaft.

Literatur:

Ben-David, J.: Scientific Growth: Essays on the Social Organization and Ethos of Science, University of California Press 1991.

Clark, B. R.: Creating Entrepreneurial Universities: Organizational Pathways of Transformation, Pergamon 1998.

Clark, B. R.: Places of Inquiry: Research and Advanced Education in Modern Universities, University of California Press 1995.

Clark, B. R.: The Higher Education System: Academic Organizations in Cross-National Perspective, University of California Press 1983.

Duderstadt, J. J.: »Transforming the University to Serve the Digital Age«, CAUSE/EFFECT, Vol. 20, pp. 21-32, Winter 1997-98.

Flexner, A.: Universities: American, English, German, Transaction Publishers 1994.

Freeland, R. M.: Academia's Golden Age: Universities in Massachusetts 1945-1970, Oxford University Press 1992.

Geiger, R. L.: Research and Relevant Knowledge: American Research Universities since World War II, Oxford University Press 1993.

Gellert, C. (Ed.): Innovation and Adaptation in Higher Education, Higher Education Policy Series 22, Jessica Kingsley Publishers 1999.

Herbst, M./Latzel, G./Lutz, L. (Hrsg.): Wandel im Tertiären Bildungssektor: Zur Position der Schweiz im internationalen Vergleich, vdf 1997.

Kerr, C.: The Uses of the University, Harvard University Press 1963.

Kogan, M./Hanney, S.: Reforming Higher Education, Higher Education Policy Series 50, Jessica Kingsley Publishers 2000.

Levine, A. E.: »The Future of Colleges: 9 Inevitable Changes«, The Chronicle of Higher Education, October 27, 2000, p. B10-11.

Matkin, G. W.: Using Financial Information in Continuing Education: Accepted Methods and New Approaches, American Council on Education, Oryx Press 1997.

Massy, W. F. (Ed.): Resource Allocation in Higher Education, The University of Michigan Press 1996.

Navarro, P.:»Economics in the Cyberclassroom«, The Journal of Economic Perspectives, Vol. 14, No. 2, Spring 2000, pp. 119-132.

Phillips, V./Yager, C.: The Best Distance Learning Graduate Schools: Earning your Degree Without Leaving your Home, RandomHouse 1998.

Rüegg, W. (Hrsg.): Geschichte der Universität in Europa: Von der Reformation bis zur Französischen Revolution, 1500-1800, Verlag C. H. Beck 1996.

Schmitt, G.: Architecture et Machina: Computer Aided Architectural Design und Virtuelle Architektur, Vieweg & Sohn 1993.

Schmitt, G.: Information Architecture: Basis and Future of CAAD, Birkhäuser 1999.

Teichler, U./Wasser, H. (Eds.): German and American Universities: Mutual Influences – Past and Present, Werkstattberichte 36, Wissenschaftliches Zentrum für Berufs- und Hochschulforschung der Gesamthochschule Kassel, 1992.

Trow, M.:»Reflections on the Transition from Elite to Mass Higher Education«, Daedalus, Vol. 90, pp. 1-42, 1970.

Trow, M.:»Aspects of Diversity in Higher Education«. In: *Gans, H. et al.*, On the Making of Americans, pp. 271-290, University of Pennsylvania Press 1979.

Trow, M.:»Reflections on Diversity in Higher Education«. In: *Herbst, M.* et al, op. cit., 1997.

Von Humboldt, W.: Schriften zur Politik und zum Bildungswesen, Wissenschaftliche Buchgesellschaft 1964.

Wagner, J. O.:»Adult, Career, and Vocational Education: An Internet Guide«, ERIC Digest 196 (ED421638), 1998.

Web-Adressen

Eine Zusammenstellung der Literatur zum Thema bietet das Center for Studies in Higher Education der UC Berkeley:
(http://media2.bmrc.berkeley.edu/projects/edtech/research_opinion_js.html)
Weitere Hinweise unter: www.edutech.ch/edutech/resources_types_e.asp; www.rand.org/publications/MR/MR975).

Online-Universitäten:

Fernuniversität Hagen: www.fernuni-hagen.de
Open University: www.open.ac.uk
University of Phoenix: www.phoenix.edu
Regents College: www.regents.edu
Walden University: www.waldenu.edu

Universitäten mit integrierten online-Kursen und -Studiengängen:

Auburn University: www.eng.auburn.edu/department/eop
California State University: www.csudh.edu/dominguezonline
Colorado State University. www.biz.colostate.edu/mba/default.htm
Duke University: www.fuqua.duke.edu/index_40.html
George Washington University. www.gwu.edu/~etl
Georgia Institute of Technology: www.conted.gatech.edu
Indiana University: www.indiana.edu
New School for Social Research: http://dialnsa.edu/home.html
New York University: www.sce.nyu.edu/virtual
Pennsylvania State University: www.worldcampus.psu.edu/vug
UCLA: www.onlinelearning.net
University of Maryland: www.umuc.edu/gsmt/gsmtdist

477

Gruppierungen von Hochschulen mit integrierten online-Kursen und -Studiengängen:

California Virtual University (www.california.edu), welche staatliche wie private Institutionen des Hochschulwesens (California Community Colleges [www.cccco.edu], California State University [www.calstate.edu], University of California [www.ucop.edu], sowie Independent Colleges [www.aiccu.edu]) zusammenfasst.

Western Interstate Commission for Higher Education (WICHE), in welcher sich 15 Staaten der USA zusammengeschlossen haben, um die virtuelle Lehre zu stützen (www.wiche.edu);

Western Governor's University: www.wgu.edu;

Northwest Academic Forum: www.wiche.edu/nwaf/;

The University of Texas System: (www.tlecampus.utsystem.edu;

American Distance Education Consortium (ADEC), das auch internationale Mitglieder (z. B. in Malawi, Mexico, Russland) umfasst: www.adec.edu

Virtuelle Hochschule Bayern: www.vhb.org

Virtuelle Hochschule Baden-Württemberg: www.virtuelle-hochschule.de

Virtuelle Hochschule Oberrhein: http://viron.-wifo.uni-mannhein.de

Virtueller Campus Schweiz: www.virtualcampus.ch

Beratungs- und Technologiefirmen:

GetEducated: www.geteducated.com
SCT: www.sctcorp.com
WebCT: www.webct.com

Verlage und Unternehmen:

Random House: www.randomhouse.com
Microsoft: www.microsoft.com/education/hed/online
Lotus: www.lotus.com/learningspace
Siemens: www.icn.siemens.com/Learn.Everywhere/

Überblick über Ressourcen der virtuellen Lehre:

Robert H. Jackson: www.outreach.utk.edu/weblearning
Eric Digest ED421638: www.ed.gov/-databases/ERIC_Digest/ed421638.html

Angaben zu den Autoren:

Marcel Herbst
4mation
Erligatterweg 65
CH-8038 Zürich
Tel. (dienstl.): +41-1-483-0702
Tel. (privat): +41-1-482-5620
E-Mail: herbst@4mat.ch

Prof. Dr. Gerhard Schmitt
Vizepräsident Planung und Logistik, ETH Zürich
Rämistraße 101
8092 Zürich
Schweiz
Tel.: +41-1 632 2240
Fax: +41-1 632 1160
E-Mail: schmitt@sl.ethz.ch
Web: http://www.planung.ethz.ch

Udo Winand

Die Virtualisierung eines Studiengangs beschreibt die Anwendung von geeigneten medien-, kommunikations- und informationstechnischer Virtualisierungskonzepten (einschließlich der notwendigen Re-Organisationsmaßnahmen) zur Unterstützung von curricular abgestimmten Lehr- und Lernprozessen an bzw. durch Hochschulen bzw. durch entsprechend autorisierte oder zertifizierte Institutionen, die Diplom-, Bachelor- oder Magisterabschlüsse vergeben dürfen. Ziel virtueller Studiengänge ist der Erwerb von Diplom-, Bachelor- oder Masterzeugnissen. Manifest wird die Virtualisierung durch den Einsatz von virtuellen Lernwelten (*Winand, U./Kortzfleisch, H. von/Pohl, W.* 1996) zur Wissensvermittlung bzw. -aneignung, zur Betreuung der Lernenden und zur Administration der Lernprozesse und Prüfungen.

Virtuelle Lernwelten lassen sich durch folgende Eigenschaften charakterisieren:
- Sie werden in digitalisierter Form auf bzw. über entsprechende(n) Medien angeboten;
- zeichnen sich durch Multimedialität (unterschiedlichen Komplexitätsgrades) und/oder Hypermedialität (Informationsvernetzung) aus;
- unterstützen Interaktivität zwischen dem Lernenden und dem System und/oder – mittelbar oder unmittelbar – einer Person (z. B. Tutor oder Coach) und/oder Mitlernenden, entweder vor Ort oder virtuell im Netz;
- sind für den Nutzer direkt entweder auf seinem Rechner vor Ort (z. B. via CD-ROM) oder online über das Netz beziehbar bzw. nutzbar.

Das Potenzial solcher Lernwelten liegt darin, dass die Imaginations- oder Simulationspotenziale virtueller Lernwelten vielfältige Chancen zur didaktisch-pädagogischen Anreicherung, Belebung und Neugestaltung des Unterrichts eröffnen. Sie ermöglichen über intuitiv nutzbare Techniken der Informations- und Wissensvernetzung (Hyperlinking) den Aufbau von bzw. das Navigieren in lateralen Wissensräumen (Cyberspace). Sie erweitern die Interaktions- und Kommunikationsoptionen von Lernern und Lehrern (Personen-Vernetzung) und damit die Chance, über entsprechend konzipierte Betreuungssysteme (Ehrenberg, D./Schumann, M./Winand, U. 1998) gezielt die Nachhaltigkeit von Lernerfolgen abzusichern. Ferner können Lehre und Lernen – sowie die dazugehörigen Verwaltungs- und Betreuungsprozesse – zeitlich und räumlich entkoppelt und damit flexibler auf die Nutzer maßgeschneidert werden. Damit wird Lernen, aber auch Lehren, für gänzlich neue Klientel zugänglich. Mit dem Einsatz von virtuellen Lernwelten erhoffte Effekte sind (*Euler, D.* 1992; *Initiativkreis Bildung der Bertelsmann Stiftung unter der Schirmherrschaft des Bundespräsidenten* 1999):

- höhere Qualität des Lehrangebots,
- stärkere »Kundenorientierung« des Lernens,
- höhere Wirtschaftlichkeit von Lehren und Lernen.

Die Virtualisierung von Studiengängen kann entlang einer Reihe von Aspekten und ihren Ausprägungen präzisiert werden. Virtualisierung ist hier als graduelle Einstufung zu verstehen, sie steht als Sammelbegriff für eine Vielzahl denkmöglicher Variantenbildungen. Allerdings soll hier (was nicht unbestritten ist) der Einsatz von Medien-, Kommunikations- und Informationstechnik als konstitutiv für Virtualisierung (*Winand, U.* 1997) gesetzt werden.

1. Gestaltungsspielraum ergibt sich hinsichtlich des Personenkreises (bzw. des Rollenspektrums), der in die Virtualisierung einbezogen wird: Im Vordergrund steht die Unterstützung der Lernprozesse von Studierenden (die Wissensvermittlung, die Wissensanwendung, die Interaktion zwischen Lernenden, zwischen Lernenden und Lehrenden) durch virtuelle Lernwelten. Virtualisierung umfasst aber auch den Support für Lehrende, für Administratoren und die Entwickler von Lernwelten, der jeweils spezifisch intensiv konzipiert werden kann.
2. Die Virtualisierung von Lern-/Lehrprozessen kann ebenfalls (bestimmt durch didaktische Notwendigkeiten und Möglichkeiten) unterschiedlich angelegt werden. Sie reicht von der Unterstützung der Wissenspräsentation in der klassischen Präsenzlehre durch virtuelle Lernwelten (analog zu Textbüchern) über Mischformen von Präsenz- und Teleunterrichtsmodulen zum reinen Telebetrieb.
3. Auch der Grad der praktizierten Multimedialität bzw. der Kommunikationsunterstützung eröffnet eine Vielfalt von Gestaltungsvarianten, deren Auswahl letztendlich pädagogisch motiviert sein sollte, aber natürlich auch Rücksicht auf ökonomische Restriktionen, personale Ressourcen und gegebene Infrastrukturen nehmen muss.
4. Denkbar sind auch unterschiedliche Virtualisierungsansätze für unterschiedliche Stadien im Studium. Grund- vs. Hauptstudium, Bachelor- vs. Masterstudium. Dies gilt ebenso für die Virtualisierungsunterstützung verschiedener Vermittlungsformen wie Vorlesung, Projektstudium, Seminar, Übung, Planspiel, Fallstudie, Praxissemester etc.
5. Virtualisierung ist ein aufwendiger entwicklungstechnischer und organisatorischer Prozess. Sowohl die erstmalige Entwicklung von virtuellen Lernwelten als auch ihre ständige Pflege erfordern einen hohen Ressourceneinsatz und spezifisches technisches Know-how. Kooperationsmodelle innerhalb eines Fachbereichs, einer Universität sind zu entwickeln, universitätsübergreifende Kooperationsmodelle oder Make- or Buy-Varianten sind zu prüfen.

Die Bezeichnung virtueller Studiengang soll also nicht gleichgestellt werden mit multimedial aufbereitetem Online-Fernstudium. Dies wird der Realität wissenschaftlichen Studierens im allgemeinen nicht gerecht, ist in Einzelfällen aber durchaus als Variante denkbar und erwünscht (wenn Mobilitäts- und Zeitrestriktionen dies z. B. erfordern). In der Regel werden virtuelle Studiengänge das

Erlangen eines anerkannten Abschlusses in einer Mischung aus Präsenz- und Fernstudium organisieren. Präsenzanteile erlauben vor allem den Erwerb notwendiger sozialer Schlüsselkompetenzen, von Führungs- und Teamfähigkeit, von Argumentations- und Präsentationsfähigkeit in einer komplexen sozialen Situation. Eine Abbildung dieser Situationen in virtuellen Lernwelten läuft Gefahr der Simplifizierung und/oder der wirtschaftlichen Unangemessenheit. Allerdings ist von virtuellen Studiengängen zu fordern, dass sie das Absolvieren nennenswerter Teile des Studiums online ermöglichen, speziell die Wissensvermittlung. Damit wird zugleich die Schlüsselqualifikation Medienkompetenz der Studierenden »by doing« gefördert.

Literatur:

Winand, U./Kortzfleisch, H. von/Pohl, W.: Online Aus- und Weiterbildung: Die Virtualisierung der Wissensvermittlung und des Lernens. In: Information Management (1996) 2, S. 16-25.

Ehrenberg, D./Schumann, M./Winand, U.: Service-Dienstleistungen und organisatorische Rahmenbedingungen für Online-Aus- und Weiterbildung. In: *Winand, U./Nathusius, K.* (Hrsg.): Unternehmensnetzwerke und virtuelle Organisationen. Stuttgart 1998, S. 347-355.

Euler, D.: Didaktik des computerunterstützten Lernens. Praktische Gestaltung und theoretische Grundlagen. Nürnberg 1992.

Initiativkreis Bildung der Bertelsmann Stiftung unter der Schirmherrschaft des Bundespräsidenten: Memorandum: Zukunft gewinnen, Bildung erneuern. Gütersloh 1999.

Winand, U.: Virtuality – Focus: Media and Communication Technologies. In: VoNet Newsletter 3/97 (edited by *J. Griese and P. Sieber*): http://www.virtual-organization. net/news/nl_1.3/winand.stm.

Angaben zum Autor:

Prof. Dr. Udo Winand
Professor für Wirtschaftsinformatik
Universität Gesamthochschule Kassel
Wirtschaftsinformatik
Nora-Platiel-Straße 4
34127 Kassel
Tel.: +49 56 18 04 28 80
Fax: +49 56 18 04 37 08
E-Mail: winand@wirtschaft.uni-kassel.de
URL: http://www.inf.wirtschaft.uni-kassel.de

Vorgesetztenfeedback im wissenschaftlichen Bereich

Gertraude Krell

Wie wir selbst unsere Leistungen und unser Verhalten wahrnehmen, ist nicht identisch damit, wie andere dies tun. Deshalb ist Feedback ein wichtiges Führungsinstrument. Gegenstand dieses Beitrags sind nicht Rückmeldungen, die Hochschullehrer/-innen als Führungskräfte oder als Lehrende anderen geben, sondern Rückmeldungen, die sie von Personen, mit denen sie interagieren, erhalten. Dies können unterschiedliche Personengruppen sein:

a) Dekane und Hochschulleitungen (»Führung von oben«),
b) Kollegen und Kolleginnen (»laterale Führung« bzw. »Führung durch Gleichgestellte«),
c) Mitarbeiter/-innen (»Führung von unten«) und schließlich auch
d) Studierende (eine Mischung aus »Führung von unten«, weil Studierende Organisationsmitglieder und von den Lehrenden abhängig sind, und »Führung durch ›Kunden‹«, weil Lehre auch eine Dienstleistung ist).

Erfolgt das Feedback systematisch aus allen Richtungen, spricht man von einem 360-Grad-Feedback. Für Hochschullehrer/-innen haben die Rückmeldungen seitens der unter b) bis d) genannten Personengruppen eine besonders große Bedeutung, weil es keine institutionalisierte Abwärtsbeurteilung – und damit auch kein institutionalisiertes Feedback von Vorgesetzten – gibt.

Im Folgenden geht es um das Feedback, das Hochschullehrer/-innen von ihren Mitarbeitern und Mitarbeiterinnen erhalten (zum Feedback durch Studierende siehe → *Evaluation*). Wenn dieses formalisiert bzw. institutionalisiert erfolgt, wird es in der Fachliteratur als Vorgesetztenfeedback bzw. Vorgesetzten- oder Aufwärtsbeurteilung bezeichnet. In der Praxis existiert eine Vielzahl weiterer Namen. Die Institutionalisierung kann unterschiedliche Formen annehmen: Es gibt das »reine« Vorgesetztenfeedback und die Vorgesetztenbeurteilung als Bestandteil umfassender Befragungen der Mitarbeiter/-innen oder von Vorgesetzten-Mitarbeiter- bzw. Karriere-Gesprächen. Alle drei Varianten halten im Zuge der Modernisierung des öffentlichen Dienstes in diesem Bereich verstärkt Einzug. Das legt die Frage nahe, ob das Verfahren auch für den wissenschaftlichen Bereich geeignet ist.

Das klassische **Contra-Argument**, Vorgesetztenbeurteilungen seien unvereinbar mit den Prinzipien unserer Wirtschaftsordnung sowie mit herkömmlichen und bewährten Managementprinzipien und würden weder von Vorgesetzen, noch von Mitarbeitern und Mitarbeiterinnen akzeptiert, findet sich heute nur noch selten. »Moderne« Gegenargumente zielen eher auf die übliche Ausgestaltung des Verfahrens: Zum einen wird moniert, dass die Aufwärtsbeurteilenden in der

Regel anonym bleiben, während Vorgesetzte als (Abwärts-)Beurteilende zu ihren Bewertungen stehen müssen. Zum anderen handele es sich um Pseudopartizipation, weil Aufwärtsbeurteilungen in der Regel keine (harten) Konsequenzen nach sich ziehen. Dagegen stehen folgende **Pro-Argumente:** Führungskräfte klagen häufig über mangelndes Feedback. Insbesondere in Organisationen, wo es, wie an Universitäten, kaum Feedback von oben gibt, ermöglicht ein Vorgesetztenfeedback wenigstens eine Rückmeldung von unten. Aber auch wenn eine Abwärtsbeurteilung existiert, sind es nicht die Vorgesetzten der Führungskräfte, sondern deren Mitarbeiter/-innen, die das Führungsverhalten und dessen Wirkung unmittelbar erfahren. Dies spricht für eine Ergänzung der Abwärts- durch eine Aufwärtsbeurteilung. Hinzu kommt: Das Argument der Feigheit ist »strukturblind«. Es vernachlässigt, dass ihre Stellung in der Hierarchie und ihre Abhängigkeit es Mitarbeitern und Mitarbeiterinnen erschwert, aus ihrer Sicht problematisches (Führungs-)Verhalten gegenüber ihren Vorgesetzten spontan und offen anzusprechen. Diese Abhängigkeit ist bei wissenschaftlichen Mitarbeiterinnen und Mitarbeitern besonders ausgeprägt. Denn ihre erfolgreiche Promotion und Habilitation (und mit Letzterer die Möglichkeit zu einer Laufbahn im Wissenschaftsbereich) hängt von der Unterstützung durch ihre Chefs und Chefinnen ab. Und das erschwert sowohl »Widerspruch« als auch »Abwanderung«. Dies spricht für ein (anonymes) Vorgesetztenfeedback, weil dadurch überhaupt erst ein Weg der Information und Kommunikation – und damit eine Möglichkeit zur Veränderung des Führungsverhaltens – geschaffen wird. Dies spricht aber auch gegen die Einführung einer Vorgesetztenbeurteilung im wissenschaftlichen Bereich: Denn eine partizipative Führungslandschaft wird nicht nur als Ziel, sondern auch als Voraussetzung für eine erfolgreiche Implementierung des Verfahrens angesehen. Dort, wo »nach Gutsherrenart« geführt wird, ist zweifelhaft, ob die gewünschten Wirkungen tatsächlich erzielt werden können – vor allem, wenn keine Konsequenzen gezogen werden. Für formalisierte Aufwärtsbeurteilungen (ebenso wie für formalisierte Abwärtsbeurteilungen) spricht schließlich, dass damit ein Raum für Rückmeldungen und Dialoge geschaffen wird, für die ansonsten vielleicht in der Hektik des Arbeitsalltags keine Zeit bleibt. Alles in allem kann also ein Vorgesetztenfeedback zur Führungskräfteentwicklung und zur Verbesserung der Zusammenarbeit und Führung beitragen. Ob und in welchem Ausmaß es dies auch tatsächlich tut, hängt vom Kontext und von der konkreten Ausgestaltung des Verfahrens ab.

Neben durch Partizipation und Vertrauen geprägten Führungsbeziehungen werden als für **eine erfolgreiche Einführung relevante (Kontext-)Faktoren** genannt: die Unterstützung durch die Organisationsleitung, die grundsätzliche Akzeptanz des Verfahrens seitens der Vorgesetzten, der Mitarbeiter/-innen und deren Interessenvertretung sowie das Vorhandensein der erforderlichen materiellen und personellen Ressourcen inklusive des entsprechenden Know-hows.

Zur Ausgestaltung: Grundsätzlich besteht die Alternative der mündlichen und der schriftlichen Befragung. Eine mündliche Befragung, die eher die Ausnahme darstellt, wird in der Regel von Externen vorgenommen, um die Anonymität zu gewährleisten. Noch seltener sind face-to-face Rückmeldungen in Gruppengesprächen oder Workshops. Üblicherweise werden schriftliche Befragungen durchgeführt (zunehmend auch via Intra-/Internet).

Damit stellt sich die Frage nach **Eigenentwicklung oder Fremdbezug des Fragebogens**. Derzeit existieren im deutschsprachigen Raum drei Standardfragebogen:

- der Fragebogen der Projektgruppe Mitarbeiterbefragungen, der auch Fragen zum Führungsverhalten enthält,
- eine Übersetzung des der Ohio-Schule entstammenden LBDQ (Leader Behavior Description Questionnaire), der Fragebogen zur Vorgesetzten-Verhaltens-Beschreibung (FVVB) von *Fittkau* und *Fittkau-Garthe*, der die klassischen Führungsdimensionen Aufgaben- und Mitarbeiterorientierung misst,
- eine Übersetzung des ebenfalls US-amerikanischen MLQ (Multifactor Leadership Questionnaire) von *Geyer* und *Steyrer*; hier geht es um die Messung von transaktionaler (Belohnung für Leistungs- und Verhaltenskonformität) vs. transformationaler Führung (Charisma, inspirierende Motivierung, intellektuelle Stimulierung).

Für die Übernahme eines Standardfragebogens sprechen die geringeren Kosten und die Möglichkeit des Vergleichs der Ergebnisse mit denen anderer Organisationen (→ *Benchmarking*). In der Praxis erfolgen dabei allerdings in der Regel Modifikationen, die der spezifischen Organisation und ihrer Situation Rechnung tragen. Bei der unveränderten Übernahme eines Standardfragebogens oder eines Fragebogens, der für eine oder von einer anderen Organisation entwickelt worden ist, besteht die Gefahr der (teilweisen) Nicht-Passung. So wurde z. B. Mitte der Siebzigerjahre bei dem ersten Versuch einer Vorgesetztenbeurteilung im Bundeswirtschaftsministerium zunächst ein Fragebogen aus der Privatwirtschaft verwendet. Nachdem der erste Testlauf erhebliche Verständnisschwierigkeiten zu Tage gefördert hatte, wurde für den zweiten eine Eigenentwicklung vorgenommen. Für eine Eigenentwicklung spricht generell, dass – auf Basis vorhandener Fragebogen – unter Beteiligung verschiedener Interessengruppen ein maßgeschneidertes und breit akzeptiertes Instrument erstellt werden kann: »unser« Fragebogen. Ein für den wissenschaftlichen Bereich geeigneter (Standard-)Fragebogen zur Vorgesetztenbeurteilung müsste auf jeden Fall dessen Charakteristika berücksichtigen. Mit Blick auf die wissenschaftlichen Mitarbeiter/-innen wären dies z. B. Fragen nach der Unterstützung bei – vor allem selbstständigen – Publikationen und Tagungsbesuchen. Angesichts dessen, dass es an allen Hochschulen Soll-Vorgaben zur Geschlechtergleichstellung gibt, gehören dazu auch Fragen darüber, inwieweit Hochschullehrer/-innen als Führungskräfte diese in ihrem Einflussbereich auch tatsächlich umsetzen, ignorieren oder gar sabotieren.

Weitere Gestaltungsoptionen sind:
- Soll die **Teilnahme** an einem Vorgesetztenfeedback **freigestellt** werden? Dafür spricht, dass damit möglicherweise bestehende Ängste der Beteiligten re-

duziert werden können, dagegen vor allem die Gefahr der Nicht-Beteiligung gerade jener Führungskräfte (und deren Mitarbeiter/-innen), deren Führungsverhalten besonders verbesserungsbedürftig ist.

■ Soll die **Anonymität der Mitarbeiter/-innen** gewahrt werden? Dagegen spricht das o. g. Argument, dass damit bei Aufwärtsbeurteilungen anders verfahren würde als bei Abwärtsbeurteilungen. Dafür spricht das – ebenfalls schon erwähnte – der Machtasymmetrie und der damit verbundenen strukturellen Schutzbedürftigkeit der Mitarbeiter/-innen. Allerdings hat die Wahrung der Anonymität ihren Preis: Zunächst schließt sie ein individuelles Feedback für Vorgesetzte von sehr kleinen Arbeitsgruppen aus, weil hier die Rückmeldungen leicht bestimmten Personen zurechenbar sind und damit deren Anonymität nicht mehr gewährleistet. Hier bleibt dann nur noch die Möglichkeit, das (Durchschnitts-)Bild der Führungslandschaft eines Instituts oder Fachbereichs zu erstellen. Und auch bei größeren Arbeitsgruppen kann es zu Problemen kommen, wenn z. B., wie bei einer Vorgesetztenbeurteilung üblich, die Antworten getrennt nach Funktion (hier z. B.: Wissenschaftliche Mitarbeiter/-innen, u.U. noch differenziert nach Projekt- und Qualifikationsstellen, Studentische Hilfskräfte und Sekretärinnen), Alter, Geschlecht oder anderen Merkmalen der Mitarbeiter/-innen ausgewertet werden. Muss darauf wegen der Wahrung der Anonymität verzichtet werden, bedeutet dies einen Informationsverlust. Dies ist ein generelles Dilemma von Vorgesetztenbeurteilungen bzw. Mitarbeiterbefragungen.

■ Sollen die **Ergebnisse vertraulich behandelt** werden? Für Vertraulichkeit spricht, dass eine Offenlegung der individuellen Beurteilungsergebnisse der jeweiligen Führungskraft gegenüber den beurteilenden Mitarbeitern/Mitarbeiterinnen und/oder ihren Vorgesetzten Widerstände auslösen und damit dem verfolgten Entwicklungsziel entgegenstehen könnte. Dass dies auch für Hochschullehrer/-innen zutrifft, zeigen die erbitterten Diskussionen um die Veröffentlichung der Ergebnisse von Lehrveranstaltungsevaluationen. Gegen Vertraulichkeit spricht, dass diese es erschwert, aus den Beurteilungen Konsequenzen zu ziehen. Hinzu kommt, dass sich die Beurteilten mit der Rückmeldung allein gelassen fühlen können.

■ Welche **Konsequenzen** sollen aus den Beurteilungsergebnissen gezogen werden? Eine völlig konsequenzenlose Vorgesetztenbeurteilung wäre eine Fehlinvestition. Mehr noch: Sie würde Schaden anrichten, da Erwartungen geweckt, aber nicht erfüllt würden. Aus der Perspektive der Organisationsforschung hinzuzufügen ist allerdings, dass ein Vorgesetztenfeedback als Intervention immer Spuren hinterlassen bzw. Effekte hervorbringen wird. Die Frage lautet also genauer formuliert, ob bestimmte Konsequenzen institutionalisiert werden sollen. Hier herrscht (noch?) weitgehend Einigkeit darüber, dass Vorgesetztenfeedbacks – im Unterschied zu Abwärtsbeurteilungen – nur weiche Konsequenzen haben sollten: i. d. R. Führungs(kräfte)trainings. Mit Blick auf Universitäten ist dies ein weiterer kritischer Punkt: Erstens gibt es dort noch keine oder kaum Weiterbildungsangebote zur Verbesserung der Führungsqualität. Zweitens lehrt die Erfahrung mit Weiterbildungsangeboten im Bereich Didaktik, dass Hochschullehrer/-innen diese sehr selten wahrnehmen. Damit steht auch bezüglich dieser Konsequenz die Frage »Freiwilligkeit oder Verbindlichkeit« auf der Tagesordnung.

Alles in allem: In einer autokratisch und patriarchalisch geprägten Führungslandschaft macht ein Vorgesetztenfeedback wenig Sinn oder ist sogar ein pseudodemokratisches Feigenblatt. Wird jedoch eine Universitätskultur angestrebt, zu deren Grundwerten Qualitätsverbesserung als »Gemeinschaftsaufgabe« der Organisationsleitung, der Führungskräfte im nicht-wissenschaftlichen und wissenschaftlichen Bereich, der Mitarbeiter/-innen beider Bereiche sowie der Studierenden gehört, kann eine Vorgesetztenbeurteilung dazu wertvolle Beiträge leisten.

Literatur:

Breisig, Th.: Vorgesetztenbeurteilung »von unten«. In: Ders. (Hrsg.): Betriebliche Sozialtechniken. Neuwied und Frankfurt a. M.

Brinkmann, R. D.: Vorgesetzten-Feedback. Heidelberg 1998.

Ebner, H. G./Krell, G.: Die Vorgesetztenbeurteilung: ein Verfahren zur Verbesserung der Führungsqualität in Organisationen. In: *Berthel, J./Groenewald, H.* (Hrsg.): Personal-Management. Landsberg am Lech. 16. Nachlieferung 11/1994.

Geyer, A./Steyrer, J.: Messung und Erfolgswirksamkeit transformationaler Führung. In: Zeitschrift für Personalforschung, 12. Jg., 1998, Heft 4, S. 377.

Hofmann, K./Köhler, F./Steinhoff, V. (Hrsg.): Vorgesetztenbeurteilung in der Praxis. Weinheim.

Krell, G./Ebner, H. G.: Vorgesetztenbeurteilung. Teil I: Argumente »pro« und contra«. In: *Geißler, K.-H./v. Landsberg, G./Reinartz, M.* (Hrsg.): Handbuch Personalentwicklung und Training. Köln. 23. Ergänzungslieferung Oktober 1994.

Angaben zur Autorin:

Prof. Dr. Gertraude Krell
Professorin für Betriebswirtschaftslehre mit dem Schwerpunkt Personalpolitik
Freie Universität Berlin
Institut für Management
Boltzmannstraße 20
14195 Berlin
Tel.: +30 83 85 21 32
Fax: +30 83 85 68 10
E-Mail: Krellg@wiwiss.fu-berlin.de

Web-Based-Training

Michael Reiners

Das zu behandelnde Thema schart eine Vielzahl artverwandter Begriffe um sich, welche meist synonym gebraucht werden: Virtuelles Lernen, Online-Learning, Netzbasiertes Lernen, Internetlernen, E-Learning und eben auch der wohl geläufigste Begriff **Web-Based-Training**. Seine Popularität verdankt der Begriff Web-Based-Training (WBT) vermutlich seiner Herleitung vom älteren Computer-Based-Training (CBT). CBT wird zur Bezeichnung multimedialer, multicodaler und/oder multimodaler Lernangebote, welche meist in der Form einer CD-ROM-Anwendung auftreten, herangezogen. Multimedial sind hierbei Lernangebote, in denen unterschiedliche Technologien zur Unterstützung des Lernens integriert werden, z. B. PC und Video, multicodal jene Angebote, welche Daten über mehrere Codierungssysteme, z. B. Text und Graphiken vermitteln, und multimodal Angebote, welche mehrere Sinnesmodalitäten ansprechen, z. B. visuelles und auditives System. Während der Begriff CBT inhaltlich recht einheitlich gedeutet wird, gehen die Interpretationen des Begriffs WBT relativ weit auseinander. Eine der ursprünglichsten Umsetzungen kann mit der Gleichung WBT=CBT mit anderen Mitteln umschrieben werden. Das Medium WWW wurde/wird also zur Bereitstellung von CBT-Angeboten eingesetzt ohne seine spezifischen Charakteristika zu berücksichtigen. Die derzeitige Entwicklungsrichtung geht allerdings aufgrund der im Folgenden kurz zu behandelnden Kritikpunkte an CBT und CBT-nahem WBT in eine andere Richtung.

Die wohlbegründete und mittlerweile verbreitete Kritik an CBT-Produkten, vor allem dessen lerntheoretische Fundierung betreffend, führt zu der sich langsam vollziehenden Ersetzung des Begriffes CBT durch die des Computer-Assisted-Learning (CAL) bzw. Computer-Assisted-Teaching (CAT), welche sowohl umfassender sind als auch bereits einen Hinweis auf die veränderte konzeptionelle Verankerung geben. Sie sind der Versuch folgende kritische Aspekte des CBT zu überkommen:

- CBT fußt methodisch auf einem drill-and-practice-Ansatz, welcher neueren, v. a. konstruktivistischen Erkenntnissen über menschliches Lernen entgegen-. läuft.
- CBT beschränkt sich inhaltlich auf die Vermittlung von Daten, bestenfalls auf die Unterstützung bei der lernerseitigen Konstruktion von Information, kaum jedoch wirken sie unterstützend bei der Generierung von (Handlungs)Wissen.
- Die Bezeichnung Computer-Based-Training überbetont die Stellung des konkreten Mediums unter Vernachlässigung der konzeptionellen Einbindung klassischer Lernformen, wie z. B. Präsenzunterricht.

Bei der Nutzung des WWW zu CBT-Zwecken ergeben sich zudem einige spezifische Probleme:

- WBT ist, in der Ausprägung eines »CBT mit anderen Mitteln« durch technische Bedingungen (z. B. Bandbreiten- und Sicherheitsprobleme) derzeit nur sehr eingeschränkt anwendbar.

- Zumindest der Begriff Web-Based-Training beschränkt sich auf das World Wide Web (WWW), vernachlässigt dabei andere Internet-Dienste (Mail, Usenet, FTP, IRC etc.), welche gegebenenfalls nutzvoll zu Lernzwecken eingesetzt werden können. Diese Aussage relativiert sich derzeit allerdings, vor dem Hintergrund, dass diese Dienste häufig innerhalb des WWW simuliert werden, wie es zum Beispiel an webbasierten asynchronen (Diskussionsforen) oder synchronen (Chats) Kommunikationstools beobachtet werden kann (wobei dies wiederum durch die Nutzung von Java-Applets, Java-Skript, VB-Skript o. ä. gravierende Sicherheitsprobleme aufwirft).

CBT bietet, auch in seiner drill-and-practice-Ausrichtung, eine Vielzahl neuer Möglichkeiten. Nur ein Beispiel hierfür ist die Integration von Simulationen von in der Realität nicht direkt beobachtbaren physiologischen Prozessen in die medizinische Ausbildung. Der Einsatz derartiger Anwendungen in der Vermittlung grundlegender Fakten einer Disziplin birgt durchaus große Chancen. Den spezifischen Charakteristika des Internets wäre jedoch mitnichten Rechnung getragen, würde der Versuch unternommen, diese im CBT-Bereich sinnvollen Anwendungen unreflektiert zu adoptieren. Internetgestütztes Lernen (IGL) ist ein noch zu entwickelndes Feld mit ihm eigenen Möglichkeiten und Restriktionen, welches in ein didaktisches, organisationales, technisches, ja politisches Gesamtkonzept integriert werden muss, sollen die ihm eigenen Möglichkeiten nur annähernd ausgeschöpft werden. In der Literatur werden eine Vielzahl an Chancen des IGL aufgeführt, die sich auf

- gesellschaftlich-politischer (z. B. die Umsetzung der in diversen nationalen und internationalen Papieren aufgenommenen bildungspolitischen Zielsetzung eines Selbstgesteuerten Lebenslangen Lernens),

- organisational-technischer (z. B. Effizienzsteigerung durch Einsparung von Zeit, Sachmitteln und Personalkosten) oder

- intra- und interindividueller Ebene (z. B. neuartige Kommunikations- und Kooperationsmöglichkeiten durch asynchrone Kommunikation oder Computer Supported Cooperative Work (CSCW)) bewegen. Es wird allerdings häufig nicht recht deutlich, ob dies belegte, erwünschte oder nur vermutete Effekte darstellen.

In dem hier beschränkten Rahmen kann keine Auseinandersetzung mit den postulierten Chancen oder befürchteten Negativfolgen stattfinden. Vielmehr möchte ich einige Faktoren eines IGL, welche erfolgskritisch bezüglich oben angedeuteter Aspekte sind, diskutieren. Bei der Entwicklung internetgestützter Lernangebote sind technische, konzeptionelle, personelle und lernerseitige Aspekte von wesentlicher Bedeutung. Die nicht minder bedeutsamen Faktoren höherer Ebene (gesellschaftlich-politische und institutionelle Aspekte) müssen hier ausgeblendet werden.

Technische Aspekte: Internetgestützte Lernangebote sind um ein vielfaches abhängiger von technischen Bedingungen als klassische Seminarangebote. Dies beginnt bei grundlegenden physikalischen Gegebenheiten, wie die maximal über eine Leitung transferierbare Datenmenge pro Zeiteinheit gemessen in Bit pro Sekunde (Bandbreite oder Datenübertragungskapazität), geht weiter bei der vorhandenen hard- und softwaremäßigen Ausstattung des Servers, von dem aus die Seminarplattform bereitgestellt wird, bis hin zur Konfiguration clientseitiger Software als Voraussetzung der Nutzung einer solchen Lernplattform durch den Teilnehmer. Auch können zu internetgestütztem Lernen nur die vorhandenen Internetdienste eingesetzt werden. Unrealistische Vorstellungen, welch außerordentlich neue und erregende Welt des Lernens sich im IGL auftut, müssen zwangsläufig enttäuscht werden, da das Internet bei aller Entwicklung, die es in den letzten Jahren durchgemacht hat immer noch lediglich die Dienste E-Mail, WWW, FTP, Newsgroups und Chat/IRC umfasst (es gibt noch andere, welche zur Unterstützung von Lernzwecken allerdings weniger relevant sind). Allerdings ist der Ausbau der WWW-Funktionalität von der Darstellung statischer Texte mit der Einbettung von Grafiken hin zu einer nahezu alle anderen Dienste simulierenden, »multimedialen« und ausbaufähigen Plattform durch die Integration verschiedener Technologien (Java-Applets, Dynamisches HTML, Skriptsprachen, XML etc.) weit gediehen. Diese neue Technologien bergen auch weiterhin sehr viele Möglichkeiten, welche allerdings noch (?) mit Sicherheitsproblemen erkauft werden müssen. Umgangen werden können diese Restriktionen bzw. Gefahren teilweise durch proprietäre, d. h. anbieterspezifische Systeme, welche sich nicht nach den allgemeinen Internet-Standards richten. Diese bergen jedoch wiederum erhebliche andere Probleme (➜ *Online-Lehr-Lern-Plattformen*). Die technische Infrastruktur stellt jedoch nicht nur eine restriktive Bedingung dar, sondern bietet völlig neuartige Formen insbesondere der Kommunikation und Kooperation. Diese Möglichkeiten müssen stärker erforscht und in größerem Maße in der Konzeption des Lernangebots Berücksichtigung finden. Es ist allerdings dringend geboten, technologischen Fortschritt nicht nur aufzunehmen und unter Lernaspekten neu zu betrachten und auszufüllen, sondern technologische Entwicklung proaktiv auf Lernaspekte hin selbst zu befördern. Fachdisziplinäre Ansätze müssen hier zwangsläufig zu kurz laufen. Statt dessen ist eine viel geforderte, aber an Hochschulen häufig vernachlässigte Interdisziplinarität insbesondere zwischen Pädagogik, Psychologie und Informatik dringend geboten. Der Aufbau fächerübergreifender Forschungs- und Entwicklungszentren ist daher stärker in den Blick zu nehmen.

Konzeptionelle Aspekte: Das Internet bietet als Plattform für die Umsetzung neuerer lerntheoretischer Erkenntnisse insbesondere konstruktivistischer Provenienz einige Vorteile:

- Es hält mit seiner Informationsvielfalt genau jene, für einen spezifischen Lern- oder Arbeitszweck benötigte Informationen bereit.
- Auch wenn netzbasierte »Virtual Reality« noch keine Realität ist lassen sich doch bereits Situationen schaffen, in denen Lernende problemzentriert und wirklichkeitsnah arbeiten können.

■ → *Online-Lehr-Lern-Plattformen* sind adaptiv und adaptierbar, d. h. können auf die individuellen Bedürfnisse des Lerners zugeschnitten werden.

■ Kommunikation und Kollaboration als Kernprozesse in der sozialen Konstruktion von Wissen kann durch die in dieser Form völlig neuartige asynchrone Kommunikation v. a. in Diskussionsforen, aber auch durch Chats, d. h. textbasierter synchroner Kommunikation oder durch CSCW-Plattformen (z. B. BSCW) gefördert, z. T. sogar erst ermöglicht werden (vgl. auch *Palloff/Pratt* 1999).

Viele Versuche solch neuartige Möglichkeiten zu nutzen zeigen jedoch, dass es bei weitem nicht reicht die Technologie bereitzustellen, sondern dass der wesentliche Erfolgsfaktor die Gestaltung der Technologien ist. So führt beispielsweise die mangelnde Berücksichtigung einer Phase des »access and motivation« (*Salmon* 2000) zu Beginn des Lernangebots meist dazu, dass die Funktionen dieser Phase in den eigentlich inhaltlich orientierten Abschnitten nachgeholt werden, was zu einem nicht mehr einzuholenden Zeitverzug oder gar zu einem Scheitern des Gesamtprojektes führen kann. Für die Gestaltung der Lernumgebung gibt es bisher lediglich erste Erfahrungen, die nachfolgend kurz skizziert werden (vgl. *Bremer* 1998, *Harasim* 1995, *Palloff et al.* 1999, *Salmon* 2000):

■ Reine Online-Seminare ohne Präsenzanteile sind in den seltensten Fällen erfolgreich.

■ Studienmaterialien werden von Studierenden nicht am Bildschirm gelesen, sondern ausgedruckt. Es macht daher keinen Sinn größere Texte zum Lesen ins Netz zu stellen, es sei denn es entsteht dadurch ein wirklicher Mehrwert (z.B. (Online-)Hypertexte mit Annotationsmöglichkeiten).

■ Synchrone Kommunikation (z.B. Chat) hat vor allem bei der Schaffung von Online-Communities positive Effekte, inhaltsorientiertes Arbeiten ist in asynchronen Foren besser aufgehoben.

■ Aufgrund der, verglichen mit Präsenzseminaren, geringen vorgegebenen raum-zeitlichen Strukturierung muss diese explizit z.B. durch engmaschige Zeitpläne geschaffen werden.

Personelle Aspekte: IGL-verursachte personelle Veränderungen betreffen vor allem die Rolle der Lehrenden und den personellen Aufwand.

■ Im Zuge sowohl des konstruktivistischen Paradigmas als auch in der Diskussion um das »Selbstständige Lebensbegleitende Lernen« wird die Reformulierung der Lehrendenrolle für maßgeblich erachtet. So wird ein shift vom Lehrenden als Inhaltsexperten, welcher Ziele und Wege studentischen Lernens innerhalb vorgegebener Strukturen vorzeichnet hin zu einem Lernberater, Motivator, Moderator und Bildungsmanager gefordert. Diese Vielzahl an lehrerseitigen Kompetenzen wird im IGL noch durch die Notwendigkeit einer ausgeprägten Medienkompetenz, und zwar sowohl in der Nutzung als auch in der Gestaltung, und durch technologisches Know-how erweitert. Es ist unwahrscheinlich, sämtliche geforderten Kompetenzen in einer Person anzutreffen, weshalb spezialisierte Rollen innerhalb eines IGL zu definieren sind. Eine denkbare und häufig praktizierte Aufgabenteilung besteht darin

Administratoren (als Technologiedienstleister), Autoren (als Mediengestalter), Moderatoren (als Lernprozessbegleiter) und Tutoren (als Ansprechpersonen für spezifische studentische Bedürfnisse) zu unterscheiden. Einzelne Lehrstühle, Fachgruppen oder Institute sind mit der Bereitstellung eines solchen Personalstamms meist weit überfordert, weshalb an einigen Hochschulen bereits Medienkompetenz- und -dienstleistungszentren zur Unterstützung mediengestützter Lehre und Nutzung von Synergieeffekten im Aufbau begriffen sind. Nichtsdestotrotz ist es zukünftig für jeden Lehrenden unabdingbar grundlegende Kenntnisse in den erwähnten Funktionsbereichen zu beherrschen. Die Weiterbildung des eigenen Personals ist für Hochschulen deshalb von entscheidender Bedeutung.

■ Entgegen der weitverbreiteten Meinung ist für eine internetgestützte Lehrveranstaltung m. E. ein Mehr an Personalressourcen nötig als für klassische Seminare oder Vorlesungen. In den seltensten Fällen kann dieser Mehraufwand v. a. an technischem oder tutoriellem Personal durch höhere Studierendenzahlen ausgeglichen werden, da die (Online)Betreuungsleistung durch den Lehrenden – und dies ist ein wesentlicher Vorteil des Mediums – pro Student de facto steigt (*Palloff et al.* 1999). Vorstellungen von kostensparenden Online-Massenveranstaltungen sind nur in Ausnahmefällen gerechtfertigt. Dieser, die Effizienz betreffende Sachverhalt sagt allerdings noch nichts über die Effektivität aus. Und hier dürfen m. E. die wesentlich größeren Hoffnungen entwickelt werden. IGL bietet durch die erwähnten Möglichkeiten des Mediums die Chance der vertieften Auseinandersetzung mit einem Thema und die Entwicklung nachhaltigen Handlungswissens, welche für die meisten vorlesungsartigen hochschulischen Lehrangebote in Frage zu stellen sind. Auch die Förderung von Mediennutzungskompetenzen seitens der Studierenden ist anzunehmen. Einige Autoren vermuten zudem positive Auswirkungen auf transformatorische Lernprozesse. Diese wären allerdings empirisch genauer zu prüfen.

Lernerseitige Aspekte: Lernern wird eine Vielzahl neuer Möglichkeiten im IGL geboten, die Voraussetzungen an sie steigen aber mindestens in gleichem Maße. Lerner sollen eigene Lernziele setzen, Zeitmanagement beherrschen, die ihnen individuell gemäßen Lernwege und -methoden kennen und nutzen können, sich selbst motivieren, umfassend medienkompetent sein, ausgeprägte kommunikative Fähigkeiten besitzen etc. Diese Voraussetzungen sind derzeit, und dies ist bereits vor Durchführung von Online-Lernangeboten zu berücksichtigen, noch nicht gegeben. Zwei Wege bieten sich an, um die lernerseitigen Voraussetzungen für IGL-Angebote zu gewährleisten: 1. Die Vorbereitung der Studierenden. Solch eine Vorbereitung ist nicht innerhalb eines Semesters zu leisten, weshalb voruniversitäre Bestrebungen (z. B. Schulen-ans-Netz) oder im Grundstudium angesiedelte Angebote (z. B. Zeitmanagement, PC-Führerschein) verstärkt zu fördern sind. Für ein konkretes Online-Seminar-Vorhaben bleibt meist nur 2. die detaillierte Analyse und Bekanntgabe der benötigten Kompetenzen mit eventueller Auswahl der geeigneten Studierenden. Studierende, welche die jeweiligen Voraussetzungen nicht erfüllen, werden meist relativ schnell scheitern und ggf. das letzte Mal ein derartiges Seminarangebot wahrnehmen. Neben diesen Kompetenzaspekten spielen aber auch technologische Voraussetzungen eine große Rolle. Der Zugang zu Rechnern mit Internetanschluss sollte mittlerweile für alle Studierenden gewährleistet sein. Aufgrund der rasanten technischen Entwicklung nehmen allerdings auch die technischen Voraussetzungen zu ihrer Nutzung ein Ausmaß an, welches durch bspw. Neuanschaffung von Hard- und Software für manche Studierende leicht zu einer finanziellen Bürde werden kann.

Abschließend kann festgestellt werden, dass bereits mit der Nutzung nicht eigens zu Lernzwecken entwickelter Technologien vielfältige Möglichkeiten einhergehen, die noch bei weitem nicht vollständig genutzt sind. Die, die Ausschöpfung jener Möglichkeiten bedingenden Voraussetzungen an Lerner- und lehrerseitige Kompetenzen, an fundierende konzeptionelle Entwürfe und die technologische Basis sind in den Hochschulen noch nicht erfüllt. Hier besteht großer Bedarf, der in laufenden oder anzustrengenden Hochschulentwicklungsprozessen Einkehr halten muss. In diesem Rahmen sind auch dienstleistungsorientierte Kompetenzzentren und interdisziplinäre Forschungs- und Entwicklungszentren mit spezifischen inhaltlichen Schwerpunktsetzungen zu etablieren.

Literatur:

Bremer, C.: Gruppenbasiertes vernetztes Lernen im Internet: Design einer virtuellen Hochschulveranstaltung. 1998. http://www.bremer.cx/paper3.
Harasim, L./Hiltz, S. R./Teles, L./Turoff, M.: Learning networks: A field guide to teaching and learning online. Cambridge, MA: The MIT Press 1995.
Palloff, R. M./Pratt, K.: Building learning communities in cyberspace: effective strategies for the online classroom. San Francisco, Calif.: Jossey-Bass 1999.
Salmon, G.: E-Moderating: The key to teaching and learning online. London: Kogan Page 2000.

WWW-Adressen:

http://www.edulinks.de
http://www.educause.edu
http://bscw.gmd.de

Angaben zum Autor:

Michael Reiners
Carl von Ossietzky Universität Oldenburg
Fachbereich 1
Postfach
26111 Oldenburg
Tel.: +49-441-7982772
Fax: +49-441-7982325
E-Mail: michael.reiners@uni-oldenburg.de

Lutz Thieme

Die Geschichte von Hase und Igel stand Pate: Wo man auch hinkommt, **Werbung** ist schon da. Die Spanne reicht von bunten Prospekten, Werbebriefen und Katalogen bis hin zu ausgeklügelten Werbetechniken, wie den Cookies im Internet, die den Werbern unsere Interessen und Vorlieben verraten können und so ein individuelles Produktangebot ermöglichen. Dabei liegen die Wurzeln der Werbung im politischen Bereich. Die Voraussetzungen, dass erste Werbeformen während der Aufklärung und der französischen Revolution entwickelt werden konnten, waren die Verbreitung von Papier und die Beherrschung des Buchdrucks. Die Massenmedien Film, Radio und Fernsehen und die industrielle Massenproduktion seit den Zwanzigerjahren des vorigen Jahrhunderts verschoben den Focus der Werbung auf ökonomische Ziele. Trotz wachsender Werbemöglichkeiten veränderte sich der Inhalt des Begriffes »Werbung« jedoch nicht wesentlich. Seit ihren Anfängen war **Werbung** »ein Instrument, um Menschen zur freiwilligen Vornahme bestimmter Handlungen zu veranlassen, z. B. zum Kauf einer bestimmten Ware oder zur Unterstützung der Zielsetzung einer politischen Partei oder einer Religionsgemeinschaft« (*Wöhe, G.* 1990, S. 687). Mit der Integration der Werbung in ein modernes Konzept von Marketing und der Abgrenzung zum Begriff »Public Relation« erfuhr der Werbebegriff ein Konkretisierung. So definiert Kotler dann auch Werbung »als jede bezahlte Form nichtpersönlicher Präsentation und Förderung von Ideen, Gütern oder Dienstleistungen in Massenmedien wie Zeitungen, Zeitschriften, Fernsehen oder Hörfunk durch einen identifizierbaren Werbetreibenden« (*Kotler, P.* 1999, S. 709). Damit ordnet sich Werbung systematisch in die → *Kommunikationspolitik* von Institutionen und Unternehmen ein und ergänzt Maßnahmen der Public Relation, der Verkaufsförderung und des persönlichen Verkaufs. Kommunikations-, Distributions-, Preis- und Produktpolitik verkörpern wiederum den Kern des Marketing, verstanden als »marktorientierte Unternehmensorganisation und -führung« (*Tietz, B.* 1989, S. 1).

Werbung entfaltet ihre Wirkung über Werbemittel, die wiederum über Werbeträger an die Umworbenen, an die Zielgruppe der Werbebotschaft, herangetragen werden. Den Werbetreibenden steht heute eine schier unübersehbare Menge an **Werbemitteln** zur Verfügung. Ohne Anspruch auf Vollständigkeit seien genannt: Anzeigen, TV-, Rundfunk- und Kinospots, Prospekte, Broschüren, Flyer, Plakate, Handzettel, Werbebriefe, Kundenzeitschriften, Warenproben, Werbegeschenke, Direkt-Mailings, E-Mails und Internet-Banner. Als **Werbeträger** fungieren beispielsweise Zeitungen, Zeitschriften und andere Druckerzeugnisse, Radio, Fernsehen und Film, der öffentliche Raum, Schaufenster, Plakatwände, Werbeauslagen, Verkehrsmittel und mit wachsender Bedeutung das

Internet. Der Einsatz der Werbemittel erfolgt mit dem Ziel, eine vorher sorgfältig ausgewählte und definierte Zielgruppe über ein Produkt oder eine Institution zu informieren, einen Bedarf nach den angebotenen materiellen oder immateriellen Gütern zu schaffen und Kaufentscheidungen vorzubereiten. Je genauer die Zielgruppe definiert und direkt erreicht wird, desto spezifischer und effizienter kann der Einsatz der Werbemittel erfolgen.

Hochschulen nutzen Werbung auf zwei Ebenen. Erstens zieht die Hochschule finanziellen Nutzen daraus, dass sie den institutionellen Rahmen für Werbebotschaften bereitstellt. Die Studierenden als relativ homogene Gruppe mit ähnlichen Produktaffinitäten sind als Zielgruppe für konsumorientierte Werbetreibende ebenso attraktiv wie für Werbung, die Imagebotschaften enthält und sich beispielsweise an künftige Entscheidungsträger wenden soll. Darüber hinaus sind die Studierenden insbesondere bei knapper Marktlage als künftige Mitarbeiter in Führungspositionen für Industrie, Wirtschaft und Verwaltung interessant. Neben den Studierenden finden Werbetreibende an Hochschulen zahlreiche Multiplikatoren und Meinungsbildner sowie ein Klientel, das über eine überdurchschnittliche Kaufkraft verfügt.

Dies führt zu einem relativ starken Engagement gewerblicher Werbeträger im Hochschulbereich. Vor allem die hochschuleigenen Publikationen werden zunehmend über Anzeigenwerbung finanziert. Manche Hochschulen ermöglichen das Aufstellen von Plakatwänden und Werbeständern, beispielsweise mit Gratispostkarten als Werbeträger oder bieten Banner-Werbefläche auf ihrer Internet-Seiten. Die Mousepads der Rechenkabinette werden fast flächendeckend von Werbefirmen zur Verfügung gestellt. Bei Werbeformen, denen die Adressaten nicht ausweichen können, wie beispielsweise Werbespots während der Vorlesungen zur Finanzierung der Lehre, bestehen innerhalb der Hochschulen starke Vorbehalte.

Neben der Öffnung für andere Werbetreibende benutzt die Hochschule zunehmend selbst Mittel der Werbung zum Erreichen ihrer institutionellen Ziele. Zielgruppen der Werbebotschaft können sowohl die Hochschulangehörigen als auch Gruppen außerhalb der Hochschule sein.

Die typische Zielgruppe für Werbung von Hochschulen sind die Schüler der oberen Jahrgangsstufen. In der Regel wird in einer Kombination von Information (z. B. Studienberatung, Studien-Informationsblätter) und Werbung (Werbebroschüren, Flyer, Kino- und Radiospots) versucht, die Entscheidung für ein Studium und für einen bestimmten Studienort zu beeinflussen. Die Intensität solcher Werbemaßnahmen ist gegenwärtig noch stark abhängig von der Notwendigkeit, Nachwuchs für bestimmte Fächergruppen zu rekrutieren.

Mit der Ausweitung der universitären Angebote (z. B. Weiterbildung) bzw. der Entwicklung von Angeboten an eine breite Öffentlichkeit (z. B. Veranstaltungen, Vorträge, Bürgeruniversitäten) erweitert sich das Spektrum der Werbung von Hochschulen beträchtlich, was auch Auswirkungen auf entsprechende

Etats haben muss. Zunehmend Bedeutung kommt dabei der **Imagewerbung** (→ *Imageanalyse*) für die jeweilige Hochschule zu. Zur Unterstützung der eigenen Positionen in der Öffentlichkeit, bei Multiplikatoren und bei Entscheidern sowie in Abgrenzung zu anderen Hochschulen und privaten Bildungsinstitutionen gewinnen Werbemaßnahmen (z. B. Plakatwerbung, Anzeigen) immer mehr an Gewicht.

Bei Werbemaßnahmen, die sich an Mitglieder der Hochschule wenden, steht die Vermittlung von institutionellen Entwicklungen im Vordergrund. So zieht beispielsweise die Positionierung einer Hochschule als Existenzgründungshochschule Imagewerbung für die Selbstständigkeit sowie direkte Werbung für Existenzgründerseminare etc. nach sich.

Die **Vorbehalte gegenüber Werbung** für Hochschulen gründen sich vor allem auf vermeintliche Unterschiede der beworbenen Güter. Während Werbung wesentlich zur Markenbildung bei Massenwaren beiträgt, halten viele Hochschulen die Wirkung ihrer Produkte auf potenzielle Nutzer für ausreichend. Darüber hinaus agieren Hochschulen derzeit noch größtenteils auf einem Angebotsmarkt, der Werbung nur eingeschränkt als absatzpolitisches Instrument erfordert. Allerdings wird sich dieser Markt in den nächsten Jahren dramatisch in einen Nachfragermarkt verwandeln (*Busch, C./Faber, C./ Thieme, L.* 2000). Die Wirkung der Werbung für Hochschulen und ihre Produkte wird sich also in ihrer Funktion weitgehend an der Werbung für Massenartikel messen lassen müssen, was jedoch die Entwicklung stringenter Marketingstrategien (→ *Marketing*-Management) der einzelnen Hochschulen voraussetzt.

Trotzdem wird sich der Inhalt der Werbung für Hochschulen deutlich von der Werbung für Massenartikel unterscheiden. Die Aufnahme eines Studiums, einer Weiterbildung oder die Zusammenarbeit mit einer Hochschule in der Forschung stellen Investitionsentscheidungen dar, die weit über einen kurzfristigen Produkterwerb hinausgehen. Die biographischen und ökonomischen Auswirkungen erfordern eine besondere Sorgfaltspflicht sowohl beim Anbieter als auch beim Nachfrager. Wahrheit und Wahrhaftigkeit, gepaart mit sachlicher Information wird deshalb die **Werbebotschaft** wesentlich prägen müssen. Werbung hat hier nicht das Ziel kurzfristigen Verkaufserfolgs sondern dient der Anbahnung einer Beziehung zwischen Anbieter und Interessenten. Die derzeitige branchenorientierte Business to Business Werbung sowie Beispiele strategischer Werbepartnerschaften scheinen hier als Orientierung geeigneter als die aggressive, manchmal jedoch inhaltsleere Werbung für Massenprodukte.

Unter diesen Prämissen hat die TU Dresden seit einigen Jahren erfolgreich Instrumente der Werbung an der Universität etabliert, sie mit anderen Kommunikations- und Marketingmaßnahmen vernetzt und entsprechend den Zielen der Universität eingesetzt. Wohl als erste deutsche Universität erschienen 1996 Anzeigen in überregionalen Zeitungen und Zeitschriften zur Image- und Studentenwerbung. Radiospots und Plakate im öffentlichen Raum begleiten heute jeden »Tag der offenen Tür«. Give aways für Studieninteressenten sind genau so selbstverständlich wie Imagebroschüren und Flyer für verschiedene Zielgruppen. Öffentliche Präsentationen, wie 1999 im Berliner Kulturkaufhaus, Messeteilnahmen und Veranstaltungen in den Schulen werden mit Werbemitteln unterstützt. Zu Beginn des Wintersemesters 2000/2001 wurden die Studierenden an sechs herausragenden Stellen in Dresden von Stadttoren mit der Aufschrift »Welcome to IT-City. Studieren und Leben in Dresden« begrüßt. Gleichzeitig hatten Studieninteressierte die Möglichkeit, über eine Info-Hotline und spezielle Internet-Angebote Informationen zu den IT-Studiengängen der TU Dresden zu erhalten.

Bei allen Bemühungen, Werbung für die Universität und ihr Produkte zu etablieren, wurde immer wieder deutlich, dass inhaltsschwache Angebote durch Werbung nicht kaschiert werden können, Werbung dagegen starken Produkten keinesfalls schadet, sondern in den meisten Fällen nur nutzen kann.

Literatur:

Busch, C./Faber, C./Thieme, L.: Strategisches Marketing und Sponsoring an Hochschulen. In: *Brockes, H.-W.* (Hrsg.): Leitfaden Sponsoring & Event-Marketing. Berlin 2000.
Kotler, P.: Grundlagen des Marketing. Prentice Hall 1999.
Tietz, B.: Marketing. Düsseldorf 1989.
Wöhe, G.: Einführung in die allgemeine Betriebswirtschaftslehre. München 1990.

Angaben zum Autor:

Dr. Lutz Thieme
Marketingleiter der Technischen Universität Dresden
TU Dresden
01062 Dresden
Tel.: +49 35 14 63 66 29
Fax: +49 35 14 63 77 91
E-Mail: lutz.thieme@web.de

Wissenschaftstransfer

Peter Faulstich

Mit den Stichwörtern Technologieberatung, wissenschaftliche Weiterbildung, Innovationstransfer, Wissenstransfer und **Wissenschaftstransfer** werden Impulse für eine Dynamisierung des Verhältnisses von Wissenschaft und Gesellschaft gegeben. Hinter den verschiedenen Begriffen verbergen sich unterschiedliche Einschätzungen, die das Spektrum möglicher Leistungen wissenschaftlicher Resultate für gesellschaftliche Probleme verschieden akzentuieren. Mit »Technologie« und »Innovation« wird besonders auf ökonomische Effekte verwiesen. Mit »Beratung« und »Weiterbildung« werden unterschiedliche Kanäle des Transfers angegeben. Die Unterscheidung von »Wissen« und »Wissenschaft« differenziert zwischen Resultaten und dem Prozess wissenschaftlicher Arbeit.

	Wirtschaft	Politik	Kultur	
Information	Beratung	Weiterbildung		Personaltransfer
	Wissenschaftstransfer			
	Forschung	Lehre		
	Wissenschaft			

Problemfelder des Wissenschaftstransfers

In einem umfassenden Konzept von Wissenschaftstransfer erhält die alte Theorie-Praxis-Frage ihre gegenwärtige Form. Es geht um Versuche, wissenschaftliche Aktivitäten sowohl in Forschung als auch in Lehre auf gesellschaftliche Probleme zu beziehen. In der Diskussion um gesellschaftliche und besonders wirtschaftliche Perspektiven wird Wissenschaft als Zukunftspotenzial entdeckt. Im Rahmen sich verschärfender internationaler Konkurrenz erscheint dann Wissenschaft vorrangig als Instrument zur Standortsicherung. Es werden »Innovationsoffensiven« in Gang gesetzt. Besonders in den Naturwissenschaften und in den Technologien wird vermehrt ein funktionales Wissenschaftskonzept herausgestellt. Die Bedeutung der Basistechnologien (Mikro-, Bio-, Gen-, Materialtechnologien) für Produktinnovationen ist unmittelbar gegeben. Hinzu kommen – zum Beispiel als »Business-Reengineering« oder »Projektmanagement« – Sozialtechnologien, welche sich besonders auf Organisations- und Personalentwicklung beziehen und Prozessinnovationen anstoßen. Damit wird also der Gesamtbereich von Wissenschaft auf seine Verwendbarkeit gefragt. Dies betrifft alle Disziplinen. Nicht nur Technik und Naturwissenschaften werden gefordert, sondern selbstverständlich auch die Wirtschaftswissenschaften, Gesellschaftswissenschaften, sogar die Philosophie oder Theologie und sicher auch die Erziehungswissenschaft. Es gibt keinen Wissenschaftsbereich, der aus der Vernetzung mit gesellschaftlichen Verwendungszusammenhängen ausgeschlossen wird.

Das **Leistungsspektrum des Wissenschaftstransfers** ist breit entfaltet. Der institutionalisierte Transfer umfasst Kontaktvermittlung und Personalaustausch, die Durchführung von Seminaren und Veranstaltungen, weiterbildende Studien, Kurzauskünfte, Gespräche in Unternehmen, Informationen zu Förderprogrammen, technische Beratung, allgemeine Informationsaktivitäten, administrative Tätigkeiten, Informationsvermittlung, administrative oder organisatorische

Unterstützung, Beratung bei Neugründungen, Werbeaktivitäten, Datenbankrecherchen, Hilfe bei technischen Ideen, Patentrecherchen und Marktanalysen. Dabei fällt auf, dass das Hauptgewicht der Tätigkeit im Vorfeld der unmittelbaren Umsetzung und Verwertung liegt. Konkrete kommerzielle Aktivitäten verlagern sich aus den Transferprozessen in die Ebene der Unternehmen und Anwender. Die Hauptaufgabe institutionalisierten Transfers ist es deshalb, Kontakte zu vermitteln, Initiativen zu unterstützen, Kooperation zu fördern und im Übergangsfeld von Wissenschaft und Gesellschaft vielfältige Aktivitäten in Gang zu bringen.

Ein umfassendes **Konzept des Wissenschaftstransfers** beinhaltet Öffentlichkeitsarbeit, Beratung und Weiterbildung. Diese Arbeitsbereiche haben historisch unterschiedliche Wurzeln. Weiterbildungsaktivitäten sind initiiert worden im Zusammenhang der Hochschulreform und von Öffnungsstrategien, als es darum ging, Hochschulen für andere Personengruppen zu öffnen. Technologie- und Innovationsberatungen sind eher aus ökonomischer Perspektive angestoßen worden, wobei diese ihren Kontext in der Standortdebatte und der Modernisierungsdiskussion haben. Mittlerweile ist festzustellen, dass sich diese Kanäle gegenseitig ergänzen und überschneiden. Je dichter Kooperationsbeziehungen zwischen Hochschulen und Anwendern werden, desto weniger sind Beratungs- und Weiterbildungsleistungen noch zu trennen.

Um Transferaktivitäten auf Kontinuität zu stellen, sind **spezifische Institutionen** notwendig. Wenn man die Vielzahl der mittlerweile an deutschen Hochschulen bestehenden Einrichtungen überblickt, ist festzustellen, dass kaum zwei das gleiche Aktivitätsspektrum haben. Die Frage, welche Aufgabenbereiche aufgenommen und verstärkt werden, ist abhängig von dem Profil der jeweiligen Hochschule, der Situation in der Region und den jeweils agierenden Personen. Die Organisationsstruktur streut von Verwaltungseinheiten, über Stabstellen, zentrale Einrichtungen, Institute, privatrechtliche Einrichtungen und kommerzielle Unternehmen. Naheliegend ist eine Mittellage, weil eine zu dichte Einbindung in die Hierarchie und Bürokratie der Hochschulen von den Fachbereichen und einzelnen Forschern wenig akzeptiert wird und gleichzeitig von außen kaum identifizierbar ist. Das andere Extrem – außerhochschulische Einrichtungen – schwebt in der Gefahr, sich zu verselbstständigen und abzulösen und die Hochschulen nur noch als Ressourcenpotenzial zu nutzen, ohne Rückläufe zu sichern.

Die riskante Leistung von Wissenschaftstransferstellen ist es, Mittellagen zu organisieren. Es werden schwierige Kopplungen im Spannungsfeld von Hochschule und Gesellschaft zu stabilisieren versucht. Hochschulen dürfen einerseits nicht zu verlängerten Werkbänken der Unternehmen werden, gleichzeitig darf andererseits aber kein Rückzug in den Elfenbeinturm erfolgen. Die Eigendynamik des Wissenschaftsprozesses muss aber deutlich sein. Es geht auch um eine relative Autonomie wissenschaftlichen Denkens, das sich der unmittelbaren Umsetzung entzieht. Versuche, Forschungsprozesse unmittelbar kommerziellen

Strategien unterzuordnen, erzeugen selbst Transferhemmnisse. Wenn beklagt wird, die Hochschulen seien zu teuer oder Kooperationen führten nicht schnell genug zu einem Ergebnis, beruht diese Kritik auf einem Missverständnis potenzieller Leistungen des Wissenschaftstransfers.

Umgekehrt ist auch zu fragen, **was denn Wissenschaftsentwicklung von Transferaktivitäten erwarten kann.** Dabei ist zweifellos die Beschaffung von Legitimation durch Eingehen auf gesellschaftliche Anforderungen eines der zentralen Argumente. Es kann gezeigt werden, dass Wissenschaft sich für gesellschaftliche Probleme öffnet und zu deren Bewältigung beitragen kann. Darüber hinaus ist es sicherlich angesichts der Knappheit öffentlicher Mittel naheliegend, durch Transferaktivitäten finanzielle Ressourcen zu akquirieren. Darüber hinaus wird aber auch Wissenschaftsentwicklung angestoßen, indem Forschungsthemen aus anwendungsbezogenen Horizonten generiert werden. Da gesellschaftliche Probleme sich nicht der Wissenschaftssystematik beugen, werden neue Fragestellungen aufgeworfen, welche im Selbstlauf der Disziplinen unterzugehen drohen.

Auf der Grundlage geklärter unterschiedlicher Positionen von Wissenschaftsentwicklern und -anwendern begründen sich Transferaktivitäten in langfristigen Kooperationsstrategien. Im Umfeld der Hochschulen entstehen sowohl regionale als auch sektorale Netzwerke, welche das Übergangsfeld Wissenschaftsgesellschaft strukturieren und beidseitige Entwicklungen anstoßen.

Mit dieser Diskussion um »Wissenschaftstransfer« werden **Grundfragen des Selbstverständnisses** von Wissenschaft aufgeworfen. Ihr zentrales Moment, die Suche nach Wahrheit, wäre durch direkte Indienstnahme für außerwissenschaftliche Interessen gefährdet. Wenn also über verschiedene Positionen hinweg letztlich unbestritten ist, dass hier unabweisbare Anforderungen vorliegen, ist dies durchaus riskant. Es wird ein Prozess der Selbstreflexion und der Aktivitätenbegründung angestoßen. Dies trifft innerhalb des laufenden Wissenschaftsbetriebs auf konkurrierende Begründungsmodelle mit widerstreitenden Legitimationsannahmen. Unterschiedliche wissenschaftstheoretische und -politische Hintergrundannahmen resultieren in divergierenden Theorie-Praxis-Verhältnissen. Eine pragmatisch reflektierte Transferstrategie benötigt einen Wissenschaftsbegriff, der die Trennung von Technologie und Reflexionstheorie überwindet. Nur so kommen die verschiedenen Dimensionen von Leistungen, welche von Transferaktivitäten zu erwarten sind, ins Blickfeld. Dies führt dazu, Rezeptillusion zu vermeiden. Die Vorstellung, die Wissenschaft habe fertige Antworten auf gesellschaftliche Fragen, hat sich als Illusion erwiesen. Falsch ist auch die Vorstellung einer Transferkaskade, nach der Wissenschaft eine Quelle des Wissens sei, die dann überfließend sich in Unternehmen und Verwaltungen ergießt. Demgegenüber erzeugt Wissenschaft selber die Fragen, auf welche sie die Antwort gibt. Das Theorie-Praxis-Problem spitzt sich also zu auf die gemeinsame Definition von Fragestellungen und Antwortmöglichkeiten.

Die technologische Kehre von Kausalitäts- in Finalitätsverhältnisse, also von Wenn-Dann-Aussagen in Um-Zu-Strategien, macht zweifellos die Erfolgsgeschichte moderner nomologischer Wissenschaft aus. Ein Großteil unserer Lebenszusammenhänge beruht auf den Resultaten solcher Transformations- und Transferprozesse, welche zunehmend beschleunigt, gleichzeitig verstetigt und institutionalisiert werden.

Gleichzeitig müssen Transferstrategien die Beschränktheit von Instrumentalität reflektieren. Technische Probleme werden durch wissenschaftliche Forschung niemals vollständig und prognostisch gelöst. Es entstehen Nebenfolgen, und resultierend eine anschwellende Risikodebatte, welche ökologische und soziale Probleme der Wissenschaft anlastet. Damit werden reflexive Rückbezüge angestoßen bezogen auf Probleme der Technikabschätzung.

Auch in Transferprozessen ist Wissenschaft also nicht nur Technologielieferant und Kompetenzproduzent. Über instrumentelles Eingriffswissen und praktische Handlungsfähigkeit hinaus organisiert sie die Möglichkeit von Wahrheitssuche. Dies impliziert nicht nur szientifische sondern auch ethische Diskussion. Erst damit findet ein konzeptionell geklärter Pragmatismus von Wissenschaftstransfer seine Basis.

Es geht bei den Anforderungen und Konzepten an Wissenschaftstransfer nicht nur um ein Effizienz- sondern auch um ein **Legitimationsproblem von Wissenschaft.** Je größer das Gewicht von Wissenschaft für gesellschaftliche Entwicklung, je höher ihr Anteil an ökonomischen Ressourcen, desto stärker wachsen auch die an ihre Funktion und Leistung gestellten Anforderungen. Selbstverständlich gab es immer schon eine Fülle von Beziehungen im Spannungsfeld zwischen Wissenschaft und Gesellschaft. Neben der Vielfalt von direkten Transferaktivitäten stellt sich die Frage, wie Transfer institutionalisiert und organisiert werden kann und was damit an zusätzlichen Leistungen zu erbringen ist. Dabei sollen die »naturwüchsigen« Kooperationen nicht eingeschränkt, sondern unterstützend ausgebaut werden. Es kommt darauf an, eine neue Qualität im Verhältnis von Wissenschaft und Gesellschaft zu systematisieren. Das Übergangsfeld zwischen Wissenschaft und Gesellschaft soll organisiert und effektiviert werden. Die »lose Kopplung« zwischen den Partialsystemen verbietet bloß instrumentelle Konzepte. Die Hoffnung, es gäbe fertige abrufbare und verkaufbare Ergebnisse von Wissenschaft, hat sich als Illusion erwiesen. Wissenschaftliche Hypothesen stehen nicht als fertige technische Entwürfe zur Verfügung. Forschungsaktivitäten sind Suchprozesse. Ihr Bezug auf konkrete Probleme bedarf immer erheblicher Übersetzungsleistungen. Kurzfristige Rezeptillusionen müssen notwendig scheitern, sie sind zu ersetzen durch reflektierte Strategien langfristiger Kooperation zwischen den Beteiligten. Eine Unterschätzung des finanziellen und personellen Aufwands schlägt sonst als Transferhemmnis zurück.

Literatur:

Becher, G. u. a.: Entwicklung und Bedeutung des Technologietransfersystems in Bayern. Basel 1993.

Faulstich, P.: Erwachsenenbildung und Hochschule. München 1982.
Faulstich, P.: Vielfältiger Gewinn. (Plädoyer für einen konzeptionell geklärten Pragmatismus beim Wissenschaftstransfer.) In: Deutsche Universitätszeitschrift (1995) H. 11, S. E1-E4.
Faulstich, P.: Wissenschaftliche Weiterbildung als Wissenschaftstransfer. In: *Hanft, A.* (Hrsg.): Hochschulen managen? Weinheim 2000, S. 258-270.
Stichweh, R.: Wissenschaft, Universität, Professionen. Frankfurt/M. 1994.

Angaben zum Autor:

Prof. Dr. Peter Faulstich
Universität Hamburg
Josef-Carlebachplatz 1
20146 Hamburg
Tel.: +49 40 42 83 86 767
Fax: +49 40 42 83 86 112
E-Mail: faulstich@erzwiss.uni-hamburg.de

Wissensmanagement

Katrin Winkler
Heinz Mandl

Um dem Thema **Wissensmanagement** näher zu kommen, sind zunächst einige Überlegungen zum Wissensbegriff notwendig. Denn der Begriff Wissensmanagement lässt sich schwerlich in den Griff bekommen, solange man keine eindeutige Vorstellung davon hat, was Wissen ist und was es von Information unterscheidet. In der Alltagssprache wird selten zwischen Wissen und Information unterschieden. In Zusammenhang mit Wissensmanagement werden in der Regel folgende Unterscheidungsmerkmale zwischen Daten, Informationen und Wissen postuliert. Daten bestehen aus einer kombinierten Folge von Zeichen (z. B. Zahlen oder Buchstaben), besitzen aber noch keine Verwendungshinweise und sind an sich bedeutungslos; sie werden erst zu Informationen, wenn sie in einen Problemzusammenhang gestellt werden und zur Erreichung eines Ziels dienen. Die so entstandenen Informationen sind der Rohstoff für die Generierung von Wissen, die eine Einbindung der Informationen in einen Erfahrungskontext erforderlich macht. Wissen mit Sinn und Bedeutung entsteht nur unter der Voraussetzung, dass Menschen auswählen, vergleichen, bewerten, Konsequenzen ziehen, verknüpfen, aushandeln und sich mit anderen austauschen. Wissen ist bedeutungsgerecht bewertete Information (*Reinmann-Rothmeier, G./Mandl, H./Erlach, C./Neubauer, A.* 2000).

Was versteht man vor diesem Hintergrund nun unter Wissensmanagement? Wissensmanagement bezeichnet den bewussten und systematischen Umgang mit der Ressource Wissen und den zielgerichteten Einsatz von Wissen in Organisationen (*Bullinger, H.-J./Wörner, K./Prieto, J.* 1998).

Wenn Wissensmanagement ernsthaft als eine langfristige Strategie für den Einzelnen als auch für Organisationen etabliert werden soll, ist eine ganzheitliche Sichtweise des Themas unabdingbar. Dabei bilden Mensch, Organisation und Technik die drei Standbeine des Wissensmanagements, von denen keines fehlen darf. Im Hinblick auf das erste Standbein, den Menschen, geht es im Rahmen von Wissensmanagement um die Förderung und Gestaltung von Kenntnissen, Fähigkeiten und Kompetenzen der Organisationsmitglieder, die als Träger relevanten Wissens und als eigentliche »Triebfedern« kontinuierlicher Lernprozesse den Kern jedes Wissensmanagements bilden. Auf der Ebene der Organisation geht es um die Entwicklung einer wissens- und lernfreundlichen Umgebung und Kultur in der Organisation sowie um die Schaffung von Rahmenbedingungen, die den Umgang mit der Ressource Wissen erleichtern sollen. Das dritte Standbein, die Technik, bezieht sich auf die Implementation und Gestaltung von Informations- und Kommunikationsinfrastrukturen und Werkzeugen (→ *Multimediale Infrastrukturen*), die wissensbasierte Prozesse effizient und nutzerfreundlich unterstützen (*Reinmann-Rothmeier, G./Mandl, H./Erlach, C./Neubauer, A.* 2000). Diese erste Beschreibung des Themas Wissensmanagement verdeutlicht, dass der Ausgangspunkt aller Wissensmanagement-Aktivitäten das Individuum ist. Der Mensch steht im Mittelpunkt aller Wissensmanagement-Aktivitäten, sowohl auf individueller als auch auf organisationaler Ebene. Die Technik kann bei einer Vielzahl von Wissensmanagement-Aktivitäten eine große Unterstützung bieten. Wissensmanagement beinhaltet somit sowohl die Komponente des individuellen Wissensmanagements als auch die Komponente des organisationalen Wissensmanagements. »The most successful organizations are those in which knowledge management is part of everyone's job« (*Davenport, T. H./Prusak, L.* 1998). Individuelles Wissensmanagement kann somit als notwendige Bedingung für organisationales Wissensmanagement betrachtet werden.

Die Beschäftigung mit Wissensmanagement ist sowohl für Organisationen als auch für den Einzelnen mit verschiedenen Zielen verbunden. Die spezifischen Ziele bilden somit den Ausgangspunkt von Wissensmanagement-Prozessen. Nach der Einführung der Wissensmanagement-Prozesse bietet die → *Evaluation* abschließend die Möglichkeit, überprüfen zu können, inwieweit die gesteckten Ziele erreicht wurden. Somit bilden Zielsetzung und Evaluation Anfangs- und Endpunkt eines Wissensmanagement-Regelkreises (*Probst, G./Raub, S./Rombardt, K.* 1999).

Zielsetzung. Sowohl beim individuellen als auch beim organisationalen Wissensmanagement sind Ziele erforderlich, um den Wissensmanagement-Aktivitäten eine Richtung zu geben. Des Weiteren stellen erst die Ziele notwendige Kriterien bereit, anhand derer die Prozesse und Ergebnisse des Wissensmanagements bewertet werden müssen. Im Wesentlichen geht es bei der Zielsetzung auf individueller und organisationaler Ebene darum, Wissensmanagement-Prozesse sorgfältig zu planen. Für den Einzelnen beinhaltet die Zielsetzung drei Teilaspekte: die Zielanalyse, die Zeitanalyse und die Situationsanalyse (*Reinmann-Rothmeier, G./Mandl, H.* 2000). Bei der Zielanalyse steht der Einzelne vor der Aufgabe, komplexe in einfachere Ziele sowie Fernziele in Nahziele zu zerlegen, Ziele entsprechend ihrer Relevanz zu ordnen und sie konkret und handlungsleitend zu formulieren (*Beitinger, G./Mandl, H.* 1992). Eine Zeitanalyse im Rahmen des individuellen Wissensmanagements kann für eine genaue Klärung sorgen, wie viel Zeit für welche Aktivitäten verplant werden sollte. Schließlich dient eine Art Bestandsaufnahme in Form einer Situationsanalyse dem Einzelnen dazu, sowohl physische Gegebenheiten (Raum, Licht, Ressourcen, etc.) als auch Entscheidungs- und Handlungsspielräume abzuklopfen und seine individuellen Wissensmanagement-Vorhaben abzustimmen.

Auf organisationaler Ebene erweist es sich in vielen Fällen als sinnvoll, zwischen normativen, strategischen und operativen Wissenszielen zu unterscheiden. Nach *Probst, Raub* und *Romhardt* (1999) betreffen normative Wissensziele dabei die Ebene der grundlegenden unternehmenspolitischen Vision sowie alle Aspekte, die in Zusammenhang mit der Kultur einer Organisation stehen. Beispiele für normative Wissensziele sind unter anderen das jeweilige Wissensleitbild einer Organisation, die Identifikation von kritischen Wissensfeldern oder der Innovationsgeist einer Organisation. Strategische Wissensziele werden für langfristige Maßnahmen formuliert, über die die normativen Ziele oder die Vision einer Organisation umgesetzt werden sollen. Ziele auf dieser Ebene könnten beispielsweise Aufbau von Kernkompetenzen, Kooperationen oder problemorientierte Wissensidentifizierung sein. Operative Wissensziele sind schließlich der Ausgangspunkt für die Umsetzung der strategischen Programme im Rahmen der täglichen Aktivitäten der Organisation; beispielsweise die Einführung von Expertendatenbanken, der Aufbau einer Wissensinfrastruktur oder die Einführung von computerbasierten Lernprogrammen. In der Praxis werden vielfältige Methoden zur Definition von Wissenszielen herangezogen (*Pawlowsky, P.* 1998). Größtenteils können die eingesetzten Verfahren in den Bereich der klassischen und erweiterten Bildungsbedarfsanalyse eingeordnet werden, wie z. B. informelle Gespräche mit Vorgesetzten, jährliche Weiterbildungspläne etc. Weitergehende Methoden zur Definition von Wissenszielen sind beispielsweise die Organisationsdiagnose (*Koch, S./Mandl, H.* 1999), mit der sich eine Orientierung über die aktuelle Situation der Organisation herstellen lässt. Eine weitere Möglichkeit besteht darin, ein Ist-Wissensprofil (*Schüppel, J.* 1996) zu erstellen, in dem z. B. die Kompetenzen der Organisation – meist in tabellarischer Form – bestimmt werden.

→ *Evaluation.* Im Wesentlichen geht es im Rahmen der Evaluation der Wissensmanagement-Prozesse auf individueller Ebene darum sicherzustellen, dass nicht nur wahllos Informationen gesammelt und Fakten auswendig gelernt, sondern neue Inhalte verstanden werden. Hierbei kann eine formative und eine summative Selbstevaluation hilfreich sein. Bei der formativen Selbstevaluation geht es darum, während der gesamten Wissensmanagement-Aktivitäten die Ziele und die Zielerreichung immer wieder zu überprüfen. Im Rahmen der summativen Selbstevaluation geht es um eine abschließende Bewertung einer Wissensmanagement-Aktivität. Eine Möglichkeit der Wissensbewertung liegt in der Orientierung an den normativen, strategischen und operativen Wissenszielen einer Organisation. Es gilt hierbei konkret zu überprüfen, ob die Ausrichtung aller Organisationsbereiche auf die Wissensstrategie und Vision erfolgt ist und in ihrer operativen Umsetzung erfolgreich war (*Probst, G./Raub, S./Romhardt, K.* 1999). Weitere Methoden zur Evaluation von Wissensmanagement-Prozessen sind beispielsweise auf normativer Ebene eine Kulturanalyse, auf strategischer Ebene das Controlling der bedeutendsten Wissensmanagement-Projekte und auf operativer Ebene die Erstellung individueller Fähigkeitsprofile.

Mensch, Organisation und Technik sind die drei zentralen Komponenten des Wissensmanagements (*Pawlowsky, P.* 1998). Zielsetzung und Evaluation bauen das Wissensmanagement vor diesem Hintergrund zu einem Regelkreis aus. Dazwischen spielen sich zahlreiche Prozesse im Umgang mit Wissen ab. Auf der Basis des Wissensmanagement-Modells von *Probst, Raub* und *Romhardt* (1999) bündelten *Reinmann-Rothmeier* und *Mandl* (1999) die zentralen Prozesse des Wissensmanagements zu vier Prozesskategorien: Wissensrepräsentation, Wissenskommunikation, Wissensgenerierung und Wissensnutzung. Im Rahmen des individuellen Wissensmanagements werden diese vier Prozesskategorien des Wissensmanagements um die Kategorie des Stress- und Fehlermanagements ergänzt. Die Prozesskategorien basieren auf einer pädagogisch-psychologischen Perspektive; nichtsdestoweniger lassen sich diese aber sowohl auf das organisationale als auch auf das individuelle Wissensmanagement anwenden.

Die **Wissensrepräsentation** umfasst Prozesse, die Wissen transparent machen; darunter fallen z. B. die Identifikation und die Dokumentation von Wissen oder die Speicherung, Aufbereitung und Aktualisierung von Wissen (*Reinmann-Rothmeier, G./Mandl, H./Neubauer, A.* 2000). Auf individueller Ebene gehört die Feststellung von Wissenslücken und Informationsdefiziten mit zu den ersten Schritten im individuellen Wissensmanagement. Dabei geht es in erster Linie um die Eingrenzung und Formulierung des individuellen Bedarfs an Information und Wissen, der sich aus der Diskrepanz zwischen dem aktuellen Informations- und Wissensstand einerseits und den Anforderungen der gegebenen Situation und den damit einhergehenden Zielen andererseits ergibt (*Reinmann-Rothmeier, G./Mandl, H.* 2000). Um das eigene Vorwissen transparent zu machen können z. B. grafische Methoden herangezogen werden, wie z. B. verschiedene Mapping-Techniken (*Fischer, F.* 1997). Eine fehlende oder defizitäre Wissenstransparenz führt in Organisationen beispielsweise zu einem mangelnden Wissensaustausch und/oder zu einer trägen Wissensverteilung mit der wohl bekannten Folge, dass das Rad in der eigenen Organisation mehr als einmal erfunden wird (*Reinmann-Rothmeier, G.* 1999). Eine Maßnahme zur Unterstützung der Wissensrepräsentation ist beispielsweise die Erstellung von Wissenslandkarten, über die eine Transparenz der einzelnen Wissensträger in der Organisation ermöglicht wird (*Probst, G.* 1996). Ein besonders bekannter Typus von Wissenslandkarten sind die sog. Wissensbranchenbücher, die nach demselben Prinzip wie die Gelben Seiten im Telefonbereich aufgebaut sind (*Davenport, T. H./Prusak, L.* 1998).

Unter die **Wissenskommunikation** lassen sich Prozesse wie das Verteilen von Information und Wissen, die Vermittlung von Wissen und die Ko-Konstruktion von Wissen sowie die wissensbasierte Kooperation subsumieren. Da Wissenskommunikation auch – oder gerade – den Austausch von Wissen in Gruppen umfasst, spielt das Thema Kooperation eine große Rolle für zahlreiche Prozesse des individuellen Wissensmanagements. Was kann nun der Einzelne tun, um sich in Kommunikations- und Kooperationssituationen besser behaupten zu können? Ein erster wichtiger Schritt ist die Beachtung von Kommunikationsregeln, wie beispielsweise gezielt nachfragen, aktiv zuhören, Informationen teilen etc. (*Reinmann-Rothmeier, G./Mandl, H.* 2000). Aber auch die Einhaltung von Feedbackregeln, wie z. B. Feedback annehmen, selbst Feedback geben, die Andersartigkeit der beteiligten Personen respektieren etc., sind wesentliche Voraussetzungen für gute Kommunikation und Kooperation (*Frey, D.* 2000). Eine wichtige Grundlage für verschiedenste Formen der Wissenskommunikation in Organisationen ist zunächst einmal die Informationsverteilung relevanter Inhalte (*Probst, G./Raub, S./Romhardt, K.* 1999). Hierfür werden oft technische Lösungen vorgeschlagen. Dabei wird oft vergessen, dass Wissenskommunikation mehr benötigt als nur eine gelungene technische Plattform zum Austausch von Wissen. Wichtig ist die Förderung einer Organisationskultur, in der das Teilen von Wissen honoriert wird und nicht dem Horten von Wissen Vorschub geleistet wird. Zudem müssen auch organisatorische Maßnahmen durchgeführt werden, die das Teilen von Wissen ermöglichen; beispielsweise muss den Mitarbeitern Zeit für Kommunikation und Kooperation zur Verfügung gestellt werden. Einige Maßnahmen, die die Wissenskommunikation in Organisationen unterstützen können, sind z. B. die Bereitstellung von Kommunikationsforen wie z. B. Kaffeeecken oder Intranetlösungen, durch die formelle als auch informelle Kommunikation ermöglicht wird (*Reinmann-Rothmeier, G.* 1999). Letztlich spielen bei der Wissenskommunikation insbesondere Faktoren auf der Ebene des Klimas, des Führungsstils und der Organisationskultur eine zentrale Rolle (*Frey, D.* 2000).

Zur **Wissensgenerierung** zählen *Reinmann-Rothmeier* und *Mandl* (1999) Prozesse wie die externe Wissensbeschaffung, die Schaffung personaler und technischer Wissensnetzwerke und die gemeinsame und individuelle Wissensentwicklung. Die Repräsentation als auch die Kommunikation von Wissen leisten einen nicht unerheblichen Beitrag zur Wissensgenerierung. Auf der Basis dieser beiden Prozesskategorien kann neues Wissen entstehen. Im Mittelpunkt der Wissensgenerierung steht die Entwicklung neuer Fähigkeiten, neuer Produkte, besserer Ideen und leistungsfähigerer Prozesse (*Probst, G./Raub, S./Romhardt, K.* 1999). Wie kann nun der Einzelne die Wissensgenerierung unterstützen? Im Rahmen der Wissenskonstruktion sind drei wesentliche Probleme zu bewältigen: Zum einen müssen neue Informationen mit dem Vorwissen verknüpft werden. Zum anderen sollte man neue Informationen und Wissensinhalte auf ihre wesentlichen Kernelemente reduzieren. Und schließlich sind zwischen diesen Inhalten bedeutungshaltige Beziehungen im Sinne einer Wissensorganisation herzustellen (*Reinmann-Rothmeier, G./Mandl, H.* 2000). Einige Möglichkeiten die Wissensgenerierung auf individueller Ebene zu unterstützen sind beispielsweise die Installation von Lerngemeinschaften, in denen gemeinsam neues Wissen entwickelt wird, ein gezielterer Umgang mit Vorträgen, d. h. dass man dosiert Notizen machen und nicht wahllos alles mitschreiben sollte, oder auch die gezielte Beschäftigung mit geeigneter Lernsoftware. Eine häufig realisierte Möglichkeit Wissen zu generieren besteht für Organisationen darin, Wissen von außen zu importieren (z. B. durch externe Berater, Beschäftigung neuer Mitarbeiter, Fusionen, Kooperationen mit Kunden etc.). Weitere Möglichkeiten zur Entwicklung neuen Wissens sind z. B. betriebliches Vorschlagswesen, der Aufbau von Forschungs- und Entwicklungsabteilungen, Schaffung von Freiräumen für die Entwicklung neuer Ideen, Kreativitätstechniken etc.

Die **Wissensnutzung** umfasst Prozesse wie das Umsetzen von Wissen in Entscheidungen und Handlungen sowie die Transformation von Wissen in Produkte und Dienstleistungen. Dies ist diejenige Prozesskategorie des Referenzmodells, die den festgelegten Evaluationskriterien standhalten muss. Viele Probleme der Wissensnutzung sind darauf zurückzuführen, dass das Wissen in einer allzu systematisierten und abstrakten Form erworben wird. Der Einzelne kann dem z. B. durch Experimentieren entgegenwirken, d. h. dass man neues Wissen zunächst in einer Situation ausprobiert, in der man nicht unter Erfolgsdruck steht und Fehler machen darf. Eine andere Möglichkeit ist das Lernen durch Lehren, denn je besser das eigene Wissen kommunizierbar ist, desto leichter kann man es auch konkret anwenden (*Reinmann-Rothmeier, G./Mandl, H.* 2000). Die Nutzung von betrieblichem Know-how muss im Prozess des Wissensmanagements gesichert werden. Denn nur genutztes Wissen stiftet einen Nutzen für die Organisation (*Probst, G./Raub, S./Romhardt, K.* 1999). Die für die Förderung der Wissensnutzung geeigneten Maßnahmen und Instrumente sind beispielsweise der Aufbau von Kompetenzzentren innerhalb einer Organisation, die Neugestaltung von Arbeits- und Lernkontexten, nutzerfreundliche Infrastruktur etc. Ein weiteres viel diskutiertes Instrument, bei dem die Nutzung von neu erworbenem Wissen und die Wissenskommunikation im Vordergrund stehen, sind Communities of Practice. Communities of Practice sind informelle Personengruppen oder -netzwerke innerhalb einer Organisation, die aufgrund gemeinsamer Interessen über einen längeren Zeitraum hinweg miteinander kommunizieren, Wissen und Erfahrungen austauschen und dabei voneinander lernen sowie gemeinsam an neuen Innovationen und Projekten arbeiten, in denen sie ihr Wissen anwenden. *Wenger* (1999) versteht Communities of Practice als Kommunikationsknoten, in denen Informationen, Wissen und Innovationen besonders schnell verteilt werden.

Die letzte Wissensmanagement-Prozesskategorie ist das **Stress- und Fehlermanagement**. Diese Kategorie ist in allen Phasen des individuellen Wissensmanagements von Bedeutung und unterscheidet in besonderem Maße den individuellen vom organisationalen Umgang mit Wissen, da es hier besonders um motivational-emotionale Phänomene geht (*Reinmann-Rothmeier, G./Mandl, H.* 2000). Im Rahmen von Stress- und Fehlermanagement kann es beispielsweise hilfreich sein, das eigene Tun und Handeln zu analysieren und sich besonders in Stresssituationen seine Stärken und nicht seine Schwächen vor Augen zu führen. Zudem sollte man Fehler als Lernchance begreifen lernen, denn Fehler sind häufig unvermeidlich, bieten aber oft die Möglichkeit einer kreativen Lösung (*Reinmann-Rothmeier, G./Mandl, H.* 2000). Die hier vorgestellten Strategien zum individuellen Wissensmanagement als auch die Instrumente und Methoden zum organisationalen Wissensmanagement bilden nur einen kleinen Ausschnitt an weiteren Möglichkeiten Wissensmanagement umzusetzen.

Literatur:

Beitinger, G./Mandl, H.: Konzeption und Entwicklung eines Medienbausteins zur Förderung selbstgesteuerten Lernens im Rahmen der betrieblichen Weiterbildung (Forschungsbericht Nr. 8). München 1992.

Bullinger, H.-J./Wörner, K./Prieto, J.: Wissensmanagement-Modelle und Strategien für die Praxis. In: *Bürgel, H. D.* (Hrsg.): Wissensmanagement. Schritte zum intelligenten Unternehmen (S. 21-39). Berlin 1998.

Davenport, T. H./Prusak, L.: Working knowledge. How organizations manage what they know. Boston 1998.

Fischer, F.: Mappingverfahren als kognitive Werkzeuge für problemorientiertes Lernen. Frankfurt 1997.

Frey, D.: Kommunikations- und Kooperationskultur aus sozialpsychologischer Sicht. In: *Mandl, H./Reinmann-Rothmeier, G.* (Hrsg.): Wissensmanagement (S. 73-92). München 2000.

Koch, S./Mandl, H.: Wissensmanagement – Anwendungsfelder und Instrumente für die Praxis (Forschungsbericht Nr. 103). München 1999.

Mandl, H./Reinmann-Rothmeier, G.: Die Rolle des Wissensmanagements für die Zukunft. Von der Informations- zur Wissensgesellschaft. In: *Mandl, H./Reinmann-Rothmeier, G.* (Hrsg.): Wissensmanagement (S. 1-17). München 2000.

Pawlowsky, P.: Wissensmanagement. Erfahrungen und Perspektiven. Wiesbaden 1998.

Probst, G.: Bausteine des Wissensmanagements. Working Paper Universität Genf 1996.

Probst, G./Raub, S./Romhardt, K.: Wissen managen. Wie Unternehmen ihre wertvollste Ressource optimal nutzen. Wiesbaden 1999.

Reinmann-Rothmeier, G.: Wissen und Lernen im organisationalen Kontext. Ein pädagogisch-psychologischer Ansatz zum Wissensmanagement. Unveröffentl. Habilitationsschrift. Ludwig-Maximilians-Universität München 1999.

Reinmann-Rothmeier, G./Mandl, H.: Wissensmanagement: Modewort oder Element der lernenden Organisation? In: Personalführung, 1999, H. 12, S. 18-23.

Reinmann-Rothmeier, G./Mandl, H.: Individuelles Wissensmanagement. Strategien für den persönlichen Umgang mit Information und Wissen am Arbeitsplatz. Göttingen 2000.

Reinmann-Rothmeier, G./Mandl, H./Erlach, C.: Wissensmanagement in der Weiterbildung. In: *Tippelt, R.* (Hrsg.): Handbuch Erwachsenenbildung/Weiterbildung (S. 753-768). Opladen 1999.

Reinmann-Rothmeier, G./Mandl, H./Erlach, C./Neubauer, A.: Wissensmanagement lernen. Weinheim 2000.

Schüppel, J.: Wissensmanagement. Wiesbaden 1996.

Wenger, E.: Communities of practice. Learning, meaning and identity. Cambridge 1999.

Angaben zu den Autoren:

Prof. Dr. Heinz Mandl
Inhaber des Lehrstuhls für Empirische Pädagogik und Pädagogische Psychologie der Ludwig-Maximilians-Universität München
Leopoldstraße 13
80802 München
Tel.: +49 89 21 80-5146
Fax: +49 89 21 80-5002
E-Mail: mandl@edupsy.uni-muenchen.de

Winkler Katrin, M. A.
Wissenschaftliche Mitarbeiterin am Lehrstuhl für Empirische Pädagogik und Pädagogische Psychologie der Ludwig-Maximilians-Universität München
Leopoldstraße 13
80802 München
Tel.: +49 89 21 80-3779
Fax: +49 89 21 80-5002
E-Mail: winklerk@edupsy.uni-muenchen.de

Zielvereinbarungen zwischen Staat und Hochschulen

Helmut Fangmann

Zielvereinbarungen spielten in der staatlichen Hochschulsteuerung hierzulande bisher keine wesentliche Rolle. Das beginnt sich zu ändern, seitdem ab Mitte der 1990er Jahre Bund und Länder ernsthafte Anstrengungen zu einer grundlegenden Reform des Hochschulsystems unternehmen. Einige Länder orientieren sich dabei explizit an den Leitlinien des zunächst auf kommunaler Ebene erprobten Neuen Steuerungsmodells. Neu ist daran insbesondere der partizipative Steuerungsansatz in Gestalt des Kontraktmanagements und – damit eng verbunden – die Delegation von Entscheidungskompetenzen nach dem Subsidiaritätsprinzip.

Das New → *Public Management* zielt auf eine aufgabenbezogene, ergebnisorientierte Steuerung dezentraler Aufgabenträger im Rahmen der → *Budgetie-*

rung. Es bildet damit gewissermaßen einen Gegenentwurf zur herkömmlichen zentralistischen Ämterverwaltung mit ihrer inputorientierten, ausgabenbezogenen »Prozesssteuerung« im Rahmen der kameralistischen Haushaltswirtschaft (→ *Doppik und Kameralistik*). Zwar werden in einigen Ländern – gerade im Hochschulbereich – sehr weitreichende haushaltswirtschaftliche »Flexibilisierungen« bis hin zur Einrichtung sog. → *Globalhaushalte* vorgenommen. Es ist aber fraglich, ob solche Maßnahmen an sich schon eine stärkere Zielorientierung des Hochschulsystems bewirken.

Steuerung durch (Ziel-)Vereinbarungen ist im Prinzip universell anwendbar, aber nicht für alle Steuerungszwecke gleichermaßen gut geeignet. In realen Sozialsystemen ist sie daher selten exklusiv, sondern zumeist neben anderen Steuerungsinstrumenten und Entscheidungsverfahren anzutreffen. Bei der Modernisierung der staatlichen Hochschulsteuerung kommt es darauf an, die verschiedenen Instrumente nach Maßgabe ihrer komparativen Vorteile miteinander zu kombinieren.

Alle Formen der sozialen Koordination und Entscheidungsfindung gehen auf drei Grundmuster zurück, die jeweils spezifische Vor- und Nachteile aufweisen:

Partizipative Entscheidungen bürgen für ein Höchstmaß an Akzeptanz (expliziter Konsens). Sie eignen sich besser als andere Koordinationsinstrumente dazu, Kontextinformationen und Besonderheiten angemessen zu würdigen und Konfliktsituationen zu entschärfen. Allerdings sind sie weder besonders reaktionsschnell noch sehr effizient, und dies nicht allein wegen des potenziell hohen Einigungsaufwandes. Das gilt insbesondere für Zielvereinbarungen, die einen vergleichsweise hohen operativen Aufwand bei der Bestimmung und Operationalisierung der Ziele und bei der Überprüfung der Zielerreichung verursachen. Zudem müssen – möglichst im Konsens – Handlungsfolgen für den Fall bestimmt sein, dass Ziele nicht erreicht werden. Steuerung durch Zielvereinbarungen läuft stets Gefahr, das rechte Maß an inhaltlicher Selektivität und Detaillierung zu verfehlen, das heißt im Ergebnis entweder allzu oberflächlich und unbestimmt oder allzu kleinteilig und überdeterminiert zu sein.

Weisungsentscheidungen sind in ihrer Art direkt, schnell und verbindlich, also verfahrensmäßig effizient. Sie erfahren aber eine vergleichsweise geringere Akzeptanz. Überdies stößt eine ausschließlich direktive Steuerung mit zunehmender Systemkomplexität schnell an Rationalitätsgrenzen: Je größer die Leitungsspanne, desto sachfremder ist der Weisungsbezug und desto geringer ist die Zielrationalität.

Wettbewerbsentscheidungen sind hocheffizient und werden in der Regel allgemein akzeptiert, wenn transparente Bewertungsmaßstäbe und plausible Zuteilungsregeln vorliegen (impliziter Konsens). Wettbewerbliche Leistungsanreize befördern wie kein anderes Instrument organisationale → *Effizienz und Effektivität*. Sie sind vor allem dort geeignet, wo Ressourcenentscheidungen unter Konkurrenzgesichtspunkten möglich und zielführend sind.

Die partizipative Steuerung ist charakteristisch für die akademische ➜ *Selbstverwaltung*, also im Binnenverhältnis korporativ verfasster Hochschulen. In ihrer bisherigen, vielfach als »Gremienwirtschaft« titulierten Ausprägung ist sie aber in die Kritik geraten, weil sie maßgeblich zur Diffusion von Verantwortung und zu einer mangelnden Zielorientierung beiträgt. Die ➜ *Professionalisierung* des hochschulinternen Managements setzt daher einerseits die Stärkung der Leitungsorgane durch Übertragung von Verantwortung und Entscheidungsgewalt voraus. Andererseits fördert sie aber auch den Einsatz moderner Instrumente der partizipativen Steuerung wie Ziel- und Leistungsvereinbarungen.

In dem Verhältnis von Staat und Hochschulen (in ihrer Eigenschaft als staatliche Einrichtungen) dominiert traditionell die direktive bzw. bürokratische Steuerung. Diese wird zunehmend in Frage gestellt und im Zuge der steuerungspolitischen Erneuerung sowohl durch partizipative als auch wettbewerbliche Elemente ersetzt bzw. ergänzt. Definierte Weisungsrechte sind weiterhin unerlässlich, um legitime staatliche Interessen im Falle der Nichteinigung mit der Hochschule wirksam zur Geltung zu bringen (z. B. als Zielvorgabe). Staatliche Entscheidungsvorbehalte bestehen ferner in Haushalts- und Finanzierungsangelegenheiten von übergeordneter Bedeutung. So können den Hochschulen ggf. im Rahmen der Zielvereinbarungen zugestandene Ressourcen vorenthalten werden, wenn die Haushaltssituation dies erfordert. Im Übrigen bleiben staatliche Regulierungen nach dem Neuen Steuerungsmodell weitgehend auf ordnungspolitische und rechtsaufsichtliche Funktionen beschränkt.

Der Einsatz wettbewerblicher und partizipativer Steuerungselemente findet in der Praxis recht unterschiedliche politische Resonanz und Realisierungsbedingungen. In kleinen Bundesländern mit einer wenig differenzierten Hochschullandschaft gibt es kaum geeignete Voraussetzungen für einen Ressourcenwettbewerb. Folglich stellen insbesondere die Stadtstaaten Bremen und Hamburg auf eine Budgetierung fast ausschließlich im Rahmen von Zielvereinbarungen ab. Eine andere Gruppe von Ländern, derzeit allen voran Hessen, Niedersachsen und Baden-Württemberg, strebt hingegen eine – zumindest perspektivisch – recht weitgehende formelgebundene Mittelbemessung an. Im Kontext einer weitgehend wettbewerblichen Ressourcensteuerung sind Vereinbarungen zwischen Hochschulen und staatlichem Hochschulträger sinnvoll und notwendig soweit

- wünschenswerte Ziele, die im Wettbewerb nicht wirksam zur Geltung kommen, berücksichtigt werden sollen und/oder
- unerwünschte Wettbewerbsfolgen zu unterbinden sind.

Zielvereinbarungen sind vor allem dort erforderlich, wo die aus der Verantwortung für eine geordnete Hochschulentwicklung resultierende Koordinationsfunktion des Staates berührt ist. Das betrifft die Bestimmung des allgemeinen Aufgaben- und Finanzierungsvolumens sowie die hochschulübergreifende Aufgabenverteilung und Schwerpunktförderung. Im Bereich von Studium und Lehre liegt es nahe, mit jeder Hochschule Einigung über die Studienfächer und Aufnahmekapazitäten herzustellen, für die der Staat eine grundsätzliche Finanzierungsverpflichtung übernimmt. Besondere Schwerpunkte in der Forschung und Sonderaufgaben einzelner Hochschulen, die jeweils einer zusätzlichen Finanzierung bedürfen, sind weitere Gegenstände komplementärer Vereinbarungen. Da die staatliche Seite mit inhaltlichen Bewertungen in der Regel überfordert ist, braucht es eine qualifizierte Begutachtung bei der Projektförderung sowie eine regelmäßige Evaluation von Forschung und Lehre. In diesem Zusammenhang macht es durchaus Sinn, mit den Hochschulen mittel- bis längerfristige Entwicklungsziele abzustimmen. Eine solide **Strukturentwicklungsplanung** bildet eine gute Beratungsgrundlage für periodenübergreifende Zielvereinbarungen und schafft zugleich Planungssicherheit. Außerdem können im Rahmen der Hochschulfinanzierung Regelungen bzw. Vereinbarungen notwendig werden, um gravierende Wettbewerbsnachteile einzelner Hochschulen oder Fächer zu kompensieren. Das betrifft z. B. Kostennachteile im Infrastrukturbereich (etwa aufgrund einer großen räumlichen Dislozierung) oder den Schutz kleiner bzw. im Aufbau befindlicher Fächer, die (noch) keine wettbewerbsfähigen »Erträge« erzielen.

Das Beispiel zeigt, dass es durchaus zielführend sein kann, unterschiedliche Steuerungsinstrumente direkt miteinander zu kombinieren. Andererseits sind Redundanzen zu vermeiden: Solche Ziele bzw. Leistungsaspekte, die im Wettbewerbskontext schon hinreichend berücksichtigt sind, bedürfen nicht der zusätzlichen Vereinbarung. So werden bspw. durch ein Mittelverteilungsmodell, das explizit den Output an Absolventen honoriert, implizit Anreize gesetzt, attraktive Studienangebote und Umfeldbedingungen für die Studierenden zu schaffen und diesen zügig zum Abschluss zu verhelfen. Dementsprechend sind gesonderte Vereinbarungen über die Entwicklung neuer Studienangebote und innovativer Lehr- und Lernformen, über die Einrichtung spezieller Beratungsleistungen und Serviceangebote, über die Verkürzung der Studienzeiten und die Reduzierung der Abbrecherquoten müßig.

In der staatlichen Hochschulsteuerung können Vereinbarungen auf einen möglichst überschaubaren Kreis – teils originär, teils komplementär – regelungsbedürftiger Sachverhalte beschränkt werden. Dies ist auch notwendig, um Über- bzw. Fehlsteuerung zu vermeiden. In komplexen Systemen sind wenige anreizkompatible Steuerungsparameter zielrationaler als ein detaillierter Katalog von Einzelzielen, Maßnahmen und Kontrollprozeduren, der allzu leicht einer neuen Form der bürokratischen Feinsteuerung Vorschub leisten könnte.

Die Frage der Rechtsnatur und damit der **rechtlichen Bindung von Kontrakten** ist noch nicht hinreichend aufgearbeitet, allerdings ist sie auch nicht dringlich. Der Erfolg konsensorientierter Koordination hängt weniger von der rechtlichen Verortung und Absicherung ab, als vielmehr von der Konsensbereitschaft und Verlässlichkeit der Akteure. Dass der Abschluss von Zielvereinbarungen zunehmend auch Eingang in die Hochschulgesetzgebung findet, ist aus rechtsdogmatischer Sicht keine echte Lösung, aber ein wichtiges politisches Signal.

Literatur:

Fedrowitz, J./Krasny, E./Ziegele, F. (Hrsg.): Hochschulen und Zielvereinbarungen – Neue Perspektiven der Autonomie: Vertrauen, Verhandeln, Vereinbaren. Gütersloh 1999.

Kontraktmanagement: Steuerung über Zielvereinbarungen. Kommunale Gemeinschaftsstelle für Verwaltungsvereinfachung, Köln; KGSt-Bericht 1998, 4.

Künzel, E./Nickel, S./Zechlin, L.: Verbindliche Maßstäbe fixieren. Zielvereinbarungen zwischen Staat und Hochschulen – das »Neue Steuerungsmodell« im Blick. In: Wissenschaftsmanagement 6/1998.

Wallerath, M.: Kontraktmanagement und Zielvereinbarungen als Instrumente der Verwaltungsmodernisierung. In: Die Öffentliche Verwaltung, Januar 1997, Heft 2.

Ziegele, F.: Mittelvergabe und Zielvereinbarungen. Finanzierungsinstrumente eines Neuen Steuerungsmodells im Verhältnis Staat – Hochschulen. In: *Titscher, S. u. a.* (Hrsg.): Universitäten im Wettbewerb – Zur Neustrukturierung österreichischer Universitäten. München, Mering 2000.

www-Adressen:

Ziel- und Leistungsvereinbarungen zwischen der BWF Hamburg und den Hochschulen. Download der Einzeltexte und des Gesamtkatalogs unter: http://www.hamburg.de/Behoerden/BWF/publikat.htm#Downloads

Angaben zum Autor:

Helmut Fangmann
Kanzler der Albert-Ludwigs-Universität Freiburg
Fahnenbergplatz
79085 Freiburg
Tel.: +49-761/203-4320
Fax: +49-761/203-8877
E-Mail: kanzler@uni-freiburg.de

Zielvereinbarungssysteme – Intern

Sigrun Nickel

Das Konzept der internen Zielvereinbarungen wurde in den Fünfziger- und Sechzigerjahren in den USA entwickelt und hat seitdem unter dem Begriff »Management by Objectives« (MBO) in der Privatwirtschaft große Verbreitung gefunden. In jüngster Zeit hat das Führen mit Zielen im Unternehmensbereich noch einmal eine erhebliche Konjunktur erlebt und gehört »mit deutlich wachsender Tendenz zu den am höchsten gehandelten und mit großen Erwartungen verbundenen Instrumenten« (*Breisig, Th.* 2000). Eine ähnliche Entwicklung vollzieht sich auch im öffentlichen Sektor der Bundesrepublik durch die Einführung des New → *Public Management.* Beim New Public Management (NPM) handelt es sich um einen umfassenden Modernisierungsansatz, der Managementinstrumente der profitorientierten Privatwirtschaft so modifiziert, dass sie für den staatlichen Non-Profitbereich nutzbar gemacht werden können, um dort die Wirtschaftlichkeit und die Innovationskraft zu erhöhen. Der Einsatz des New Public Management wird deshalb auch mit einer indirekten oder »formellen« Privatisierung (*Di Fabio, U.* 1999, *Heuer, E.* 1995) in Verbindung gebracht, die dazu führt, dass der öffentliche Sektor zukünftig in seinen Strukturen zunehmend stärker privatwirtschaftlich ausgerichtet sein wird. Dies bewirkt in letzter Konsequenz eine Neupositionierung des öffentlichen Sektors »zwischen Staat und Markt«, so wie es der britische Soziologe *Anthony Giddens* skizziert hat.

Wesentliches Element des New Public Management ist die Stärkung der dezentralen Ebene, d. h. es kommt zu einer Verlagerung von Aufgaben, Kompetenz und Verantwortung von der Führungsebene auf nachgeordnete Einheiten und Personen (AKV Prinzip), mit dem Ziel, dadurch kostenbewusstes Handeln, Motivation und Leistungsfähigkeit auf allen Ebenen des öffentlichen Sektors zu steigern. Dadurch dass die Spitze »Macht« abgibt, soll es zu »flacheren Hierarchien« und zu mehr flexibler, projektorientierter Zusammenarbeit kommen. Für die Leitungsebene bedeutet das vor allem die Abkehr von der kleinteiligen, operativen Steuerung hin zur strategischen Steuerung. Die nachgeordneten Ebenen gewinnen dadurch an Gestaltungsspielraum und Eigenverantwortlichkeit. Dieser Zuwachs an Teilautonomie drückt sich zum Beispiel darin aus, dass mit der übergeordneten Ebene nur noch Arbeitsziele vereinbart werden, der Weg dorthin aber dem Personal oder dem Management der dezentralen Einheit überlassen bleibt. Die Arbeit wird dadurch ergebnisorientiert bzw. outputorientiert und nicht mehr – wie bislang im öffentlichen Sektor – inputorientiert. Für diesen Paradigmenwechsel scheinen derzeit interne Zielvereinbarungssysteme neben Leistungs- und → *Kostenrechnung,* → *Budgetierung* und → *indikatorengestützter Mittelvergabe* das vielversprechendste Instrument zu sein.

Interne Zielvereinbarungssysteme nehmen inzwischen im öffentlichen Sektor einen zentralen Platz bei der organisationsinternen Steuerung und Entwicklung ein. Und zwar auf zwei Ebenen. Zum einen auf der Ebene der Personalführung und → *Personalentwicklung* und zum anderen auf der der strategischen Steuerung und Entwicklung von dezentralen Organisationseinheiten. Ingesamt betrachtet, werden interne Zielvereinbarungssysteme im öffentlichen Sektor überwiegend als Instrument der Personalentwicklung und weniger zur Steuerung dezentraler Einheiten wie zum Beispiel Abteilungen oder Betriebseinheiten eingesetzt. Eine Ausnahme bildet der Hochschulbereich. Hier werden interne Zielvereinbarungssysteme weniger zur Personentwicklung, sondern überwiegend zur Steuerung und Entwicklung dezentraler Einheiten eingesetzt. In dieser Funktion erleben sie derzeit einen regelrechten Boom. Grund dafür ist die Tatsache, dass Hochschulen wegen eines erhöhten Legitimations- und Wettbewerbsdrucks zunehmend vor der Herausforderung stehen, sich profilieren und dieses Profil nach außen kenntlich machen zu müssen. Dazu müssen sie der starken Individualisierungstendenz ihrer Fachbereiche, Institute und Wissenschaftler/-innen zugunsten einer gemeinsamen Strategiebildung entgegenwirken. Das ist aufgrund der besonderen Organisationsstruktur der Hochschulen eher schwierig, da es sich um »loosely coupled systems« (lose gekoppelte Systeme; *Weick, K. E.* 1985, *Reponen, T.* 1999) handelt, also um Organisationen mit einem sehr vagen inneren Zusammenhang und einem hohen Grad an Dezentralisierung. Deshalb werden Hochschulen auch als »notorisch unterdeterminierte Organisationen« mit »heterogenen, teilweise sogar konfligierenden Aufgaben und ganz unterschiedlichen Arbeitsweisen« in den Fachbereichen und Instituten bezeichnet (*Müller-Böling, D./Schreiterer, U.* 2000). Anders als in anderen öffentlichen Bereichen geht es in Hochschulen also nicht darum, dass die Leitungsebene, wie oben beschrieben, »Macht« an die dezentralen Einheiten abgibt, weil sie ohnehin nur wenig Macht besitzt, sondern es geht vielmehr darum, dass die Spitze in ihrer Gestaltungsfähigkeit für die Gesamtorganisation gestärkt wird. Dafür scheinen interne Zielvereinbarungssysteme eines der geeignetsten Instrumente zu sein, weil sie einerseits die dezentralen Einheiten dazu bringen, sich über ihre eigenen Ziele klar zu werden und diese transparent zu machen und weil sie andererseits der Leitungsebene die Möglichkeit geben, anders als bisher, die Entwicklung der dezentralen Einheiten mit der Entwicklung der Gesamtorganisation abzustimmen.

Der Abschluss von internen Zielvereinbarungen ist ein kommunikativer Aushandlungsprozess entweder zwischen Vorgesetzter/Vorgesetztem und Mitarbeiter/in oder zwischen Leitung und dezentraler Einheit, bei dem sich beide Seiten auf gemeinsame zukunftsfähige Ziele einigen müssen. Die Beteiligten erhalten ein hohes Mitspracherecht an ihrer eigenen Entwicklung und an der Entwicklung der Gesamtorganisation. Deshalb wird die strategische Steuerung mittels Zielvereinbarungen auch als »partizipatives Management« (*Nickel S./Zechlin L.* 2000) bezeichnet. Damit dieses partizipative Management in der Praxis auch funktioniert, ist ein gewisses Maß an Vertrauen zwischen den Akteuren erforderlich. Zielvereinbarungen sind keine einklagbaren, justiziablen Verträge, sondern Kontrakte, die auf einer kooperativen Basis abgeschlossen werden. Dafür sind transparente Regeln notwendig, welche schriftlich, z. B. in Form von Leitfäden, fixiert werden müssen. Gute Erfahrungen dazu liegen beispielsweise aus sozialen Einrichtungen vor (vgl. *Obermair, W./Neubarth, R.* 1999).

Nach einem bestimmten Zeitraum wird der Grad der Zielerreichung anhand zuvor festgelegter Kriterien oder Indikatoren überprüft und bewertet. Dabei geht es nicht nur um Quantität, sondern auch um Qualität. So müssen die Messkriterien und Indikatoren nicht nur die Frage beantworten »Haben wir das angestrebte Ergebnis erreicht und woran merken wir, dass wir es erreicht haben?« sondern auch die Frage »Waren wir gut und woran merken wir, dass wir gut waren?«. Die auf diese Weise festgestellten Ergebnisse liefern die notwendigen Informationen, um die Entwicklung der Organisation und des Personals beurteilen und auf dieser Basis neue Zielvereinbarungen abschließen zu können. Für den Erfolg interner Zielvereinbarungen ist es wichtig, eine angemessene Laufzeit festzulegen. Für Kontrakte zur Personalführung und -entwicklung haben sich in der Praxis einjährige Laufzeiten bewährt. Bei der Steuerung dezentraler Einheiten scheint dagegen eine Ausweitung auf einen Zwei-Jahres-Rhythmus sinnvoll zu sein.

Das Messen der Zielerreichung ist schwierig und führt in der Praxis oft zu erheblichen Unstimmigkeiten, weil die Beteiligten ihre Leistung nicht richtig abgebildet sehen. Der MBO-Ansatz schreibt in seiner Reinform ausschließlich quantitativ messbare Ziele vor (*Wild, J. 1971, Bühner, R. 1996*). Diese Vorgehensweise ist auf die Dauer unbefriedigend, weil komplexere Bereiche dadurch nicht erfasst werden. Es droht eine zu starke Einengung des Anwendungsbereichs von internen Zielvereinbarungen (*Breisig, Th.* 2000) auf rein zahlenmäßig erfassbare Leistungen. In der Praxis wird das Problem häufig so gelöst, dass in die Zielvereinbarungen nicht nur quantitativ messbare Ziele Eingang finden, sondern auch weniger »harte« Zielformulierungen, welche auf die Qualität ausgerichtet sind. Auch solche »weichen« Ziele sind überprüfbar, sofern vorher klare Kriterien vereinbart wurden, die erkennen lassen, ob und wie gut ein Ziel erreicht wurde.

Die konkrete Erfahrung zeigt außerdem, dass die Analyse und Bewertung von Ergebnissen, die durch interne Zielvereinbarungssysteme produziert wurden, vorwiegend eine kommunikative Funktion haben. Führungskräfte und Personal, Leitung und dezentrale Ebene kommen über die Aushandlung und Auswertung von Zielvereinbarungen ins Gespräch und können so ein abgestimmtes Vorgehen erreichen. In den Hochschulen wird beispielsweise die Erfahrung gemacht, dass durch interne Zielvereinbarungen jetzt erstmals eine vorausschauende und realisierbare Planung möglich ist und dass Entscheidungen durch die höhere Transparenz und Verbindlichkeit, die durch die Offenlegung von Zielen entsteht, stärker fachlich begründet werden müssen. Dabei hat sich gezeigt, dass sich nicht nur die Kommunikation zwischen Hochschulleitung und Fachbereichen verbessert, sondern auch zwischen den Fachbereichen. Diese erfahren jetzt schneller und klarer, was die anderen planen und umsetzen. Bislang gibt es im Hochschulbereich jedoch keine Modelle für interne Zielvereinbarungssysteme, die eine horizontale Vernetzung herstellen. Im Moment verläuft die Abstimmung von Zielen ausschließlich vertikal, also zwischen Leitung und Fachbereichen bzw. Instituten. Langfristig ist es allerdings notwendig, die Abstimmung von Zielen auch zwischen den dezentralen Einheiten vorzunehmen, weil sonst kein wirklich umfassender Entwicklungsprozess der Gesamtorganisation stattfinden kann.

Eine weitere praktische Erfahrung aus dem Hochschulbereich ist, dass sich durch den Einsatz interner Zielvereinbarungssysteme auch die Anforderungen an die → *Leitungsstrukturen* und → *Entscheidungsstrukturen* der Organisation verändern. Das betrifft nicht nur die zentrale, sondern auch die dezentrale Ebene. Hochschulen müssen in die Lage versetzt werden, sinnvolle Ziele zu bilden.

Die Kernfrage lautet: »Wer entscheidet, was sinnvolle Ziele für die Organisation sind?«. Die Zielbildung findet zum einen auf der zentralen und zum anderen auf der dezentralen Ebene statt. An Zielbildungsprozessen sind zwar alle Mitarbeiter/-innen beteiligt, dennoch haben die Leitungskräfte die Aufgabe, diese zu organisieren und deren Ergebnisse zu verantworten. Ferner müssen Führungskräfte in der Lage sein, auf Basis entsprechender Qualifikationen und Informationen, wie sie zum Beispiel das → Controlling liefert, relevante Ziele von irrelevanten Zielen zu unterscheiden. Insofern ist jeder Zielbildungsprozess ein top down – bottom up – Gegenstromverfahren. Ziele dürfen nicht einfach nur von unten nach oben oder von oben nach unten »durchgereicht« werden, weil sie sonst ihrer positiven Effekte beraubt würden.

Interne Zielvereinbarungssysteme erfreuen sich deshalb so großer Beliebtheit, weil sie – sofern sie richtig angewandt werden – organisationale Steuerung und Entwicklung bei gleichzeitiger hoher Motivation der Mitarbeiter/-innen ermöglichen. Aus der Verhaltenswissenschaft ist bekannt, dass Ziele zu den zentralen Determinanten und Regulatoren menschlichen Handelns gehören, sofern sich die Personen mit diesen Zielen ganz oder teilweise identifizieren können. Laut der Goal-Setting-Theory (*Locke, E. A./Latham, G. P.* 1990) bewirken Ziele eine Aufmerksamkeitslenkung, Anstrengungsmobilisierung und Erhöhung der Ausdauer. Je höher also die Identifikation der Mitarbeiter/innen mit den Zielen ihrer Organisation, desto höher sind Motivation und Arbeitseinsatz. Insofern muss die Leitung die nachgeordneten Ebenen in die Zielbildung des Unternehmens miteinbeziehen und darüber hinaus den Mitarbeiter/innen die Möglichkeit geben, innerhalb eines bestimmten Rahmens eigene Ziele zu bilden und zu verfolgen. Werden Ziele also lediglich top-down verordnet, ist die Motivationskraft mangels Identifikation bei den Mitarbeiter/innen dahin. Umgekehrt verlieren Zielvereinbarungen ihre steuernde Funktion, wenn Ziele lediglich bottom up weitergegeben werden und die Spitze keine Abstimmung vornimmt oder eventuell keine eigenen Zielvorstellungen dagegen zu setzen hat.

Das Konzept der internen Zielvereinbarung sieht Zielhierarchien vor. Die Zielhierarchie im MBO-Konzept besteht aus übergeordneten, von der Leitung vorgegebenen Unternehmenszielen (Oberziele), die von Hierarchiestufe zu Hierarchiestufe heruntergebrochen werden, so dass idealerweise immer eine Verbindung zwischen den allgemeinen Unternehmenszielen und den individuellen Zielen der Mitarbeiter/innen, die aus den Oberzielen abgeleitet werden, besteht. Die abgeleiteten Ziele werden so zum Instrument zur Erreichung der vorgegebenen Oberziele. Der Vorteil für die Mitarbeiter/innen im MBO besteht darin, dass sie im Rahmen der vorgegebenen, strategischen Unternehmensziele für ihren Bereich eigene Ziele entwickeln können. Diese Ziele werden mit der nächsthöheren Ebene vereinbart. Die spätere Überprüfung der Zielvereinbarung bezieht sich nur auf den Grad der Zielerreichung, jedoch nicht auf den Weg dorthin.

Hauptzweck des MBO ist, die ökonomische Lebensfähigkeit des Unternehmens zu sichern und eine Profitmaximierung herbeizuführen. Deshalb ist der MBO-Ansatz auf öffentliche Einrichtungen, also auf den Non-Profit-Sektor, nicht einfach übertragbar. Anders als in der Privatwirtschaft geht es im öffentlichen Sektor bekanntermaßen nicht um die Verbesserung des Ertrags, sondern um die Verbesserung der Wirkungen, die durch das Handeln öffentlicher Einrichtungen für die Allgemeinheit entstehen.

Als Alternative zu MBO-Konzepten wurde zum Beispiel in der Entwicklungshilfe die Methode der zielorientierten Projektplanung (ZOPP) entwickelt. Das Neue an ZOPP im Vergleich zum MBO ist, dass hier über die Ebene des outputs hinaus die Ebene der Wirkung (outcome) eingeführt wird. Es geht damit in die Richtung des schweizerischen Ansatzes der »wirkungsorientierten Verwaltungsführung«, der im Unterschied zu dem in Deutschland propagierten »Neuen Steuerungsmodell« mehr auf den outcome als auf den output abstellt (*Schedler, K./Proeller I.* 2000). Das ZOPP-Modell ist für den Hochschulbereich weiterentwickelt worden (*Künzel E./Nickel S./Zechlin, L.* 1998). Folgende Grafik zeigt die Funktionsweise:

Ebenen von Ziel- und Leistungsvereinbarungen

Leitbild
Wofür steht die Hochschule (Werte, Normen und Prinzipien) und wo will sie hin?

Wirkungen (Outcome)
Welcher Nutzen soll für die Zielgruppe und welcher weitergehende Nutzen für das gesellschaftliche Umfeld erreicht werden?

Projektziel
Nutzung der Angebote durch die Zielgruppe

Produkte (Output)
Welche Leistungen sollen der Zielgruppe angeboten werden?

Aktivitäten, Maßnahmen
Was müssen wir tun, damit wir die geplanten Leistungen einbringen können?

Ressourcen, Input
Was benötigen wir für die erforderlichen Aktivitäten?

Abb. 1: »Ebenen von Ziel- und Leistungsvereinbarungen«

Es handelt sich hierbei um ein Modell der Zielbildung und Zielplanung, welches seinen Fokus stark auf die gesellschaftliche Umwelt lenkt, die die Organisation bei der Erstellung ihrer Produkte mit einbeziehen muss. Ohne die Berücksichtigung der Umwelt geht die Wirkung der Produkte an den Bedürfnissen ihrer Abnehmer/-innen vorbei. In diesem Sinne sind in dem Modell die drei mittleren Ebenen die entscheidenden. Die Produkte beschreiben die Leistungen, die für eine bestimmte Zielgruppe angeboten werden. Leistungen müssen so durch die Hochschule gestaltet werden, dass die Zielgruppe dieses Angebot auch annimmt, es nutzt. Darin liegt das eigentliche Projektziel. Diese Nutzung durch die Zielgruppe soll schließlich Wirkungen nach sich ziehen, nämlich einen Nutzen für die Zielgruppe und (darüber hinausgehend) für das gesellschaftliche Umfeld. Mit dieser analytischen Unterscheidung ist sichergestellt, dass sich Aktivitäten der Hochschulen nicht in reiner Selbstbeschäftigung erschöpfen, sondern der gesellschaftliche Sinn von Zielbildungsprozessen in Hochschulen nicht aus dem Blickfeld gerät.

Die Festlegung der Ziele muss im Rahmen von »Leitvorstellungen«, also Struktur- und Entwicklungskonzepten und → *Leitbildern*, erfolgen. Dort müssen die angestrebten Entwicklungsziele der Gesamtorganisation niedergelegt sein, damit diese von den Mitarbeitern/Mitarbeiterinnen und/oder den dezentralen Einheiten nachvollzogen und die Zielbildung auf allen Ebenen stimmig und kompatibel ist. Nach unten hin sind die Leitvorstellungen von der Ebene der Aktivitäten zu unterscheiden, auf der die Hochschulen handeln und Veränderungsmaßnahmen in Gang setzen müssen, um die vereinbarten Ziele zu erreichen.

Wichtig ist, dass die Ebenen aufeinander aufbauen. Die Gestaltung der unteren Ebene muss jeweils ausreichend sein, um die Effekte auf der oberen Ebene zu erzielen. Die Ressourcen müssen z. B. so bemessen sein, dass die erforderlichen Aktivitäten entwickelt werden können, die wiederum in ihrer Summe für die Erstellung der geplanten Produkte/Leistungen genügen müssen. Wichtig ist außerdem, dass die Ziele auch tatsächlich echte Ziele sind und keine konkreten Maßnahmen. Das saubere Auseinanderhalten der Ebenen der Ziel- und Maßnahmenplanung ist für die Funktionstüchtigkeit interner Zielvereinbarungssysteme eminent wichtig. Anhand der Beispiele für interne Zielvereinbarungen, die es zur Zeit im deutschen Hochschulbereich gibt, kann man allerdings erkennen, dass oftmals Maßnahmen als Ziele deklariert werden und umgekehrt.

Was die Messbarkeit der Zielerreichung anbelangt, entsteht in dem oben vorgestellten Modell die Notwendigkeit, nicht mehr nur den Output zu messen – was schon schwierig genug ist – sondern auch auf die Wirkungsebene zu gehen und damit die Effekte auf die Zielgruppe und das gesellschaftliche Umfeld zu überprüfen. Es handelt sich dabei allerdings wegen des schwierigen Nachweises der Kausalitätsbeziehungen um ein methodisch anspruchsvolles Evaluationsverfahren, für das es in der Praxis nur wenige Beispiele gibt. Erfahrungen mit outcome-Messungen im Hochschulbereich hat die finnische Universität Turku gesammelt (vgl. *Puuka, J.* 2000). Umfangreiche Informationen über das Wirkungsmonitoring hat die Gesellschaft für Technische Zusammenarbeit/GTZ (nähere Angaben dazu in der Literaturliste), die auch das oben erwähnte ZOPP-Modell entwickelt hat.

Insgesamt betrachtet gibt es für den öffentlichen Sektor keine ausgereiften Modelle für interne Zielvereinbarungssysteme. Vielmehr befinden sich die meisten noch in der Erprobungsphase. Die Instrumente haben damit – obwohl sie bereits handlungsleitend sind – den Charakter von Provisorien. Das wäre nicht kontraproduktiv, wenn diese Provisorien regelmäßig weiterentwickelt würden. Die Praxis belegt jedoch, dass das nicht immer der Fall ist. Diese Misere führt u. U. zu Dysfunktionalität und zu schlechten Ergebnissen und beeinträchtigt auch die Akzeptanz von internen Zielvereinbarungssystemen erheblich. Sie geraten in die Gefahr, als bloße Modernisierungsfassaden zu fungieren, die nichts bewirken, sondern lediglich als Ausweis der Modernität der Organisation dienen. Wenn dieser Fall einträte, würde sich in öffentlichen Einrichtungen nichts wirklich ändern, außer dass mit einem erheblichen finanziellen und personellen Aufwand ein Instrumentarium implementiert worden wäre, das allenfalls den administrativen Aufwand erhöht.

Ein noch ungelöstes Problem im öffentlichen Sektor ist die sinnvolle Verknüpfung von internen Zielvereinbarungen mit der Lenkung von Finanzströmen. In der Privatwirtschaft werden interne Zielvereinbarungen vorwiegend zur Messung von individuellen Arbeitsleistungen genutzt, welche sich in der Entlohnung der jeweiligen Arbeitnehmerin bzw. des jeweiligen Arbeitnehmers niederschlägt. Dies ist im öffentlichen Sektor nicht so. Dort dienen interne Zielvereinbarungen zwischen Mitarbeiter/-in und Vorgesetzter/Vorgesetztem vorwiegend der zukunftsbezogenen Personalentwicklung und weniger der Überprüfbarkeit konkreter Leistungen im Alltagsgeschäft. Insofern gibt es kaum Kopplungen an die Entlohnung, auch nicht in Form von Bonus- oder Anreizsystemen. Der Zweck von internen Zielvereinbarungen besteht vor diesem Hintergrund mehr in einer kommunikativen Funktion, dem kontinuierlichen Austausch zwischen Mitarbeiter/-in und Vorgesetzter/Vorgesetztem, sowie der Herstellung von mehr Verbindlichkeit und Transparenz von Absprachen. Anders verhält es sich jedoch, wenn mittels interner Zielvereinbarungen dezentrale Organisationseinheiten entwickelt und gesteuert werden. In solchen Fällen wird in der Regel mit Anreizsystemen gearbeitet, welche mit anderen Formen der Mittelzuweisung gekoppelt werden. Betrachten wir noch einmal den bundesdeutschen Hochschulbereich. Das momentan dort praktizierte Budgetierungsmodell der Fachbereiche stützt sich im Wesentlichen auf drei Säulen: a) Zuweisung von pauschalen Mitteln für die Grundausstattung, b) flexible Mittel nach leistungs- und belastungsorientierten Kennzahlen und c) Innovationsfonds zur Förderung von geplanten Projekten, die durch interne Zielvereinbarungen verbindlich fixiert worden sind.

Literatur:

Breisig, Th.: Entlohnen und Führen durch Zielvereinbarungen. Frankfurt am Main 2000.
Bühner, R.: Mitarbeiter mit Kennzahlen führen. Landsberg/Lech 1996.
Di Fabio, U.: Privatisierung und Staatsvorbehalt. In: Juristen Zeitung 12/1999, S. 585-636.
GTZ: Orientierungsrahmen für das Wirkungsmonitoring, Teil 1: Wirkungsmonitoring? Eine Orientierungshilfe/Teil II: Ein- und Durchführung eines Wirkungsmonitorings. Hinweise, Methoden, Instrumente. Download Dateien unter der Internet Adresse: http://www.gtz.de (unter Rubrik »Publikationen«/»Verfahren/Instrumente«). Eschborn 2000.
Heuer, E.: Privatwirtschaftliche Wege und Modelle zu einem modernen (anderen?) Staat. In: Die öffentliche Verwaltung 3/1995, S. 85-95.
Künzel, E./Nickel, S./Zechlin, L.: Verbindliche Maßstäbe fixieren. In: Wissenschaftsmanagement 6/1998, S. 24-27.

Locke, E. A./Latham, G. P.: A theory of goal setting and task performance. Engelwood Cliffs 1990.

Nickel, S./Zechlin, L.: Zielvereinbarungen als partizipatives Management – ein Anwendungsmodell. In: *Hanft, A.* (Hrsg.): Hochschulen managen? Neuwied 2000.

Müller-Böling, D./Schreiterer, U.: Hochschulmanagement durch Zielvereinbarungen – Perspektiven eines neuen Steuerungsinstruments. In: *Fedrowitz, J. u. a.* (Hrsg.): Hochschulen und Zielvereinbarungen. Gütersloh 1999.

Obermair, W./Neubarth, R.: Führung durch Zielvereinbarung – ein Element von Qualitätsmanagement. In: *Peterander, F./Speck, O.* (Hrsg.): Qualitätsmanagement in sozialen Einrichtungen. München, Basel 1999.

Puuka, J.: External Impact of the university of Turku. Turku 2000.

Reponen, T.: Is leadership possible in loosely coupled organisations such as universities? In: Higher Education policy 12/1999, S. 237-244.

Schedler, K./Proeller, I: New Public Management. Bern 2000.

Weick, K. E.: Der Prozeß des Organisierens. 2. Auflage, Frankfurt am Main 1998.

Wild, J.: MbO als Führungsmodell für die öffentliche Verwaltung. In: Die Verwaltung 3/1973, S. 283-316.

Beispiele Zielvereinbarungen:

Universität Bremen: Wenn Kontrakte laufen lernen. Forum Universitätsentwicklung No. 5, Bremen 2000.

Universität Bremen: Vereinbarungen über Dezentralisierung und Kompetenzen. Internes Papier, Dezember 1997.

Universität Mannheim: Leitlinien zur Gestaltung und Integration der Zielvereinbarung in die Entwicklungs- und Strukturplanung. Mannheim 2000.

Universität Mannheim: 2. Zwischenbericht über das Projekt: »Stärkung der Fakultätsebene«. Mannheim 1999.

Projekt Universitätsentwicklung: Interne Klausur der Dekaninnen und Dekane. Dokumentation hrsg. von Margret Bülow-Schramm. Enthält interne Zielvereinbarungen der Universität Hamburg. Hamburg 2000.

Angaben zur Autorin:

Sigrun Nickel
Mitglied im wissenschaftlichen Leitungsteam des Projektes Universitätsentwicklung (Pro Uni) der Universität Hamburg. Zuvor Leiterin der Abteilung für Kommunikation und strategische Hochschulentwicklung sowie Mitglied der Hochschulleitung an der Hochschule für Wirtschaft und Politik (HWP) und Redakteurin für Bildungspolitik
Universität Hamburg
Projekt Universitätsentwicklung
Schlüterstraße 18
20146 Hamburg
Tel.: +49 40 42 83 86 564
Fax: +49 40 42 83 82 011
E-Mail: sigrun.nickel@prouni.uni-hamburg.de

Stichwortverzeichnis